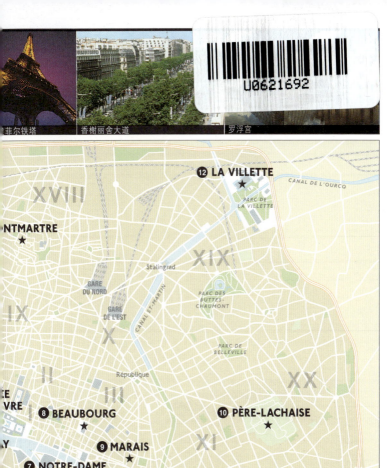

菲尔铁塔　　香榭丽舍大道　　罗浮宫

⑫ LA VILLETTE

CANAL DE L'OURCQ

XVIII

PARC DE
LA VILLETTE

NTMARTRE
★

Stalingrad

XIX

GARE
DU NORD

PARC DES
BUTTES-
CHAUMONT

IX

GARE
DE L'EST

CANAL ST-MARTIN

X

PARC DE
BELLEVILLE

II

République

XX

III

E

VRE

⑧ BEAUBOURG
★

⑩ PÈRE-LACHAISE
★

AY

⑨ MARAIS
★

XI

⑦ NOTRE-DAME
★

Bastille

IV

ILE
ST-LOUIS

UARTIER LATIN
★

Nation

RDIN DU
EMBOURG

V

SEINE

JARDIN DES
PLANTES

GARE
DE LYON

XII

GARE
D'AUSTERLITZ

0　　　　1　　　　2 km

1/80 000 - 1 cm = 800 m

拉雪兹神父公墓　　蒙马特　　拉维莱特

⑨玛莱区
　　唯一一个保留了巴黎历史的街区。拥有狭窄的街道和沃日广场。

⑩拉雪兹神父公墓
　　公墓里的墓碑形式各样，每一块都是杰出的艺术品；这里拥有巴黎市面积最广阔的绿地。

⑪蒙马特
　　巴黎著名的村庄之一，拥有连绵不断的山丘。阿贝斯广场周围的小路可通往圣心教堂，那里即可欣赏到巴黎全景。

⑫拉维莱特
　　兼具文化和教育功能。中间有一个面积达35公顷的景观公园。

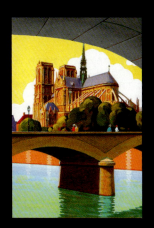

珍藏巴黎

Gallimard 旅行指南编写组　编著
蔡莲莉　译

北京出版集团公司
北京美术摄影出版社

使用说明

阅读要点

历史： 大历史对当地历史的影响；人类历史；漫漫历史长河中，那些具有重要意义的日期。

巴黎面貌： 当地的风俗习惯以及现实中人们的生活方式。

建筑： 文化遗产包括城市居民区和大型建筑物，民间、宗教和军事建筑，以不同的类型和风格呈现。

画家的视角： 不同时期、不同国家的画家绘制的有关巴黎的画作。

作家的视角： 不同时期、不同国家的作家对巴黎的描写。

路线

主题路线： 可分为5个方面。

每条旅游路线附有街区地图。

插页： 页面增大一倍，用于展示特殊景点的全景图。

实用信息

旅客出发前和到达当地后必须知道的信息。

景点簿： 对旅游专栏文章中罗列的景点进行筛选。

游览地： 具体地址和开放游览时间。

指南另附该地区的迷你地图 旅游路线图中标出了沿途的主要景点

西岱岛、圣路易岛

⏱1天

西岱岛是巴黎的历史中心：从罗马帝国后期（3～5世纪）开始，这个舌形小岛便是皇室的权力中心、司法中心和宗教中心。高卢-罗马人在岛的西部建造宫廷，后为墨洛温王朝所占领。14世纪，罗力四世进行重建。如今的司法官仍建于当时。西岱岛是法国议会大厦所在地，除此之外，还有其他机构：审计法院、税务法庭、财政总署等。从高卢-罗马人统治时期起，岛的东部则一直为宗教基地。362年，在今巴黎圣母院所在地建起了一座大教堂。很快，教堂周边形成了一个宗教城；圣洗堂、主教宫、迪厄宅第以及众多建筑。西岱岛上的建筑物不断增多，10个世纪以内，岛的面积从8公顷增加到了17公顷。奥斯曼改造巴黎时，为了建造一个新的司法行政中心，便推倒了许多中世纪的建筑。因此，今天的西岱岛上有两个维护共秩序的机构：司法机构和警察局。

19世纪时，西岱岛上的人口急剧减少：从1858年的15000人减少到1868年的5000人，该事件成为19世纪的巴黎最惨痛的记忆之一。

新桥

塞纳河上第一座上面没有建造房屋的桥，它是由建筑师迪泽尔索、德·贝斯和阿尔当·马赛设计的。桥上架一百多个形状独一、奇异夸张的雕像。桥于1607年动工，1818年桥上架上土桥与雕刻以前的雕像是立于1635年，1792年被毁。

Vedettes du Pont Neuf
多菲内广场和新桥

1584年，为了将集建造新桥的资金，亨利四世决定将西岱岛分块出售。西岱岛位于塞纳河上，由3个小岛组成，如要增加整片区域的面积，则需要把这3个小岛连接起来，并进行填土造屋。1601年，亨利四世决定建立一个三角形广场（该广场位于哈雷街角，于1804年被毁）。这片土地被划分为12块出售，同时售出的还有32栋相似的房子：外墙均铺红砖，并建有石拱形窗。底楼楼面一楼为拱廊，再上去两层为方形，最上面为顶楼。朝向广场与朝向码头的建筑物墙面均是一样的。就这些房子来说，只有顶层的那两座对称的阁楼才符合最初的广场设计，这种设计结构紧凑，17世纪诗人马赛布称其为"巴黎最美丽、最漂亮的设计"。

巴黎圣母院
古老的教堂

据说，西岱岛最古老的教堂应建于4世纪中期。当时法国正处于君士坦丁大帝统治之下，基督教的此教育了发展机会。被划整个主教，圣堂都

已经
建造完毕，包括主教宫、圣洗堂（1748年被毁）以及长方形教堂。该圣堂的面积极大，有70～80米长，其规模可能包括之后在此范围内建的迪厄宅第的土地。8世纪和9世纪时，因当时设立了议事司铎一职，该教区扩张尤其厉害，他们要求建一种带有独立房屋和花园的城

一派热闹繁华的景象
新桥建成后，直到19世纪，均是一个众多表演的活动之街，在图片中还显示出一座上面建造了房屋的桥，于图中的那座桥的新桥门。

圣母院、巴黎的记忆
确定该建的建筑物为巴黎圣母院。圣母院第一块奠基石是由教皇亚历山大三世于1163年放下的。圣母院是巴黎最古老的大教堂之一，巴黎的"历史方钟"就置于此。这里汇集了一些不可不看见的建筑物，在多种风格的广了（西门）内可看到一些雕刻、绘画及彩绘玻璃，还有精美的门廊。这里也是教区广场的起点的门槛。

355

❤ 在介绍每条游览路线时，都会在迷你地图处标示时钟，表示游览所用的平均时间

3

目录

阅读要点

主题路线

巴黎旅游路线

实用信息

注：本书插图均为原书插图

旅游路线

圣日耳曼德佩区

这是一个充满想象力的街区，巴黎知识分子的主要聚集地。在这里，可以看到鱼贯而行的学生和编辑。这里是购物天堂，吸引了来自世界各地的购物达人。天气好的时候，这里总是人声鼎沸。

拉丁区

钻进一个充满艺术氛围的电影院里，挑一部电影看；在巴黎的清真寺里品一口淡淡的薄荷茶；在IMA的露台上，欣赏西岱岛的风光；融入满是大学生的人潮里。

圣日耳曼郊区

西边：许多建于18世纪的宅第，极致奢华，可以细细地品鉴那一个个精心雕琢的门庭。东边：古董收藏家的圣地，有许多稀奇古怪的玩意儿和不朽的艺术品。

蒙帕纳斯

全方位的巴黎：既有耸入云霄的蒙帕纳斯大厦，又有丹弗尔-罗什洛地下墓穴。位于两者之间的则是蒙帕纳斯公墓，这里从来就不乏艺术家和文人；蒙帕纳斯车站上方建有一个空中花园——大西洋花园。

荣军院和战神广场

一个安静而又舒适的街区，拥有好几条大道。这里有两个主要的景点：埃菲尔铁塔和荣军院，它们各自绽放着自己美丽的光芒。到底谁更宏伟、更美丽呢？

16区：从帕西到夏洛特

优雅，充满现代气息。帕西街、美叶街、维克多·雨果大道和莫扎特大道上小商铺林立，奢侈品店一个挨着一个。特罗卡德罗公园里咖啡馆的露台上经常能看见当地居民的身影。

16区：欧特伊

一个优雅的村庄，周围有一种安静的气氛。这里坐落着一些不甚引人注目却又独一无二的建筑，多是由吉马德、马莱·斯蒂文斯设计的。这里还有许多掩映在青葱翠绿中的私人别墅。

凯旋大道

协和广场上的方尖碑安详地矗立在那儿，金色的尖顶闪闪发光。尖顶下的那条香榭丽舍大道又重新回到时尚的舞台上：拉杜丽和路易威登的广告美图，修葺一新的富格餐厅，在各个花园里露天举行的大型展览……

凯旋大道：拉德芳斯

拉德芳斯的建筑风格充满了现代气息，一幢幢摩天大楼拔地而起。拉德芳斯已经成为巴黎的"天际线"。只需要站在新凯旋门的顶端，便可以欣赏到8千米外的罗浮宫。

罗浮宫和杜伊勒里花园片区

罗浮宫和杜伊勒里花园使得整个片区充满了"王室"气息。拱廊底下、道路两旁和小广场周围多是古老或时尚店铺的聚集地。

从圣奥诺雷郊区到歌剧院

购物发烧友能在圣奥诺雷郊区街上找到奢侈品店，也能在大道边上看到大型的购物广场。西边多为居民区。另有美丽、祥和的蒙梭公园。

西岱岛、圣路易岛

除了巴黎圣母院，西岱岛上还保留了许多古迹，如多菲内广场、花市和维尔─嘉兰广场。塞纳河上的另一座岛屿——圣路易岛则是一个安静怡人的小岛，岛上有许多建于17世纪的建筑物。

博堡-巴黎大堂

这是一个有着许多"之最"的街区：欧洲最大的步行街（蒙特吉尔街）；世界上运送旅客数量最多的车站（博堡-大堂站）；世界上最大的现代艺术博物馆（蓬皮杜艺术中心）；欧洲最大的服装中心（小巷街）。

玛莱区

唯一一个保留了巴黎历史的街区。玛莱区的北部为服装和配饰批发商的聚集地；南部则是一个活跃愉快的街区，这里有闻名的玫瑰街；东部为沃日广场，是一个散步的好去处。

巴士底、圣安东尼郊区

在这里，能感受到一种强烈的反差：巴士底以及其丰富的夜生活与这里传统的家具制造业形成强烈的对比；宏伟的歌剧院让整条林荫大道变得更长；而贝西街区那些早已荒废的酒库被重新派上了用场。

从美丽城到梅尼蒙当

人口密集区。马格里布人、非洲人、亚洲人、犹太人等就住在欧百贡夫路的岔路边上。

蒙马特

皮加勒广场位于小丘底下，喜欢夜生活的人一定不能错过这里。除此之外，这里还有阿贝斯广场——街区的活动中心；小丘广场——街头艺术家的聚集地；圣心教堂——巴黎的最高点。

从圣拉扎尔到圣马丁

俨然一个19世纪的巴黎：波旁王朝复辟期间建立的欧洲街区，新古典主义风格，被誉为"新雅典"；周围紧邻着奥斯曼大道；开放的居民区……圣马丁运河拥有田园牧歌般的景色。

拉维莱特

巴黎市区与市郊的连接点。自然环境恬静、优美；拥有一个面积达35公顷的公园，周边有乌尔克运河、科学工业城和音乐城。

本书作者

作者

J.-P. Adam (Lutèce), M.-C. Adès (SEITA), Marie-Hélène Albertini-Viennot (Paris-Musées), M. Amandry (Cabinet des Médailles), S. Baratte (Louvre, objets d'art), C. Barbillon (musée d'Orsay), M.-N. Baudoin Matuszeck (palais du Luxembourg), G. Bauer (Enceintes), Laurence de Bélizal (Scènes parisiennes, Belleville-Ménilmontant, Ailleurs à Paris), F. Bellec (musée de la Marine), V. Berecz (musée Grévin), L. Bergeron (Encarts historiques),
M. Bernus-Taylor (Louvre, Islam), D. Blaizot (Cité des Sciences et Parc de la Villette), Mme Bordaz (basilique Saint-Denis), M. Bouchard (musée Bouchard), G. Boulinier (Muséum d'Histoire naturelle), J.-M. Bruson (Paris vu par les peintres), T. Burogard (musée Clémenceau), T. Burollet (Petit Palais), D. Cailleaux (musée de la Vie romantique), M. F. Callas (Musée de la musique), M. Carlier (château de Fontainebleau), T. Carneiro (maison d'Auguste Comte),
A. Caubet (Louvre, Orient), A.-M. Châtelet (1er moitié du XIXe siècle), G. Cheyssial (musée J.-J. Henner), M. Courant-Vidal (Paris médiéval), Mme Causse Fouqueray (mobilier urbain), Liesel Couvreur-Schieffer (Paris Chic), N. Daliès (musée de l'Observatoire), M. Deming (Places royales, Arch. des Lumières), M Dunoyer de Segonzac (Géologie), D. Ferriot (Conservatoire des Arts et Métiers), Gilles Février (Beaubourg-les-Halles, Marais, Faubourg Saint-Honoré-Opéra, La Villette, De Saint-Lazare à Saint-Martin), M. de Fleury (musée du Cinéma),
D. Freignac (musée d'Art moderne de la Ville de Paris), J. Fritsch (château d'Ecouen),
N. Gasc (musée Camondo), C. Genet-Baudeville (musée Marmottan), G. Genty
(musée des Monuments français), L. Gervereau (musée d'histoire contemporaine), P. Georgel (musée Orangerie), S. Gohel (musée Ernest-Herbert), J.-M. Grineval (Imprimerie nationale),
S. Grossiord (maison Victor-Hugo), L. Guyard (Fouilles du collège de France), R. Herbaut (musée Radio-France), Corinne Hewlett (Architecture, Voie triomphale), C. Horel (musée de l'Ordre de la Libération), Catherine Ianco (Montmartre, XVIe arr., Échappées), A. Jacob (Montparnasse), M. Jaoul (musée ATP), M. Kuraszewski (château de Versailles), G. Lacambre
(musée Gustave Moreau), S. Lecombre (musée Zadkine), J.-M. Leniaud (Notre-Dame, Sainte-Chapelle, basilique Saint-Denis), J.-M. Léri (musée Carnavalet), C. Levis-Touzé (Mémorial du maréchal Leclerc), A. Lefébure (musée Condé), M.-C. Le Floch (musée de la Poste),
C. Louis de Canonville (Musique classique et opéra), C. Madoni (Hôtels parisiens, Paris du Roi-Soleil), Anne-Josyane Magniant (Saint-Germain-des-Prés, Quartier latin, Faubourg Saint-Germain, Montparnasse), H. Marraud (musée Rodin), M. Maucuer (musée Cernuschi),
J. Mayer (musée des Matériaux), J.-H. Martin (musée des Arts d'Afrique et d'Océanie),
B. Mons (musée Bourdelle), J.-P. Midant (Archi 1900-1937), J. Mouliérac (Institut du Monde arabe), I. Neto (musée Cognacq-Jay), A. Nardin (musée de l'Assistance Publique),
Sybille d'Oiron (Au fil de la Seine), A. Okada (musée Guimet), I. Ottaviani (Historique Louvre),
A. Panchont (maison de Balzac), J.-D. Paribet (musée d'histoire de France), Nina Paronian (Paris-Nature), F. Pascaud (Théâtres), A. Pasquier (Louvre, antiquités grecques), J.-D. Pariset (musée d'histoire de France), Édouard de Pazzis (Histoire, Paris souterrain, encarts La Ruche et Père-Lachaise), P.-P. Perraud (forêt de Fontainebleau), M Perrot (musée Pasteur), P. Pinon (Haussmann),
D. Petermüller (Archi contemporaine), A. Perrot (musée Pasteur), V. Pomarède (Louvre, Peintures),
B. Quette (musée des Arts décoratifs), C. de Quiqueran Beaujeu (musée
de la Chasse et de la Nature), Nicolas Ragonneau (Paris gourmand), T. du Regard (musée Clemenceau), B. Rondot (musée de la Malamaison), V. Roudot (Louvre, dép. Égyptien),
C. Savary (musée de l'Homme), N. Sainte-Fare-Garnot (musée Jacquemart-André), D. Soutat (musée Baccarat), H. Seckel (musée Picasso), Michel Spagnol (Invalides-Champ-de-Mars, Louvre-Tuileries, Îles de la Cité et Saint-Louis), M. Werner Szanbien (architecture cosmopolite), J. Treuttel (Matériaux), G. Viatte (musée d'Art moderne), F. Viatte (Louvre, arts graphiques),
V. Vignon (mammifères de Paris), P. de Vogüe (château de Vaux-le-Vicomte), V. Wiesinger (musée de la Légion d'Honneur) **CARNET D'ADRESSES** HÉBERGEMENT : Martin Angel, Aurélia Bollé, David Fauquemberg, Vincent Noyoux, Emmanuelle Paroissien, Assia Rabinowitz, Virginia Rigot-Muller, Laurent Vaultier RESTAURATION : Sébastien Demorand, Sophie Brissaud
SHOPPING : Sandrine Pereira, Isabelle Vatan

插画

NATURE : F. Bony, J. Chevallier, F. Desbordes, B. Duhem, C. Felloni, J.-M. Kacedan,
J. Wilkinson, C. Lachaud, P. Robin. **ARCHITECTURE** : B. Lenormand, F. Brosse, P. Biard,
P. Candé, D. Grant, J.-M. Guillou, J.-B. Héron, O. Hubert, P. de Hugo, J.-F. Lecomte, P. Lhez,
J.-F. Peneau, J.-P. Poncabare, C. Quiec, C. Rivière, J.-S. Roveri, A. Soro. **ITINÉRAIRES :**
A. Brandière, D. Moireau, F. Moireau. **INFOGRAPHIE** : P. Alexandre, E. Calamy, C. Chemineau,
P. Coulbois, Klik Développement, Latitude, A. Leray

摄影

X. Richer, P. Delance, L. de Selva, F. Buxin, E.Valentin

制图

Atelier de Bayonne (F. Callède, D. Duplantier, R. Etcheberry, F. Liéval ;
mise en couleurs : M. Gros, L. Dousset, G. Mersch)

信息图制图

Édigraphie

众多大学学者和当地人参与了此书的编写，该书中使用的信息资料均得到了他们的许可。

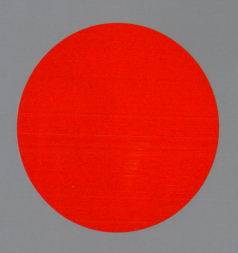

阅读要点

19世纪末，巴黎出现了许多大型工厂。老照片保留了这一切的记忆。可以说，这些老照片见证了整个社会的变迁与发展。于是，工业和摄影之间建立起一种细微的联系，摄影师成了一个地区变化发展的记录者。他们拍的照片也许并不唯美，但却直白、真实，蕴含着一种对现代社会的兴奋之情，同时还有那种压倒一切的信心。

19世纪末，摄影师拍摄的多为历史文化照片，而他们的顾客多是些品位与一般市民相异的知识分子。为了迎合他们，摄影师改变了自己的拍摄视角，将视线集中在某个领域。在此过程中，产生了一批专门拍摄风景照的摄影师，像阿杰、保罗·雷米欧、路易·瓦尔和兰西欧（上页图：《圣·日耳曼大道的游客》，下图：《洪水》）。这些摄影师从自己的视角记录下一个不同寻常、注定要变革的巴黎。

残酷的战争结束后，法国开始了重建工作。而此时，人们内心沉寂已久的人文意识苏醒了，于是新闻图片又重新回到了人们的视线中。这是一些人梦寐以求的照片，它们记录了普通的生活，见证了生活中平凡的爱。当时的一些主要报纸刊登了布巴（下图：《罗浮宫河岸和学校》）、杜瓦诺、罗尼、依捷斯等摄影师的照片，这些照片写实、细腻、客观，充满了人文关怀。这些孤独的行者将现实生活浸润在自己的诗意中，他们每个人都从自己的角度重现了那个已经消失的巴黎。

历史

史前文明

从旧石器时代到罗马化

约公元前70万年,史前人类生活在"巴黎盆地"一带,以打猎、采摘食物为生。到目前为止,巴黎地区已经挖掘出若干个史前人类的生活遗迹。在新石器时代,约公元前5000年,"达努比恩"民族生活在今法兰西岛的村落中。当时已经有了木屋和柴泥屋,他们也开始涉足农业。新石器时代中期,由于人口迅速增加,区域之间发生了不少冲突,最终迫使部落民修筑围栏、壕沟以

保护自己的家园。在卡鲁塞尔花园和维提港口出土的新石器时代的陶瓷的表面多有带状纹理。1991年9月,贝西工厂出土了赛尔尼时期(公元前4500—前4200)的弓箭,狩猎时期(公元前4200—前3400)的3艘橡木舟,还有一些

工具和陶瓷制品。这说明,当时该地有常住居民。另外,专家还在夏特莱附近、巴黎市政厅后方以及圣梅里教堂和圣多米尼克路附近挖掘出新石器时代(公元前3400—前1800)的巨石建筑。在青铜时代(公元前1800—前750),

塞纳河是一条重要的商用通道,可通向英格兰锡矿,也可到达地中海或者欧洲中部。在铁器时代(公元前475—前52)的第二年,克尔特人便在河岸定居。在公元前250年至公元前225年,巴黎西的高卢部落定居塞纳河岸(主要位于支流马恩河和瓦兹河之间的地方)。当时吕岱西城的范围还仅限于西岱岛,为战时避难地,其地理位置优越,可方便居民渡河。专家在此挖掘出约公元前100年的金币,这足以说明当时的巴黎人对经济活动的重视程度。

古代和中世纪早期

公元前58年,儒勒·恺撒攻打高卢。公元前52年,发生了吕岱西战争,维钦托

利和高卢部落首领卡谬罗雷尼抵抗失败,罗马人获得了胜利。之后,吕岱西城被罗马人占领,罗马人仿照意大利的城市重建了吕岱西城,比如在街道上铺设方格图案的石头。罗

马统治者将都城定在西岱岛,吕岱西城也因此拓展到左岸,延伸到圣日内维耶山山坡,直到集会广场所在的山顶。而潮湿

的右岸则只有一座墨丘利神殿(位于蒙马特高地)。当时整座城市的面积约为0.5平方千米,约5000人居住。

外来侵略

在罗马人统治下,市民安然地度过了3个多世纪。275年,和平时期结束。当时来自莱茵河彼岸的军队入侵吕岱西城,城市被洗劫,市民只得又撤回西岱岛。据有关资料证实,当时撤退得十分匆忙。"巴黎"这个名

称一直到3世纪末才正式启用。约在250年,基督教选出了有史以来的第一位主教——圣德尼;5世纪,圣日内维耶当选为主教,成为巴黎的主保圣人。451年,圣日内维耶通过祈祷,用她坚定的信念击退了阿提拉大军,迫使

大军最终改道迪厄河,退军到奥尔良地区。此后,罗马将军埃维鲁斯在沙隆战役大败阿提拉大军。486年,克洛维率领法兰克大军(源于莱茵河畔的日耳曼民族)占领了巴黎城,此后一段时间内巴黎一直都为法兰克王国

的都城。之后,加洛林王朝的统治者放弃了这个都城,转而定都默兹河谷和亚琛河谷。诺曼底人曾多次对西岱岛的边境进行掠夺,然而即使在885年至886年这段时间内控制了该岛的边境,他们仍无法占领整座岛屿。

511-558		987		1190-1210
兴建圣母院		于格·卡佩加冕成为国王		腓力·奥普斯特建造堡垒

600	800	1000	1100	1200	1300

508	751	885	1163	1215	1257-1274
克洛维定都巴黎	丕平在圣德尼修道院加冕成为国王	诺曼底人围攻西岱岛，巴黎人顽强抵抗	重建圣母院	巴黎大学建立	罗伯特·德·索邦兴建索邦大学

中世纪

法兰西王国的首都巴黎

987年，于格·卡佩加冕成为国王，定都巴黎。之后继任的国王曾考虑迁都奥尔良，但一直未有定论。直至路易六世（1108—1137）时期才最终决定不迁都。1141年，路易七世颁布政令，永久性地将当时格列弗港口周边，也就是今天市政厅所在的位置划为市民进行商业活动的场所。从1310年到1830年，这片区域一直作为首都的商业活动场所。腓力·奥普斯特（1180—1223）下令兴建中央菜市场（巴黎大堂），铺设道路，并在都城周围修建坚固的堡垒。

1215年，教皇创立了巴黎大学。

巴黎的大学诞生于12世纪末，13世纪

开始蓬勃发展。1257年，法国国王圣路易的神父罗伯特·德·索邦创立了著名的索邦大学，并于15世纪开办了神学院。在路易九世（1226—1270）和腓力四世（1285—1314）统治期间，巴黎成为欧洲人口最多的城市。1328年，巴黎总人口达到20多万人。

埃蒂安·马塞尔（1315—1358）

他出生于一个富裕的呢绒商家庭。巴黎市长。1355年到1356年，为法国平民阶层的首领。马塞尔一向对王室的管理方式颇有微词，于是他鼓励资产阶级联合起来对抗王室。他们要求国王组建摄政委员会，并进行机构改革。他曾执掌巴黎一年。1358年2月22日，王储身边的两位顾问被杀，平民与王室的冲突达到顶峰。7月31日，王储的拥护者刺杀了埃蒂安·马塞尔。

市政府的诞生

巴黎的河运商人结成联盟，垄断了塞纳河的河运。为了从行政上和立法上解决这个问题，巴黎成立了"资产阶级客厅"，办公地点位于河滩广场（格列弗广场）。1263年，巴黎出现了首届市长和市政长官。

具有争议的王室权威

尽管税负不断加重，但王室与平民阶层的关系仍十分融洽。这种良好的关系一直持续到英法战争的克雷西会战（1346）。1348年，欧洲暴发了大规模的"黑死病"（鼠疫），法国人口锐减，国家更加动荡不安。约翰二世战败，国家情况更加雪上加霜。查理五世为了筹措战争军费和赎金（赎回战败后被俘的约翰二世），与埃蒂安·马塞尔起了冲突。

巴黎危机

巴黎因为战争而被洗劫一空。1358年5月，埃蒂安·马塞尔领导了扎克雷起义。7月31日，埃蒂安·马塞尔被刺身亡，王室和平民又恢复了之前和平相处的状态。但巴黎市民对于刚登上王位的查理五世并不信任。他修建了巴士底狱，又在塞纳河右岸修筑堡垒，以巩固新建的街区。1382年3月，当局的一项税收引发了铅锤党人的骚乱。王室为了报复，取消了巴黎人的自治权。查理六世的精神病以及他叔叔们的争权夺位让巴黎民众又重新获得了喘息的机会，他们伺机争取巴黎的自治权。在勃艮第公爵的号召下，屠夫们集结在一起，先由西蒙·卡博希领导，后由卡波吕希领导，在1413年至1418年占领了巴黎，对巴黎实行自治。勃艮第公爵被刺之后，他的拥护者与入侵法国的英国人结成同盟。查理六世死后，英王亨利六世成为法国国王。查理六世的儿子查理七世被剥夺王位继承权后离开巴黎，逃到布尔日，一直到1436年，他才光复巴黎。作为国都的巴黎，80年来经历了无数暴乱、战争。法国国王决定退居卢瓦河畔。此时的巴黎成了租客和公务员的天下。

| 1300 | 1350 | 1400 | 1500 | 1550 | 1600 |

1364−1380
查理五世统治
时期

1528
重建罗浮宫

1606
兴建沃日广场

1348
大规模暴发
"黑死病"

埃蒂安·马塞尔领导
巴黎市民起义，与
查理五世对峙

1358
鼠疫
盛行

1418 1420
英国人占领
巴黎

1528
弗朗索瓦一
世定都巴黎

1572
圣巴托罗缪
大屠杀

亨利四世被
刺身亡

1610

从文艺复兴到启蒙运动

宗教和人文主义

1517年，当时的教廷已日渐没落，马丁·路德公然抗议教廷，起义运动爆发，由此拉开了天主教和新教对立的宗教危机序幕。1572年，法国发生了圣巴托罗缪大屠杀。1528年，由于宗教危机持续性发展，法国君主不得不重建首都秩序。由此，进一步推动了巴黎的城市化。弗朗索瓦一世请来意大利建筑师考尔通（绰号"红胡子"），由他负责将罗浮堡垒改建成王室官殿。同时，弗朗索瓦一世启动了教育制度改革。应古希腊语学者纪尧姆·比代的要求，国王创立了法兰西公学院，以此来对抗僵化的巴黎大学教育。当时的巴黎大学反对意大利的人文主义思想。天主教联盟（神圣同盟）不满王室对新教的青睐，公然与王室对抗，1589年至1590年，巴黎有两位主教，一直到1594年国王亨利四世改信天主教（之前信奉新教），这场宗教战争才结束。

孔泰亲王

黑暗的17世纪

17世纪，法国的君主热衷于巴黎的城市建设。亨利四世修建了沃日广场；1614年，圣路易岛开始初具规模。在路易十三统治时期，玛莱区逐渐扩大；路易十四炸毁巴黎古城墙，兴建大道、公园；与此同时，城市照明开始普及。

路易十五时期，加布里埃尔主持设计皇家广场，即后来的协和广场。巴黎的建设如火如荼地进行着，然而政治问题却动摇了整个国都

的根基。1635年，法国参加30年战争，这直接导致了巴黎瘟疫横行、粮食短缺，最终引发了法国内部的投石党运动（1648—1652）。幼年的路易十四饱受创伤，于是他决定离开巴黎，另觅居所。他选中凡尔赛，在此修建皇家官殿。太阳王的野心极大，他在位期间，征战频繁，劳民伤财。也因此，在1692年和1709年巴黎内部发生了多次大动乱。路易十四舍弃国都的行为也让巴黎民怨沸腾。18世纪，耶稣会与冉森教派对教义争论不止；文人在沙龙里公开谈论教义；哲学思想迅速地在沙龙里传播开来。社会底层的市民对于长久以来的君主专制制度极其痛恨，而"农民课税城墙"的兴建更加剧了民众与王室的对立。

投石党运动

巴黎议会不满政府颁布的财政政策，试图通过议会限制国王权力。王室下令建捕运动领导人后，巴黎人民走上街头，设置路障。一些亲王公爵也加入该运动，其中就包括孔泰亲王。在挺进巴黎的路途中，孔泰亲王遇到了蒂雷纳子爵的军队（子爵也成为反政府的一方）。运动失败后，孔泰亲王被捕。重获自由后，他失去了人民的支持，只能选择逃亡。王室又一次树立了自己的权威，从那以后，首都的民众开始对中央政府愤懑三分。

天主教联盟在河滩广场游行

18

1633		1757	1763		1786	
兴建植物园		兴建路易十五广场			兴建"农民课税城墙"	

| 1700 | | 1750 | | 1770 | 1780 | | 1790 |

| 1648 | 1715 | 1751—1772 | | 1774 | 1789 | 7月14日 | 1793年1月21日 |
| 投石党运动 | 路易十四去世 | 《百科全书》问世 | | 路易十六重组巴黎议会 | 在凡尔赛宫召开三级会议 | 攻占巴士底狱 | 路易十六被送上断头台 |

法国大革命

大革命前夕，巴黎城还在不断地外扩，罗浮宫和杜伊勒里官都已相继竣工。1783年，王室颁布政令，规定新建成的街道至少要有9米宽。东丹路到圣马丁郊区这一段只能建造楼房。1789年，巴黎的这种扩张行为被叫停了。彼时公共金融机构大量倒闭，路易十六无法取得三大阶级的同意以获取资金弥补王室的亏损。由于粮食短缺，圣安东尼和圣马塞尔郊区接连发生动乱。

贵族和僧侣拒绝与第三阶级共同出席三级会议；而第三阶级则声称自己为国民议会的议员。财政大臣内克尔被解职，民怨一触即发。

7月14日，巴黎人民攻占了巴士底狱。之后，路易十六重新搬回巴黎（路易十四时期，王室搬到了凡尔赛）。在法国大革命的头5年里，巴黎历经了一批又一批的统治者，其中包括雅各宾派党人罗伯斯比尔。路易十六作为一国之君，却经常率众打猎，以逃避国事，这也加速了王朝的灭亡。1792年8月10日，巴黎人民占领杜伊勒里官，推翻了君主专制制度。1793年6月2日，温和的吉伦特派党人上台；1793年9月到1794年7月，雅各宾派实行"恐怖统治"。

1794年3月和4月时，罗伯斯比尔清理了拥护丹东和埃贝尔的党人。这些恐怖政策引起了民众的

反感，也最终导致了罗伯斯比尔的下台。1794年7月，热月党人发动政变，推翻了罗伯斯比尔的

统治，并将其送上断头台。这次政变获得了民众的支持，他们早已经不能忍受这类恐怖统治了。1795年3月（法国共和历芽月7月）和5月（共和历牧月9月），巴黎民众因为饥荒爆发起义。1795年10月（共和历葡月1月），保皇党政变失败。

议会和帝国

拿破仑是战场上的常胜将军，同时他也是法国的第一任执政官，之后他又加冕成为皇帝。因为害怕重蹈大革命的覆辙，拿破仑收回了巴黎的自治权，于是，巴黎

成了一个封建都城。但在外国人看来，当时的巴黎欣欣向荣，一派大都市的景象。为了纪念拿破仑取得奥斯特里茨战役的胜利，政府于1810年8月5日打造旺多姆纪念柱，纪念柱柱身饰以法国大军的精美浮雕。在塞纳省长弗洛绍的强烈要求下，拿破仑通过了一个宏伟的城市化计划：修建桥梁、喷泉、下水道、菜市场和住宅，着手铺设里沃利大道。1805年至1810年国家发生财政危机，乡村人大举涌入巴黎，城市化建设的难度因此增加了不少。此时的拿破仑帝国也蒙受了巨大的灾难：1814年3月，受波旁王室游说的军队围攻巴黎（1791年之

后，波旁王室便一直在外流亡），拿破仑倒台。一年以后，拿破仑反攻杜伊勒里官，建立百日王朝。滑铁卢战役失败后，拿破仑再次退位。

19

1853	1860	1875	1889
奥斯曼开始改造巴黎	巴黎被划分 为20个区	巴黎歌剧 院竣工	埃菲尔铁塔竣工

1800	1820	1840	1860	1880	1900

1804	1830年 7月27—29日	1851年12月2日	1870—1871	1871	1894—1898
拿破仑·波拿巴在巴黎 圣母院加冕成为皇帝	七月革命	路易·拿破仑·波 拿巴发动政变	德国人占领巴黎	巴黎公社	德雷弗斯事件

19世纪

巴黎的变革

波旁王朝复辟时期的巴黎充满了现代气息：繁华的菜市场、红酒交易市场和纵贯市区的运河，大大提高了城里的生活质量；桥梁、人行道、煤气照明、公共马车的普及为民众的出行提供了便利。作为一个富裕的工业城市，巴黎兴建了证券交易所，并于1825年正式开门营业。波旁王朝

复辟初期政局并不稳定，巴黎人迅速抓住机会，站起来反抗国家已经过时的道德体系和政治制度。七月革命爆发，路易十八的继任者查理十世退位。奥尔良系的路易·腓力继任成为法兰西国王。这个七月成为平民阶层的黄金七月：巴黎的道路及著名的建筑诸如协和广场上的方尖碑、凯旋门相继竣工。这类丰富的

资源为艺术家和文学家的创作提供了宝贵的素材。1832年，巴黎暴发霍乱，中部和东南部的贫困街区大受其害。时任首相的梯也尔生怕外国军队趁机入侵巴黎，于是，在如今环形大道的地方修筑了城墙。1847年，法国爆发经济危机。而在这种微妙时刻，路易·腓力却表现出了他对君主立宪制的不满。于是1848年2月，巴黎人民发动

政变，推翻了路易·腓力的统治，之后建立了法兰西第二共和国。1848年6月，巴黎工人爆发起义，最终被镇压。之后，巴黎人迎来了拿破仑·波拿巴的侄子路易·拿破仑·波拿巴，史称拿破仑三世。当选为共和国的总统后，路易·波拿巴于1851年12月2日发动政变，而后在1852年12月2日正式称帝。

奥斯曼的巴黎

拿破仑三世决定对巴黎进行大改造。他将这个任务交给了塞纳省省长奥斯曼。奥斯曼摧毁了巴黎大部分的旧城区，重新修筑街道，并建造了许多公园。巴黎举办世界博览会之时，整个城市的照明系统令人叹为观止。同时，奥斯曼也改造了

巴黎的下水道系统，建立了一个完善的供水系统。因此，每年都有上万的移民涌入巴黎。1846年，巴黎成为一个拥有百万人口的城市（未有大批移民之前人口约有70万人）。

为了使城市化达到一个更合理的规模，1860年1月1日，巴

黎近郊的区域也都划入巴黎市，即后来的12区到20区。1870年7月，爆发了普法战争，拿破仑三世被俘。普鲁士军队包围巴黎的几天前，国都成立了临时政府。

皇帝被囚，战争失败，法国割让阿尔萨斯和洛林地区，民众因此怒不可遏，

于是爆发了巴黎公社运动。

美好年代

第三共和国存续期间，巴黎持续外扩。

七月革命

查理十世不想再当一个没有实权的君主（当时法国为君主立宪制）。他决定实施专制制度，结果引起了民众的暴力反抗。1830年7月27日到29日，民众在路上设置路障，反抗政府。法兰西元帅马尔蒙率领的军队最终被起义群众打败。

但当时的巴黎不是特别有名，一直等到19世纪末，即"美好年代"开始时，奥斯曼改造的巴黎开始声名大噪。1889年，世界博览会让巴黎进入了一个新的时代。共和国政体在诸如布朗热事件（1889）和德雷弗斯事件（1894）的危机中摇晃存续。当时的巴黎和维也纳被并

称为"欧洲的文化中心"。奥斯曼改造完巴黎后，又将改革指向了新艺术。巴黎修筑地铁的计划已经酝酿了大半个世纪，只是一直都未能实现。1900年，巴黎开始修筑地铁。

| 1921 | 1937 | | 1969 | 1977 | 1989 | 1998 |
摧毁巴黎旧城区 | 装饰艺术博览会 | | 修筑大区快速铁路网（RER） | 博堡（蓬皮杜艺术中心）竣工 | 巴士底歌剧院正式投入使用 | 全自动无人驾驶的地铁14号线（东西快速地铁）投入使用

1920　　　　1940　　　　1960　　　　1980　　　　1990　　　　2010

| 1914 | 1940年6月14日 | 1944年8月 | 1977年3月25日 | 1989 |
饶勒斯被刺身亡。爆发第一次世界大战 | 德国攻占巴黎 | 巴黎解放 | 巴黎选举第一任市长 | 法国大革命200周年

现代时期

在短短几年的时间里，巴黎的人口增加了四分之一，但第一次世界大战（1914—1918）爆发后，巴黎人口流失严重。1921年，巴黎的人口少于300万人。1919年到1939年，巴黎的建设一直停滞不前。此后，巴黎

1940年至1944年，德国占领巴黎，巴黎人口没有增长；而解放后的巴黎，人口像决堤的洪水一样疯狂地增加。战争摧毁了巴黎，巴黎的住房空前短缺。这种迅猛的人口增长让巴黎的一些小酒馆和一些颇具文艺气息的咖啡馆（如花神咖啡馆和双偶咖啡馆）得到了千载难逢的发展机会。鲍里斯·维昂曾去的那些位于圣日耳曼德佩区的酒窖也因此重回历史舞台，再也没有人会忘记它们。1954年那个寒冷的冬天，皮埃尔神父因其善心在法国获得了极高的声誉；也在那个冬天，政府决定大规模增建房屋。1958年，一个新的政党取得国家权力，同时也推动了建屋计划的发展。从1962年开始，面积广阔的郊区开始增建房屋。而此时，有200多万人口被巴黎市区拒之门外。巴黎一直是法国对外展示其优雅风范、历史底蕴的窗口。为了维护巴黎的形象，1962年，法国颁布了《马尔罗法》并着手修整巴黎的旧城区，尤其是玛

的近郊开始吸纳新移民，由此引发了一个必然结果：乡间住宅不断增多。因郊区费用较低，且劳动力充足，巴黎市区的工业纷纷迁移到郊区。而后市区与郊区的分界线也越来越明显：构筑了一条红色地带，

特大城市

莱区。在第五共和国时期，法国政府实施了多个重大工程，其中包括新交通系统的建立，其为1000万人的出行提供了更多的便利。1969年，第一条大区快铁（RER）的轨道建成，从此郊区到市区的时间大大缩短了。巴黎周围还新建了5个城市。在巴黎城区生活的多为富裕的中产阶层，由此整个城区也变得资产阶级化。尽管1968年5月爆发的学生运动震惊当局，但他们却不用再害怕另一个"巴黎公社"的出现。蓬皮杜主政时期，巴黎成了一个城市乌托邦，它将戴高乐将军之前的构想付诸实施。蓬皮杜大堂、蓬皮杜艺术中心、朗吉、拉德芳斯、蒙帕纳斯大厦……新政府彻底地将巴黎改头换面（也许有些人会唏嘘）。1945年至1975年是法国经济发展的"光

即巴黎郊区的工人多为左派。巴黎学校里的那些浪漫的艺术家仍然吸引着世界的目光。在市区内，外国人尤为活跃的地区便是蒙帕纳斯。两次世界大战间隔的时间并不短，巴黎有足够的时间可以恢复战前的繁

荣三十年"，其伴随着石油危机的开始而结束。吉斯卡尔主政时期的法国相对来说则更为保守。巴黎恢复了它在国际上的声誉；巴黎的城市绿地不断扩大，为市民的生活提供了更高的舒适度。巴黎只是法国的一个普通市镇；1976年，巴黎和其他市镇一样，

重新将"市长"定义为巴黎的最高行政长官；1977年，巴黎选出了它的第一任市长。蓬皮杜主政期间，最为奇怪的一件事便是他弃用纵贯巴黎的10号高速公路。1981年，弗朗索瓦·密特朗当选总统后，他把巴黎打造成一

荣。但结果似乎不尽如人意，这个曾经因为启蒙运动和美好年代发光发热的城市渐渐暗淡了：1925年和1931年博览会的热闹根本无法与1889年和1900年的博览会同日而语。

个与以往不同的巴黎：兴建巴士底歌剧院、拉德芳斯新凯旋门、罗浮宫玻璃金字塔（"大罗浮宫"计划的一部分），以及密特朗图书馆。法国从1988年开始兴建写字楼，但因为遭遇经济危机，该计划不幸夭折，最后，市政府只能将那些闲置的写字楼又恢复成住宅。此时，巴黎的人口仍保持稳定。1998年，适逢法国举办世界杯，政府在圣德尼市兴建法兰西体育场。同时，政府还对巴黎东部街区（贝西、图尔比亚克）进行改建，以统一市容市貌。1998年，全自动无人驾驶的地铁14号线投入使用；1999年，大区快线（RER）E线通车；2006年，马雷绍段新型有轨电车启用，大大方便了巴黎和郊区之间的交通。

中世纪巴黎的大学

巴黎的大学最初是附属于圣母院的一个教会机构。12世纪时，巴黎的大学的规模渐渐扩大。学校校规由圣母院的主管（即学校的校监）制定，同时，他（她）还负责授予学位以及监督学校的教育情况。不少教师因为学校校规以及管理过严而逃到了塞纳河左岸，巴黎的主保圣人圣日内维耶曾在那里的山坡上公开授课。第一个跨越塞纳河的人是阿伯拉，他当时在西岱岛深受迫害，所以只好仓皇逃走。

诞生

圣日内维耶山的山坡是教师、学生这群不安分的学术人士常去的地方。在学校还没有产生以前，教师经常在马厩或者谷仓授课。那些学生好争斗，又喜吃喝，引起了巴黎民众的反感和恐惧。有一次，在一个小酒馆发生了争执，导致5人死亡。于是在1200年，腓力·奥普斯特规定，今后学生必须得遵守教会的教规，且学生的活动范围仅限于夏特莱。1215年，教皇特使罗伯特·德·库尔松制定了大学章程。1238年，教皇格里高利九世签署同意令，明确学校管理人员的分工：圣母院主管授予神学院和教会法学院学生学位；圣日内维耶修道院的主管则负责授予文学院学生学位。而从1211年起就设立的学校代表人现在只是文学院院长而已，由4个教区的代表选出。

教区

这些教区由友好协会、行业协会和宗教团体组成。当时法国教区分为5个部分：巴黎和4个总主教教区（桑斯、兰斯、图尔、布尔日）。另外，还有庇卡底教区、诺曼底教区、英格兰教区，以及弗拉芒教区、德意志教区、斯堪的纳维亚教区。

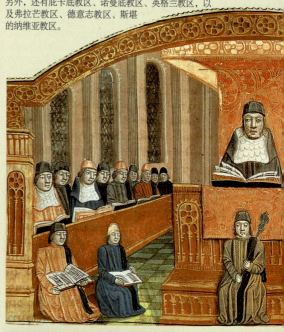

大型论战

在中世纪发生的大型政治和宗教冲突中，都能看到巴黎大学的影子。在约翰二世被俘和埃蒂安·马塞尔暴动期间，因为不满当时社会反对异端思想，又想为天主教会大分裂找出一条出路，大学甚至试图要将学校的意志强加给国王。

教育

　　文学院招收14岁左右的学生，课程有三科制（语法、修辞、辩证法）和四科制（算术、几何、音乐、天文）之分。学习6年后，学生即可参加毕业会考，拿到毕业证书，便可以任教。文学院的毕业生也可以学习教会法或者数学，也可以获得相关学位。神学院作为巴黎大学最主要的学院，要求学生的年龄必须在15岁以上。

索邦大学

　　巴黎的学校前身多为寄宿学校，供赴巴黎求学的外省、外国学生居住。也正因为如此，从1250年起，巴黎学校的规模迅速扩大。14世纪，巴黎的学校除了为学生提供住宿外，也招收本校寄宿的学生，由住在学校里的辅导教师授课。据统计，在15世纪，巴黎60多个学校约有700名学生。其中，最著名的一所是1257年由罗伯特·德·索邦主持兴建的学校，它在15世纪改名为索邦神学院。神学院中还细分为多明我会、方济各会、西多修道会神学院，来巴黎学习神学的修道士都可选择自己所属教会的神学院。

巴黎大学印章

严格执行纪律的人

　　他们监督教师上课，严格监考。没钱的时候，他们可能会做一些犯法的事。他们的特立独行、他们的暴动以及他们的愤怒经常会让人联想到弗朗索瓦·维庸。

凯瑟琳·德·美第奇

改写法国历史的圣巴托罗缪大教堂位于巴黎，1559年竣工。当时只有少数人支持天主教，因而该教堂的影响力仅限于卢瓦尔南部。1562年3月，吉斯公爵的党羽主导了瓦西大屠杀，大肆杀害新教徒，拉开了一直持续到1598年的宗教战争的序幕，而这只是8场战争中的第一场。在1572年8月24日的圣巴托罗缪大屠杀之时，民众的恐惧达到了极点。1593年，亨利四世决定改信天主教。1598年，亨利四世颁布《南特敕令》，规定新教徒可以有宗教信仰自由，这时巴黎才又获得了和平。

巴黎的新教徒

受过教育的小官员、手工业者、皮货商、呢绒商、金银匠和书商为宗教改革贡献了巨大的力量。在最高级贵族中，门第最为显赫的波旁家族、孔泰家族、布永家族、蒂雷纳家族、拉罗什富科家族都为加尔文派教徒，而那些长期受本堂神父、僧侣、牧师影响的文盲、迷信的民众则仇视这些富裕的胡格诺教派（天主教对加尔文派的称呼）。

悲剧的序幕

亨利二世的遗孀凯瑟琳·德·美第奇在儿子查理九世在位期间总揽大权。新教徒和天主教徒都十分憎恨她，但只能在这两者之间迂回前行。凯瑟琳无法使用武力解决加尔文派教徒，而她对西班牙国王腓力二世的能力又有所怀疑。当时西班牙的领土包围着法兰西王国，于是她决定同加尔文派和议。凯瑟琳将女儿玛格丽特嫁给了纳瓦尔的国王亨利·波旁，企图通过这段婚姻达成两派的和平。

配角

7月9日（或10日），纳瓦尔国王亨利、他的堂兄孔泰亲王、科利尼海军上将和拉罗什富科一起来到了巴黎，随行的还有成千上万名加斯科尼侍从。巴黎的天主教徒愤而迎接来自洛林地区的吉斯家族，同样他们也带着大队人马来到巴黎。当时，吉斯家族的随从便住在罗浮宫旁边的小旅馆里。

科利尼说服懦弱的查理九世，让他去荷兰救那些反抗西班牙国王的新教徒。他的母亲知道后便威胁他，如果他敢去，她就回佛罗伦萨。与此同时，她决定除掉科利尼及其党羽。

奢华婚礼

8月18日，纳瓦尔国王迎娶瓦卢瓦的玛格丽特。22日早晨，科利尼被袭击，对方连开两枪，但安布鲁瓦兹·巴雷医生救了他。23日晚上，凯瑟琳·德·美第奇向查理九世承认她是暗杀行动的始作俑者，而且她又一次威胁自己的儿子，如果他不消灭胡格诺教徒，她便回佛罗伦萨，查理九世只好妥协。晚上9点，王室在罗浮宫紧急召见市长，市长接受命令：关闭所有的城门，让民兵卫队做好战斗准备。

大屠杀

大屠杀在凌晨三四点钟开始。当时圣日耳曼奥赛尔教堂的钟声响了，圣巴托罗缪教堂的牧师要开始诵读晨经了。吉斯公爵和他的军队负责刺杀科利尼。纳瓦尔国王的贴身侍从都在床上被杀。大屠杀一直持续到8月29日，有1500～2000人遇难。信奉新教的贵族几乎都被杀，除了亨利·波旁，他后来被关进监狱里。巴黎城里的加尔文派教徒死伤惨重。到此为止，巴黎的新教教徒几乎荡然无存。因为圣巴托罗缪大屠杀，此后20多年里法国民众不断发动战争，对抗王室。

巴黎和法国大革命

法国大革命开始的标志是攻占象征君主专制的巴士底狱。民众在杜伊勒里皇宫推翻了君主立宪制，摧毁了协和广场（路易十六在此被斩首示众）。而后，恐怖统治又一次让巴黎人揭竿而起，这一次大屠杀发生在民族广场。此后4年中，巴黎的自治权被收回中央，成为一个中央集权控制下的城市。

政治地图

大革命之后，巴黎城里不同的地区有了不同的政治标签。圣安东尼郊区聚集着一批主张民主政治的手工业者，人口密集的老城区和塞纳河右岸则为巴黎的政治中心：诸如国民议会、雅各宾俱乐部、斐扬派俱乐部等权力机构都围绕在城堡周边，即现在的圣奥诺雷街和里沃利街这片区域。1790年，象征国家统一的"联盟节"在战神广场举行，当时已经出现了内战（1791年7月）的苗头。

农民课税城墙

从城市或者国家的观点来看，1789年是一个具有重要象征意义的年份：当时的巴黎发生了财政危机，而入市税阁楼失火则让整个局面雪上加霜。阁楼由克劳德·尼古拉斯·勒杜建造，这场大火使得巴黎地区勒杜的作品变得更为稀有。

"在巴黎，像矛一样锋利的麦子毫无困难地破土而出，还有那些像利刃一样的矢车菊、那些血红的虞美人。积蓄已久的愤怒冲出牢笼——收获的季节来临了。"

——马克斯·波尔·富歇

恐怖统治

民众总在不经意间变成了恐怖统治的受害者。在这段时间内，僧侣是受迫害最严重的：1792年，当局发动了卡莫修道院大屠杀。匹克特斯公墓跟郊区的那些公墓一样，葬满了那些最高级贵族的尸体。

巴黎的面貌变了

制度和社会的变革引起了产权变更。教会、政府、贵族的财产都被变卖了。巴黎那些设计最为精美、壮观的宅第或者修道院都成了建筑师、律师、公证人员、银行家、批发商、制造商等的囊中之物，当然还有一些为国家所有。当时的巴黎几乎变得面目全非：原本为贵族聚集的圣日耳曼区成为内阁政府所在地，位于圣奥诺雷郊区的爱丽舍宫则成为荣耀之地。同时，巴黎的文物遭到了极大的破坏，圣日耳曼德佩区的一些修道院建筑被毁，巴黎的罗马-哥特式建筑因此变得更加稀少。

巴黎公社

　　巴黎公社运动是巴黎历史上的重大事件之一。巴黎公社的出现源于普法战争。在色当战役中，法军战败，法兰西第二帝国被推翻；普鲁士军队兵临巴黎城下，团团包围了这个伟大的首都。巴黎城内的爱国分子和政府的矛盾变得越发不可调和。1871年年初，法军战败，走投无路的政府投降，退居波尔多。搬回凡尔赛之后，政府重组国民议会，强迫巴黎人民签署投降书，最终引起了人民的反抗。

外国侵略战争

　　1870年夏，普鲁士击败法国，完成统一大业；1871年，普鲁士占领巴黎，而后巴黎人民起义，成立巴黎公社。为了让巴黎人民投降并且攻入巴黎这座坚硬的堡垒，德军在1871年1月5日至27日总共动用了12000枚炮弹。

巴黎公社

　　巴黎人民对政府的不满已积蓄了一个多世纪，当时他们根本无法接受政府的投降。于是1871年3月18日，愤怒的巴黎人民从巴黎向梯也尔政府所在地——凡尔赛挺进。正规军和国民自卫军两军正面对峙，国民自卫军阻止"凡尔赛军队"取回属于巴黎人民的大炮，这些大炮存放在某个山丘顶峰的宽阔地带。蒙马特由此出现了革命的先兆。而在19年后，人们又在此规划建造了通往圣心教堂赎罪堂的宏伟楼梯……

　　炮弹主要集中在塞纳河左岸，共有1400幢建筑被毁，其中包括博物馆、植物园温室、内克尔医院、青年盲人学校……而巴黎城外的建筑也未能幸免：普鲁士士兵于1870年10月23日摧毁了圣克劳德城堡；1871年1月31日，签署完停战协议不久，德军又摧毁了默顿城堡。

城市之战

　　收复巴黎的战争打得十分艰难。当时奥斯曼已经着手改造巴黎，狭小的街道变成了宽阔大道（不利于隐蔽）。巴黎城本身也不大，然而就是这样一个城市却令面对它的军队束手无策，而巴黎街上放置的路障也增加了战争的难度。

流血周
（1871年5月21—27日）

　　拉雪兹神父公墓里有一面巴黎公社社员墙，埋葬了巴黎公社牺牲的一部分社员。据统计，当时总共有20000多名巴黎公社社员罹难（一说是35000名）。周围的街区因为这次大屠杀而遭到了极大的破坏，其中就包括美丽城，它也因此得到了另一个名称"野蛮之城"。流血周的恐怖记忆深深地留在了这座城市里。杜伊勒里皇宫被焚毁，遗址于1882年被推平，改建成花园。塞纳河边的审计法院被烧成一片废墟，一直到1898年才开始重建。巴黎的其他建筑物或多或少都有损毁，罗浮宫也只能算勉强逃过此劫。

世界博览会

　　19世纪，巴黎举办过5届世界博览会，分别是在1855年、1867年、1878年、1889年和1900年。而在20世纪，巴黎只举办过一届世界博览会，在1937年。20世纪的巴黎明显衰退了，而第一次世界大战以及巴黎的艰难复兴便是造成这种衰退的部分原因。世界博览会是一次盛会，各国在此展览自己的技术研究成果，有助于技术传播。法国人尤其喜欢这种展会，因为他们不仅可以利用这些机会展示自己的艺术和科技成果，同时也可以让世界目睹其制造的奢侈品的精美、华丽。巴黎是一个有着深厚历史的城市，环绕在那些美丽街区的古建筑数量丰富，且都具有代表性。

1855年和1867年世界博览会

　　法兰西第二帝国举办的这两届世界博览会足以媲美1851年英国伦敦世界博览会。那年伦敦的水晶宫在世界各国引起了较大轰动。当时法国世界博览会的展馆十分宏大，为金属结构，与工业宫一样，它外面罩着巨大的玻璃，展馆从右岸一直延伸到凯旋门附近。这两届世界博览会吸引了众多观光人群，1867年，游客数量更高达1100万人次，巴黎酒店业也因此获得了发展。巴黎的首批豪华大饭店即建于当时。

1878年和1889年世界博览会

这两届世界博览会由法兰西第三共和国举办。举办1878年世界博览会时，法国已经摆脱了1871年的阴霾；而1889年的世界博览会，则适逢法国大革命100周年。从城市规划角度来说，巴黎横跨塞纳河，将河的两岸紧密联系起来：巴黎7区位于塞纳河左岸，而8区则位于右岸。另外，巴黎政府还在夏乐山上建了特罗卡德罗宫，修建了埃菲尔铁塔。巴黎因此变得更加优雅，也更富有魅力。埃菲尔铁塔，顾名思义，是一座金属结构的塔，巴黎的保守派认为它冰冷的外表更像一个尸体示众场，然而世界各地的游客却对它钟爱有加。位于特罗卡德罗宫和埃菲尔铁塔轴线上的是军事学院，其范围一直延伸到格勒纳勒平原的边缘。

1900年世界博览会

为迎接世界博览会，巴黎政府在原工业官的遗址上建造了大皇宫和小皇宫，两座宫殿相对而立。小皇宫建在一条新的凯旋大道上，该条大道通过亚历山大三世桥（专为世界博览会而建）将爱丽舍宫和荣军院宅第连接起来。这届世界博览会不再推行"展馆建了就拆"的理念：两座宫殿和桥梁在博览会结束后均被保留下来，这在历史上尚属首次。大小皇宫和亚历山大三世桥的设计十分大胆新颖，它们开创了一种新的建筑风格：将经典的石头建材与现代盛行的装饰材料相结合，并大胆采用金属结构，但又巧妙地将金属的那种冰冷外表隐藏了起来。在今天看来，这种建筑风格似乎已经与巴黎的名胜古迹融为一体，并没有突兀之感（或许这应该归功于路易十四和路易十五）。

巴黎被占领，巴黎解放

1940年6月14日至1944年8月25日，德国军队占领巴黎，并在占领区建立了军事统治机构。巴黎城区并未受到任何毁损，也未受到炸弹袭击，倒是郊区经常被轰炸。不过，郊区也因为街头游击战而最终获得了解放。

巴黎被占领

当时的巴黎没有公共汽车，没有出租车，也没有汽车，除了占领者和投敌分子开的汽车，烧煤气汽车、自行车、由自行车拖的客车，还有马车成了巴黎居民的交通工具。巴黎的地铁在每天上午11点到下午3点以及周末都是关闭的，运行时间到晚上11点，这便是著名的"最后一班地铁"，只有乘坐该班地铁才能赶在宵禁前回到家。

巴黎的德国军队无处不在：说明书全部用德文书写；公共建筑门口悬挂的全是

纳粹德国的国旗，旁边并有哨兵把守；德国空军参谋部驻扎在卢森堡宫；巴黎市长在莫里斯酒店办公，而法国政府则迁到雄伟酒店。德国士兵有自己的兵营、公寓和电影院，他们还占领了一些饭店和奢华的咖啡馆：如天方夜谭和苏西·索里朵。

黑暗区

巴黎被占领时有几个相当可怕的地方：福煦街74号和索萨伊街9号——盖世太保的办公场所；位于拉斯帕耶大街54号的谢尔谢米地监狱；在瓦勒里昂监狱里，1941年至1944年，有4500人被枪杀；冬天，自行车赛场关押的是1942年7月中德军突击搜捕的犹太人。这里还没算上郊外的那些监狱：德朗西、弗雷斯涅、罗马维尔……巴黎被占领之后，巴黎人还要为纳粹德国工作：圣克劳德隧道里有一个专门生产水下鱼雷的工厂，有5000个犯人为之工作。

巴黎的抵抗运动

实施抵抗运动时，应谨慎选取地点，比如一些比较隐秘的地方。法比安上校便是如此考量的。1941年8月21日，他开枪打死了一个在地铁站喊他名字的德国士兵。冰川街的一间修道院里就藏着情报局的情报员。抵抗运动中，有37个青年在布洛涅森林里被德国士兵枪杀……

处境危险的巴黎

从贝克镇到施瓦兹镇的这段塞纳河上共有45座桥，当时未被摧毁，而塞纳河下游的桥就没有这么幸运了。当时的巴黎具有重要的战略地位，处于德军防御体系的中心（主要针对法国北部和东部）。希特勒给巴黎市长翁·舍尔蒂茨下了一道明确的命令：一步一步在巴黎建立起防御体系；万一战败的话，在撤退过程中炸毁这座城市。德军在桥下、政府大楼、所有供需商店、铁路和车站均埋设了炸弹。希特勒还下令摧毁所有试图反抗的街区。

巴黎解放

塞纳河左岸的解放标志着巴黎的解放。1944年8月25日，勒克莱克率领的装甲第二师和美国的军队分别从奥尔良、凡夫和塞弗尔的港口进入巴黎。巴黎圣母院钟声齐响，以此迎接这两支先锋部队。戴高乐将军走到香榭丽舍大道上，做了一个令人难忘的手势，他用这个手势抹去了1940年德国国军在此游行带来的屈辱。与此同时，几乎整个巴黎都在为自由而战。城区建筑上钉的那些铜牌就是这个城市黑暗时光的见证。

巴黎暴动

巴黎暴动发生在被德军占领的第1518天，也就是1944年4月19日。巴黎人民举行的大大小小的暴动几乎都被警察局镇压了，不过有时候他们也不管，就只从巴黎地下墓穴开始放置路障，阻挡民众前进。3天时间里，他们共放置了200多个路障。巴黎东南部的暴动尤其频繁，主要集中在圣米歇尔大道和圣日耳曼大道（这两条路的交叉口因此被称为"死亡路口"），以及共和国广场和拉法耶特街。当时，左派抵抗运动的代表人住在马提农酒店。

1968年5月

　　巴黎是一个革命之城。1968年5月，巴黎学生发生暴动。这是20世纪60年代的第三场学生运动：1964年，美国加利福尼亚州学生暴动；1966年，德国柏林学生暴动，有成千上万的学生参加了静坐抗议。然而，只有巴黎的学生运动在全国范围内引发了政治危机，推翻了当权政府，并迫使国家元首辞职。

农泰尔：学生运动的发源地

　　1967年注定是躁动不安的一年。社会各阶层联合抗议，示威游行，与警察局发生冲突。郊区的农泰尔文学院的学生发生暴动，导致学校关闭（这所大学会像伯克利大学一样为世人所铭记）。学生的抗议运动始于1968年3月22日，其中有42个学生冲进了学校的行政楼。

拉丁区

　　农泰尔文学院在1967年3月2日关闭，而索邦大学在3日关闭，聚集在校园里的示威者则被强行拖走。此后，示威的大学生和高中生经常会在左岸与共和国部队起冲突。5月7日，全国学生联合会举行了一场大型的游行示威运动，他们从拉丁区一直游行到凯旋门。

5月10日

　　从5月10日晚上到11日，巴黎警察在拉丁区设置路障，引起了学生的暴力反抗。由于无法前进，于是学生们改变战术，转而占领当地的一些机构，如索邦大学、桑斯埃学院、奥德翁剧院，这些都成了他们的大本营。他们革命的激情和持续的抗议都是为了争取学生应有的权利。到今天，只有索邦大学的墙上仍旧保留着当时那些贴着大字报、刻着字的墙面。

雷诺

　　后来，学生运动引发了工人运动。雷诺位于比扬古、弗林斯和克莱昂的工厂成为工人运动的主要发生地。法国的学生似乎想拉拢各个阶级一起进行抗议。位于大学城附近的夏雷蒂体育馆刚重新整修过，5月27日便迎来了一场大型的示威运动，当时的示威者声称要组建过渡政府。

重建秩序

　　自1944年以来，香榭丽舍大道就一直被认为是国家的标志，而人们也不断地在强调它的这种身份。5月30日，香榭丽舍大道迎来了一场声势浩大的示威运动，人们声援戴高乐将军，他应该是那个可以帮助法国重建秩序的人。然而，在接下来的几个星期里，戴高乐将军却持续处于麻烦之中。

巴黎面貌

巴黎的街道

巴黎街道上每天来往的车辆高达300万辆，但巴黎仍然是一个不折不扣的"步行王国"。19世纪末，随着人行道的普及和公共卫生理念的出现，巴黎的步行环境也有了显著的改善。今天，街道上随处可见环卫工和道路清洁工，而在战前，街上充斥的是不计其数的流动商贩，他们穿梭在这个城市的大街小巷。虽然如此，巴黎依然没有失去它从前的风景，现在你仍然可以在街上看到露天集市，也能听到叫卖商人的大声吆喝。

巴黎的人行道

早期，因为路面凹凸不平，总会有一些水坑，身份地位较高的人就会挨着房子的边缘走，这样就不会碰到污水，而普通百姓不行，他们只能走路中间，不可避免地要踩到那些污水。直到1780年人行道出现后，这种情况才稍稍有所改变，人行道的普及则是在法兰西第二帝国时期实现的。

爱干净的省长

1884年，塞纳省的省长欧仁尼·普贝尔（上图）要求巴黎居民每个人自备粪桶，并要在上面刻上自己的名字。两年后，诞生了粪便污水直通下水道的排放系统。有些利己分子不满这位省长干涉他们的生活自由，对他的这个政策颇有意见。即便如此，也无法阻挡整个社会的发展趋势：19世纪末，卫生成了一件关系公众的事（从个人卫生发展到公共卫生）。另外，在奥斯曼的改造之下，巴黎的街道焕然一新，成为可以容纳各种交通工具的通道，当然，也可以步行。

治安人员

治安人员的主要工作是救援、地区分管（针对危险街区）和巡逻。巴黎的警察负责共和国所有机构以及首都的安全。巴黎警察局并不是巴黎的权力机构，它只是共和国政府的一个行政机构而已。

巴黎最大的菜市场之一，位于美丽城街，为早市，每周开市两次。摄于1904年

交通警察平均每年要开出700万张罚单

拉丁区中心，穆夫塔尔街的市场

身着绿衣的人们

巴黎的道路清洁工负责"巴黎的清洁"——巴黎的大街小巷都写有这句标语。

叫卖商人

"快来看，快来买哦！东西又好又便宜哦！"要想看到叫卖商人的话，你就得去那些路边的市场走走。战前巴黎还有许多流动小商贩，他们穿梭在巴黎的大街小巷，如今的巴黎街上几乎已经没了叫卖商人的身影。不过，还能看到一些小贩和磨刀工——他们的摊车上载着窗玻璃以及流动歌手。

卖栗子的小商贩

门房

巴黎街上有一些彩色房子，那些房子从19世纪就有了。每栋房子里都有一间门房。随着科技的发展，门房已经逐渐被数码门控装置取代。

巴黎市民从1914年开始便不在巴黎街上举行狂欢节了。不过，电音游行却走上舞台，成为巴黎人的新宠儿。

郊区的妇女步行去凡尔赛宫讨要面包，巴黎公社为阻挡凡尔赛军队的前进设置路障……巴黎从来都是一派嘈杂喧闹的景象，民众的愤怒此起彼伏。如果政府对这些示威游行视若无睹，不做点儿什么，那巴黎人将会永无止境地闹下去：每年巴黎人举行的请愿活动有1500场，平均每天约4场。

政治通道

半个世纪以来，游行和示威演化成了一种政治参与的手段，巴黎也因此一分为二，每片区域都有其政治色彩。从1934年起，巴士底狱—民族广场一线以及巴士底狱—共和国广场一线为"左派通道"；由联合会和其他机构组成的人民阵线的主要力量则聚集在郊区；自由派则将香榭丽舍大道定义为"戴高乐派的通道"。

花岗石

巴黎有一条路铺设的是花岗石，每块重1～2千克，这条路长20米。发生骚乱时，人们便会首先抨击这条路。1968年5月，学生示威者称这条路"坚硬的花岗石底下藏着软绵绵的沙滩"。

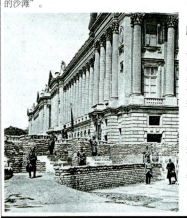

示威游行规则

所有走上街头的示威活动都应获得警察局的批准。道路上要至少留出3米宽的通道，以保证人群可安全通过。

路障

维克多·雨果说"当局害怕人民战争的主要手段（指暴动游行）"，所以设置了路障，用于阻挡人们前进。1830年、1848年的起义和巴黎公社运动（右图，协和广场）均有暴动游行。

38

节假日期间的街道

自1981年法国设立音乐节后，巴黎人便会用街头音乐会和通宵舞会的方式来庆祝仲夏节。7月14日国庆节时，舞会上更是人山人海。其中，最受欢迎的是消防营舞会和巴士底狱广场舞会（左图）。

荣誉之路

1804年，拿破仑一世为庆祝他与玛丽·路易丝喜结连理，在香榭丽舍大道组织了一场盛大的庆典活动。1919年7月14日，法国军队在香榭丽舍大道举行胜利游行。1921年，无名士兵的骨灰移到大道上的凯旋门下安葬。香榭丽舍大道因此成为一条荣誉的爱国之路。

高峰时期的巴黎地铁拥挤不堪。1970年曾经流传过一句口头禅："地铁，工作，家。"这句口头禅一直到现在仍是巴黎人的生活写照。巴黎地铁是由工程师福尔让斯·比安弗尼于1900年主持修建的。巴黎的地铁比预计的晚了40年启用；修建时，法国政府还和巴黎市政府闹了矛盾。但福尔让斯仍然是那个值得巴黎感谢的人：巴黎有建得像博物馆一样的地铁站；有露天运行的地铁，它就像空中列车（谓为"空中地铁"）一样穿过塞纳河。

巴黎市区与郊区的对立
巴黎市区的民众不愿意地铁通到郊区，他们坚持地铁只能在巴黎市区内运行。火车靠左运行，巴黎地铁则靠右运行，以避免日后两车对撞。

文化遗产
由吉马德设计的84个"新艺术"地铁口（右页上图）：白釉方砖，砖上雕刻着广告牌。

平行轨道
建造公用设施时，巴黎市政府不愿意与私人土地所有者谈判，他们更愿意使用公共土地。因此，在巴黎大部分新建轨道都与旧轨道平行。

SAINT GEORGES

地下文化

在安德烈·马尔罗主持下，罗浮宫站被改造成一个古老的博物馆。1967年，他提出"主题车站"的理念。右图为国民议会站。

工作人、测量员还是游手好闲的人？

这是乘坐巴黎地铁的三类人。对第一类人来说，巴黎地铁是日常出行工具；对第二类人来说，乘地铁不过是例行公事；而第三类人，则不经常乘坐地铁。

庇护所

巴黎的地铁为那些无家可归的人提供了庇护所。在巴黎，像这样的流浪人有好几千人。他们在地铁车厢里讲述生活遭遇，或者售卖那些专为他们出版的报纸。在巴黎，由无家可归者救助队、巴黎市流动专救车对无家可归者提供救助、医疗服务。

地铁里的旋律

巴黎的地铁里，会时不时地飘出各种不同的乐器声：手风琴、小提琴、达姆达姆鼓、吉他……之前巴黎自治运输公司总会驱逐这些业余音乐家，不过后来他们决定给他们发许可证，同意给这些音乐家划分出一块卖艺的地方。

咖啡馆

巴黎的咖啡馆因为发生在那儿的文学、政治、艺术等大事而变得引人注目。其中，普洛科普咖啡馆便是最早绽放出光芒的一家：启蒙运动的哲学家就是在那里展开论战的。巴黎小酒馆也是人们常去的地方：有挡雨板，还有能够照射到清晨第一缕阳光的露台。巴黎有许多这样的小酒馆，一间小酒馆平均服务200个居民。在休息时喝杯咖啡已经成了巴黎人根深蒂固的习惯。

普洛科普

1686年，一个叫弗朗塞斯科·普洛科普的西西里人在巴黎开了一间咖啡馆。咖啡馆装饰得十分奢华：一面面晶莹的镜子，豪华的吊灯，闪闪发光的镀金饰物。于是，那些从来只去大饭店的上流社会人士被吸引过来了。而在他们看来，这种可以刺激神经的新奇饮料"卡瓦"来自遥远的东方。

街角的咖啡馆

19世纪，奢华的咖啡馆都建在宽广的大马路边，而小咖啡馆则扎根于工人街区。左拉曾经在《小酒店》一书中批判过这种现象。现代咖啡馆诞生于20世纪初，它将奢华与平民两种风格融合了起来。

词汇

意式咖啡：7勺浓咖啡粉，蒸汽加压煮制。

浅褐色咖啡：黑咖啡加一点牛奶。

咖啡牛奶：白色或黑色。

巴隆：14勺红酒或者白酒，盛在窄口酒杯里。

德米：25勺压制啤酒。

沙托拉朋：从水龙头里流出来的酒。

"卖炭啦！"

19世纪，北上巴黎的奥弗涅人操着一口乡音大声吆喝着："卖炭啦！"其实，他们不仅卖炭，还卖酒。慢慢地，这些"炭老板"又变成了饮料零售商，现在仍旧存在这样的商人。有时候，人们也会用"小酒店老板"来称呼这些酒商。

锌

锌是咖啡馆的主要装饰。19世纪末，在左拉的《小酒店》一书中，第一次出现了"吧台"这个词语。长长的吧台可以容纳更多的顾客。咖啡馆里的吧台通常为锌锡合金，法国现在仍存有一些精美的吧台样板。

"街头沙龙"

咖啡馆面向大街的那面墙是玻璃墙，用于吸引顾客。巴黎的咖啡馆扮演着"街头沙龙"的角色。咖啡馆是一个中立而又民主的地方，它们做的不过是为客人提供服务。因此，对许多知识分子来说，咖啡馆是一个论战的理想场所，同时也是一个

适合"头脑风暴"的地方。

狄德罗和阿兰贝尔在普洛科普咖啡馆里撰写《百科全书》；卡米尔·德穆兰在巴黎皇家宫殿里的福伊咖啡馆里号召人民起来反抗；而超现实主义者萨特和波伏娃则经常去圣日耳曼德佩区的咖啡馆，那儿的文学氛围更浓烈。

咖啡馆侍应

咖啡馆侍应的传统工作服：黑裤子、白衬衫、领结，有许多口袋的马甲（用来放零钱），腰间系着白色围裙。巴黎每年都会举行咖啡馆侍应生比赛。

巴黎的一些娱乐场所既提供饭菜、酒水，又安排各式各样的表演。法国大革命时期的咖啡馆里经常会举行歌唱表演；七月王朝时期，则有诸多提供酒水的歌唱表演厅；美好年代时期，则主要是咖啡馆-音乐厅以及歌舞表演厅；而到了20世纪，音乐厅和卡巴莱大行其道；20世纪70年代，剧场式咖啡馆开始流行，并催生了新一代表演者和作家。今天，那些有音乐表演的咖啡馆、街角小酒馆又一次繁荣发展。在这些狭小的空间里，诞生了一批新生代的音乐家和说书人。

咖啡馆-音乐厅

刚开始，咖啡馆只是单纯的咖啡馆，吸引了不少艺术家前来；而后，在第二帝国时期，咖啡馆渐渐发展成为咖啡馆-音乐厅。从1870年开始，那些可直接欣赏表演的咖啡馆，诸如女神游乐厅、巴塔克兰、红磨坊则渐渐演变成音乐厅。

歌唱表演咖啡馆的回归

在巴黎的咖啡馆里，音乐和歌唱表演又刮起新一轮的风尚潮流，通常都是些风格多样的小型表演。就连风笛、民间歌曲也被重新搬上舞台。但咖啡馆的音响设备有限，因此表演者要注意选择歌曲，另外，也得找一些好一点的音响设备。

巴黎的歌舞表演

在两次世界大战期间，歌舞表演风靡巴黎。

卡巴莱

　　卡巴莱由七月王朝时期的歌唱表演厅发展而来。七月王朝时期，工人合唱团在表演厅后台表演，唱的都是些反现实的歌曲。卡巴莱诞生于19世纪末的蒙马特。阿里斯蒂德·布吕昂和伊维特·吉尔贝在米尔顿和日本酒馆演唱社会歌曲和讽刺歌曲。卡巴莱的精髓在于"不得体"和"挑逗"。一直到战后的20世纪20年代，这两种元素仍然为圣日耳曼德佩区的屋顶公牛所追随。

剧场式咖啡馆

　　20世纪60年代，一批年轻的作家和表演者正在寻找一些非传统的表演场所，他们自然而然地将目光投向了咖啡馆。于是剧场式咖啡馆诞生了。蒙马特的皇家、拉丁区的老巨人和巴黎大堂的灯塔便是第一批诞生的剧场式咖啡馆。剧场式咖啡馆打造出了一批新生代的天赋表演者，如科吕什和德帕迪约等。他们的作品充满了幽默感和讽刺精神。

锤炼表演者的学校

　　在那些有歌唱表演的咖啡厅、卡巴莱和剧场式咖啡馆里，公众对于表演者的要求近乎苛刻。所以，这些表演者必须要有一定的才华。乔治·布拉桑和勒奥·费雷（左图）从20世纪50年代开始便一直在卡巴莱表演。

资产阶级的巴黎和普通百姓的巴黎

　　福煦大街和圣安东尼郊区街，星形广场和巴士底广场，都是彼此对立的街区。西部街区那些完美的直线与东部街区不规则的曲线形成了鲜明的对比。然而，资产阶级的巴黎和普通百姓的巴黎、西部住宅区和东部工业区的分界线并不十分清晰。19世纪，巴黎的"美丽街区"仅仅只限于精英所在的街区；而在今天，这种划分几乎已经不存在了。在巴黎市区，几乎看不到工人阶级的影子，他们基本上都已经搬到郊区居住；如今在巴黎市区居住的多是公务员、自由职业者。现在的巴黎仅仅是大巴黎地区的一小部分。

美丽街区

　　19世纪，奥斯曼对巴黎进行大改造，城区内属于资产阶级的楼房越来越多，巴黎渐渐一分为二。西部是资产阶级的优雅街区，其范围还包括纳伊郊区；而东部，则是工人街区，到处是狭窄的街道、林立的厂房。

弗朗索瓦·贝尔登肖像（安格尔，1832）象征着19世纪资产阶级的胜利。1900年左右，巴黎的"流氓"（下图）重新占领了美丽城，他们只是普通巴黎民众中的一部分

> "西部一片祥和幽静，裁剪整齐的树木，精雕细琢的房屋，阳光透过百叶窗照进屋里……这里充满了愉悦、温暖和安全感。"
>
> ——阿拉贡

贵族

19世纪初，不同阶层的人们还都住在同一个街区，而且通常都住在同一栋楼里。不过，越穷的人住的楼层就越高，贵族多住在一层或者二层，其装饰也极为考究、精致：挑高的天花板，精雕细琢的窗户。

优雅与市井

巴黎青年的两种风格。"优雅"指的是西部街区的中心：纳伊-欧特伊-帕西街区。

征服东部

20世纪80年代初，有许多艺术家和自由职业者看上了东部那些租金较为便宜的旧厂房，于是纷纷从西部迁往东部。贝西、巴士底、图尔比亚克成了新的焦点。巴黎东、西部对立的格局就此被打破。

47

左岸，右岸

"思想风潮不会刮过卡鲁塞尔桥的。"战前，罗杰·马丁·德加尔如是说。

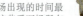

流经巴黎的塞纳河将其一分为二。右岸：商业和奢侈品的天下；左岸：文化和学校的天地。塞纳河两岸的这种区别在12世纪便已初见端倪；而当20世纪三四十年代圣日耳曼德佩区成为全世界的智慧中心时，这种区别达到了一个顶点。

讲拉丁语的河岸

左岸的文化气质（特别是5区、6区和7区）酝酿于12世纪，当时人们在这里创办了第一所大学——巴黎大学。拉丁区之所以得名是因为这里大部分的人都讲拉丁语。

今天，尽管大部分的大学、"大学

校"（高等教育机构之一）、专业学院纷纷搬离左岸，但左岸仍然保留着智慧街区的名号，不过其象征意义远多过其实际意义。现在在左岸仍有一些十分优秀的学校，比如路易大帝中学、亨利四世中学和巴黎高等师范学校。

巴黎的肚子

塞纳河右岸的采石场出现的时间最早，这些采石场所在地被称为"巴黎的肚子"。右岸后来成为奥斯曼城市化大改造的主要地区。

商业街区

右岸具有浓烈的商业气息，银行、保险公司、各大公司总部、大饭店、大型商店纷纷进驻右岸。

"文化王国"

左岸因为其学校众多而吸引了许多文化工作者。从中世纪开始，便有装饰画师定居在拉丁区。巴黎的出版社和书店几乎都聚集在这个街区，对作家来说，居住在左岸代表一种格调、风度。圣日耳曼德佩广场一直都是这个"文化王国"的中心，这里的一些咖啡馆、小酒馆，诸如利普、花神和双偶甚至都设立了自己的文学奖。

建筑

巴黎建筑的材料和颜色

　　巴黎盆地为石灰石盆地，因而巴黎的建筑大多采用石头材料。18世纪以前，石头均来自于地下采石场，有时候甚至是城区的地下采石场。这些开采出的石头占了整个城区面积的10%以上。之后，石头更多来自于邻近地区，这时瓦兹成了主要的来料地。这些采石场提供的方石、粗粒灰岩、灰泥都成了巴黎那些普通建筑的主要材料。亨利四世和路易十三时期的主要建材——砖则在19世纪末重现巴黎街头。锌（多用于屋面）、玻璃和铁（通常结合使用）、钢筋并称为19世纪建筑史上的"三大革新"。

砖

　　长期以来，砖都是作为一种填充材料使用。19世纪末，砖为石头的补充材料，而后渐渐地成为一种现代风格装饰物。两次世界大战期间，砖成了巴黎建筑中优先使用的材料。巴黎这时的许多公共建筑都使用了砖，如艺术学院和考古学院。

屋面

　　19世纪初，锌开始成为建筑材料，其多用于修饰屋角和屋面的细节部分。奥斯曼时期，锌成为普遍使用的建材。锌是一种韧度较高的材料，可用于建筑的绶带饰，特别适合巴黎这种建筑物稠密的地区。

石头

　　奥斯曼普及了石头的使用。从20世纪30年代开始，石头多用于墙面装饰。建筑师鲁·斯皮茨是使用该建材的先驱，他的作品给巴黎的建筑注入了现代气息。而在当代，石头拥护者和玻璃拥护者之间的争执一直未停。

灰泥

　　19世纪以前，石头只用于公共建筑和豪华饭店的建造，而住宅通常使用的是加工过的灰泥，其附着在木质结构和用砖（粗粒灰岩或者碎石）砌的墙面之上。灰泥表面和石头差不多，通常会用线脚、檐口或者切槽来修饰。在巴黎，那些混合使用石头和灰泥的建筑物通常会被称为"石头建筑"。奥斯曼普及了方石在楼房建筑上的使用。

铁和玻璃

　　从埃菲尔铁塔到蓬皮杜艺术中心(博堡)，铁的使用一直被视为一种离经叛道。约在19世纪末，铁和玻璃开始结合使用。今天，玻璃墙开创了一种全新的装饰风格。

550000片黄金

　　这是用来装饰荣军院穹顶的黄金的数量。雕像和栅栏也经常使用黄金装饰。

城市规划条例

巴黎最早的城市规划条例出现于中世纪。几个世纪以来，政府不断地修正、补充这些规则。而在此期间，巴黎也进行过几次土地规划，同时进行了一些城市化项目，人们的居住条件也已有所改善。基于安全、卫生以及美学方面的考虑，建筑物的高度必须严格按照道路的宽度、占地面积、墙面宽度，甚至于装饰以及建材来设定。只有严格遵守这些规则，才能让整个巴黎的景观达到高度的一致性。

长度：30米
墙面宽度：5米
道路宽度：3米

面积狭小的地块以及中世纪挑头

早期人行道

巴黎早期的人行道出现于18世纪末期。当时，这些人行道中间都挖了排水沟，导致道路两边凸起；填平中间的排水沟（另挖）后，巴黎的整个景观就发生了变化。塞纳省的省长汉布多（1833—1848）首次在巴黎的人行道两边设计了排水沟。可以说，这跨出了奥斯曼改造体系中的一小步。

长度：30米
墙面宽度：7米
道路宽度：6米

17世纪，拓宽、笔直的街道

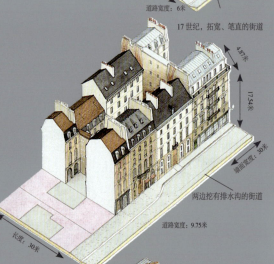

4.87米
17.54米
墙面宽度：30米

两边挖有排水沟的街道

道路宽度：9.75米

长度：30米

"奥斯曼化"

1859年的奥斯曼规则十分详细地规定了建筑物的相关标准。墙面的装饰和使用材料通常都为强制性规定，建筑物的规模亦是：长度应在15～25米；高为20米，如果连顶楼一起算的话，可额外增加5米。新大街的长宽等也都是硬性规定：大街的宽度应等于建筑物的檐高。

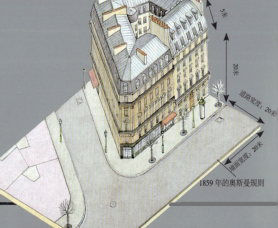

5米
20米
道路宽度：20米
墙面宽度：20米

1859年的奥斯曼规则

1902年：可增加楼房高度，外墙也可进行豪华装饰

中世纪街道

因为农田结构的影响，建筑物的形状通常为狭长形（宽5米，长30米）。如果木质结构的建筑物挑头较为突出，而道路上又无人行道的话，最好是在道路中间挖排水渠（如左图）。

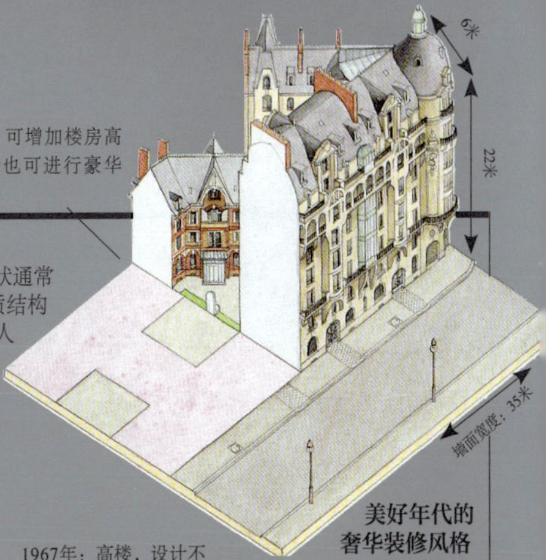

美好年代的奢华装修风格

1902年的城市规划条例相对奥斯曼规则来说更为灵活：可建造凸肚窗；楼房宽度可达到35米，高度则可达到22米；顶楼高度扩大到6米；顶楼和墙面可进行华丽的装修。不过，这种华丽的装修风格在20世纪30年代后便不流行了。

1967年：高楼，设计不连续的走道

卫生和装饰

早在中世纪，政府就提出如何预防建筑物火灾以及如何排放污水和粪便的相关措施，同时还提出铺设路面、建设街道照明系统的设想，但是并未取得显著的成果。从1607年开始，王室强制性规定了道路边上建筑物的地役权。17世纪末则规定建筑物不能建挑头；同时，硬性规定墙面要使用灰泥覆盖，以达到防火的目的；还有，就是用于出租的建筑物应采用砖和石等材料。

楼房高度=道路宽度

1967年的城市规划条例

1967年的城市规划条例颁布后，巴黎的市容市貌发生了真正意义上的改变。建筑物的高度可达到37米，摒弃了以前圆圆的顶楼，规定需建造线条笔直的建筑，以确保光线的通透度。这些规则有利于高楼的发展，而楼房内部的走道也因此打断了整体的连续性。

现代的规则概要

1977年巴黎颁布了新的城市规划条例，硬性规定道路走向、建筑物高度与道路宽度的比例，同时保留了10年前有关城区空气流通的规定；另外，建筑物范围内的庭院应与建筑物总面积相协调；还强调了墙面长度的重要性。该规则仿效了一系列奥斯曼规则的条款。奥斯曼规则颁布之后即迅速被折中主义建筑规则所取代。折中主义规则中提出的一系列建筑发展趋势均十分出名。

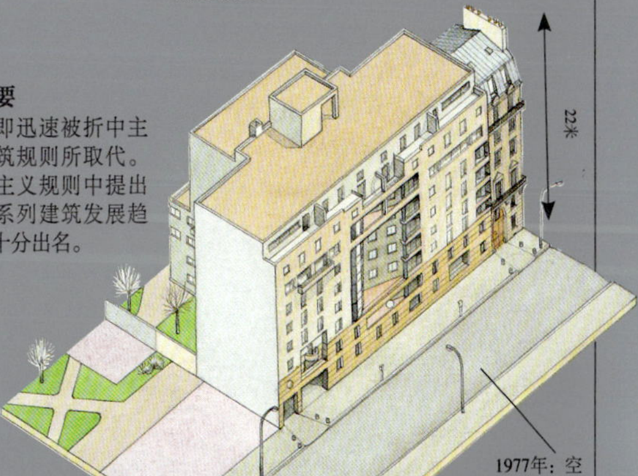

1977年：空气流通、有电的城区

巴黎的城墙

　　尽管巴黎城区的人口在不断地增长，但是城区内部的土地却因为14世纪建造的城墙而无法扩展（2号图）。后来路易十四拆除了古城墙，挪出了一些土地，农民课税城墙（4号图）内部也有一大片空地。但这些土地仍然无法满足人口迅速增长的需要。

腓力·奥古斯特城墙（1213年）（1号图）

　　长5000多米，一半位于陆地，另一半延伸到塞纳河上，西到艺术桥，东达玛丽桥和图尔内尔桥，成串的建筑阻挡了河流的流动。该城墙一直未被摧毁，到了今天仍保留有一些遗迹（主要位于玛莱区）。

查理五世城墙（1383年）（2号图）

　　在腓力·奥古斯特城墙的基础上进行扩建，一直延伸至塞纳河右岸，即今天的皇家桥、圣德尼门、圣马丁门和阿森纳盆地区域。大约在1635年，路易十三又进行扩建，城墙一直延伸到巴黎东北部。该城墙的范围仅限于右岸的非沼泽地带，位于塞纳河一条干涸的支流附近。

新庭院（1705年）（3号图）

　　在路易十四看来，边境的堡垒已经足以保护巴黎，于是他将塞纳河右岸的城墙拆除，并在此地建造了一个大型槌球场。而那些重要的城门，诸如圣德尼门和圣马丁门则装饰成凯旋门。从19世纪中期开始，这条大道成为巴黎上流社会的一部分。

出于生活便利的考虑，巴黎的居民更希望能够待在城市中心周围的地区。19世纪的前几十年，城区人口急剧增长，公共交通费用相对便宜，市区交通也越来越拥堵。1920年前后，政府拆掉了梯也尔城墙（5号图）。长期以来，城墙的防御作用已经荡然无存，它们变成了一个散步的好去处。这些城墙内未建区域都发展成了贫民窟。

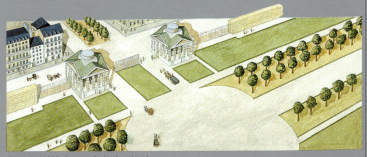

农民课税城墙（1787年）（4号图）

该城墙并无任何防御作用，是为收取进入巴黎城区物品的税费而建立的。该城墙为环状，宽100多米。从今天的布局上看，其从南到北的线路与民族广场—星形广场地铁线路相吻合。该城墙还包括建筑师勒杜设计的一些课税阁楼，现存4栋。

梯也尔城墙（1844年）（5号图）

全长39千米，是目前世界上最长的城市城墙。在两次世界大战期间，该城墙被拆，并在原址上修筑了马雷诺大道，由此也形成了一个宽300米、环状的未建区域。该城墙建于16个相互分离的堡垒前，相隔约有几千米（如瓦勒里昂山的堡垒）。

环城大道（1973年）（6号图）

这条高速公路长35千米，其中有6条为地下公路。该高速公路横跨一些人迹罕至的地区，宛如一道现代城墙。这条环城大道与之前修筑的那些大道不同，它的形状并不规则。而环城大道的兴建也说明了巴黎市区与郊区逐渐融为一体。

吕岱西

公元前52年，恺撒将军占领巴黎人的城市吕岱西。因而，吕岱西城也与高卢部落的其他城市一样，建筑风格和城市面貌都发生了巨大的变化。一栋栋笔直列在路边的房子取代了高卢民族建造的乡村楼房。这个新城的水源来自于圣日内维耶山的一条引水渠。圣日内维耶山上有许多古迹。3世纪末，因为外部威胁重重，吕岱西城的民众不得不修筑防御工事以保障岛屿的安全，于是他们便将集会场改建为堡垒。之后，吕岱西改名为巴黎，成为克洛维统治的法兰克王国的首都。不过，巴黎的发展并不十分顺利；一直到10世纪卡佩王朝兴起时，巴黎才逐渐步入正轨。

吕岱西地图

在攻占吕岱西城后不久，罗马人便绘制了一张吕岱西的常规地图，其中包含西岱岛和圣日内维耶山。罗马人在吕岱西建了1个集会场、3个公共浴池、1个剧院和1个圆形剧场。铺设第二条交通网后，吕岱西城的南北走向轴心位置更为突出，也得到了完善，其范围一直延伸到了桑里斯和奥尔良附近。公墓都建在城区外的主干道边上。

万神柱（诺特柱）

该柱于1世纪初创建于西岱岛。它是由船夫们（又称"诺特"）协力雕刻的，为当时的皇帝蒂贝尔和天神朱庇特而建。柱子上刻有罗马神和高卢神，这说明当时本地神已被罗马诸神同化。

公共浴池如何供暖

"供暖热坑"：置于地下室的火炉将热气输送到热水浴室和温水浴室底下的空间。而陶瓷管道则将热气导入隔板中，进而对地板、水池和墙面进行供暖。

集会场

集宗教、政治和商业活动功能于一体的集会场是罗马城市的绝对中心。吕岱西城的集会场长180米，位于今天的苏弗罗大街下方，并从圣米歇尔大道一直延伸到圣雅克街。该集会场与其他集会场一样，是一个封闭区域，并未与城市交通网络相连。

托座

在冷水浴室的拱门上可以看到商船的船首，这是诺特的标志。

砖石结构

用灰浆或者砾石、砖砌成的砖石结构置于粉刷层之下。

城市的中心

集会场由一座神殿和一间司法民事大厅组成。其中，司法民事大厅位于东部，处在南北走向道的一侧边上。周围建有柱廊，环绕在中心区域周围。柱廊下设有摊位，用于遮风挡雨、洽谈生意。这些商铺的门朝环城大道开启。

一个结构复杂的巨大浴场

一个浴场除了需具备主要建筑以外，还需要一大片开阔的空地，即室外体育场。从吕岱西的这两个公共浴场看来，当时城内的居民跟罗马帝国的居民一样都十分注重养生。公共浴场的出现是城市罗马化的一个重要标志。

水浴室，以及热水浴室和温水浴室的遗迹。另外，还能看到其中一个体育场，体育场从前设有天棚。水通过维苏引水渠流入浴场。

克吕尼公共浴场

吕岱西城北部的公共浴场是当时城中最美丽的建筑。在这里，可以看到拱券结构的冷

508年，克洛维定都巴黎。当时的巴黎还保留着许多高卢-罗马时期的建筑：城墙、道路、公共浴场、圆形竞技场……几个世纪以来，西岱岛人口越发密集，岛上的王室宫殿也越建越多。与此同时，教堂发展也渐成规模，巴黎圣母院便是其中最为宏伟的教堂之一。从6世纪开始一直到整个中世纪时期，地理、经济、宗教和文化方面的因素不断地促进巴黎的发展，先是左岸，而后是右岸。那些不同时期建造的城墙记录了一个不断发展扩大的巴黎。

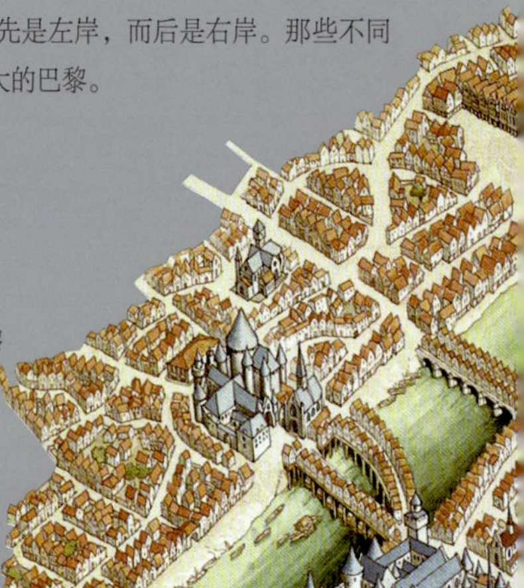

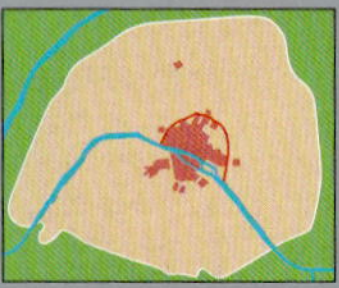

查理五世时期的巴黎

巴黎城墙内的土地面积达438公顷，约有10万人口，是当时法国最大的城市。

1380 年的巴黎

自然地理方面的因素

巴黎盆地汇聚了马恩河、瓦兹河、约纳河、罗安河和塞纳河5条河流，交通十分便捷。皮埃弗尔河和塞弗尔河在巴黎盆地注入塞纳河。流程复杂的塞纳河和玛莱河（右岸最古老的街区玛莱区因此得名）组成了一道双重的防御屏障。巴黎古城墙以及堡垒加强了这种防御作用：河流处于干涸期时，原本陡峭的河岸会显现出来。塞纳河是运输人员和物资的一条主要通道。

文化方面的因素

巴黎文化的第一次腾飞发生在左岸地区。在该地区任教的教师都十分优秀，比如皮埃尔·阿伯拉。正因如此，当时的学生数量达到了10000人。因而，就连那些原本只为学生提供住宿的学校后来也成了授课场所。

宗教方面的因素

西岱岛上的教堂、济贫院和修道院周围，居民楼一栋挨着一栋，买卖活动十分频繁。在塞纳河岸，那些6世纪建造的修道院周围诞生了一批村落：圣日耳曼德佩、圣日内维耶、左岸、圣马丁德尚、右岸。巴黎最早的菜市场建于1183年。

通道

塞纳河上的诸岛通过4座桥梁与河岸相连。巴黎的居民最喜欢在塞纳河岸散步了。

经济方面的因素

西岱岛上的道路边、桥梁和城门周围都堆满了货物。右岸的经济发展相对比左岸快。卸货的沙滩位于圣日尔韦和圣梅里之间，因为买卖活动多，所以整个沙滩变得十分拥挤。屠夫和其他一些商贩则聚集在夏特莱附近。巴黎最早的菜市场建于1183年。

7世纪上半叶，在王室统治区域内，即法兰西岛及其周边地区诞生了哥特式建筑。该建筑风格主要的革新在于交叉穹隆和断拱的运用。它的出现阻碍了罗马式建筑的发展。1125年至1190年为"原始哥特式"时期；1190年至1250年为"经典哥特式"时期；1250年至1380年为"辐射状哥特式"时期；1380年一直到16世纪前30年为"火焰哥特式"时期。

圣马丁德尚教堂

该教堂建于1130年前后，雕刻风格依然深受罗马式建筑的影响。然而，教堂内部构造则

圣日耳曼德佩修道院教堂

一座建于12世纪中期的教堂，小堂为辐射状哥特式风格，并建有飞拱；该教堂在祭坛的构造上进行了大胆创新。这种祭坛风格被反复使用，并且在哥特式建筑的推动下不断发展。

极具创造性：建造了两道回廊，有一个开放式的辐射状哥特式小堂，另有宽大的附属小堂；祭坛拱顶采用了飞扶壁，并使用了交叉穹隆。

巴黎圣母院

它的祭坛的高窗较从前更大，15米长的楼梯上方为飞拱，一直延伸到护墙，而护墙之间的空间则用来建造小堂。巴黎圣母院为辐射状哥特式教堂。石头与金属的结合使用让窗户看起来更为辽阔、宏伟，圣母院（1258—1270）的南侧玫瑰窗便是其中的典型。

柱头

在圣礼拜堂里，细长的柱头上雕刻着金色的花饰，为整个教堂增添了神秘色彩。

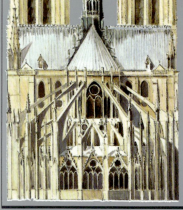

巴士底狱

它既是堡垒，也是国家监狱。巴士底狱标志着哥特式时期的军事建筑艺术达到了一个全新的阶段。这座建筑的墙基和平台均十分坚固。

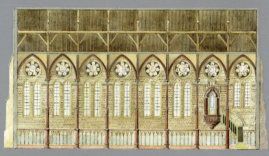

圣马丁德尚教堂的食堂

它由皮埃尔·德蒙特勒伊设计，面积极大（12米×42米），体现了经典时期艺术家对哥特式建筑良好的把控力。两个中堂都建造了穹顶，隔断则采用雕刻着精美花叶饰的廊柱。

罗浮宫

在下大厅里，柱子上雕刻着丰富、精美的花饰，这便是哥特式艺术第二个时期的典型特征。

无畏的约翰之塔

它是巴黎稀有的封建时期建筑之一，建于15世纪初，内设螺旋状楼梯，上盖雕刻着花饰的穹顶。

圣礼拜堂

该教堂尖顶于1853年进行整修。这个尖顶以及整座教堂的整修并称为"19世纪最成功的两大工程"。尖顶底架为铁铸结构。如今的尖顶恢复了14世纪由屋架承包商罗伯特·富什埃设计的造型。该尖顶是当时最出彩的辐射状哥特式建筑之一。

圣雅克塔

装饰元素：拱门饰、小尖塔、三角楣。该塔是火焰哥特式建筑时期的代表作之一。

皇家广场

　　皇家广场用于摆放君主的雕像，是法国旧制度时期最具代表性的城市建筑之一。巴黎共有5个皇家广场，它们见证了波旁王朝从亨利四世到路易十五时期的兴衰。因君主更迭，这5个皇家广场的风格也有一定区别：广场规划不一样（开放、半开放、不开放），并采用不同的装饰和雕刻。

好战之王

　　胜利广场中心竖立着一座路易十四的雕像。每到夜晚，广场上的4盏灯便会齐亮。

多菲内广场

　　亨利四世改变了巴黎的面貌。他将整个城市的中心转移到西岱岛，并修建了与塞纳河岸相连的新桥。亨利四世允许城区中心的房子面向河流而建。新桥上竖立起了国王的雕像，这在法国尚属首次，而后开始成为一种传统。

协和广场

　　前身为路易十五广场，为右岸景观轴线的组成部分。加布里埃尔在广场建造了两座装饰性宫殿（下图），其风格深受罗浮宫柱廊的影响，突出了雕像排列的轴线。干涸的壕沟则为广场的界线，同时也留出一部分空地：这是"伟大的世纪"遗留下来的一种建筑风格。

西扩

　　因受环城大道影响，协和广场也准备西扩。

沃日广场

　　为封闭广场。入口处有两座大楼（上图），广场上的房屋墙面需保持一致，均铺设相同的砖和石。房屋的屋顶设计则相对自由。

胜利广场

　　为圆形广场，为摆放路易十四的雕像而建，是皇权至高无上的一种象征。

路易十五

　　布夏东创造了一尊路易十五的骑马像，用于颂扬其平定战乱、稳定国家的功绩。

路易十四统治时期，法国算是比较太平的。此时，路易十四将防御工事都集中建设在边疆，巴黎的旧城墙也因此失去了往日的防御作用，巴黎慢慢变成了一个开放的城市，条条大路可直通巴黎。旧城门被拆除，取而代之的是凯旋门，如圣德尼门和圣马丁门。创办于1671年的建筑学院严格规定了巴黎建筑的风格：装饰简约，结构对称。并严格控制建筑物比例，采用法式古典主义风格。

荣军院
为古典主义建筑的顶峰之作。它的整体是一个正规的对称结构，其设计灵感来自于马德里的埃斯科里宫。

天文台
法国第一个国家天文台建于1667年。建筑物墙面极接近方位基点，符合严密、精确的计算结果。另外，整座天文台的护栏都处在同一水平面上，由此更突出了整座建筑的结构严谨性。该建筑弃用木材料，而是采用质量上乘的石材，堆砌过程严密、精确。这栋建筑物与一些艺术作品、军事建筑十分相似。它也预示着18世纪建筑理性主义的兴起。

荣军院宅第（右图）
1670年，路易十四决定建造一所士兵收容所。该收容所占地面积广阔，结构严谨，装饰简约（屋顶稍稍有些装饰）。内部建筑物为长方形，另建长方形散步广场以及正方形庭院，与兵营和修道院相仿。

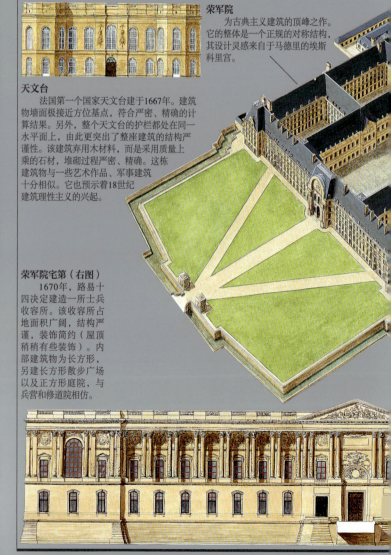

圣洛克教堂正面

严格遵循耶稣式古典主义：上横梁饰以三角楣，立于两个下横梁之间，下横梁则与圆柱一一对齐。

荣军院圣路易教堂

荣军院教堂与罗马圣皮埃尔大教堂一样，在"延伸型"和"集中型"两种方案中采取了折中主义。士兵专用教堂设有三个中堂，为延伸型，面向皇家教堂，集中型建筑，装饰较为奢华。其顶部有重合的两个圆顶，阳光可通过上面的圆顶照到下面的圆顶。

圣洛克教堂

1653年由勒梅斯埃主持修建。圣洛克教堂（上图）长125米，是巴黎最大的教堂之一。从教堂的占地面积和装修上来说，它是古典主义时期最为美丽的教堂之一。教堂正面融合了巴洛克和古典主义两种风格，内部设计则深受中世纪结构主义的影响：中堂之上为半圆拱顶，并建有小天窗；小堂之内设有侧道；祭坛很深，耳堂则向外凸出。祭坛边上的两个小堂后有一个供着耶稣受难像的小堂，形成了一种极具巴洛克风的舞台效果。它是一种复杂而又特殊的结构，绝无仅有。

勒贝尔宁的柱廊

1664年，勒贝尔宁递交了一份关于罗浮宫柱廊的项目计划书，他试图将巴洛克风格运用于柱廊上。该计划刚开始实施时便被叫停了。而当时他已经对底层墙面做了凸纹处理，并且利用巨大的柱子将底层与二层连接起来。之后，许多建筑师纷纷效仿他的这种做法。

罗浮宫的柱廊

1667年，路易十四接受夏尔勒·贝罗的意见，对罗浮宫东面进行修整：意大利传统高墙基，巴洛克廊柱，古典主义风格的直线建筑。

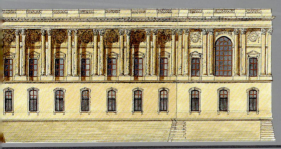

巴黎的宅第

　　中世纪末期，庄园主（或资产阶级）都住在带有庭院的房子里：这种庭院只容许一户人家使用，即所谓的私人宅第。16世纪，这种结构的房子的设计开始系统化：主建筑物的每间房间都应该面向庭院和花园；整栋建筑物呈"U"形，可容纳多人居住；长廊和庭院临街，但均是封闭的。这种宅第最先出现于玛莱区，到17世纪，则拓展到圣日耳曼和圣奥诺雷郊区。当时房子依然为"U"形，出现了双层正屋，房间结构也变得更为复杂。18世纪，"U"形建筑物的两翼逐渐变短，到18世纪末则全然消失。

卡纳瓦雷宅第

　　是巴黎仅存的建于16世纪的宅第，其结构与之前的宅第完全不同。它从私人宅第变成了公众宅第：建在街上，设有马厩和厨房，正屋则隐藏在庭院深处。

克吕尼宅第

　　始建于1480年，是典型的巴黎早期宅第。其正屋位于庭院和花园之间，左翼长廊建有廊柱，面向街道的墙没有窗户。宅第外建有楼梯，为入口。

马提农宅第

　　18世纪，双层正屋的房间结构已日趋合理。建于1720年的马提农宅第就是其中的一个典型建筑。之前，相连的房间均是对称的，中间用一面纵向墙隔开，改良后，房间结构则趋向于不规则形状。马提农宅第里面向庭院和花园的两面墙沿用了17世纪初期的设计理念，不置于同一条轴线上。

大门内凹，有利于马车活动

正面外观

　　入口处夹在两栋阁楼之间，上面建有屋顶平台。这两栋阁楼让整个石头宅第在街上看起来更为醒目。

苏利宅第（下图）

整修后，苏利宅第成为17世纪初巴黎大宅第的一个典型。整个建筑物呈"U"形。正屋稍微靠后，每个房间都同样朝向花园和庭院。从一个房间走到另一个房间时，要穿过中央楼梯

的外墙。外墙装饰丰富，为文艺复兴时期的风格。花园深处，仍保留着从前种植的橘树。

弗利埃尔宅第的长廊（上图）

建于1718年，装饰奢华，用于接待客人。上图的长廊为洛可可风格。

屋顶

一直到17世纪，宅第右边都仍有高耸的哥特式石头顶楼。之后，顶楼改为芒萨尔风格，相对较平，并装上门窗，有时候也装栏杆。这种风格的屋顶更适合双层正屋。

中世纪传统的右翼顶楼

古典主义的芒萨尔式顶楼

两翼

17世纪初的典型宅第：两翼与正屋齐高。

毕洪宅第（右图）

它建于1727年。设计更为考究。独立的正屋颇具现代乡间别墅的风范：正屋墙体凸出，并建有观景窗。

　　启蒙运动时期的建筑师更注重建筑的实用性。在动工之前，他们会进行考察，看看该建筑物的外形和风格是否符合当地情况。这个时期的公共建筑最接近现代化建筑：一方面，沿用古代简约的建筑风格；另一方面，继续探寻新的技术解决方法。相对来说，启蒙运动时期的建筑属于理性主义，巴黎的城市景观也因此变得更为清晰、整齐。

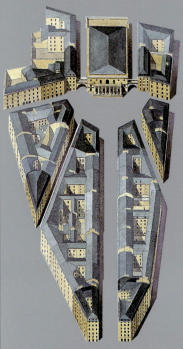

奥德翁

　　这座建于18世纪下半叶的罗马式剧院，是城市变化发展的见证：公共建筑地位提高，古代建筑复兴。新喜剧院（1782年）看起来像是一块巨大的花岗岩，外面的柱廊并无装饰三角楣，十分醒目。内部构造则主要考虑公众的舒适感。

民族广场的第一座神殿

　　圣日内维耶大教堂（1755—1790）由苏弗罗建造。从教堂的屋基来看的话，这是新古典主义风格建筑的开山之作。

会说话的城市艺术

　　巴黎人始终践行着"将剧院变成不朽古迹"这一理念。之前他们从未认识到建筑物与周围环境的联系。在修建新喜剧院时，他们将其融合在一个新的居民区当中。于是剧院被街区的5条街划分成5个部分，形成一个类似圆形剧场的空间，那些一模一样的建筑则优雅地挺立在街边。这是巴黎第一个拥有英式人行道的街区。

城堡和宅第之间

　　人们注重保护自己生活的私密性，希望过上舒适的生活，想要惬意地谈话……于是巴黎周边出现了有豪华花园的私人宅第，之后这种私人宅第更拓展到新建筑区里。1770年，勒杜为吉马德小姐（一个被包养的舞者）建了一栋别墅。他将这里变成了一个"圣地"：别墅外观装饰着一些优雅的雕塑，更衬托出了整栋建筑的纯净。

拉维莱特的"城门"

　　大革命前夕，政府修筑了农民课税城墙，克劳德·尼古拉斯·勒杜又为其增建了一些课税阁楼，现在它们均被视为古迹。这些阁楼的设计采用了多种不同的几何元素，并融合了古代的设计理念，各具特色。

伊德亚雷教堂

　　苏弗罗擅长建造宗教建筑。他实施了一个在当时颇具争议的项目：他将所有的建筑物连接起来，形成"集中型"建筑，既合理又充满诗意。他在金属结构上覆盖砖石结构，并用飞拱进行固定，以最大限度地减轻建筑物的重量。哥特式风格的轻盈与古代结构的繁重完美地融合在一起，结构复杂的拱顶则与廊柱相映成辉。教堂穹顶由3个帽状穹隆重叠而成。

外科医学院

　　建于1775年，是古代建筑与公共建筑的完美结合。一个开放的柱廊与正门（凯旋门）浑然一体，颇有几分圣殿的意味。圆形剧场的设计理念则来自古代剧院和先贤祠的半圆形穹顶。

19世纪上半叶的巴黎

凯旋门

此时，巴黎人口增加了1倍，富人居住的西部与穷人居住的中部和东部发展越发不平衡。为了整顿巴黎，更好地将城市各部分连接起来，政府决定铺设新的道路。王朝复辟后，政府将巴黎西部的土地分块出售，并增建了许多教堂。七月王朝时期，巴黎新建了好几个车站，主要使用的建材为铁和生铁。

凯旋门

与当时的许多公共建筑一样，它也采用了古典的建筑结构。

圣文森保罗教堂

位于新街区中心，采用的是惯用的巴雪里卡结构（长方形廊柱大厅）。

国民议会大厦

下图为建于1806年的国民议会大厦正面。1795年，波旁宫改建为国民议会大厦。科林斯式柱廊与协和广场玛德莲教堂的柱廊遥相呼应。

里沃利街（下图）

这条街道直通皇家宫殿，它的开口朝向杜伊勒里花园的平台。1848年后，这条街一直延伸到巴黎东部。街道边上的建筑物墙面设计、装饰均是统一的，它是奥斯曼大改造的标志性工程之一。

莫里哀喷泉

随着煤气照明、人行道和下水道的出现和普及，公共建筑的现代化速度加快。百十来个水龙头和十来个喷泉改善了巴黎的供水系统。从1828年到1848年，建筑师维斯康提为巴黎城区建造了许多不朽的建筑，其中就包括莫里哀喷泉。

拱顶石

拱顶石的装饰风格多变：朴实的新古典主义、冗长的折中主义。

走廊（上图）

巴黎大力推广铁和玻璃结合的使用方法，广泛应用于新建走廊的装饰。

巴黎的楼房

巴黎的楼房诞生于大革命前。此后的几十年里，巴黎的楼房渐成风格。在1783年的城市规划条例中，基于城市卫生和通风的需要，政府强制规定了建筑物高度与道路宽度的比例。之后建造的建筑物通常有5层，其中有一层向内凹进，并建有相连的阳台。

英国化

深受英国建筑的影响，里沃利街上的建筑物外观均是统一的样式。

奥斯曼的大工程

　　"大工程"指的就是塞纳省省长乔治·欧仁·奥斯曼（1853—1870）改造巴黎的工程：在楼房内部建造供水系统；延伸下水道长度；兴建花园、广场和其他基础设施（如教堂、区政府、剧院、医院、兵营）；开拓新道路等。工程的核心在于开辟新道路。当时巴黎城区交通拥堵，且整个城区有向东北转移的趋势。奥斯曼并不是单纯地开拓一条新路，而是创建了一张新的交通网，把整个巴黎城区联系起来。新开通的大道将巴黎分为几个部分，而区域交通也因此变得更加便捷。同时，这些大道也改善了巴黎的卫生情况，巴黎的景色也因此变得更加优美。当然，修路的过程并不是那么顺利，中途也遇到了一些工人的抵抗（正如预料的那样）。

奥斯曼开辟大道

　　第二帝国的大道开辟工程是一个名副其实的财政黑洞，奥斯曼则因此下台。除了财政危机，该工程还涉及土地征用方面的问题，同时，也给原本的城市造成了一些破坏。土地征用方面：赶走了大批的房东和租客，房东可以获得征用补偿；租客无法获得补偿。城市破坏方面：涉及一些中世纪和文艺复兴中期的建筑物；西岱岛上的损毁尤其严重。

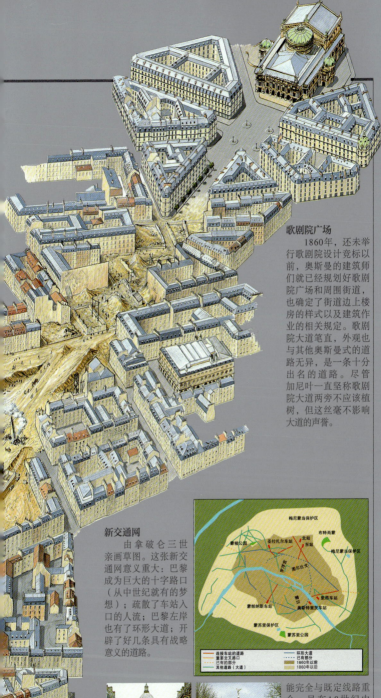

歌剧院广场

　　1860年，还未举行歌剧院设计竞标以前，奥斯曼的建筑师们就已经规划好歌剧院广场和周围街道，也确定了街道边上楼房的样式以及建筑作业的相关规定。歌剧院大道笔直，外观也与其他奥斯曼式的道路无异，是一条十分出名的道路。尽管加尼叶一直坚称歌剧院大道两旁不应该植树，但这丝毫不影响大道的声誉。

新交通网

　　由拿破仑三世亲画草图。这张新交通网意义重大：巴黎成为巨大的十字路口（从中世纪就有的梦想）；疏散了车站入口的人流；巴黎左岸也有了环形大道；开辟了好几条具有战略意义的道路。

大道美学

　　第二帝国时期开辟的均是笔直的大道，这也是该工程的主要特点。地形允许的话，整条轴线则可

能完全与既定线路重合。早在18世纪中期，巴黎的工程师们便开始进行此类规划。亨利四世大街将巴士底广场的七月圆柱与先贤祠连接在了一起。

奥斯曼对于城市建筑并无一个完整的计划。工人住房问题困扰着拿破仑三世，他得拨款来建新城以缓解这个问题，而奥斯曼却觉得这个与他无关。其实不然，当时巴黎已开辟多条大道，沿路的楼房建设也应提上日程；而且在新建的街区里，基础设施极其缺乏。奥斯曼更愿意任用官方建筑师（比如加布里埃尔·达维乌），因为他们态度谦逊，信奉实用主义，也更容易被说服。

城市景观

　　在圣米歇尔广场上，达维乌严格按照规定建造房屋，并设计了一个与这些楼房浑然一体的喷泉。这种规划让丹东街和圣米歇尔大道的拐角看起来更为壮观，同时也掩盖了大道和桥梁处于不同轴线的事实——这与第二帝国时期的风格是完全相反的。

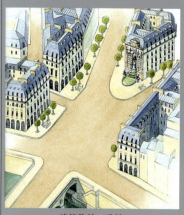

民用建筑

　　民用建筑和名胜古迹一样，是整个城市建筑不可或缺的一部分。这些建筑并不是孤立的，它们都具有一定的作用：修饰街道的拐角；使景观看起来更为完整；保持区域的一致性。例如，第11区的区政府就处于伏尔泰大道和帕尔芒蒂埃大街的拐角。区政府的设计受到了18世纪法国折中主义建筑风格的影响。建筑物的风格要依建筑物的性质而定：教堂一般为新拜占庭式、罗马式或者哥特式；民用建筑则为新文艺复兴式或者古典式。1860年，周围市镇并入巴黎，区政府的修建也因此成为一个大工程。

建筑物的一致性

　　奥斯曼特别注重建筑与周围环境的一致性。如果他选择了某种风格来建造楼房的话，那么周围的建筑也会采用同样的风格。达维乌在夏特莱广场修建的两个剧院便是其中的典型。这两个剧院的正面均为古典主义风格，几乎一模一样，并与周围的建筑浑然一体。这两个剧院唯一的区别在于大厅可容纳的观众人数。而面向塞纳河岸的墙面则与滨河路上的楼房风格保持一致。

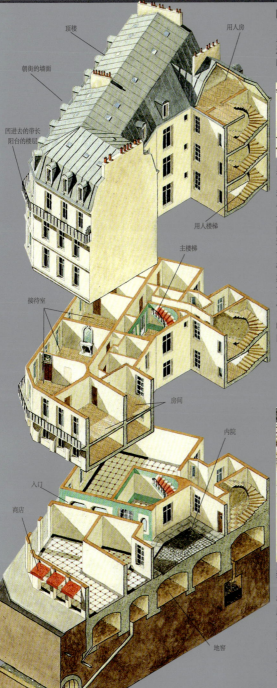

顶楼

用人房

朝街的墙面

凹进去的带长
阳台的楼层

用人楼梯

主楼梯

接待室

房间

内院

入口

商店

地窖

下水道

阳台

奥斯曼式楼房里，2楼到5楼都可以建造长阳台。所造阳台的宽度都应该相同。

奥斯曼式楼房

特点：底座；1楼和2楼（阁楼）间有一个足以通过车辆的大门；其中一层楼有阳台（看起来更为典雅）；最后一层楼不设阳台；芒萨尔式的楼顶，配有天窗。奥斯曼式的楼房由18世纪末的楼房发展而来。房屋内部结构则受到18世纪贵族公寓的影响：客厅、餐厅和主卧连在一起。

装饰

整体较为朴素；柱顶盘的檐口采用线脚装饰；高层建有阳台。男像柱和女像柱则是后来才出现的。奥斯曼建筑风格在第二帝国时期存续了30多年。

金属建筑

铁制建筑的特点：轻盈、透明、外形宏伟。巴黎拥有许多铁制建筑。19世纪，铁制建筑大行其道。这种建筑的发展与工业社会的发展息息相关：技术进步与装修风格共生共荣。铁制建筑的成功也引发了不少关于其美学价值和现代特色的争论。

铁和生铁
　　1880年，生铁柱出现；随后铁结构出现。生铁本为装修材料，参看上图的柱头。

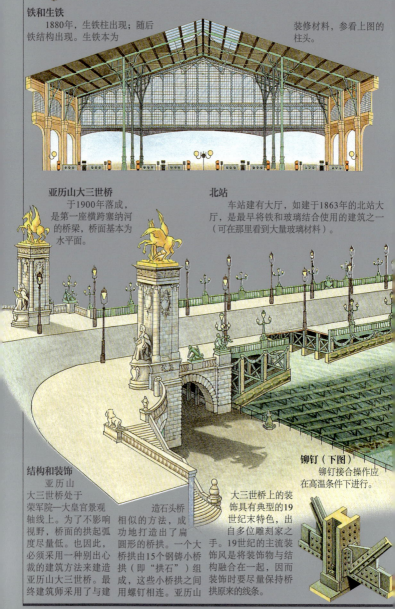

亚历山大三世桥
　　于1900年落成，是第一座横跨塞纳河的桥梁，桥面基本为水平面。

北站
　　车站建有大厅，如建于1863年的北站大厅，是最早将铁和玻璃结合使用的建筑之一（可在那里看到大量玻璃材料）。

结构和装饰
　　亚历山大三世桥处于荣军院—大皇宫景观轴线上。为了不影响视野，桥面的拱起弧度尽量低。也因此，必须采用一种别出心裁的建筑方法来建造亚历山大三世桥。最终建筑师采用了与建造石头桥相似的方法，成功地打造出了扁圆形的桥拱。一个大桥拱由15个钢铸小桥拱（即"拱石"）组成，这些小桥拱之间用螺钉相连。亚历山大三世桥上的装饰具有典型的19世纪末特色，出自多位雕刻家之手。19世纪的主流装饰风是将装饰物与结构融合在一起，因而装饰时要尽量保持桥拱原来的线条。

铆钉（下图）
　　铆钉接合操作应在高温条件下进行。

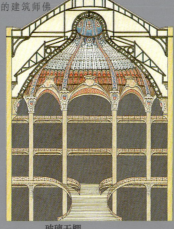

温室：玻璃匣子

温室是最早采用全玻璃屋顶的建筑。欧特伊温室的玻璃棚由"空中地铁"的建筑师佛尔米杰设计。这个温室也因其金属和玻璃的结合使用而在建筑界享有盛名。

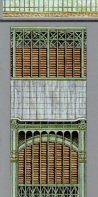

菜市场

巴尔塔德和加莱莱市场完工于1874年，毁于1971年。这是两栋首次将砖、金属和玻璃结合使用的建筑。后来，有不少建筑均采用了这种方法。

玻璃天棚

铁的硬度高，因此支柱的厚度会相对降低，因而也能获得更多的光线。拉法耶特商场的双重穹顶便是这种原理的应用典范。

埃菲尔铁塔

它是1889年世界博览会上最吸引人的建筑。埃菲尔铁塔是由网格工字钢接合而成的，塔高300米。

理性主义建筑

铁制建筑的诞生归功于工程师和建筑师。当时，他们试图找出一种适合新金属材料的建造方法。因

马牙榫接合

路面由通过横木相连的支柱支撑。

装饰

框架结构上并未进行装饰，而建筑物结构中的力线则采用了别具一格的装饰元素。

美学需要，该种材料表面常附有相对典雅的石头。

20世纪初，诞生了一种新的建筑风格：建筑物的装饰尽量丰富。吉马德极为推崇这种风格。而后在公共卫生理念的影响下，这种风格发生了变化。此后在建造廉租房时，建筑师又大胆采用了这种装饰风格。索瓦的阶梯楼房、勒·柯布西耶的庇护城等均采用了这种风格。他们的作品告诉我们，每个人都可以建造自己的梦想之屋。马莱·斯蒂文斯设计了一条全新的街区，装饰极为前卫。然而在第二次世界大战前夕，人们珍视的只是夏乐山上的那栋建筑物（夏乐官）。

生铁装饰

贝兰杰城堡之上有许多由海马状锚定物和栏杆组成的怪面饰。这些怪面饰都是严格按照建筑规则设计、熔铸的。这种细节处理，体现了作者的严谨态度：将建筑物当成一件艺术品去雕琢、修饰。

贝兰杰城堡

特点：混合使用各种建材，不规则的房间结构，内部装饰奢华，且每套公寓都各有特色。贝兰杰城堡由新艺术运动的代表人物吉马德设计，他受维欧莱·勒·杜克理论的影响极深。新艺术运动于1900年左右在巴黎兴起。

陶瓷

20世纪初，陶瓷的优雅外观吸引了建筑师的目光。1904

年，佩雷兄弟将这种工艺运用于巴黎16区的一栋楼房上。他们将小撮的陶土灌注在钢筋里，而后形成了植物花样。

东京宫

建于1937年，位于现代艺术博物馆所在地，是当代典型的学院派建筑。特点：拥有柱廊以及中轴结构的主体建筑，平台上摆满了庄严肃穆的雕像。

阶梯楼房

亨利·索瓦设计的阶梯楼房是瓦凡街上极为醒目的一栋建筑。10年后，阿米洛街建起了极具现代特色的廉租房。

房间结构

楼房内部结构趋于理性化，天台也成了生活场所之一。

前卫的颜色

现代主义者不屑于资产阶级那种奢华、过度的装饰，他们唯一可以接受的装饰便是丰富的色彩。这些现代主义建筑师也因此变成了色彩设计师。1933年，勒·柯布西耶建造了庇护城（康塔格雷尔街12号），他在入口处设计了一个极为宏伟的柱廊，让人有种身处大型展馆的感觉。第二次世界大战后，人们对庇护城的主建筑外墙进行了修缮。

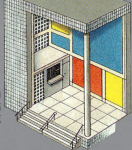

公共设施

索瓦在内院设计了一个游泳池，集休闲、运动、卫生功能于一体。这同时也反映了当时民众的生活诉求。

马莱·斯蒂文斯街

该街建于1927年，是马莱·斯蒂文斯的代表作。街上的建筑物整齐划一，样式相同，共有5座私人宅第和一间门房。这条街是一个名副其实的现代城：现代人十分欣赏这些建筑物上的壁凹、方形房间与圆形房间的嵌套式设计以及屋顶天台。而且，更重要的是这件杰出的作品体现了建筑师对于生活以及居住环境的关注。

文艺复兴时期以来，塞纳河两岸云集了诸多名胜古迹以及各种城市化建筑。可以说，这是巴黎建筑以及城市化的"凯旋大道"。今天的巴黎兴建了越来越多的大型建筑物和新型街区，市中心的范围也因此扩大。相对来说，巴黎的西部街区较为繁华。而自从法国财政部大楼和法国密特朗国家图书馆入驻东部的贝西街区和图尔匹亚克街区后，巴黎的东部街区也散发出迷人的光彩。除了兴建新建筑外，政府还着手整修旧建筑物，其中包括扩建罗浮宫。而这些都是巴黎国际化、法国建筑大放异彩的见证。

奥赛，一个车站里的博物馆
前身为奥赛车站，建于19世纪。拥有一个长140米、高35米的中央大厅。改造后的奥赛博物馆的特点是：精雕细琢的拱顶，宽阔的走道，用隔板隔出的展厅，拥有流畅线条的阳台。

下图为贝西街区

罗浮宫
1979年，巴黎大堂（地下商业城）开业。揭开了巴黎开辟地下城市的序幕。建筑师在罗浮宫的地下开辟出了一块0.6平方千米的区域（下图），建造了多个地铁站入口，分散了人流。

贝西
巴黎新城区中，以贝西街区最为出名。街区一边为公园、住宅，另一边则有综合运动场、旅馆和商业建筑群以及电影资料馆，这里已经成为新的城市中心。这是20世纪80年代末城市化进程的典型步骤。建筑的多样性集中体现了建筑风格中的折中主义理念。

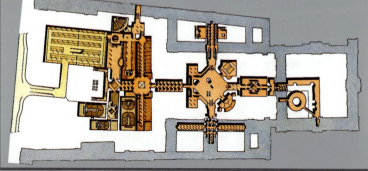

贝西街区的住宅

每个"U"形的住宅区开口都朝向公园，周围环绕着一些相对较小的建筑物。这些由不同建筑师设计出来的建筑物趋向于同化，每栋楼之间用阳台相连，它们的建筑设计都遵循共同的规则。

阿拉伯世界学院

阿拉伯世界学院大厦（下图）的主要建材为玻璃和金属。大厦外观宏伟，线条笔直。它的特点：长方形的内院；颇具几何美感的南墙；矗立于前的螺旋图书馆；通透闪亮的玻璃。这栋位于城区历史中心的建筑物，成功地将当代建筑的多样元素融合在了一起。

阿拉伯世界学院的窗户

它的窗户是传统与现代风格结合的产物：阿拉伯式的遮窗格栅，结合使用了光电管技术。

法国密特朗国家图书馆

图书馆的高楼围绕着一个种满树的广场。塞纳河左岸街区是一个在铁轨之上造就的"无中生有"的街区。

综合运动场

它是独一无二的建筑：运动场倾斜的墙面上覆盖着草坪，整体看来就像一个巨大的公园。该运动场多用于举办体育比赛和大型音乐会。

财政部大楼

建筑师建造了一个不完整的柱廊，给人以一种宏伟的感觉。这栋建筑融合了20世纪70年代许多仅停留在书面上的建筑结构。它是巴黎一道独特、亮丽的风景线。

拉德芳斯的出名得益于城市的"现代化运动":拔地而起的摩天大楼耸入云霄;在市郊或者步行街广场下铺设汽车道。拉德芳斯是一个极具现代化气息的街区,不过其巨型的阶梯也常为人们所诟病。拉德芳斯打破了城市的传统景观,另外,依据巴黎西部的景观轴线选取建筑物以及新凯旋门的位置。

1 5
2 6
3 7
4

1. 大楼
2. 商业中心
3. 道路
4. 大区快铁(RER)
   和地铁
5. 停车场
6. 广场
7. 天然土地

无穷无尽的摩天大楼

400米高的楼,直径为40米,直径与高的比例为1:10。而通常情况下直径与高的比例为1:5。这是拉德芳斯对现代建筑的又一个挑战。目前看来,拉德芳斯的摩天大楼有增长趋势,暂时不会消停。

双层街区

可将拉德芳斯比喻成一艘大船;广场就是它的吃水线;在这之上为步行街和摩天大楼;在这之下为购物中心;火车、地铁和大区快铁则为底座;接着往上是公路网、车站入口、停车场和各种各样的大楼。在人工广场的地下通行时要注意看标志,不然随时都有可能走错。

凯旋门　　　　　　　　　　　卡鲁塞尔门

一个偏离轴线的拱门

　　从卡鲁塞尔门开始，一条景观轴线穿过凯旋门，跃过斜坡，到达新凯旋门。不过从总体来说，新凯旋门所在的位置稍稍偏离了中轴线。

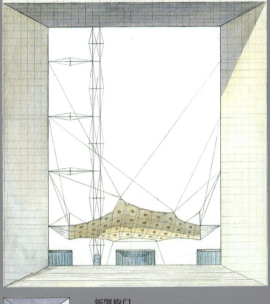

新凯旋门

底部为12根高达30米的桩脚（右图）。因为其底下建有道路，所以无法开挖地基。桩脚铺设完毕之后，利用巨型框架将高低平台和隔板连在一起，组成一个巨大的立方体，这也是首次在建筑中使用预应力钢筋。

一个巨大的立方体

　　新凯旋门体积十分庞大。边长约为110米，足够容纳一个巴黎圣母院，其尖塔高才为93米。

国家工业与技术中心（CNIT）

是拉德芳斯的第一栋建筑物，建于1958年，是巴黎最吸引人的建筑物之一。其拱顶跨度长达238米，是世界上最大的拱顶之一。这个大拱顶由3个双重钢筋薄壳结构的小拱顶组成，立于3面扶壁之上。扶壁之间则用隐藏在里面的钢制拉条相互连接。

城市的"家具"

　　建筑师达维乌利用一些既实用又具装饰作用的元素装饰奥斯曼开辟的道路，达维乌的设计理念以及建筑作品对巴黎的景观有持续性的影响，20世纪70年代起建造的路边小型建筑便体现了他的设计思想。这些建筑物的出现，使得巴黎固有的景观变得更加清晰和突出。

忠实的复制者
　　第二帝国时期，树木周围都立着生铁栅栏。这种栅栏，在今天的巴黎随处可见。

灯笼
　　这种19世纪的街灯在今天仍十分常用。

莫里斯海报柱
　　柱子的上方为颇具异域风情的葱头形圆顶。第二帝国时期民众和王室均十分青睐这种风格。图片中海报柱张贴的是电影和其他表演节目的广告。

照明
　　煤气路灯，生铁灯杆，上面雕刻着植物，是巴黎的风景线之一。

双人椅

城市的新"家具"
　　公交车候车亭、流动公共厕所、公用电话亭、信息亭（下图）等，都为满足居民的需要而不断问世。

喷泉式饮水器
　　这种喷泉式饮水器（生铁材质）为19世纪典型的饮水器。从设计中可以看出当时人们对卫生的重视。

画家眼中的巴黎

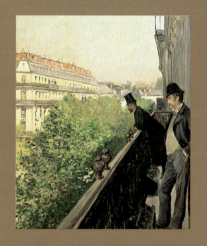

节日期间的巴黎

巴黎的庆祝活动十分丰富：有些与当时在位的国王有关，有些则为单纯的民间活动。其中，与国王有关的最为奢华的一场庆祝活动举办于1612年，当时正值路易十三迎娶奥地利的安妮。为了庆祝皇家广场——今天的沃日广场的落成，巴黎一连举行了3天的骑兵表演。一个匿名画家以这3天的表演为主题画了一幅画（1），通过使用反差、对比的手法，烘托了当时表演的盛况。狂欢节是旧制度时期平民百姓最重视的节日。20世纪初的狂欢节与以往相比更为理性，当时的民众在狂欢日（四旬斋第三个星期的星期四）进行彩车游行。路易吉·洛瓦（1845—1916）的画作几乎都以巴黎为主题，而其中又以表现狂欢节的画作居多。他的《巴黎狂欢节》（2）描绘了当时极其拥挤的里沃利街，并着重刻出了彩车的色彩。而1878年的世界博览会则是另一种类型的庆祝活动，这是法国向世界展示其繁华的机会。开幕那天，满腔爱国热情的人们在巴黎的大街小巷插放了成千上万面国旗。

克劳德·莫奈（1840—1926）目睹这壮观的景象后，画了一幅画：《蒙特吉尔街》（4），画中法国的三色旗在风中招展，那是一些象征着欢快的颜色，而同时他还在画中表现出了对这种热闹的困惑。从1880年开始，每逢7月14日国庆节时，人们都会在巴黎的大街小巷插上国旗。拉乌尔·杜飞（1877—1953）

对此景甚是着迷。他的画作《悬挂彩旗的大街》（3）令人印象深刻，其笔触大胆，用色新颖。从这幅画中，也能明显地看出杜飞的野兽派画风。

	1		
	2	3	4

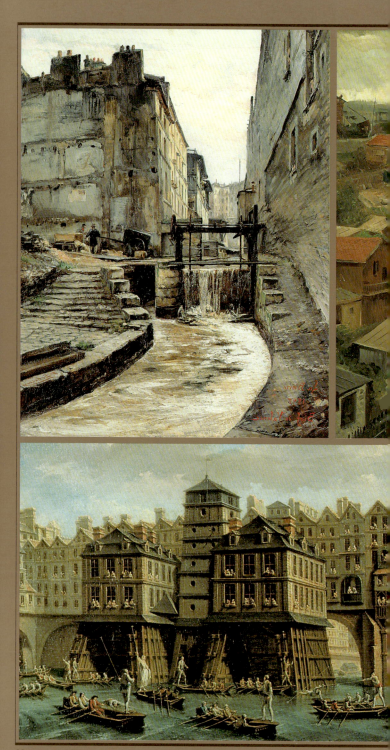

"赭石红的大山上，一道道的灰泥和黏土……在那上面，还有蜿蜒曲折的冲沟和林间小道。当太阳光洒在那上面时，没有任何东西会比它更美。"

——杰拉德·奈尔瓦尔

加莱纳托总用一种特别的眼光去观察威尼斯。而让·巴蒂斯特·拉格内也一样，只不过其对象是巴黎。他用一种细腻、客观的笔触向人们展示了18世纪的巴黎。其中最古怪的一幅画是《船员的争斗》（4），这是一幅描绘旧制度时期的水上竞赛（通常在塞纳河举行）的画作，画中的圣母桥上建造了许多房子。在巴黎，所有的桥上均建有房屋，而新桥则例外。1786年，路易十六颁布法令，勒令拆除新桥上的建筑物。拿破仑三世统治时期，冷酷无情地摧毁了巴黎古时的建筑，而后巴黎成了今天的样子。许多画家都喜欢那些散发着中世纪味道的老城区，他们努力地将这些东西都画了下来，这样，后来的人们便能知道这个被迫改变的城市之前是什么样子。从这个意义上来说，这些画家，如保罗·沙恩、梅尔、阿尔贝特·皮尔松便是绘画界的阿杰（摄影师）。虽然他们并不出名，但作品却十分吸引人。保罗·沙恩的《瓦朗斯街的皮埃弗尔河》（1）向人们展示了这条流经13区和5区的河流，其在今天的奥斯特里茨车站注入塞纳河。梅尔的《蒙马特的丛林》（2）则令人浮想联翩。神秘的蒙马特吸引了不少艺术家前来，他们去蒙马特高地的北部闲逛，那儿是一片广阔的天地，几乎没有什么建筑物，后来慢慢建起了一些不甚结实的小房子，之后演变成了一片巨大的贫民窟。这个贫民窟在后来的朱诺街开通后便消失了。阿尔贝特·皮尔松的《桑日走廊》（3）则向人们展示了这条连接老圣殿街和吉尔密特街的道路，有了它，巴黎的街道才形成了一张复杂的交通网。这张交通网中街道密布，贯穿从前巴黎的整个市中心。

1	2	3
4		

89

克劳德·莫奈

Claude Monet

第二帝国时期巴黎进行了大改造，巴黎的景观因此发生了极大变化。人们不再追求风景，而是沉浸在"现代化"带来的激动之中。卡米尔·毕沙罗（1830—1903）无疑是这个时期最具特色的画家。《歌剧院大道》（2）这幅典型的画作向世人展现了这条交通干线的全景。佩罗（1849—1935）在他的画作《大道风景》（3）中，从一个旁观者的角度描绘了大街上的各色行人，因而从这方面来说，他的画作具有极高的文献价值。莫奈（1840—1926）的灵感则常常来源于圣拉扎尔车站。在奥赛博物馆所藏的一幅画（1）中，这个巨大的用铁和玻璃建造的大堂，就如泰奥菲尔·戈蒂耶所说的"新人类大教堂"，成了一个僵硬的背景，画中远景中金黄色的灯光，近景中火车头冒出的螺旋状、浓密的蓝色水蒸气，相对而言，都更为柔和。居斯塔夫·卡尔伯特（1848—1894）的《雪中屋顶》（4）视角独特，取景别出心裁，他的视角有一种抽象美感，带来的是独一无二的魅力。

1		
2	3	4

埃菲尔铁塔

埃菲尔铁塔，巴黎现代化的绝佳标志，同时也是工业建筑最大胆的尝试。它是罗伯特·德洛奈（1885—1941）画作的主题。在德洛奈（1）看来，埃菲尔铁塔是"新世界的钢铁缪斯"，"在幻想中，他从各个角度去观察这些一模一样的菱形钢，他注视着它们，他爱它们"。从1909年开始，一直到他生命结束，他都在创作以埃菲尔铁塔为主题的画。埃菲尔铁塔是他最钟爱的建筑之一。刚开始，他采用立体主义的画法，将铁塔的每个零件拆开来画；之后再配上浓烈的色彩——一些在画中才会有的颜色。现代艺术博物馆里收藏的那幅画（2）便是如此。该幅画画于1923年，画家在塔底仰望铁塔，简单的结构，抽象的颜色，使人产生了一种眩晕感。在德洛奈之前，没有一个画家受埃菲尔铁塔的影响如此之深，但在他之前的许多画家无疑都认同埃菲尔铁塔的独特以及典型。而第一个便是保罗·路易·德朗斯，虽然默默无闻，却画了一幅极富魅力的画作（3）（1889年1月）。

这幅画向人们展示了1889年世界博览会开幕前几个月工程的进度。铁塔笼罩在烟雾中，画家成功地描绘出了一座具有

"牧羊人，哦埃菲尔铁塔，桥梁之牧群今晨咩咩低鸣。"

——纪尧姆·阿波利奈尔

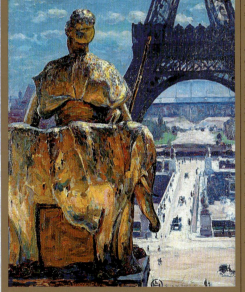

工业气息的铁塔。几年后，法籍英国人路易·瓦尔登·哈金斯（1849—1910）在他的作品中画出了埃菲尔铁塔的另一面（4）：画中的铁塔只有一小截，并未完全体现出其宏伟的气势；取景地为特罗卡德罗广场一尊雕像的背后。尼古拉斯·德·斯塔尔（1914—1954）应是继德洛奈之后，最欣赏埃菲尔铁塔的画家。他曾经研究过几年的纯抽象艺术。1954年，斯塔尔重画埃菲尔铁塔（5），画面极为简洁，埃菲尔铁塔仍旧醒目。

塞纳河

从17世纪到19世纪，画家们最青睐的便是塞纳河河岸。其中有些画家的视觉较其他人更为敏锐，比如约翰·巴托尔德·容金德（1819—1891）。他生于荷兰，长于荷兰。但他在巴黎待了很长一段时间。在这期间，他强烈地想把塞纳河的各种景色都画出来。1864年，他画了《巴黎圣母院》（3），这幅画深受莫奈的影响。与之相反的是阿尔贝·马凯（1875—1947），在他看来，塞纳河的景色有限，不过这也足够了，这些景色与他从画室窗口看到的塞纳河无异。《雪中的巴黎圣母院》（1）和《雾中的新桥》（2）都属野兽派后期作品，于1907年完成。在早期，与巴黎有关的画作颜色都较为鲜艳，而如今则更为柔和，虽然说这只有细微的差别，

但仍为后世画家所推崇。1899年至1909年，亨利·马蒂斯的画室搬到了马凯隔壁。在这段时期，他也创作了许多有关塞纳河的画。画于1902年的《黄昏的圣母院》（4）是一幅杰出的作品。

1	
2	4
3	

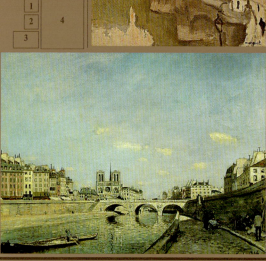

保罗·希涅克（1863—1935），分光法的理论家。其会在各种场合、各种景物中运用该方法，甚至是在观赏巴黎风景的时候。但在《从格勒纳勒看塞纳河》这幅画中，他并没有使用自己创立的分光法，而是更为大胆地采用了色点堆砌的方法。

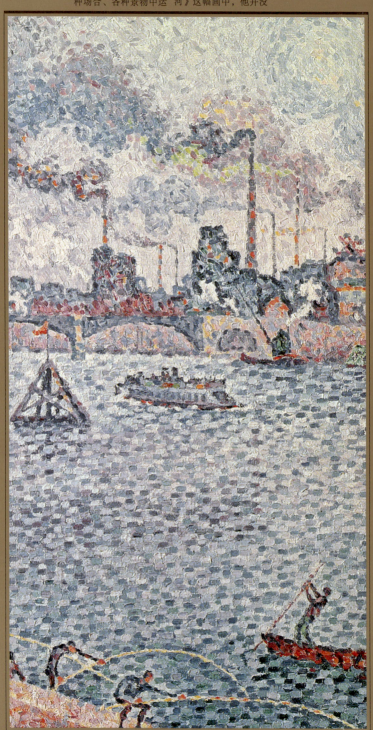

作家眼中的巴黎

巴黎是一种生物

《费拉居斯》是巴尔扎克（1799—1850）未完成的遗作《十三人故事》中的第一篇。这13个人是巴黎的一个宗教团体共济会的其中一支。当时的巴黎躁动不安，气氛诡异：这个城市像一只散发着恶臭的怪物，黑暗与光明在这里交织，这种感觉只有它的"情人"才体验得到。

"哦，巴黎！那些不懂得欣赏你阴郁风景、光明街道、深邃、宁静内在的人，那些不会在半夜和凌晨两点这段时间内倾听你的呢喃的人，他们不明白你那变幻莫测的诗意，也不会明白你的怪异和反复无常。但有一小撮爱你的人，那些永远不会变成傻瓜的人，独自欣赏着他们的巴黎——那个在他们看来时而像疣，时而像红斑，时而像花蕾的城市。而对其他人来说，这个被反复撰写的巴黎，这个被称为'世界首脑'的巴黎是一个极其怪异的城市，一个由建筑物、机器和思想结合起来的城市。可对于那些爱你的人来说，巴黎要么悲哀，要么快活；要么丑陋，要么美丽；要么活泼，要么死气沉沉。在他们看来，巴黎就是一种生物；每个人，每个家庭都是这个生物里的一个细胞；他们了解这个生物的每一个细节。他们是巴黎的情人：他们抬起头看向街上的某个角落，因为他们知道那儿有一个钟；他们会告诉那些鼻烟壶空了的人：从这条路走过去，那儿有卖烟草的商店，就在左边；在糕点店附近有一个美丽的女人。对于这些人来说，在巴黎旅行是一笔巨大的花费。"

——巴尔扎克《行会头子费拉居斯》

《巴黎梦话》

《法国主流作家和艺术家的巴黎旅游指南》为读者全面呈现了巴黎的历史、行政制度，它的诗意以及艺术气质。乔治·桑（1804—1876）也是其中一位作者，她用自己的才华给我们呈现了一个温柔、鲜艳的世界。

"巴黎的空气、声音和城市面貌有种特别的影响力，我不知道是什么，但我知道别的地方肯定没有。这是一个快活的城市，没有人会否认这一点。巴黎自有一种独特的魅力，没有一个地区比得上它：温和的气候，微湿的空气，玫红闪亮的天空，那种色调最是活泼也最是细腻；街上那些五花八门的商店，窗玻璃闪烁着亮光；恰到好处的河道，既不窄也不那么宽；城市里的颜色温柔细腻；巴黎人民脸上有种自在而又闲适的神色；城里的声音交织在一起，但每个噪声、人声都恰到好处，它们偶然却又极其合适地融在一起，只让人觉得和谐，却并不嘈杂。在波尔多或者鲁昂，到处都可以看见道路和河流，于是有人说，那儿的生活像一种水上生活；而在巴黎，到处都可以生活，而且那生活似乎还比别处的更有活力。因而，不管是谁都能够在巴黎生活，让自己沉浸在这个疯狂而又睿智的城市里，去倾听它的细语呢喃。这是一个充满意外的城市，这是一个舒适的城市，每个人都梦想着能来到这里。巴黎十分迫切地想得到永生。"

—— 乔治·桑《巴黎梦话》，选自《法国主流作家和艺术家的巴黎旅游指南》

《巴黎呢喃》

　　安娜·玛丽娅·奥特斯（1914—1998），小说家、记者，生于罗马。《巴黎呢喃》（1986年）是一本合集，收录了她在巴黎、那不勒斯、伦敦、巴勒莫、热那亚这5个城市生活期间创作的故事。在巴黎，她游走于现实和梦想之中：巴黎的味道、噪声、颜色融合成一幅生动而又清晰的画。

　　"巴黎！这就是巴黎！

　　"我常常会回忆起那时的克利希大道。夏天昏暗的灯光，那是一个回忆中或者我自己描述的夏天，它并没有真实存在。那些色彩，路上往来的车辆，咖啡馆的门面（单克利希一条街就有50家咖啡馆），成片的绿荫，团团的乌云，一副随时都要下雨的样子。同时还有那浓烈的阳光，这是一首欢快却又夹杂着不安、困惑与固执的歌。色彩，色彩，色彩。人群，人群，人群。流动，太阳，音乐……

　　"咖啡、面包，玫瑰色的普罗旺斯酒，一整碟一整碟的香脆薯条，这是巴黎的第一种味道。不过，巴黎并不只有这一种味道，还有沥青的味道，雨水的味道，石头的味道，灼热的灰尘的味道；河流的味道，木头的味道，柏油的味道，渔船的味道；书的味道，印刷的味道，旧纸张的味道；剧院的味道，口渴的味道，羽毛的味道，洋娃娃的味道，小树林和屋顶的味道……

　　"糕点屋是我体会巴黎的第一站，不过巴黎的糕点屋可远远比不上……蒙马特高地。在那片绿得如此透明的树林里，天空中飘浮着片片白云，那些黄黄绿绿的报刊亭深处，走过一些穿着红色套装、戴着黑色贝雷帽的人；还有一些穿着蓝色或绿色套装的人；一些身材颀长、叽叽喳喳的陌生水手，别着肩章，戴着白色的贝雷帽；一些穿着艳丽的女人；一些耷拉着倦容的士兵；一个上了年纪的男人，看起来温厚老实，他穿着颜色艳丽的套装，手上还牵着一只狗；还有一个年轻的盲人，栗色的脸庞，他腼腆地跟人打招呼，就好像他没有失明一样；一些睡眼蒙眬的妓女，但她们依然爱幻想；一些迈着大步子的看门人；一些新教的牧师；一些面色哀怨的人；一些美国老年夫妇；一个穿着黑色夹克衫的人。"

—— 安娜·玛丽娅·奥特斯《巴黎呢喃》

林荫大道

阿尔伯托·萨维尼奥（1891—1952），生于罗马，长住巴黎。他与纪尧姆·阿波利奈尔、让·科克多和安德烈·布列东均有往来。他的《回忆录》在两次世界大战期间出版，文中他描写的那些他认识的诗人、画家和演员，抑或温柔，抑或蛮横。同时他还描写了巴黎城的变化，而他也越来越不欣赏这座城市了。

"我们站在林荫大道上，这儿是巴黎的正中心。但这里却已经不是文学作品中描绘的浪漫、充满活力的地方了。人们再也看不到传说中那些戴着护腿套在林荫大道上行走的痛风者了，他僵直的双腿藏在一条十分肥大的方格图案裤子里，每迈一步都要费很大的力气，单片眼镜背后的那只眼睛警觉地看着周围的一切。人们再也找不到那些令人垂涎欲滴的餐馆了，之所以如此，是因为俄罗斯皇族和那些总督吃了那儿的阿尔摩里克龙虾（'美国龙虾'不过是某种溜须拍马的词语，用来奉承那些淘金者而已）和鳌虾汤后，得了肠绞痛和肾结石。这里再也没有充满文学气息的咖啡馆了——外省来的诗人常去的地方；常有出名的专栏作家去那儿喝佩尔诺，吃黑醋栗，烟斗里飘出来的烟熏黑了他自己的本子。那些迷你的小剧院也都不见了，从前，天真的外来人总试图在那里摸索巴黎的精神奥秘：

"如果巴黎精神感染到你了，
朋友来吧，来找这只唱歌的喜鹊。

"不。因为林荫大道已经变了，它变得美国化了。在这个卖弄风情的地方，出现了一些硕大的光秃秃的建筑物，全都是玻璃金属结构：银行大楼线条僵硬，外观赤裸裸的，就像过去的地堡。那些个钢化大门看起来不像是给温和的会计员和安静的储户走的，倒像是专门为恺撒大军的羊群做的。那些大型的时装商店里挤满了模特，可怜的人儿，样子怪吓人的，不禁让人想起精神病医院的大厅，那些患者沉浸在自己的幻想世界里，然后站在那儿一动也不动。那些巨大的玻璃发出惨白的光，一直到今天，我们也不知道那是从哪儿来的光，就跟希罗多德不知道尼罗河从哪儿来的一样。那一个个威力无比的散热器看起来骄傲极了，那神色就跟萨莫色雷斯岛的那尊胜利女神像一样，骄傲地朝着爱琴海敞开自己的双臂。

　　"走出这个奢华的十字路口，拐进奥斯曼大街时，我们突然想起了尼斯那一片海边空地，还有冬天的佛罗里达海滩，我们好像一下就变成了上个世纪那些喜欢搬弄是非的巴黎小市民。"

——阿尔伯托·萨维尼奥《回忆录》

 布瓦大街

　　路易·阿拉贡（1897—1982），与安德烈·布列东同为超现实主义文学的创始人，写了大量的诗和小说。出版于1945年的《奥雷里昂》，讲的是一个年轻人在巴黎漂泊了几年的故事。他要去那里寻找一个叫贝蕾尼斯的女人，但是他始终没有找到。"寻找"成为贯穿全文的主线，巴黎社会、他的夜生活、丑闻和迷恋的东西都随着这条主线慢慢展开。

　　"这里有各种各样的灰色。有一种玫瑰红的灰，那是两个特里亚侬宫；有一种蓝色的灰，那是天空；有一种米黄色的灰，那是刚刚犁过的地；有一种白中夹杂一点黑的灰，那是大理石。还有一种肮脏的灰，一种恐怖的灰，一种黄绿色的灰，一种跟松脂一样的灰——那是一种不透明的物体，令人觉得窒息，即使闪亮无比也还是如此；一种命运的灰，一种没有宽恕的灰，这种灰让天空离大地越来越近，这种灰是冬天的使者，是下雪之前团团的乌云，这种灰让人们对美好日子生疑，从来没有一个地方像这个奢华的巴黎一样让人感到绝望，这种绝望蔓延开来……在12月一个星期日的早晨，布瓦街的天空重重压了下来……

　　"早上很早就下起了雨。但是感谢上帝，9点钟的时候天气变好了。说起来这天气还真是卑鄙，变幻无常；不过还好，人们总算可以不用蹚水了。路上还有一点下雨的痕迹，但没有什么水坑，在一片散落的沙石底下，有一个土黄色的坑。一群叽叽喳喳的年轻人从那儿走过，弯下腰来互相交谈，他们说的也不过都是各自的女伴。在那些有孔的黄色铁椅子上，坐着几个年纪大的女人，神色放松。人们来这里似乎都是有目的的，他们自己也不是很清楚。他们行色匆匆，的确12月份天气不怎么好。但话又说回来了，这并非是12月的错，在一年的其他月份里，他们也依然如此行色匆匆，这是他们自己的选择而已。似乎这已经习惯成自然了，人们总是行色匆匆地去赴会，就因为他们答应人了，不得不去。这种行色匆匆里，有一种对人的蔑视。从来没有人明确地说从布瓦街的路口到多菲内公馆这块区域的什么地方可以去，什么地方绝对不可以去，而有时候，他们甚至还能进入布瓦的办公大楼，可以一直走到拐弯处……这种情况比比皆是，没什么好奇怪的。不过，如果有人早有预谋躲在门后，人们会觉得他荒谬极了。这种人从1922年开始就没有了，如果在1923年还碰到这种人的话，人们都会认为他没有教养，粗鄙到极点。

　　"而后，有人在车站前的土台停了下来。一个人。通常在巴黎，人们上街的时候只会去一个地方，从来没看到他们去其他地方。就只是因为他们对那个地方比较熟，不是很熟，就是比较熟一点而已。如果要他们去别的地方，那还不如把他们都剁成肉泥得了。"

——路易·阿拉贡《奥雷里昂》

咖啡馆，巴黎的写照

咖啡馆里的日常生活

从1814年到1848年，大约有3万美国人在法国生活。从他们的文章、信件和日记中，本土美国人可以看到当时法国的面貌以及法国人的生活。唐纳德·格兰特·米契尔（1822—1928），1847年住在巴黎，在他的作品里，用诙谐幽默的笔调描绘了他在咖啡馆的一天。咖啡馆是巴黎生活不可或缺的一部分："去巴黎但却没去咖啡馆的话，就跟去埃及但却不看金字塔一样……"

"在咖啡馆里，巴黎人可以喝咖啡、吃巧克力，可以看报纸、抽烟，甚至还能找到一个情人。外省人可以在那儿吃早餐，看《民族报》，喝苦艾酒，还可能找到自己的妻子。而英国人去那儿的话，则会看《加里涅尼报》，点几个蛋；德国人去了之后则会喝啤酒、抽烟斗。那是巴黎公共生活的圆形竞技场。当时对巴黎人来说买卖股票是一件特别严肃的事，而咖啡馆就是法国人的证券交易所。在咖啡馆里，人们讨论政治问题、娱乐八卦。每张桌子都是一个讨论小组，讨论的时候要尽量小声，以避免吵到邻桌的人……在巴黎的咖啡馆里，很少看到人看书。装饰在墙面的镜子增加了空间感，让咖啡馆里的东西看起来无穷无尽：金碧辉煌的檐口、饰有小黑点的天花板、铁脚桌子、放着餐具的德式吧台、给管白糖的女服务生坐的椅子……围着白色围裙的服务员朝收银台的矮个子女人大喊：'19.40法郎！13法郎！5.21法郎！25法郎！'

"下午的一杯咖啡相当于早上的一碗。在接下来的3个小时里，顾客明显少了许多。而管白糖的那个女服务生也不在那里了，她为晚上的舞会去梳妆打扮了。这个时段，有一些可怜的老单身汉和已婚男人吵了起来。几个小时后，适合游荡的夜晚降临了，一些年老的妇女带着她们的小白狗一摇一摆地来到了咖啡馆，然后坐在那儿喝起了咖啡。外面的座位都已经满了，人们安逸地坐在那儿，呷一口咖啡，开心地说着、笑着。这时，路灯亮了。几个小伙子喊着要冰块，一些老人则要潘趣酒。有一半以上的桌子上都有多米诺骨牌。9点，10点，11点，12点。公共马车也停止运行了，咖啡馆的服务员开始在拉百叶窗了。人们陆陆续续地走了，你可别说他们不是要'回家'——他们从来不会从嘴里说出这样的字眼，'家'那是放在他们心里的东西。"

—— 唐纳德·格兰特·米契尔《一个从古老的欧洲大陆回来的小伙子》，发表于《美国游客眼里的法国和法国人》（1814—1848）

圣日耳曼德佩广场

莱昂·保罗·法尔格（1876—1947），喜欢在巴黎的街头游逛。在他的诗歌和散文中，巴黎是一个生活节奏很快的城市，匆忙的行人、快速的咖啡消费文化，而这些都令他想起了孩童时代的生活，也刺激了他的即兴创作。出版于1939年的《巴黎的行人》从某种程度上来说，便是游走巴黎的路线图：法格总想着要为"那些有时间去深入了解巴黎、热爱巴黎的行人"写点东西。

"来巴黎旅游的南斯拉夫人和苏格兰人几乎没有机会认识晚上的圣日耳曼德佩广场，旅游车上的解说员不会跟他们说起这个地方。然而，这个地方才是正宗的巴黎，才是最接近现实生活的巴黎，那里的人们知道真正的国家、世界，还有艺术……这个广场的一切活动都以这里的3个咖啡馆为准，这3个咖啡馆可与法国的学校齐名：双偶咖啡馆、花神咖啡馆以及利普啤酒馆。每个店都有自己的高级服务员，有自己的领班，自己的艺术家——那些人，可能他们写的小说被翻译成了26国语言，可能是一些没有自己画室的画家，是一些没有专栏的批评家，或是一些没带公文包的政府职员。艺术和政治在这里交融；那些野心家和社会名人在这里擦肩而过；老师和学生在这里进行关于礼貌的论战，就为了知道到底该谁付账……在双偶咖啡馆里，人们不再向老板打听他那个合伙人的消息了（双偶理所应当是有两个老板的吧），这里成了一个做作、一本正经的地方——来这里的每个人在他的邻居看来都是文学家。这是那些有点钱、有点姿色的美国人来的地方，不过这些美国人都不是很正派，大部分的时间里都是醉醺醺的。他们在其他来这里寻找桃花源的超现实主义者面前歪歪扭扭地走着……晃呀晃，如果他们最后没能穿过那条大街，连马路都不会的话，也不指望他能记住自己的名字了。双偶咖啡馆有一个大大的露台，早上的时候可以欣赏雄伟的涨潮，黄昏的时候可以观赏美丽的落日。这个咖啡馆的消费很高，是巴黎最贵的咖啡馆。不过这里对于那些喜欢附庸风雅的人来说可是圣地，他们觉得花100苏来喝一杯杜本内酒并不过分，要知道这酒可是现代文学家喜欢喝的呀，他们现在喝的那是跟他们一样的酒……凌晨1点钟，咖啡馆的服务员开始要准备收工了，他们把那些桌子都推到那些喜欢夜游的人中间。这些人都是住在第6区的那些勇敢的小资人士，他们在大街上游荡，看到哪儿还营业便把自己塞哪儿去。过了半个小时，双偶咖啡馆便打烊了。门外有两个或者三个德国人低声哀求着店员让他们进去……这个浸染在文学世界里40年的店，这个能够边喝边谈论政治的店把他们吸引过来了，但是没有人给他们开门。过了几分钟，十字路口的另一个咖啡馆——花神咖啡馆也关门了……"

——莱昂·保罗·法尔
格《巴黎的行人》

格里塞特

　　路易·塞巴斯蒂安·梅斯耶（1740—1814），作家、政治家、法国大革命的积极参与者。他撰写了一本被称为《巴黎面面观》的巨著，1781—1788年共出版了12卷。这部作品描绘了巴黎当时的风俗习惯，并对其加以批判。作品中对大革命之前的巴黎社会描绘得面面俱到，内容十分丰富。

　　"人们称那个来历不明的年轻女孩为格里塞特。她很穷，为了生活她不得不努力工作，而她又只会干一点手工活儿。帽子工、裁缝、流水线工人……这都是她们那个阶层最经常干的活儿。穷人家的女孩从小便习惯了干粗活儿，这都是她们生存的技能，她们18岁便离开父母，自己租房子，过自己想过的生活。而那些出生在比较富裕的家庭的女孩也没好到哪里去，她们只能待在家里，与专横的母亲、伪善的姊娘、只会讲当年的奶奶还有念念叨叨的伯父为伴。那些只有父亲的女孩则要被送进修道院里，在那里等待着那个永远不会出现的丈夫。如果家里姐妹多的话，相应地嫁妆也就少了，而这种微薄的嫁妆几乎对任何一个男人都没有吸引力。她们只盼望着周日快点儿来到，那么她们就可以梳妆打扮一番，穿上漂亮的裙子，跟着家里人去杜伊勒里花园散步。对她们而言，这是一种莫大的幸福。

　　"格里塞特虽然穷，但却比那些生在富有家庭的女孩幸福。正当花样年华的时候，她被辞退了。她的贫穷给她带来了一点自由，每当她身处绝境时，她的运气便会来临。在她看来，和一个跟她差不多的人结婚是一种约束，也是一种悲剧，她更希望能保持精神上的独立。对她而言，生活的首要任务便是梳妆打扮。穷不见得就不能虚荣，她青春靓丽，她面容姣好，她怎么不可以虚荣？有哪个人会抵抗得住这些诱惑？之后，格里塞特自由了，她找到了一份可以让她放纵的职业，然后她碰到了一个对她爱得如痴如醉、能够包养她的情人。有些人过得光彩照人，然而这种光彩终究只能绚烂一时。聪明的人会努力攒钱，省吃俭用，等到哪天荷包足够大了，便会从良。"

　　　　　　　　　　　——路易·塞巴斯蒂安·梅斯耶《巴黎面面观》

巴黎人的标志

　　为了让萨坦这个小鬼能够精神一些，弗拉梅什把他送到了巴黎，让他去那儿生活。懒惰的萨坦去了巴黎也没找工作，就只是给巴黎的作家和艺术家打工，看管一下行李。这是《巴黎魔鬼》的前言，这是一部合集，出版于1845年。作者是阿尔方斯·卡尔（1808—1890），记者、批评家。

　　"这些人都不是巴黎人，他们只不过在巴黎而已。不要把那些你在海滨浴场碰到的人，那些对你说'巴黎……哦！巴黎！——它是巴黎，我的巴黎！'等话的人错认为是巴黎人。

　　"人们感兴趣的只是那些他们希望得到的东西，那些令他们后悔的事物，而非那些他们拥有的东西。

　　"那些人是巴黎人，他们骨子里就是巴黎人，只不过他们自己没有发觉而已。真正的巴黎人都不喜欢巴黎，但去了别处他们又活不下去。

"那些人是巴黎人，他们骨子里就是巴黎人，只不过他们没有发觉而已。真正的巴黎人都不喜欢巴黎，但去了别处他们又活不下去。"

——阿尔方斯·卡尔

"鱼儿在水里的时候也不开心，但如果离开了水，它就只有死路一条。巴黎人常常诅咒巴黎，但他们却无法长时间离开巴黎。

"两个巴黎人在迪埃普重逢，泪眼婆娑，就跟两个法国人在西伯利亚遇见是一样的。然而他们却仍死性不改，一个劲儿地批评巴黎。因为他们知道，他们很快便能回去了。这些人啊，他们羡慕你们的一切，他们羡慕你们可以生活在外省，他们忌妒你们的命运。

"巴黎人对于巴黎，或多或少都有一些怨恨，但这不过是一时半会儿的事，很快就会消逝了。"

—— 阿尔方斯·卡尔《巴黎魔鬼》，合集

守门人，一个胆小的人

帕特里克·聚斯金德，1949年出生于德国安巴哈（巴伐利亚），著有小说《鸽子》。《鸽子》的叙述以巴黎为背景。故事主人公约翰·诺埃尔，他的生活一向都井然有序，有一天，他的门口飞来了一只鸽子。他的生活轨迹因此改变了。他一直都住在6楼的用人房里。现在他想离开了。于是，他就这样不凑巧地遇到了那个守门人……

"她已经住在这栋楼里6年了，而他跟她说的话不过只有短短几句，'早上好，女士''晚上好，女士'。当她把他的信件拿给他的时候，他会说'谢谢你，女士'……她跟其他的守门人一样，年龄难以确定，可能在50岁到70岁之间吧，她也跟其他的守门人一样，步履拖沓，身材庞大，脸色灰白，沉默寡言。除了出门倒垃圾、打扫楼梯或者买菜，其余时间她都会待在那个开着灯的小房间里。那个房间朝着街道和庭院中间的过道，电视永远是开着的，她会在那里缝缝补补或者做点饭……他经过罗卡尔女士的房间时，女士总能看见他，于是他只能朝她打招呼。即使她靠在椅子上，处于半睡状态，她也仍看得见，一个小小的开门声就足以把她吵醒了，然后她便会睁眼睛，看看是谁经过。这里的住客并不经常看到约翰，这个地方最了解他的人莫过于罗卡尔女士了。每次约翰经过的时候，罗卡尔女士便能知道那些最细微的细节：他穿什么衣服，多久换一次衬衫，是不是洗过头，他晚餐吃什么，他是不是有信，信是谁写的。"

—— 帕特里克·聚斯金德《鸽子》

105

圣安东尼郊区的路障

维克多·雨果（1802—1885）的《悲惨世界》是一个人物大熔炉，里面有各种各样的人；在他的笔下，起义的巴黎人民成了真正的英雄。1832年，拿破仑分子、自由党人拉马克将军葬礼举行的时候，巴黎爆发了共和国起义。圣安东尼郊区的路障此时成了历史上的"主角"，它们成了巴黎人民和国家军队对峙的见证人。

"圣安东尼路障是个庞然大物，它有4层楼房高，700尺宽。它挡住进入那一郊区的一大片岔路口，就是说，从这端到那端，它连续遮拦着3个街口，忽高忽低，若断若续，或前或后，零乱交错，在一个大缺口上筑了成行的雉堞，紧接着又是一个又一个土堆，构成一群棱堡，向前伸出许多突角。背后，稳如磐石地靠着两大排凸出的郊区房屋，像一道巨大的堤岸，出现在曾经目击过7月14日的广场底上。19个路障层层排列在这母垒后面的几条街道的纵深处。只要望见这母垒，人们便会感到在这郊区，遍及民间的疾苦已经到了绝望的程度，即将转化为一场灾难。这路障是用什么东西构成的？有人说是用故意拆毁的两座5层楼房的废料筑成的。另一些人说，这是所有的愤怒创造出来的奇迹，它具有仇恨所创造的一切建筑——也就是废墟的那种令人痛心的形象。人们可以这么说：'这是谁建造的？'也可以这么说：'这是谁破坏的？'它是激情迸发的即兴创作。哟！这板门！这铁栅！这屋檐！这门框！这个破了的火炉！这只裂了的铁锅！什么都可以拿来！什么也都可以丢上去！一切一切，推吧，滚吧，挖吧，拆毁吧，翻倒吧，崩塌吧！

"那是铺路石、碎石块、木柱、铁条、破布、碎砖、烂椅子、白菜根、破衣烂衫和诅咒的协作。它伟大，但也渺小。那是在地狱的旧址上翻修的混沌世界。原子旁边的庞然大物，一堵孤立的墙和一只破汤罐，一切残渣废物的触目惊心的结合，西绪福斯在那里抛下了他的岩石，约伯也在那里抛下了他的瓦碴。总而言之，很可怕。那是赤脚汉的神庙，一些翻倒了的小车凸出在路旁的斜坡上；一辆巨大的运货马车，车轴朝天，横亘在张牙舞爪的路障正面，像是那路障上的一道伤疤；一辆公共马车，已经由许多胳膊兴高采烈地拖上了土堆，放在它的顶上，辕木指向空中，好像在迎接什么行空的天马。垒砌这种原始路障的建筑师们，似乎有意要在制造恐怖的同时，增添一点野孩子趣味……就像是民众的破烂、朽木、破铜烂铁、残砖碎石，都是圣安东尼郊区一把巨大的扫帚扫出来的，用它的苦难筑成的路障。"

—— 维克多·雨果《悲惨世界》

1848年的骚乱

1848年2月23日，巴黎，国家军队开枪扫射正在举行宴会的群众。早在几个月前，路易·腓力政府便禁止人民举行宴会。这件事因此成了1848年革命的导火线：2月24日，人们上街，攻占杜伊勒里宫，路易·腓力被逼退位。居斯塔夫·福楼拜（1821—1880）在《情感教育》里极为详尽地描写了这一天的状况。

"某种力量推动着人民暴动的发展壮大。一些自认口才好的人在街角对着人民慷慨演讲；另外一些人则跑到教堂里拉警钟；人们拉开枪膛，上了子弹。街上的那些树木、方便的地方、长椅、铁栅栏、煤气灯都被毁了；早上的巴黎放满了路障。没有人反抗，城里到处都是国民卫兵。早上8点钟的时候，愤怒和拥有强大力量的人们就占领了5个兵营，几乎所有的区政府以及战略要地都被巴黎人民占领了。

而这个举目无亲的王国，没有援兵，它只好找些权宜之计来先对付着。人们现在在攻击水城堡了，他们要把那里的50个犯人放出来，可这些人早就不在那里了……鼓声震天动地地响着，尖叫声、胜利的呼喊声不绝于耳。有一大群人逆着人流冲撞着。弗雷德里克，他就站在这两群人中间，动弹不得，看着人群自发呆，倒还一副自娱自乐的样子。那些伤员死了，尸体横七竖八地晾在那儿，仿佛他们压根儿没有受伤，没有死去一样。他觉得自己好像在欣赏一出表演……

"军队消失不见了，市民们还固守着阵地。一群勇敢的人冲上了台阶，他们互相扭打，一些人赢了，一些人输了。人们拼命地摇着大门的铁杆，那铁杆'哐当哐当'地响，但人们仍旧死命地摇着，一点儿没有放弃的意思。一辆装满干草的敞篷马车，像一把熊熊的火焰，烧得热烈奔放，墙慢慢地顶不住了。人们不断往那里添柴、添草，还倒了一大桶酒精。火势越来越大了，建筑物不断地冒着烟，露台和栏杆那儿的火焰正烧得浓烈，发出'吱呀吱呀'的声音。皇家宫殿的二楼挤满了国民卫兵。人们拼命地往窗户底下扔东西，子弹声此起彼伏。喷泉里的水被染红了，变成了一缸血水，漫出来，流到地上。人们的身上、军帽上、兵器上都沾满了泥土……新的人群又到了，他们又打了起来。枪声变得十分密集。那些卖酒的铺子都开着门，人们去那里抽烟斗，喝大杯啤酒，然后又回来接着打。就连狗也不吠了，真可笑。"

—— 居斯塔夫·福楼拜《情感教育》

《流浪的姑娘》

艾迪特·皮雅芙（1915—1963），生于巴黎街头，长于巴黎街头。她歌颂街头世界，歌颂那些妓女，歌颂贫穷。她小小的身躯，发自肺腑的声音，歌曲中的大众情怀为她赢得了满堂喝彩。她是著名的写实香颂演唱人，她采用的是妲蜜雅和弗雷埃尔的唱法。

"在街上，在那些郊区，
从这个礼拜的第一天到最后一天，
人们都能看到她们的身影。
　　她们的鞋罩脏了，一只手挽着自己的情人。
　　在情人怀里的那十天，
　　在路灯的照耀下，
蓬皮杜的迷人气息里，
　　她们是美丽的珍珠，
　　是洋娃娃，是布袋木偶，
　　　　是提线木偶。
　　听，夜里她们又唱着老歌：

"是我们这些姑娘，
　　流浪的姑娘。
　　流浪者走了，
他们的口袋里没有一毛钱。
是我们这些小棉袄，
　　可怜的小棉袄，
　　某一天晚上被人喜欢的小棉袄。
　　　　无论是在哪里。

我们拥有一颗
不苛求的心。
但是没有人愿意要我们。
好吧，那就算了吧。
……

没有谁让我们留恋。
没有爱，
我们永远
都只能是流浪的姑娘。

"因为她们没有可以穿去
富裕街区的漂亮衣服，
她们整天都在拉法耶特百货干着活儿，
但这些衣服在这里买不到，
沿着圣马丁运河，
在塞巴斯特，在拉夏贝尔，
通常都是些衣着讲究的人，
你称之为先生。
这是流行的说法，这不是
　　美丽的玩具，

集市上没有卖丝质的布娃娃
　　　价格才30苏的。
是我们这些姑娘，
流浪的姑娘，
流浪者走了，
他们的口袋里没有一毛钱。
是我们这些小棉袄，
可怜的小棉袄，
某一天晚上被人喜欢的小棉袄
　　　……无论是在哪里。
她们什么都可以出卖，
她们得到的回报也还不错，

当有一天，抽屉里空空如也的时候，
她们跳进了运河里。
她们不像街上那些
发着烧的流浪汉，
人们会好心将他们送进医院里；
而对于她们，人们只会说：‘不过是一个荡妇罢了。’
当她们身无分文的时候，
她们就像那些布娃娃，那些提线木偶。”

—— 艾迪特·皮雅芙、吉勒·科斯塔
《诗和香颂》

《五点，巴黎醒了》

雅克·杜特隆，1943年出生于巴黎，歌手、演员。1966年，他碰到了作词人雅克·兰兹曼，此后，他的曲风发生了极大的改变：滑稽而又令人感动。香颂歌词千回百转，无不流露出一种天真的气质，兰兹曼用天真审视着这个世界以及这个世界的人们。《五点，巴黎醒了》这首香颂，歌唱的是一个黎明时分迷离的巴黎。这是杜特隆最著名的歌曲之一。

“我是多菲内广场的一只海豚。
布朗什广场看起来一团糟，
卡车上装满了牛奶，
扫路车上载满了扫帚。
五点，巴黎醒了，巴黎醒了!

“人们脱下了化装舞会的服装，
那些脱衣舞者又重新穿上了衣服，
床被压坏了，
那些谈恋爱的人累坏了。
五点，巴黎醒了，巴黎醒了!

“郊区人来到了车站，
拉维莱特那里，人们切着猪膘。
巴黎又挤满了车辆，
面包师傅做了花式面包。
五点，巴黎醒了，巴黎醒了!

“埃菲尔铁塔底下没什么人了，
凯旋门又热闹起来了。
不管是黑夜还是白天，
方尖碑都好好地站在那里。
五点，巴黎醒了，巴黎醒了!

“新鲜报纸出炉了，
工人们失望了。
人们来了，他们被刁难了，

我要去睡觉了。
五点，巴黎起床了，
五点，我没有一点儿睡意。”

—— 雅克·杜特隆、雅克·兰兹曼、安妮·塞加兰《五点，巴黎醒了》

巴黎的俚语

《夜曲》

"我所做的不过是试着让那些可怜的人发声，全世界都在谈论他们，但他们却始终缄默不言。"热昂·里克图在《穷人的独白》中如是写道。

《穷人的独白》是巴黎流浪者的独白，这是一只孤独地行走在大都市巴黎的迷途羔羊。热昂·里克图的言语仿佛是街上普通人口中的大白话，毫无诗意可言，他在书中使用了许多巴黎俚语。

"当所有人都躺在床上时，
梅兹还在巴黎街头游荡。
天气十分凉爽，他的心里漂浮不定。
河的两岸既宽又长，
夏天时，双腿被烧得火辣辣的，
冬天时，冷得叫人发疯。

"夜里的整个城市都是我的，
此时的我就像国王说的那样。
这是我的种子……刚刚才种下去的种子，
人们不会搞错的。

"每个人都有他的旅程，
我要到沉默和沙漠中去，
因为白天的街道太热闹了，
那些怒气冲冲的人，蠢动的人群，
在米洛奇露天大街的采摘者。

"我是帕维街的皇帝，
毕图纳街的王子，里布伊的公爵，
舍尔什店厄的多丽侯爵，
弗拉戈朗·德·阿巴提伯爵，

阿斯发尔特和其他地方的男爵。

"我是一个流浪汉……一个滑稽的人，
夜游者……一个堕落的人，
一个遭人抵制的坏榜样，
一撮愤怒的小草……一切的坏源。
高音调。

"如果你们无法想象我的这种生活，
那我跟你们解释一下
我是如何在巴黎流浪的：

"下雨了，或者
下雪了，
没事儿，去里沃利街，
虽然那里的穿堂风很是强劲，
但起码能躲在拱廊底下，那也不赖。

"但如果是在夏天的话……也没关系，
那就去塞纳河边走走吧。
要么在河岸边上，要么就在桥下，
你能在那儿度过一些

110

好时光的。
河里有些油腻腻的东西，
把你的脚丫子伸进去，沾沾水。
尽管去试一下，反正也不用花钱。
我熟悉街区的每一个角落，
每一件事……没有什么难得倒我，
因为这样，我才找得到住的，
找得到吃的。但有时得走好几公里。

"甚至要把整个城市翻遍，
从上到下，从南到北。

"那里没有嘈杂，也没有灰尘，
一切都是那样的祥和安静。

"人们知道潘特吕什已经死了，
人们走着走着来到了公墓，
内心那种从苏醒的东西一下醒来了。
（啊！原来真的存在上帝！）

"但就在这时，
那里……郊区……远离市区的地方，
传来了长长的吼叫声，
那是狗，还是牵引车发出的叫声？
呜……呀……也许有人会说那是从我的肚子
里发出来的声音！
呀呼……人们则会说那是我的心。

"这是唯一一会让我害怕的叫声。
我的脑海里蹦出了一些黑暗的想法，
我准备要去游荡了，
我的双脚却动弹不得，
因为我不想就这样踩死
地上的那些蜗牛。

"人们遇见了许多晚归的人，

有一些顾客正发着牢骚，
这些餐厅让他们等太久了，
厨房的师傅们迟迟不拉铃。

"那有一些刚刚从剧院回来的蹩脚的喜剧演员，
一些刚刚结束了妓院之行的大法官，
还有一些酒鬼、一些警察和皮条客。

"（人真是狡猾，当觉得自己是
正义之师的时候，
便会去批评那些人。）

"有好几次我拖着那沉重的
步伐，
我停下来休息，靠着一个煤气罐，
就为了看看'人到底到了什么境界'。
所有的人都知道我是一个流浪汉！

"从夏洛纳到蒙梭街区，
在这些人群中央，
只有我还保持着自己的思想，
我是这堕落天地中的一张苍白的面孔！

"有一些晚上，月亮挂在我背后的天空，
我追寻着路上的黑暗前进。

"有一些晚上，月亮又跑到了我面前，
我的影子跟着我往前走。

"我要去……我要去流浪，
我的心里有太多悲伤的事情了，
苍白是我唯一的情人，
我的悲伤跟着我……不知不觉地。"

——热昂·里克图《穷人的独白》

菜市场的生活

　　罗伯特·拉格曾是巴拉乔的老板。这是一间位于拉普街（巴士底广场附近）的著名舞厅。他在回忆录《菜市场的罗伯特》中讲述了自己在"巴黎的肚子"——他父母在这里卖水果、蔬菜——度过的孩童时代以及学到的东西。他的语言活泼生动，其中穿插使用了许多巴黎的俚语，向读者叙述了一个已经消失的街区以及这里喧闹嘈杂的生活：商人、苦力和装卸工、毛手毛脚的家伙、咖啡馆老板和警察……

　　"你用手摸摸看。我14岁了，刚刚从牧师学校毕业。从改变的角度来说，这就是了。这是深入骨髓的改变，一点儿余地也不留。人们毫不犹豫地朝着你走过去。你够强大，你抵抗，但你还是没办法脱身。我曾经不止一次责怪自己。菜市场里、佩凯走廊里，人们在加工印度大麻和馅饼，价钱还没有出来。这里到处都是小孩儿，我只好扭来扭去地躲开他们。我身材矮小，又充满青春活力，于是您就跟在我后头……我蒙了一会儿，又清醒了，但我并没有逃走。其实感觉还好，但仍有一种透不过气来的感觉。每一次的困难都能让我变得更加坚强，这是自我忍耐的一种方式。我咬紧牙关，握紧拳头，我知道总有一天会发光发热的。罗伯特·拉格，你会赢的。

"人们在菜市场对骂，而也不仅仅是在菜市场。事实上，这种事儿常有。警察看到了也不急于去阻止，都习惯了。这斗殴者不使枪，也没有拿长矛，而是一拳飞过来，另一拳又飞过去。那家英式拳击馆乔治·卡尔蓬蒂埃就在这儿附近，经营得相当不错……刚一会儿还脸红脖子粗的，一眨眼，这饭就吃上了，大快朵颐啊那是。真是一点儿也不记仇。最后嘛，就看大家怎么处理了……

"一天，我推着手推车正飞快地往家赶，结果不小心撞到了一个喜欢动手动脚的男人的屁股。

"'你是瞎了，还是怎样？'

"这话吧，听着也不是太坏。但是这只'斑马'太过分了，他不停地出言不逊，使劲地侮辱我，我不爽。

"'一群笨蛋。'

"我骄傲而又不屑地说道。接着，战争就打响了。一个人直接朝我猛扑过来。我们一下滚到沟里，一下又蹭到狗屎堆里，一会儿又跌到河里去了。曾有一度我骑在某个人身上，我还把狗屎扔到他身上。我感觉到有人正扒着我的后领。在混战中，我不小心打到了旁人……运气真背，那人是个警察。我立马就停下来了。但这警察二话不说，就把我扭送到普鲁维尔街。那警察局别提有多乱、多脏了……不过我可没有时间细细'品味'了。抓我的那个警察他把这些事儿都说给了其他人听，我看到他们脸上那嫌恶的表情。那天的第一次。因为我回家的时候，妈妈也同样用那种嫌恶的表情打量我。

"'谁让你跟个混混一样在街上跟人打架的？'

"巴尔塔德街上挤满了人，一大群无赖……这儿几乎都没我站的地儿了。但我还是硬给自己挤了个地出来。又在这儿碰到了那个讨厌鬼。哼，哪天我一定得收拾下他……

"'真他妈讨厌！'

"他的老婆，也可能只是他睡过的妓女，从人群中走出来……一上来就给了我一拳！我可不想跟这个泼妇扭打，我极力地想保持镇定，想显示我的风度。那家伙这下似乎反应迟钝，我一下把他按倒在韭菜堆里。一只手抓着他的衣领，另一只手则抓着韭菜，拼命往他嘴里塞。看他不噎死！这下他可舒服了吧，享用大餐啊，杰纳维埃来的韭菜呀，那可都是用粪浇出来的，就粪肥嘛，知道吧？

"这怪事天天都有，你不知道哪天它就会出现了。我正好好地在奥美·德丘瑞店前排队，等着还空包裹。就快到我的时候，有人把我挤了出去。一个身形魁梧的有毛病的家伙！

"'下一个！'

"没办法，我又挤到最后一个去了。我充满了勇气，但我可不鲁莽……跟小伙子在一起，我才敢嚷嚷。我热血沸腾，跑回了家里，偷了个5千克重的秤砣。站在巨人脚底下，我可不怕。我甚至还可以告诉你们，他当时唱的那歌是哈罗德！可事实是，当真正站在那底下时，我想也没想，拔腿就跑了。就跟那个拉杜梅格一样！"

——罗伯特·拉格·克劳德·杜布瓦合著
《菜市场的罗伯特》

主题路线

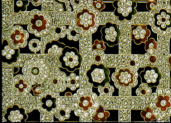

优雅巴黎：探寻时尚和奢侈之都

巴黎的博物馆：领略博物馆和画室的魅力

巴黎美食：品尝小餐馆和高档餐厅的美食

巴黎的自然景观：去公园里欣赏醉人的自然美景

塞纳河沿岸：认识那些桥梁和滨河路，以及巴黎最漂亮大街的历史

优雅巴黎

第二帝国时期，达官贵人不再自己聘请裁缝做衣服。两个住在巴黎的英国裁缝——雷德芬和沃斯，和法国裁缝杜塞一同开启了高级定制时代：他们设计服装款式，并用绣花、羽毛和褶皱装饰。他们到处发放自己的设计图，以扩大客源。后来，让·帕图、罗伯特·贝格、艾尔莎·夏瑞帕丽、克里斯托巴尔·巴伦西亚加等人，都开始了他们的高级定制之路。

帕图的优雅

1875年，让·帕图将和平街21号的女性内衣店改为服装店。他店里的招牌便是那些珍贵的连衣裙，莎拉·伯恩哈特和蕾珍都曾穿过。

欧也妮和奢侈品

欧也妮王后支撑起了整个奢侈品工业的发展。她身着的华服均需要大量的布料。

裁缝之都

19世纪，巴黎涌现了大批服装设计师、裁缝、女帽工，巴黎的时装业得到了极大的发展。大大小小的服装店嵌在巴黎的街上，成为一道亮丽的风景线。在蒙田大街和弗朗索瓦一世街的拐角处就有好几家

店：和平街裁缝简·帕昆的店，他是无腰身"女王袍"的设计者；剪裁工玛德莲·维欧奈1912年开的店；卡罗姐妹的店，她们喜欢用金银铂片装饰服装。左图为吕西安·勒龙设计的款式，是"疯狂年代"的代表风格。

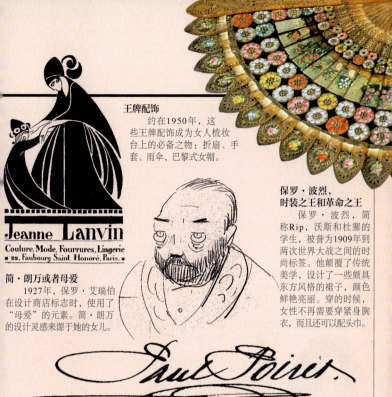

王牌配饰

约在1950年，这些王牌配饰成为女人梳妆台上的必备之物：折扇、手套、雨伞、巴黎式女帽。

Jeanne Lanvin

Couture, Mode, Fourrures, Lingerie
22, Faubourg Saint-Honoré, Paris.

简·朗万或者母爱

1927年，保罗·艾瑞伯在设计商店标志时，使用了"母爱"的元素。简·朗万的设计灵感来源于她的女儿。

保罗·波烈，时装之王和革命之王

保罗·波烈，简称Rip，沃斯和杜塞的学生，被誉为1909年到两次世界大战之间的时尚标签。他颠覆了传统美学，设计了一些颇具东方风格的裙子，颜色鲜艳亮丽。穿的时候，女性不再需要穿紧身胸衣，而且还可以配头巾。

沃斯，高级定制的发明人

欧也妮王后的奢侈风格让夏尔勒·弗雷德里克·沃斯看到了服装业的潜力。1845年，20岁的他从伦敦来到巴黎，进了一个服装店工作。他于1857年在和平街7号开了自己的服装店。他设计的女性服装剪裁轻盈、简单。他还会提前发布自己为下个季度设计的服装系列，以定下该季的流行基调。而让模特穿上成衣进行展示是他的另一个创举。

巴黎女人

里亚纳·德·普吉，巴黎著名的交际花

巴黎女性被看作优雅和魅力的化身。全世界的人们都欣赏她们的优雅，欣赏她们的智慧以及她们娇俏的模样。她们一如既往地优雅、聪明、漂亮。只不过她们的形象有了变化：20世纪初的巴黎女性轻佻，她们不靠自己生活，而靠男人包养；而现在的巴黎女性则多为职业女性，独立生活。巴黎女性是理想的妻子，是缪斯女神，还是伟大的情人。如今，她们在"小女人"以及"职业女性"之间找到了平衡点。

"巴黎女人"

"巴黎女人"：一方面表达了人们的欣赏之情，另一方面又体现了人们的忌妒之意。亨利·贝克（1837—1899）的一出戏就叫作《巴黎女人》；科列特在《克劳蒂娜在巴黎》中将移居到首都的外省人称为"巴黎女人"；作家雅克·洛朗于1950年前后，创办了名为《巴黎女人》的杂志。

知识分子和世俗社会

第二帝国初期，那些轻佻女人穿的"沙漏装"让全世界的女人黯然失色，大家都竞相模仿。20世纪初，上流社会那些接受过良好教育的巴黎女性开始了反击大战。好求知和健谈的她们又重新掀起了一股沙龙热。女诗人安娜·德·诺阿伊（上图）就以其高品位的着装风格以及良好的修养成为文学沙龙的一颗明星。之后，拉罗什弗科公爵夫人在美国广场招待保罗·瓦莱里；而菲尔斯伯爵夫人则在她的邀请卡上写道："喝杯茶，说说话。"

"首都的女性"

裁缝奥利维亚·拉皮迪斯确定了当代"巴黎女人"的定义，演员萨宾娜·阿泽玛（下图，罗伯特·德瓦诺摄）成了"巴黎女人"的代名词。

引领潮流的女性

"集优雅与细腻于一身；她有一种无穷无尽的魅力……这是一个我们在16岁会幻想、60岁会想起来的女人。"——19世纪，莱昂·戈兰《巴黎情人》中的一个俄罗斯人如是说。巴黎女性，如时装设计师克吕奥画的速写（右图），因其天生丽质而吸引了无数人的目光。

自由和优雅

　　第二次世界大战结束后的第二天，克里斯汀·迪奥设计了"迪奥套装"，标志着占领时期痛苦日子的正式结束，人们告别节俭，回归富裕。然而，这种极其新潮的套装却引起了部分女性的抗拒，因为她们越来越重视自己的意愿，她们清楚地知道自己有选择着装的自由。

首都的时尚大使

　　有一个奇怪的现象：如今巴黎的时装秀多聘请外国模特，她们成了引领时尚潮流的人，如索马里模特艾碧安。其实，时尚之于所有人是一样的。

高级时装

雪莱：古典、精致

1962年，让·路易·雪莱的第一场时装秀在地下室举行。雪莱的店今位于蒙田大街，因其永不过时的风格和奢华的晚装而出名。

"裁缝是现代社会的最后一批冒险者，他们在时尚界掀起了一阵狂潮。"社会学家让·伯德里亚尔如是说。这种奢侈的手工业成了炮制时尚的实验室，也成了法国人的一种兴趣。在法国，就有这样一批深受精工启发的时装设计师，他们肆意挥洒自己的灵感，并融合传统手工业（如弗朗索瓦·勒萨日高超的刺绣技术），让作品变得更为丰富，更抓人眼球。想要跻身"高级时装"之列的品牌必须遵守某些规定，诸如要有试衣和时装秀等。时装秀每年举行两次，分"春夏"和"秋冬"两个系列。

香奈儿：现代优雅

加布里埃·香奈儿说："时尚会过时，而风格会永存。"在两次世界大战期间，香奈儿为女性设计了许多舒适优雅的服装。长袖羊毛开衫、黑色连衣裙搭配山茶花和窄边草帽，既活泼又靓丽。经典款式：粗呢外套和香奈儿套装。

伊夫·圣·洛朗：完美优雅

迪奥先生的助手伊夫·圣·洛朗在1962年首次发布了自己设计的第一个服装系列。此后直到2002年退休，他总共设计了77751款服饰，最后一款是为凯瑟琳·德纳芙设计的。

神秘

时装秀是整个传媒界的大事。时装模特、服装款式均是公众关注的焦点。在时装秀的最后与设计师一起出现的称为主模特，她（他）是焦点中的焦点。

伊夫·圣·洛朗

克里斯汀·迪奥：永远的女性之美

1946年，克里斯汀·迪奥在蒙田大街开设了自己的时装店。其设计的新潮时装标志着富裕生活的回归：使用奢华布料制成的花冠裙长达20米。此后，迪奥的风格则渐渐转向约翰·加里亚诺的极简主义和结构破坏主义靠拢。2016年，意大利设计师玛利亚·格拉齐亚·基乌里成为迪奥新任创意总监。

纪梵希：时装界的特殊存在

于贝尔·德·纪梵希，高级时装界的绅士。1937年世界博览会"优雅之馆"给了他灵感，他于1952年开设了自己的时装店。2005年，里卡多·西提成为纪梵希的设计总监。

卡尔·拉格斐，设计师兼摄影师

1983年，卡尔·拉格斐成为香奈儿的品牌设计师，但当时的业界普遍都不看好他。1998年，拉格斐艺术馆开幕，这完美地将他的3种爱好融合在了一起：时装、书、摄影。

克里斯汀·拉克瓦：奢华与天马行空

克里斯汀·拉克瓦，来自阿尔勒，1987年在普罗旺斯发布了自己的第一个服装系列。该系列中，他使用了大量鲜艳的颜色以及有刺绣的珍贵布料。他的设计有些古怪，但却充满魅力。

20世纪60年代涌现出了一大批设计师：丹尼·爱特、卡夏尔、艾玛纽埃·坎、多罗蒂·比斯，他们突破之前由裁缝订立的服装规则，开始引领自由时尚。库雷热创造出了用合成布料制成的几何形状的服装；帕科·拉巴纳设计出了金属裙；皮埃尔·卡丹则发明了成衣时装。20世纪80年代，时装店主要集中在胜利广场周边；而从2000年开始，则多集中在皇家广场周边。

阿尼亚斯贝：反时尚精神

阿尼亚斯贝的风格体现了一种自在的城市生活。1979年，她发明了羊毛棉质开衫，并设计了多个不同的颜色。这款开衫淋漓尽致地表现出了阿尼亚斯贝的风格，她喜欢设计一些简洁的款式：可以任意搭配，适合任何场合。

阿拉亚：让女性变得更高挑

阿瑟丁·阿拉亚，突尼斯人，大约在1960年的时候，他来到了巴黎。他设计的连衣裙优雅，充满魅惑。阿拉亚使用柔软的布料来突出女性的形体美。

阿拉亚为某位女性设计的浅口皮鞋，表面的花纹透出性感气息，却又不失诙谐

卡斯泰尔巴雅克：玩转色彩

让·夏尔勒·德·卡斯泰尔巴雅克的风格主要体现在他所使用的色彩上。一些常见的材料经他打造变成了极具创造性的服装元素。他创造出了诸如"泰迪熊"长绒大衣等服装。

索尼亚·里基尔：她的非个人风格

她设计的服装并无明确的个人风格。因为她的风格是随着顾客的需求而变化的。她为顾客量身定做各种服装，她的服装都没有配饰，整体看起来十分简洁。

让·保罗·戈蒂埃：破除传统

"如果人们觉得它漂亮，那它就漂亮。"他设计的服装都稀奇古怪的，与传统背道而驰。他的风格多样，且毫无禁忌：朋克风、教士风……

蒙塔纳：80年代风

克劳德·蒙塔纳说他"想设计一些人们想要拥有的衣服"。他使用皮和衬垫设计了多款宽肩的衣服。他的服装充满了未来主义色彩。

适当的配饰具有画龙点睛的作用。配饰可分为两大类：手饰，如包包；手饰以外的其他配饰，比如头饰。旧时代的上流社会，女性的主要配饰为折扇和帽子，她们出门的话一定得戴帽子。一些设计师在设计衣服的同时，也设计了配饰。

克里斯汀·鲁布托的鞋子

让-雅克·卢梭街19号，邮编75001

克里斯汀·鲁布托设计的浅口皮鞋样式特别，颇有时尚范儿。他的鞋店在维罗多达廊街开业后，便吸引了无数的巴黎名媛。鞋的主要材料是铬鞣小牛革、天鹅绒牛皮、鳗鱼皮、鲭鱼皮等；鞋的颜色丰富，有时还会使用金片装饰鞋跟。鲁布托的鞋子可称得上是真正的艺术品。

亚历山大·索夫：雨伞和小阳伞

圣日耳曼大道218号，邮编75007

乔治·加斯帕是当之无愧的雨伞行业翘楚。他家的雨伞（阳伞）销往各大奢侈品店、剧院和世界各地购物广场。他的小女儿亚历山大·索夫则创立了自己的品牌：她为雨伞制作了简单的配饰，使用的都是些珍贵、原始的材料：水貂皮、平纹细布、透明硬纱、施华洛世奇水晶……这些雨伞在她的打造下也成了特别的艺术品。

**菲利普·莫代尔：
配饰之王**

　　圣奥诺雷市场广场33号，邮编75001
　　菲利普·莫代尔重新引领了帽子的潮流。他采用稻草或塑料等材料制作帽子。真称得上是配色大师，他为帽子选取的颜色都十分大方得体。同时，他还设计包、手套和鞋子。他说，一个真正优雅的女人应该要懂得为服饰选择合适的配饰。

玛丽·梅西埃：天马行空
　　圣叙尔皮斯街23号
　　玛丽·梅西埃是一个帽子发烧友。她举办过不少帽子秀。她设计的款式有立体主义的维也纳圆帽、祖鲁风帽等。所有的帽子都出自巴黎的同一家工厂。这些帽子采用的也是传统的制造方法：木模，金属压制，草编。

大型百货商店

大型百货商店里的消费品、奢侈品一应俱全。来巴黎的游客经常光顾这些百货商店。第二帝国时期，巴黎出现了大型百货商店。当时城市人口迅速增长，工业急剧膨胀，对日用品的需求骤然上升。而因为其"门槛较低"，奢侈品得以进入百货商店。罗浮宫百货和美丽园丁百货都已经不再营业了，但它们的招牌仍旧挂在建筑物的墙面上。

城中城

大型百货商店占地面积广阔，装修豪华。春天百货是其中最著名的一家。1889年，春天百货创立，位于勒阿弗尔街和高马丁街之间。仓库与照明房、供暖房一样，位于地下室，便于平时取货、调货。办公室也位于该栋大楼内，办公室上面是员工宿舍。那个时候，大部分员工都住在工作所在地。

图利与不图利

并不是所有的企业家都只知道唯利是图。像乐歇百货的创始人阿里斯蒂德·布西科（1810—1877），他在发展事业的同时也关注员工的发展，推动了员工晋升制度的发展。

圣诞幕墙

在世界上赫赫有名。绚烂璀璨的灯光，美轮美奂的画面，经常引起众人围观。

"远处传来震耳欲聋的叫卖声，他什么也没听到，只觉得巴黎是一个很大的城市，一个可以容纳许多买家的城市。"

——爱弥尔·左拉

乐蓬马歇

巴黎第一家百货公司，1852年开业，位于塞纳河左岸。名字取自爱弥尔·左拉的小说《妇女乐园》。

春天百货的穹顶是新艺术运动的代表作，建于1923年，直径20米，高16米。

广告的用处

大型百货商店是第一批做广告的公司。它们将公司的产品等印在了广告册、袋子和日历上。

百货大楼

为了吸引顾客，这些"商业教堂"都建得十分气派，且均出自才华横溢的建筑师之手：乐蓬马歇是居斯塔夫·埃菲尔的作品；而春天百货则是保罗·塞第乐的设计。为了给顾客一种焕然一新的感觉，大楼内部进行了多次整修。乐蓬马歇的楼梯由安德莉·普特曼设计，楼梯线条极具现代气息。

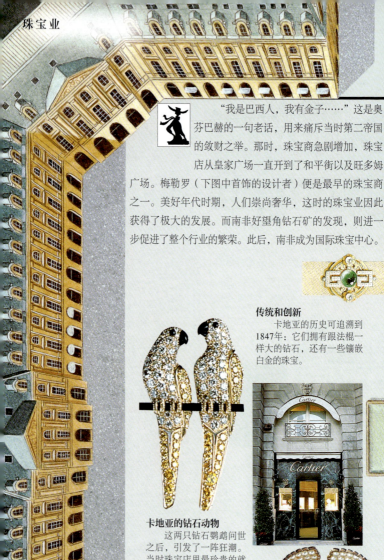

"我是巴西人，我有金子……"这是奥芬巴赫的一句老话，用来痛斥当时第二帝国的敛财之举。那时，珠宝商急剧增加，珠宝店从皇家广场一直开到了和平街以及旺多姆广场。梅勒罗（下图中首饰的设计者）便是最早的珠宝商之一。美好年代时期，人们崇尚奢华，这时的珠宝业因此获得了极大的发展。而南非好望角钻石矿的发现，则进一步促进了整个行业的繁荣。此后，南非成为国际珠宝中心。

传统和创新

卡地亚的历史可追溯到1847年：它们拥有跟法棍一样大的钻石，还有一些镶嵌白金的珠宝。

卡地亚的钻石动物

这两只钻石鹦鹉问世之后，引发了一阵狂潮。当时珠宝店里最珍贵的就数这些动物了，比如钻石豹，镶嵌于1914年的一条表带上；还有温莎公爵定做的玫瑰红火烈鸟。

莫布森：颜色之王

该店创立于1827年。莫布森擅长将有色宝石与珍珠结合，制成精美绝伦的首饰。如上图，他使用了一颗130克拉的祖母绿宝石来装饰珍珠项链。

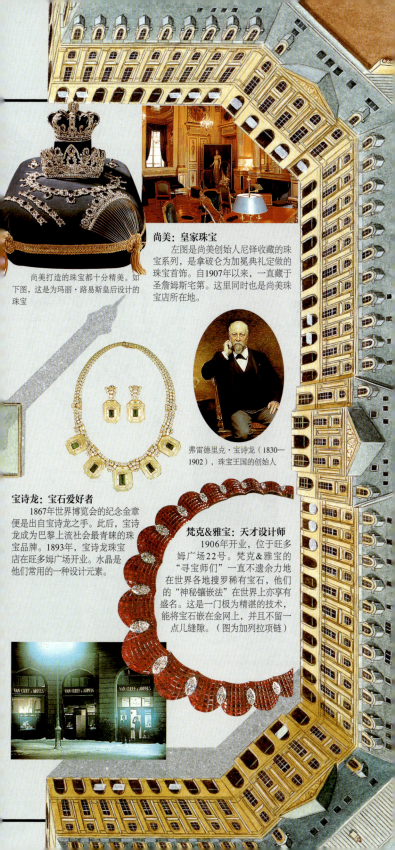

尚美：皇家珠宝

左图是尚美创始人尼铎收藏的珠宝系列，是拿破仑为加冕典礼定做的珠宝首饰。自1907年以来，一直藏于圣詹姆斯宅第。这里同时也是尚美珠宝店所在地。

尚美打造的珠宝都十分精美。如下图，这是为玛丽·路易斯皇后设计的珠宝

弗雷德里克·宝诗龙（1830—1902），珠宝王国的创始人

宝诗龙：宝石爱好者

1867年世界博览会的纪念金章便是出自宝诗龙之手。此后，宝诗龙成为巴黎上流社会最青睐的珠宝品牌。1893年，宝诗龙珠宝店在旺多姆广场开业。水晶是他们常用的一种设计元素。

梵克&雅宝：天才设计师

1906年开业，位于旺多姆广场22号。梵克&雅宝的"寻宝师们"一直不遗余力地在世界各地搜罗稀有宝石，他们的"神秘镶嵌法"在世界上亦享有盛名。这是一门极为精湛的技术，能将宝石嵌在金网上，并且不留一点儿缝隙。（图为加列拉项链）

法国品牌一直是奢侈品行业的佼佼者，而其中最出名的又数巴黎品牌。这些奢侈品手工业是对老祖宗流传下来基业的一种继承和保护，这都是些极为精湛的技术，无人可与之匹敌。想做出高水平产品必须经过多年磨炼，而他（她）还必须有一定的天赋。1954年，化妆品制造商让·雅克·娇兰成立法国精品委员会，委员会中大部分成员都为奢侈品制造商。该委员会促进了这些品牌的发展，全力打击假货，以各种各样的形式保护这些为数不多的奢侈品行业技术。

莱俪仙境

1911年，品牌创始人勒内·莱俪放弃珠宝制造业，转而去生产香水瓶。莱俪的风格没有人能模仿。他的设计灵感通常都来源于大自然。他们使用的多是透明或光滑无比的玻璃，这两种玻璃能带给人一种特别神秘的感觉（如下图）。这些玻璃在色彩的衬托下会显得更加纯净。

昆庭：桌上的艺术

早在1833年，昆庭便开设了自己的艺术餐具店。雕塑家卡里埃·贝流兹设计的咖啡壶（如右图）荣膺1880年的金属艺术大奖。贝流兹的登顶让他的店获得了巨

大的成功，他成为奢侈餐具领域的翘楚，为当时的大型邮轮供应餐具，而在今天，世界上最大的那些餐馆全都是他的客户。

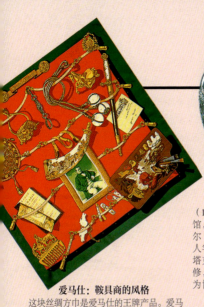

巴卡拉：水晶之王

位于美国广场（16区）的巴卡拉博物馆，从前是玛丽·劳尔·德·诺阿伊的私人宅第。菲利普·斯塔克对宅第进行了整修，这座宅第之后成为博物馆，收藏了自

1764年以来，巴卡拉画室为欧洲宫廷设计的作品。这些精美绝伦的作品可与当代的设计相媲美。

爱马仕：鞍具商的风格

这块丝绸方巾是爱马仕的王牌产品。爱马仕是一家创立于1879年的鞍具制造商（位于圣奥诺雷郊区街）。爱马仕的风格：运动、优雅，因其精美的外观、上乘的皮革以及灵巧的设计享誉全球。

路易·威登：旅游爱好者

它是1854年就在巴黎扎根的箱包制造商，是世界著名的奢侈品制造商。路易·威登有一个创举：一把钥匙可以打开同一个顾客的所有行李箱。1989年，路易·威登公司赞助了歌剧院博物馆的修

缮工作。此外，该公司还跨界出版了旅游系列图书。

波西灯

多恩是一个自然主义者，他设计的灯饰多以自然界的植物为原型。

多恩：艺术玻璃

这是一家1874年成立于南希的玻璃制造公司。公司很小，但因其高超的玻璃锻造技术以及铅质玻璃的制造工艺，而成为玻璃行业的翘楚。他们家的玻璃通透度堪比钻石。

波德莱尔说："香水、色彩和声音相互呼应。"香水，是一种优雅的象征。而那些精致的香水瓶则让香水更加动人，更有魅惑感。1904年，化妆品制造商弗朗索瓦·科提发出号召，希望像莱俪和巴卡拉这样的玻璃制造商可以生产香水瓶。在此之后，香水瓶成为另类的艺术品。而香水慢慢也成为某些服装品牌的标志，因而那些设计师，如迪奥公司的克吕奥，他们在设计服装的同时也需要设计香水瓶。

娇兰：香水鼻祖

姬琪、蓝调时光和蝴蝶夫人都是娇兰（位于旺多姆广场2号）的王牌产品。

传奇香水：香奈儿5号

香奈儿小姐曾说："奢侈是有味道的。"也许正因为这样，她才决定要调制自己品牌的香水。1920年，香奈儿5号调制成功。香奈儿5号香水是世界上卖得最好的香水。

梦想的味道

盎格鲁－撒克逊人对个人卫生的重视，催生了香水。19世纪，香水重新成为一种时尚：手帕、折扇都散发着香水的味道。第二帝国的皇族使用的是娇兰的皇家香露。

迪奥：优雅的味道

"迪奥小姐"与迪奥套装同样诞生于1947年。装在千鸟格香水瓶里的"迪奥小姐"恰如其分地表现了迪奥时装的精神。

爱马仕：皮革和香气

凯来诗、亚马逊是爱马仕的两款香水，装在罩着皮革的香水瓶里，让人不由自主地想到骑士的世界。

巴黎的博物馆

巴黎市立现代艺术馆

威尔森总统大街11号，邮编75116

之前的藏品

因为战争，巴黎市政府收藏的现代艺术品无法移到东京宫。于是，这些作品只能一直放在小皇宫，而小皇宫直到1961年才正式对外开放。在开放以前，捐赠者（如莫里斯·吉卡尔丹，他总共捐赠了500多件作品）、收藏家、艺术家和商人（如昂布瓦兹·沃那尔）都捐出了许多自己的私人藏品，使馆藏变得更为丰富。自1937年以来，巴黎市政府也购买了不少名家作品，如费尔南·莱热的《光盘》。

著名的装饰品

1938年，为装饰杜伊勒里雕刻展厅，德洛奈、格莱兹、维永将自己设计的作品捐给了现代艺术馆。20世纪30年代的法国抽象艺术因而重新绽放出耀眼的光芒。马蒂斯厅中收藏有两幅巨大的三折画（3.50米×13米）：《未跳完的舞》和《巴黎之舞》。1930年，巴恩斯医生要求取走马蒂斯厅的其中两幅"舞蹈"三折画，作为马里昂（美国费城附近）画廊的装饰品。杜菲展厅陈列的《电的仙女》是拉乌尔·杜飞为1937年世博会光明展厅绘制的作品。

20世纪的主要潮流

1901年主要收藏历史作品，而1960年则主要收藏当代作品。马蒂斯、德兰、沃拉明克、布拉克和杜飞展厅收藏的是野兽派的作品；立体主义作品则主要陈列于毕加索厅和布拉克厅。在两次世界大战期间，毕卡匹亚厅开始用于陈列达达主义作品；厄尔斯特厅（或德什里科厅）则用于展览现代主义作品。当时巴黎的学校汇集了一大批在巴黎生活的外国画家和雕刻家，如查德金、莫迪里亚尼、苏丁等。1931年，"抽象一创造"小组开始收集欧洲先锋派的抽象作品。从这些系列作品中可以知道战后欧洲的主要艺术流派：20世纪50年代为抒情抽象派的时代；20世纪60年代，法国为新现实主义，意大利为贫穷艺术；20世纪70年代则是"支架与表面"小组和"日常神话"的时代。波坦斯基厅

《拿着折扇的女人》
（阿梅多·莫迪里亚尼，1919）
肃穆、简单。画中人为莫迪里亚尼的朋友吕莉·斯彻斯卡

《加的夫队》
（罗伯特·德洛奈，1912—1913）
画家运用自创的光线色彩理论绘制的作品，从画中可看出作者深厚的建筑功底

《光盘》
（费尔南·莱热，1918）
机械艺术时期的主要作品。体现了莱热对现实生活和美丽机械世界的超凡想象力

一个时期的作品，便于人们对当代不同的工艺技术进行比较：细木工艺、高级家具制造、大火制彩釉和小火制彩釉技术、玻璃工艺、涂珐琅技术、青铜工艺、金银细工技术、珠宝首饰工艺和刺绣工艺。同时，也将展厅划分为几个部分，用于展示单项工艺：中间部分为玻璃工艺，另有绘画室、玩具室等。

风格的变化

时代展室用于陈列同样风格的装饰品和家居。其中最为出名的便是巴里欧沙龙（18世纪）、霍普男爵卧室（19世纪）以及1900年的客厅。2004年，珠宝廊陈列的作品达1200件，均为中世纪到当代的作品。

装饰艺术中心协会除了经营装饰艺术博物馆外，还经营了其他3个博物馆：由杰克·朗于1982年创办的时尚和纺织博物馆；由让·努维尔于1999年翻修的广告博物馆。（这两个博物馆均位于罗浮宫）；还有位于蒙梭街的卡蒙多博物馆（展品由卡蒙多家族捐赠）。

和"黑色展厅"位于地下室，主要用于收藏录像作品。

装饰艺术博物馆

里沃利街107号，邮编75001

美术品和工业品

工业美术品中心协会创立于1864年世博会期间，几年后成为装饰艺术中心协会。该协会的创立带来了工业品和美术品的复苏，并最终创立了"实用美学"。同时，该协会还筹资建立了一个图书馆和一个博物馆；馆内收藏的主要是法国的家居装饰品。1905年，图书馆和博物馆搬进罗浮宫的马

桑翼。此后其藏品也更多了，包括捐赠品、购买的古代作品（如儒勒·马思埃、雷蒙·科克林、爱弥尔·佩尔、大卫·威尔等的作品），同时还有在世博会期间最常用于展览的当代作品。2005年，该

博物馆进行大规模整修。

博物馆的技术元素

装饰艺术博物馆还收藏了从中世纪至今的系列作品，有些依时间排列，有些则按主题排列。其中有几个展厅收藏了同

斜面写字台
为法国18世纪作品。深受远东风格的影响

下图为阿尔塞尼乌斯星盘（1567）

工艺美术博物馆

雷欧米尔街60号，邮编75003

一个充满历史气息的地方

始建于1794年。工艺美术博物馆里藏品十分丰富，包括机器、模型、工具、绘画、书籍等各类工艺品。博物馆原址为田园圣马丁教堂。

唯一博物馆

该博物馆由建筑师安德烈·布吕洛翻修，主入口焕然一新。其附近的地铁站则由画家弗朗索瓦·斯丘丹进行装修。内部分为七大展区：科学仪器、材料、建筑、消费品、能源、机械和交通。藏品有7万多件，大部分都是十分杰出的作品，如拉瓦兹埃展馆、夏尔勒物理陈列馆以及诺莱神父陈列馆展出的作品等。16世纪以来的主要发明都收藏于该馆，如库诺的平板车（1770），克莱蒙·阿德尔的飞机。通过欣赏系列作品，可对整个技术史有一个大体的了解。另有200多件作品于别处展览。

布尔代尔博物馆

布尔代尔街18号，邮编75015

从画室到……

这个画室位于缅因大街的一个死胡同里。布尔代尔1885年就在此定居，并一直待到去世。他的主要作品都诞生在这里。

……到博物馆

画室的原貌保存得很好。在这里，我们可以看到许多档案资料，可以欣赏到布尔代尔的雕刻作品、图画作品以及摄影作品，还有他的个人珍藏，如罗丹、蒙蒂切利、安格尔·德拉克罗瓦等人的作品，以及一些中世纪和古希腊作品的复制件。

公共救济博物馆

图尔内尔滨河路47号，邮编75005

唯一的见证人

建于1934年，位于米拉米昂宅第。该宅第从1812年起就为收容所的中心药房。其藏品见证了12世纪到当代巴黎慈善事业、公共救济事业的发展史。

现代医院的来源

19世纪末，该馆的藏品更为丰富：7个世纪以来的慈善事迹、小彩画、宗教画。

马蹄铁匠（1900年末，锻造铁）

展品是以法国手工业工人为主题的装饰品。马蹄铁匠在金属制造业守护神艾利丘斯的庇护下进行工作。神父像，如文森·德·保罗；以及雕刻作品；巴黎古代济贫院和收容所的平面图，如迪厄宅第、圣路易收容所和孤儿院等。自19世纪以来，该馆也收藏医药，由此可

布尔代尔在画室里，以及他的作品《弓箭手赫拉克勒斯》（1910年前后）。在这个作品中，布尔代尔摆脱了罗丹的影响，整体构造和空间分配恰到好处，张弛有度

以对现代医院的发展史有一个大致的了解。

弃婴塔

17世纪末安装在收容所和孤儿院的外墙上，母亲可把小孩放在里面。

狩猎自然博物馆

档案街62号盖内戈·德·布洛斯宅第

芒萨尔宅第

该宅第被巴黎市政府购得，后成为狩猎自然公馆，由弗朗索瓦·索梅和他的妻子捐建。之后，他们在公馆内部修建了一个博物馆，并成立了一个狩猎者和自然保护者的私人俱乐部。

今天的博物馆

于2006年进行大规模整修，并将格雷高宅第中间的蒙哥拉宅第并入博物馆。博物馆当时是参考私人宅第设计的，每个房间都装饰得富丽堂皇。宅第里的装饰品十分丰富：动物雕塑、艺术品等。雕塑的动物有狼、野猪、马、狗、猫头鹰等，同时还有不同动物在不同生长阶段的雕塑。另外，还能在这里观赏到一些精美的诱鸟笛、陶瓷和战利品等。

当代艺术

一直以来，该馆都有收藏当代作品以及古代作品的传统。从这些藏品中，可以看到人类与野生动物之间的一些联系。

卡纳瓦雷博物馆

塞维涅街23—29号，邮编75003。预计于2020年初重新开放。

巴黎的历史博物馆

卡纳瓦雷宅第始建于1548年。该宅第大约在1690年竣工。1866年，巴黎政府将其买下作为市政府收藏品的展馆。1989年，塞维涅街29号的佩雷提耶宅第成为大革命时期作品、19世纪和20世纪作品的陈列馆。

卡纳瓦雷宅第

一楼有4间展厅用于收藏文艺复兴时期和宗教战争时期的作品，二楼则保留了塞维涅夫人居住时客厅的原貌，塞维涅夫人在卡纳瓦雷宅第住了整整20年。其他展厅收藏了旧制度时期的作品，由此可了解巴黎的发展史。宅第整体的装修风格则以17世纪和18世纪的资产阶级风和贵族风为主。博物馆同时还收藏了伏尔泰和卢梭的部分作品。

勒·佩勒蒂埃宅第

主要藏品有出土的史前时代、青铜时代、铁器时代、高卢-罗马时代（吕岱西）、墨洛温王朝（巴黎）和加洛林王朝（巴黎）时代的器具和用品，以及部分重塑的模型。还有一部分中世纪被毁文物遗留的雕刻和彩绘玻璃窗。二楼收藏的则是一些人物肖像、艺术品和家具。这些均来自1789年至1794年的巴黎。19世纪和20世纪的藏品则主要为人物肖像，如

雷拉尔男爵创作的蕾卡尼埃小姐像，以及城市风景画，其主要展现了19世纪下半叶巴黎景观的变化。另外，还

委托建筑师布文斯在蒙梭公园边上建一座私人宅第，用于收藏他从亚洲带回来的艺术品。塞努奇死后，宅第与藏品（中国和日本的青铜器、日本陶瓷）一同赠予巴黎市政府。该博物馆于1898年建成。20世纪，该宅第曾进行过几次大的扩建整修，用于举办临时展览，其展品包括来自宋代末年（13世纪）的系列作品。这些作品极大地丰富了博物馆的馆藏，同时也构成了现在博物馆的主要藏品：新石器时代的陶瓷、古代青铜器和玉石，以及陪葬雕像。

当代中国画家的作品

1953年，郭育安博士向博物馆捐赠了许多中国著名画家的画作，如张大千（1899—1983）、傅抱石（1904—1965）、齐白石（1864—1957）的水墨画，使博物馆的馆藏更为丰富。

有雕刻家让·皮埃尔·丹当的陶土雕塑。博物馆内部还有一些风格店铺，如富凯珠宝店，由阿尔冯·穆沙于1901年设计；温德宅第舞厅，由朱塞·玛利·赛尔于1924年进行装修。

塞努奇博物馆

维拉斯凯大街7号，邮编75008

古中国艺术博物馆……

1873年，富商亨利·塞努奇（1821—1896）

石碑

北齐（550—577）石碑。从560年的碑文上可知，上面刻的是佛像，十分精美

国立中世纪博物馆（克吕尼宅第）

保罗-潘勒维广场6号，邮编75005

从高卢-罗马时代到中世纪

该博物馆建于1843年。藏品可分为两大类：由亚历山大·杜索梅拉尔收藏的中世纪和文艺复兴时期的艺术品，陈列于克吕尼修道院；而来自其他博物馆的雕塑（古代至中世纪）则陈列于高卢-罗马主题馆。位于埃库昂城堡的文艺复兴博物馆建立后，位于巴黎的博物馆改名为"国立中世纪博物馆—克吕尼分馆"。该馆正在进行修缮，工期会持续到2020年，因此有部分展厅无法入内参观。

金银器和陶瓷

金器（7世纪的瓜拉扎王冠、始建于11世纪的贝尔黄金祭坛）、银器和铜器通常都会用宝石加以点缀，在中世纪，这些都是修道院和西方王公贵族的宝贵财富。

宗教挂毯和世俗挂毯

《独角兽旁边的女人》是一席世俗挂毯，15世纪作品，由10席小挂毯组成。挂毯的颜色搭配得十分协调，其中5席代表五官；而第6席挂毯——《我个人的意愿》（右图）象征了一种抛弃世俗的情感，这从那个放着珠宝首饰的匣子便可以看出来。2000年，风景设计师艾瑞克·奥萨和阿尔诺·莫利埃尔开始着手为博

《独角兽旁边的女人》

这幅画的主题：世人皆有虚荣心（而人的5种情感又必须服从于精神的苦欲）。作者十分巧妙地将背景花饰融入现实世界的各种元素中

物馆建造中世纪花园。从圣日耳曼大街开始，有一大片连续区域，那片区域的平台里种着许多植物，组成了一幅幅美丽的挂毯。

哥纳克-珍博物馆

埃尔泽维街8号多农宅第，邮编75003

一个慷慨的商人、收藏家

莎玛丽丹百货公司的创始人厄内斯特·哥纳克是一个慷慨的商人，他一直以英国的慈善人士理查德·华莱士为榜样。哥纳克本人对启蒙运动的

《美女在狩猎返程途中休息》

（弗朗索瓦·布歇，1745）

布歇是路易十五时期的首席画家。他对于文雅风和洛可可风都掌握得十分到位。在这幅画中，他创造了一个感性、优雅的氛围

睡着的豹子
（坎德，18世纪）

坎德是梅森手工厂厂长，他擅长用高岭土制造硬陶

评价极高。他和妻子玛丽·路易丝·珍收集的该时期的画作、雕塑、家具、挂毯以及各种艺术品共有1000多件。1928年，他将其全部赠予巴黎市政府。这些藏品从1990年开始就一直陈列于多农宅第里。

18世纪：法国艺术的完美时代

博物馆中收藏了一些如奥本的机械桌这类的家具以及画作（如纳迪埃的《玛丽·莱辛斯卡肖像》），展现了当时的宫廷生活，也说明了当时人们都更偏爱精致的小物件。除此之外，博物馆里还陈列着各种不同的工艺品，如鼻烟壶。

魔术博物馆

圣保罗街11号，邮编75004

该馆位于玛莱区的一个地下室，是一座上覆拱顶的迷宫，为夜晚到达巴黎的旅客提供了栖身之地（玛莱区当时为巴黎边境）。

7岁的莫扎特坐在拨弦古钢琴前

后来，萨德侯爵在这里进行硫试验……从1993年开始，一些稀奇古怪的玩意儿——交互机、19世纪的多色广告、自动装置、特效工具，以及一些传统玩意儿（名字都挺有诗意），像英印快邮、印度篮子、魔镜等都陆续搬到了这里。

格雷万博物馆

蒙马特大街10号，邮编75009

蜂蜡博物馆

1881年，巴黎记者奥瑟·梅尔萌生了建造蜂蜡博物馆的想法。通过博物馆，同时代的人们可以看到这个时代的面貌。他委托画家阿尔弗雷德·格雷万设计博物馆。该博物馆如今收藏有艺术品、信件以及关于运动政治、电影院和明星的物品。此外还有介绍历史的25幅版画。同时代的米拉日宫的声音、灯光都极佳。

特效工具

这些工具充分表现了魔术师的灵巧。画中的远景是耶罗尼米斯·博斯画的《魔术师》的复制品。

141

吉美博物馆

伊埃纳广场6号，邮编75016

亚洲艺术和宗教

国立亚洲艺术博物馆，或称吉美博物馆，是在私人收藏的基础上建立起来的一间博物馆。当时里昂工

《神龙佛像》
（高棉艺术品，巴戎风格，12世纪）

业家爱弥尔·吉美（1836—1918），为了研究远东宗教，亲自去该地区考察。回到法国后，他在里昂创立了第一间宗教物馆。1885年，他将私人藏品赠予国家。1889年，巴黎建起了一所类似的博物馆——吉美博物馆。1945年，罗浮宫中的亚洲艺术品都搬到了这里。通过捐赠、遗产继承、购买获得的展品，法国考古学家在印度、阿富汗、中亚、中南半岛、远东挖掘的文物不断丰富着吉美博物

馆的馆藏。经过4年全面的革新，博物馆呈现出一派井井有条的景象，藏品按照地区和时期有序地排列着。一楼为雕像区，用于陈列印度和其他印度洋国家的作品（高棉艺术品、爪哇铜像）；二楼右侧为6—8世纪的一些中国艺术品，其按照年代有序摆放，左侧陈列了中国西藏艺术品和尼泊尔艺术品（是到目前为止藏品数量最多的）以及高地亚洲的艺术品：来自"丝绸之路"沿线阿富汗、巴基斯坦、赛林达地区的艺术品；三楼展出的则是中国画家的作品，值得一提的是，来自日本和朝鲜的作品也越来越多；四楼为圆形的展厅，用于陈列巨大的中式屏风。

居斯塔夫·莫罗美术博物馆

拉罗什富科街14号，邮编75009

一个具有象征意义的神话

年轻的居斯塔夫·莫罗在学院派

《显圣》

画家弗朗索瓦·皮科特的画室学习时，他更喜欢的是浪漫派画家的作品，夏塞西欧便是第一个影响他的浪漫派画家。他去意大利旅行时，发现了许多古代优秀的画家。居斯塔夫技术精湛，思维敏捷，其作品多受中世纪的细密画和珐琅画的影响。居斯塔夫的画作多为讽喻画和神话作品，其在作品中使用的是一种世界性的、具有象征和精神双重意义的视角，以

1871年后，居斯塔夫·莫罗画出了一系列以莎乐美、圣约翰被斩首为主题的作品

舞蹈的湿婆
（南印度，11世纪，青铜）
在火焰中舞蹈的湿婆，破坏、重建并支撑着众生

此来衬托其全新的表现手法。

教学作用

居斯塔夫·莫罗美术博物馆是画家为自己的作品建立博物馆的一个典型。直到如今，博物馆还保持着原来的风格。居斯塔夫于1898年逝世，他的遗产继承人亨利·鲁普遵循画家的遗愿，展出其作品，包括几千幅素描画、水彩画和油画，为年青一代提供典范。在馆内，还可以参观艺术家的公寓。

自然历史博物馆

植物园，库维埃街57号，邮编75005

建于1635年的皇家药用植物园在1793年成为自然历史博物馆，主要目的为传授知识、收藏藏品并进行科学研究。

比较解剖学和古生物学馆

比较解剖学馆的藏品来自于17世纪，另有世界各地的脊椎动物标本。二楼的古生物学馆收藏了多种脊椎动物和无脊椎动物的化石，是陆地动物生命历程的见证。其中有一个展厅专门用于展览巴黎盆地的古生物。

进化馆

人们于19世纪末在1000平方米的玻璃天顶下建立了这个大型展馆，展现了生物的多样性以及进化过程，馆中还收藏了一些动物标本。这里的展品约有3000件。有一个展厅专门用于展示濒危的或者已经灭绝的动物。

古生物学和矿物学长廊

古生物学长廊的展品为植物化石、各类植物画

长廊

作以及透景画，揭示了地球植物的起源。矿物学长廊中则陈列了60多万块陨星化石。

人类学博物馆、阿拉伯世界学院博物馆、荣军院博物馆

左上图为陶塔维的头盖骨（约公元前450000年），左下图为"克里须那神"（印度，岩画）

人类学博物馆

夏乐宫，特罗卡德罗广场，邮编75116

史前文明和人类学

1937年，特罗卡德罗动物生态罗物生态博物馆更名为人类学博物馆，其坐落于夏乐宫的帕西翼。当时，适逢巴黎召开世界博览会，人类学博物馆承担了一个颇为神圣的使命：举办有关人类的展览——包括人类的起源、进化以及文化多样性。博物馆在创立之初，便收藏了法国国王从16世纪就开始收集的部分藏品。从旧动物生态学博物馆发展而来的人类学博物馆，继承了各种各样有关动物生态学的藏品，如出土的史前文明器具以及人类骨骼。捐赠（或者游客寄存）和科学试验产品不断丰富

阿拉伯世界学院具有阿拉伯建筑的特点

着博物馆的馆藏。馆中约有35000个头盖骨，几百具完整的人类骨骼（陈列在人类生物学研究室中）。另外，史前文明研究室拥有50多万件的藏品，这些藏品讲述了人类的起源以及漫长的进化历史。这些藏品中，有很大一部分被送到了布朗利河岸博物馆中。至此，人类学博物馆应该重新对其藏品进行分类（之前主要为人类学和史前文明藏品）。

整修

人类学博物馆进行大规模整修，2012年重新开馆。作为国家自然

历史博物馆的一个分馆，其必然需要进行改革。

阿拉伯世界学院博物馆

弗塞–圣贝尔街1号，邮编75005

艺术和文化

该博物馆于1987年开馆，用于收藏几个世纪以来阿拉伯–伊斯兰艺术品和文化作品。博物馆内的展品根据不同建筑的特点进行摆放。馆内的铝制品光滑，恰好处地突出了细密画、陶瓷、纺织品和机器（城市文明发展的产物）的美妙之处。

加泰罗尼亚星盘
（10世纪）
是马塞尔·德斯孔博赠予的一项科学成果，是西方最早的星盘之一。在早期天文资料翻译成拉丁语后，从阿拉伯地区的模型复制而来

不断丰富的馆藏

馆中收藏有史前伊斯兰文明时期的藏品以及《古兰经》等。另外，还收藏了西班牙人发明的科学技术成果。馆中的陶瓷藏品数量尤为巨大。从10世纪开始，伊斯兰世界一直处于变化当中，科学技术也随时间和空间发生了变化。博物馆的馆藏丰富多样，一些来自其他国家如叙利亚、突尼斯的藏品，又给博物馆增添了一些异域风情。阿拉伯世界学院博物馆另收藏有阿拉伯地区的艺术品：画作、雕像、图表、挂毯和陶瓷。

荣军院博物馆

荣军院宅第，邮编75007

军事博物馆

建于1905年。
其前身为两个博物馆：炮兵博物馆，建于1797年，主要藏品为王室兵器和盔甲；兵器历史博物馆，建于1897年。军事博物馆是世界上最早的军事博物馆之一，藏品系列较为完整，总共拥有30多万件藏品，收藏了从中世纪到现代的兵器和盔甲，以及一些小型的盔甲模型。同时，还有一些具有历史意义的纪念品。另外，还有从古代到第二次世界大战期间的军装。

当代历史博物馆

建于1914年，1973年成为荣军院博物馆的一部分。其馆藏品为1870年到现代的政治、社会和文化类的藏品，共有150万件（画作、摄影照片、新闻图片等），揭示了法国和外国的历史。

解放勋章博物馆

于1971年开馆，其藏品主要来自自由法国运动。该运动由戴高乐将军1940年在布拉柴维尔发起。北馆用于陈列自由法国运动的军事文物，南馆用于展示抵抗运动的军事文物，二楼则为集中营模型展厅。

比例模型博物馆

馆内的军事堡垒模型最开始陈列在罗浮宫的大长廊里。这些模型（1668—1875）具有十分重要的地位。

查理九世的盔甲
（法国，1564—1574，铁制，镀金）

《水肿人像》

（汉斯·霍尔拜因，约1465—1524。画作以轻巧笔触，褐色水彩，绿色胶画，并采用绿白水粉勾勒出画面的明亮部分）

罗浮宫

罗浮宫，邮编75001

罗浮宫画作展区

皇家渊源

如今的展区以前是国王的陈列馆，路易十四在位期间收藏了极为丰富的作品，国王器重的几位画家的画室则位于入口处。1730年，这里总共有8593幅画，其中，有1000多幅是从皮埃尔·让·马里埃特（1775）手上购得的。革命期间查封的、购买的、通过继承或者捐赠获得的画作（1989年，博哈格伯爵夫人捐出了两幅

《里面》

（埃德加·德加，1834—1917，油画）

一幅能让人凝视的画。德加19世纪60年代的另外几幅肖像画也有同样的意味

列奥纳多·达·芬奇的布料褶皱练习素描），使得这里的藏品更为丰富。

随处可见画作

这里约藏有12.6万幅画，为西方

画家14世纪至20世纪的作品。其藏品主要为系列画作，尺寸不一，风格多样，其中包括水彩画、彩色蜡笔画、水粉画、版画这类传统绘画作品。1986年以来，在奥德赛博物馆展出的仅仅只是19世纪

的彩色蜡笔画。此外，来自杜瓦斯托（1919）和大卫·威尔（1947）遗产的象牙细密画和珐琅画也成为

《包着头巾的少年头像》

（萨尔瓦托·罗萨，黑色石料，蜡笔画，用白色和红色在米色的纸张中勾勒出画面的明亮部分）

这幅精心绘制的头像画可能是罗萨第二次去罗马时（1649—1660）创作的

该馆的藏品。1993年，黎塞留庭院开放，用于展示北欧的绘画作品。同时，还拥有16000幅铜版画（应王室要求陈列的），大部分展品都展览过。

罗浮宫绘画分馆

从陈列室到博物馆

法国国王的私人珍藏，也成为今天罗浮宫藏品的一部分。另外，罗浮宫博物馆还收藏了

革命期间查封的、复辟时期和第二帝国时期艺术家的作品，以及19世纪末20世纪初收藏家捐赠的、博物馆购得的作品。

画派展览

博物馆中，用于展览法国画家作品的展厅主要位于黎塞留庭院三楼的入口处，这里陈列着许多文艺复兴时期以前画家的作品，以及枫丹白露画派和16世纪画家的作品。第一条游览路线从卡雷庭院开始，这里陈列的主要是17世纪至19世纪的绘画作品。德农翼中，在大型"红色展厅"——达鲁、莫里恩和德农厅中，展出的是新古典主义和浪漫主义时期的绘画。另外一条游览路线也从黎塞留庭院开始，展出的主要是弗拉芒和尼德兰画家的作品，其

《哀悼基督图》

（夏隆冬，约1455年）

这幅画由罗浮宫于1904年购得，当时发现了一系列文艺复兴以前的法国画家的作品。夏隆冬活跃于1444年到1466年间。在这幅画中，他将自己在阿维农学校的经历放了进去：那是一个极其封闭、语言严肃、着装优雅的地方

中包括凡·艾克文艺复兴前和当代的画作，同时还有16世纪和17世纪主要画家（维米尔、伦勃朗、鲁本斯）的代表作，其中一些作品是玛丽·德·美第奇为王室定做的。第三条游览路线则从德农翼开始，可以欣赏到13世纪至17世纪意大利画家的作品，陈列《蒙娜丽莎》和委罗内塞《加纳的婚礼》的展厅均经过整修。15世纪至18世纪西班牙画家的画作也同样在这个展厅展出。德农翼的尽头为阿波罗长廊，陈列着17世纪至19世纪的杰出画作以及当时流行的装饰品。苏利翼有一个展厅专用于展览英国画家的作品。

《圣母子与圣安妮》

（列奥纳多·达·芬奇，约1500年）

该作品影响了一大批画家，其中就包括年轻的拉斐尔。达·芬奇被弗朗索瓦一世召到法国时，就带着这位年轻的画家。达·芬奇死后，这幅画成为王室的收藏品

底杜国王像

（约公元前2570
年，石英岩）

这个头像是在国
王金字塔边上的沟壑里
找到的，邻近基儿，也
是狮身人面像的头部

罗浮宫埃及馆

考古学的专属领域

1826年5月15
日，在破译埃及
象形文字4年后，
商博良被任命为查
理十世博物馆的馆
长。当时掀起了一
股真正的"埃及文
化热"。时任亚历
山大执行官的英国
人亨利·萨特打算
将其在埃及发现的
4000件文物变
现，商博良坚
持要罗浮宫
买下这些文
物。1850年
至1854年，
奥古斯特·
马里埃特在
塞加拉发现
并挖掘了公
牛墓（公牛
是古埃及的圣
物）和萨拉皮
雍神庙，给罗浮
宫带去了6000件文
物。1880年创建于
开罗的法国东方考
古学院也贡献出了
许多其在埃及挖掘
的文物。

4000年文明

一楼展馆陈列
的是日常生活用
品：涉及渔业、
畜牧业、农业、
手工业。有狩
猎用品；还有
音乐、文字、
服装、家居用品和
玩物。博物馆里有
一条路通往神殿，
路旁摆着狮身人面
像，让人有种置身
于神的世界的错
觉。地下墓室则展
示了殡葬文化。古
埃及人对于动物的
崇拜从萨拉皮雍神
庙里带回的那些文
物就可知道。二楼
陈列的则是史前文
明最后几个世纪的
文物，包括装饰花瓶
和用以向神许愿的工
具（如狩猎棒）。
埃及前两个王朝的
建立和发展则体现
在文字中（蛇王石
碑）。埃及

远古帝国时期
有丰富的雕塑
和浮雕，这一
点从金字塔和
陵墓中出土
的文物（如
书记员像）
即可看出
来。中世纪
帝国在经历
两个世纪的
内乱后重新统
治了整个埃及
（色索斯黎三世
雕像）。出土的
埃及新帝国时期
的文物最多（第
十八王朝、
阿玛拉王
朝、蓝梅西
塞王朝），
共有5个展
厅。而最后
那1000年里
的几个王朝都相对
不出名，但是出土
的文物十分丰富
（奥索尔空三世

卡罗玛玛女王像

（公元前
870—前825
年，青铜像，
镶金、银以及
琥珀金）

商博良
十分喜欢这
尊出土于底
比斯的女王
像。传说卡
罗玛玛是天神
阿蒙的"神秘
妻子"

像）。克娄巴特拉
七世死后，埃及先
是被罗马人统治，
之后又被基督教统

阿勒穆黑哈圣体盒
（科尔多瓦，968）
外表装饰有种模糊美。
先有雕饰，后有刻饰

《圣路易的圣洗盆》
（13—14世纪，叙利亚或者埃及）
这个大盆是马穆鲁克艺术的代表作，上面刻有穆罕默德·伊本·侯赛因的名字。法国皇室藏品。18世纪时，其有了"圣路易的圣洗盆"这个名称，之后一直保留下来。盆上嵌有雕刻过的银片

治（威斯康提庭院周围的展厅）。

罗浮宫东方分馆

挖掘

东方分馆中的古代东方展厅有9万多件藏品，主要为法国在近东地区挖掘的文物，由保尔·爱弥尔·波塔、厄内斯特·勒南（腓尼基，1862）、厄内斯特·德·萨尔泽（特罗，1877）主持挖掘。

马塞尔·迪厄拉弗瓦（苏西，1884）探寻到了古波斯帝国留下的一部分义明。继他之后，雅克·德·莫甘（1897）、罗兰·德·梅克南、热努亚克神父、安德烈·帕罗（特罗、拉沙、玛黎，1933）以及克劳德·舍弗（乌里加特，1929）先后去了两河流域地区。他们也把其中一些较为大型的文物带回了罗浮宫，比如由路易·德·克莱克在20世纪初带回来的那些文物（一直堆在叙利亚，最终由亨利·德·布瓦格林于1967年带回法国）。

古代东方：美索不达米亚地区、伊朗、地中海东岸地区

古代东方的展品陈列于黎塞留翼的展厅。那些展品均按照地区（美索不达米亚地区、伊朗、地中海东岸地区）和年代进行有序的摆放。美索不达米亚地区的苏美尔、巴比伦和亚述时期的展厅在豪尔萨巴德庭院周围；而伊朗地区的展厅则位于卡雷庭院北翼，并按照波斯宫殿（从大流士到苏西时代）的风格进行装修。卡雷庭院西翼边上的展厅用于陈列地中海东岸

大口杯
（伊朗，公元前第四个千年，陶土）
苏西墓中出土的器皿均有着色，造型优美，而且常富有象征意义

古德阿头像（左图）
（特罗，约公元前2130年，闪长岩）
王子脸庞宽阔，头上戴着皇家头巾（贝雷帽的一种），上面饰有羊毛卷

地区公元前第二个千年末期的文物；而卡雷庭院北翼附近则用于陈列公元前第一个千年的文物，如棕榈园、塞浦路斯以及腓尼基的古物，同时还有一些远古人的石棺。

伊斯兰世界

伊斯兰分部成立于1890年，藏品主要为皇室的奢侈用品。2003年才建立了真正意义上的伊斯兰展馆。藏品主要为金属、陶瓷、细木板、象牙、地毯、纺织品、金银器和绘画，展馆位于黎塞留翼中二楼周边，共有13个展厅。前面

9个展厅都建有拱顶，用于陈列古代和中世纪的文物。其他展厅的设计更为现代，均位于柯莎德庭院地底。约有1000多件藏品，主要来自西班牙、印度（并未陈列马格里布地区的作品）。

罗浮宫非洲、亚洲、大洋洲、美洲艺术分馆

赛松展馆用于陈列非洲、亚洲、大洋洲和美洲的雕刻作品。如果想欣赏代表作的话，可以去凯布朗利博物馆，里面收藏有好几千件雕塑作品。

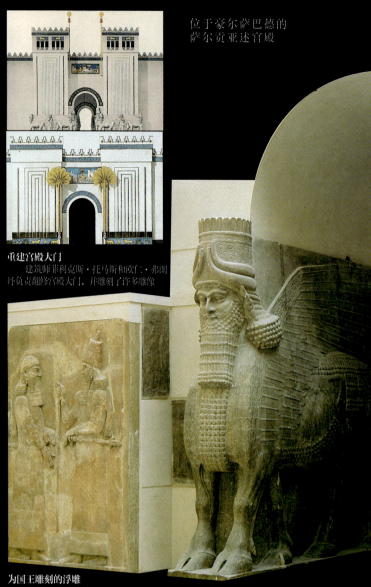

位于豪尔萨巴德的
萨尔贡亚述宫殿

重建宫殿大门
　　建筑师菲利克斯·托马斯和欧仁·弗朗丹负责翻修宫殿大门，并雕刻了许多雕像

为国王雕刻的浮雕
　　萨尔贡即将成为亚那赫瑞布的国王，那些端着王冠、用具和水壶的仆人列队恭候着他

兽身人面雕像，位于卡雷庭院和黎塞留翼之间

　　法国在摩苏里的执行官保罗·爱弥尔·波塔对豪尔萨巴德遗址进行了一系列勘查，最终在1843年发现了被遗忘的亚述文明。他将那些楔形文字抄写下来，帮助破译了美索不达米亚地区的古文字。他还将一些大型浮雕运回罗浮宫。1847年，法国建造了世界上第一个亚述博物馆，之后被并入拿破仑三世博物馆（始建于1857年），亚述博物馆此后一直存续到1991年。1993年，罗浮宫博物馆的黎塞留翼对外开放，工作人员得以重新整理亚述文物，豪尔萨巴德庭院也得以进行整修。整修过的庭院入口雄伟气派，重现了萨尔贡宫殿的雄伟之风。

巨大的石头装饰品
　　中楣用于保护砖石墙体，墙面上凿开的大门打断了中楣的连续性。门边竖立着一些高大的兽身人面像（下图），高4.5～5米

挖掘
　　作为波塔继任者维克多·布拉斯的友人，摄影师加布里埃·特朗尚（下图）得以前往豪尔萨巴德挖掘现场。在1853年至1854年间，他拍摄了不少挖掘该考古点的照片

展厅入口的墙面
　　入口的墙面摆着一尊巨大的、扭着头的兽身人面雕像，旁边立着一个扼住狮子喉咙的勇士，他的力气象征着国王的权力（下图）

罗浮宫古希腊、古伊特鲁利亚、古罗马分馆

古代博物馆

始建于1792年，竣工于1800年。古代博物馆的藏品主要是皇家收藏的雕刻作品，法国军队征战获得的战利品和移民带来的一些艺术品则丰富了整个博物馆的馆藏。除此之外，还有一些利用常规渠道收进的藏品，比如1808年贝佳斯珍藏系列。1815年后，该馆购买

赫拉女神像
（萨摩斯，公元前570年，大理石）
古希腊经典雕塑，天后赫拉像

了先贤祠的排挡间饰（1818）和部分阿尔巴尼收藏的作品，博物馆的雕塑作品因此变得更为

丰富。里维埃尔侯爵赠给路易十八的《米洛的维纳斯》（《断臂维纳斯》）于1821年移到了罗浮宫。后来，希腊参议院赠送给法国的奥林匹亚宙斯神庙的大理石也都移到了这里。

三种文明

1818年，博物馆购得托颂的藏品；1825年，罗浮宫收入杜朗的藏品；还有来自希腊和伊特鲁利亚的花瓶以及2000件左右的青铜器。之后，则是《萨莫特拉斯的胜利女神》（《胜利女神之翼》）。第二帝国还决定大规模收入坎帕纳侯爵的藏品：总共有12000多件，其中有上百块大理石、1500多件的陶土陶瓷，其中最主要的藏品则是3500个花瓶。19世纪末，罗浮宫收入的多是一些小物件，比如塔纳格拉小塑像和弥里纳小塑像，同时还有一些古希腊的雕像以及在伯斯科雷阿莱（庞培附近）挖掘的大量罗马风格银器。近代，罗浮宫还收藏了在色雷斯的埃雷昂特挖掘的文物，在安提阿发现的大量裸露在地表的马赛克，以

《菲利普·波特之墓》
（15世纪）
中世纪殡葬艺术的代表作。这座巨大的陵墓位于西托

152

石棺（左图）
（卡厄瑞，公元前6世纪末，陶土，有上色）
出自切尔韦泰里的雕刻家之手。石棺是伊特鲁利亚文明中最具特色的作品之一

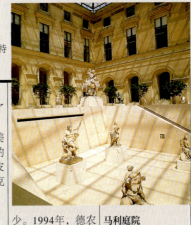

及由克莱克·布瓦格林捐赠的青铜器和珠宝。

罗浮宫雕塑分馆

法国雕塑

从1993年开始，黎塞留翼一楼、两个有天棚庭院周围的30间展厅专门用于陈列法国的雕塑作品：马利中庭陈列的是雕像、小雕塑和花瓶；皮热中庭陈列的是17世纪、18世纪、19世纪的雕塑作品。所有的雕像均按年代进行有序排列：罗马主义前期、罗马主义时期、新古典主义时期、浪漫主义时期。同时，这里还陈列了一些著名的雕像，如让·古戎的《美女像》、皮加勒的《墨丘利》以及皮埃尔·皮热的《克罗顿的米隆》。

外国雕塑

在该分馆收藏的外国雕塑中，大部分均为意大利作品，尤其是中世纪后期和文艺复兴时期初期的作品。北欧的作品也十分之多，德国中世纪末期的彩色木刻更占了一半以上。法国人认为西班牙的雕塑太过现实主义，因此展出的甚少。1994年，德农翼用于陈列外国雕塑的展厅对外开放，那些展厅各具特色，严格按照展厅的面积安排作品的数量以及摆放。为突出16世纪初的古代作品、意大利与北欧的作品以及拿破仑三世时期的骑士雕塑，而陈列了一些与整体风格不搭调的作品。这些雕塑与其砖石拱顶相呼应。每个展厅的房间都朝向勒弗耶庭院。莫里恩长廊（米开朗琪罗长廊）主要收藏的是意大利从米开朗琪罗到卡诺瓦这段时期的精品雕塑，如《克雷莫纳之门》。长廊里还陈列了整个雕塑分馆中最为出名的3件雕塑：米开朗琪罗的两尊奴隶雕塑（《垂死的奴隶》《被缚的奴隶》）以及卡诺瓦的《因丘比特的吻而复活的普塞克》。

马利庭院

上方有一块巨大的玻璃天棚，光线充足。建筑师米歇尔·麦凯瑞利用库斯图和柯赛沃的两尊塑像营造了对称的空间效果

露易丝·布龙尼亚
（让·安东尼·乌东，1777，陶土胸像）

乌东创作了许多孩童雕像，细腻、灵活、生动。他是一个水平极高的肖像画家，还创作了许多著名人物的胸像：狄德罗、本杰明·富兰克林、乔治·华盛顿、布丰、伏尔泰、让-雅克·卢梭

罗浮宫艺术分馆

皇家物件

　　除了已有的皇家藏品，如路易十四时期的青铜器以及宝石、钻石王冠等，该分馆还收藏了

查理九世的盾牌
（有压纹的铁，镶着黄金和珐琅）
　　1572年由皮埃尔·勒东在巴黎打造，体现了瓦卢瓦王朝后期的奢华风格

《苏杰尔的鹰》

　　（罗马，帝国时期，斑岩；圣德尼市，造于1147年前，银质托座，外面为镀金层）
　　这座古典的鹰状花瓶出自圣德尼修道院院长、路易六世和路易七世的参事苏杰尔之手，为礼拜仪式使用的花瓶

圣德尼修道院的部分藏品，其中包括法国国王的圣物、王冠以及苏杰尔院长在12世纪收集的花瓶。阿波罗长廊采用画作和金色的粉饰灰泥进行修饰，这个装修工程由夏尔勒·勒布汉于1661年启动，不过，其并未完成整个工程。1850年，欧仁·德拉克罗瓦在天花板的中心绘制了《阿波罗杀死了蟒蛇》，装修工程至此完成。除了钻石王冠以外，分馆还收藏了许多宝石以及珍贵

的鼻烟壶。
　　中世纪和文艺复兴时期的藏品藏于黎塞留翼二楼。按照年代以及地域进行有序排列。其中最为出名的藏品有金银器（瓦卢瓦王朝后期）、玻璃制品、搪瓷（来自利摩日）、象牙、青铜器和挂毯。

17世纪和18世纪

　　卡雷庭院北部和苏利翼二楼陈列着许多家具、挂毯、小物件等，种类极为丰富，质量也极佳，体现了当时法国文明的辉煌。当时法国装饰

极为考究，这一点可以从桌子上看出来：先是金银器，18世纪则为塞弗尔工厂出产的精美陶瓷。1756年，这家工厂成为皇家陶瓷工厂。

19世纪

　　黎塞留翼二楼陈列着帝国时期的精美物件，其中，以雷卡米埃夫人房间的家具最为吸人眼球：约瑟芬皇后的首饰盒、由比昂内制作的镀金茶壶。复辟时期和七月王朝的装饰艺术代表作则是由尼古拉斯·亨利·杰克布设计的洗漱台。最后则是拿破仑三世时期装修的套房，为法国财政部的会客大厅（1871—1989）。

葡萄牙航海
罗盘，1744

《多菲内》

（一艘有着29根桨的双桅战船）按照1:24的比例制作的模型

家海军军舰的整个建造历史：王冠号建于1637年，是法国建造的第一艘大型军舰，另外还可

马莫当博物馆

路易-布瓦利街2号，邮编75016

印象主义画作的圣地

先为狩猎行宫，后为私人宅第，再之后则是由保罗·马莫当改造的拿破仑博物馆，最后成为如今的博物馆。馆内收藏着许多独一无二的家具、青铜器、雕塑以及画作，这些画作大多出自印象派画家之手：摩里索、西斯莱、毕沙罗、雷诺阿、卡耶博特、吉约曼、容金德等，其中大部分都为莫奈的作品，共有100多幅（画布）：《日出·印象》《睡莲》《日本桥》……

黎创办了学校）。1827年，查理十世建造的公共博物馆极大地丰富了海军博物馆的馆藏，博物馆里有许多藏品均是从凡尔赛宫和罗浮宫移过去的。另外，还有一些海军兵工厂过去收集的军舰以及炮兵部队的零件。

以看到许多极为现代化的商船模型以及海军工厂出产的潜水艇。这里还陈列着约瑟·维尔内于1754年至1765年间绘制的《法国港口》系列画作。

海军博物馆

夏乐宫，特罗卡德罗广场，邮编75116
预计于2021年重新开放

悠久历史

当时海军的总监察长路易·亨利·杜哈梅·德·蒙梭从1748年开始便不断地将自己收集的军舰以及武器送进罗浮宫，为当时的军舰工程师和制造者提供模型（这些人才刚在巴

海军博物馆

今天，人们可以在海军博物馆的长廊里了解法国皇

威尔斯滕的捐赠

1980年，丹尼尔·威尔斯滕捐赠了许多他父亲收集的小彩画，其中有300多幅细密画，来源于圣经唱谱、祈祷书以及一些欧洲国家的宗教书籍。

《德西里·克拉里》
（巴隆·杰拉尔，1770—1837）

约瑟·波拿巴的小姨，1799年嫁给了贝尔纳多特元帅。1818年，贝尔纳多特成为瑞典国王

货币博物馆

孔蒂堤岸11号，邮编75006

该博物馆是在以前轧制货币的厂房的基础上建造起来的，装潢颇具现代气息。主要藏品有：2000多枚货币，其中有500枚金币，还有其他硬币、雕塑、机器和工具、官方文献、绘画、小雕塑和彩绘玻璃。由于无法展出其所

约翰二世骑马法郎（1360年12月5日，金币）

璃墙，把厂房一分为二，分别用于铸造硬币和金币。在这里，还能欣赏到巴黎铸币的雕刻工艺，还可尽情地去那些充满18世纪风

《孩童时期的路易十四和让·瓦汉》
（弗朗索瓦·勒梅尔，1654）
让·瓦汉为雕刻家，他是路易十四的启蒙老师（主要教他古代的铸币艺术）

有的藏品，该馆挑选了其中一些古代以及现代的作品进行展览，如货币、金币等，从这些珍贵的藏品中，可以窥见当时人们的日常生活。以前铸币厂房的主建筑与一间大教堂相连，厂房里建起了一些玻

味的展厅里漫步。这里也为小朋友提供了丰富多彩的活动，比如说，他们在星期六的时候可以参加"寻宝活动"。

国家现代艺术博物馆

乔治·蓬皮杜广场，蓬皮杜中心，邮编75004

位于乔治·蓬皮杜艺术中心的国家现代艺术博物馆约有1600件藏品，主要包括现代艺术品以及当代国际艺术品。作为流动展馆，这里展出了6万多件作品，几乎囊括了所有的艺术流派：立体派、野兽派、表现主义、超现实主义、抽象派、流行艺术、新现实主义、概念艺术……同时，该馆还收藏了许多设计图、照片等。从收藏的作品来看，可以说国家现代艺术博物馆是世界上最重要的博物馆之一。整个博物馆设计大气、空间开阔、明动，为游客提供了一场视觉盛宴。

现代艺术（从1965年开始）

该馆收藏有20世纪60年代以后的主要艺术流派的

作品：流行艺术、新现实主义、概念艺术、激浪艺术、贫穷艺术等，并以专题的形式进行陈列：波依斯、隆格、丁格力、格拉厄姆、雷诺等。如阿加姆沙龙主要陈列的是运动艺术作品。该馆还有专门用于展览1990年至今的艺术作品的展厅。

近代艺术（1905—1965）

该博物馆收藏了乔治·布拉克、毕加索的画作以及一些非洲雕塑。这些作品的融合体现出了一种立体派的

《米色的云》
（让·阿尔普，1953）

阿尔普开始时崇尚象征主义和立体派，之后他转向抽象主义

"现代艺术的主要特点就是不描绘。"

——安德烈·马尔罗

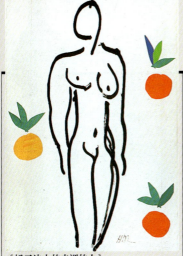

《橘子边上的赤裸的人》

（亨利·马蒂斯，1953，中国水墨，水粉，切割下来的裱纸铺在画布上）

现代艺术博物馆收藏了亨利·马蒂斯约150件作品。这些作品完整地诠释了画家的职业生涯历程：《葛瑞泰·普罗佐尔》（1916）；《科里乌的落地窗》（1914）；《奥古斯特·贝尔汉》（1917）；《爵士的原型》（1943—1946）。亨利·马蒂斯在儿子皮埃尔·马蒂斯过世后将作品捐出，其声誉也达到了顶峰

朦胧美（其将科学进步与自然怀旧充分结合在一起）。而其中，超现实主义的作品最多，如路易斯·布努埃尔、阿尔伯托·贾科梅蒂、勒内·马格利特、萨尔瓦多·达利、恩斯特以及毕加索的作品。抽象派、荷兰风格、包豪斯主义的作品使得近代艺术的整个系列更为饱满、丰富，整个建筑的设计和装饰风格则与保罗·克利和瓦西里·康定斯基的精神不谋而合。同时，该馆还有3个平台用于陈列雕像作品。最后，买了博物馆的门票之后还可以免费参观布兰诺斯的画室。

《纽约城》

［皮特·蒙德里安，1942，油画（画布）］

作于皮特流浪纽约期间。其在该画中并没有使用当时巴黎流行的黑色框架，而代之以彩色线条。并依照整幅画的结构布局来安排线条的位置。这幅画是其名作中的代表作

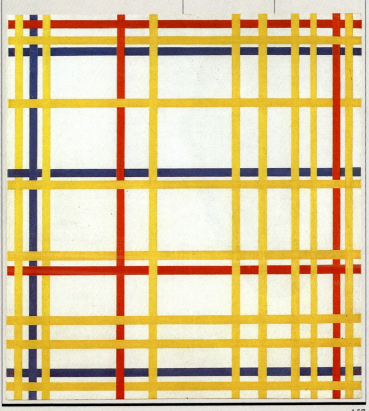

157

凯布朗利博物馆

布朗利河岸37号，邮编75007

"一幢被藏品包围的建筑物"

由设计阿拉伯世界学院的让·努维尔主持设计，于2006年6月正式开放。主要收藏非洲、亚洲、大洋洲和美洲的艺术作品。该馆位于塞纳河河岸，邻近埃菲尔铁塔。由于采用了大面积的玻璃，整个博物馆通透、明亮。另由景观设计师吉勒·克莱蒙对周围环境进行设计，整个场馆及周围的蜿蜒小道、小山丘、石板路、盆地融为一体，散

发着浓烈的自然气息。博物馆的墙面采用派崔克·布朗设计的植物墙，更突出了"自然"二字。让·努维尔将整个博物馆设计成了"一幢被藏品包围的建筑物"：面积达39000平方米，共容纳了30多万件作品，其中有3500件为永久展品。这些展品置于巨大的玻璃天幕下，给人一种"自由的感觉"（建筑师如是说）。该馆同时也用于举办临时展览和表演。

收藏非洲、欧洲地区的艺术品

凯布朗利博物馆同时也收藏了一些人类学博物馆中的动物生态系列作品以及非洲和大洋洲艺术博物馆的古代艺术品。其收藏的非洲系列艺术品是世界上最重要的藏品之一：种类繁多，地域跨度大（从马格里布一直到非洲南部地区）。美洲藏品：哥伦布发现新大陆以前、殖民主义时期以及当代作品。大洋洲的展品包括面具和精美的土著艺术品等，亚洲展区的展品则与吉美博物馆的展品互为补充。

鸟型面具

（瑶勒，科特迪瓦，木头和黄铜）

在利比里亚、几内亚和科特迪瓦交界地区，主要（几乎是唯一的）的雕刻作品都是面具。造型多样，使用材料丰富，配饰也多，线条纯粹、细腻

饶天神的雕像

（甘比亚群岛，芒阿雷瓦岛，木头）

该雕像身材细长，面部光滑，无双臂。1836年，比克协会的神父将其还给博物馆。19世纪，法国曾发生大规模迫害传教士（连同宗教作品）的运动，这件雕像便是为数不多的幸存的作品之一

拉巴琴，出自阿富汗匿名琴师之手

音乐博物馆

让-铃饶勒斯大道221号巴黎爱东音乐厅，邮编75019

博物馆前身

第一个音乐博物馆建于1864年，位于音乐学院内部。那时的音乐学院刚为作曲家路易·克拉皮松购买了300件乐器。在接下来的一个世纪里，音乐博物馆又购买了许多乐器：1887年，爪哇的传统乐器（世界上最古老的藏品之一）；1934年，保罗·赛斯布隆的一批稀有乐器；1980

威尼斯大鲁特琴，来源于17世纪

年，日内维耶·提波收藏的乐器，以及尚布尔公爵夫人的藏品（其在1961年至1973年为博物馆馆长）。

现在的博物馆

20世纪60年代，建造新博物馆的计划被提出。1979年，馆址最终定在拉维莱特，此时创建音乐城的计划也提上议程。音乐城由建筑师克里斯蒂安·德·波特赞姆巴克设计。今天的音乐城包括两个音乐厅，一间音像资料室，一些教室，一间图书馆和全新的音乐博物馆（1997年开放）。

世界上独一无二的收藏

该博物馆于1997年开放，收藏了1000多件乐器，分别来自音乐史和乐器史上的9个时期，时间从16世纪末一直到当代。每片区域都有一件中心乐器：同类不同款式的乐器均有展出，并配有标明其产地的标签。2009年初，该博物馆在藏品陈列上进行

了一次调整：通过播放短片，使整个展览更为生动，也更为活泼。

尼辛德卡蒙多博物馆

蒙梭街63号，邮编75008

尼辛德卡蒙多博物馆中的蓝色客厅

卡蒙多宅第

建于1911年至1914年间。家族银行继承人莫伊斯·德·卡蒙多酷爱18世纪的装饰艺术，于是他在蒙梭公园边上建造了一座私人宅第，用以陈列其珍藏（家具、画作、地毯、挂毯、陶瓷和金银器）。他唯一的儿子尼辛·德·卡蒙多在第一次世界大战中牺牲，于是他决定将自己的宅第以及收藏全数捐献给装饰艺术中心协会。该博物馆于1936年对外开放。

极为精美的收藏品

莫伊斯·德·卡蒙多捐赠的艺

术品几乎都来自18世纪下半叶，其中有几件藏品例外，如大厅那块路易十四时代的地毯（之后被借到罗浮宫的大长廊展出）。新古典主义时期的藏品则主要是一些细木家具，是皇家淘汰不用的：一些置于窗帘边上的家具，一张"从垃圾堆里捡回来"的桌子，这两件均由让·亨利·瑞塞纳设计；一张让·弗朗索瓦·勒鲁设计的有活动板的写字台；一对有化石木木塞的花瓶，玛丽·安图瓦内特用它们来装饰自己在凡尔赛宫的寝室，这对花瓶同时也是莫伊斯·德·卡蒙多最喜欢的藏品。另外，这批藏品中有一部分是桌面装饰品，其中有些十分精美，如被塞弗尔称为"布丰"的陶瓷餐具，上面有小鸟装饰；还有凯瑟琳二世要求制作的银质餐具等。

奥赛博物馆

"M"代表博物馆，"O"代表奥赛。

奥赛博物馆，20世纪80年代最为成功的建筑物与博物馆的标志。1970年本要被拆除的奥赛车站侥幸地留存下来，并于1978年进行重新装修。要将这栋20世纪初的大型建筑物变成一座博物馆着实费力，应该如何将这两者平衡起来？今天，博物馆中间为一条大道（一系列的平台和向上的梯级），周围则用于陈列展品。而作为博物馆基础设施的光线，每个地方都十分充足。

从宫殿到车站

19世纪中期，奥赛博物馆的原址为两栋建筑物：骑兵营房以及奥赛宫。当时奥赛宫是审计法院和最高行政法院的所在地。在巴黎公社时期（1870—1871），这两栋建筑物被烧毁。1897年，奥尔良铁路公司向国家购买了这块地，想在这里建一个车站（奥赛车站），火车可通到南特、波尔多和图卢兹。车站的整个工期只有两年，刚好赶在1900年世界博览会开幕之前完成。

奥赛堤岸

夏尔勒·布歇·德奥赛是巴黎的市长，其于1708年将奥赛改建成木材仓库。一直到1810年该仓库才被毁。

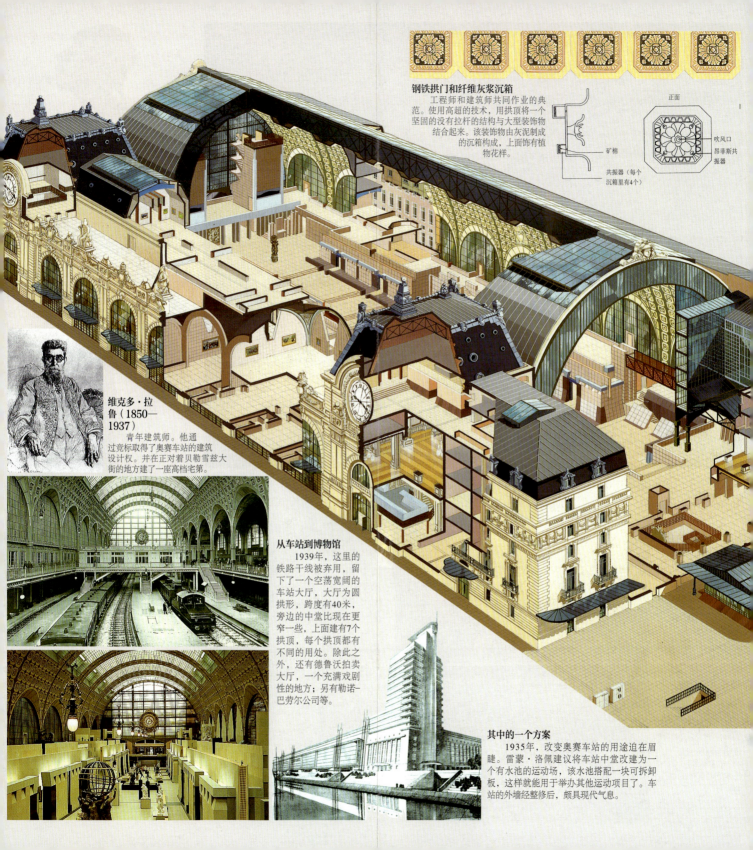

钢铁拱门和纤维灰浆沉箱

工程师和建筑师共同作业的典范。使用高超的技术，用拱顶将一个坚固的没有拉杆的结构与大型装饰物结合起来。该装饰物由灰泥制成的沉箱构成，上面饰有植物花样。

矿棉

共振器（每个沉箱里有4个）

正面

吹风口

昂菲斯共振器

维克多·拉鲁（1850—1937）

青年建筑师。他通过竞标取得了奥赛车站的建筑设计权。并在正对着贝勒雪兹大街的地方建了一座高档宅第。

从车站到博物馆

1939年，这里的铁路干线被弃用，留下了一个空荡宽阔的车站大厅，大厅为圆拱形，跨度有40米，旁边的中堂比现在更窄一些，上面建有7个拱顶，每个拱顶都有不同的用处。除此之外，还有德鲁沃拍卖大厅，一个充满戏剧性的地方；另有勒诺-巴苏尔公司等。

其中的一个方案

1935年，改变奥赛车站的用途迫在眉睫。雷蒙·洛佩建议将车站中堂改建为一个有水池的运动场，该水池搭配一块可拆卸板，这样就能用于举办其他运动项目了。车站的外墙经整修后，颇具现代气息。

雕刻与自然主[义]
（《14[岁的小舞蹈]
者》，埃德加·[德]
加，1880，青铜[塑像]）
在当时，仅[能]
从雕刻作品中看[到]
的学院派主义[。德]
加·德加站在[它]
的对立面，作为[冷]
酷无情的观察者[把]
看到的东西真[实描]
绘了出来。

现代画的诞生
（《草地上的午
餐》，爱德华·马
奈，1863）
用现代画法描绘
传统主题。这幅画中
的空间和人物布局是
一种全新的尝试，也
为20世纪的艺术开辟
了一条新的道路。

印象主义
[《鲁昂大教
堂》（下左图）：
蓝色与金色相映成
趣，阳光普照，
克劳德·莫奈，
1983]
为了学习光
线的变化，莫奈
曾在不同的光线
条件下对同一对
象作多幅描绘。

雕刻与现实主义
（《舞蹈》，让·
巴普蒂斯特·加尔坡，
1869）
现代主义。构图
与造型均与歌剧院墙
面的其他学院派雕刻
相反。

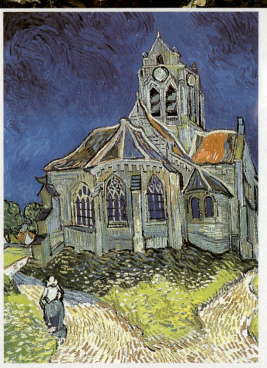

表现主义的开始
（《奥维尔教堂》左图，文森特·凡·
高，1890）
在这幅画中，凡·高使用了不规则的线
条以及浓烈的色彩，这两者相互烘托，使各
自的特点更为突出。这种画法也使凡·高成
为欧洲表现主义的先驱。

印象派
新印象派
阿旺桥学校
塞尚
野兽派
自然主义
象征主义
电影
新艺术
装饰艺术品
建筑
1870年以前的画
临时展览

收藏的主要是19世纪下半叶和20世纪前几十年的艺术作品。这两个时期的作品极为丰富。博物馆方面决定尽力收集各种类型的物件，不仅包括如画作、雕刻、装饰品、形象艺术品之类的艺术作品，还包括其他视觉艺术品，如建筑物、电影、广告、报纸和图书。这些丰富的藏品按照年代进行有序排列，可分为三大类。

雕刻和漫画
　　（《拉塔布瓦》，奥诺雷·多米埃，约1850年，青铜）
　　在成为漫画家之前，多米埃是一名画家和雕刻家。他用漫画来讽刺当时的政治和道德社会。

奥赛博物馆中的照片：1839—1918
　　［《夏尔勒·波德莱尔肖像》，菲利克斯·图尔纳尚（纳达尔），1820—1910］

色彩优先
　　（《快乐的人》，保罗·高更，1892）
　　造型简单，景也不深，每层颜色都均匀分布。这种画法一再被阿旺桥学校的画家和独立派（纳比派）画家仿照。

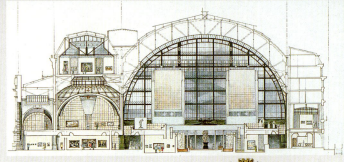

建筑师

整修工程极为繁复，由两队人协力合作：ACT小组（勒诺·巴尔东，皮埃尔·科尔波克、让·保罗·菲力庞）以及由格·奥朗地领导的小组。

改造工程顺利进行

之前为过道的那块地方要改成一个便于陈列作品、便于观赏的地方。主体部分则遵照建筑物原来的结构，保存由拉鲁设计的阶梯和生铁工字钢，同时也保留整个结构的装饰（稍微翻新一下即可）。新结构多采用了石头装饰物品，并使用金属几何结构，与之前的建筑物并无太大不同。建筑师使用的材料体现了其对历史建筑的尊重：地面和某些隔墙均采用了布西产的坚硬的赭石红石灰石。

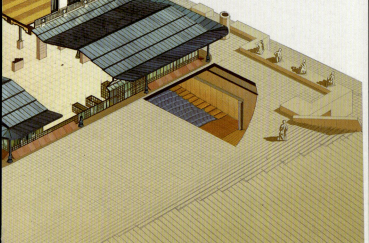

展馆前的广场

博物馆主入口面朝贝勒雪兹大街，这里比北部开阔且风大的堤岸更安静一些。

入口

入口建有挑棚和咖啡厅，并保留了从前车站的前厅。

立体主义的开始

（《曼西桥》，保罗·塞尚，约1879年）

塞尚很早就脱离印象派画法。他赋予自然景物简单的几何体感。他的画线条分明，角度清晰，他的画法越来越独立。他不轻易改变自己的画法，其笔触只会随着画面角度不同而发生变化。

点画法

[《撑雨伞的女人》（右图），保罗·希涅克，1893]

两大基本理论：分色主义和色彩反差主义。

表现主义与象征主义之间

（《成熟》，卡米尔·克劳戴尔，1894—1903，青铜）

垂花饰的花瓶

·弥尔·加莱，1880—

1870年以前的雕塑

演播厅

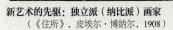

新艺术的先驱：独立派（纳比派）画家

（《住所》，皮埃尔·博纳尔，1908）

他们都是朱利安学院或者美术学院的同学：博纳尔、维亚尔、莫里斯·德尼，还有名气最大的高更。他们都受到了日本木刻画的影响，坚持使用平和的色彩，简单的结构布局，不画远景；同时，他们的构图也都十分自由，从这幅画中的这种不寻常的取景便可看出来。

橘园博物馆

杜伊勒里平台，协和广场，邮编75001

该博物馆在经过整修之后，于2006年重新对外开放。

得到让·瓦尔特和保罗·纪尧姆的藏品；其后将其全部赠予国家，条件是这些画作均要在橘园博物馆进行永久展览，博物馆内部的陈列顺序因此发生了变化。1984年，这些藏品的展

表人物，他生活的时代以及他的画风都深刻地体现了这一点。莫奈在自己居住的吉维尼庭院的花园里修了一个水池，并在池中种了睡莲。莫奈把其生命中最后的那段时间都拿来画这8

给建筑师让·瓦尔特后改的名字）。她之后购买了很多塞尚的名作，这些藏品的风格也因此发生了一些变化。她收藏的画作时间跨度大（从19世纪70年代到20世纪30年代），

《睡莲》（克劳德·莫奈，2号展厅）
印象派的极致手法：用颜色渲染，使空间看起来更为宽广；使用流动、活泼的手法，摒弃一切细节画法，留给观赏者无限的想象空间

从画廊到博物馆

第二帝国时期的一个橘园重新装修之后，成了现在的橘园博物馆。位于杜伊勒里花园的南部平台。1927年，该博物馆收藏了莫奈的《睡莲》系列。在长达半个世纪的时间里（1929—1978），该馆还拥有一个画廊，画作十分丰富，主要用于举办临时展览，其中有好几个展览均是当代最令人印象深刻的展览。20世纪60年代，博物馆

览权最终确定下来。橘园博物馆开始展出两个系列的作品，这两个系列彼此不同，但却又有某种共性：莫奈的《睡莲》系列和瓦尔特－纪尧姆系列。

《睡莲》

《睡莲》系列画作占据了两个展厅。莫奈本人既是印象派的代表画家，同时也是多种主要艺术流派的原型——从康定斯基到波洛克；莫奈也是20世纪艺术的代

幅组画。这些画均挂在两个展厅的墙上，让人有一种仿佛时间、光线以及水流都没有尽头的错觉。

让·瓦尔特和保罗·纪尧姆的藏品

首先要说，这两个人的藏品风格有惊人的相似之处。保罗·纪尧姆是一个画商，也是巴黎现代画作的收藏家。他1914年至1934年间收藏了不少现代画作。他的妻子是朱丽叶，也叫多梅尼卡（她嫁

《公牛和小牛犊的头》（柴姆·苏丁，1925）
系列画作。苏丁选取的主题体现了他的完美主义倾向，以及他对现实的不满

总计144幅，其中，有十多幅极为贵重的画作，均陈列在同一个展厅。这些画作都出自他们夫妻二人最喜欢的画家之手：塞尚、

雷诺阿、亨利·卢梭、苏丁、莫迪里亚尼、马蒂斯、德兰和毕加索。朱丽叶同时也是"回归秩序"的创始人之一。"回归秩序"是第一次世界大战后兴起的、回归经典的一个运动。在

该批经典画作中，最出名的有马蒂斯的《三颗心》、毕加索的《瓦尔松的浴女》以及德兰的《两个丑角》。

小皇宫

温斯顿·丘吉尔街，邮编75008

古代艺术品

小皇宫是为1900年世界博览会而建的，由夏尔勒·吉洛设计，收藏了相当数量的古代艺术品（大部分都为赠品）。欧仁和奥古斯特·杜图两兄弟在1902年将他们的藏品赠予博物馆，其中不仅

《黑狗旁的自画像》
（居斯塔夫·库尔贝，1842）
明亮的阳光与穿着暗色衣服的人、黑狗以及周围白色、赭石红的岩石形成反差，体现了画家构图的功力，同时也体现了其对色彩的掌控能力

包括古代和中世纪的文物，文艺复兴时期法国和意大利的珍贵作品，尤其是圣·波尔谢尔的彩陶、马约里卡陶器、利摩日搪瓷、玻璃器皿以及钟表；还包括一些弗拉芒和荷兰地区的画作。1930年，图克捐赠了其收藏的18世纪的画作、雕塑作品以及其他艺术作品。这两次捐赠的作品形成了一个完整的系列。图克的藏品：中国陶瓷、塞弗尔陶瓷、梅森陶瓷、英国鼻烟壶、银器、路易十五和路易十六时期的精美家具。

19世纪艺术全景图

这部分展品大多是由巴黎市政府定做和购买的，如儒勒·达鲁画室的作品。还有一部分则是他人捐赠的：库尔贝、卡尔波、卡里埃，还有塞尚的作品。19世纪的藏品越来越多，越来越丰富：新古典主义画作和雕塑作品，浪漫主义画作，现实主义、印象主义、

象征主义画作，纳比派画作，自然主义雕刻作品，讽刺雕塑作品以及20世纪前10年的艺术作品，如卡里埃陶瓷和加莱的玻璃器皿。1998年，让·雅科捐献了4500幅画作，他是路易斯·卡地亚的主要合伙人，捐献的作品中有希腊和科普特人肖像系列。2005年，博物馆又进行了一次整修。博物馆内有一个花园，水池、马赛克路面、柱廊相辅相成，让整个场馆变得更有魅力。

共和国广场雕像模型

（儒勒·达鲁，1879）
巴黎市政府委托达鲁设计一个民族广场的雕像。最终作品为青铜像，于1899年竖立

《双手交叉的杰奎琳像》
（1954年6月3日，于瓦洛里斯）

杰奎琳·洛克于1961年与毕加索结婚。她当毕加索的模特将近20年。画中的杰奎琳表情呆板，身体蜷缩在一起，犹如现代版的斯芬克司

毕加索博物馆

托里尼街5号萨雷宅第，邮编75003

系列藏品

毕加索经常开玩笑说："我是世界上收集毕加索作品最多的人。"他的家里和画室里都放了相当数量的作品。1973年，他去世之后，留下了一大笔遗产。国家通过法定给付的方式间接得到了这笔遗产：203幅画作，158尊雕塑，29幅浮雕，88件陶瓷，15幅拼贴画，约1500张素描，30本素描册，1600多幅版画。不管是从数量上，还是从种类上来说，这笔遗产都是世界上独一无二的。这里包括毕加索每个时期的作品：20世纪二三十年代的全盛时期，"蓝色时期"和"玫瑰时期"。

反映了毕加索的一个创作过程，也成了他其他画作的灵感来源。1986年，毕加索的遗孀杰奎琳·毕加索失踪，国家通过法定给付的方式接收了毕加索的另一批作品，其中包括《双手交叉的杰奎琳像》，24本素描册，2尊雕像，40张素描，一些小雕塑以及一些陶瓷作品。除了毕加索的作品外，还有他收藏的其他艺术家的作品：塞

选址

国家得到第一批作品后，于1976年选定玛莱区的一幢空置的宅第作为储存基地。该

《女人的头》
（博瓦吉卢，1931，灰泥）

雕塑系列则几乎包括其所有的作品：立体主义小雕像，1930年夏天刻的浮雕以及20世纪30年代初在博瓦吉卢创作的头像。素描册中为人所熟知的是《亚维农的少女》系列，这些画

《藤椅上的静物》
（1912）

在这幅画中，毕加索第一次在结构中将真实的物——一块防水布，与藤椅放在一起

尚·马蒂斯·亨利·卢梭、德兰、布拉克、米罗以及一些艺术作品的初稿等。

幢宅第建于1656年至1659年，为皮埃尔·奥博·德·冯特莱所有。当时，其因为获得大量

"对我来说，现代雕塑就是要超越所有的框架。"

——罗丹

的土地间接税而致富，宅第名为"萨雷"，造价不菲。宅第内的楼梯极大，上面雕刻着大量的花饰，出自马西兄弟和马丁·德雅丹之手，这段楼梯是整个宅第中装饰最为豪华的地方。宅第由建筑师罗兰·西穆内进行了部分整修；整

修后的宅第如同之前一样雍容大气。另聘请迭戈·贾赫梅蒂设计楼梯边的壁灯和灯座、前厅的挂灯架、二楼的客厅以及房间的家具。这些作品按照年代顺序进行陈列，有些也按照主题（绘画、雕刻、素描、版画）进行陈列，这样可以更清楚地观察到毕加索在不同作品中使用的不同技术。

《大教堂》

（1908，石头）

两只一模一样的手，面对面组成一个尖形拱顶，意为"联合之门"（该作品的原名）

照片）以及位于穆东的布里昂别墅都捐了出来，博物馆也得以在1919年对外开放。

罗丹，"天赋能手"

罗丹的思想就像他的雕塑作品一样充满了不羁。彼时的罗丹正处于当代艺术流派的交叉点，从哀婉

罗丹博物馆

瓦雷纳街77号毕洪宅第，邮编75007

洛可可式的宅第

1908年，奥古斯特·罗丹在私人秘书莱纳·玛利亚·里亚克的建议下，入住毕洪宅第。这幢宅第是由建筑师让·奥博于1729年至1730年修建的，1911年后为国家所有。罗丹之后将自己的作品（绘画、雕像、个人珍藏、文献资料、旧

手法。博物馆展出的他的作品中有大理石雕像、青铜雕像、陶土雕像；还有一些早期的作品、装配艺术品、人体半身像、肖像以及卡米尔·克劳戴的部分作品和罗丹对重要古迹的研究资料。同时展出的还有7000张素描以及罗丹的私人藏品：卡里尔、莫奈、凡·高（《唐吉老爹的肖像》）和苏洛阿加的作品。在面积达3公顷的花园里，南部花圃进行过翻新，展出的是大型的青铜像，如《地狱之门》《加莱义民》《巴尔扎克》等，还有一些古玩。

动人的浪漫主义到变化无常、迂回曲折的新艺术，而后又过渡到尊重人体构造的自然主义。他的选材体现了他那种自由的技巧和

查德金博物馆、纪念章陈列馆

《荒谬的阿萨》

奥斯普·查德金于1928年定居阿萨街。在他1967年去世之前，他一直在这片乡村之地上生活、工作

查德金博物馆

阿萨街100号，邮编75006

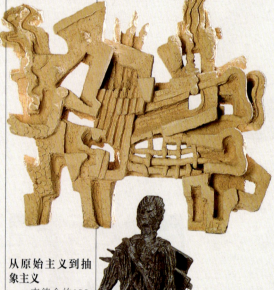

从原始主义到抽象主义

查德金的100件雕塑作品分别陈列在花园里和5个展厅中，这100件作品分属于查德金不同的创作阶段。一直到20世纪20年代中期，他的主要作品都为直立的木头雕塑和石头雕塑，这种古代风格与布朗库西和莫迪里亚尼的风格相近。大约在1923年的时候，他也成为立体派的一员（《拿着折扇的女人》）。而在20世纪30年代，他转而向古希腊和拉丁的艺术靠拢，也因此得到了立体派人士的批评（《女祭司》）。1938年他为诗人创作的4尊大雕塑则体现了他战后的风格（巴洛克风），其中包括他最出名的雕像《毁灭之城》。而到了后期，他不再雕刻人脸。那个时候，他的作品都呈现阶梯状，与20世纪60年代的严谨的建筑风格相反［《花的形状》（下图），1967］。

奥维尔市（瓦兹河畔欧韦）制作的文森特·凡·高雕像，1956

纪念章陈列馆

黎塞留街58号国家图书馆，邮编75002

货币、纪念章和古玩

这片位于国家图书馆里的小博物馆被称为纪念章陈列馆。这些藏品来自于法国历代国王的私人珍藏。他们从中世纪就开始收集手稿、金银器、雕琢过的石头，可能还有一些古币（一直到19世纪才统称为纪念章）。1917年，纪念章陈列馆在国家图书馆落地生根。该馆收藏的货币和纪念章总共有52万枚，同时还有35000个非货币物件。1981年，该馆进行了翻修，而后也收入了更多珍贵的文物，如达戈贝尔王冠、贝尔图维尔的高卢-罗马银器，同时也多了一批货币和纪念章。另外，该馆还藏有8000多份文献。

巴黎美食

餐厅诞生于18世纪末的巴黎。当时的"食堂"里卖的只有肉汤。不过，还好有那些大厨。经过他们不断的实践，烹饪成为一门艺术，一门可以不断完善、传承的艺术。20世纪初，奥古斯特·埃科菲确定了现代烹饪规则。现如今的大厨也受惠于他的这些规则：他们的厨艺吸引了世界各地的美食家，餐厅的装潢和浓烈的历史底蕴让用餐变成一件快乐的事。餐厅的领班、服务员、侍酒师熟练地在商人、艺术家和政治家当中穿梭。

银楼

诞生于16世纪。一家有着几百年历史的餐厅。餐厅所在的建筑物在阳光照耀下闪闪发光，因而取名"银楼"。亨利四世经常来这里品尝闻名遐迩的馅饼。银楼位于塞纳河的岬角上，在那里可以欣赏到巴黎圣母院以及西岱岛的美丽风景。这一切得益于银楼的老板克劳德·特拉伊（直到其2006年去世），他命人凿开墙壁，安装了宽阔的落地窗。银楼最出名的菜肴是血鸭。

阿兰·赛德伦斯（1939—2017）

深受古代菜谱影响的阿兰·赛德伦斯是当今厨艺界的大艺术家。以他名字命名的餐厅位于玛德莲广场，吸引了无数优秀的厨师。他们在这里大展身手。他的拿手菜中有一道名为"马塞尔·普鲁斯特重新寻回的味道"，文学与美食相结合，相得益彰。

服务和制服

大饭店的服务质量与菜肴品质一样重要，从服务员到领班均有一套严格的服务准则。每个人各司其职，互相配合。另外，每人都会有一套自己专属的朴实无华的制服，也为饭店增添了一道亮丽的风景线。

"美食家是那些来得比用餐者早的人，他们懂得点菜，他们不会把每种不同的味道搞混，不会把肉的味道搞混，不会把酒的味道搞混，也不会把香料的味道搞混。"

——莱昂·保罗·法格

新式烹饪法

1968年以来出现的"新式烹饪法"是美食界的一个重要概念，米歇尔·盖拉德主厨是这个概念的推动人。简而言之，使用奶制品勾芡调味汁。新式烹饪法让优质食材的味道释放得更加淋漓尽致。著名的美食评论家克里斯汀·米罗和亨利·高勒肯定了这个概念，这也意味着"新式烹饪法"取得了成功。

第一本指南

《米其林指南》诞生于1990年，当时是给司机看的。而如今其是美食界最著名的指南。不过，这本指南对于厨师来说却是一个噩梦：里面有他们的星级评定——到底是几颗星呢？

侍酒师

菲利普·法尔·布拉克是1992年世界最佳侍酒师得主。他说："没有好酒的饭店称不上好的饭店。侍酒师要保证饭店酒品的服务质量。这些葡萄酒专家主要负责管理饭店用于存放美酒的酒窖。"

创始人

安东南·卡勒姆（1783—1833），出生于一个普通家庭，是现代美食界的一个传奇人物。他酷爱艺术，尤其是建筑。他在贝耶糕点屋学成后，成为甜点装饰大师。1815年，他掌管沙皇亚历山大的膳食，而后又为加勒王子的膳食总管。他把生命的最后几年都用

于撰写与美食有关的著作。

美食巅峰

在海拔125米的高空用餐会眩晕吧。在儒勒·凡尔纳餐厅用餐便是这样一种感觉。这家餐厅位于埃菲尔铁塔上，于1983年开业。餐厅里的金属装饰来

源于斯拉维基，这种想象力远超过儒勒·凡尔纳。在这里，可以俯瞰整个巴黎，有一种气势雄浑的感觉：此刻的首都就在美食家的脚下。

法国三面环海，因此法国的美食少不了海鲜。巴黎因为靠近沿海的布列塔尼和诺曼底，成了海鲜的天堂。新鲜的海鲜是一个餐馆的关键食材，烹饪质量的好坏全在于它。因为有了水产养殖和快捷的交通，喜欢吃海鲜的人全年都可以吃到海鲜。从前，人们在冬天是吃不上牡蛎的，现在这个问题已经不存在了，想吃的话随时都可以吃到。

普罗旺斯鱼汤

　　普罗旺斯地区的特色菜。以前的渔夫将卖剩的鱼煮成大杂烩，而后成就了这道普罗旺斯鱼汤。烹饪这道菜时建议使用岩鱼，如鲔鱼、雅鳕、海鲂等。步骤：将鱼切成块，用文火煮至沸腾，往里加西红柿、洋葱、大蒜、茴香、月桂。这道菜中用什么鱼要根据当天供应的鱼而定，选材更为灵活。

"多姆"咖啡馆

　　蒙马特大街的热闹要归功于这条街上的餐馆，尤其是圆顶咖啡馆——一个从1923年就开业的老店。这里有巴黎最好的普罗旺斯鱼汤（右图），人们就是坐在那儿的椅子上等待着这道人间美味。

"雅克·勒迪弗雷克"

　　雅克·勒迪弗雷克将他的名字冠以巴黎开设的海鲜餐厅上，那是全巴黎最优雅的餐厅。1983年，他离开拉罗歇尔，定居荣军院附近。他实现了成为"海洋大使"的梦想，他的餐厅里使用的都是昆庭的餐具，用它们来吃鳌虾，奢华之至。退休后，他于2013年卖掉了自己的餐厅。

贝类动物王国

梭鱼鱼肠

"标准"里昂菜。梭鱼鱼肠的材料：梭鱼泥和新鲜奶油。奶油调味酱中要加入黄油和整虾；将鱼肠放进烤箱里，让鱼肠和调味酱完美融合。

黄油鳎鱼

一道简单、经典的菜，不过烹制过程极为琐碎。首先，腌制鳎鱼；之后撒上面粉；将黄油倒进锅里烧热；油很热的时候将鱼放下去。准备好柠檬汁、香芹、盐巴和胡椒（这些均可提亮金色色调）；将其撒在煮好的鳎鱼上面。

"地中海"

位于奥德翁广场，建于1930年。这里之所以出名在于其内部装饰的那幅巨大的壁画（上图）。蓝色的外墙，吸引了不少拉丁区的艺术家和作家，如毕加索、巴尔蒂斯和科克托——他于1960年画的一幅画成为这里的装饰品。查理·卓别林和奥森·韦尔斯也都是这里的大牌客人。

鱼肉配白葡萄酒（白酒配白肉）

通常人们吃鱼或者其他海鲜时会喝白葡萄酒。靠近沿海产区（如波尔多、卢瓦河口、普罗旺斯丘）的葡萄酒较适合配海鲜。夏布利、雷司令搭配牡蛎或虾口味最佳；而内陆产区（勃艮第、汝拉、罗纳河谷）的白葡萄酒则更适合搭配鳟鱼、梭鲈和梭鱼。

小酒馆

小酒馆是巴黎美食的重要组成部分，它们占据着巴黎主要的交通干线以及诸多十字路口。巴黎的小酒馆诞生于1870年，当时德国占领了阿尔萨斯和洛林地区，那些被驱逐的阿尔萨斯人来到了巴黎，将他们的小酒馆也一并移植了过来。小酒馆用镜子、玻璃、软垫长椅、仿皮漆布和白色桌布装饰：这种永恒不变的装修风格搭配腌酸菜和啤酒十分合适。巴黎人在吃午饭或者晚饭的时候经常会光顾这些地方；小憩时也会来这里；观看表演前或者欣赏表演后也会来这里；晚上，他们还会来这里聊天、喝饮料。

从啤酒到小酒馆

从16世纪起，小酒馆指的就是啤酒厂。到了19世纪，小酒馆成为饮料零售店，主要是卖酒，人们也可以在那里吃饭。弗雷德里克·博凡热在他那间位于巴士底街的小酒馆卖"气泡酒"，他也成了第一个卖这种酒的人。这种酒成了一个新的卖点，来

博凡热

这家小酒馆于1864年开业，1982年进行翻修。之后其作为巴黎最古老的小酒馆之一，被收入《世界文化遗产名录》里。现在的酒馆是由建筑师勒盖和室内装饰师米根于1919年打造的，酒馆的那个宏伟圆顶则是瓦耶的设计。

腌酸菜

阿尔萨斯腌酸菜是用切开的大白菜腌制而成的，大约需3个星期。腌酸菜通常用来配香肠和熏肉（胸脯肉和排骨），也有一些餐馆用腌酸菜搭配海鲜。

小酒馆的人络绎不绝。今天这种酒不怎么有人喝了，它成了小酒馆的一个装饰，它的存在使得小酒馆更加名副其实。

178

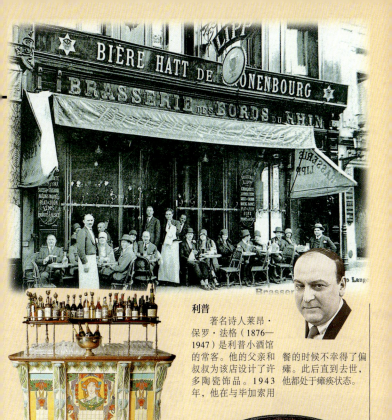

利普

　　著名诗人莱昂·保罗·法格（1876—1947）是利普小酒馆的常客。他的父亲和叔叔为该店设计了许多陶瓷饰品。1943年，他在与毕加索用餐的时候不幸得了偏瘫。此后直到去世，他都处于瘫痪状态。

弗洛

　　1914年，当时这个叫"汉斯"（德国常用人名，代指德国）的小酒馆被敌视德国的人摧毁，之后改名为"弗洛"——酒馆老板罗伯特·弗洛戴尔的简称。

阿尔萨斯葡萄酒

　　阿尔萨斯是特级白葡萄酒和果味酒的主要产区，其分为3个AOC（原产地名控制）级别：阿尔萨斯地区级、阿尔萨斯特级葡萄园、阿尔萨斯起泡酒。这些葡萄酒均以酿造的葡萄品种的名字命名，如琼瑶浆、雷司令。这些酒搭配腌酸菜口感极佳。

焖肉冻

　　小酒馆也会提供一些乡村菜肴，如焖肉冻，采用鸭肉或者鹅肉（西南部的主要肉类）制成的。用盐腌制翅膀和腿肉，并在瓦罐里焖24小时。这种在油冻里焖的肉可以储存很久。从瓦罐中取出来的肉很咸，上面还盖着一层油。

各地特色菜、住家菜

从法国各个地区的餐馆和住家菜馆可以看出法国烹饪和法国人的日常饮食习惯。巴黎有许多外省人开的家庭餐馆，主推的都是自家的拿手好菜。这里的地区特色菜餐馆到处都是。而住家菜馆就比较低调了，他们的菜没有过多的装饰，但却依然齿颊留香，那些简单、古老的乡村菜并不逊色于其他菜系。巴黎人吃午餐时尤其喜欢来这种餐厅：他们坐在那儿好好享受炸鸡和蜗牛，再悠悠地回去上班。

蔬菜牛肉浓汤

亚历山大·仲马喜欢这道里昂特色菜。虽说是里昂菜，但是整个法国都吃这道菜。做一道上等的蔬菜牛肉浓汤需要48小时，这样食材的味道才能完全释放出来。这道菜需要的食材有蔬菜（芹菜、胡萝卜、萝卜、韭菜、卷心菜）和肥肉（有骨髓的骨头、牛肉）。先把食材放进沸水里煮，之后再加一些调味料（芥菜、分葱、盐）。

夏蒂埃

位于蒙马特郊区街。1896年开张。现如今还保留着旧时"食堂"的经营管理模式以及"卡米尔和爱德华·夏蒂埃"（创始人）的招牌。通过一道转门即可进入一个气派的大堂；服务员均系着白色围裙，穿着小坎肩儿，打着蝴蝶结；堂内为复古装潢；所有那些老式的、出乎你意料的东西都有，仿佛让人置身于过去的时代。

黑板

餐厅里有块巨大的黑板，服务员会用粉笔将每日的菜单或者特色菜写在上面。巴黎的餐厅里几乎都有这样的黑板。

勃艮第牛肉

勃艮第红酒的美好"伴侣"。这道乡村菜肴的食材为牛腿肉和牛尾巴。将其切成块状,与洋葱一起放入猪油里;加点葡萄酒和醋渍汁(调味汁),倒入沸水;加入洋葱、蒜瓣,用文火炖3个小时;起锅后加点香菜即可。

莱斯库尔

它离协和广场只有一步之遥,是这个商业街区里最舒服也最便宜的饭馆之一。这间家庭餐馆于1919年开张,环境温馨,主推乡村菜和古老菜肴。

蜗牛

诗人弗兰西斯·蓬热对蜗牛赞脊有加,蜗牛可是他称赞过的唯一一道菜。而蜗牛中他最喜欢吃的只有两种:勃艮第蜗牛,跟其他法国人一样;还有加斯科或者普罗旺斯的浅栗色蜗牛。

蜗牛的传统做法是往蜗牛壳里塞黄油、大蒜以及细碎的香菜。

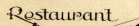

法拉蒙德

诺曼底菜餐馆,1879年开业。这家店一直保持着原来奢华的装修风格。该风格在大堂街区实属罕见。招牌菜:冈城式的肠肚类菜肴。类似小火锅的煮法,每人一小锅,跟其刚开业时一样。

不过,做法可不止这一种,不同的地区其做法也不同。比如说在勃艮第,人们会把蜗牛从壳里取出来放进夏布利酒里煮,另外在蜗牛壳里塞一点黄油。吃这种做法的蜗牛时,通常不会把蜗牛的肝脏剪掉——这可是精华。

什锦砂锅

大厨普罗斯佩·蒙塔涅说这道菜是"奥克菜的神来之笔"。什锦砂锅是法国西南地区最特色的一道菜。做法:将所有食材放进砂锅里,用文火炖煮,也因此得名"什锦砂锅"。

品尝巴黎美食的同时也是在环游世界。巴黎有许多外国餐厅，供应他们本国的特色菜，这对于那些在外打拼的游子是一种舌尖上的安慰。巴黎有马格里布餐馆、中国饭馆、日本菜馆，还有意大利餐厅，因为其质优价廉而广受欢迎。除此之外，在一些隐蔽的小路上，还有俄国餐厅、安的列斯餐厅、葡萄牙餐厅和南美餐厅。美食惊喜无处不在。

马格里布

塔基是马格里布地区的一大传统特色菜。烹饪用具：带盖的圆形砂锅，盖子的形状犹如茅草屋。这样的盖子可容纳多种食材肉类（羊肉、牛肉或鸡肉）和蔬菜坚果（椰枣、腰果，干湿皆可）同时进行炖煮。这道菜既咸又甜，味道十分特别。

日本

寿司被称为日本料理之王。食材：少量的加醋米饭、生鱼片（或者大虾）、菠菜（或者蘑菇等）以及海苔片。将米饭、菠菜等卷在海苔片里，在上面放上生鱼片（或者大虾）。日本是一个岛国，也是世界上的海鲜消费大国。

东南亚

越南春卷：内馅为粉丝等，用薄荷叶和生菜叶包着吃，蘸一点鱼露，清爽可口。越南春卷是巴黎最受欢迎的越南菜。

南美洲

在巴黎，人们吃得最多的南美菜就数巴西菜了。从前，只有奴隶才煮巴西豆饭，而现在，它成了巴西的国菜。食材：黑豆及各种肉类。巴西豆饭和其他菜肴一样，也有多种烹饪方式。

葡萄牙

巴黎少见葡萄牙菜，这是挺奇怪的一个现象。不过，巴黎还是有那种味道很赞的葡萄牙餐厅。最受欢迎的葡萄牙菜是新鲜鳕鱼或者腌制鳕鱼，有多种吃法：可蘸普罗旺斯奶酪，也可切成薄片，蘸着橄榄油吃。

西班牙

什锦饭其实算不上西班牙的特色菜，它只是西班牙巴伦西亚地区的一道特色菜，而且该道菜中并没有加肉和鱼。这道菜的菜名来源于烹饪用的双柄平底锅。

意大利

意大利是世界第一的葡萄酒产国。托斯卡纳的西昂蒂经典葡萄酒酒精含量高，为烈性酒，同时它也是意大利最著名的葡萄酒。奥维亚图经典白葡萄酒可与海鲜、鱼类搭配食用。

俄罗斯

俄罗斯餐馆有供应甜菜浓汤，其内含有卷心菜、甜菜以及各色蔬菜。这是西蒙娜·德·波伏娃最喜欢的一道菜品。

近东

黎巴嫩餐馆中有供应正宗的塔布雷沙拉。至于法国人常用的粗米粉，在这里算不上近东地区的特色。

食材：碎香芹和碎薄荷叶、西红柿、洋葱、麦粉、生菜叶或者卷心菜叶（用于衬底）。

中欧

巴黎的中欧餐馆主要为德系犹太餐馆，供应包馅的鲤鱼以及闻名遐迩的俄式冷盘（来源于俄罗斯）。这些餐馆中的菜肴都为符合犹太教规的菜肴：均按照希伯来的饮食规矩和宗教仪式进行烹饪。

法国葡萄酒的品质在世界上赫赫有名。法国南部的葡萄种植历史可追溯到远古时代，而其他地区的种植历史则始于公元初。巴黎市区和郊区的葡萄种植时间相去甚远，不过，这两个地方的葡萄酒商业却是一脉相承、连接紧密。一些节日，如博诺莱新酒节，会让巴黎的小酒馆和酒吧顿时沸腾起来。想买葡萄酒的话，就去找那些酒商吧。他们了解葡萄酒，会乐意与你分享葡萄酒的知识，而且他们还一定会告诉你"葡萄酒是天和地的儿子"云云。对他们而言，葡萄酒是法式生活艺术的唯一象征。

一个满是葡萄园的城市

巴黎有许多新兴葡萄产区，同时也有许多古老的葡萄产区。蒙马特葡萄种植园的历史可追溯到公元初年，其间曾经荒废过。1935年，这里举办了早期的葡萄收获节，这片葡萄园也因此得到了重生的机会。每年10月的第一个周末为其葡萄收获节。蒙马特葡萄园主要生产玫瑰红葡萄酒，在区政府的地窖进行酿制。紫葡萄种植园位于15区，始于1982年，主要酿制红葡萄酒。

酒商

专注于葡萄酒买卖。巴黎有许多独立酒商，同时也有许多连锁酒商，如尼古拉斯酒庄和勒贝尔·德·巴修酒庄。有些酒商会建议顾客品尝葡萄的味道，又或者建议他们在葡萄园住几天，好带他们认识那些知之甚少的葡萄品种。

黑白配

基尔酒是人们最常饮用的一种开胃酒。做法：1/3黑加仑酒混合2/3勃艮第白葡萄酒。基尔酒的名字来源于议事司铎基尔（1876—1968），他是抵抗运动的主要成员，同时也是1945年至1968年的第戎市长，他经常用这种酒招待他的访客。

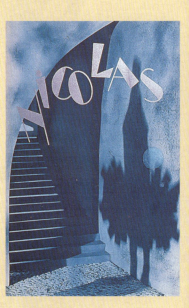

贝西

贝西从17世纪就有了葡萄酒和白兰地。葡萄酒的销售历史始于1790年，当时贝西为自治镇，可以不用缴纳巴黎市规定的入市税。此后20年，法国20%的葡萄酒销售都通过贝西转口。重建之后的贝西成了一个休闲娱乐街区，街区内保留了许多过去的建筑，如酒窖和铁路。

罗纳河谷

葡萄种植区域分布在罗纳河两岸。北方产区如罗地丘；南方产区如教皇新堡产区和吉贡达斯产区，不同产区的葡萄酒烈度和口味都有差别。

"喝一杯"

巴修的几个儿子也喜欢去酒吧，如"天使之酒"酒吧。酒吧里气氛温馨，让人情不自禁地陶醉在自己的世界里。你还可以一边欣赏夏布利酒或者圣艾美浓酒的色泽，一边与周围的人侃侃而谈。这类酒吧还供应乡村菜肴，与葡萄酒搭配更是醉人。

波尔多葡萄产区

法国最大的葡萄产区。可分为三类：大区级、地区级和镇级。波尔多葡萄产区盛产丹宁，出产多种红葡萄酒——烈度则视产区而定（梅多克、圣艾美浓）——以及干白葡萄酒、甜味白葡萄酒（格拉夫、索泰尔纳）、玫瑰红葡萄酒。

勃艮第葡萄产区

该葡萄产区从西北（夏布利产区）一直延伸到南部（博诺莱产区）。其中，包括列级名庄黄金山坡（维森·罗马尼和皮利尼·蒙拉谢），该产区的葡萄酒享有盛誉。

汝拉葡萄酒

属于小型的葡萄产区。中心产区为阿尔布瓦，盛产多种葡萄酒：红葡萄酒、起泡葡萄酒、玫瑰红葡萄酒。汝拉葡萄酒最负盛名的为有坚果香气的白葡萄酒（其中沙托沙隆产区的味道最好）以及用萨维涅酿制的黄酒，这种酒的储藏方式极为特别：要存放在酒桶里6年；之后，这种黄酒可以保存数十年。

卢瓦河葡萄酒

从纳韦尔到南特，卢瓦河周围的葡萄产区不计其数，其盛产口味清爽的葡萄，如麝香葡萄、伏弗莱葡萄（用于酿制白葡萄酒或起泡葡萄酒）、索缪尔一尚比尼葡萄、安茹葡萄（用于酿制红葡萄酒）。

香槟酒

世界上最著名的酒，节日的代名词。主要采用红葡萄、黑品乐和莫尼耶品乐、白葡萄、霞多丽（号称"白葡萄中的白葡萄"）进行酿制。根据添加的糖量，可将香槟分为三类：干、甜和特甜。

奶酪（干酪）、面包

法国是一个具有悠久乡村历史的国家，其拥有400余种奶酪：牛奶酪、绵羊奶酪、山羊奶酪等。巴黎地区的奶酪商卖各种各样的奶酪，就如作家科列特所写的："巴黎什么奶酪都有，甜的、咸的、涩的、臭的……有些是巴黎的小作坊做的，有些则来自很远的地方，反正不愁没有顾客买。"法国的面包种类也是奇多无比，除了永远不过时的法棍，还有各种不同味道、不同形状的面包。

几种面包
1. 坚果面包
2. 生机面包
3. 黑麦葡萄面包
4. 全麦面包
5. 欧洲乡村面包
6. 加纳长棍面包（下页）
7. 法棍（下页）

面包与宗教

经证实，面包诞生于公元前2500年的埃及。当时，面包是大众的基本食物：营养价值高，耐得住咀嚼（聊天也因此聊得比较久）。面包在基督教的礼拜仪式中是一件圣物，在犹太教中亦是如此（面包在送上餐桌之前已经被赐福了）。

为法棍颁布的法令

在法国，法棍与人们的生活息息相关。政府因此要保护相关的产业（如法棍的冷藏）。1993年，政府规定，只有在该店揉好、烤熟的法棍才可以贴上"本店自制"的标签。

可搭配各式各样的菜肴

面包是美食中的一个基本要素，可与其他菜肴搭配食用。黑麦面包配蜗牛；烤面包配鹅肝；柠檬面包配鱼类。

罗克福（D）

    蓝霉干酪中的一种。用羊奶或者牛奶制成的干酪才会有蓝霉（其实就是黑点）。这些点称为青霉，干酪成熟之后便会显现出来。阿韦龙省的罗克福干酪上面也有蓝纹。

埃瓦普斯（C）

    味道大，口感浓烈。成熟期长，需要2～4个月。其要浸于勃艮第葡萄榨渣白兰地中。其他的一些洗浸奶酪或浸于苹果酒或浸于啤酒，视每个地区的情况而定。

干酪师傅

    一个真正的干酪师傅要亲自动手使干酪成熟，并要时刻观察它们的进度。1909年，布列塔尼人亨利·安德鲁埃开了一间干酪店，他只卖自家出产的干酪。1934年，他又开了一家餐馆，只用自己的干酪进行烹饪。萨卡·吉特里和拉加拉斯对这些料理的评价颇高。

卡门贝（A）

    产自诺曼底，采用生牛奶或者经过巴斯德灭菌的牛奶制成。属于软奶酪，有甜味。一块好的卡门贝奶酪需要在地下室里放3～6个礼拜。

康塔勒（E）

    根据老普林尼的记载，这种奥弗涅产的奶酪应该是法国最古老的奶酪。这种干酪紧实，口味清爽。成熟期为3个月。

布里（B）

    产自法兰西岛。在由塔列兰组织的欧洲大使评审会中，布里干酪被选为"干酪之王"。这种干酪完全采用牛奶制成，成熟期短。干酪表皮有一些红色的拉丝。口感与榛子相似。

山羊奶酪

    这种奶酪只用山羊奶制作，种类繁多：爽口、干硬等。其口味因成熟期不同而有所不同。奶酪的味道会在成熟期慢慢散发出来。采用农家山羊奶制成的奶酪皮是蓝色的。山羊奶酪中最出名的是沙维尼奥尔的辣味羊奶酪。

好搭档

    葡萄酒是干酪的好搭档。葡萄酒可去干酪的霉味或者膻味，而干酪则可让葡萄酒味道更加甜美圆润。但是，这些搭配方法可不是亘古不变的，因为不管是干酪还是葡萄酒，其品质都会因为时间不同而有差别。不

过，倒是可以把同一产区的干酪和葡萄酒搭配食用。

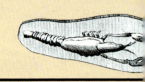

如果说餐厅的美是一种含蓄的美，需要你进去细细品味，那么那些摆放在橱窗里的糕点、糖果、冰激凌、巧克力则是一种张扬的美，它们赤裸裸地诱惑着你。在甜品世界里，想象仍然占有一席之地。那些师傅可以做出美味的甜品，同时也能赋予它们美妙的外表。下午茶时，购物一半时……去那些如梦如幻的餐厅或者咖啡厅里坐一坐，多么美妙的时刻。而往往这个时候，人们总是抵挡不住那些甜品的诱惑。

神的饮料

巧克力来源于可可树的果实可可豆。其作为冷饮的历史可追溯到哥伦布发现新大陆之前的美洲。这段历史与阿兹特克和玛雅的神话相关。传说神祇魁扎尔科亚特尔喝了它以后就疯了。对于大众来说，可可豆是一种可以交换的货币，是一种奢侈的东西。

一块抒情蛋糕

欧培拉蛋糕（歌剧院蛋糕），一种上面铺着一层咖啡巧克力的杏仁蛋糕，发明于20世纪50年代。蛋糕四四方方，就像一个舞台。这个名字是达洛优甜品店的老板安德烈·加维永取的，他以此向歌剧院的芭蕾舞者致敬。

可咀嚼的巧克力

一直到19世纪，巧克力还只是一种饮料，而今天的技术已经能够把巧克力做成巧克力糖了：先炒巧克力，研碎；之后，加入糖、可可黄油和卵磷脂，混合搅拌，最后烘干。

Americain auec Sa Choco latiere et Son Gobelet

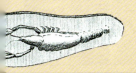

巴黎-布列斯特

19世纪末，巴黎市郊的一个糕点师傅在观看自行车比赛时，突然有了一个想法。他仿照自行车车胎的形状，用鸡蛋松软面团做了一块圆形的面包，并涂上杏仁巧克力奶油——这就是蛋糕。

奶油千层糕

安东南·卡勒姆将千层糕与奶油相结合，发明了奶油千层糕。这对东方人倒一点也不稀奇，因为他们早就知道千层糕的来历，西方人不过是把十字军的菜谱拿过来用罢了。

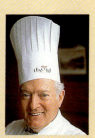

勒诺特尔

诺曼底人加斯东·勒诺特尔是20世纪最伟大的糕点师之一。他在糕点、糖果和冰激凌领域取得的卓越成就，激发了他建立一个美食帝国的决心：他在法国开了多家美食餐厅，并创建了自己的烹饪学校。

康布雷薄荷糖

相传，这个糖的名字来源于一个错误。法国北部康布雷市的糖果商阿富歇的儿子在制糖时放错了糖的剂量，他做了一件蠢事（BETISE在法语中为此意）。此后，这种糖的做法就一直延续了下来：将搅搅糖、薄荷与焦糖混合在一起。

贝蒂永（1923—2014）

从1954年开始，位于圣路易岛的雷蒙·贝蒂永冰激凌店就总是人满为患。这家店里有80多种口味的手工冰激凌和冰糕。

古代的冰激凌

冰激凌早在电冰箱发明以前就有了。古代的人们将研碎的冰和盐巴混合，制成了类似冰箱的冷藏物，其温度低于6℃。

精致的"花瓣糖"

图卢兹的紫罗兰糖是法国最独特也最精致的糖果之一。保存完好的紫罗兰花瓣外面裹一层闪闪发光的熟糖衣，而花瓣又保留了原来的芬芳。

香料

中世纪，香料用于水果和肉类的保鲜。胡椒、芥末、藏红花是最常用的几种香料。文艺复兴时期的重大发现凸显了它们的商用价值，而同时它们的烹饪价值也不断地被挖掘出来。今天，这些看起来微小的香料成了每道菜的"伴侣"，没有它们，就无法成就一道好菜。在巴黎有一条香料街，那里有大大小小的香料店。店里面的那些大罐小罐正等待着顾客的慧眼识珠，好发挥它们的伟大作用。

印度酸辣酱

一种印式的既酸又甜的调味酱：用新鲜水果、蔬菜混合糖、醋和香料调制而成。

果醋

由莫代尔发明的。他从甜葡萄（如长相思）中提取出未发酵的葡萄汁，并将其煮熟。之后把这些放进刺柏木桶或者橡木桶里储存。用这种方法储存的果醋可以保存数十年。

埃迪亚

费尔迪南·埃迪亚于1854年在玛德莲广场开了一间大型食杂店，专门出售从"殖民国家"进口而来的产品。他深知这些稀有的外国产品的经济价值：他通过轮船将番木瓜、番石榴、忙果和枇杷运来法国。就连亚历山大·仲马也是他的客户，他买了埃迪亚进口到法国的第一个菠萝。

生姜

它有多种形状。其在东方菜中是经常使用的调味品，做成姜糖很美味。

咖喱

一种由辣椒和姜黄属植物混合而成的香料，印度菜中经常用作鱼、肉的调味料。

弗松

奥古斯特·弗松（1856—1938）出生于一个普通家庭，他离开家乡，来到巴黎，在玛德莲广场附近兜售水果和蔬菜。之后他买了好些店铺，其中有一家店铺就位于玛德莲广场。他将那家店铺打造成了一个奢华的香料店，在20世纪30年代，那是一家稀罕而奇异的店铺。

果酱

在中世纪，果酱通常是最后一道菜。那种果酱是干的，因为糖中加了许多焦糖香料。

巴黎的自然景观

巴黎的天空

紫翅椋鸟
能极快适应城市的生活环境。春天来时，带着白色斑点的羽毛便会脱落，长出深暗、充满光泽的羽毛。

巴黎的天空也是鸟儿的天空。不管是巴黎人，还是游客，应该都不会怀疑这个事实吧。在那个没有拥堵的交通干线的天空，鸟儿们自由自在地飞翔、觅食、繁衍。它们停在电线杆上、烟囱上，悠然地享受着自己的生活；如果有人抬头惊着它们了，它们便会飞走。巴黎的天空中除了有麻雀和鸽子，还有许多其他的鸟类。而其中，像雨燕和燕子，它们都是迁徙鸟——每年都要在巴黎和非洲之间来回飞好几千千米。

白腹毛脚燕

黑雨燕

红隼
经常栖息在建筑物檐口上的滴水上。一旦停下，这便是它的领地。巴黎的红隼并不只在市区内活动，它们也经常会闯入布洛涅森林和文森森林。它喜食麻雀和跳鼠。

正常情况下，这种猛禽都在巴黎繁殖。喜栖息古老建筑物，有时也会栖息 在楼房上，因为这些地方跟它们以前栖息的悬崖差不多。

赭红尾鸲
3月到10月或者11月，巴黎的天空属于它们。它喜栖息在地势较高的地方，既可以歌唱，又便于发现猎物（昆虫）。

欧鸽
巴黎最罕见的鸽子。它喜栖息在墙洞或者废弃烟囱中。特点：蛋为深暗色，羽毛为灰蓝色。

原鸽
随处可见，为半驯养鸟类。有人喜欢它们，也有人特别害怕它们。目前已实施措施，可有效地控制它们的数量。而接下来这些措施也还会继续实行。

天空中的猎人
黑雨燕和白腹毛脚燕只吃会飞的昆虫，它们追逐猎物时绝不会松懈。只有在特定的季节才能在巴黎看见它们。

废弃的环城铁路

喜鹊

　　在巴黎，有一些地方是专属于自然界的这些生物的。可以说，它们找回了作为生物应有的权利。那些被遗忘的天地、废弃的公园以及那些人类无法到达的地方，都成了这些生物的天堂。废弃的巴黎环城铁路也是它们的天堂之一，这里栖息着许多动物和植物。在这喧闹的城市里，昆虫在低语，蜥蜴在悠然地晒太阳，燕雀在愉悦地唱着歌。

白屈菜
　　其橘黄色的汁液可治疣。

葡萄叶铁线莲
　　其羽状复叶可在冬天生长。

黑接骨木
　　其浆果多汁，为多种鸟类的食物。

雌雄异株泻根
　　攀长在铁栅栏上，秋天结果。

优红蛱蝶

有些蝴蝶可生长在城市中。

醉鱼草属

这种开花的灌木原产自中国，会吸引蝴蝶。

石貂

攀爬能手，移动速度快。主要生活在建筑物顶楼或者地下室。巴黎的石貂不多。喜栖息于多绿地的街区。

鹪鹩

身形娇小，叫声洪亮。

叽咋柳莺

只生活在巴黎的几个特定区域。

欧亚鸲

在隐蔽的草丛里筑巢。

黑头莺

雄性黑头莺的叫声十分悦耳，宛如笛声。

灰鼠

只生活在建筑物或者地铁里。那些地方便于它寻找食物和隐蔽，而且也比较温暖。

欧洲刺猬

它们只生活在巴黎的几个特定地方：布特肖蒙公园、蒙苏里公园以及废弃的环城铁路周围。

壁虎

在巴黎很少见，猫是其数量急剧减少的部分原因。

奇特的微型生物

阳台的紫罗兰花饰

　　只要花点时间认真观察，便会发现巴黎的小角落里有许多微型生物。那些花儿、昆虫、蜘蛛顽强而又小心地生长着。这些微型生物散布在巴黎的每个角落，就等着你那双发现的眼睛。

一些植物只要有点湿度和土壤便可生长。

槭树幼苗

梅花草的紫色小花娇俏，值得驻足欣赏

鼠妇
小甲壳类，不喜光，喜潮湿。

在栅栏背后
一些被生铁栅栏封住的洞口有时会长出植物，或有无脊椎动物生存。不过，这些生物的存活时间都十分短。

宽叶车前

一年生早熟禾

长毛箐姑草

无味的母菊属
4月到10月开花。

蒲公英
城市里的蒲公英长得更小一些。

路的缝隙
在一些比较少走的路上，缝隙里会长出植物来。

常春藤

等待猎物的蜘蛛　化石

蚁蛛
　　几乎无时无刻不在活动。有时候它会直接跳到猎物身上。

红蝽
　　外表靓丽，浑身恶臭，喜光。

银杏叶铁角蕨　苔藓

老石头的爱好者
　　这种古老的石头可以为昆虫提供许多栖息地。蜘蛛吐出丝，待在洞里等着小飞虫来自投罗网。

熊蜂

"小乌龟"蝴蝶　　粉蝶　　孔雀蝶

巴黎的蝴蝶
　　它们在那些有花的阳台上流连，直到夏天结束。

荨麻　　**野花**
　　无人打理的花坛植物疯长，引来了蝴蝶和其他一些采蜜蜂。

金钱薄荷

粉蝶

牛膝菊属

梅花草

197

公园和花园

紫杉
巴黎的许多绿地都有紫杉。鸟类喜欢其长出的红色浆果。

巴黎的公园和花园是许多鸟类的栖息地。本节几乎将所有"常住居民"都列了出来，有些大家会比较熟悉，一看就能认出来，有些则比较少见，不一定知道。想认识它们的话，就得好好多看几眼。春天的时候，鸟儿或婉转低鸣或高亢歌唱，为这些绿地增添了几分青春与鲜活。

小斑啄木鸟
比麻雀大一点。冬天也会出来活动。

横斑䴓林鸟
身形娇小，羽毛的颜色跟树干差不多，因而经常被忽视。

绿黄色雀科鸣鸟
春天，雄鸟会展开轻盈的翅膀，上气不接下气地歌唱，以吸引异性。

林岩鹨
羽毛为深灰色。喜在灌木丛里活动。

椴树叶

挪威枫树叶

栗树叶

巴黎公园中种植的多是些能够抵抗大气污染和病害，并经得起反复修剪的树种。

喜鹊
　　冬天一结束，它便会在枫树或者法国梧桐的高树梢上筑巢。

松鸦
　　叫声嘶哑。但仍难以在树丛里找到它的影子。

斑尾林鸽
　　颈部周围有白色斑点，眼眶为金色。

苍头燕雀
　　有条大尾巴。在地上走路的时候，一跳一跳的。

黑头山雀
　　它将孵巢筑在公园里。

蓝山雀
　　可以头朝下悬挂在小枝丫上，以赶走上面的小虫。

普通戴菊
　　欧洲最小的鸟。冬天时，可经常在公园里看到。

法式花园

巴黎的大花园是从前皇家宫殿或者王公贵族宅第的一个延伸，它让宫殿和宅第看起来更为雄伟、优美。花园里种满了各种植物，又修剪得极其讲究。17世纪，人们注重理性地开发自然的美丽。

杜伊勒里花园和卡鲁塞尔花园

勒诺特尔修建的花园

16世纪，凯瑟琳·美第奇在旧砖厂的地址上建起了皇宫，并修建了一个封闭式花园。

安德烈·勒诺特尔（1613—1700）
曾修读建筑和绘画。继祖父、父亲之后，成为杜伊勒里花园的主管人

1666年，安德烈·勒诺特尔将花园改建成法式花园。凯瑟琳修建的宫殿处于整个区域的中心点，辖西边是原野，南边是河流。为保证宫殿的中心位置不变，勒诺特尔修建了两个大平台，并在宫殿的中轴线上开辟出一条大道，横穿花园。这条大道就是香榭丽舍大道的原型，也是巴黎的第一条"大轴线"。花园因此被分为两个部分：靠近宫殿的部分视野开阔，修剪得极其精美的花坛傲然挺立；靠近西边的部分绿荫重重，青葱可人。

公共花园的原型

杜伊勒里花园是欧洲最早向公众开放的花园之一，吸引了不少

梅花口
在巴黎十分罕见。蕨属，图为生长在杜伊勒里花园旧墙面缝隙的梅花口

外国游客。18世纪，该花园成为公共花园的典型，法国和欧洲的许多城市都竞相模仿。杜伊勒里花园是一个休闲、放松的好地方，这里聚集了社会各阶层的人，花园里有咖啡馆、报亭、石头长椅。历代王室、政府均会

杜伊勒里花园和卡鲁塞尔花园里共有100多个雕像（17—20世纪），其中有18个是马约尔的作品（上图）

杜伊勒里花园（克劳德·莫奈，1876）

在这里举行官方庆典，一直到19世纪末都是如此。那个时候的花园张灯结彩，偶尔还会举行烟花表演。

新的杜伊勒里花园

　　杜伊勒里花园和卡鲁塞尔花园因为损毁严重，在1991年至2000年间进行了大规模的修缮。此次修缮工作将这两个花园纳入罗浮宫整体景观；同时，也与"大轴线"连接成一体。卡鲁塞尔花园修建于19世纪

　　绿地里的花坛修整得精致优雅。波旁王朝复辟时期，宫殿沿线的园区进行过整修，之后成为皇家御用地。拿破仑三世后来扩建了该园区

末杜伊勒里宫被焚毁后，花园的卡鲁塞尔凯旋门（小凯旋门）开口朝向杜伊勒里花园。花园里用马约尔的雕塑装饰，树木修剪得十分齐整，宛然罗浮宫的"绿色展厅"。在地下通道上方，以前用于举办舞会的平台上修筑了一个观景平台，作为花园的出口。平台中间修筑了阶梯，往下走即杜伊勒里花园，这段路是照着勒诺特尔的构思

修筑的，从精心打理的花坛一直延伸到长着野生林木的绿荫底下。除了这些野生树木，花园里还人工栽种了许多其他树种，并用雕像进行装饰。

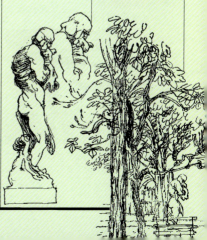

皇家宫殿花园

这家花园1629年由黎塞留修建，18世纪初由勒诺特尔的侄子克劳兹·德斯戈重修，但现在几乎没留下一点儿痕迹。那时的花园比现在大，宫殿附近有一大片精美的花圃，还有水池和小雕塑，北面的入口正对着路易十四常去猎狐的小树林。18世纪修建的长廊和道路使整个花园的面积缩小了1/3以上，并且打断了原有景观的整体性。之后不久，这个花园被改建成一个典型的英式花园。长方形，面积约0.2平方千米，每条边上都种着两列高大的椴树。中心水池边、扇形喷泉周围都铺着草坪，这些草坪挨着花坛，上面还摆放着19世纪的雕像。这个小花园位于今天的皇家宫殿里，在法国大革命前夕是巴黎最活跃、最热闹的一个地方。不同的是，如今的花园则更为幽静。不过每年的5月都很热闹，因为非洲的雨燕来了。

牧羊人雕刻，大理石雕像，保罗·勒穆瓦纳（1830），位于皇家宫殿花园

卢森堡花园

1617年由法式花园的第一位理论家布瓦约·德·拉巴罗蒂埃兴建。他遵循玛丽·德·美第奇的指示，以被平台包围的花圃为中心，修建卢森堡花园。花园周围栽种了2000棵榆树；南边的榆树则紧挨着夏尔特勒堡垒的城墙。当时修道院的僧侣拒绝出让土地，卢森堡花园因此未能南扩。一直到18世纪末，才得以延伸到南部（此前的修道院已在大革命时期被毁）。第一帝国时期，夏格林重修卢森堡花园，其不仅扩大了花园的主体面积，并且在西南部修建了一个英式花园。花

卢森堡花园的养蜂场建于1856年，里面约有2000万只蜜蜂。养蜂业协会在这里开设实践课和理论课

那些精心修剪的花圃约有一层楼高，这样不会挡住二楼的视线。19世纪时，这些花圃被草坪和花坛所取代

圃和中央水池边上的栏杆也修筑于这个时期。第二帝国时期，卢森堡花园附近开辟了街道和马路，其面积有所缩小，但整体轮廓依然保持不变。

拉丁街区的花园

这是一个亲王花园。画家华托当年为了寻找灵感曾偷偷进去过。1778年向公众开放，此后这个花园成了公众（主要是当地居民、学生）的花园。该花园与其他花园的区别在于人

卢森堡花园的美第奇喷泉，造于17世纪，意大利式，饰有欧丹的雕塑

们很少在这里举行庆典活动。花园里有一个音乐厅、一个由加尼叶设计的旋转木马，还有一些19世纪添置的设施，另有大片的空地可供游客休憩、玩乐。

雕塑

　　花园里的雕像随处可见，总共有80座，其中最出名的便是由19世纪名家雕刻的法国王后系列塑像，这些名家包括卡恩、弗雷米、布尔代尔和马尔凯斯特等。花园里有三个喷泉：

美第奇喷泉，王后的手臂放在三角楣上；1869年修建的勒加尔喷泉；为纪念欧仁·德拉克罗瓦而造的喷泉，用于装饰的青铜像则由儒勒·达鲁（1890）设计。

植物

　　花坛和花圃里种着紫罗兰、鼠尾草、大丽菊等，这些花花草草每年要修整3次。季节好的时候，还会种一些橘树、枣椰树、石榴树和夹竹桃树，有些树甚至种于200年前。宫殿的另一边种了一大片白栗树，除此之外，还有月桂树、桃叶珊瑚及女贞树。花园里有一片

大果园，以前为夏尔特尔苗圃，那里有2000株的苹果树和梨树，一列一列排得很整齐。

5—10月是收获的季节：橘子、夹竹桃等。橘园位于卢森堡花园中心

天文观测台的花园

　　建于1867年，又名"拉萨尔爵士""马可·波罗"，是夏格林设计的最后一部分。里面有"四大洲喷泉"，造于1874年，集体作品，由达维乌设计。卡尔波雕刻了4个托着地球的女人，每个女人代表一个大洲（独缺大洋洲）

植物园

植物园诞生于文艺复兴时期，为实验基地和物种保存基地，路易十四统治时期开始为教育基地。植物园整体设计通透、开阔，玻璃和铁的结合使用更得到了19世纪一些人士的盛赞。

植物园的物种极为丰富，每株植物都配有标签

植物园

1633年，路易十三建造了皇家药用植物园，为医学院的教育基地。1640年对公众开放，是巴黎第一个对外开放的花园。在布封（1739—1788）管理期间，植物园吸引了一批学者，如植物学家朱西厄三兄弟和自然主义者多邦东，学术气氛浓烈，植物园成了

当时重要的科研基地。1793年，政府颁布法令，规定将该植物园改为国家自然历史博物馆。该博物馆的长廊建于19世纪和20世纪。

植物和园艺

植物园里有一个玫瑰园、一个鸢尾花园，花坛里栽种的还有大丽菊、美人蕉、天竺葵等。这些花坛一直延伸到了生物进化廊的栅栏边上。里面的生态园区里有多种树木和灌木。植物学院编制了一个索引：禾本科植物、复合植物、食用植物和药用植物。植物园里的阿尔卑斯园区共有2000

种高山植物，被按照地区进行分类、排列。同时，这个园区也构成了一个微气候，气温变化在7~8℃之间。

贝尔纳·德·朱西厄于1734年栽种

204

墨西哥温室和澳大利亚温室，由夏尔勒·霍候·德弗洛里于1834年兴建。他第一次在这种建筑物上使用铁作建材

迷宫

约在1640年，植物园的人工山丘上建起了一个青铜凉亭，这是巴黎最早的金属结构建筑。凉亭下立着一块纪念碑——这里葬着多邦东。

动物园

大革命时期，皇家动物园被没收充公。人们在植物园中建起了另一个动物园，英式风格，有1000种动物，并专门为蛇和

鳄鱼建造了仿生环境。

欧特伊温室花园

建于1898年。是让·卡米尔·弗米热在原来路易十五苗圃的基础上建造起来的。为巴黎市政府所属的苗圃，区政府和其他行政机构内部用的植物均来自于此。这里同时也是一个植物园，品种丰富，树木均配有标签。温室花园中最大的温室长99米，其上面覆盖着一个16米高的圆顶，为培养棕榈的温室。还种有一些热带植物，如藤、鸡蛋花和蓝莲花。

这株黎巴嫩雪松高20米，是巴黎最古老的一棵树

文森花园

1969年对外开放，为园艺展览中心，面积达31公顷，由丹尼尔·科林设计。花园内部有许多小山谷、人工湖和小溪流。园里原有一片欧洲黑松林和栎树林，后来又种了一片山毛榉林和雪松林。内部装饰：各式各样的展馆、庭院、水流以及当代雕塑（卡尔戴、斯塔利）等。尤为令人印象深刻的大丽菊小花园嵌在松林中间，宛如一条色彩缤纷的河流流过松林。另外，还有一片五颜六色的花谷，花谷中石蕊、香豌豆、蜀葵、牵牛花等交相辉映。

位于法兰西岛的蝴蝶展馆里则有鼠妇、蟑螂、蛞蝓和蚕。

风景公园

夏尔特尔宅第（即后来的蒙梭公园）将18世纪末精英阶层那种过分娇饰和考究的风格体现得淋漓尽致

18世纪下半叶，景观花园，或称英中式花园大行其道，其与法式花园完全不一样。英中式花园里有许多建筑：坍塌的建筑物以及各种点缀小建筑，要么奇异要么充满异域风情。英中式花园并非开放的花园，而更多的是让人置身其中，感受它独有的美丽。

蒙梭公园

夏尔特尔宅第

夏尔特尔公爵，即后来的"平等的菲利普"，1787年在蒙梭村庄附近修建了一座宅第。总体来说，蒙

蒙梭公园里被柱廊包围的海战剧水池

梭公园应属英中式风格，但却是那种不规则的英中式风格。公园的设计者卡蒙代尔，集剧作家、活动策划者、先锋风景设计师于一身，他将这座公园建成了一个充满惊喜而又有节日气氛的地方，呈现出了许多自然以及人文的因素。他将小溪流、小树林、岩石和山洞这些元素结合起来，建成了一系列点缀性小建筑，如今幸存的只

蒙梭公园里有一棵巴黎最大的树：树干周长达7米，该树已有200年的历史

有埃及陵墓以及海战剧水池。1793年，蒙梭公园规模扩大：它将农民

课税城墙的课税阁楼也包括了进去，这座阁楼由勒杜设计。

奥斯曼的改革

奥斯曼改造巴黎时，将蒙梭地区分块出售。这种行为对公园的景观造成了极大的影响。半个公园，即8公顷，被卖给了皮雷尔兄弟，他们在那里修筑道路，并

在巴卡代尔的一座小岛上，有一个国王墓

建造了与之风格相仿的私人宅第。公园周围因此有了环状的铁栅栏。阿尔方对公园进行整修时，增种了一些稀有树木，并造了一座意式桥梁和一个钟乳石喷泉。

植物和动物

公园里有许多种于19世纪的树木，其中有些是稀有品种：一棵会结果的无花果树，还有一棵十分奇特的树，它的花苞和叶子都长在芽的周围。公园里的鸟类品种也极其丰富，这里有巴黎十分罕见的灰鹳。

19世纪，布洛涅森林里有不少优雅的乡间别墅。留存下来的只有巴卡代尔别墅

巴卡代尔公园
阿尔托宅第

1775年，路易十四的弟弟阿尔托伯爵用2个月时间建造了一座城堡和巴卡代尔公园。公园的设计者托马斯·布莱基将其打造成英中式公园，里面有瀑布、喷泉、宝塔、别墅等。19世纪，公园扩建：栽种了一片橘园，增建了几个马厩。"理查德·华莱士"，这是巴黎的每个喷泉上都会刻的名字，这里增建了两栋别墅和特里

每个不同的季节，巴卡代尔公园都有不同的植物可供观赏

亚农宫。

1904年，巴黎政府买下了公园。之后，其便一直为园艺收藏馆。3个世纪以来，巴卡代尔公园经历了无数次的整修、扩建。在这个英中式公园

里，你可以看到茂密的树林、潺潺的流水，绿荫满布的地面。同时，你也会发现这是一个主题公园，这里有鸢尾花园、橘园，还有由弗雷蒂埃于1904年栽种的玫瑰花园，他是公园的管理者，也是莫奈的朋友。

奥斯曼式花园

第二帝国时期，受到英式公园的启发，诞生了模仿天然景色的公园。公园为不规则形状，景观丰富，层次分明。这些庭园给人的感觉：绿荫满布，处处精致。

布特肖蒙公园

为了让巴黎的环境变得更优美，拿破仑三世制订了一个绿地计划：在18年内，修建2000公顷的树林、公园、花园和广场，同时栽种60万棵树。整个计划由工程师让·夏尔勒·阿尔方（1817—1891）主导，其团队成员包括园林设计师巴里耶·德尚、建筑师达维乌和工程师贝尔格兰。1863年，他们最终决定在巴黎东北部建设布特肖蒙公园。

横跨隘谷的两座桥可直达位于89米高的小丘上的斯比耶寺

仿天然景观的公园典范

阿尔方将布特肖蒙公园打造成了一个生机盎然的地方，他在这里挖湖泊、造瀑布、辟河流、填土、植树。竣工于1867年的布特

肖蒙公园是一座典型的奥斯曼式公园。

条条大路可直通树林。林中有一级一级的阶梯，高处为一片原野。这里风景秀丽，美丽的大自然与神殿、钟乳石喷泉融为一体。

植物

公园里有许多参天大树：槐树、法国梧桐、银杏等。2003年至2006年这段时间内，公园里又增种了不少植物。

仿真世界：人工岩石、假山、人工林……奥斯曼式的花园有许多人工制造的痕迹

蒙苏里公园

蒙苏里公园始建于1867年，竣工于1878年。同样由阿尔方主持修建。

蒙苏里公园拥有10个雕像，为1880年至1960年间的作品

公园位于南部，该地原为成片的地下墓穴（前身为采石场）。阿尔方将该区域内部的铁轨拆除，建造起了一个山峦起伏、风景秀丽的公园。挖湖泊、造瀑布、造山洞、植绿地、种鲜花……公园的最高点为巴尔多宫，是仿照突尼斯大公避暑山庄建的。该避暑山庄是1867年世界博览会上典型的摩尔风格建筑。巴尔多宫毁于1991年的一场大火。公园内还有一座建于

1947年的地铁站，靠近沃杜瓦耶1806年建造的天文台观测点的遗址。

鸟类

公园南部有一片松林和一大片野生草原，还有废弃的环城铁路铁轨，这样的一个环境成了鸟儿的天堂。在那里有一些在巴黎十分罕见的鸟类：冠山雀、鹡鸰、金丝雀、灰鹩。

现代花园

现代花园的形状又回归到规范的几何图形。不过，其内部格局却发生了一些变化：草坪周围成为主要的休闲区域；公园划分为几个小的主题公园，如游乐园和植物园。

拉维莱特公园

1987年，在旧菜市场上建起了拉维莱特公园。乌尔克运河从该公园穿过。拉维莱特公园拥有巴黎最大的一片绿地，面积达35公顷。其北部为科学工业城，南部为

音乐城和大市场。公园是由设计师贝尔纳·特修米按照21世纪"城市花园"的标准建造的，全天开放，游人众多。这是一个集休闲、表演和现代艺术于一体的公园。为了保持公园景观的连续性和一致性，贝尔纳在公

拉维莱特公园因其空旷、开阔的环境，吸引了不少凤头百灵。

园内部设计了21栋红色的建筑物。公园内建有许多主题公园，但有些让人大失所望。不过，竹园是一个例外（左图）。竹园边上为植物园、水主题公园、游乐园、儿童鬼屋以及龙威主题公园等。

美丽城公园

位于山坡上的美丽城公园面积达4.5公顷，始建于1988年。公园里有许多具有历史意义的建筑、装饰，并专门腾出一块地作为葡萄园。以前没建公园时，这个山

坡上就是一大片葡萄园。这里还保留了许多拉古尔第风格的咖啡馆，并建

贝西公园

严格遵守几何美学：大型草坪、大型花圃，甚至还建了一个跟杜伊勒里花园一样的观景平台，可供游人观赏塞纳河。因受到仿天然景色公园的启发，贝西公园里建造了4栋以季节为主题的装饰性建筑物。在临近小岛的运河边上还建了一个罗马式的小花园，公园的景观因此变得更为完整。

还未建造贝西公园以前，这里有许多葡萄仓库。基于保护历史遗迹的目的，贝西公园并未拆除这些古迹：铁轨、仓库、贝西城堡废墟以及上百棵树。公园布局

有假山。以前这里还有一个采石场。这里地下水丰富，所以建造了瀑布，修建了水池。这里的葡萄棚架都接上了电，给人一种既现代又传统的感觉。

美丽城公园位于巴黎最高点，建有瞭望台，可欣赏巴黎全景

安德烈·雪铁龙公园

始建于1993年，位于新街区中心，从前为汽车厂房。夏天的白园更能衬托出整个公园的美丽；而暗园则植物浓密，绿荫重重。从塞纳河岸往下走则为公园的主体部分，有一大片草坪，为典型的新古典主义风格。空地上则建了两个大型的温室。两个温室中间为一个有着120根水柱的

安德烈·雪铁龙公园的两个温室由派崔克·贝格设计，一个用于栽种橘树，另一个则用于栽种地中海南岸的植物

南

暗园

变形园

岩石园

这是一个由建筑师和风景设计师共同建造的公园。成了继战神广场一线、荣军院广场一线之后的第三条景观线

喷水池。公园里随处可见水：瀑布、运河。花园北部有6个"串园"（连在一起的花园），每个花园之间用一大块金属相连。靠近河边的流动花园里有许多野生植物，散落着一些花田，还有一些禾本植物。

这是一个不断变化的花园。就像吉尔·克莱蒙所希望的那样，那荒地里长满了各种各样的植物和花儿。

流动花园花草芬芳（左图），吸引了许多小昆虫，如会将幼虫放在地下巢穴里的熊蜂（上图）

森林

1世纪时，吕岱西城外环有一大片森林，布洛涅森林和文森森林便是其中的一部分。这两片森林位于巴黎的东西入口，堪称巴黎的两个"绿肺"。第二帝国时期，两片森林确立了现在的规模。

布洛涅森林（路线8）

位于布洛涅和纳伊之间，面积达845公顷，有森林、湖泊、花园，有人行道、马道、自行车和摩托车道，还有诸多运动设施以及餐馆。这里每周都有成千上万的游人造访。2014年10月开放的路易威登基金会大楼就位于布洛涅森林。

布洛涅森林里有啄木鸟。大部分时间里，它们都在地上寻找蚁穴

皇家属地

布洛涅森林不过是鲁弗雷森林的一小部分。中世纪的鲁弗雷森林占据了整个巴黎地区的东北部。13世纪，这片森林成为皇家属地。1301年，腓力四世为纪念其滨海布洛涅的朝圣之旅而在森林里建了一座小教堂，这片森林因此得名"布洛涅"。这里一直是皇家的狩猎区，路易十六时期对外开放。

弗朗索瓦一世在森林里建造了用于私会的马德里堡后，贵族们相继在这里建造了穆埃特城堡、纳伊城堡、圣詹姆斯城堡和巴卡代尔城堡。

美好时代的散步之地

拿破仑三世刚上台，就决定要整修这片森林。这片森林通过皇后大道（福煦大街）与巴黎市区相连。整修计划由阿尔方主导，在1852年至1858年期间，他开辟的大道长达95千米。他在森林里挖人工湖，造河流，还种了40万棵树。森林里相继建造了动植物公园（1860）、普雷卡特兰公园（1855）、珑骧赛马场（1857）、欧特伊赛马场（1873），这片森林因此成为美好时代期间上流社会的散步之地。

在布洛涅森林的珑骧修道院遗址内，还保留着一个磨坊。修道院由圣·路易的妹妹于1256年兴建，毁于大革命时期

动植物

森林里一半以上的树为栎树，包括3种：无梗花栎、夏栎以及生命力异常顽强的绒毛栎。这里还生存着许多哺乳动物，如松鼠、蝙蝠和刺猬；另有10多种鸟类，如松鸦、灰林鸮、小嘴乌鸦。

布洛涅森林里有一个鸟类保护区。

"上湖"和"下湖"不处于同一个水平面，两者用瀑布相连接。"下湖"中有两个岛屿，下图为岛屿上的木屋别墅

通常情况下，田鼠都是橙红色的（其腹部为白色，两边为栗色，背部为橙红色）。但布洛涅森林中的田鼠却有黑色的。其他一些在大城市里或者附近活动的哺乳动物也是如此

有时候苍鹭会停在文森森林的湖泊边上

文森森林（路线4）

文森森林从12世纪开始就为皇家的狩猎区，路易十五时期才对外开放。19世纪初，这片森林的面积缩小，并成为一块军事用地，于是它便有了一个名字——"大炮村"。当时的布洛涅森林风景优美，游客众多，因此1857年，奥斯曼和拿破仑三世决定要在巴黎东部打造一片类似的森林。阿尔方和他的团队堆起了人工山（格拉维尔山）；挖了3个湖泊（米尼姆、圣马代和格拉维尔）；开辟新的道路；在这片995公顷的土地上植树，铺设草坪、建造花圃；并建造了一些装饰性建筑和餐厅。1863年，这里建造了一个赛马场；1859年，建造了皇家农场；1867年，建造了布赫伊园艺馆，该馆的林园里共有650种阔叶和松柏目植物。之后这里又建造了一些休闲、娱乐设施：1934年，建造了动物园；1969年，建造了花卉公园；1989年，建造了巴黎农场，父母们可带孩子来这里体验"农家乐"。

远远就能看见文森动物园的人造峭壁

巴黎动物园

其前身为1931年世界博览会建造的动物园。为自然历史国家博物馆所在地。园中有来自世界各地的动物，其中也包括濒危物种，在仿照其本身生存的自然环境而建造的环境里繁衍生存……

动植物

森林里有13万棵树。大部分都为橡树，有15棵为其他树种，而其中主要是山毛榉树和枫树。爱吃蝈蝈的树鼩是这里数量最多的哺乳动物。湖里的生物也很丰富：冬穴鱼、红眼鱼、鲤鱼、梭鱼。这里还有一些昆虫和两栖动物。而这些生物又吸引了许多水鸟，如苍鹭、红嘴鸥。

塞纳河沿岸

塞纳河

红嘴鸥
塞纳河面上常有成群结队的红嘴鸥飞过，叫声尖锐。

　　生活污水排放问题解决后，塞纳河的水质又变好了。河面上那些白色的漂浮物都不过是一些矿物质，并不是污染物。水质提升后，河面里又有了水草和水生动物，塞纳河里的鱼类约有20多种（其中包括塞纳河支流的鱼类）。冬天的时候，海鸥又飞回来了。

雄鸟
雌鸟
银鸥
大白头鸥

鹡鸰
它在冬天会停在河岸边走动。

银鸥和大白头鸥
全年均可看见银鸥，不过冬天数量会更多一些。大白头鸥则是季节鸟，夏天和秋天才有。这两种鸟都十分适应城市的生活环境。

翠鸟
迁徙鸟，只有秋天和春天才有。

绿头鸭
一种警惕性很高的动物，尤其在它筑巢的时候。羽毛颜色丰富。

白头顶
只有到了冬天才能看到白头顶，城市附近结冰的池塘里也会有。

2世纪的塞纳河是商业交通干道，又是牲畜饮水处，同时也是洗衣池。当时河水污染严重。

雅罗鱼
　　比其他鱼类更能适应中下等水质。

鮈鱼
　　群生鱼类。居于河底的礁石。

植物
　　河边、河里都长了许多植物。只要有一点点缝隙，这些喜湿的植物就会冒出来。

5—8月，千屈菜会长出绛紫色的穗

苔藓和藻类在河流附近长得尤其茂盛

漆姑草主要长在石头缝里

梭鱼
　　肉食鱼类，攻击性很强，以其他鱼类、鳌虾、雏鸭为食。

鳊鱼
　　成年鱼的身体扁平，白天都处于深水区。

红眼鱼
　　主要生活在水草中间的礁石里。

眼子菜

长在河底的水生植物，鱼类喜欢

黑三棱

217

因为水流缓慢，塞纳河上并未修筑堤坝，因此人们可以经易地将河上的小岛和左岸、右岸连接起来，造就了现在的巴黎。亨利四世修建了新桥和多菲内广场，整个巴黎城的联系也因此更为紧密，而同时现在人们也不断在寻找桥上的风景。一直到现在都是如此。今天，巴黎的河岸被收入联合国教科文组织的《世界文化遗产名录》里。因此可以说，塞纳河是巴黎最美丽的风景。

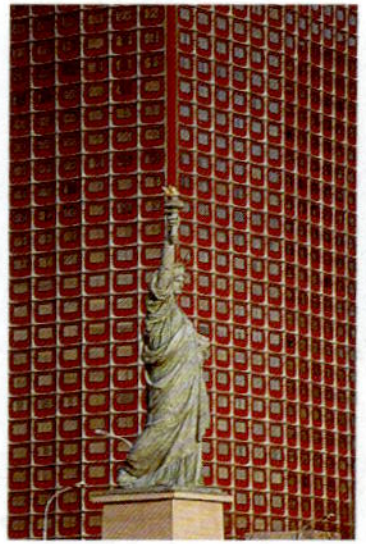

缩小版的自由女神像（1）

1889年，法国政府为庆祝美国建国百年，委托奥古斯特·巴托勒迪塑了自由女神像。在巴黎还有一尊缩小版的自由女神像，但是这尊女神举灯的手与美国的自由女神的恰好相反。到1937年，才又隆重雕刻了一尊"正确"的自由女神像。

❶ 自由女神像
❷ 无线电大厦
❸ 天鹅步道
❹ 塞纳河岸
❺ 巴黎自由港

为打造步行街而整修的河岸

塞纳河，巴黎的摇篮

巴黎与塞纳河联系紧密。塞纳河的左岸和右岸的联系紧密，黄昏时的塞纳河右岸是一个散步的好去处。那时落日的余晖刚好洒在新桥和西岱岛岛上，美不胜收。从前的快车道现在禁止汽车通行，成了休闲娱乐的好去处。

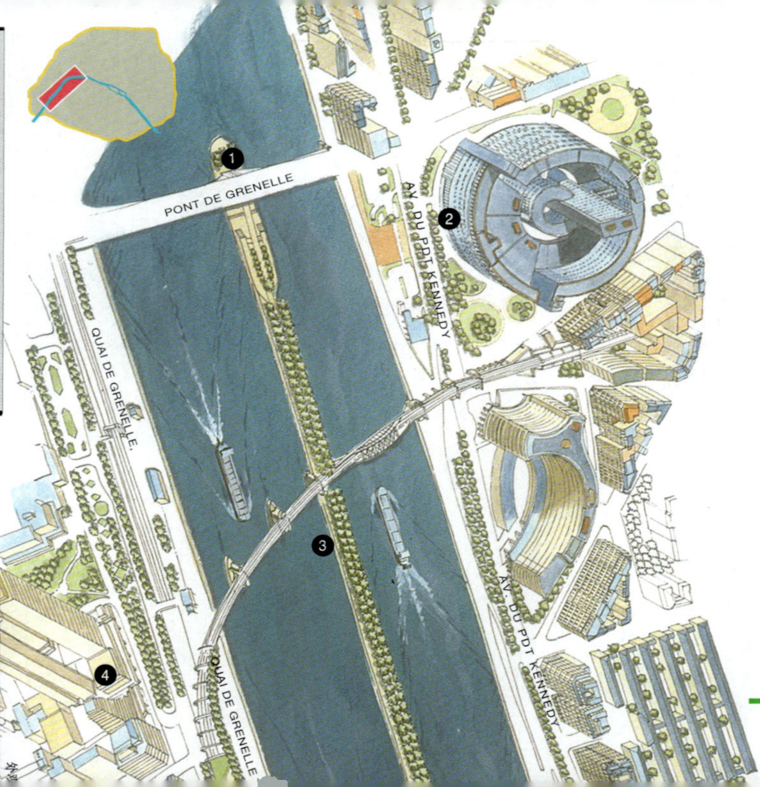

秘密的照明
因为战争爆发，雷蒙·苏贝斯法无卡鲁塞尔桥制造路灯。从前线回来之后，他申称

河边的杜伊勒里宫
1564年，凯瑟琳·德·美第奇命人兴建杜伊勒里宫。这是第一位于塞纳河岸的大型宫殿。玛丽·德·美第奇保持了其在佛罗伦萨的习惯，在这里乘着四轮马车散步。一直到拿破仑三世，巴黎的河岸边才种上了一排排大树。

- 16B 大皇宫
- 17 阿尔贝一世雕像
- 18 小皇宫
- 20 协和广场
- 21 橘园博物馆
- 23 杜伊勒里花园
- 27 罗浮宫

QUAI DES TUILERIES
QUAI D
PONT DE LA CONCORDE
PASSERELLE SOLFERINO
QUAI ANATOLE FRANCE
QUAI ANATOLE

马赛克、尖塔和玻璃窗，那是1905年的典型装饰。

从玛德莲广场到国民议会
国民议会（19）的外墙是仿照和桥设计的（而不是玛德莲广场）。协和桥是巴黎唯一一座采用方石作桥拱的桥。

- 19 国民议会
- 22 安纳托-弗兰西河路的新艺术建筑
- 24 荣誉勋章博物馆

- 25 奥赛博物馆
- 26 法国发展银行
- 28 美术学院

盖去校相关材料和设备。1941年，他的路灯完成，当时的灯是套在管里的。

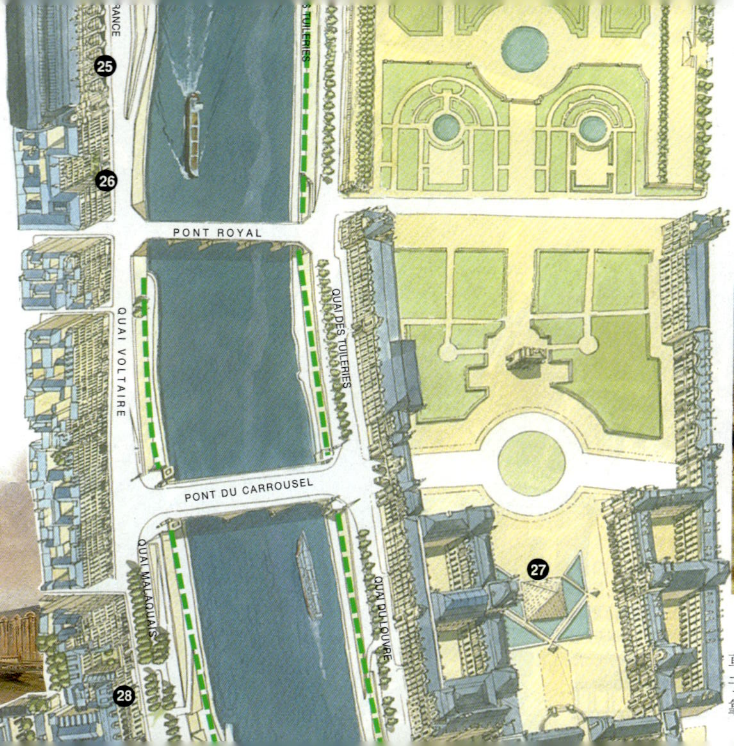

圣·尼古拉港口

主要用于运送宫廷的生活物资，如小麦、草、木材、蔬菜、肉。在17世纪和18世纪，这个港口成为巴黎的重要港口。于罗浮宫（27）底部的塞纳河段成为一条繁忙的运输航线，靠近巴黎的塞纳河段成为...

地图标注：

27

QUAI DES TUILERIES

QUAI DU LOUVRE

S TUILERIES

PONT ROYAL

PONT DU CARROUSEL

QUAI MALAQUAIS

RANCE

QUAI VOLTAIRE

25　26　28

德利尼游泳池

18世纪开始流行漂浮的游泳池。德利尼游泳池曾经漂到杜勒里花园附近，漂到新桥的桥头以上，漂到图尔勒尔附近……1993年，该游泳管漂到了国民议会"脚下"——这也是它最后出现的地方。

18世纪的法兰西学院和罗浮宫

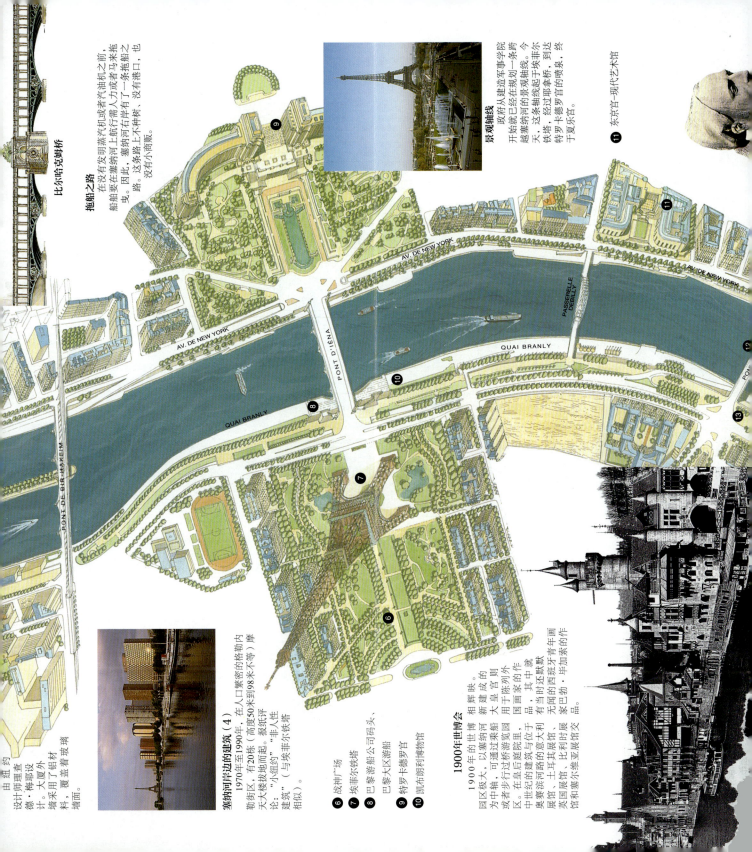

比尔哈克姆桥

由纽约
设计师理查
德·梅耶外设
计。大厦外
墙采用了铝材
料，覆盖着玻璃
墙面。

拖船之路

在发明蒸汽机或者汽油机之前，船舶要在塞纳河上航行需人力成或者马来拖船之。因此，塞纳河右岸有了一条拖船之路。这条路上不种树，没有港口，也没有小商贩。

景观轴线

政府从建造军事学院开始就已经在规划一条跨越塞纳河的景观轴线。今天，这条轴线起于埃菲尔铁塔，经过耶拿桥，到达特罗卡德罗宫的喷泉，终于夏乐宫乐台。

⑪ 东京宫—现代艺术馆

塞纳河岸边的建筑（4）

1970年至1990年，有20栋（高度50米到98米不等）摩天大楼拔地而起。据纸评论："小纽约""非人性建筑"（与埃菲尔铁塔相似）。

⑥ 战神广场
⑦ 埃菲尔铁塔
⑧ 巴黎游船公司码头，巴黎大区游船
⑨ 特罗卡德罗宫
⑩ 凯布朗利博物馆

1900年世博会

1900年的世博园区极大，以塞纳河为中轴，可通过乘船或者步行过桥游览园区。在皇后庭院里，中世纪庭院与位于奥赛滨河路的意大利展馆、土耳其展馆、英国展馆、比利时时展馆和塞纳维亚展馆交相辉映。新皇宫则用于陈列列外国画家的作品，其中就有当时还默默无闻的西班牙青年画家巴勃罗·毕加索的作品。

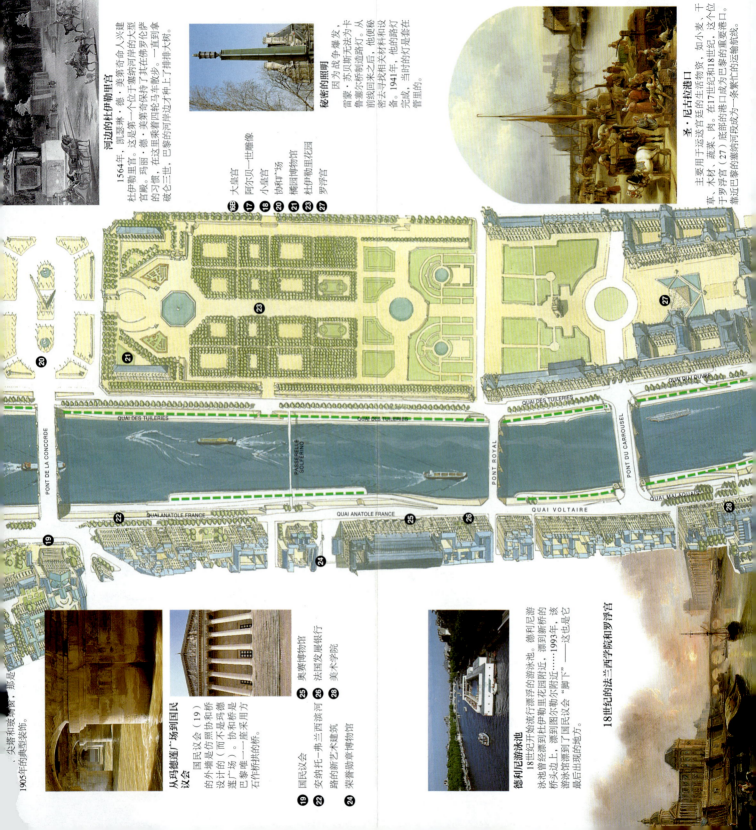

河边的杜伊勒里宫

1564年，凯瑟琳·德·美第奇命人兴建杜伊勒里宫。这是第一个位于塞纳河岸建的大型宫殿。玛丽·德·美第奇保持了其在佛罗伦萨的习惯，在这里乘着四轮马车散步。一直到拿破仑三世，巴黎的河岸边才种上了一排排大树。

秘密的照明

因为战争爆发，雷蒙·苏贝尔无法为卡鲁塞尔桥制造路灯。从前线回来之后，他便秘密寻找相关材料和设备。1941年，他的路灯完成。当时的灯是套在管里的。

圣·尼古拉港口

主要用于运送宫廷的生活物资，如小麦、肉，草、木材、蔬菜，在17世纪和18世纪，这个位于罗浮宫（27）底部的港口成为巴黎的重要港口。靠近巴黎塞纳河段成为一条繁忙的运输航线。

- ⓖ 大皇宫
- ⑰ 阿尔贝一世雕像
- ⑱ 小皇宫
- ⑳ 协和广场
- ㉑ 橘园博物馆
- ㉓ 杜伊勒里花园
- ㉗ 罗浮宫

1905年的典型装饰。

，尖塔和玻璃穹顶，那是

从玛德莲广场到国民议会

国民议会（19）
的外墙是仿照协和广场设计的（而不是玛德莲广场）。协和桥是巴黎唯一一座采用方石作桥拱的桥。

- ⑲ 国民议会
- ㉒ 安纳托·弗兰西滨河
- ㉔ 荣誉勋章博物馆
- ㉕ 奥赛博物馆
- ㉖ 法国发展银行
- ㉘ 美术学院

德利尼游泳池

18世纪开始流行浮泳的游泳池。德利尼游泳池曾经从德到杜伊勒里花园附近，漂到新桥的桥头边上，漂到图尔勒里国民议会"脚下"……1993年，该游泳馆漂到了国民议会"脚下"——这也是它最后出现过的地方。

18世纪的法兰西学院和罗浮宫

PONT DE LA CONCORDE
QUAI DES TUILERIES
QUAI DES TUILERIES
PASSERELLE SOLFERINO
PONT ROYAL
QUAI DU LOUVRE
QUAI DES TUILERIES
QUAI ANATOLE FRANCE
QUAI ANATOLE FRANCE
QUAI VOLTAIRE
PONT DU CARROUSEL
QUAI MALAQUAIS

阿尔玛桥上的轻步兵雕像（12）

桥上本来有4尊轻步兵雕像。1974年整修时却只保留了这一尊。巴黎人认为其他3尊都被水冲走了。

莱丽宅第（14）

阿尔贝一世林荫道40号。特点是：尖顶窗户，玻璃大门，松果栅栏。这种设计让人情不自禁地想起它的主人和建造者勒内·莱丽。

亚历山大三世桥

阿尔玛桥上的轻步兵雕像。观光入口
⑫ 阿尔玛桥上的轻步兵雕像、观光入口
⑬ 下水道和游览观光船码头
⑭ 莱丽宅第
⑮ 荣塔博物馆
⑯A 荣军院广场

马赛布

亚历山大三世桥

1893年，法国和俄罗斯结成同盟，打破了20多年来被德国外交孤立的状况。为了巩固法俄同盟，法国以俄国沙皇亚历山大三世的名字来命名这座新的桥。亚历山大三世桥上的装饰极为丰富：石狮子、金色的雕像、桥拱上还雕刻了塞纳的女神像和内氏瓦的神像。

桥上的雕像同桥灯杆与圣彼得堡拉特里尼桥上的一模一样。亚历山大三世桥来命名这座新的桥。

阿尔贝一世雕像（17）

第一次世界大战期间，比利时国王阿尔贝一世始终坚守已经沦陷的祖国。阿尔贝一世带领他的军队驻守在与法国接壤的边境，尽管他一路败退，但却始终没有投降出卖自己的王位。这尊刻于1938年的雕像是法比友谊的象征。

新艺术

在安纳托—弗兰西滨河……

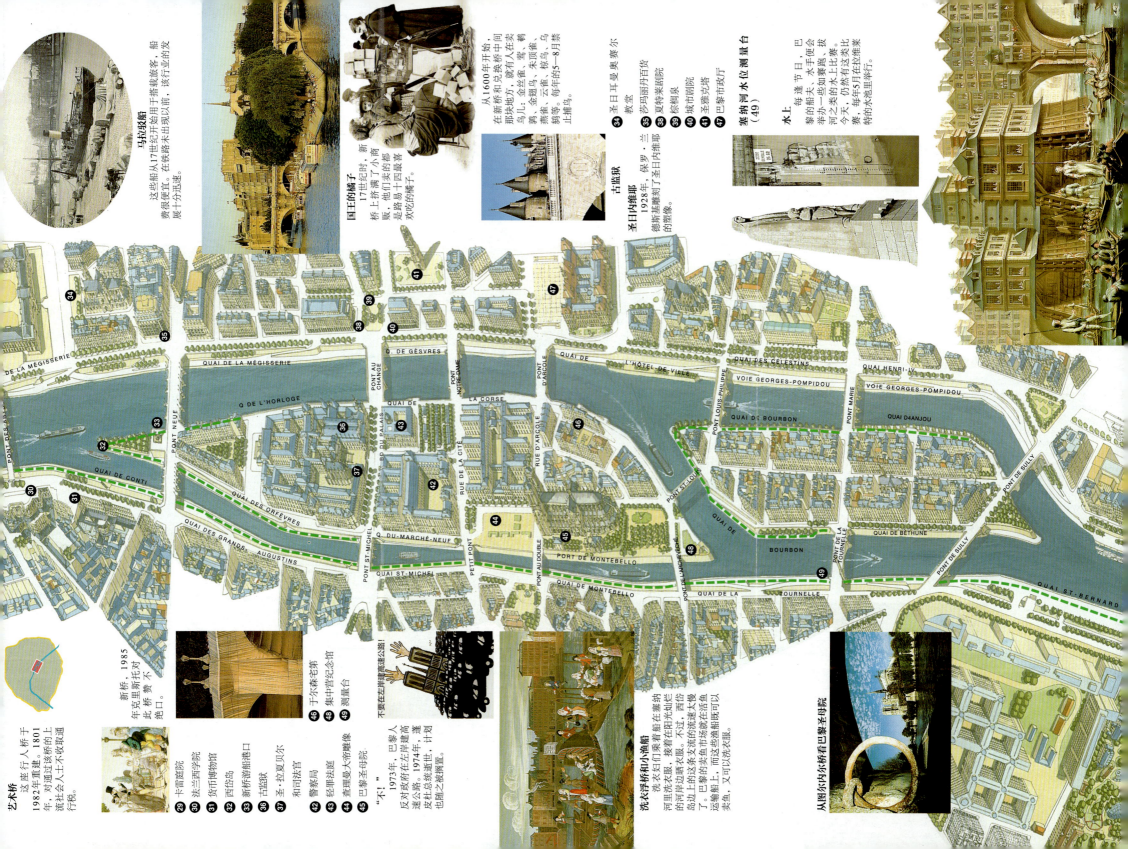

从1600年开始，在新桥和兑换桥中间，那块地方，就有人在卖鸟儿。金翅鸟、莺、鸭等，还有云雀、椋鸟、乌鸦等，每年的5—8月禁止捕鸟。

㉞ 圣日耳曼德尔
教堂
㉟ 莎玛丽丹百货
㊳ 夏特莱剧院
㊴ 棕榈泉
㊵ 城市剧院
㊶ 圣雅克塔
㊷ 巴黎市政府

水上
每逢节日，巴黎人举办的船上比赛，划动一些诸如赛鹅河之类的水上比赛。今天，历年有这类的维系，每年5月在此举行，特别的水位测量台。

塞纳河水位测量台（49）

古监狱
圣日内维耶
1928年，保罗·兰德斯基雕刻了圣日内维耶的塑像。

国王的橘子
17世纪时，新桥上挤满了小商贩，他们卖的都是路易十四最喜欢吃的橘子。

马拉驳船
这些船从17世纪开始用于搭载旅客，船费很便宜。在铁路未出现以前，该行业的发展十分迅速。

艺术桥 行人桥
这座行人桥于1801年重建。1982年重建，对通过这座桥的上流社会人士不收取通行税。

新桥，1985
克里斯托对此桥施以塑木势口。

㉙ 卡普庭院
㉚ 法兰西学院
㉛ 货币博物馆
㉜ 西岱岛
㉝ 新桥游船港口
㊱ 古监狱
㊲ 圣·拉夏贝尔
和司法官
㊸ 警察局
㊹ 轻罪法庭
㊺ 查理曼大帝雕像
㊻ 巴黎圣母院

"不！"
1973年，巴黎人反对政府在左岸修高速公路。1974年，蓬皮杜总统逝世，计划也随之被搁置。

㊺ 于尔森宅第
㊽ 集中营纪念馆
㊾ 测量台

洗衣妇桥和小渔船
洗衣妇们乘着船在塞纳河岸边涮衣服，接着在阳光灿烂的河边晾衣服。不过，西岱岛边上的这来支流的流速大概了。巴黎的来鱼市场依然在活动，而这些渔船既可以美食，又可以洗衣服。

从阿尔沐内桥看巴黎圣母院

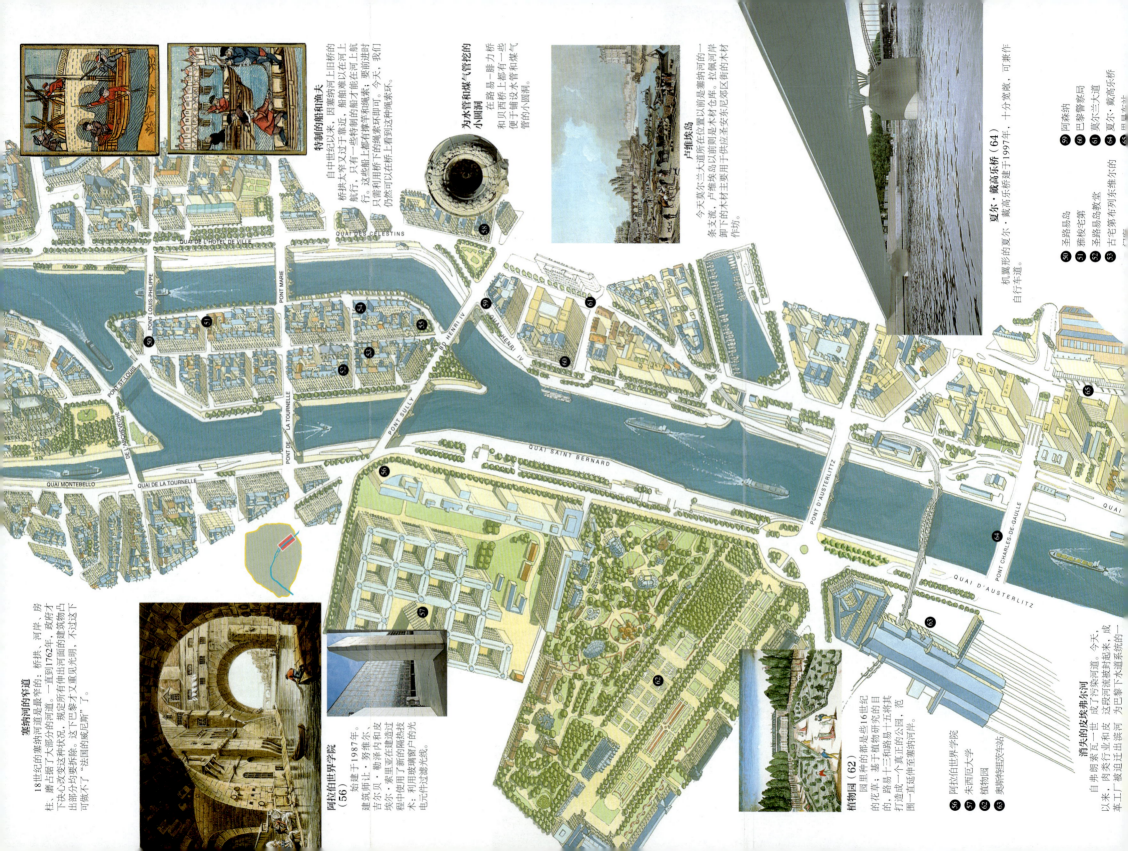

特制的船和渔夫

自中世纪以来，因塞纳河上旧桥的桥拱太窄又过于靠近，船舶难以在河上航行。只有一些特制的船才能在河上航行。这些船上都有撑篙和绳索。要前进时只需利用桥下的缆索环即可。今天，我们仍然可以在桥上看到这种缆索。

为水管和煤气管挖的小涵洞

在路易一腓力普桥和贝西桥上都有一些便于铺设水管和煤气管的小圆洞。

卢维埃岛

今天莫尔兰大道所在位置以前是塞纳河的一条支流。卢维埃岛以前是填河而成。拉佩河岸卸下的木材主要用于供应安东尼郊区街的木材作坊。

夏尔·戴高乐桥（64）

机翼形的夏尔·戴高乐桥建于1997年，十分宽敞，可兼作自行车道。

- 59 阿森纳
- 60 圣路易医院
- 61 巴黎警察局
- 62 维欧宅第
- 63 夏尔·兰大道
- 64 夏尔·戴高乐桥
- 65 古宅第布列东尔的...

筑纳河的狭窄河道

18世纪的塞纳河河道是最窄的，房柱、磨占据了大部分的河道。一直到1762年，政府才下决心改变这种状况。规定所有伸出河面的建筑物凸出部分均要拆除。这个巴黎的威尼斯不过这下可做不了"法国的威尼斯"了。

阿拉伯世界学院（56）

始建于1987年。建筑师让·努维尔和皮埃尔·索里亚在建造过程中使用了新的隔热技术。吉尔·贝尔·勒泽内采用玻璃窗户的光木。利用玻璃窗户的光电元件过滤光线。

植物园（62）

园里种的都是些16世纪的花草；基于植物研究的目的花草，路易十三和路易十五终其一生打造成一个真正的公园。范围一直延伸至塞纳河岸。

- 56 阿拉伯世界学院
- 57 末西匹大学
- 62 植物园
- 63 奥斯特利茨火车站

消失的皮埃弗尔河

自弗朗索瓦一世以来，肉类行业和皮革工厂都迫正出涂河。这段河流故封起来。为巴黎下水道系统的这段河流故封起来。今天，成...

财政部大楼（66）

保罗·维多洛夫和博尔哈·含梅托夫仿照港口设计这栋大楼，楼的一部分伸进了塞纳河里，像是一座桥。1989年建成后，财政部便从罗浮宫（先前的办公场所）搬到这里。

欧洲第二大内河港口

塞纳河是一条繁忙的运输航线，法兰西岛和香槟区通过其可达北海和大西洋，每年通过该航线运输的货物重达2.13亿吨。塞纳河上一些较大的港口，如热讷维耶、博纳伊和克尔马恩，里梅均位于巴黎下城。位于巴黎城的港口共有15个，呈线状分布，用于运送物资，也可用于缓解交通堵塞的状况。

贝西莱市场

1860年至1970年，巴黎人买卖都去拿破仑三世建立的大型莱市场。贝西公园里保留了当时的一些建筑物。

QUAI DE BERCY

PONT DE BERCY

PARLOIR DE BERCY

C. BLANC

法国密特朗国家图书馆

1996年，法国密特朗国家图书馆定址在塞纳河左岸，拥有4栋79米高的大楼，分别为法律楼、数字楼、时间楼和文学楼。这4栋楼看起来像4本打开的书，吸引了众多学生、学者、文学家和游客。

4本打开的书

这4栋楼由建筑师多米尼克·佩罗设计，簇拥着中间的一个花园，从图书馆的阅读室里即可欣赏到花园的景色。这4栋楼本来要设计成100米高，后来降低到了79米。建筑物内部为办公室和图书室，上层花园区和下层花园周围为商铺、阅读室入口以及学者专用室。另外两层则分为4个区域：哲学、历史和人文科学；政治科学、法学和经济学；科学和技术；文学和艺术。

历史

1988年7月14日，密特朗总统提出"要建一座巨大的、全新的图书馆"，他要求该图书馆"要覆盖所有的知识领域，可以供所有人使用，并应用当代先进的信息传递技术，为人们提供远程服务，并能与欧洲地区的其他大型图书馆实现联网"。原国家图书馆平均每年收入藏书5万册，120千米长的书架已经差不多都用完了。新建的图书馆能容纳1000万～1200万册的藏书。建成后，位于黎塞留国家图书馆的藏书均搬移到了这里。

网络

其与法国其他的84个大型图书馆均有联网。

书籍储藏措施

在这4栋玻璃大楼里采取的储藏图书的措施有：使用空气调节设备，在混凝土建造的房子外部覆盖黄铜、铜以及木制百叶窗，以达到良好的隔湿效果。

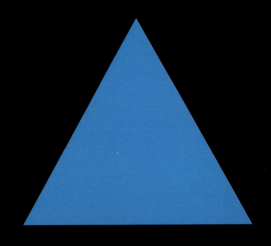

巴黎旅游路线

圣日耳曼德佩区

1. 卢森堡花园　2. 参议院　3. 奥德翁剧院

⏱ 1/2天

这个四方形的神秘街区总是热闹非凡：街区的老居民、一个又一个的旅游团、与时俱进的商业小贩、街头表演者、学生、各个出版社的工作人员。圣日耳曼德佩区的标志是那些闻名遐迩的咖啡馆和小酒馆，如利普、花神、双偶和莱姆里，它们坐落在奥德翁街和圣安德烈艺术街的十字路口，是约会的好地点。

各种作品中的圣日耳曼德佩区

一些侦探小说（如黑色系列）和杂志（如《现代杂志》）均描写过圣日耳曼德佩区，而从某些戏剧作品中也能窥见圣日耳曼德佩区的面貌：如在老鸽巢剧院上演的伊夫·罗伯特的

《红玫瑰》，改编自雷诺·格诺《风格的练习》，演员为运动员，配乐由雅克兄弟演唱（上图）；阿尔弗雷德·雅里的《愚比王》；让·保罗·萨特的《密室》等。

全盛时期

20世纪20年代，圣日耳曼德佩区吸引了"整个左岸的文学家和艺术家"。第二次世界大战爆发后，街区的商业步伐慢了下来。但好在那些咖啡馆都没有被征用，仍然可以营业。那些作家和艺术家还是照常会来这些咖啡馆，如让·保罗·萨特、西蒙娜·德·波伏娃，还有一些作家常去花神咖啡馆。解放之后，咖啡馆里诞生了著名的存在主义。这个时期出现了两大作家：让·保罗·萨特和阿尔贝·加缪。而他们常去的店，如"禁忌"和"洛希昂"，则成了爵士乐的天堂：西德尼·贝彻和克劳德·鲁特的单簧管乐以及鲍里斯·维昂的小号声。维昂（左图）是工程师、天才作家，同时也是宗教活动的组织者。圣日耳曼德佩区自有其忠实追随者：那些无时无刻不在寻找自由的年青一代。美国的报纸曾用大篇幅报道圣日耳曼德佩区，称之为"知识界和艺术界精英的会集之地"。

今天

圣日耳曼已经不再是20世纪50年代的那个小村庄了。这里布满了密密麻麻的小街道，散落着各种各样的艺廊、古厝、奢侈品店、小书屋。这里有美丽的塞纳河岸，优雅的卢森堡花园，是一个适合生活的街区。

历史
一个修道院

传说与历史

542年，墨洛温王朝国王希尔德贝特一世（克洛维之子）结束了伊比利亚半岛的征战，班师回朝。他带回了圣文森的长袍大衣以及丰富的战利品，其中就有一个托利多的金十字架（由萨罗蒙设计）。巴黎地区的主教圣·日耳曼于是建议他修建一个宗教圣地，用来保存这些珍贵的物件。557年，圣克罗瓦教堂建成，之后圣文森教堂与之合并，成为一个大修道院，而以圣·日耳曼为主保圣人的教堂则建于9世纪。当时，教堂的主教可自行安排教堂的日常事务，国王还曾一度授予主教司法自治权。576年，圣·日耳曼去世，他的坟墓周围聚集了一大批的朝圣者，据说那是一个可以带来奇迹的地方。一开始，他的坟墓位于圣桑福里昂小堂（靠近带有钟楼的门廊）。756年，在丕平国王（715—768）和王子查理曼（742—814）出席的一个宗教庆典上，他的坟墓被移到了教堂的中心。此后教堂一直为墨洛温王室的墓地。但是，后来的国王达戈尔贝改变了这种传统。

"自由! 自由! "

在扎堆的谎言和表演里，存在着一个真相。那些发了疯想要碰见它、与之友好、想要分享它、想与之交换的人陷入了焦虑当中，年青一代的讽刺声，我们对于自由的全新解读。我们会一直探寻"自由"的意义，直到有一天我们真正明白。

——朱丽叶·格雷科，《枣》

235

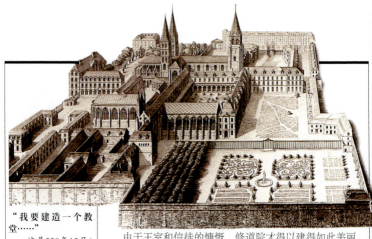

"我要建造一个教堂……"

这是558年12月6日，希尔德贝特一世（495—559）在捐赠书上写的话。这里的教堂即巴黎主教建议修建的那座，也就是日后的圣日耳曼大教堂，是为圣·文森而建的，他是巴黎教会的执事，304年在西班牙萨拉戈萨被虐待致死。

由于王室和信徒的慷慨，修道院才得以建得如此美丽。同时，人们也捐赠了大量土地，用于修道院的扩建。

修道院的美丽和财富令不少人垂涎三尺。他们不断地破坏修道院，甚至进行野蛮的抢劫。

修道院的重生

990年，在莫拉尔院长的强烈要求下，墨洛温王室批准修建一座新修道院。新建修道院周围诞生了一个新的村落，其后的几个世纪里该村落不断地发展。由于修道院当时不处在皇室的保护范围内，修道院里的牧师、神父们不得不想办法自卫：14世纪时，他们开始修筑通向村落的道路；该修建工程一直延续到17世纪。

新思想和新知识

宗教战争后，天主教内部掀起了一系列改革；1631年，修道院的牧师接纳了圣摩尔教团的本笃会教义。1647年，作为修会总院的圣日耳曼修道院成了欧洲的知识分子中心；修道院里云集了一大批博学的教士，如马比永（1632—1717）、布拉尔（1632—1707）以及修道院的历史学家蒙佛孔（1655—1741）。他们的卓越成就为教堂的学术历史奠定了良好的基础。

大革命

1790年2月13日，教会被废除，教士随之被驱逐，或者被杀害（通常情况下）。他们的图书馆被充公，馆里约收藏有5万多卷、7000多份的手抄稿，其中便包括巴斯卡的《思想录》手稿。国家图书馆拥有1000多份从1794年那场火灾中抢救下来的手稿。在经历了大革命时期的摧毁以及修筑修道院街（1880）时受到的破坏以后，修道院只剩下一座教堂和修道院建筑。这两座教堂多亏了维克多·雨果他们一群人的竭力保护，不然估计也难逃厄运。

传说与历史

合并之后的大教堂名为金色的圣日耳曼大教堂。之所以取这个名字，是因为该教堂使用的均是名贵的大理石，还建造了赭石红的围墙，路面铺设马赛克，而屋顶则是镀金的青铜，在太阳底下闪闪发光。

教堂的建设中融入了多种艺术风格，如那些柱头，便是出自十分有才华的艺术家之手。

圣日耳曼德佩修道院教堂

1803年，巴黎人又重新获得了自己的宗教信仰自由。1819年，圣日耳曼德佩修道院教堂经过几次整修之后，基本形成了今天的面貌。

"圣日耳曼德佩区……这个地方才是正宗的巴黎,才是最接近现实生活的巴黎。这里的人知道真正的国家、世界,还有艺术。"

——莱昂·保罗·法格

外观

罗马式大门,造于17世纪,大革命期间损毁严重。只有钟楼(990—1014)侧面还保持着原来的样子,那些马蹄形拱顶依然还在。司祭席后部则建造了飞拱,这是最早使用该项技术的建筑之一。

内部

教堂中堂造于11世纪,里面的拱顶造于17世纪。祭坛约于1145年重建,与圣德尼教堂和桑斯教堂的祭坛风格相仿。1163年,教皇亚历山大三世在这里被祝圣。入口摆放着圣母与圣子的雕像,这尊雕像来自巴黎圣母院,雕刻于15世纪,十分精美,可与教堂中堂左右上挂的十字架相媲美。入口处还有大片13世纪的彩绘玻璃(圣日内维耶小堂),是以前圣母堂遗留下来的,为皮埃·德·蒙特厄伊的代表作。

圣桑福里昂小堂

这是圣·日耳曼第一次下葬的地方。20世纪70年代,进行了一次挖掘,出土了墨洛温王朝建造的地基,同时在南墙拱顶的拱腹面挖到了13世纪的壁画残片。

修道院建筑

修道院街3号之一

修道院建筑(1586—1699)的风格较为朴实,上面的凸墙纹和三角楣则完全为古典主义风格,整体墙面均用砖石装饰。

福斯坦堡广场

一个很迷人的小广场,位于修道院附属教堂的院子里。从福斯坦堡街(于1699年开辟)可以看到一根有火焰瓶装饰的柱子,那里就是修道院北面的入口。欧仁·德拉克罗瓦的故居位于广场6号,内有德拉克罗瓦博物馆。

圣叙尔皮斯教堂

建于13世纪，于17世纪开始重建。因为缺乏资金，工程前后共花了135年的时间，每一次整修都留下了当代建筑风格的印记。

外观

让·尼古拉·塞凡多尼（1695—1766）是画家、建筑家、装饰师。1733年，他采用奢华的洛可可风格，使得教堂的正面（未完工）看起来十分精美，同时显得庄严又大气。之前教堂正面为多利克柱式，后来又改为爱奥尼亚式，而他将这两种风格都摒弃了。未完工的南塔于1749年竣工，由马可洛汉修建，北塔则是由夏格林修建（1777—1788）。

内部

宽敞、明亮、气派，为哥特式教堂。两个圣水缸的基座均饰以贝壳图纹，由皮加勒雕刻。祭坛则装饰着布夏东（1698—1762）雕刻的雕像。朗捷·德热吉神父以及苏洛茨的洛可式的坟墓，还有教堂里的木工和祈祷室均制作精致。在这里，可以看到由塞凡多尼设计，夏尔勒·德瓦耶整修的圣母堂。德瓦耶是建于1788年的主教座（下图）的设计者。弗朗索瓦·勒穆瓦讷绘制了穹顶的壁画；皮加勒雕刻了圣母与圣子像；祭台边上的那些画则全出自凡洛之手。另外还有圣天使堂，装饰着德拉克罗瓦于1853年至1863年绘制的3幅壁画。管风琴台由克里科设计建造（1781），由阿里斯蒂德·卡瓦耶·克尔于19世纪进行修缮，并配有路易十六的管风琴木壳（由夏格林设计）。1870年至1971年，有多位管风琴手在这里演奏，其中最著名的便是夏尔·玛丽·维多尔和马塞尔·杜普雷。每周日，那些忠实的听众都会过来欣赏他们的演奏。

"圣叙尔皮斯广场有许多建筑物，如市政厅、财政大楼、警察局、3家咖啡馆，其中有一间的外墙刷成了棕褐色；一个电影院，一个教堂——教堂是勒沃、吉塔尔、奥普诺尔、塞凡多尼和夏格林设计的，是为了纪念克洛泰尔二世的一个神父，他在624年至644年间担任布尔日教区的主教，每年1月17日人们都会为他举行庆祝活动；还有一个出版社，一个卖葬礼用品的门店，一个旅行社，一个公交车站，一个裁缝店，一个酒店，一个用4尊雕像装饰的喷泉，这4尊雕像刻的是基督教4个伟大的教士（博修、斐内龙、富歇和马希永）；一个书报亭，一个小商铺，一个停车场，还有一个美容院，当然还有其他的。"

——乔治·佩雷克《巴黎某个地区的魅力》

238

参议院

　　塞纳河左岸，参议院所在地的卢森堡宫和花园体现了一种和谐美：现代元素、历史底蕴和花园艺术恰如其分地融为一体。

玛丽·德·美第奇宫

　　玛丽·德·美第奇是亨利四世的遗孀，她为了能拥有一个花园，而将宫殿地址定在了圣日耳曼德佩区的郊区。建筑师萨洛蒙·德·布洛斯延续安德鲁埃·杜·塞梭和文艺复兴时期的风格，并在参考皮蒂宫的基础上，完美地将佛罗伦萨风格和法国风格结合在一起，打造了一座符合王后心意的宫殿。该宫殿始建于1612年，竣工于1622年，为古典主义风格建筑。

参议院的职能

　　由贵族院和共和国参议院发展而来。其功能因为制度的不同而有所不同。第五共和国建立之后，参议院与国民议会组成了法国议会。参议院可对法律进行投票表决，并能限制政府的职权。参议院有权提出法律案修正法律。

内部装饰

　　王后的寝室位于西南部，装修极其奢华。天花板分成一个一个小方格，用金色、蓝色粉刷，并饰以阿拉伯花饰，每个房间里都挂满了画作。鲁本斯用24幅玛丽·德·美第奇生活系列画来装饰西边的长廊（上图，《玛丽·德·美第奇扮贝洛娜》，两幅中的一幅），这些画现存于罗浮宫。1630年11月10日（到11日），玛丽·德·美第奇与其子路易十三决裂，此后她一直在外流亡，直到她1642年去世也未能回到这里。该宫殿后来给了她的二儿子——奥尔良的加斯东，他将宫殿命名为"卢森堡宫"。他的女儿，人称"大郡主"，经常在宫殿设宴款待王子和公主。后来，路易十五在1778年将宫殿让给自己的弟弟，也就是未来的路易十八。

1750年的卢森堡宫，第一座公共博物馆，于1886年兴建。这里也曾举办临时展览

国家宫殿

　　1792年成为国家宫殿后，里面的艺术品便被清空了。宫殿因为一些变故而不断受到损毁，后来成为督政府所在地。夏格林为此进行了一次翻修，他在主要的办公楼里建了一个新古典主义风格的柱廊，一座气派、庄严的主楼梯，一间会议室和一间博物馆。1814年，波旁王朝复辟后，这里成了贵族院所在地。1834年，德·吉索尔翻修宫殿，而后此处成为国民议会所在地。他扩大了花园的面积，同时也将别墅扩建了1倍。他还设计了会议厅如今的半圆形座位（右上图）、特罗讷长廊、图书馆和几个客厅。

卡内特街18号的招牌。这条街通向圣叙尔皮斯广场

在奥德翁上演的作品

1784年，上演博马舍创作的《费加罗的婚姻》；1872年，莎拉·伯恩哈特出演《吕布拉斯》，此后名满法国；1864年，上演乔治·桑的《维尔梅侯爵》；1906年至1914年，著名导演安德烈·安东尼在这7年中排演了364出戏剧；1959年至1971年，则上演导演让·路易·巴劳特的作品，同时还上演了克劳戴、尤内斯库、贝克特、热内、杜拉斯等人的作品。

奥德翁街

1922年，两个书商——莫里埃和贝克，他们同时也是朋友，为了出版乔伊斯的长篇小说《尤利西斯》而不惜违反英国的图书审查程序。于是从此之后，他们这家位于奥德翁街上7—12号的书店，就不断有朋友或者顾客造访。他们两个人为文学做了一件大事。

奥德翁剧院

位于孔泰宅第的花园由皮尔和瓦利设计，是旧制度时期最后的城市化建筑之一（1778—1781）。该剧院的建造也打破了以往城市规划的准则：将街道相连以便利车辆往来。该剧院风格深受古代建筑的启发，由此创造了一种新的皇室美学。1782年4月9日，国王御用演员为这栋新古典主义建筑举行了落成典礼，广场上那些遵循剧院建筑规则的建筑则是之后才建造的。该剧院曾经发生过两次火灾，于1819年重建，建筑物两侧的两个拱门（上图）则被拆除。1968年5月，该剧院被占领，遭受到了一些破坏。此后誉满欧洲，成为欧洲人的奥德翁剧院。

内部

天花板的装饰出自安德烈·马松之手（1965）。2006年，修整后的剧院充满现代气息，开始上演欧洲节目。

医学院路

位于科尔得利街，高卢–罗马风格，大革命期间变为医学院路。当时将外科学院（5号）和医学院（布什里街）合并。为了便于教学，学校选定街道12号的新古典主义建筑为教学楼（1775），该建筑有一部分延伸到了科尔得利修道院里面。

科尔得利修道院食堂

15号

为修道院仅存的遗址。始建于14世纪，竣工于16世纪。从建筑物侧面可以看到由宏伟的扶壁组成的14个优美的开间。建筑物一楼为食堂，二楼为初学修士的宿舍。建筑物西面墙没做多大改动，仍然保留着两扇原始的门。

内部主要为木头结构，损坏严重。如果这里有举行展览会的话，便可以看到之前的那些梁和支架结构。

医学院和外科学院

12号

于1775年落成，由雅克·贡杜安建造。在科尔得利修道院的回廊设计上，采用了古代的建筑风格。1790年，丹东（1759—1794）在修道院建立了科尔得利俱乐部。该政治组织在大革命期间发挥了重要作用，1792年4月10日波旁王朝的灭亡与其有莫大的关系。马拉（1743—1793），在其靠近安东尼杜布瓦街的住处被夏洛特·科戴暗杀，后来被葬在修道院的花园里。19世纪末，保罗·吉南扩建学校（主要是圣日耳曼街部分和侧面部分），医学院此后成了勒内·笛卡尔大学（巴黎第五大学）的一部分。学校保留了旧图书馆，另有一间医学历史博物馆。

马拉之死

1793年7月13日，夏洛特·科戴（1768—1793）终于等到了她的机会。她在马拉洗澡的时候将他杀了。之后不久，她也被处决了。夏洛特刺杀马拉之后，吉伦特派下台，之后雅各宾派建立了恐怖政权。

圣安德烈艺术街区

老街区，边上都是些17世纪和18世纪的建筑，适合步行。抬头往上看的时候，就能看到那些充满魅力的古老阳台，复古气息的铁饰、铁钉等。

广场和圣安德烈艺术街

下图的广场是在修丹东街的时候建的，原址为安丹中学和19世纪初被毁的圣安德烈艺术教堂（1211—1215）。圣安德烈艺术街以前为圣日耳曼修道院的入口，如今仍是一条热闹的街道。

圣安德烈商业搭廊，路口位于罗安庭院附近（好地方，别错过）

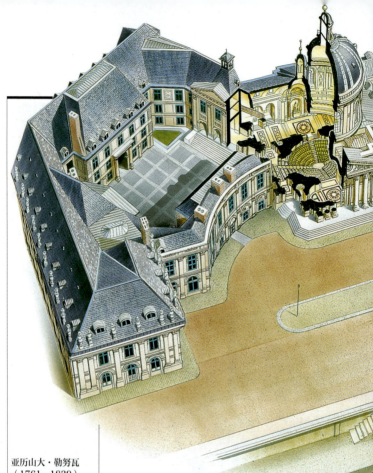

亚历山大·勒努瓦
（1761—1839）
　　他 在 小 奥 古 斯
汀修道院内开辟了一
间法国古迹博物馆，
馆内收藏有一系列中
世纪的雕塑，主要为
国有的宗教文物。该
博物馆是来巴黎的游
客最青睐的地方之
一，1816年关闭。

美术学院

　　美术学院建在小奥古斯汀修道院的遗址上（从1806年开
始），是17世纪初玛戈王后命人修建的，吉美宅第（17—18世
纪）以及弗朗索瓦·德布雷和菲利克斯·杜邦在19世纪建造的
大型建筑物。

小奥古斯汀修道院

　　波拿巴街14号

　　教堂（1617年）入口的人字墙上以雅霓城
堡（厄尔-卢瓦省）的正面凸出部分作为装饰，
这是菲利伯·德洛姆（1547—1555）的代表
作。教堂里有一个陈列文艺复兴时期的石磨的博物
馆，米开朗琪罗的物品复件则收藏在卢昂热小堂
里，那里的穹顶是巴黎最古老的穹顶（1608）。
亚历山大·勒努瓦从1795年开始在这里组建了自
己的法国古迹博物馆（左图）。

货币博物馆

由雅克·德尼·安东尼（1733—1801）建造。这是一个专门收藏宫殿货币、纪念章的博物馆，富丽堂皇。虽然当时流行新古典主义风格，而该博物馆则是采用了一种工业建筑风格，却同样造得宏伟、气派。

由法国财政部

监管的货币管理部，负责发行法国货币和印制法国日常流通货币。这里的货币铸造厂是整个巴黎的冶金中心，制造货币，同时也出售可收藏货币、首饰等。

法兰西学院

1795年10月25日，政府下令建造法兰西学院，其包括5个学院、325名通过遴选的院士。

法兰西学院从1805年定址在"四国学院"的教学楼里，而"四国学院"是依马扎林（1612—1661）的遗言创办的。学院的总体建筑由路易十四时期的首席建筑师勒沃负责，学校位于塞纳河边，从那里可以看到罗浮宫。学院里汇集的是当时全国各个省份的年轻精英，他们均来自那些因威斯特伐利亚条约（1648）而被兼并的外省。学院围绕着小堂建造，风格高贵优雅，其中最出名的便是那个"穹顶"，位于两翼建筑物中心，两翼的建筑物被分成4份，终端为两栋方形的楼房。东边的那栋楼为马扎林图书馆，是法国的第一个公共图书馆，也是大革命之前巴黎唯一一个宗教兼世俗图书馆。

学院的作用

学院继承了旧制度时期和大革命时期的使命，鼓励科学和艺术发展。学院拥有大量的文化遗产，如雅克马尔-安德烈博物馆、尚蒂伊别墅、朗杰城堡等。每年学院都会颁发奖项，资助协会，召开研讨会等。法兰西学院一直固守法国的传统。

5个学院

法兰西学术院由黎塞留于1635年建立，是5个学院中最出名的一个学院。另有法兰西文学院（1663），法兰西科学院（1666），法兰西美术院——1816年合并绘画与雕塑学术院（1648）和建筑学术院（1671），这3个学院均由科尔贝建立。而法兰西人文学院则于1795年建立。

塞纳河沿岸可称得上是世界上最长的一条图书街。从奥赛博物馆到苏利街，从罗浮宫到玛丽桥，一个又一个小书箱，绵延4千米，散发出浓烈的文学气息。不管是刮风、下雨，还是下雪，这些书商都会将盒子架在栏杆上，不管他们能赚多少钱，但或多或少，他们都丰富了巴黎人的精神世界。

巴黎书商是许多画家的灵感之源。上图为卡里安·拉鲁于1900年创作的《美吉斯里滨河路的书商》。这些书商的态度也得到了一些人的赞赏，如安纳托·弗兰西，他一直都很欣赏这些书商，他说："他们工作得十分卖力，风雨无阻，所以他们最后获得了丰厚的回报。"

早期的书商主要聚集在左岸的伏尔泰滨河路和右岸的吉斯里滨河路，后期的书商则主要集中在塞勒斯丹滨河路

　　巴黎市政府每年发放217个书商经营许可证。每个书商都能够获得长8.6米的栏杆，用以摆放书籍。书箱的高度限制为2.1米，以确保不会阻挡行人的视线。这些书商售卖的东西极为丰富，不光有书籍，还有明信片等。

　　巴黎小书商经常能钻到政府的空子。不过也有例外，第五共和国时期，文化部长马尔罗就严令禁止小书商在罗浮宫河边摆摊。

书香

　　以前常遭损毁的伏尔泰滨河路、圣伯尔纳滨河路和塞勒斯丹滨河路现在成了书籍的天堂，而周围也多开了许多大牌店铺。

一个古老的职业

　　巴黎的这些流动小商贩经常要在新桥上与警察玩"捉迷藏"。巴黎小书商在滨河路上摆摊已经有4个世纪左右的历史了。关于他们这个职业的称呼出现于18世纪，当时他们总是带着"山羊"来——其实这是一种讽刺，因为他们的箱子总是散发出一股羊皮味儿，书籍则是一股霉味。他们的职业一直到1859年政令颁布后才合法化。

拉丁区

1. 圣塞弗兰教堂
2. 穷人圣朱利安教堂
3. 克吕尼博物馆
4. 索邦大学
5. 法兰西公学院
6. 圣埃蒂安德蒙教堂
7. 先贤祠
8. 圣龙谷
9. 皇家港口
10. 圣梅达教堂
11. 圆形竞技场
12. 巴黎清真寺
13. 植物园
14. 阿拉伯世界学院
15. 伯纳丁学院

2天

南
东 西
北

圣维克多修道院

1108年，著名的纪尧姆·德·尚波（11世纪中期—1121）担任巴黎市长。在他的建议下，路易六世（1080—1137）修建了一座修道院，该修道院毁于1811年。

拉丁区一直处于不断地变化当中，但是它的灵魂和热闹永远都不会变。不过，现在的拉丁区已经不是那个真正的拉丁区了。圣米歇尔广场的喷泉是世界各地年轻人的聚集地，但是拉丁语并不是他们的共同语言；圣米歇尔大街上也到处都在卖薯条和汉堡；大区快铁（RER）每天都会搭载一大群郊区人来这里；穆夫和圣塞弗兰周围开满了东方餐馆，还有比萨店；笛卡儿街上的巴黎综合工科学院已经搬到郊区了；而这里的索邦只是那所赫赫有名的大学的一个校区。但是，如果你在这些古老的街道上漫步，仍然可以深刻地感受到这个街区的悠长历史。

宗教和学校

拉丁区的两大标志：教堂和学校。

教堂的建立

克洛维国王（456—511）在山顶上建造了圣日内维耶修道院；1113年，路易六世则在朱西厄广场周边修建了圣维克多修道院。在接下来的几个世纪里，两个修道院周围建起了诸多宗教建筑，吸引了大批市民来此居住，他们在这里增建了许多教堂。路易十四时期，王室对宗教达到了一种狂热的程度，而这种虔诚便集中体现在拉丁区：大力整修皇室建立的宗教建筑；奥地利的安妮（路易十三的妻子）还在这里修造了圣宠谷。那些老旧的建筑物改头换面，成了装饰奢华的崭新建筑，有些部分甚至拆除重建，如圣尼古拉夏尔多内教堂的中殿和祭坛。同时也建造了一些新教堂，如圣雅克伯各教堂，该教堂提倡冉森派的苦修，与附近的皇家港口修道院极为相似。

大学和学院

12世纪，这个小山丘上开始有了学校。西岱岛上一些离经叛道的老师，如阿伯拉，将自己的学生带到这里的山坡上课，大学因此建立。之后，各种学院犹如雨后春笋般冒了出来。巴黎大学的光芒盖过了当时享有盛名的布洛涅和牛津大学，但是巴黎大学的教育太过于古板，其最终在人文主义复兴的过程中慢慢落后。16世纪，弗朗索瓦一世创办了法兰西公学院，耶稣会创办了著名的克莱蒙中学。17世纪，又建立了植物园和天文台（1667）。大革命时期，创办了高等师范学校、综合工科学院；帝国时期则创建了两间较大的中学：路易大帝中学，即原来的克莱蒙中学，以及在圣日内维耶修道院旧址上建立的亨利四世中学。最后，在第三共和国时期重建了索邦大学。

拉丁区，一个紧跟时尚的街区

10月到次年5月这段时间，为什么不去索邦大学看看，让自己也成为学生大军中的一员呢？不过这个时候，学校里的阶梯教室几乎都不让进，但还是可以去主庭院、长廊里走走看看。如果刚好碰上教堂里有展览的话，便可以去临近的圣于尔絮勒小堂，黎塞留就葬在那里。该小堂只有在展览时才允许入内。

圣米歇尔喷泉

奥斯曼决定建造圣米歇尔喷泉，作为皇宫大道景观轴线的终点。整个工程由加布里埃尔·达维乌（1823—1881）主导，他的设计灵感来源于罗马的特勒维喷泉和卢森堡花园。达维乌建了一个有凸墙纹的凯旋门，正中有一条由杜雷（1804—1865）雕刻的青铜蛟龙。达维乌设计的这个喷泉可谓是第二帝国时期的典型建筑。

圣塞弗兰

圣塞弗兰街区的那些老旧步行街吸引了诸多游客的目光。雨榭街上的第一家爵士乐俱乐部卡沃总是挤满了音乐爱好者（右页中图）。自1957年开始，总能在雨榭小剧院的广告中看到尤内斯库。圣塞弗兰街也很热闹，这条街从圣雅克街这头一直延伸到风景秀丽的嘉兰街和古老的莫贝街，也就是警察博物馆和公共救济博物馆之间的

欢乐时光图书馆

（圣塞弗兰牧师街6号）

建于第一次世界大战爆发的第二天。欢乐时光图书馆是最早的儿童图书馆之一，给人一种年轻、活泼的感觉。这里的图书管理员能力强，藏书质量高，另外还设有"故事时间"，吸引了许多顾客。图书馆除了有职业教育书籍外，还有一些青少年文学作品。你可以坐在这里一边看书一边欣赏圣塞弗兰教堂的壮美。你也可以

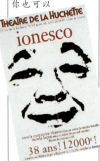

把书借回家看，同时这里还提供磁带（十分丰富）和幻灯片供外借。

这段路，很适合闲逛（本页左上图，位于布什里街和格兰德格尔街拐角处的小广场）。

圣塞弗兰教堂

圣塞弗兰牧师街1号

建于1495年。教堂里建有两条回廊，里面竖立着巨大的棕榈石柱，圣塞弗兰教堂是巴黎火焰哥特式教堂的一个典型。还有一个小礼拜堂，周围葬着墨洛温王室的成员，其中就葬着一个名叫塞弗兰的人，他是瑞士圣莫里斯达戈纳教堂的主教，同时也是克洛维的朋友。

外观

在教堂周围好好走一圈，可体会到火焰哥特式教堂的美妙。教堂顶楼那座关闭的钟楼（1250）是巴黎最古老的钟楼。

内部

17世纪，祭坛按照意大利风格进行翻修。那有巴黎最古老的拱廊，回廊中央有根巨大的绞柱（右图）。

6e Arr!
PLACE SAINT SULPICE

　　上面的拱顶上缠绕着14根做工十分精美的肋拱。这里同时还有两幅古老的作品：钟楼墙上的《圣路加福音》，是17世纪的法国学院派的作品；祈祷室的木制十字架，由皮埃尔·勃鲁盖尔（1568—1625）雕刻。前面3个开间的彩绘玻璃虽然翻修多次，但仍旧保留着14世纪玻璃绘画工艺的典型风格。教堂中殿和半圆形后殿的天花板则连成一体，为15世纪和16世纪的建筑风格。圣塞弗兰教堂的魅力之处还在于它的音乐会，这里有一架18世纪的管风琴，是巴黎最好的管风琴之一。

穷人圣朱利安教堂

　　维维安妮公园里种着一棵巴黎最老的树，这棵刺槐（下图）种于1620年。公园前面有一间小教堂——穷人圣朱利安教堂，这是但丁祈祷的地方。约1165年，来自埃纳省龙蓬修道院的修士重建了这座6世纪的教堂，他们保留了教堂的原始建筑，也并未改动院内的装饰。大学的管理人员通常也兼任教堂的管理人员。1564年，因为学生对大学校长的选举结果有争议，于是洗劫了这个教堂，从而加速了教堂的衰退。17世纪，教堂中殿、有两个开间的南部侧道及哥特式造型均遭到破坏，而后被改建成现在的样子。大革命时期，这里为盐仓库；1889年，正祭台间成了希腊天主教徒的礼拜地。

雨榭街上卡沃爵士俱乐部的浓烈氛围

外观

　　用于支撑小祭台和半圆形后殿的大扶壁为典型的12世纪建筑，由于空间有限，因而未使用飞拱。

内部

　　南边柱子的柱头上雕刻着4尊哈尔比亚的像，根据休斯曼的描写，这是"一个从鹰巢里孵出的女性"。圣像屏（在拜占庭的宗教传统中，这是一块用于分开教堂中殿和正祭台间的隔板）为哥特式风格，1900年，大马士革的一个画家在这上面雕刻了《祈祷像》。

维维安妮公园的刺槐

　　这棵树是由罗宾种植的。1601年，他从美国带回了几颗刺槐种子，播种在自己的花园里。有好几棵树都移到别处去了，就剩下这一棵。它是巴黎最古老的树木。

公共浴室和克吕尼宅第

公共浴池，坚固的建筑
公共浴池的墙面都为砾石，常规地基则是使用长砖，墙面上还抹了一层灰浆，这种结构是十分坚固的。中世纪时，冷水浴室上面还建了一座花园，即便如此，浴室的拱顶仍然保存完好，上面的那层灰浆也未褪色。

宅第，不断提高的装饰艺术
火焰式装饰、拱和反拱的使用都是对直线的一种颠覆。这是古典主义产生的一种预兆。西式长廊的大括号形拱的尖顶既

突出了中梃的垂直度，又突出了过梁的水平面。另外，这个尖顶还与环形路上的扶手相互呼应。

保罗潘勒维广场6号
克吕尼宅第是勃艮第克吕尼修道院修士的住所，是极为罕见的民间建筑，同时也是中世纪末期典型的火焰哥特式建筑。始建于1485年，竣工于1498年，原址为高卢-罗马时期的公共浴场。如今，这座中世纪的宅第和古罗马遗迹均成了博物馆。

玻璃新艺术：宅第

宅第位于庭院和花园之间，拥有主建筑和两栋翼楼。这种建筑风格为之后巴黎的宅第所仿效，实为一种城市中的小城堡。虽然这种宅第具有防御功能，如墙上那些雉堞和环形路，但其里面的装饰却十分精致，住起来也很舒适。

克吕尼公共浴室的卫生功能和休闲功能

位于圣日内维耶山的北坡边缘、沼泽边上，建于2世纪。其包括好几部分：东部靠近法兰西公学院；南部位于盖吕萨克街之下；位于左岸的3间高卢-罗马风格的海水浴室；北部包括位于圣日耳曼大道边上的两间对称的大厅，实为体育场，之间以走廊相连，是洗浴之前进行运动的运动场。冷水浴室十分宽敞，周围环绕着一些长方形庭院，这是迄今保存最为

完好的浴室建筑。该浴室有14米高，屋顶上有3个拱顶，垂在船首造型的托臂上，那些船首造型与巴黎水手的活动有关。西部则是温水浴室，浴室中间又挖了一些小坑作为单独的洗浴间，由此形成了一个过渡区域。而热水浴室，既可洗热水浴，也可进行蒸汽浴，或者进行按摩。

索邦大学

学校街47号

索邦大学在历史上经历过三个重要时期。

中世纪

13世纪和14世纪是大学的扩张时期。索邦学院的原址为神学院，由罗伯特·德·索邦建于1257年。它声名显赫，当时约有1万名学生。1470年，那里开设了巴黎的第一家印刷厂。后来的神学院拒绝接受文艺复兴时期的新思想，任由西班牙人组织策划反天主教制度的活动，并利用自己的特权不断发展壮大，因而最终神学院的人文教育败给了法兰西公学院和耶稣会。

君主制时期

与红衣主教黎塞留有关。当时，他是索邦中学的校长。1622年，他决定重建索邦中学所在的街区。勒梅西耶（1585—1654）拆除了许多建筑物，只留下一座有两个入口的教堂，一个入口为主庭院的终点，另一个则为索邦广场的入口。

索邦大学：论文和仪式

图戈阶梯教室和路易·利亚大厅装饰浓重，是当时博士论文的答辩地。这种仪式代表学业的结束以及对他们"作品"的认可，同时也表示他们可以继续攻读更高等的学位。这个仪式上的赞美常常夹杂着尖刻，但每个人都尊重这个仪式。论文

答辩是一场学术上的角力，每个人都聚焦在"优秀"或者"异常优秀"这种字眼上；对许多人来说，这场答辩可能是一场印象极为深刻的答辩，一场具有显著巴黎风格的答辩，这是索邦学子最重要的一刻。上面的那张小图描绘的是16世纪索邦大学的一个教堂。

旧索邦大学的庭院，兰斯耶绘

1883：全新的索邦大学

索邦大学所在的地域狭长，且有一定坡度。建筑师亨利·保罗·内诺突破地域限制，因地制宜，并保留了该地那座17世纪的教堂。整体来说，这种建筑风格很适合索邦大学，既不会太保守，也不会太现代，倒是增添了几分庄重。

大革命期间，学校关闭。1806年，学校重开，此时的校区不在拉丁区，学校也非教会大学。1821年，在黎塞留公爵的强烈要求下，索邦大学的旧校区得以重修，并为一些学院和巴黎师范学院所用。之后，索邦大学又迎来另外一个名誉高峰，当时学校云集了许多鼎鼎大名的教师，如吉佐和米什莱。而到了第二帝国时期，因为其刻板的教育方式，索邦大学又一度衰落。

共和国时期

第三共和国时期，索邦大学基本定型，学校名气也渐大。在1870年的普法战争中法国失败，高等教育被迫改革，索邦大学成为公立的研究型大学。之后，由亨利·保罗·内诺（1853—1934）兴建全新的索邦大学（1883—1901）。19世纪末，索邦大学成为一所拥有科学实验室、天文观测台（圣雅克街的天文楼）、图书馆、许多大厅和阶梯教室的学校，阶梯教室的内部装饰由皇家御用的设计师负责。1968年，"五月风暴"发生的第二天，埃德加·佛尔将索邦大学拆分成几所学校，其中包括巴黎师范学院、巴黎第三大学（新索邦大学）和巴黎第四大学（巴黎索邦大学）。

主庭院两边各有一栋楼，楼前摆放着巴斯德（1822—1895）（左图）和雨果（1802—1885）的雕像。南边靠近古加斯街的是以前的科学院，包括物理楼和天文楼。北边则是文学院，入口朝着学校街，文学院有一个主楼梯，两边各有楼梯段，柱廊为庞贝风格，通向阶梯教室和接待室。

圣于尔叙勒索邦教堂（1635—1642）

由罗伯特·德·索邦建立的教堂。主庭院路面上的小白点便是这个教堂存在过的痕迹。教堂有两个入口：一个位于北边，为古典风格，前面为宽敞的柱廊；另一个位于南边，为耶稣风格。这个教堂具有双重功能：一为学校教堂；二为黎塞留墓地。墓地由勒布汉设计，1694年由弗朗索瓦·吉拉登修筑。根据习惯，墓地上方悬挂着红衣主教帽。在耳堂的交叉甬道上方为穹顶（左页上图），由菲利普·德·尚佩涅（1602—1674）装饰。

黎塞留墓

17世纪法国墓地的杰出作品。由弗朗索瓦·吉拉登（1628—1715）建造。

在他看来，这种风格的墓地更像是一个祭台。因受到希

法兰西公学院

马瑟兰·贝特罗广场11号

在著名人文学者纪尧姆·布代的强烈建议下，弗朗索瓦一世于1530年修建了皇家文学院，17世纪成为法兰西皇家学院。大革命期间改名为法兰西公学院，其使用的教学方法是当时其他大学拒绝使用的方法。

教授所有课程

法兰西公学院的教师队伍不断地得到扩充。自创立以来，公学院便是法国大学教育系统中的一个特例：它不授予任何学位；聘任教师的条件较为宽松，并未把"大学毕业"作为一个强制性条件，也因此，保罗·瓦莱里被选为公学院的教师，当代的皮埃尔·布列兹则以荣誉教授的身份在此任职。19世纪时，公学院一度因为反知识而声名大噪：当时，拿破仑三世开除了学校的一些教师（米什莱、吉内、密茨凯维奇和勒南）；而科学院则迎来了一批新的教师（贝特罗、贝尔纳和朱利欧·居里）；亨利·柏格森的课程取得了巨大的成功。现在的法兰西公学院，则有杰克布、勒维·斯特罗斯、埃洪、杜比、弗科尔等名师。

腊雕塑的影响，吉拉登在人物的排列结构中借鉴了普桑的绘画构图法，就连雕像的衣服褶皱也经过耐心细致的雕琢。亚历山大·勒努瓦将黎塞留墓移到了法国古迹博物馆，因此墓地并未受到任何人为损坏。

教学楼

一直到了17世纪，法兰西公学院才有了自己独立的校园。1774年至1780年，夏格林重建教学楼，风格朴实而不失庄严，教学楼环绕着主庭院，并一直延伸到西边的圣雅克街。勒塔鲁伊教学楼（1831—1842）装修虽更为庄重，但结构布局是一样的。这栋教学楼位于两个庭院周围（纪尧姆·布代庭院和勒塔鲁伊庭院），中间用一个庞贝风格的拱形柱廊隔开（上图）。内部装饰的翻修工作是由建筑师威尔莫特负责的。

巴黎的主保圣人

日内维耶（422—502）在其一生中创造了诸多奇迹——她一次又一次地拯救了巴黎。克洛维国王、克洛蒂德王后和全巴黎的人民都十分敬重她。每当人们碰到困难时，便会祈求她的保护。一直到18世纪都是如此。

圣日内维耶修道院

位于"巴黎西吕俗西城神圣的山坡"（卡米尔·朱利安，高卢历史学家）顶峰的克洛维塔（克洛维街23号，亨利四世中学）、圣埃蒂安德蒙教堂和先贤祠都是圣日内维耶修道院的一种延续。圣日内维耶修道院和圣日耳曼德佩修道院对于左岸人民乃至巴黎人民的精神、知识以及经济生活来说都是极为重要的。

圣埃蒂安德蒙教堂

圣日内维耶广场1号

哥特式建筑与文艺复兴时期的新装饰艺术相结合，颇具魅力。教堂因日内维耶（巴黎的主保圣人）的圣龛、高超的祭廊切割技术而声名远播。该祭廊更是巴黎唯一一个保存有16世纪和17世纪彩绘玻璃的祭廊。

外观

与众不同。造成这种不同的部分原因是视觉上的不平衡。这种不平衡是因为之前与之相连的修道院的附属教堂（下图）被毁——两个正立面从主体建筑物和出口而言是对称的。圣埃蒂安德蒙教堂北部与圣日内维耶修道院相连，圣埃蒂安德蒙教堂是为圣人埃蒂安（13世纪）建造的，并于1492年至1586年进行重建。该教堂的建筑技巧极为高超，从教堂正面（约在1626年竣工）的那扇混搭风格的大门即可看出它的特立独行：每道墙的凹进部分都有三角楣，整体墙面上共有3个三角楣，这3个三角楣互相重叠，形状不一：一个为三角形，一个为拱形，还有一个为不规则的松子形（这种设计跟以前的教堂一样）。

内观

教堂的风格为哥特式，耳堂并没有打断小堂的连贯性。尽管内部添加了一些文艺复兴时期的装饰元素，如中殿的半圆拱（现在是断拱），但若从整体来说的话，教堂仍为火焰哥特式风格的建筑。祭坛的交叉穹隆的拱顶采用不同的悬垂式拱石进行装饰。最为气派宏伟的则是耳堂的交叉穹隆：长5.5米，在星形肋拱的中心向下垂（细节参看上图）。

彩绘玻璃

在右边侧道的第四个小堂里可以看到《宾客的寓言》（1568），涂珐琅彩绘玻璃，由尼古拉·皮内格里埃绘，他同时也是教堂中殿高窗彩绘玻璃的绘画者（1587—1588）。另外，他还参与了地下墓穴回廊的系列设计。

> "小时候，我对于那座位于我和太阳之间的先贤祠印象最为深刻……这幅画面一直萦绕在我的脑海里，一直都照耀着我。"
>
> ——儒勒·米什莱

绘画

两个著名的肖像画家为圣日内维耶教堂绘制了还愿画：第一幅画（1696）来自尼古拉·德·拉吉埃尔，是为纪念1696年4月10日的教徒游行而作的——当时严重干旱，于是教徒们便抬着圣龛游行，祈求上帝降下瑞雨。画的费用由巴黎市长出。第二幅画（1726）则来自弗朗索瓦·特伊，内容是人们在祈求上帝不要再下雨，因为雨水过多，粮食收成不好；画的费用由巴黎的市政长官出。

先贤祠广场

由苏弗罗（1709—1780）设计，为教堂入口。广场上的那条街后来一直延伸到卢森堡花园，整体形成了一条景观轴线。该广场处在两栋曲面的古典主义建筑边上：南边为5区的区政府（1844），由希托夫设计；北边为法学院，位于古斯加街边上，部分由苏弗罗建造，竣工于1822年，之后又重修过几次。

圣日内维耶图书馆

线条简单朴实，由拉布鲁斯特（1801—1875）于1844年兴建，是唯一一座在大革命期间没有遭到破坏的图书馆。约藏有300万卷图书，其馆藏来源于从前的修道院图书馆。该图书馆既为公共图书馆，又为大学图书馆，与纽约公共图书馆有些类似。内部装饰与外部的简单朴实形成对比：颜色鲜艳，装饰画多——灵感多源自古代建筑的绘画作品，拉布鲁斯特曾经在罗马待过一段日子。

圣埃蒂安德蒙教堂的祭廊

祭廊是廊台的一种，是位于教堂中殿和祭坛的一条横向走廊。念诵《圣经》中的使徒书信时便会站在这里。18世纪，圣埃蒂安德蒙教堂的祭廊（1525—1535）躲过一劫，并未被损毁。从结构上来说，该教堂为哥特式建筑，其内筑有三心拱，另有3个尖形拱顶。而从内部装饰来说，则又带有些许文艺复兴时期的意大利风格：内饰由菲利伯·德洛姆设计，其灵感来源正是文艺复兴时期的意大利风格。教堂边门建于17世纪。

圣日内维耶图书馆

新古典主义风格，由拉布鲁斯特设计建造。其使用了19世纪的新型建筑材料：铁和生铁。这两种材料坚固、不可燃，并无多大的装饰效果，但却能与轻盈的建筑结构合为一体。这种建筑结构可获取更多光线，可塑性也更高，同时还适合进行华丽的装饰。这是第一次在公共建筑中使用金属结构。这家图书馆之后也成了使用金属结构的典型建筑。

钟摆实验

一般来说，公众可以进入先贤祠一层的长廊进行参观。在这个穹顶下方，莱昂·傅科（1819—1868）做了一个著名的钟摆实验，钟摆的运动揭示了地球的自转规律。先贤祠于1851年装上了这个钟摆，游客也跟着蜂拥而至。这个钟摆之后被置于工艺美术博物馆中。

先贤祠

1744年，路易十五在梅斯得了一场重病，路易十五便许下心愿，说康复后他要重修圣日内维耶教堂。

新教堂

重建工程由雅克·日耳曼·苏弗罗负责。他成功地将"轻盈的哥特式结构与宏伟的希腊建筑"融合在一起。因为要加固地基，工程推迟到1764年。苏弗罗1780年去世之后，工程则由洪德雷（1743—1829）接手。重建细节：希腊式的十字架，上面为蛋形穹顶；门口建造一个宏伟的柱廊，其灵感来源于罗马万神殿。

"这是祖国对于伟大人物的感激之情"

1791年，制宪会议决定将教堂作为伟大人物的墓地。米拉波、伏尔泰、卢梭和马拉都安葬于此地。米拉波的遗体后来被移出先贤祠，而马拉的遗体则因此入葬先贤祠。教堂里的宗教标志都被清除了。

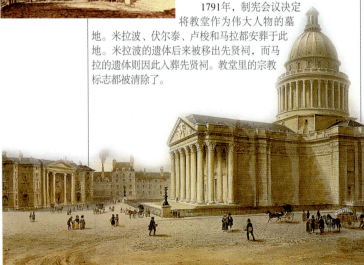

卡特梅尔·迪昆塞（1782—1857）负责将教堂改建成"爱丽舍神殿"。为了制造出"坟墓那种阴森的感觉"，他将教堂的42个窗户全部封死。19世纪，圣日内维耶教堂时而是教堂，时而又成了伟大人物的墓地。1806年，拿破仑将这个地方还原成教堂。1831年，路易·腓力又将教堂变成了先贤祠，其三角楣由大卫·丹热（1788—1856）设计建造。拿破仑三世时期，先贤祠又变回了教堂（1852），一直到1885年维克多·雨果入葬先贤祠（当时举行了隆重的国葬仪式，上图）才最终确定了这座建筑物的功能，其后一直为伟大人物的安息地。

内观

宽110米，高83米。内部宽敞、庄严而又阴冷。每个中殿边上都是一些侧道，每条侧道上都竖立着100根科林斯柱。因为从外面可以看到被堵死的窗户的痕迹，所以便在外墙上雕刻壁画，多是法国荣光的主题。外墙的壁画中有由19世纪最著名的壁画作者普维·德·莎瓦那雕刻的《圣日内维耶的生活》；中央穹顶则有由安东尼·让·格罗（1771—1835）雕刻的壁画《圣日内维耶升入天堂》。

地下室

伏尔泰墓的对面便是让-雅克·卢梭的墓（两个人于1778年同一年去世）。先贤祠的长廊里葬着多个伟人，其中包括维克多·雨果、埃米尔·左拉、马瑟兰·贝特罗和他妻子、废除奴隶制之父维克多·舒乐晒赫、让·饶勒斯、勒内·卡桑（1987）以及让·莫内（1988）。

长眠之地

1964年，抵抗运动的英雄让·莫内的骨灰移葬先贤祠，戴高乐将军出席，时任文化部长的安德烈·马尔罗（亦是作家）进行了著名的演讲。1981年5月21日，弗朗索瓦·密特朗分别在让·饶勒斯、维克多·舒乐晒赫和让·莫林的墓前敬献玫瑰花。1989年，格雷古瓦神父、蒙日·孔多塞入葬先贤祠；1995年，比埃尔·居里和玛丽·居里（诺贝尔物理学奖得主）夫妇入葬先贤祠；1996年，安德烈·马尔罗入葬；2002年，亚历山大·仲马——著名作家，《三个火枪手》的作者——入葬。2015年，4位抵抗运动成员入葬先贤祠。

日耳曼·苏弗罗（1713—1780）

旧制度末期的皇家建筑检查员，启蒙世纪的先锋艺术家之一。他之前曾经在意大利南部的圣殿中学习过古希腊艺术，他深知如何才能将法式的古典主义风格（来源于其学习的古希腊艺术）与哥特式艺术（他本人并不十分欣赏）融合起来。他设

计修建了许多著名的建筑，如戈伯林街区和罗浮宫，先贤祠则是其代表作。

圣宠谷

从1621年开始，圣宠谷成为圣雅克郊区的中心，那里有许多修道院。圣宠谷教堂群由奥地利的安妮（路易十三的妻子）建造，是17世纪最雄伟的宗教建筑群之一，同时也是保存最为完好的建筑群之一，从大革命时期开始，这里便为军事医院所在地。

王子诞生的还愿教堂

阿尔方斯—拉弗汉广场1号

奥地利的安妮曾许下承诺，如果上帝赐给他们一个儿子，她便会建一座宏伟的神殿来供奉上帝。23年后，也就是1638年，他们如愿了，他们生了一个儿子——后来的路易十四。1643年，王后兑现承诺，命人建造神殿。弗朗索瓦·芒萨尔（1598—1666）成为教堂的设计师。1645年4月1日，7岁的路易十四为教堂奠基。工程先后由雅克·勒梅斯埃、皮埃尔·勒穆埃和加布里埃尔·勒杜克负责，最终于1669年竣工。以后每次需要修整时，工程师都会严格依照芒萨尔的设计图进行施工。

巴洛克圆顶

由加布里埃尔·勒杜克仿照罗马的圣皮埃尔教堂建造。圣宠谷的圆顶直径为19米，高41米，这个圆顶与索邦大学相类似：窗洞底部雕刻着圆形或者三角形的三角楣；圆顶上共有4个天窗；双层穹顶与镂空的钟楼周围筑有环状的栏杆；最顶端则放着一个十字架金球。

在巴洛克与古典主义之间

华盖的设计借鉴了勒伯南的设计（罗马圣皮埃尔教堂）；圆顶的装饰则深受圣安德烈大教堂的朗弗兰科壁画的影响，装饰师突出了拱顶以及教堂中殿拱廊的雕刻，破坏了整体的画面感，这些装饰元素有效地减弱了整个设计的意大利风格。这是法国古典宗教雕刻艺术的一种重要风格。在安吉埃和德·布斯戴的部分作品中即可看到这种类型的装饰元素：华盖、柱头、建筑物正面的石柱、穹顶……

皇家港口的柱廊仍保持完好，这里宁静、祥和，不失为退休之后的一个好去处。里面有一间军队卫生事业博物馆。

内观

圣宠谷教堂既是教区教堂（中殿），又是皇家教堂（圣安妮小堂），而且还是修道院（圣路易修道院）。该教堂的建筑风格深受罗马耶稣会教堂的影响，如中央厅堂、宽敞的侧边小堂、未凸起的耳堂、有悬垂式穹顶和重叠面的交叉甬道等。教堂内部装饰体现了17世纪法国宗教艺术的意大利化，这种意大利风格与法国的古典主义相结合：装饰的重点在于雕刻，并在雕刻中加入了意大利的巴洛克风格，增加了些许诗意，从而抑制了法式古典主义风格的泛滥。教堂的每个入口都刻着菲利普·德·尚佩涅的两幅画：《耶稣升天》和《圣灵降临》。王后别墅的寝宫也用这两幅画装饰。

从前的皇家港口修道院

皇家港口大道123—125号

1626年，修道院院长安吉里克·阿尔诺将从前的皇家港口修道院改建成了田园皇家港口教堂（冉森教派的封地），此后这片区域一直是博德洛克的一部分。1802年，夏普塔尔在这里创办助产士学校。教堂的柱廊给人一种"孤独"的感觉——这是一个人们退休了才会来的地方。1664年，路易十四禁止信奉冉森教派教义，巴黎的教士拒绝签署判决书，此后他们便被驱逐，这座教堂也于1709年被毁。

从前的修道院教堂

1646年，由安东尼·勒波特尔重建。教堂只有一个中殿，一个开间，还有几个侧边小堂。耳堂的交叉甬道未凸起，上面盖有悬垂式穹顶。教堂内部还保留着以前的墙面装饰，体现了冉森教派的严格教义（"人类抛弃的欲望越多，精神上获得的快乐也就越多"）。

一个奇迹

画家菲利普·德·尚佩涅（1602—1674）的女儿是皇家港口修道院的修女。她得了一场大病，女修道院的院长一直跪在她的床头替她祈祷，然后她奇迹般地好了。尚佩涅出于感恩，为修道院画了著名的《还愿画》（1662）。整幅作品简单、庄重。

天文台

天文台大道61号
由克洛德·佩罗设计，建于1668年，1672年完工。该天文台是世界上最大的天文研究中心之

一。天文台经过的经线为巴黎子午线（1884年，格林尼治子午线被选为本初子午线）。为了纪念法国天文学家弗朗索瓦·阿拉戈（1736—1853），荷兰设计师让·迪贝在巴黎的子午线沿线路面放置了135个铜质纪念章。

门牌

　　在未给这些房子进行编号时（1885），人们则通过这些房子的门牌来区分它们，如"小雄鹿""弩"等。下图的"拉波讷苏"即穆夫塔尔街的122号。

圆形竞技场

　　因为这片土地有一个天然的坡度，35个座位中有2/3均建在坡上（其中只整修过前6排的座位）。位置最高的那层座位（也是最靠近外墙的）与尼姆的圆形竞技场类似，都为圆形，用有柱头的半身柱隔开。该竞技场大约可容纳1.5万人。

穆夫塔尔街

　　19世纪末，奥斯曼开辟大道，山丘上的格局因此变得混乱不堪。圣梅达村有部分便位于山坡的东南部，这是一个在圣梅达（545年逝世）墓地周围兴起的村落。中世纪时，人们都亲切地称呼这里"穆夫"——来自于穆夫塔尔街。这条街从山坡上的贡特斯卡普一直延伸到圣梅达教堂，教堂周围是一个小市场，挤满了各种商店、饭馆。

贡特斯卡普广场

　　颇具巴黎特色的圆形广场，建于1852年。"贡特斯卡普"——原意为堡垒的壕沟外护墙——上面有腓力·奥古斯特修筑的堡垒城门布尔代尔门（后为圣马歇尔门，毁于1683年）。可在克洛维街3号看到奥古斯特修筑的堡垒的碎片。这里的开放让整个街区变得更为活跃，有许多小酒馆老板都把店扎在了这里。

圣梅达教堂

穆夫塔尔街141号

　　于15世纪重建（正面、中殿以及钟楼）。教堂的祭坛和小堂分别建于16世纪和17世纪。1784年，佩提·拉代建造了圣母堂；并将祭坛的石柱改成多利克柱，以迎合当时的古典艺术风潮，门廊也于同一时期进行整修。在祭坛左边的第一个小堂里，有一幅画《圣约瑟芬和圣子耶稣散步》，由左巴朗于1636年绘制。

吕岱西的圆形竞技场

蒙热街49号

　　高卢–罗马时期（1世纪或者2世纪）的遗迹，是1869年在开辟蒙热大道过程

中偶然挖掘到的。路易·约瑟夫·卡皮当对其进行了整修（稍微有点过度）。该竞技场可容纳15000人，为圆形竞技场，装修豪华，可同时举办戏剧表演和竞技比赛（人或动物之间的竞技）。该竞技场面积为52米×46米，侧面有两个宽敞的入口。

巴黎清真寺

普德埃尔米特广场1号

巴黎的第一座清真寺，建于第一次世界大战后（1922—1926），为北非穆斯林的朝圣地。建筑为西班牙－摩尔风格，且深受菲斯清真寺的影响，由建筑师夏尔勒·于贝、罗伯特·弗尔内和莫里斯·芒图根据莫里斯·特朗尚·德鲁内的设计修建。当地的一些艺术家（主要为摩洛哥人）则负责部分细节的装修，如门上的装饰、天花板上的雕刻、马赛克拼接以及陶瓷制作。建筑群周边有庭院和花园，这些建筑均位于围墙内，并被分为3组建筑，每组建筑均有自己的特色：宗教建筑——一座有方形尖塔的清真寺；文化建筑——主庭院周围的穆斯林学院；公共建筑——位于围墙边上，为土耳其浴室，紧挨着的是摩尔风格咖啡馆和一些小店。

上图为26米高的尖塔，位于巴黎清真寺的内庭院

圣日耳曼郊区

1. 圣托马斯达圣因教堂　2. 奥赛博物馆　3. 萨姆宅第　4. 国民议会　5. 外交部大楼　6. 圣克洛蒂德教堂

圣日耳曼郊区的大多数建筑均造于18世纪。今天的郊区是政府部门和外国大使馆的主要驻扎地。

文人街区

位于塞纳河边，是附近拉丁区的学生和文人最喜欢的休闲地。这里一直从圣日耳曼德佩教堂延伸到战神广场。一条排水沟穿过这个街区，一边为小文人街区（下图），从修道院一直延伸到波拿巴街；另一边则是大文人街区（其余部分都是）。

这里均为贵族建筑。郊区里有一条路可直通凡尔赛宫，稍微移步便可到达罗浮宫和杜伊勒里宫。1685年建成的皇家桥将圣日耳曼郊区和玛莱区联系起来，当时的玛莱区还只是一个狭长的区域，街区破败、陈旧。路易十四统治末期，许多名门望族和王子公爵相继在这里定居。大革命过后的几十年中，这里发生了一些变化，人们开始追求一种新的生活艺术，一种更为精致的生活。很快，这种生活方式便在欧洲的宫廷里蔓延，从建筑物的外观、内观、家具和艺术品都可以窥见当时的这种生活艺术。圣日耳曼郊区也因此有了300多栋私人宅第，主要都诞生于伏尔泰和卢梭世纪，其中有100多栋留存下来。

左岸方区周边

这个名为左岸方区的街区里聚集着120多家古董店和画廊——这在世界上是独一无二的，约长2000米，主要包括伏尔泰滨河路、巴克街、圣贝尔街和大学街这几个区域。18世纪，郊区人开始对这些稀有物件感兴趣，一直到现在，他们依旧热衷于此。

伏尔泰滨河路

伏尔泰滨河路（下图）魅力非凡，从20世纪初一直到现在，有不少艺术家都为它的魅力所折服，而纷纷来此定居：滨河路9号曾经住过维旺·德农（1747—1825）——艺术品爱好者、作家、雕塑家、外交家，他在帝国时期还曾担任罗浮宫博物馆馆长；另外，安格尔（1780—1867）、德拉克罗瓦（1798—1873）和柯罗（1796—1875）这些画都将自己的画室安在了这里；19号的那座老宅第里曾经住过夏尔勒·波德莱尔（1821—1867），他在这里写了著名的《恶之花》；还有理查德·瓦格纳，他在这里完成了《纽伦堡的名歌手》。以前，滨河路名为马拉，之后改名为德亚里安，意大利的一个教派，他们建立了德亚里安修道院（如今仍可在里昂街26号看到该修道院的入口）；于1791年得名伏尔泰：哲学家伏尔泰1778年在维耶特宅第去世（位于博讷街拐角）。

大学街

滨河路13号原本为菲杜·德·布鲁宅第（17世纪）。1975年扩建为国立行政学院（专门培养国家行政人员），而之前位于斯特拉斯堡街的国立行政学院则成为政治学院。15号为阿利格尔宅第（17世纪）；17号为波沙尔·德·萨龙宅第，塔乌曼·德·雷欧（1619—1692）曾在这里住过。这座宅第建于1639年，1770年由让·巴布蒂斯特·波沙尔·德·萨洪翻修。萨洪是国民议会的议员，他酷爱科学和天文，他在宅第里造了一间物理室，那里有"法国任何一个天文学家都没有的科学仪器"。他还在自己的实验室里写了一篇铂金溶解的论文，而同时，他还利用私人印刷机打印了自己之前的作品。19号从前是迪多-丹丹阿吕埃贸易公司大楼，其是迪多家族和著名统计学家塞巴斯蒂安·波丹合开的一家图书—印刷公司。

伏尔泰滨河路29号

玛丽·达古尔（1805—1876），作家，李斯特的情人。1830年，她在古宅第马耶·内斯尔宅第（1632年）的大厅接待客人。该大厅的天花板（细节见下图）由让·贝汉一世绘制（1639—1711）。

家族宅第

私人宅第的业主会将家族的徽章刻在门口的三角楣上，那些徽章低调，且不华丽。宅第里有许多私人套房，房间更小，当然家具也更小，每个房间也都有新的用处。有的是小客厅，有的为收藏屋，也有一些为隐居室，即私密空间。宅第每卖一次，名字便会改一次，通常都会冠以新业主的名字。

3008. PARIS
Le Quai Voltaire

Lelièvre éditeur

塞热·甘斯博格

歌唱家私人宅第（维尔讷伊街5号）入口处的墙面上有许多粗糙的雕刻，这是为纪念著名的歌唱家和作曲家塞热·甘斯博格而雕刻的。其于1991年去世。

滨河路17号和19号的两栋大楼均为伽利马出版社所有。

圣贝尔街

圣贝尔街30号为黛堡嘉莱巧克力公司的大楼，建于1811年。大楼正面极为精美，由第一帝国时期的建筑师佩斯埃和冯丹建造。

巴克街

一条老街，一直延伸到渡轮边上，与右岸相连。16世纪，建造杜伊勒里花园需要的石头都经由这条路运到右岸。19世纪，这条街上出现了一些出售贴有价格标签商品的商店，商品价格不变，使用现金支付。在巴克街46号，还保留着从前雅克·萨缪尔·贝尔纳宅第（1740）的大门，其有装饰托架，上面还刻有怪面饰。旁边则是戴罗尔标本店（右页右下图），这里有许多奇怪的标本，18世纪时，这里是郊区标本爱好者最喜欢的地方。

圣托马斯达奎因教堂

此教堂位于圣托马斯达奎因广场。

多明我会的初修院——他们的修道院被军队占领——建于1683年，由皮埃尔·布莱设计，其颇具耶稣会风格的主建筑则由信徒克劳德于1770年兴建。在主祭坛之后，教堂一直延伸到教会的祭坛大厅，大厅天花板上面有一幅《变容画》，由弗朗索瓦·勒瓦讷（1688—1737）于1724年绘制。

奥赛博物馆周边

奥赛博物馆（或称车站艺术博物馆）

奥赛博物馆的馆藏与国家现代艺术博物馆的馆藏互为补充。这是一个颇有人气和魅力的博物馆，通常，游客们在去左岸方区逛古董铺之前，或穿过索尔费诺街或杜伊勒里花园之前会来这里逗留大半天。应避免在学校开学的时间和周末去参观，在博物馆开门的前几个小时或晚上去会更好。

博物馆

车站原址为审计法院，毁于1871年的巴黎公社时期。1971年，巴塔尔莱市场被炸毁。此后，政府决定要保护19世纪的建筑古迹。1961年以来，政府就曾把炸毁奥赛车站提上议程，而后因为这种保护思潮，它侥幸地保留了下来，并最终成为车站博物馆。奥赛博物馆里陈列着从1848年到1914年的所有艺术品（1914

年以后的艺术品则陈列在国家现代艺术博物馆）。不管是从历史建筑的华丽转身来说，还是从博物馆的馆藏来说，奥赛博物馆都是一个成功的典范。

萨姆宅第

里尔街64号

始建于1782年，竣工于1788年，是皮埃尔·卢梭为萨姆金博格的弗雷德里克三世建造的宫殿。该建筑物的正面和背面反差极大：位于里尔街的那面气派宏伟，建有一个爱奥尼亚式的开放式柱廊；面向塞纳河的那面则更多地体现了这栋房子的娱乐性（上图）。

拿破仑之后把这座宅第拨给了荣誉勋位管理会，管理会之后对其进行了扩建，并创办了一家博物馆。巴黎公社时期，内部的装饰遭到损毁，之后又根据19世纪的官方风格进行重建（上左图）。

德博阿尔内宅第和德塞吉雷宅第

里尔街78号和80号（德国大使馆，中小企业、商业和手工业部）

1715年，波弗朗开始建造这两栋相毗连的宅第。宅第内部建有私人套房，花园则面向河岸修建，当时这两栋宅第颇受人们赞赏。德博阿尔内宅第先是卖给了部长遗孀科尔贝·德·特瓦西，而后又回到了拿破仑女婿欧仁·德博阿内尔手上。他对宅第进行了装修，采用的是当时皇家流行的奢华庞贝风（上中图及右图，浴室和四季客厅）。1871年，德博阿内尔又将宅第卖给了普鲁士公使团。德塞吉雷宅第相对来说较小，拥有一个侧边花园，还有一个洛可可式的客厅。

驿站女士楼

里尔街41号

建于1907年。是为驿站的见习工作人员，那些来自外省的单身女性和遗孀修建的。其内部的装饰并未有丝毫改动。现为饭店。

波左迪布戈宅第（或称索耶库宅第）

大学街51号

始建于1707年，由拉苏朗西建造。洛可可式的客厅出自维博克（1704—1771）之手，他是安特卫普著名的装饰艺术家。离这里不远的普瓦捷街12号有一座普尔西宅第（属综合工科学校），也建于1707年，该宅第的天花板由瓦托装饰。

伽利马出版社

塞巴斯蒂安·波丹街5号

创立于1911年，创办人加斯东（1882—1975）曾为安德烈·纪德与朋友在1909年创办的《法国小说评论》工作过。伽利马出版社为家族出版社，主要出版杰出的文学

作品；他的儿子克劳德（1914—1991），开创了"弗里欧"系列丛书，巩固了加斯东一手创办的出版帝国，另外还创立了自己的出版公司"索蒂斯"；如今的伽利马出版社则由加斯东的孙子安东尼·伽利马掌管。

波旁宫的"变容"

在督政府时期，吉索尔和勒贡兴建了半圆形会议室，并加高了主建筑的楼层。1806年，普瓦耶在河岸边增建了一栋建筑物，与新建的玛德莲教堂面对面。这栋建筑物在波旁宫和协和桥之间构成了一条轴线。

苏利、洛斯皮塔尔、科尔贝和达杰索的雕像均被保留了下来，而为拿破仑一世雕刻的三角楣则在七月王朝时期被毁，并代之以让·皮埃尔·科托雕刻的三角楣。1838年，德朱利开始扩建会议厅，并在庭院旁边建造了一个饰有三角楣的柱廊。

国民议会

大学街126号

1798年，波旁宫成为国民议会所在地。1843年，位于大学街128号的拉塞宅第也为国民议会所有，其为议会主席的官邸。波旁宫建于1726年，为贵族宅第，是拉苏朗西、奥贝尔和加布里埃尔为路易十四与蒙特斯潘夫人（波旁公爵的遗孀）的女儿路易斯·弗朗索瓦而建的。与之相邻的则是德·拉塞侯爵的宅第，拉塞侯爵是波旁公爵夫人的一位密友。波旁宫只留下一栋位于大学街入口的建筑物，一个柱廊，一个宽敞的门廊，还有一个主庭院。19世纪40年代，拉塞宅第加盖了一层，其原貌也保留得更为完整。波旁宫广场与广场上的路易十六宅第一起构成了一道亮丽的风景线。

反曲线的意义

王朝不断更迭，建筑物内部的装饰也因此越来越粗俗。1833年，梯也尔要求德拉克罗瓦一定不要采用新古典主义风格装饰建筑物，于是德拉克罗瓦在装饰太阳堂和图书馆时便大胆地使用了反曲线。帝国和共和国时期的当政者将这些装饰都保留了下来。

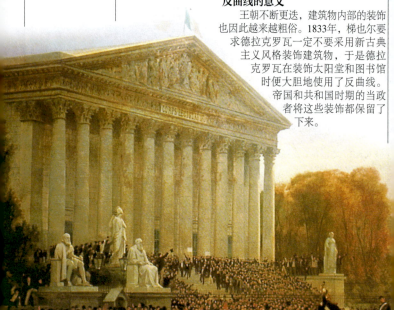

> "中世纪的法国艺术最是辉煌，她渗透到了每个艺术领域，甚至蔓延到了全欧洲。"

——保罗·维尔莱

外交部大楼

大学街130号，奥赛滨河路37号

1845年，由拉科尔内修建。法国外交部大楼是郊区的第一栋政府大楼，采用的是19世纪下半叶的官方装饰艺术风格。

圣多米尼克街

1632年，多明我会在此落地生根。此后，这条街便被称为多米尼克街。18世纪，许多名门望族定居圣多米尼克街（下图），街上因此宅第林立。而其中，有许多宅第在圣日耳曼大道修建之时被毁了——圣日耳曼大道足足占用了圣多米尼克街1/3的道路。

布里埃纳宅第

国防部，14—16号

这两座宅第，一座建于1724年，一座建于1728年。由F.德比亚·奥布里和杜雷建造（圣日耳曼郊区的房地产交易几乎都有杜雷的参与）。这两座宅第被买卖过多次，其曾经的所有者就包括路易十六时期的大臣M.A.德·洛梅尼·德·布

里埃纳、吕西安·波拿巴以及拿破仑的母亲。1817年，这两座宅第为政府所有，政府在圣日耳曼大道沿线增建了多座建筑物。1944年4月25日，戴高乐将军就住在这里。在离这不远的萨缪尔·卢梭公园则建起了圣克洛蒂德教堂，1846年由高欧和巴鲁兴建，1856年完工，为新哥特式风格建筑。

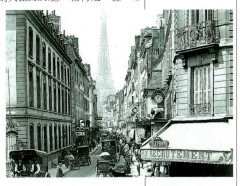

洛克劳尔宅第

圣日耳曼大道246号）
（从前的圣多米尼克街62号）

1724年由拉苏朗西兴建，之后由勒鲁重修。这栋宅第具有摄政时期建筑物的特点，饰有怪面饰，内部则保留了诸多18世纪的装饰，如洛可可式大厅。

格勒内勒街

这儿的宅第花园都很深，一直延伸到荣军院大道。

洛特兰·夏洛莱宅第

101号（移民、融入、国民属性和团结发展部）

约建于1704年，由拉苏朗西兴建，他是芒萨尔设计院十分有才华的一位设计师。1736年，夏洛莱公主扩建宅第。19世纪，宅第内部进行重新装修。

维拉尔宅第

116号（7区区政府所在地）

建于1644年，整修过多

马约尔博物馆

格勒内勒街61号

由迪娜·维也尼（1919—2009）创办。她是马约尔（1861—1944）的模特和缪斯女神。博物馆里收藏了大量马约尔的素描、雕像和油画。2016年，永久藏品开始于三楼展出，大型的临时展览则在一楼、二楼举办。

四季喷泉

格勒内勒街57—59号

因地方狭窄，所以布夏东使用了半圆形的构造，喷泉正面凸起，边上则建造了两段护岸。这是一种仿古建筑，布夏东走在了时代的前列。

次，内有一个复辟时期整修的客厅，1834年由A.沃什莱进行装修。

罗什舒亚宅第

110号（教育部）

1776年，由M.谢尔皮特兴建，与夏特莱宅第一样，均为路易十六时期的风格。内有一个科林斯式大厅，依然保持着其原来的装修风格。

努瓦穆蒂埃宅第

138号（大区区长官邸）

1720年，由让·库尔托讷设计。这是一座朴实而又优雅的宅第，也是圣日耳曼郊区看起来最为和谐的宅第之一。餐厅里的细木工均十分精美，有点像《拉封丹寓言》里的场景。

夏特莱宅第

127号（旅游部）

始建于1772年，竣工于1774年。谢尔皮特主持修建，是为夏特莱侯爵夫人的儿子夏特莱公爵（伏尔泰的朋友）而建的。这座宅第是18世纪末新古典主义建筑的一个典范：主庭院周围为庄严的多利克风格，主建筑共有4个柱廊，柱顶盘极为宏大，楼梯为爱奥尼亚式——这是一种与垂直楼梯相反的风格，其强调水平上的视觉美感，而这种美感因为附属建筑的栏杆而更为突出——这座宅第的附属建筑并未被加高（例外情况）。餐厅和客厅面向花园，现在仍保留着当时的吊顶。

瓦雷纳街

这里拥有巴黎最为深邃的花园。众多宅第中，只有马提农宅第仍然保持着原貌。

毕洪宅第，罗丹博物馆

77号

1728年，由建造波旁宫的奥贝尔和加布里埃尔修建，宅第主人为当时的财政官佩雷克·德·莫拉斯。这座宅第集合了所有巴黎宅第的特点，如在庭院和花园之前建造主建筑。1753年至1788年，这里为毕洪元帅所有，他用自己的名字来命名这座宅第。1829年至1902年，宅第的主人为圣心教堂的修女。修女将宅第内部分之前的装饰出售变现。后来，宅第一楼成为罗丹博物馆，那些内饰又被找了回来，重新用于宅第的装饰（右图，罗丹于1880年创作的《影子》，青铜像）。

华丽、烦琐的洛可可风格过后，出现了新古典主义风格。这是一种借鉴古代艺术的风格。当时人们发现了庞贝城和海克拉农城的遗址，古典风格因此大行其道。18世纪的最后30年，路易十六将这种风格推广到了整个欧洲。圣日耳曼郊区的新古典风格的宅第庄严肃穆，其中有部分建筑较为宏伟，崇尚

马提农宅第

57号（1958年起为首相官邸）

圣日耳曼郊区最漂亮的宅第之一。它与爱丽舍宫和博沃广场一样，具有象征意义，它代表的是政府的最高权力。1722年，由让·库尔托讷修建；1723年，开始由让·马赞接手，费用由丹格利农亲王负责。后来马提农先生雅克·德·古瓦永将宅第买了回来。按照习惯，主建筑墙面应与半圆形的庭院贴合，这种半月形的轮廓便于四轮马车的停放。

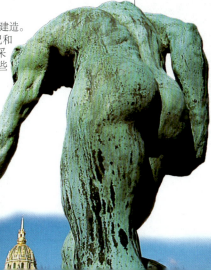

直线、次序，萨姆宅第、夏特莱宅第、罗什舒亚宅第和加利菲宅第均是如此。装修和家具风格也受到新古典主义的影响：直线取代了从前的弧线和各种线条。

建筑墙面（华丽的装饰占大部分比重）、整体平面、椭圆形办公室（庭院边上）的装饰、八边形客厅（花园边上）的装饰都由让·库尔托讷亲自设计。一楼的金色大厅出自马赞之手，大部分装饰都原封不动地保留了下来。1725年，马提农公爵在公园深处，沿着巴比伦街建了一座路易十五风格的小别墅——小特里亚农宫（旁图）。马提农宅第（上图）对面，则是古菲埃·德·特瓦宅第（56号），大门为华丽、漂亮的洛可可风格。

布瓦热林宅第

47号（意大利大使馆）

约建于1787年，由卡尔托建造。这座宅第（下左图）在19世纪和20世纪时进行了扩建、重修。采用了18世纪法国和意大利的一些装饰风格。

加利菲宅第

50号（意大利文化学院）

建于1784年。宅第主人为西蒙·德·加利菲。当时古代艺术正掀起新一轮的流行风潮。宅第的建造者为勒格兰，他的助手则是雕刻家布瓦斯东。

凯瑟琳·拉布雷花园

巴比伦街33号

从前为慈善之女修道院的果园。

外方传教会宅第

巴克街118—120号

约建于1713年，用于出租。两个金属大门由杜潘打造，正对着外方传教会公园以及夏多勃里昂（作家，其在这里度过了生命的最后几年）

的半身像。三角楣上的那些雕像出自图罗之手。

右图为加利菲宅第。1797年，斯塔尔夫人在这里初遇波拿巴

面向庭院的主建筑（之前是朝着巴克大街）气势宏伟，两层楼共有8根爱奥尼亚柱。一楼为接待室，建有爱奥尼亚柱，上面的凹槽饰有眼状物的突角拱。内部曾重新装修过。

塞弗尔—巴比伦

外方传教会修道院

巴克街128号

300多年来，这个修道院一直都在使用。修道院专门培养去偏远国家传教的神父。1658年，法国开始派副本堂神父远赴越南传教，这比法国在越南的殖民统治足足早了200多年。1689年，巴克街124—128号造起了教堂。建筑物正面有两个长方形互相重合，18世纪初的教堂建设经常沿用这种风格，修道院那座宏伟的主建筑则建于1732年。

圣迹圣牌教堂

巴克街136号

"铸造一些这种类型的圣牌。所有带着它的人都会得到圣宠"——1830年，当时的圣牌已经面世，拉维埃热在圣文森德保罗慈善之女修道院对初学修士这么说到。拉维埃热是凯瑟琳·拉布雷的妹妹，1876年逝世，1947年被尊为圣人。这座教堂是圣母玛利亚信徒的圣地，每年11月27日至12月8日都会有朝圣者前来朝圣。

乐蓬马歇

这栋金属结构的建筑物由居斯塔夫·埃菲尔建造。空间极大，通过使用大块玻璃造就了一个自然通透的环境。

"宝塔"

巴比伦街57号

建于1895年，是乐蓬马歇的一位经理为妻子建造的。1931年向公众开放，如今为电影院。该建筑目前关闭，期限未定。

乐蓬马歇

巴克街140号

作为新型商店，乐蓬马歇的扩张极为惊人，1868年，它的雇员达到了400个。波第梅那热收容所毁了之后，乐蓬马歇在1869年至1882年又一次迅速扩张。获得成功之后，阿里斯蒂德·布西科便按照左拉在《妇女乐园》中描写的那样，将乐蓬马歇变成了一家家族企业。

拉内克医院

塞弗尔街42号

之前为癞疾患者收容所，是圣日耳曼郊区第一次扩张的中心。1878年，变成医院。1634年，由红衣主教拉罗什富科建造。同时，还有由加玛尔修建的教堂，该教堂仍保留着原始建筑和钟楼。2000年，拉内克医院成为一个大型的房地产交易中心，只有部分房间可以住人。

遣使会牧师教堂

塞弗尔街95号

遣使会由圣文森·德·保罗（1576—1660）创立。1826年，遣使会建造了这个教堂。教堂内部装饰（右图）一直都没有变动。图上方为主祭坛，那里保存着圣文森·德·保罗的遗体。

蒙帕纳斯

四大洲喷泉
天文台大街
由卡尔波和弗雷米
埃雕刻。

从前那个放荡不羁、神秘的蒙帕纳斯已经不见踪影，现在的蒙帕纳斯呈现出一派繁华的都市景象。虽说蒙帕纳斯的一些地区遭受到了不同程度的损毁，但仍旧是一个大街区。想要更好地领略这里的精华吗？那就去安德烈·雅各布那儿看看吧，他经历过这一切，他能带你回到过去。

历史

亨利二世（1519—1559）时期，帕纳斯山是城市堡垒的一部分。"帕纳斯"这个名字一直到1687年才出现，是当时的学生出于好玩取的名字。当时的帕纳斯山可能是一座小丘陵，也可能是一座垃圾山或者碎石堆。在修筑蒙帕纳斯大道时才被炸毁。这条大道由路易十四（1638—1715）设计，一直到1761年才正式修建。18世纪末，这条路成为一条环境幽雅的步行道：路边种了4排树木，边上坐落着许多带着花园的建筑物。与那条建着诸多修道院的田园圣母街平行。

蒙帕纳斯准备好了

当时人们都说蒙帕纳斯是一个"美妙而又偏远的地方",一些机灵的生意人便萌生了在这里开设乡间舞厅、咖啡舞厅的想法(左页下图,布里埃舞厅)。

早期的舞厅

1853年,格兰德舒米亚舞厅成为一个家喻户晓的名字,这是丁香园咖啡馆极力排挤的一个竞争对手。一直到30年后,这个舞厅的名字才又被那些支持它的机构提起,不过此时的格兰德舒米亚已经成了一个专门培养画家的绘画学院。1814年,人们开始在蒙帕纳斯大街和弗尔大街(拉斯帕耶大街)的拐角跳舞,这里就是后来的瓦凡十字路口——其在100多年后成了选举地和国际艺术的展览地。罗丹的《巴尔扎克像》就放在那里,是艺术同时也是文学的象征。

罗丹的《巴尔扎克像》
初稿。终稿为灰泥雕塑。它是应法国作家协会的委托雕塑的,置于1898展厅。这件作品一度引起了公众的愤怒(罗丹竟然让大文豪穿着一件睡袍!),因而一直到1939年才展出。

早期的名人

蒙帕纳斯之所以吸引了这么多的名人不是因为这里的娱乐设施多,而是因为这些祥和的乡村街道有一种无法言喻的魅力。1826年11月,维克多·雨果(1802—1885)在田园圣母街租了一间房子——一间"真正的僻静小屋"(雨果说)。也是在1826年,流亡的米兰公主贝尔乔约索买下了蒙帕纳斯大街的斯雷讷宅第(18世纪建造),在这里招待逃往巴黎的意大利复兴运动的年轻文学家和画家。后来,她把宅第卖给了著名的斯坦尼拉斯中学。1850年,圣博弗定居在蒙帕纳斯大街16号,他说:"我要在这里度过我的余生。"19世纪末,这个曾经聚集着画家和艺术家的蒙帕纳斯沉寂了下来,成为一个官方街区。杰罗姆(1824—1904)将画室扎在了田园圣母街上;巴尔托蒂(1834—1904)将画室安在了阿萨街和瓦凡街的街角;美国人韦斯特(1834—1904)的住所也位于阿萨街;而荷兰人容金德(1819—1891)则住在蒙帕纳斯街的一幢楼房里,著名的爵士乐队打比也曾在那里住过(1天)。

城市化

蒙帕纳斯的大街上和附近的街道上新建了许多楼房。建于1824年的南方公墓成为蒙帕纳斯公墓,并沿着埃德加·奎内街不断扩建。雷纳广场上的国家铁路车站修建的时间与田园圣母教堂差不多。

丹弗尔-罗什洛广场
古老的丹弗尔广场建于1784年,这是一个在农民课税城墙上挖出的广场。此后克劳德·尼古拉·勒杜在这里建了两栋对称的阁楼。1878年,广场改名为丹弗尔-罗什洛广场——丹弗尔-罗什洛上校是贝尔福的保卫者。巴托尔蒂在贝尔福城堡的内墙上雕刻了一只大石狮,广场正中央摆着一只相同的石狮子,它仿佛正监督着这个繁忙的十字路口的交通状况——这是巴黎采石场,也是地下墓穴的入口。

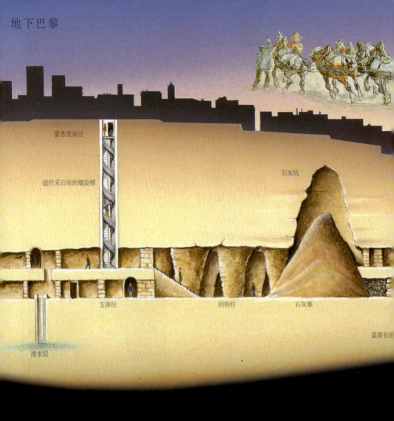

蒙苏里街区

通往采石场的螺旋梯

石灰坑

支撑柱

回转柱

石灰堆

监察长廊

潜水层

巴黎的采石场

巴黎的建筑有部分是采用其地下的石灰石和灰泥建成的。左岸就拥有一条长达300千米的地下长廊。

— 石膏
— 石灰石

右岸开采的主要都是石膏。几乎随处都可以看到石膏采石场。至今仍可以在郊区看到其中的几个石膏采石场（下图）。

底部掏槽

利用长矛划定石块范围

利用楔子敲出整块花岗岩

用滑动的方式拉出整块石头

采石场的监察

频繁的开采会导致地面坍塌。此外，采石场还催生了各种非法交易。为了解决这两个问题。1777年，巴黎市成立了一支监察队伍，直接向纪尧莫先生负责。

早期的采石场监察人员经常在街道、建筑物的右侧刻字，

这样接手工作的人能够得到更多的信息。今天，你可以看到巴黎的许多墙上都刻着密密麻麻的字。

用待接拱石筑成的圆拱监察长廊。由埃里卡和图利创造。

POMP
CLOIT
CHAR

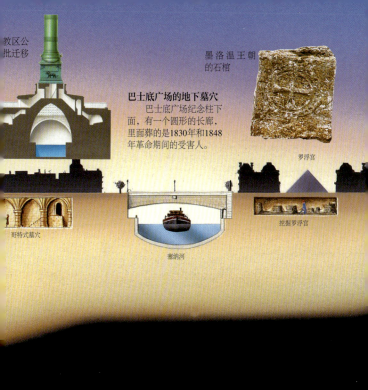

教区公
批迁移

墨洛温王朝
的石棺

巴士底广场的地下墓穴
　　巴士底广场纪念柱下
面，有一个圆形的长廊，
里面葬的是1830年和1848
年革命期间的受害人。

罗浮宫

哥特式墓穴

塞纳河

挖掘罗浮宫

地下室

**圣贝尔纳修道院的
地下室**
　　位于普瓦西街的
圣贝尔纳修道院的食
堂——现为巴黎的警
察分局，其地下有一
个建于14世纪的哥特
式地下储藏室。地下
室里立着32根有柱头
的柱子，用于支撑整
个拱顶。

圣德尼教堂的地下室
　　位于皮埃尔·尼古拉街。地下室里
是原始的圣德尼教堂。

罗马风格建筑遗址
　　1033年，巴黎人
在此地修建了田园圣
母院。1604年，这座
圣母院由加尔默派掌
管，最后毁于大革命
期间，仅存一处地下
室。1802年，修女重
建了一个较小的加尔
默派教堂，并重修了
小堂。1902年，加尔
默派修女离开此地。

**圣叙尔皮斯教堂的
地下室**
　　圣叙尔皮斯教堂
是在旧教堂的基础上
兴建起来的，是圣日
耳曼德佩修道院的一
栋附属建筑。祈祷室
后面有一节楼梯；在
举行教堂展览时，可
通向巴黎最大的地下
室。那里有一个古老
的公墓，还有原教堂
的地基以及古广场的
沉井。

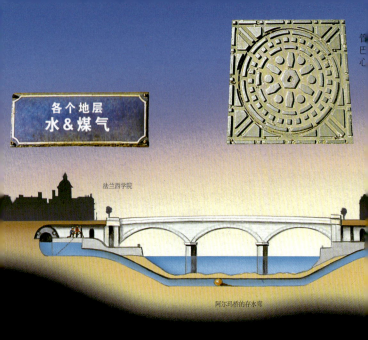

各个地层
水 & 煤气

管巴心

法兰西学院

阿尔玛桥的存水弯

巴黎的供水和供电系统

巴黎的下水道除了排污的作用外，还是供水和供电系统的组成部分：可使用和不可使用的流水、电话线、气压传送线均通过这里的集流管。在巴黎共有两条这样的线路，其中有些电缆用于供应交通灯所需的电量。CLIMESPACE公司致力于生产、安

装制冷设备，该公司的下水道管道网长达55千米。这些管道主要服务罗浮宫片区的建筑，总计面积达25万平方米。

主集流管

次集流管

日常下水道

管道网

巴黎不同区的管道总长为2100千米；水沟沿线约有18000个引水口，每栋楼房底下有63000个污水排放口。

巴黎的下水道

19世纪初，工程师布吕梭建造了第一批现代下水道。1832年巴黎暴发霍乱，市政官员于是决定加快下水道的建设。10年后，巴黎管道总长100千米。1853年，奥斯曼和他的副手，工程师贝格兰大力修筑管道。这两个人修筑的大部分管道至今仍在使用。

巴黎的大部分污水通过管道输送到阿榭兰净化中心，该净化中心位于西北部，距离巴黎市区19千米。

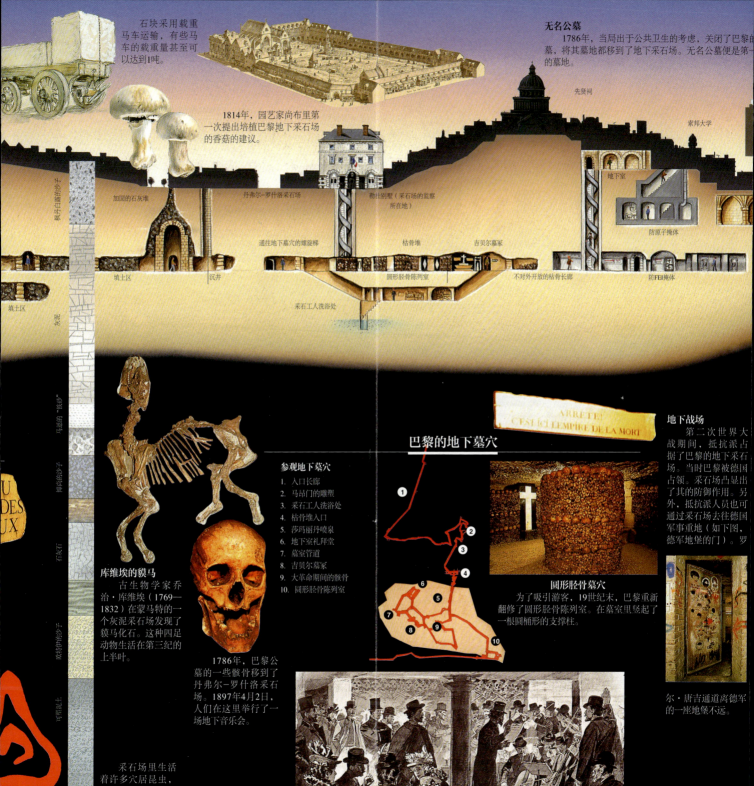

石块采用载重马车运输，有些马车的载重量甚至可以达到1吨。

无名公墓

1786年，当局出于公共卫生的考虑，关闭了巴黎公墓，将其墓地都移到了地下采石场。无名公墓便是第一的墓地。

1814年，园艺家尚布里第一次提出培植巴黎地下采石场的香菇的建议。

先贤祠

索邦大学

地下室

防原子掩体

梯石白蜡虫的梯子

加固的石灰堆

丹弗尔-罗什洛采石场

勒土别墅（采石场的监察所在地）

通往地下墓穴的螺旋梯

枯骨堆

吉贝尔墓冢

不对外开放的枯骨长廊

防FEI掩体

填土区

沉井

填土区

灰泥

采石工人洗浴处

圆形胫骨陈列室

马德兰的"吸砂"

脚侧的梯子

石灰石

欧特里维的梯子

可塑黏土

白垩

库维埃的貘马

古生物学家乔治·库维埃（1769—1832）在蒙马特的一个灰泥采石场发现了貘马化石。这种四足动物生活在第三纪的上半叶。

1786年，巴黎公墓的一些骸骨移到了丹弗尔-罗什洛采石场。1897年4月2日，人们在这里举行了一场地下音乐会。

采石场里生活着许多穴居昆虫，如雪螆。

参观地下墓穴

1. 入口长廊
2. 马昂门的雕塑
3. 采石工人洗浴处
4. 枯骨堆入口
5. 莎玛丽丹喷泉
6. 地下室礼拜堂
7. 墓室管道
8. 吉贝尔墓冢
9. 大革命期间的骸骨
10. 圆形胫骨陈列室

ARRETE! C'EST ICI L'EMPIRE DE LA MORT

巴黎的地下墓穴

圆形胫骨墓穴

为了吸引游客，19世纪末，巴黎重新翻修了圆形胫骨陈列室。在墓室里竖起了一根圆桶形的支撑柱。

地下战场

第二次世界大战期间，抵抗派占据了巴黎的地下采石场。当时巴黎被德国占领。采石场显出了其的防御作用。另外，抵抗派人员也可通过采石场去往德国军事重地（如下图，德军地堡的门）。罗尔·唐吉通道离德军的一座地堡不远。

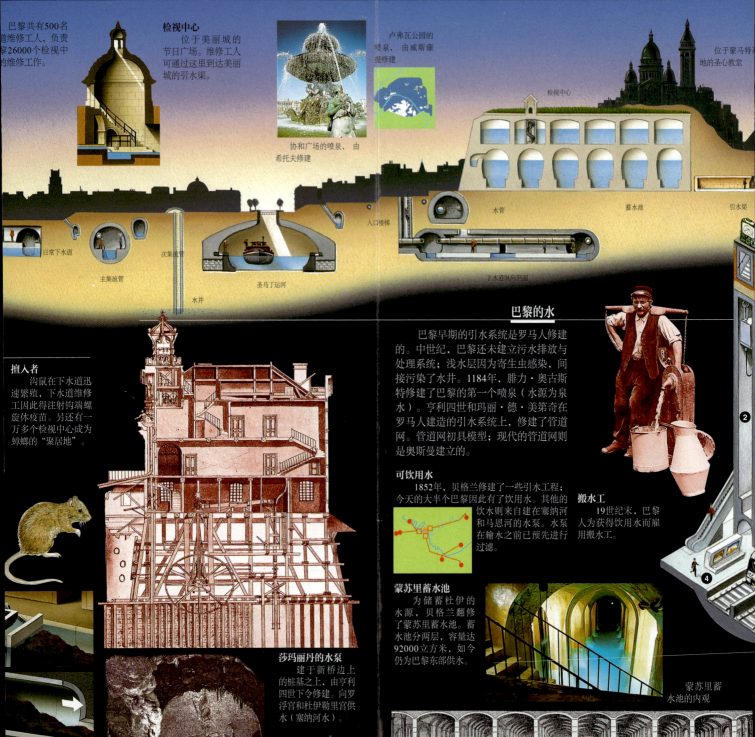

巴黎共有500名下水道维修工人，负责巴黎26000个检视中心的维修工作。

检视中心
位于美丽城的节日广场。维修工人可通过这里到达美丽城的引水渠。

协和广场的喷泉，由希托夫修建。

卢弗瓦公园的喷泉，由威斯康提修建。

位于蒙马特高地的圣心教堂

检视中心

水管　　蓄水池　　引水渠

日常下水道

主集流管

次集流管

入口楼梯

水井

圣马丁运河

下水道纵向剖面

巴黎的水

巴黎早期的引水系统是罗马人修建的。中世纪，巴黎还未建立污水排放与处理系统；浅水层因为寄生虫感染，间接污染了水井。1184年，腓力·奥古斯特修建了巴黎的第一个喷泉（水源为泉水）。亨利四世和玛丽·德·美第奇在罗马人建造的引水系统上，修建了管道网。管道网初具模型；现代的管道网则是奥斯曼建立的。

可饮用水
1852年，贝格兰修建了一些引水工程；今天的大半个巴黎因此有了饮用水。其他的饮水则来自建在塞纳河和马恩河的水泵。水泵在输水之前已预先进行过滤。

搬水工
19世纪末，巴黎人为获得饮用水而雇用搬水工。

蒙苏里蓄水池
为储蓄杜伊的水源，贝格兰翻修了蒙苏里蓄水池。蓄水池分两层，容量达92000立方米，如今仍为巴黎东部供水。

擅入者
沟鼠在下水道迅速繁殖，下水道维修工因此得注射钩端螺旋体疫苗。另还有一万多个检视中心成为蟑螂的"聚居地"。

清理系统
利用有闸门的船清理大型集流管。存水弯的清理则使用清洗球。

莎玛丽丹的水泵
建于新桥边上的桩基之上，由亨利四世下令修建。向罗浮宫和杜伊勒里宫供水（塞纳河水）。

在小说《悲惨世界》中，维克多·雨果把一些情节场景放在了巴黎下水道中。

蒙苏里蓄水池的内观

②

④

塞巴斯托波尔街和里沃利街的交叉路口，底下建有地铁。

11

12

13

14

10

9

8

7

6

5

地铁里的蟋蟀
巴黎隧道温度较高，且为恒温，因而常见蟋蟀。

交通

巴黎地下铺设了诸多管道、线路：电话线、煤气管道、电线、城市供暖管道、水管、下水道。

在更下面的地方则有公路隧道和地铁。另有行车距离较远的大区快铁（RER）以及快速交通。

1. 车辆地下通道
2. 通往大区快铁站的电梯
3. 大区快铁站上层
4. 大区快铁站
5. 地铁（14号线）
6. 大区快铁E线
7. 地铁站

8. 城市供暖
9. 水管
10. 电缆
11. 法国煤气公司管道
12. 邮电局电缆通道
13. 地下室
14. 停车场

序幕

　　20世纪初，蒙帕纳斯成了"立体派的天堂"。街区里到处都是外国的年轻艺术家，他们在这里形成了"巴黎画派"。这个蒙帕纳斯，就如莱昂·保罗·法格所说的"没有围墙也没有门……这里的'第一盏灯'照亮了整个街区，使得蒙帕纳斯在世界上家喻户晓。这盏灯其实是一座老房子，位于马恩大街，约1895年，亨利·卢梭曾在这里住过"（上图，《蛇蝎心肠的巫师》，1907）。

莫迪里亚尼，"蒙帕纳斯之王"

　　越来越多来自中欧，甚至是大西洋彼岸的优秀人才聚集在蒙帕纳斯。意大利画家阿梅代·莫迪里亚尼，1884年出生于里窝那一个家道中落的犹太人家庭，他于1908年来到巴黎，居住在蒙马特。他的身体一直都不太好，所以他又回家乡调养了几个月，后来他又回到了巴黎。1910年，他在蒙帕纳斯定居，那些令他

丁香园咖啡馆

　　自1890年起，保罗·弗尔每周二晚上都会在这里与年轻作家集会。1925年，集会的作家决定要为圣波尔·鲁（1861—1940）举行一个宴会，纪德（1869—1951）在《伪币制造者》中曾描写过这一幕。这个为《镰刀夫人》的作者举行的宴会最终成了一个超现实主义作家的舞台。

扬名立万的作品均是在这里完成的。那些作品名气实在太大，因而在谈到蒙帕纳斯时，总不可避免地要谈到他。

圆亭

这个小酒馆是定居在街区的艺术家的聚会地。大厅里有一个吧台，两侧放着投币电话，每个电话上面都刻着一个瑞士籍年轻作家的名字——布莱兹·桑德拉尔（1887—1961），在那个挂满镜子的后厅里，则有"上千封爱的告白书"。莫迪里亚尼和他形影不离的同伴苏丁（1894—1943）、一个叫藤田嗣治的日本年轻画家（1886—1968，左页下图），还有一些流亡法国的俄国人都常来这里，其中还包括托洛茨基。

多姆

圆亭对面则是多姆咖啡馆，那里有许多露天雅座。多姆咖啡馆是德国艺术家的聚会地，他们都来自斯普雷河畔的慕尼黑学校。

新建筑

在蒙帕纳斯街、拉斯帕耶街（于1906年建成）以及邻近的街道边上建起了许多现代风格的建筑，其中就包括建筑师索瓦的阶梯楼房——那是街区最有趣的房子之一（右图）。蒙帕纳斯的工厂一个接着一个地冒出来，那些19世纪的乡村房屋一幢一幢被炸毁，成了工厂车间。也有些保留了下来，然后便宜租给了那些艺术家。1902年，雕刻家阿尔弗雷德·布歇建了"蜂箱"，这是一栋外形奇特的建筑，租金很便宜，住的都是些年轻艺术家，他们来自世界各地，绘画风格也多种多样。1902年至1939年，"蜂箱"接纳了一批又一批的艺术家：莱热、苏丁、夏加尔、利普契兹、查德金、吉斯兰，这里成了巴黎画派的荣耀之地；同时，这里也因为一笔又一笔精打细算的买卖而累积了一定数量的财富。

283

1914年，一个时代的结束

"蜂箱"是贫困艺术家的聚居地，而蒙帕纳斯的中心在20世纪前10年，迎来的都是些富有的艺术家，如凡·东根。1914年5月24日，他在自己位于丹弗尔-罗什洛街的画室举行了一个奢华的宴会。毕加索在舒乐晒赫街租了一套公寓，那套公寓奢华到令他的朋友们瞠目结舌。1914年7月14日，人们在瓦凡十字路口举行了一个盛大的舞会，那是充满艺术气质而又受人欢迎的蒙帕纳斯大厦的所在地。这个热闹的宴会是那个时代最后的回响。19天之后，也就是1914年8月2日，第一次世界大战爆发，那个欢乐时代还有蒙帕纳斯的英雄时代通通都结束了。

舒乐晒赫街
1911年，毕戈打造了这座现代楼房（5号）的大门。毕加索就住在这条街的5号。这里是他的画室（下图，直到1917年）。

第二幕：疯狂年代

第一次世界大战过后，自1919年起，蒙帕纳斯成了世界各地艺术家的朝圣地，也成了时尚街区，那里的每个人都渴望看见别人，更渴望被别人看见。蒙帕纳斯失去了它的魅力，却获得了成功。

咖啡馆的变身

战后的瓦凡十字路口成了巴黎生活中的一个中心。从前的"圆亭"已经不存在了，它已经不再是小酒馆，一楼那个供客人跳舞的乐池变成了烤肉店和饭馆，留存下来的只有那一个锌质吧台，仅此而已，现在已经无法在这里体验到那种美妙的街区艺术了。"多姆"也变了：它将隔壁房子打通，发展成为一家酒吧，甚至可以说是一间香烟店，里面装饰着红色皮革，那些镀镍的座位则为"装饰艺术"风格，外面有一个巨大的露台。人们每天都可以看到藤田嗣治和他的新婚妻子由纪，可以看到吉斯兰从相邻的约瑟夫·巴拉街走回家，他们仍然是这个街区的荣耀。

号称"垮掉的一代"的美国人则开始在"精英"聚会。这是一个整夜都营业的酒吧。1927年12月20日，那一夜地上结了薄冰，一家装修奢华的新店开张了。那

蒙帕纳斯的"吉吉"
第一次世界大战过后，蒙帕纳斯街区成了乐队的聚集地，如打比乐队，这是一支由美国人创建的乐队。其刚开始驻扎在第一原野街的街角。当时的蒙帕纳斯街区有一间舞厅和一间酒吧，那两个地方的装修均十分怪异，那里有一个尖鼻子的女人"吉吉"，她是蒙帕纳斯无可争议的女王。吉斯兰、曼雷和其他一些画家都曾为她画过肖像。

"圆顶"

饭店大厅十分宽敞，竖立着由当地艺术家雕刻的24根石柱。其地下有一个舞厅，涂着黑色和红色的漆，装饰着许多面大镜子，里面还有两支表演乐队。不过，这里最受欢迎的地方还是那个面朝大街的酒吧。德兰和藤田嗣治都是这里的忠实顾客，他们经常请这里的客人喝酒。

是一栋有着圆顶的建筑物，店名叫"圆顶"，与"多姆"同一条街，而且离得很近。

对于宴会的热情

人们决定要忘记战争带来的伤痛。那些咖啡馆的露台上挤满了各种各样着装奇怪的人，什么年龄、阶层的都有。那些艺术家，突然得到了命运的眷顾，成了新蒙帕纳斯的王者。这里的人们时时刻刻，甚至在不适当的时候，都在组织宴会、舞会。人们在那些著名的地方，如"于布"、蒙帕纳斯大厦尽情玩乐。

第七种艺术

20世纪30年代，蒙帕纳斯街区开了两家电影院。当时的电影可谓是"先锋艺术"。两家电影院一家叫"瓦凡"，位于儒勒·夏普兰街，主要放映苏联和波兰犹太电影——如瓦辛斯基的《恶灵》（1937）；另一家是"拉斯帕耶216号"，巴黎人在那里看到了贝蒂·戴维斯主演的第一部电影《名士殉情记》（1934），约翰·克伦威尔导演的作品，改编自索默塞特·毛姆的小说。

快活街

在那个快活的年代，要看戏剧之类的话就要到快活街，那是一个极其出名的地方，是"热闹"的代名词。那里有扎堆的饭馆，还有许多小摊贩、小酒馆……位于瑟维斯特街和拉罗谢尔街的蒙帕纳斯剧院进行了重新装修，极力迎合大众口味，因此成了戏剧的圣堂；而魔术师加斯东·巴斯的出现，更让这里成了魔术的天堂。"博比诺"被视为流行歌曲的跳板，在这儿唱过的歌很快便能家喻户晓。在这里唱过歌的著名人士有什瓦里埃、达米亚、弗雷赫、科列特·雷纳、皮雅芙、格雷科。

从一个河岸到另一个河岸

建筑师亚尔弗迪森在第一原野街31号建了一座楼房"17号画室"（下图）。该楼房共有4层，都是画室。砂岩外墙，装饰

着许多圆拱，曾一度吸引了米罗、卡尔德、恰科默蒂、马尔斯·恩斯特和康定斯基等艺术家。有许多艺术家纷纷搬离左岸，转而定居右岸，如凡·东根和毕加索。

大西洋花园

这是一座悬在蒙帕纳斯车站上空的花园，让人不禁想起海鲜和大型邮轮。花园里有勒克莱克元帅纪念馆和让·穆兰将军纪念馆。

快活街

这里有许多饭馆和剧院：博比诺、蒙帕纳斯剧院、意大利剧院……

拉斯帕耶街276号

20世纪初，楼房装饰的主题是"一对"：左边雕刻的是早期的恋爱；中间则是爱情的结晶；右边为人生的暮年。

蒙帕纳斯大厦

新建的蒙帕纳斯车站开通TGV大西洋线（高速火车），将巴黎与布列塔尼地区连接起来。车站前有一片巨大的广场，那里建起了蒙帕纳斯大厦。那是一栋高200米，共58层的摩天大楼，外墙铺设茶色玻璃。刚开始建设时非议极大，不过其后来也成了巴黎风景的一部分。那也是一个极高的观景平台，可以俯瞰巴黎。

1940年，帷幔倏地掉了下来

德国占领巴黎，蒙帕纳斯因此受到了极大的影响。许多犹太裔的艺术家纷纷搬离蒙帕纳斯，去寻找更为安全的落脚点。被占领的前几个月，德国军队便冲进蒙帕纳斯，接收街区的咖啡馆，作为己用。4年里，咖啡馆的那些露台上挤满了德国人，就像当时的人们说的"满世界一片绿"。

解放

1944年4月19日，装甲第二师分别从奥尔良大街和蒙帕纳斯大街进入巴黎。装甲第二师的首长勒克莱克和他的参谋部进驻雷纳广场的车站。1944年4月25日，巴黎占领军总司令冯·肖蒂茨在此签署了投降书。蒙帕纳斯街区重生，但却失去了从前的光芒，已被后来居上的圣日耳曼德佩区取而代之。人们以前常去的咖啡馆被征用了，他们只得去寻找那些自由的咖啡馆，而后将他们从前的习惯也带到了那里。

没落

瓦凡十字路口的那些店，如圆亭、多姆和圆顶，虽说都已经自由了，但仍然有许多哨兵把

守，它们失去了往日的光芒，渐渐变得默默无闻。蒙帕纳斯街区的一些老街道保留下来了，但也都没了往日的光芒：蒙帕纳斯大街与卢森堡大街之间的几条街，如那些从前人们常去的约瑟芬·巴拉街、阿萨斯街、维里埃街以及街边上那些19世纪90年代的宅第均已没落。

莱昂·保罗·法格曾说："孤独之神降临蒙帕纳斯，那个金光闪闪、有着空中花园的温柔的蒙帕纳斯逃走了。"为了再看一眼这个衰败的老街区，1947年11月的一天，在法格的葬礼上，人们抬着他经过了这条"巴黎的步行道"，经过他从前经常走的那条街——那条路易十四一直要建的街——最后到了蒙帕纳斯公墓。

现代化

从前艺术家常去的那些地方建起了一栋又一栋的当代建筑。新车站落成、马恩-蒙帕纳斯中心重装以及美式建筑蒙帕纳斯大厦建成，现代化开始在蒙帕纳斯蔓延。早在1934年，拉乌尔·多特里就开始绘制蒙帕纳斯的城市规划草图，自1969年起，纪尧米诺-雷钦托利开始进行重新开发，由此拉开了蒙帕纳斯的城市化序幕。该地区位于卡塔洛涅广场的另一边——玛伊·哈珀喷泉便来自那里，整个重新开发计划一直持续到20世纪80年代。卡塔洛涅广场为圆形，1988年，莫里斯·诺瓦里那在那里建造了两个楼房，与里卡多·波菲在1983年建造的巴洛克住宅相呼应。林荫道的两旁则建了彼此呼应的两栋建筑物：一边是造型简练的纪念柱，另一边则是仿古的圆形竞技场。建筑物的每个墙面都依照整体的城市建筑风格和绿地面积进行装饰。

特拉瓦耶圣母教堂

纪尧米诺街35号

建于1899年，由民众募资捐建。教堂为金属结构，带有一种"工厂"风格。装饰则采用了具有装饰艺术风格的中楣以及当代艺术家的作品。

卡地亚当代艺术基金会

拉斯帕耶街261号

1994年，为了重现蒙帕纳斯的艺术传统，已经搬到右岸的卡地亚珠宝公司委托建筑师让·努维尔为其基金会建造一栋大楼。努维尔建造了一栋颇具现代化气息的大楼，他说："整个建筑结构轻盈，采用了大量的玻璃和精心锤炼的钢，带来一种更为广阔的空间感，使建筑物本身的局限更为模糊，同时也能让那些多出来的部分更为坚固。整个建筑呈现出一种朦胧、渐变的诗意感。这是一座人们期盼已久、可以给人带来欢乐的建筑物。"卡地亚当代艺术基金会的原址为美国文化中心，1826年至1838年，夏多勃里昂便住在这里。他在《墓中回忆录》中写到，他在花园里"种了23株萨洛蒙雪松"；如今的大楼入口处仍屹立着一棵雪松。

蒙帕纳斯公墓

建于1824年，是巴黎第二大公墓。同时也是艺术家和文学家的公墓。1890年，埃米尔·理查德街挪用公墓的19公顷地，将大公墓与小公墓分隔开来。这是一个葬着许多名人的"明星公墓"：夏尔勒·波德莱尔葬于6区；雕塑家、《圣博弗》雕像的作者朱塞·德·夏穆瓦的衣冠冢（下图）则位于17区。查德金、特里斯坦·查拉、赵无极、布朗库西……提起这些名字时，便会回想起20世纪上半叶那个充满艺术、知性气息的蒙帕纳斯。

蜂箱——"表现主义的法伦斯代尔"，蒙帕纳斯的艺术家聚居地之一。这座建筑物由慷慨的艺术家布歇建造，里面住着巴黎画派的许多艺术家。这是一个世界各地艺术家的伊甸园。20世纪70年代，赛杜基金会接管了"蜂箱"。

阿尔弗雷德·布歇

成名于19世纪末。他雕刻的许多名人半身像和美女像均获得了成功，他因此积累了一笔财富，并用它来帮助那些贫穷的艺术家。他买下了靠近沃日拉尔街屠马场的一块地，在那里建了"蜂箱"。

一栋不卫生的楼房

在两次世界大战期间，"蜂箱"受到了一些毁损，也开始没落。20世纪60年代初的蜂箱不过是一栋不卫生的楼房而已，是西蒙娜·达特这类艺术家的热心和勒内·塞杜的慷慨拯救了这栋楼房。"蜂箱"里的画室后来也被列为历史文物古迹。

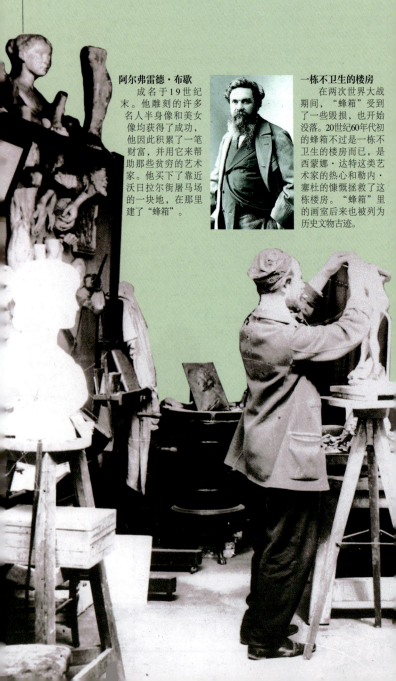

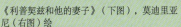

《利普契兹和他的妻子》（下图），莫迪里亚尼（右图）绘
《抱着吉他的水手》（页面中间），利普契兹雕刻
《工作室》，费尔南·莱热（旁图，左侧）

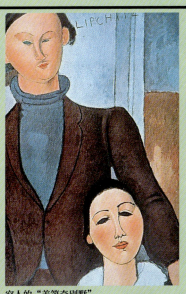

"蜂箱"逸事

　　住在这里的一些"蜜蜂"如夏加尔和莱勒，他们均是中规中矩的艺术家，不过还有一些像苏丁这样的敢于突破常规的艺术家。这是一个夹杂着各种画派的大熔炉。阿梅代·莫迪里亚尼和他的情人让娜·埃布代那也曾在这里住过。

穷人的"美第奇别墅"

　　"蜂箱"里住的都是些悲惨的艺术家。他们之所以来这里，是看中了蒙帕纳斯浓烈的艺术气息以及便宜的租金。住在这里的艺术家有大部分来自中欧，如利普契兹、查德金、布朗库西、苏丁。也有一些法国人住在这里，如费尔南·莱热。他入住之后，许多法国作家和诗人，像阿波里奈、马克斯·雅各布、安德烈·萨尔蒙、布莱兹·桑德拉也纷纷搬来这里。

红酒圆屋（上图）

　　布歇将1900年世界博览会的许多建筑进行回收利用，红酒圆屋也是其中之一。经过修缮后，这栋如同蜂巢一样的多边形建筑成了20多位艺术家的工作室所在地。

一个现代的"蜂箱"

　　位于弗里戈街19号。这是在冷藏库原址建造起来的一批画室。聚集着约250位艺术家，他们也向公众展出自己的作品。

荣军院和战神广场

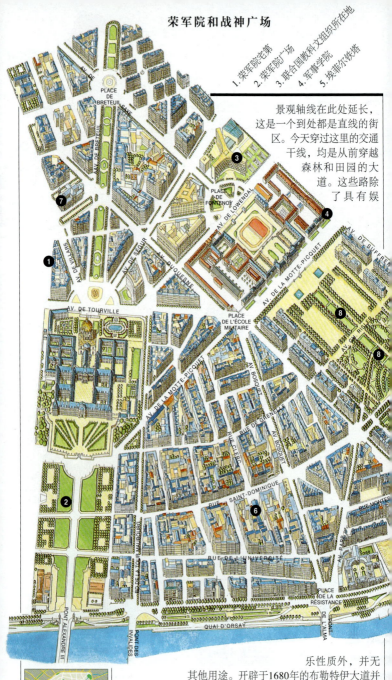

1. 荣军院宅第 2. 荣军院广场 3. 联合国教科文组织所在地 4. 军事学院 5. 埃菲尔铁塔

景观轴线在此处延长，这是一个到处都是直线的街区。今天穿过这里的交通干线，均是从前穿越森林和田园的大道。这些路除了具有娱

乐性质外，并无其他用途。开辟于1680年的布勒特伊大道并没有终点；辟于1770年的塞吉大道通向格勒内勒平原；而位于蒙帕纳斯附近的维拉尔大道则已经不存在了。与它们同时代修建的还有荣军院和军事学院，这是路易十四和路易十五为军队和王室而建的两个大工程。在第一帝国和第二帝国之后的共和国则将荣军院变成了一个神圣之地。另外，还为世界博览会修建了战神广场，那里建造了许多著名的工业建筑，其中最负盛名的便是埃菲尔铁塔。今天的战神广场是巴黎的一个大花园。那些从前是蔬菜种植园、牧场、猎场的地方——也就是现

1天

在的克莱尔街和圣多米尼克街的交叉路口——曾经有一个叫格罗卡乌的村落。该村落的发展与荣军院息息相关。19世纪末巴黎进行城市化改造时,这个村落便消失了。村里的那些洗衣妇,就像米什莱说的"那些拿着洗衣棒的野蛮妇女"远近闻名。

荣军院

继凡尔赛官后的一大工程。这是路易十四为残疾军人建造的,当时修道院有义务接纳这些军人,但僧侣却拒绝接纳他们,走投无路的军人只好去抢劫。

建筑

格勒内勒平原上有一所萨尔贝特里埃收容所,建于1671年,于1674年完工,由贝拉·布吕昂修建。收容所的另一半为宅第,刚一建好便人满为患。建筑物的西翼还没建好,鲁瓦便撤掉了布吕昂,由儒勒·阿尔杜安·芒萨尔取而代之。西翼后来被建成了一个具有双重功能的荣军院教堂:一为军人教堂,供残疾军人使用,于1677年启用;二为圆顶教堂,供国王和他的亲信使用,1706年落成。这个一分为二的空间使用玻璃作为隔断。

军人教堂

通过一楼主庭院的长廊便可进入教堂。中殿有一个筒形拱顶,庄严肃穆,总长70米,没有耳堂,光线十分充足。

帕尔芒蒂埃的实验室

荣军院打开大门欢迎那些有识之士。安东尼·奥古斯汀·

帕尔芒蒂埃——土豆的推广者便是其中之一。他在这里开设自己的土豆实验室,以准备有关土豆食用功效的论文。不过他当时受到了一些顽固派的抵制——荣军院里的修女认为这样会损害住在这里的病人的利益,因为她们认为这些土豆可能会对药剂产生副作用。最终,她们抵制成功——1773年,帕尔芒蒂埃的实验室被取缔。但他依然坚持抗争,他开始在荣军院的花圃里种植土豆。

路易十四带领大队人马参加荣军院教堂的落成仪式,皮埃尔·德尼·马丁绘

拿破仑参观荣军院

拿破仑一世同以往的帝王一样，也懂得关心、爱护老兵。

12650千克的24K黄金

第一方案中，装饰圆顶需要12650千克黄金，切割成555000片。1989年，在这里工作的烫金工人有7～10个。军人教堂极长，两翼均有庭院，而主庭院的边上还有其他建筑物和侧边庭院。护士集中住在病人的右边，即他们的视线外。护士聚集区的对面则为荣军院广场。

在拱顶下悬挂缴获的敌军国旗在帝国时期成为一种习惯。今天我们在教堂里看到的那些国旗均是1814年3月17日之后缴获的敌军国旗。同盟军进军巴黎时，时任荣军院管理人的塞吕里埃将军命人销毁了那些国旗。教堂中殿的地下室里埋着法兰西的将军。该地下室禁止公众入内。墓室里还埋着1789年7月14日攻占巴士底狱的市民的骸骨，另外还有2.3万支火枪和24门大炮。

圆顶教堂

年轻的儒勒·阿尔杜安找到了波旁王室为圣·德尼建造陵墓的草图，这是他的叔祖弗朗索瓦·芒萨尔未完成的建筑。该教堂的构造极其复杂，但穹顶因此获得了最大限度的光线，也因此能够让夏尔勒·德·拉弗斯的画作进行装饰。弗朗索瓦·芒萨尔的侄孙擅长安排建筑物的内部格局，在一个小穹顶之下，他将古典风格的希腊十字架嵌进了一个带有角的炉顶的框架之内，所有的一切都以中央穹顶为中心，从任何一个小堂里均可以欣赏到这个宏伟的穹顶。1840年12月15日，拿破仑一世的骨灰回到法国，圆顶教堂成了拿破仑·波拿巴的墓地。21年后，王室重修芒萨尔教堂。地下墓室的直径为15米，深度为6米，里面有一个芬兰皇帝的陵墓，用红色的斑岩建造而成，由路易·约金·威斯康提设计，建成于1861年。

主庭院周围

整个庭院庄严肃穆。虽说建筑物饰有凸出的檐角，正面凸起部分饰有三角楣，但这丝毫不影响整个庭院的风格。庭院上方有双重拱门，一直延长到修道院和收容所的室内散步场。庭院的左右两边为装修豪华的食堂。中央那栋建筑为宅第的行政人员所使用，长195米，朝向荣军院广场。

一座极其现代化的宅第

附属建筑为残疾军人的住处。残疾军人居住的房间每间有5～6个床位，军官则是1～2个床位。不过，当时这些规则并未正式实施，许多病人都向护士抗议，强烈要求住独立病

房。服役10年及以上的军人可入住宅第。在这里，涛告和弥撒为强制义务，如果因为一点小错违反管理规则的话，便会被惩罚喝水。宅第原先计划接纳1500～2000名残疾军人，1710年入住的残疾军人总数高达3000名。从宅第的运作来说，可称得上是城中城。

工作室

残疾军人也可以在这里工作。荣军院里有挂毯工作室、陶瓷工作室，甚至是书法室和绘画室。凡尔赛的圣经唱谱和研读路易十四书籍的习惯均起源于荣军院。另外，这里还开设解剖课和化学课。宅第的外科医生远近驰名，让·安东尼·诺莱神父在这里做了许多电疗试验。1748年，这种电疗开始用于治疗一些患麻痹症的军人。

没落

拿破仑一世的骨灰入葬荣军院后，宅第成了庄严肃穆的墓地。荣军院宅第同时也是1848年政变的场所。国家的军人急剧减少，住在荣军院里的军人也只剩下80多位。如果没有那些政变，荣军院应该会是一间极为现代化的外科医院；现在的宅第是军事博物馆、比例模型博物馆以及解放勋章博物馆的所在地。

建筑物正面

荣军院宅第入口的圆亭已经出现断裂。圆亭上的三角楣上雕刻着太阳王。

圆顶教堂的绘画

1702年开始绘制，1706年完成，出自多名艺术家之手。绘画主题围绕着上帝和王室。夏尔勒·德·拉弗斯，板岩画（上图）；朱弗内，镂空圆顶上的画；库瓦佩，教堂拱顶上的画；邦·布罗尼，角堂上的画。

一个复杂的结构

芒萨尔设计的圆顶包括两层。第一层的圆顶并不完整，上面挖有一些窗户；第二层为板岩质圆顶，位于第一层圆顶之上。这种双层结构可以获得最大限度的光线。这两个圆顶建得十分精美，人们从地上抬头看的话，并不能看出这是一个复杂的结构。苏弗罗在建造先贤祠时也使用了同样的结构。

战神广场

1751年，路易十五签署了在格勒内勒平原建造军事学院的政令。这片地域面积极大，一直延伸到塞纳河畔，因此得名"战神"。大革命时期，人们在这里举行了诸多大型的庆典：1790年7月14日的联盟节，当时路易十六对着宪法宣誓；1年后，也是在这里，民众押着拉法耶特游行，要求国王下台；1794年6月8日，罗伯斯比尔在这里成为最高指挥官；1804年12月3日，拿破仑一世的军队在这里宣誓，他向军人颁发鹰饰勋章。

世界博览会

第二帝国时期，在战神广场举行大型博览会成为一个传统。继1867年和1878年的世界博览会之后，1889年（大革命百年）的世界博览会也在战神广场举行，这届世界博览会是巴黎举办的最为耀眼的一届世界博览会。该届世界博览会总共吸引了2600万游客。建于战神广场上的埃菲尔铁塔以及由建筑师杜特尔和工程师孔塔曼建造的机器长廊（毁于1909年）均为重要景点。埃菲尔铁塔楼梯长440米，跨度100米，为金属结构，建筑师埃菲尔还大胆使用了钢筋材料。1900年的世界博览会展馆为建筑师埃纳尔建造，同样位于战神广场。位于苏弗兰大街和拉莫特皮凯大街街角的摩天轮一直存续到1937年。

战神广场的修葺

为了修葺战神广场以及筹措费用，巴黎市政府出售了广场周边的部分土地。分管巴黎步行道和植物的主任约瑟芬·布瓦尔将这片区域改建成一个面积达24.3万平方米的公园，此后这里成为巴黎最受欢迎的休闲地之一。

位于埃菲尔铁塔附近的凯布朗利博物馆由让·努维尔设计，2006年6月向公众开放；收藏了来自非洲、美洲、亚洲和大洋洲的诸多艺术品和文物。

军事学院

　　由路易十五广场（协和广场）的设计师雅克·昂热·加布里埃尔设计。工程时断时续，一直到大革命前夕才完成。学院主建筑物为新古典主义风格，跨度极大，从战神广场这头一直延伸到主庭院，这栋建筑物谢绝参观。四角形的穹顶，对应的两面均是一模一样的。刻有骑兵和炮兵碑文的两翼建于第二帝国时期。1777年至1787年，军事学院招收了诸多学生，其中便包括拿破仑·波拿巴。今天这栋由加布里埃尔设计的建筑物除了是法国高等军事学院，还是国防高等研究院和战争经济研究院的所在地。

联合国教科文组织

　　冯特努瓦广场7号

　　主建筑物为"Y"形，于1958年落成，为联合国教育、科学及文化组织的秘书处所在地。由美国建筑师布雷尔、意大利建筑师内维、法国建筑师泽弗斯设计建造，内部则用马塔、阿贝尔、毕加索等画家的画作装饰。

部分绿地：从天空鸟瞰战神广场

新艺术风格的大门

　　这是一个位于拉普大街29号的大门。由儒勒·拉维罗特于1901年设计。门上的曲线也是装饰的一部分。

埃菲尔铁塔

埃菲尔铁塔为1889年世界博览会而建，高300米，是巴黎的象征。居斯塔夫·埃菲尔和他的团队——5个工程师和132名工人，在不到两年的时间里就建起了这座由18000块铁和250万个铆钉组成的巨塔。埃菲尔铁塔本来计划只使用20年，因为科研用途才一直保留了下来。对埃菲尔铁塔的争议一直不断，不过这座犹如黑珍珠般的金属塔却始终人气不减，100多年来，累积接待游客达1.2亿人。2014年秋，铁塔又增加了一项新要素，二楼铺设了一块玻璃板，走在上面犹如走在空中。

迅速的建造过程

地基从1887年1月28日开始施工，5个月便完成这部分工程。1888年3月，4根铁柱接合完毕。埃菲尔铁塔的第一层高57米，第二层高115米，建造这两层时，每月建10米，建第三层的时候速度加快，每月建30米。而在建造之前，部件都已经提前接合好了（高度达5米）。

**居斯塔夫·埃菲尔
（1832—1923）**

一个与众不同的工程师，大型工程承包商。埃菲尔承建了卡拉比（康塔勒省）高架桥、坡尔多高架桥（葡萄牙）、佩斯特车站（匈牙利），另外还设计了自由女神像的整体结构。

颜色不一样的灯光

从1985年开始，埃菲尔铁塔上的灯换成了橘黄色的钠灯。

"埃菲尔铁塔哟，你这牧羊女……"

阿波利奈尔将巴黎的桥比作绵羊，而将这座有上百年历史的铁塔比作牧羊女。埃菲尔铁塔上的景观无可比拟，每天都有成群的游客涌入这座铁塔。为了能够更好地欣赏这座铁塔，可以先走楼梯到一层或者二层，然后坐电梯到三层，这样价格比较便宜，也不会太挤。另外，还可以耐心细致地欣赏巴黎的景观，当然还有这巧夺天工的铁塔。

1949

科研用处

埃菲尔铁塔和其
他世界博览会建筑一
样，最终都是要被拆
除的。为了凸显这座铁
塔的用处，保住自己的
心血，埃菲尔支持人们
在上面建立气象学、空
气动力学实验室。此后
铁塔上又建造了广播站
（1898）、无线电报站
（1921）以及电视广播
站（1925）。

颇有人气的一座塔

埃菲尔铁塔于1889年3月31日竣工。为了亲手将三色旗插上塔顶，埃菲尔爬了1710级楼梯。在6个月的时间里，铁塔日均人流量达12000人次。从埃菲尔铁塔建成到1963年，在这70多年的时间里，它成了诸多作家和画家的笔下之物。

"伊卡洛斯"

1912年2月4日，来自隆瑞莫一个名叫雷谢尔的裁缝从埃菲尔铁塔的第一层纵身跃下……他想试试看自己能不能飞。结果可想而知，57米已经足够令他粉身碎骨了。

⏱ 1天

16区诞生于1860年，由3个乡村组成。是巴黎最优雅的街区之一。这是一个"建筑实验室"，有各种新艺术风格和装饰艺术风格的建筑。这些现代艺术与原有的乡村建筑相结合，更有一番独特魅力。

"每当有空的时候，我便会去谢弗、拉图尔和大卫这几个画家常去的街道散步。"

——阿尔方斯·雷耶

帕西

这是一个小村庄，15世纪时，可称之为庄园。18世纪，王室在这里建造了穆埃特城堡的庭院，巴黎人利用温泉水培育的葡萄创造了财富。大革命期间，这只有6条街的小村庄被划为镇。1825年，帕西平原被分块出售，因此诞生了爱丽舍－查理十世街区，即维克多·雨果广场周边地区。帕西平原的分块出售即巴黎城市化的开端。

哈讷拉夫花园

位于穆埃特城堡遗址。这片邻近豪华街道的三角形绿地是小孩和足球爱好者的天地。1783年，热气球便是在附近的毗拉特德逅思林荫道升空的。在第二帝国时期以前，花园里一直都保留着哈讷拉夫舞厅，在旧制度时期，王室经常去那儿跳舞。附近一些建于美好年代的宅第已经变成了现代化建筑，只保留了包括如今为马莫当博物馆的3栋宅第。

博塞朱尔大街

这个曾经住过雷卡米埃夫人、夏多勃里昂和罗斯尼的地方原先是一片田野。位于大街7号的博塞朱尔别墅一直是一个惊喜不断的地方：这里有3栋巧克力色的枞木屋，是1867年世界博览会遗留的建筑。

巴尔扎克故居位于兰巴勒宅第边上。莫泊桑就是在这所宅第离世的。现在这个宅第为土耳其大使馆。

下图，穆埃特城堡（已经不存在）

帕西街

以前的乡村主干道成了街区最繁忙的交通线。道路依旧蜿蜒曲折，但路旁的那些摊店已经变成了时尚店铺。百货公

1. 马奎当博物馆 2. 无线电大厦 3. 夏乐宫 4. 经济社会理事会 5. 东京宫 6. 加里埃拉宫 7. 吉美博物馆 8. 凯旋门

司弗兰克&菲斯的旧址为路易十五摆放科学仪器的陈列馆。昔日的村政府就建在帕西小广场上，这是一个具有独特乡村魅力的广场。

AV. VICTOR·HUGO
RUE COPERNIC
RUE BOISSIÈRE
AV. RAYMOND·POINCARÉ
AV. D'IÉNA
AV. KLÉBER
PLACE DE MEXICO
AV. PIERRE·IER·DE·SERBIE
PLACE D'IÉNA
AV. HENRI-MARTIN
R. LONGCHAMP
AV. GEORGES-MANDEL
PL. TROCADÉRO
AV. DU PR.·WILSON
BD. EMILE·AUGIER
RUE DE LA TOUR
RUE DE LA POMPE
AV. PAUL·DOUMER
RUE FRANKLIN
RUE VINEUSE
PLACE DE COSTA-RICA
BD DELESSERT
RANELAGH
RUE DE PASSY
PONT D'IÉNA
AV. DE LAMBALLE
DU RANELAGH
RUE RAYNOUARD
RUE DE L'ANNONCIATION
PLACE DU DR HAYEM
SOMPTION
PONT DE GRE

哈讷拉夫剧院
建于18世纪。剧院大厅为新古典主义风格。1900年，瓦格纳的《莱茵的黄金》在这里进行第一次公演。

佩雷兄弟
承包商、建筑师。奥古斯特（1874—1954）、居斯塔夫（1876—1952）、克劳德（1880—1960）都十分推崇钢筋结构建筑，他们的作品为16世纪风格。

下图，富兰克林街25号

帕西公墓
施乐辛舰长街2号
这片公墓位于街区的最高点，绿荫重重，这里葬着德布斯、马奈、女诗人蕾内·维维昂、室内设计师吕尔曼以及画家、女诗人玛丽·巴斯格谢夫，这是一位早夭的才女，她死后出版的《日记》获得了巨大的成功。

夏洛特

小山丘
一直到大革命之前，这里都为宗教用地。有两座修道院：米尼姆修道院（或称波荷曼修道院）以及威斯坦丁修道院（毁于1794年）。1878年适逢巴黎举办世界博览会，这个被拿破仑一世和拿破仑三世炸平的小山丘上建起了达维乌设计的摩尔风格宫殿。1937年，这个小山丘的样貌基本确定。当时的世界博览会（艺术科学博览会）的组织人员将特罗卡德罗广场定为展馆入口。
夏乐宫原址为达维乌宫。东京宫的原址则是昔日生产王室专用地毯的萨沃讷里工厂。

夏乐宫

特罗卡德罗广场

1932年，新特罗卡德罗宫的建设竞标启动。罗马大奖获得者雅克·卡尔吕与路易·伊波利特·布瓦洛和莱昂·阿泽玛组团竞标，最终击败了奥古斯特·佩雷和勒·柯布西耶，获得了新特罗卡德罗宫的建设权。为了不影响到这个街区的居民，3个建筑师决定在原来的达维乌宫上建造新的宫殿。他们不会炸毁整个达维乌宫，而会保留其结构，并在此基础上进行建设。他们延长两边翼楼的长度（与学院派的建筑概念背道而驰），并增建了一座钟楼，维持了建筑群的平衡。这个新的宫殿庄严大气，开口朝向战神广场。建成之后，许多当初不看好这个项目的人纷纷竖起了大拇指。

特罗卡德罗宫

这座由达维乌建造的宫殿原址为昂里埃特·德·弗兰西于1651年建造的圣母往见修道院，在更早之前，这里为凯瑟琳·

德·美第奇的行宫。有许多人都曾打算在夏乐山上建立宫殿，但都没有成事：拿破仑想在这里建造一座罗马王宫；1848年革命时，民众则打算在这里建造一座巨大的人民宫殿。

20世纪30年代艺术风格的融合

1937年世界博览会的主题是"装饰艺术的重生"，为了切合主题，新建的宫殿里总共采用了71幅作品（画作和雕塑）进行装饰，这些作品涵盖了法国20世纪30年代的所有艺术风格。建筑师的困难也随之而至，如何将这些风格各异的作品结合在一起，让它们看起来更为和谐？他们使用了折中主义风格，也因此得到了部分人的批评。

外观

宫殿古典、庄重。地势较低的剧院入口饰有排挡间饰；而博物馆外墙则刻有浅浮雕，这些浅浮雕与位于街边的建筑物相呼应（右边为帕西翼，左边为巴黎翼）。广场、露台、花园和水面上的雕塑均按照统一布局摆放。两个展馆入口的墙面上均有保罗·瓦莱里的题词，这两个展馆前各摆着一尊巨大的青铜像，左边那尊是德拉马尔的作品，右边那尊是萨拉贝左尔的作品。地势较低的广场上则有两尊雕像相对而视，这两尊雕像摆放在平台的石基上，分别是布夏尔的《阿波罗》和坡米埃的《赫丘利》。

剧院

　　其长廊、前厅和楼梯都相当宏伟，也均保留了原来的装饰风格，这些装饰品均出自达维乌时代最著名的画家之手：维亚尔、伯纳尔、鲁塞勒。夏乐宫里有海军博物馆、人类学博物馆、巴黎建筑与文化遗产城、夏乐国家剧院（仍旧保留着原来的休息室）。

《生命的乐趣》，莱昂·德里埃，特罗卡德罗公园的雕刻群像

东京宫

威尔森总统大街11—13号

　　巴黎市政府决定要为1937年的世界博览会建造一座现代艺术博物馆，由建筑师佟戴勒、奥贝尔、维亚和达斯图戈组成的团队赢得了这次的竞标。他们根据光线确定了整座建筑物的轴向；另外在内庭院周围建造了一个柱廊，将两翼的国家现代艺术博物馆和当地艺术博物馆东京宫（于2002年开放）连接起来。建筑师瓦萨尔和拉卡东设计的画室别具一格，陈列着最具个性的当代艺术品。两翼的展厅均能获取自然光线（建有天顶）。博物馆内部没有太多的装饰，庭院的装饰相对更为丰富：水池里立着布尔代勒的作品《法国》，另有《力量》和《胜利》立于回廊两端。而戈蒙和鲍德里雕刻的排挡间饰、雅尼欧的浅浮雕以及德让、德里维埃、盖诺的斜插画则使得整个庭院的装饰更为完整，那些青铜门亦是十分优秀、突出的装饰品。

国家人民剧院

　　1920年，由人民剧院的倡导者费尔曼·盖米埃建造。夏乐国家剧院的前身，位于达维乌宫(在未并入新特罗卡德罗宫的大厅之前)，由尼尔曼兄弟建造。让·维拉将这里打造成了法国戏剧的第一个舞台，杰拉尔·腓力和让娜·莫罗等演员的出现则使这个舞台更为活跃。1951年至1963年，巴黎掀起了一股古典风潮，克莱斯特、布莱希特、奥凯西也都成了家喻户晓的名字。

16区：欧特伊

RUE DU RANELAGH
RUE DE RANELAGH
RUE DE LA FONTAINE
RUE GROS
BD DE MONTMORENCY
BD SUCHET
AV. MOZART
AV. THÉOPHILE-GAUTIER
RUE POUSSIN
RUE D'AUTEUIL
RUE DE REMUSAT
PLACE DE BARCELONE
AV. FLORIAN-CAVL
RUE MOLITOR
RUE BOILEAU
RUE BOULANGER
RUE CHARDON-LAGACHE
RUE MIRABEAU
RUE LIVILLE
BD MURAT
RUE MICHEL-ANGE
BD EXELMANS
RUE DU GÉNÉRAL-DELESTRAINT
BD DE VERSAILLES
BD JEAN CARIGLIANO
PONT MIRABEAU
PONT DE GRENELLE

PORTE DE SAINT CLOUD

吉美博物馆

参看《巴黎的博物馆》。

欧特伊

从11世纪一直到大革命，欧特伊都为教会用地。这个小村庄由盖诺费凡两兄弟掌管，因葡萄种植闻名。历史的原貌保留得十分完整。14世纪，它有部分土地划归布洛涅村。3个世纪后，又有部分划归帕西村。除了离政治中心较远，欧特伊还拥有丰富的温泉资源，这便是其魅力所在，因此吸引了不少名艺术家前来，如莫里哀、拉辛、布瓦洛，还有一大批立体派画家，以及夏多勃里昂、波拿巴和马塞尔·普鲁斯特等人。欧特伊与帕西一样，均于1860年并入巴黎。

拉封丹街17号的咖啡吧

这个咖啡吧是一个特别的地方，它朱红色的大门一直以来都没有变过。而内部的装饰也遵循原貌，

未做任何改动，那些装饰玻璃因年代已久而布满小点。

拉封丹街

普鲁斯特出生于拉封丹街93号，不过这条街早在普鲁斯特成名前便已经家喻户晓。这条主干道边上有吉马德设计的楼房。

贝兰杰城堡

新艺术的代表作，为廉租房，原貌保持完整，始建于1895年。当时，这片地方只不过是欧特伊的一个偏远小村庄，厂房、仓库林立。吉马德大量使用了玻璃和马赛克元素，建造了多个阳台。尽管预算十分有限，但他仍不肯草草了事。吉马德去找资助者弗尼埃夫人协商，夫人同意他按照自己的想法去做。他在庭院周围造了3栋楼房，这3栋楼房为非对称结构，并建有挑头、瞭望台等。吉马德使用的材料

十分多样：砖头、生铁、陶土、磨石粗砂岩、方石等，又运用了多种颜色，黄色、红色、米色和蓝绿色，以此突出建筑物的轮廓。当时的石头属高级建材，价格也相对较高，只用于大工程和主墙面。外观装修较为丰富，其大量采用了新艺术风格的曲线。室内设计极富创造性，吉马德不断地创造条件以使房间能够获取最佳采光，他也使整个空间更具有可塑性，能与整栋建筑融为一体。贝兰杰城堡集合了各种稀奇古怪的元素：有一些画在纸上的日本式炉灶；铜门上安装着跟拳头一样大小的按钮，是黏土做的。贝兰杰城堡获得了巴黎市首届建筑物大赛大奖，它无疑是吉马德职业生涯的丰碑，但同时也是争议所在。

另类的庄严

　　拉封丹街还有其他吉马德的作品，从这些作品中，可以窥见吉马德风格的变化。贝兰杰城堡建成约15年，严肃的建筑风格开始大行其道。拉封丹街17号、19号、21号，阿加街8号和10号，格罗街43号的建筑物均是吉马德的作品，从这些建筑中可以知道吉马德不仅是一个建筑师，更是一个推动者。原本他计划要建11栋建筑，但最终只建了6栋。吉马德还是跟从前一样，注重细节：格罗街和拉封丹街上的店铺门面均是他亲自设计的，阿加街的招牌以及门牌号也出自他的手。梅扎拉宅第（60号）是巴黎大学的学生必须参观的景点，这是吉马德少数的几座保持原貌的建筑物之一。内部装饰均围绕着中央大厅展

开，该大厅安装有玻璃天顶，采光极佳，并配有一个带楼梯的长廊。这座宅第建于1866年，为孤儿院，这些孤儿可在这里接受手工特式培训。总体来说，这是一栋不规则的新哥特式建筑，它还有一个花园。花园里有街区唯一的电影院，经常有各种各样的人出入。

摄影大楼

65号

　　亨利·索瓦(1873—1932)风格多变，难以确切地划定他所属的派别。在他进行阶梯楼房的研究之前，他是新艺术运动的拥护者。这栋摄影大楼是亨利·索瓦的早期作品。特点：建筑宏大；外墙采用冷色系的瓷砖，通过瓷砖的几何构造突出建筑物的轮廓。

赫克多·吉马德
（1867—1942）

　　曾在美术学院学习，之后又在此任教，是荷塔和维欧莱·勒·杜克的追随者，比利时新艺术运动的领导者。其早期

的作品独具匠心，但令人难以理解。不喜欢吉马德作品的人，通常会贬低他的风格。他的这种新艺术风格在巴黎郊区和16区的许多楼房里体现得淋漓尽致，他在设计家具和路边建筑物（书报亭等）时也渗透了这种风格。他后期的作品则受到了"装饰艺术风格"的影响，反应平平。吉马德逝世于美国。

1882年的政令

19世纪，时任塞纳河省省长的奥斯曼颁布城市规划条例，终结了巴黎建筑的自由时期。不过，这个时期建筑师可在巴黎楼房上建造凸窗。

布瓦洛别墅

莫里托街18号

1830年，欧特伊大部分的土地开始分块出售。这为欧特伊私人别墅的建造提供了土地基础。布瓦洛别墅便是布瓦洛在养病之时建造的。1838年，印刷厂厂长勒梅斯埃购得欧特伊南部的一块土地，他在那里建造公园，铺设街道并修建了一些宅第。政府严格的政令给这片地区带来了安静、祥和的气氛。勒梅斯埃之后在普桑街12号建造了蒙莫朗西别墅，原址为布弗雷别墅。

欧特伊广场

原址为欧特伊公墓。位于欧特伊圣母院对面。整个公墓只剩下一块方尖碑，这是大法院院长阿戈索的墓地，他是法国立法的改革者。欧特伊圣母院始建于1319年，1877年由沃德赫梅按照罗马-拜占庭风格进行翻修。

欧特伊街

在这条烤肉店和杂货店林立的街上，仍然可以看到建于17世纪的普谢宅第（16号）以及维里埃尔宅第（43—47号）。这座宅第曾经是沙克斯元帅和喜剧演员玛丽·德·维里埃尔（乔治·桑的先祖）的情人们的住所。在这条昔日的大街上，仍可以找到不少文雅的地方。这种文雅来自那些哲学家和作家，17世纪时，他们纷纷远离巴黎的喧嚣吵闹，躲到了欧特伊这个清静的小村庄。

欧特伊的文学街

拉辛在让·巴蒂斯特·塞高中（11号）对面的房子里写出了《讼棍》；莫里哀在街道2号的房子里（如今已不存在）写出了《晚宴东道主》，这栋房子应该一直存续到了1772年。他们两个人经常在穆东布朗旅馆宴客，这个旅馆现在是一家餐厅（40号）。布瓦洛、拉封丹、拉尚普雷、塞维涅夫人都是他们的常客。1763年，莫里哀去世。此后，欧特伊的本堂神父便一直陪在他的遗孀阿曼达·贝拉尔左右，她当时是路易十四跟前的红人。当时法国的喜剧演员均被教会驱逐，但路易十四恩准他们把莫里哀葬在基督教的墓地里。

爱尔维修夫人沙龙

约在1720年，欧特伊街59号建起了一栋房子，并于19世纪末进行翻修，启蒙世纪的重大事件均与这栋房子有关。1772年，哲学家爱尔维修的遗孀从画家昆丁·德·拉图尔的手中买下了这栋房子。她曾在这里招待过狄德罗、孔多塞、达朗贝尔、谢尼埃、塔列兰、夏多勃里昂以及美国后来的两位总统杰弗逊和亚当斯。当时的本杰明·富兰克林和图戈均已80岁，他们也都向爱尔维修夫人求过婚。

爱尔维修夫人晚年一直生活在这里，1800年她在平静中辞世。

科克城堡

与欧特伊街59号仅一墙之隔。这个城堡是路易十五的秘密基地。路易十五醉心于植物研究，于是他便在城堡里开辟了一块极大的苗圃，也就是今天的欧特伊花园所在地。这栋别墅1862年被分割成几部分，散布于今天的米开朗琪罗街、埃朗杰街和莫里托街。

布伊街

尽管街边竖立着一些带有怪面饰的白色楼房，但仍旧是一条极富魅力的街道。布伊街6号是奥普兰·德古热的故居，她是法国的女权主义者，1793年被送上断头台。

勒·柯布西耶
（1888—1965）

瑞士裔法籍画

家、城市建筑家，现代建筑的大家之一。他的藏品陈列于拉罗什别墅（上图）。

勒·柯布西耶基金会

布朗什博士公园8—10号

勒·柯布西耶对这片难以建造建筑物的土地进行了整体规划。1924年，他修建了两栋连体房屋（如今的勒·柯布西耶基金会所在地），一栋献给他的哥哥阿尔贝·雅讷雷（8号），另一栋则献给他的朋友拉罗什（10号）。这两栋房子均有打木桩，并建有屋顶平台等，整个设计、建筑物正面均为典型的勒·柯布西耶风格。

马莱·斯蒂文斯街

1927年落成，主要由罗伯特·马莱·斯蒂文斯设计建造。在部长和两位省长的斡旋下，这里的业主同意整体分块出售土地。街道沿线建有5栋私人宅第，光滑的白色墙面上挖有楼梯和凹槽。每栋房子均是独立的，但房间轮廓、大小一致，使用材料也相同。建于同样的墙基之上，建筑物上的平拱、街边的路灯则让这些房子更趋于同质化。街道12号则是建筑师事务所，街道10号则是雕刻家诺艾勒和冉·马尔代（1896—1966）的工作室。

凯旋大道

景观轴线

连接协和广场和拉德芳斯凯旋门的景观轴线长达

⓵ 1/2 天

3个凯旋门

1806年，拿破仑下令兴建卡鲁塞尔门和凯旋门。1882年，杜伊勒里花园被焚毁，一条经过这两个门的景观轴线形成。另一个则是拉德芳斯凯旋门（或称"新凯旋门"），拱门开口极大，凯旋大道因此延长。

昔日的月亮公园

毁于1780年的勒科利塞公园，树立了在花园和大街上玩乐的传统。许多人都被这些咖啡、马戏团、烟花吸引。这些活动消失于19世纪。

7千米。这条轴线的建立先后经过3个世纪，前期主要由勒诺特尔建造。1664年，路易十四命这位皇家花园的管理员重新设计杜伊勒里花园的花圃。于是，他便开辟了一条中央大道，从公园一直延伸到香榭丽舍大道的圆形广场，轴线中途并未建造其他建筑物（协和广场是之后才增建的）。整条轴线畅通无阻，因此，国王在杜伊勒里宫远眺时，视野极为开阔。

荣耀之路

　　通向诺曼底旧路，长度为圣奥诺雷郊区街的2倍。刚开始修筑这条路时并未考虑其交通作用，只当其是一条纯粹的景观大道，18世纪，这条路一直延伸到纳伊。1982年，拉德芳斯开始翻修，这条景观轴线也因此变得更为完整，更加壮观。轴线上的景点：协和广场、凯旋门、新凯旋门、马约门，东面则有罗浮宫的玻璃金字塔。这些建筑物的面积取决于它们与其他建筑物之间的距离。

　　这条从星形广场一直延伸到新凯旋门的大道是一条景观大道。若这条大道从拉德芳斯再延伸下去，将会把南泰尔地区分隔开来，因此必须在拉德芳斯段做出一点改进。整条轴线十分平坦，只有星形广场到协和广场的这段路有一个坡度。从1919年开始，这条荣耀之路就成为每年国庆阅兵（7月14日）的必经之路。

现代玻璃

　　香榭丽舍花园历史悠久，而香榭丽舍大道和周边建筑物直到19世纪才重新绽放出光芒。当时巴黎正在西扩，而它也成了一个新晋的"奢侈之城"——私人宅第不断地拔地而起。协和广场到星形广场的这段路是散步的好去处，娱乐活动也十分丰富。虽说住在这附近的人少，但来的人却很多。这里的许多娱乐设施（夜店、饭店等）紧紧地抓住了人们的眼球：马比耶舞厅、丽都、大使咖啡馆、富格餐厅、拉朵嫣餐厅、快餐店，还有各种各样的电影院。香榭丽舍花园和大道树立了巴黎的另外一种传统：明亮的窗玻璃、工业建筑风格的楼房等。而拉德芳斯的景观则与整条轴线上的景观不一样，它完全颠覆了传统风格。如今住在巴黎郊区的人比市区的人多多了，因为这里视野更好。

国家的胜利

　　香榭丽舍大道是法国的荣耀之路。人们聚集在这里迎接拿破仑一世，迎接维克多·雨果的遗骸，迎接解放，迎接1998年的世界杯。戴高乐将军写道，香榭丽舍大道"一直都是法国人的荣光与骄傲"。

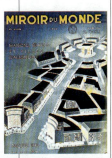

Le fontaine nord, la Navigation fluviale

方尖碑

路易·腓力一直想打造一块"没有任何色彩"、没有革命意义，也没有皇家象征意义的石碑。这块埃及的方尖碑（卢克索方尖碑）便是如此。1836年，在巴黎20万人的见证下竖立起来。

协和广场

为摆放路易十五雕像而建的广场（该雕像只在那里放了30年）。它是开放式广场，打破了以往皇家封闭式广场的传统。国王的首席建筑师雅克·昂热·加布里埃尔采用日耳曼·博弗兰的方案，只在协和广场的一边建造建筑。加布里埃尔在广场上植树，赋予了广场"自然的味道"（这在18世纪是十分罕见的）。

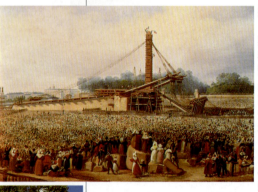

拥挤的广场

广场上有8尊维纳斯雕像，每尊雕像下都有一个岗亭。在旧制度时期，协和广场是举行庆典的场所，而近代的协和广场却变成了一个血腥广场。处置路易十六的断头台便放在这里，断头台之后又陆续处决了丹东、罗伯斯比尔。加布里埃尔建造的建筑物深受罗浮宫柱廊的影响，均十分宏伟。东边为海军服务处，海军宅第仍旧保留着18世纪和19世纪的装饰和家具；西边则为皇家街，那儿的克里翁酒店是巴黎最奢侈的酒店之一。19世纪30年代，希托夫主持整修，协和广场大致形成了现在的规模。希托夫在方尖碑的两边建造了2个喷泉，并在喷泉里放置了一些以船首图案装饰的纪念柱，船首便是巴黎城的象征。

《马利的骏马》，库斯图作品。1794年开始置于花园入口

HÔTEL DE CRILLON

香榭丽舍花园

香榭丽舍大道是为国王而建的一条景观大道。这样，国王从杜伊勒里宫便可以欣赏到十分壮美的景色。这条大道边上有一些林下灌木丛，还有一些少男少女们常去的小咖啡馆。在大革命时期，这些花园成为骄奢淫逸的地方。那时候的人们对酒和快乐有一种近乎贪婪的渴望。第一帝国结束之后，俄国军队和普鲁士军队在这些花园里驻扎了2年，几乎将花园里的植物破坏殆尽。这条欧洲人气最旺的步行道没落了。

花园的第二次生命

19世纪三四十年代，希托夫整修协和广场的同时，也整修了这些花园。这片地区因此焕发出全新的光芒：他在花园周边竖立了路灯，并且建造了7个喷泉和一些楼房（只有拉朵嫣和洛朗仍旧保存完整）。剧院、杂技场、布景舞台和咖啡馆重新吸引了人流。夏天杂技场（已经消失）的音质效果极佳，用于举办各种各样的音乐会，尤其是由柏辽兹指挥的音乐会。奥芬巴赫剧院是巴黎首屈一指的意大利剧院，但马里尼剧院后来居上，将它挤下了龙头宝座。当时，十分流行布景舞台：将布一块一块拼接起来，让观众置于中央，呈现给他们一个360°的全景舞台。希托夫的布景舞台上演的第一部戏剧是《莫斯科的火灾》，第二个布景舞台则是达维乌于1860年建造的。而在"世界全景大圆球"里，人们可以近距离地欣赏地球上的海洋和大陆。

街道拐角——音乐来临

1859年，阿尔方将花园改建成了英式花园：他建造了错落有致的假山以及蜿蜒的小道，完全颠覆了之前"四方形"的花园。香榭丽舍附近地区舞厅多，因而音乐也多，而19世纪末和20世纪初流行的咖啡馆-音乐厅则将音乐推向了另一个潮流。伊芙特·吉贝尔、蜜丝婷瑰、莫里斯·什瓦里埃均是大使咖啡馆的明星歌手。1880年马里尼剧院兴建，1898年爱丽舍别墅兴建（即现在的勒诺特尔爱丽舍），而于1931年兴建的大使别墅则是最年轻的剧院（今为卡丹艺术中心）。如今的花园里入驻了许多大型饭店，还有两家剧院（圆形广场和马里尼），另外便是集饭店和剧院于一身的卡丹艺术中心。

拉朵嫣别墅

这栋魅力非凡的别墅又恢复了其原先的颜色。建于1848年。大皇宫沙龙里的许多画家以及许多著名的作家均是这里的常客：福楼拜、莫泊桑、左拉常在这里吃晚餐；而纪德和科克托则在这里创立了《法国小说评论》。1993年，阿尔特曼在这里举行了高级成衣时装表演。

雷诺-巴洛特，一个传奇剧院

让·路易·巴洛特和玛德莲·雷诺是法国舞台剧界的一对传奇夫妻。20世纪80年代初，他们创建了圆形广场剧院。在此之前，他们一共经营3家剧院：马里尼、奥德翁和奥赛。圆形广场剧院的原址为19世纪末由达维乌创造的布景舞台，建筑物为木结构。

大皇宫

大皇宫
长240米，高45米。自落成之时便引发争议不断，人们批评建筑师用外墙那些饰有雕像的石柱来隐藏其为金属

世界博览会本为展示工业和技术进步的平台，慢慢也发展成艺术的舞台。1900年世界博览会举办之时，用于"展示法国灿烂艺术"的小皇宫和大皇宫取代了1855年为第一届世界博览会建造的工业宫，成为世界博览会主展馆。大皇宫（温斯顿·丘吉尔大街）设置了秋天厅，1906年用于展览高更的画作，1907年则是塞尚的画作；独立厅，最具颠覆性的展厅，同时也是装饰艺术博览会的一部分。1925年，在这里展出了装饰艺术风格的作品。经过修缮后，于2006年重新对外开放；用于

结构的事实。大皇宫内部则采用涡旋形和叶涡旋的金属装饰，一片一片地叠在结构之上，打破了使用生铁装饰的传统。这种将结构与装饰融为一体的设计便是新艺术的精髓所在。

承办一些临时展览和大型展会，如国际当代艺术博览会（FIAC）。自1937年开始，探索宫设在了面朝富兰克林·罗斯福大街的翼楼，探索宫里陈列的是各种科技成果，公众能够在这里亲身体验天文学、生物学、医学、化学、数学以及地上科学的各项成果。自1902年起，小皇宫为各大城市的艺术品的汇集地，其穹顶与先贤祠的穹顶有些相似，高高的大门镶着金色的铁条，宫殿里装饰着各种雕塑，魅力十足。

弗朗索瓦一世街区

建于1823年。继承了古典公园的特质，为星形的辐射状街区。该街区并未取得开发者预想中的成功，大约在1830年，维克多·雨果住进了让·古戎街唯一的一座房子里。街区的大规模建设发生在第二帝国时期。约1865年，弗朗索瓦一世广场上竖起了两栋优雅的宅第：克莱蒙·托内尔和维尔格里。这两座宅第面对面，簇拥在达维乌喷泉两边。

慈善市集的大火

圣母神慰小堂（让·古戎街23号）是为纪念慈善市集上的遇难人士而建的。慈善市集是一个网罗上流社会人士，拍卖慈善物品的市集。那场大火共导致125人罹难，其中120名为女性。这场火灾使巴黎的一些男性变成了鳏夫。

蒙田大街

大街上有各大品牌的衣服店、珠宝店、香水店，是整个街区里最奢侈的一条大街，街上诸如雅典娜广场酒店（23—27号）这样的建筑均值得驻足停留。街上还伫立着香榭丽舍剧院（13—15号），建于第一次世界大战前。这座剧院让整个街区立于潮流前端，也为公众提供了一个有音乐、可以跳舞的地方。装饰：外墙上的浅浮雕为布尔代尔的作品，另有莫里斯·德尼、维亚尔和鲁塞尔的画作。这里上演的剧目也是前所未有的新颖：南丁斯基的《春天的诅咒》，引起了极大的争议。除此之外，还上演了各种政治作品，从理查德·施特劳斯到布莱，剧目十分丰富。

纳比风格的穹顶

香榭丽舍剧院大厅的穹顶上（左图）有4幅纳比派画家莫里斯·德尼的画（《音乐的历史》）。

313

让·吕克·戈达尔导演的
《筋疲力尽》中，让·保罗·
贝尔蒙多和珍·茜宝在香街
散步。

香榭丽舍大道

　　香榭丽舍大道，巴黎人称之为"香街"，它究竟是不是"世界上最漂亮的大街"呢？也许在美好年代的时候是吧，那时的道路边上有许多气势雄浑的建筑物，还有许多奢华的酒店。尽管现在的香街商业气息过于浓重，但它仍旧是一条美丽的大街。1994年，巴黎市政府对香街做了一些调整，开辟了一条"城市家具"之路。20世纪初的香街并未成为一个奢侈之地，而又变回了那条魅力独特的步行长廊。

香街简史

　　香街的历史也不过才一个多世纪。17世纪的香街只是一个圆形广场，之后延伸到星形广场，于18世纪末拓展到纳伊。1800年时，街上只有6栋房子，之后的几十年里，香街陆陆续续添了一些建筑物。19世纪中期，第二帝国同意将巴黎划分为两部分：富裕巴黎和贫穷巴黎。香街纳入巴黎西部，成为"奢侈之城"的一部分。街上只留下了几栋私人宅第，如帕伊瓦宅第（25号）。香街真正的巨变发生在20世纪初。1900年投入运行的首条地铁线路通到香街。香街上陆续建造了许多大型酒店，如1897年的爱丽舍酒店（103号，之前为银行），克拉里奇酒店（74号，居民楼改建）。奢侈品店也纷纷入驻香街，如建于1913年的娇兰香水店（68号）。

一条全新的街道

　　20世纪20年代，香街上建了许多汽车展示中心。雷诺工厂（53号）和C42（42号）均获得了成功。20世纪30年代开始兴建办公楼。

　　如今的香街上仍有两栋那个时期造的办公楼，一栋位于52—60号，一栋则是101号。在这10年里，香街成为影片的放映地。每年，人们都会在富格餐厅（99号）观看恺撒电影奖。香榭丽舍大道的拱廊约建于1925年，风景依旧美丽。这条拱廊又叫"丽都拱廊"，那里有一间巴黎最出名的小酒馆（如今位于116号），拱廊里有许多玫红色的大理石柱，还保存了莱俪的原始灯具。

帕伊瓦宅第

　　戴雷兹·拉什曼有许多情人，她可以称得上第二帝国时期最为"放荡"的人之一。她后来成为帕伊瓦侯爵夫人。1852年，她邂逅了富可敌国的基多·亨凯·凡·多内梅克伯爵，

这位多金的伯爵根本不在乎钱财，他为侯爵夫人建了一座巴黎最为豪华的私人宅第。宅第的装饰均出自名家之手，如达鲁·卡里埃·贝勒兹和保罗·鲍德里（歌剧院大厅的天花板亦是出自他手）。宅第至今仍保存着极为奢华的缟玛瑙楼梯。

香榭丽舍大道：皇家的观景大道

　　巴黎有许多景观大道，香街也是其中之一。从这里便可以感受到当代巴黎和世界巴黎的味道。阳光灿烂的日子里，香街的一边游客成群，国际名牌店绽放出诱人的光芒；而对面的街道也同样迷人，除了那些露台和雄伟美丽的建筑物外，还有它自己的味道。凯旋门是11条景观大道的汇集点，登上凯旋门顶端，景色便尽收眼底。

凯旋门

巨大的凯旋门
单拱门，气派雄伟，为景观大道的终点。

1806年，拿破仑下令兴建凯旋门，不仅是为庆祝法国军队取得的胜利，也是为"彰显法国雕塑10年来的成就"。凯旋门竣工于1836年，气势雄浑。维克多·雨果说："这是一堆象征荣耀的石头。"这个大拱门凝聚了19世纪上半叶伟大艺术家的心血。凯旋门是一个荣耀之门：第二次世界大战的胜利者和解放军队通过凯旋门；每年7月14日国庆节的阅兵队伍也都通过这里。

胜利的大象
从1722年开始，便有不少建筑师为星形广场的修缮提出各种各样的方案，而其中也不乏一些奇怪的方案。1758年，一位建筑师提议在这里建造一个大象喷泉。

国家的荣耀
1840年，拿破仑的骨灰经过凯旋门；1885年，维克多·雨果的灵柩停放在由夏格林设计的凯旋门下供万人瞻仰。凯旋门建成后3年，其顶端增建了一辆灰泥质的四轮马车；次年马车被毁，之后便一直没有再重建。1921年，凯旋门下建起了一个无名烈士墓。

《抵抗》
路易·腓力时期的首相阿道夫·梯也尔是艺术品爱好者。从某种程度上来说，他个人影响了凯旋门的艺术风格。靠近纳伊那面墙上的高浮雕便是埃戴克斯的建议。

《胜利》
拿破仑《胜利》浮雕的作者科尔托也属浪漫主义雕塑家。当时他们努力地要复兴古典主义雕塑，后来这种风格得到了皇室的垂青。19世纪30年代，该风格成为主流艺术风格。

《马赛曲》

凯旋门上并未建造石柱，因此雕刻的空间也就多了。凯旋门上有许多石雕，出自20位艺术家之手。鲁德的《马赛曲》雕刻在朝向巴黎的那面墙上。从这尊雕像中可以看到当时浪漫主义风格对雕塑的影响：完整的雕刻中透出一种意犹未尽的含义。凯旋门上的其他石雕均是大众观点的结晶，而这尊《马赛曲》是鲁德完全按照个人的意愿雕刻出来的作品，它更为特别，因此它的光芒也远盖过其他的雕像。

《和平》

凯旋门上还有"现代主义"风格的石雕，这种石雕雕刻在较为不规则的石头之上。埃戴克斯的两尊雕像都为这种风格。

浮夸的拱门

对于某些人来说，这是一个太过华丽的凯旋门。于是，他们做出了一些不可思议的举动。1990年，农民就曾在这附近种植作物，并获得了丰收；还有一些更为胆大妄为的人，他们将凯旋门推到了风口浪尖，就比如一位神秘的"黑大亨"，他为了讽刺当局竟乘着飞机从凯旋门底下通过。

317

凯旋大道：拉德芳斯

1. 新凯旋门　2. CNIT　3. 阿海普玫大厦　4. 道达尔大厦　5. 12 号大厦

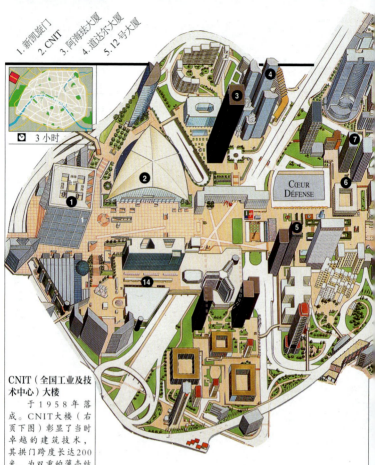

⏱ 3 小时

CŒUR DÉFENSE

CNIT（全国工业及技术中心）大楼

于 1958 年落成。CNIT 大楼（右页下图）彰显了当时卓越的建筑技术，其拱门跨度长达200米，为双重的薄壳结构。这里承办了20世纪60年代和70年代的许多重要展览，如家居博览会和儿童沙龙等。1989年，CNIT 大楼进行重整，之后里面有了一家酒店、一些餐厅和商铺，另外还有展厅和会议室。CNIT 主体建筑和拱门均被列入历史文物。CNIT 大楼的玻璃窗和欧谢斯特·马里昂·鲁塞尔大厦的设计者均为工程师让·普鲁维，他是建造拉德芳斯的关键工程师。拉德芳斯的 CNIT 大楼和新凯旋门均是建筑史上的巨大革命。

拉德芳斯

　　拉德芳斯街区的历史可追溯到20世纪50年代。当时巴黎经济发展迅速，于是第三产业和汽车交通的发展也被提上了议程。老城区的发展已经相对饱和，并无发展的空间，于是当局只能在老城区外寻求发展。他们将目光对准了拉德芳斯。拉德芳斯横跨库尔布瓦镇（阿莱特的一部分）和普托镇（席琳曾在这里度过她的童年），到处都是小房子，这里再往西一点儿便是南泰尔贫民窟——巴黎最大的贫民窟。1959年，住户的后院里仍旧有许多山羊和母牛。位于香榭丽舍大道上的圆形广场建于法国大革命以前，1883年，为了纪念1870年的那场战争，这里竖立起了《巴黎的抵抗》（直译《巴黎的拉德芳斯》）雕像。这条大道的建设计划早在之前就已经有了：拿破仑一世在位时就已经考虑要建"皇家大道"；第三帝国时期则提出建"凯旋大道"；1931年，巴黎市政府为修建从星形广场到"拉德芳斯"的景观轴线而进行招标。当时，他们有两个目的：一为解决交通问题，二为巴黎建造一条宽阔的大街。这次竞标为后来拉德芳斯的发展奠定了基础。

6. 花冠宝宫
7. 欧洲大厦
8. 电力（EDF）大厦
9. 曙光大厦
10. 曼哈顿大厦
11. CB21 大厦
12. 雅典娜大厦
13. 法国电力公司-法兰西综合房地产公司大厦
14. 四季购物广场

标准的现代城

20世纪50年代末，提出的第一个方案仍相对传统。拉德芳斯在19世纪时便已修建了多条笔直大道。于是拉德芳斯区公共整治局（EPAD）决定要在这些道路沿线建造一个涵盖住宅、花园、办公楼和商业中心的全新街区。1960年，首个方案的提出者卡穆罗、马伊和泽菲斯在遵循"现代化运动"的理论基础上根据各幢建筑的不同功能，采用不同的工业化、标准化的建筑方法，办公楼和住宅也采用了钢筋结构，建成独立大厦。该计划的建筑有部分建在了纳伊桥附近的贝里尼街区。拉德芳斯的建筑风格被称为"国际化风格"：抽象的几何轮廓、纯粹的线条以及安装玻璃的通透大厅。由马伊建造的法国电力公司-法兰西综合房地产公司大厦极为醒目，由无支撑的玻璃幕墙覆盖在混凝土结构之上。

从雕刻到宗教建筑

拉德芳斯的大厦都极其高大雄伟，一些摆放在露天的雕塑减轻了这种雄伟带来的压迫感。上图：从上到下，依次是卡尔德的《斯塔比尔》，塔基斯的《镜面》以及米罗雕刻的奇形怪状的人。拉德芳斯区有新教教堂、天主教堂（包括公司里的祈祷室）、圣母教堂（位于广场上）。

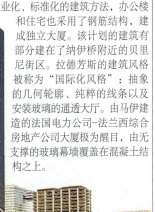

319

拉德芳斯：一块硕大的"石板"

1964年提出第二个方案：建造一个法国的曼哈顿，汽车可以在这里自由穿行。建筑师将拉德芳斯设计成为一块硕大的"石板"，上面可供行人步行，周围为环形大道，底下则是错综复杂的交通系统。这块"石板"的长边用于建造周围配有方形庭院的住宅，是为"皇宫"。办公楼高度限制在100米以下，建在住宅楼之前。欧洲大厦、电力大厦、曙光大厦、里昂信贷银行大厦与花冠广场的住宅一样，均按照该原则进行建造。20世纪60年代末，办公楼的需求不断增加，于是当局最终放弃了将拉德芳斯建成一个综合街区的想法，将目标改成了建造新兴商业街区，因而建筑物的建造原则也随之改变。负责整个项目的拉德芳斯区公共整治局在同意增加建筑物高度和宽度之前，已放宽标准，许诺

拉德芳斯区的西端

拉德芳斯区的起始点位于纳伊桥，那里铺设了一段很长的楼梯。新凯旋门是最后一级楼梯，也是最豪华的一级楼梯。这是一个既受欢迎又受抵制的街区。这条景观轴线的建立彰显了国家政府的强大力量，他们在有一些市镇仍旧迟疑不决的情况下推行了建造计划。新凯旋门另一面的整修计划则进行得十分缓慢。

建筑师可按照纽约曼哈顿的标准来建造大厦，于是也就有了绿色的冈大厦和黑色的弗拉玛托姆大厦——为拉德芳斯最高楼，高达178米。拉德芳斯建造的第二阶段的主要特点：建筑物颜色多样，也更为雄伟；此外则是按照大厦之间的联系确定大厦的位置、朝向。

凡·斯普里克森

丹麦建筑师。当局对他的方案有所保留，那时他仅建造了3座教堂、1栋楼房。他对作品的要求十分苛刻，稍有一个地方不合他的意，他便放弃整个计划。不久之后，他便去世了。

> "一个开放的立方体，一扇面向世界的窗户，大街上飘荡的一个延长号，一个注视着未来的眼神。"
>
> ——J.O.凡·斯普里克森

第三个阶段

1972年，巴黎人在石油危机和惧怕"地狱之楼"的双重压力下，奋起抗议，导致位于凯旋门之后的冈大厦停工。拉德芳斯的办公楼过于巨大，采用霓虹灯进行照明，空气调节设备经常不达标，企业的租金过高，种种不妥似乎预示着现代建筑的失败。20世纪80年代，拉德芳斯区的建造计划重启，当时兴建了一个大型的商业中心：四季购物广场，拉德芳斯区因此成为大区级的商业中心。第三阶段建造的大厦的主要特点：内部结构更为复杂，大厅的层次也更多了，每间办公室都能获得自然光线。要达到这一要求，建筑物的厚度就不可以超过50米，因而要采用新的造型模式，如雅典娜大厦和埃尔夫大厦——大厦变得更为纤细（厚度变小），建造凹凸面，将一栋大厦拆分成几栋。

巴黎的"21区"

1971年，为建造街区西部的拉德芳斯楼，EPAD进行了招标。是否应该建造一条封闭式的景观大道？是否应该从整个城市的规划出发，来整修这个街区？经过20年激烈的讨论之后，EPAD接纳了丹麦建筑师奥特·凡·斯普里克森的新凯旋门项目。今天，新凯旋门为装备部所在地，两侧则为私人办公室，顶层为博爱基金会，乘坐观景电梯即可到达。新凯旋门每个月接待游客10万人次，卫星城因此成了一个旅游胜地。而拉德芳斯这个有13万工作人口的街区也因此成了巴黎的"21区"。街区又陆陆续续建了一些新的摩天大厦，如拉德芳斯之心（2001），由让·保罗·维吉埃设计，包括两座高达180米的大楼，以门廊相连，该门廊为高级会议中心。

新凯旋门
一座伟大的建筑。高100米，为中空立方体，十分巧妙地解决了景观大道是否开放的问题。2017年春，楼顶的露台在修缮后重新开放，视野开阔。

摩天大厦
早期的摩天大厦能够大做文章的地方只有外墙，如曙光大厦（最上图）。建筑规则放宽之后，建筑师的设计也更为大胆、开放，雅典娜大厦（最下图）和埃尔夫大厦（中图）便是其中的典型。

罗浮宫和杜伊勒里花园片区

1～3天

罗浮宫，博物馆之王

800多年来，罗浮宫一直都是一个活跃的艺术工厂：每一位国王、艺术家都在这里留下了自己的足迹，罗浮宫因此变得更美，也更漂亮。因此，罗浮宫的游览时间也相对会长一些，它的建筑以及收藏的艺术作品都值得细细品味。博物馆里正在整修，因而有些展品会搬到其他的地方，所以要去之前可以先咨询一下博物馆。尽量避免学校开课的时间，开馆的前几个小时和晚上去更佳。在参观二楼的德农翼6—7号展厅时一定不可错过《加纳的婚礼》（委罗内塞），当然还有《蒙娜丽莎》。

皇家宫殿

1358年，罗浮宫不再是一个防御堡垒之时，查理五世搬了过来。罗浮宫之前为神殿，雷蒙·德·坦普勒将其改建成了一座哥特式建筑，并使其成为一座被花园所环绕的皇家宫殿。

刚开始，罗浮宫为防御堡垒，之后变为皇家宫殿。17世纪时，国王在罗浮宫西侧建造了杜伊勒里宫。将宫殿建于城外，可避免交通问题的产生。宫殿周围为大臣官邸，这些官邸以黎塞留宫为中心。国王在这两个新建的街区里建造了两个皇家广场，而这两个街区逐渐成为国家的权力中心：金融财政集中在薇薇安娜街附近，后来移至法兰西银行周边；皇家宫殿则成为大型的娱乐场所。第一帝国时期，国王翻修街区；第二帝国时期，杜伊勒里宫被并入罗浮宫。如今

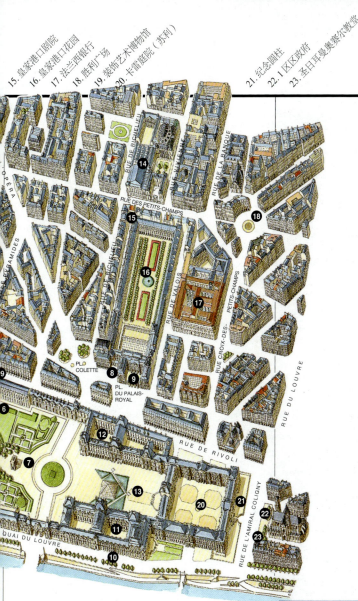

的罗浮宫已经不再是国家的权力中心，但它有美丽的玻璃金字塔，有丰富的馆藏，仍然是法国一颗璀璨的明星。

罗浮宫

防御堡垒

　　1190年，腓力·奥古斯特要带领十字军东征，于是他便下令建造了这座位于右岸的堡垒，以保证巴黎的安全。宫殿西北部为一座坚实的城堡（如今为卡雷庭院），中部则为城堡主塔，设有前哨。罗浮宫竣工于1202年，是封建王权的象征，内设国库、档案馆、军工厂，同时还关押着一些重要犯人。我们今天看到的罗浮宫并不是从前的那个罗浮宫，昔日的罗浮宫留存下来的只有地基以及墓室。

贝聿铭金字塔

　　为玻璃金字塔。这是"大罗浮宫"计划的主要作品。"大罗浮宫"计划是指罗浮宫的整修和扩建，该工程从1981年一直持续到1993年。

323

从城堡主塔到大罗浮宫

腓力·奥古斯特的罗浮宫竣工于1202年，其具有防御作用。1358年，查理五世决定搬进罗浮宫，他先花了10年时间对罗浮宫进行修缮，使其成为一个宜居的皇家宫殿。弗朗索瓦一世摧毁了城堡主塔；又命令皮埃尔·勒斯科将这座老旧城堡改建成文艺复兴风格的宫殿，这个整修计划一直到他的儿子亨利二世继位之后才完成（1546—1559）。1594年，亨利四世重启凯瑟琳·德·美第奇的建造计划，将罗浮宫与杜伊勒里宫合并。

1610：亨利四世的宏伟蓝图

1870：拿破仑三世建成的罗浮宫

ENTRÉE-ESCALIE
DU CARROUSEL

亨利四世计划将卡雷庭院的面积增至当时的4倍。17世纪时，罗浮宫新建了钟楼（勒梅斯埃）、阿波罗长廊（勒沃和勒布汉）、柱廊（佩罗）。卡雷庭院的扩建工程先由勒梅斯埃主导，后由勒沃完成。凡尔赛宫兴建之后，罗浮宫便荒废了。1793年4月10日，罗浮宫大画廊开放，她又一次绽放出迷人的光芒。1804年至1848年，贝尔斯克和冯丹在遵循勒斯科风格的基础上扩建罗浮宫；而威斯康提和勒弗则建造了一座极具拿破仑三世风格的罗浮宫。在杜伊勒里宫火灾后约一个世纪，贝聿铭的"大罗浮宫"计划推行，罗浮宫也因此变了面貌。

皇家宫殿

查理五世委托建筑师雷蒙·德·坦普勒对城堡进行改造。雷蒙将其改建成一座优雅的哥特式建筑，开凿窗户，并在周围修建花园。

大画廊（1）

始建于1595年。由路易·梅特左和雅克·安德鲁埃·德·塞梭主持修建。其沿着塞纳河，将罗浮宫与1563年建造的杜伊勒里宫连接起来。

在离开巴黎迁往凡尔赛宫之前，路易十四完成了卡雷庭院的扩建工程和杜伊勒里宫的修建，并在面向巴黎的墙面上修建了一座柱廊——典型的法国古典主义建筑。

柱廊（8）
罗浮宫正面建筑的竞标在贝尔南、皮埃尔·德·科尔托和克劳德·佩罗、勒沃、勒布汉之间展开，最终后者胜出。该柱廊极其雄伟，之后为皇家广场和货币宅第的设计者所仿效。

"贝尔斯埃和冯丹的楼梯"（9）
两位均为拿破仑一世时期的建筑师。他们给卡雷庭院三面的建筑物增建了一楼（变为二楼），给博物馆提供了更多的空间。

金字塔（11）
由793个菱形和三角形拼接而成。

马利庭院（10）
黎塞留翼整修时，增建了3个开放式的庭院：马利庭院、普杰庭院，用于陈列法国17世纪的雕塑；豪尔萨巴德庭院，用于展示萨尔贡二世时期的亚述宫殿。马利庭院上方覆盖着一面巨大的玻璃（最高点离地面有25米），可获得充足的自然光线。

大罗浮宫
罗浮宫的整修由美籍华人建筑师贝聿铭负责。他有两个主要原则：遵循和利用古代元素；在黎塞留翼、地下展厅、拿破仑展厅、卡鲁塞尔长廊中的修整和建造中运用当代元素，但又绝对保持这些建筑物各自的特性。

倒金字塔（12）
（下图为拼接中的金字塔）
采用韧度极高的线拼接而成。

罗浮宫的藏品

罗浮宫是世界上最大的博物馆，共有8个分馆，其收藏的文物最早可追溯至公元前7000年。罗浮宫馆藏丰富、珍贵，是绝对不可错过的巴黎景点。罗浮宫的藏品分别陈列在三翼：德农翼、黎塞留翼和苏利翼。

《奴隶》或《战俘》
（1513—1515）

德农翼，一楼

两尊均出自米开朗琪罗之手。为罗马教皇儒勒二世创作的陵墓装饰（第一方案）。

上图为《垂死的奴隶》，与《反抗的奴隶》截然不同。因为缺乏大理石，未能完成该系列雕像（本来应有6尊或者8尊）。

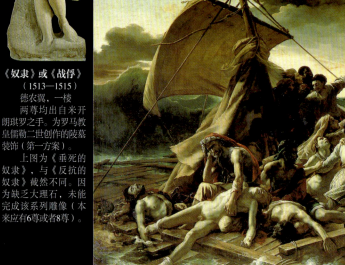

根据方边绘出的颜色，可以分别找到罗浮宫的每个分馆。下图的作品除《方片A的作弊者》和《鳐鱼》陈列于苏利翼三楼外，均陈列于黎塞留翼三楼。

古代东方	艺术品
伊斯兰艺术	雕塑
古代埃及	图文艺术
古希腊、古伊特鲁里亚、古罗马	绘画
	中世纪的罗浮宫

自画像（1660）

伦勃朗作品，绘于阿姆斯特丹。他将巴洛克风的华丽与人物内在的凄惨融合在画里，整幅作品呈现出一种悲伤的曲调：对光线的运用，昏暗的色调，闪光的金色……罗浮宫共收藏了3幅伦勃朗的自画像。

《织花边的少女》
（扬·弗美尔）

画家特点：善于观察日常生活，注重细节描绘。罗浮宫收藏的两幅作品均为其代表作。弗美尔在作品中不仅使用了典型的荷兰画法，并增加了一些清冷的色调，尤其是蓝色和黄色。这种纯熟的技术能够更巧妙地表现出画中人物的情感。

美第奇长廊

《玛丽·德·美第奇抵达马赛》系列共有24幅画作，作于1622年至1625年。这是鲁本斯为罗浮宫美第奇长廊绘制的作品。画作主题：玛丽·德·美第奇的生活。画作中融合了巴洛克、现实主义以及奇幻主义风格，运用得恰如其分，是难得的佳作。

《约翰二世画像》
（约1350年）

匿名作品，法国名人的第一幅画像。

《方片A的作弊者》

乔治·德·拉图尔（1593—1652），洛林画家，一直默默无闻。画风接近卡拉瓦乔画派。他通常使用暖色调描绘夜间画面，而使用冷色调描绘白昼画面。

《鳐鱼》（1728）

让·巴普蒂斯特·西梅昂·夏丹作品。他善于使用拟人化的手法。他画中的锅、烟杆、杯子、铜质水槽、陶瓷均有优美的造型，色调也相对柔和。

一座重生的宫殿

查理五世将这座防御堡垒改成了一座宜居的皇家宫殿，但是其继任者又舍弃了这座宫殿。1515年，弗朗索瓦一世出于对政局稳定的考虑，又在此定居。弗朗索瓦一世摧毁了城堡主塔，并在此地兴建了一个有铺设石块的庭院，他任命建筑师皮埃尔·勒斯科以及副手雕刻家让·古戎改建城堡。亨利二世时期，在西南部（如今的卡雷庭院）增建了一栋别墅，即我们今天所说的钟楼，国王的别墅朝向塞纳河。宫殿内部修建了女像柱厅以及大台阶，也就是如今的亨利二世楼梯。

罗浮宫"大蓝图"

1594年，亨利四世接受凯瑟琳·德·美第奇的计划，试图将罗浮宫和杜伊勒里宫并在一起。他本来计划将卡雷庭院的面积增至当时的4倍，因为需要征用整个街区的土地，无法一蹴而就。1595年，亨利四世任命梅特左和让·安德鲁埃·德·塞梭修建了罗浮宫大画廊。小长廊草建于1566年，当时只是单纯的建筑物连接长廊，整修之后，成了著名的国王长廊。1624年，路易十三统治时期，勒梅斯埃建造了钟楼（苏利别墅），将勒斯科翼延伸到了北部。1661年，火灾烧毁了国王长廊。建筑师勒沃在进行重建时，将长廊面积扩大了1倍，并且在楼上增建了阿波罗长廊，内部装饰由勒布汉负责。国王希望自己的宫殿成为巴黎的雄伟建筑，于是他便采用了克劳德·佩罗的方案，在面向圣日耳曼奥赛尔广场的地方建造了那条著名的柱廊，被誉为"古典艺术的伟大作品"。工程从1667年一直持续到1670年，总长175米。

杜伊勒里宫

这座宫殿于巴黎公社时期被焚毁，废墟位于罗浮宫附近，与塞纳河垂直，一直到1882年才被清除。1564年，凯瑟琳·德·美第奇开始打造这座行宫，由菲利伯·德洛姆设计，宫殿有一个面朝原野的大花园。这座宫殿原址为瓦片厂，位于查理五世修建的城墙之外。工程并未如期完成，亨利四世时期，马扎兰和科尔贝遵循原设计，通过建造长廊将杜

《美杜莎之筏》
（1819）

德农翼，二楼

泰奥多·席里科绘。这幅画（画布）描绘的是美杜莎战舰的失事，只有15个人活了下来。整幅画的构图以及表现的情绪均为浪漫主义风格（而不是新古典主义风格）。

《蒙娜丽莎》
（1503—1506）

德农翼，二楼

莱昂纳多·达·芬奇作品。罗浮宫最著名的画作，同时也是弗朗索瓦一世藏品中的主要作品。特点：蒙娜丽莎的手指清晰可见，描画得十分细致；光线氤氲、祥和，谜一般的微笑；和蔼的手势。

《加纳的婚礼》
（1562—1563）

德农翼，二楼

保罗·委罗内塞为威尼斯的圣乔治马焦雷教堂的食堂作的画。这是一幅巨画（7米×10米），1989年到1992年间曾在原地进行修补；此画过于庞大，因而无法运至别处修补。经过重漆和补脏之后，这幅画又恢复了原来的颜色。该画的用色与传统的佛罗伦萨画作不一样。威尼斯画家（贝里尼、乔尔乔内、提香、委罗内塞、丁托列托）均为古典主义风格画家。这种风格的影响亦十分巨大，并不比佛罗伦萨风格逊色。

《阿佛洛狄忒》或《米洛斯的维纳斯》
（公元前2世纪末）

苏利翼，一楼

1820年出土于基克拉迪群岛一个名为米洛斯（或者美罗）的小岛，是希腊艺术的代表作之一。里维埃侯爵是这尊雕像以及出土的整批文物的买主；他将雕像带回了法国，并将其献给了国王路易十八。1821年5月，路易十八将其赠予博物馆。

对于维纳斯失去的双臂有诸多猜测：她的右臂应该置于胸前，右手放在左髋；而左臂则应该是举起来的。

中世纪的罗浮宫

苏利庭院，中二楼

1984年至1985年进行挖掘时发现的。今可进入腓力·奥古斯特城堡进行参观。人能够在壕沟里游走，也能绕着圆形的城堡主兜一圈。这座主塔为封建王权的象征，内设库、档案馆、军工厂，并用于关押重要犯人国王反而很少住在这里。

豪尔萨巴德的公牛
（黎塞留翼，一楼）

位于豪尔萨巴德的萨尔贡二世亚述皇宫由5头人面兽身、且有翼的公牛把守，现存于豪尔萨巴德庭院。宫殿的浮雕仍旧置于高处，以重现亚述建筑的壮观、雄伟。

《萨莫特拉斯的胜利女神》
（公元前190年）

德农翼，二楼

出土于1863年。当时人们正在挖掘爱琴海的萨莫特拉斯岛。这座胜利女神之翼屹立于一个海岬的顶端，可能是为纪念罗迪恩斯海战的胜利而打造的。它是希腊艺术品的完美典范。1863年由尚普瓦左发现；女神的手于1950年发现，同样也有展出。

《马利的骏马》
（黎塞留翼，中二楼）

实为4组雕刻像，两组为安纳尼·柯塞沃的作品（1706）；《信息女神》和《墨丘利》，路易十四定制，置于马利城堡的牲畜饮水处；另外两组为纪尧姆·库斯图的作品（1745），《马利的骏马》。1719年，第一幅雕像被置于伊勒里宫入口；法国大革命期间，第二幅雕像被置于协和广场。

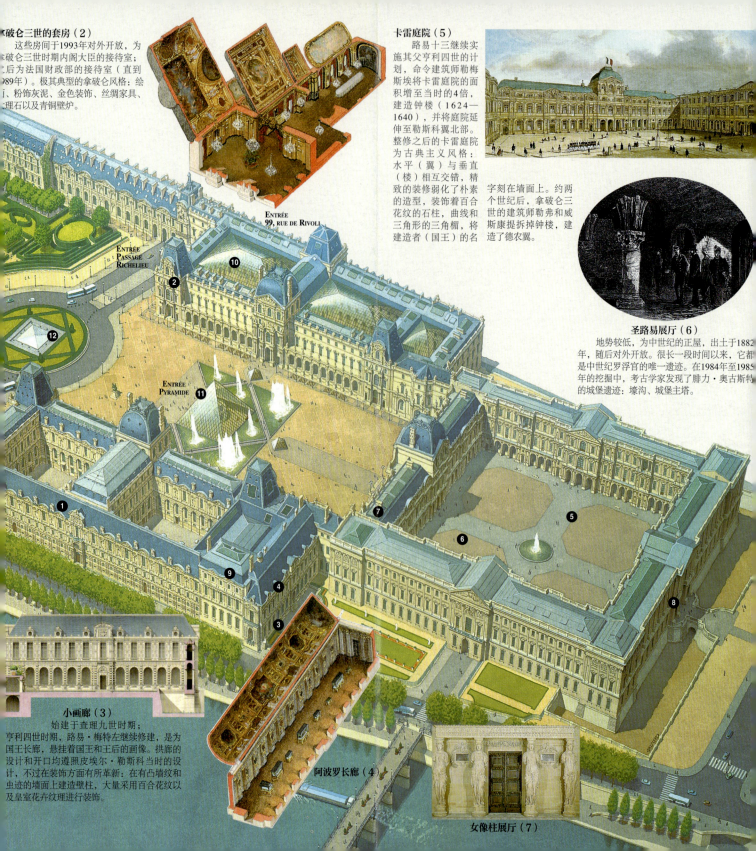

拿破仑三世的套房（2）

这些房间于1993年对外开放，为拿破仑三世时期内阁大臣的接待室；之后为法国财政部的接待室（直到1989年）。极其典型的拿破仑风格：绘画、粉饰灰泥、金色装饰、丝绸家具、大理石以及青铜壁炉。

ENTRÉE
99, RUE DE RIVOLI

ENTRÉE
PASSAGE
RICHELIEU

ENTRÉE
PYRAMIDE

卡雷庭院（5）

路易十三继续实施其父亨利四世的计划，命令建筑师勒梅斯埃将卡雷庭院的面积增至当时的4倍，建造钟楼（1624—1640），并将庭院延伸至勒斯科翼北部。整修之后的卡雷庭院为古典主义风格：水平（翼）与垂直（楼）相互交错，精致的装修弱化了朴素的造型，装饰着百合花纹的石柱，曲线和三角形的三角楣，将建造者（国王）的名字刻在墙面上。约两个世纪后，拿破仑三世的建筑师勒弗和威斯康提拆掉钟楼，建造了德农翼。

圣路易展厅（6）

地势较低，为中世纪的正屋，出土于1882年，随后对外开放。很长一段时间以来，它都是中世纪罗浮宫的唯一遗迹。在1984年至1985年的挖掘中，考古学家发现了腓力·奥古斯特的城堡遗迹：壕沟、城堡主塔。

小画廊（3）

始建于查理九世时期；亨利四世时期，路易·梅特左继续修建，是为国王长廊，悬挂着国王和王后的画像。拱廊的设计和开口均遵照皮埃尔·勒斯科当时的设计，不过在装饰方面有所革新：在有凸墙纹和虫迹的墙面上建造壁柱，大量采用百合花纹以及皇室花卉纹理进行装饰。

阿波罗长廊（4）

女像柱展厅（7）

伊勒里宫和罗浮宫连接起来，同时为其增建了一些翼楼。相比罗浮宫，杜伊勒里宫是一座更具私密性的宫殿，内部的装饰和布局则进行了大规模的改动，马扎兰甚至在里面建造了一间剧院，法国早期的歌剧均是在那儿上演的。

国王寝宫搬到凡尔赛宫时，杜伊勒里宫便失去了闪亮的皇家光芒。17世纪至18世纪，杜伊勒里宫迎来了无数的租客。1789年，路易十六被迫返回杜伊勒里宫，革命委员会的建立将其变成了一个政治中心。拿破仑一世统治期间，对杜伊勒里宫进行了整修，他增建了卡鲁塞尔广场，并沿着里沃利街建造了一条长廊。1814年至1870年，杜伊勒里宫成为君主的寝宫。

文化中心

在杜伊勒里花园入口，也就是协和广场，两栋第二帝国时期的建筑相对而视：宣誓宫于1991年被改建成当代艺术长廊，2005年又改建成国家影像美术馆，用于陈列19世纪到当代的影像资料；橘园博物馆陈列瓦尔特·纪尧姆的藏品以及莫奈的《睡莲》系列画作。

里沃利街

主要的交通干道，是新城市化概念的代表作。建造时间从1802年一直延续到1835年。原址为旧圣奥诺雷街，为巴黎的第二条东西干道。

罗伯斯比尔和杜布莱之家

　　1791年，这位革命家搬到了圣奥诺雷街的一个细木匠家里。

穆里斯的一个大厅

圣日耳曼教堂的火焰哥特式门廊

　　泰奥多·巴吕，圣三一教堂的建造者，他将教堂的钟楼与1区的区政府连接起来。1区区政府由雅克·伊涅克·希托夫设计，他同时也是巴黎北站的设计者。

建筑物和拱廊

　　里沃利街从圣佛罗伦萨街一直延伸到修道院的金字塔广场。道路两边的房子采用方石进行建设，该方案来自建筑师夏尔勒·佩斯埃和皮埃尔·弗朗索瓦·冯丹，他们均是第一帝国时期的宴会组织者。建筑物加上一楼的拱廊以及顶楼总共有5层，顶楼为凸起状，主要使用了锌材料。里沃利街的整项项目还包括将蒙塔波街、坎邦街和卡斯特隆街周边建造成一个新的街区。里沃利街的开辟工程持续到1848年，一直延伸到圣安东尼街。

奢侈品商业和大型酒店

　　该酒店一楼有许多商店和美丽的建筑，如位于228号的穆里斯街。这家酒店落成于1907年，大厅均为18世纪的奢华风格，由索邦大学的建筑师亨利·保罗·内诺设计。位于226号的安吉丽娜茶室始建于1903年，由糕点师兰普梅耶建造，用于接待那些热巧克力的爱好者。街道224号则是加利纳尼书店，1800年开业，是巴黎的第一家英文书店。

一座古玩罗浮宫

　　这栋有拱廊的巨大建筑物位于里沃利街和圣奥诺雷街之间，1878年到20世纪60年代均为罗浮宫百货公司的所在地。

　　从20世纪90年代开始，这里云集了众多古董店，后因这栋建筑进行大规模修缮，古董店几乎都搬离了。

圣日耳曼奥赛尔教堂

　　是为奥赛尔教区主教圣·日耳曼兴建的第一座教堂，建于7

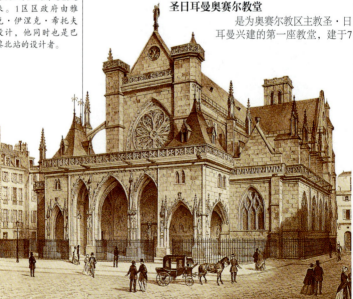

世纪末，于12世纪上半叶重建，此后时不时地会进行修缮。瓦卢瓦人入主罗浮宫时，它成为皇家教堂。17世纪之后，那些皇室御用艺术家如勒沃、加布里埃尔、苏弗罗、布歇、凡鲁、夏丹等均葬在这里。该教堂入口有一个十分雄伟的火焰哥特式门廊（1435—1439），其受到了勃艮第建筑风格的影响。18世纪时，祭坛进行整修，而教堂里那条著名的白色大理石祭廊则被摧毁，该祭廊雕刻于1541年，是让·古戎遵照皮埃尔·勒斯科的设计进行雕刻的，祭廊的残垣收藏于罗浮宫。教堂里的原始家具几乎都已经不见了，不过还留下了几件十分精美的家具，如皇室成员坐的椅子，造于1682年，由勒布汉设计，还有《弗拉芒装饰屏》，16世纪初雕刻于橡木之上。

圣奥诺雷街

圣奥诺雷街从罗浮街这头一直延伸到皇家街，其经过巴黎的3座古城门。第一道城门毁于1535年，之后这里建造了奥拉托利礼拜堂（115号）；第二道城门毁于1636年，因为靠近昆兹凡特收容所（"三百人"收容所），又称"盲人门"，该收容所在路易十六统治时期被改建为街道，圣女贞德便是在这里被英国人打伤；第三道城门始建于1631年，毁于1730年，位于皇家街上。这既是一条宗教街，也是一条商业街。1716年，街道157号开了一家烟草店——"麝香"。16世纪末，商铺开始入驻新建的街区，如今这里有多家奢侈品店。

圣洛奇教堂

位于小丘之上，始建于1653年，竣工于1754年。这座教堂里有连片的小堂，葬着高乃依、勒诺特尔和狄德罗。索邦大学的建造者雅克·勒梅斯埃修建了这座教堂的祭坛和中殿，这里成为一个新的自由教区。资本家约翰·劳在摄政时期资助了教堂拱廊的建设。主建筑约于1738年，由罗伯特·德科特设计，上面的装饰雕像已经不见了。教区的本堂神父马杜埃神父委托当时的艺术家装修教堂：雕刻家埃蒂安·莫里斯·法尔科内以及穹顶上那幅《圣母的胜利》的作者让·巴普蒂斯特·皮埃尔。

罗浮宫百货公司

由阿尔弗雷德·肖沙创办，他既是批发商又是艺术爱好者。1906年，其将自己的收藏捐给了罗浮宫。战前的罗浮宫百货公司已在玻璃橱窗内使用电灯照明。

罗浮宫古董长廊除了有奢侈品店之

外，还有一些用于展示不同装饰艺术品的展厅。

圣洛奇的小堂

教堂最出名的小堂为圣母玛利亚堂，由儒勒·阿尔杜安·芒萨尔于1705年修建。耶稣受难堂则由埃蒂安·路易·布雷于1754年建造。教堂里收藏着邻近修道院的一些宗教艺术品。

圣奥诺雷市集广场

通过圣奥诺雷市集街，便可以进入大革命时期著名的雅各宾俱乐部。该市集始建于1810年，1954年这里建起了一栋楼房（已毁）。20世纪90年代中期，里卡多·波菲在这里建造了一栋玻璃办公楼。

圣母升天教堂

位于街道266号，该小堂的圆顶极其宏伟，建于1670年，由埃拉尔仿照罗马教堂的圆顶建造，因此得名"尴尬的圆顶"。1850年，该教堂成为波兰教区教堂。罗伯斯比尔居住的杜布莱之家则位于398号。

旺多姆广场

建于17世纪末，是古典建筑代表作，又称"路易大帝广场"，由儒勒·阿尔杜安·芒萨尔建造，在大臣鲁瓦的建议下修建。内设学院和皇家图书馆。拿破仑在广场中央竖起了一根圆柱，虽说切断了广场的几何构造，但却是广场一个不折不扣的亮点。

奢侈品和珠宝
从第二帝国时期开始，旺多姆广场以及周边地区云集了诸多大型珠宝店，那些店的窗玻璃散发着诱人的光芒。

失败的第一方案

刚开始，芒萨尔想将广场建在旺多姆公爵的宅第之上，那是一片正方形区域，开口朝南。过道的一边已经建造了一些带有拱廊的建筑物，这些建筑物没有屋顶，只有一些支撑柱，由弗朗索瓦·吉拉尔东雕刻的路易十四骑马雕也已经立在了广场中央。然而，1699年4月7日，国王却说他要修改方案，他想建

一个八角形的广场。

封闭式的客厅

芒萨尔之后又建造了一个新的广场，是一个封闭式广场，长146米，宽136米。南边有一条通道直达圣奥诺雷街，北边通道则与卡普辛修道院相连。帝国时期修筑了卡斯特隆街和和平街，在广场周边形成了一个小型交通网络，这两条街至今犹在。广场边上的早期业主包括劳和芒萨尔，他们在25米高的建筑物后面修建了许多漂亮的私人宅第。街道11—13号的两栋宅第为司法部所有：一栋是为农庄主吕米埃建造的，另一栋（可进去参观）的风格与勒萨热建造的图卡雷宅第相仿，1706年为布尔瓦莱的保罗·普瓦松所有。街道15号为著名的瑞兹宅第，位于克罗扎宅第旁边，收藏有画家瑞兹的作品；街道17—19号为埃弗赫宅第，是土地信贷银行所在地，其拥有该广场的许多物业；街道20号为一座小型宫殿（从广场那边看不到），是共和国国家银行所在地，它是20世纪初典型的豪华宅第，为18世纪风格。广场还有许多大牌珠宝店。1992年，路面重新进行了修缮：灰色花岗岩的路面被设计成凹凸方格状，竖立了钢质的指示牌，步行区一直延伸到和平街。

皇家广场

黎塞留的哨兵从不会走进走廊或者附属建筑物里，他们的路径与国王身边火枪手的路径恰恰相反。皇家宫殿的奢侈品店、妓院和赌场很久以前就消失了，但仍然有许多人来这里散步，他们都喜欢这里的安静祥和。最高行政法院、宪法法院以及文化部均位于这里。

纪念奥斯特里茨战役

旺多姆圆柱上有425块铜片，这是炮兵部队从俄国和奥地利军队处缴获的战利品。这根圆柱始建于1806年，完工于1810年，以此庆祝拿破仑军队取得奥斯特里茨战役的胜利。这场战役被认为是史上最伟大的战役之一。

画家居斯塔夫·库尔贝（1819—1877）是普鲁东的朋友，他是一个信念极为坚定的人

一个优雅的街区

19世纪，旺多姆广场安静祥和。和平街上散落着许多奢侈品店，还有一些诱人的商铺，如沃斯和杜塞的服装店。

皇家宫殿的莫里哀

主教宫有两个表演厅，早期的许多戏剧都在这里上演，如莫里哀（右图）的《爱情的怨气》和《斯加纳雷尔》均在这里首映。1661年1月21日，莫里哀死在了舞台上。此时他已经登台表演12年了。

主教宫

1624年，黎塞留购得这块土地，他委托雅克·勒梅斯埃为其建造府第。该府第位于瓦卢瓦街，阳台上造有醒目的狮子。普鲁长廊则构成了如今主庭院的东翼，里面陈列着大量海军战利品。黎塞留于1642年过世，皇室通过遗嘱接管了这栋府第。奥地利的安妮与还是孩子的路易十四住在这里。这座府第的防卫并不严密，因而投石党之乱时，王后只能带着孩子逃离这里。

奥尔良家族的府第

1692年，太阳王将皇家宫殿赐予他的弟弟腓力，此后直到1848年，这里均为奥尔良家族所有。腓力亲王和他的儿子摄政王（奥尔良公爵）进行了修缮、扩建，主持修建的均是当时的著名建筑师，如儒勒·阿尔杜安·芒萨尔。府第花园设计得十分新潮、美丽，摄政王经常在这里享用晚餐。1763年的一场大火烧毁了宫殿的东翼以及部分主建筑，之后进行了彻底整修：建筑师皮埃尔·莫罗·德斯普鲁建造了时钟庭院。面朝圣奥诺雷大街的建筑以及北部的建筑与今天基本无异。1765年，孔当·迪弗里建造了宏伟的主楼梯，其使用了铁质扶手；科宾在让·雅克·卡菲利设计的基础上，建造了最高行政法院入口处的玻璃门（从前院右边的通道直行）。

商铺

1780年，夏尔特尔公爵（后来的"平等的菲利普"），他将花园周边开辟成商业区，赚取租金，以偿还自己长年累月欠下的债务。维克多·路易在这片区域建造了60栋一模一样的房屋，总共有180个拱廊；商店就位于一楼的拱廊底下。之后，又开辟了3条街：瓦卢瓦街、博诺莱街、蒙潘斯埃街，是以夏尔特尔公爵3个儿子的名字来命名的。卫兵不准民众进入奥尔良公爵的宅第，而这里正是1789年革命的发源地。

大革命时期的花园

1789年7月12日，在听闻内克尔被辞退的消息后，卡米尔·德斯穆兰在皇家官殿发表演讲。从2月开始，拱廊底下开设了许多俱乐部、阅读室、赌场以及辩论场所。当时，拉法耶特觉得塔列兰应该是瓦卢瓦俱乐部的一员；雅各宾派通常在科拉扎咖啡馆聚会；革命群众则聚集在盲人咖啡馆。这片区域不久之后改名为"平等官"。1793年11月6日，这里的主人被推上断头台之后，平等官为公众所有。

赌场和帝国的财政

皇家官殿允许开设赌场，赌场收入也成为国家收入的来源之一，这里的卫兵则通过抽取利润分成，免去商家店租。1814年，奥尔良家族重回此地，他们在这里兴建了奥尔良长廊，通过建造双重柱廊把主庭院与花园分隔开来。长廊上使用了大量的玻璃，同样也有许多商铺。1836年，路易·腓力关闭了赌场和咖啡馆，加速了这个地方的衰落。

保留的传统

格兰韦弗尔位于博诺莱街，是1784年开张的一间餐厅，当时名为"夏尔特尔咖啡"。它一直都保持着复辟时期的装潢，从街上便可以看到这家餐厅。宪法法院、最高行政法院和文化部大楼的装潢既有第一帝国时期的风格，又兼具七月王朝和第三共和国时期的风格。另外，帝国时期的文化部所在地的大厅曾经进行过大规模的整修。

法兰西剧院

夏尔特尔公爵提出要修建剧院。由维克多·普罗佩·夏布罗设计，工期从1786年持续到1790年。该剧院内部有法国喜剧院。凉廊采用了铁制材料，穹顶的设计则带给人以十足的惊喜。1860年，普罗佩·夏布罗对剧院外墙进行修缮（现在的外墙便与当时一样）。1900年，剧院毁于一场火灾，之后照着原来的样子进行重建。

印刷书籍部的阅读室
　　可容纳360个读者。原址为一个有中间通道的教堂。新建了全新的金属圆顶，饰以彩陶片；这些圆顶由小圆柱支撑。

胜利广场周边

　　巴黎的第二个皇家广场。由拉菲亚德公爵命人修建。他迫切地想把路易十四的雕像放在广场上。那尊雕像是1678年尼美格和平时期时，他委托雕刻家马丁·德斯贾丹制作的。儒勒·阿尔杜安·芒萨尔将这个广场设计成圆形、意大利式、封闭式广场。1883年修筑埃蒂安·马塞尔街时，摧毁了附近的一些建筑物，破坏了广场的整体架构。由弗朗索瓦·约瑟夫·博斯欧雕刻的新的国王骑马塑像于1822年进驻广场。

胜利圣母教堂

　　坐落于美丽的小神父广场，是奥古斯汀修道院的唯一遗迹。1629年，路易十三为奥古斯汀修道院放置了第一块石头。祭坛里仍旧保留着凡鲁的7幅大型画作，教堂里的还愿画以及鲁利的衣冠冢均保留了下来。

薇薇安娜长廊和科尔贝长廊

　　小田园街4号和6号
　　这两条长廊是相通的，并且与薇薇安娜街相连。始建于1823年，竣工于1826年。长廊里的商家成倍增长，中间的土地被分块出售，并开辟了通道，以为行人提供遮风挡雨的地方，同时也避免了交通事故的发生（当时人行道还未出现）。1985年进行修缮，那些代表性店铺也都进行了装修。

法兰西银行及周边

　　创建于1800年。8年后，法兰西银行搬进了弗利埃尔宅第。1640年，由弗朗索瓦·芒萨尔兴建。巴黎最美丽的贵族宅第之一。法兰西银行经过一些兼并，一直拓展到了小田园十字街。如今的维里埃尔宅第则只保留了最原始的那栋建筑，

皇家广场
　　公爵建造的建筑物，为4种不同的古代风格，石柱上还装着4盏灯，不管白天和黑夜均开着。巴黎人于是就讽刺公爵："拉菲亚德，神啊，我想你是在嘲笑我们吧，你让太阳在这4盏灯的中间闪烁。"

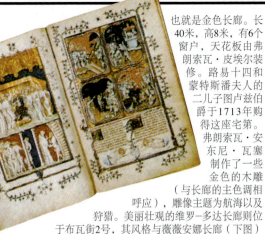

也就是金色长廊。长40米，高8米，有6个窗户，天花板由弗朗索瓦·皮埃尔装修。路易十四和蒙特斯潘夫人的二儿子图卢兹伯爵于1713年购得这座宅第。弗朗索瓦·安东尼·瓦塞制作了一些金色的木雕（与长廊的主色调相呼应），雕像主题为航海以及狩猎。美丽壮观的维罗-多达长廊则位于布瓦街2号，其风格与薇薇安娜长廊（下图）相似。1826年由猪肉商维罗和多达兴建。《讽刺画》和《讽刺日报》的出版人奥贝尔在这里摆放了卡瓦尼和多米埃的画作。长廊的橱窗里也摆放了一些商家的商品。

国家图书馆

　　小田园街、薇薇安娜街、科尔贝街和黎塞留街组成了一个四边形，图书馆的面积也相应受到了限制。图书馆的馆藏大部分都被搬到了位于图尔比亚克的图书馆。

皇家图书馆，更是国家图书馆

　　科尔贝打破了将皇家图书馆建造在皇家宫殿沿线的传统。1666年，他将图书馆建在了薇薇安娜街的两栋宅第里。马拉兰第的书越来越多。大革命时期，皇家图书馆成为国家图书馆。当时图书馆藏一下变得十分丰富，收录了大量书籍和艺术作品，而这些都是从教会和移民手中没收的。图书馆分为八大部分：表演艺术、地图和设计图、刻版和摄影照片、手稿、货币和纪念章、音乐、印刷书籍以及期刊、摄像和录像资料。1981年，国家图书馆又划归文化部管理。1854年，建筑师亨利·拉布鲁斯特为这座图书馆注入了现代化气息，他建造了印刷书籍的阅读室以及上边的商店。

法兰西银行的珍藏
　　金色长廊（上图）里陈列着拉弗里埃尔收藏的精美画作的复制品，其中也包括一幅普桑的画作。原作均藏于罗浮宫。

341

从圣奥诺雷郊区
到歌剧院

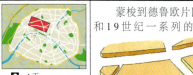

🕐 1天

杜伊勒里宫的遗迹

1882年，杜伊勒里宫废墟被清除时，这些文物（上图）便被置于一栋建筑物（位于穆里罗街9号）的庭院里。

夏尔特尔圆亭

夏尔特尔公爵为建造这一观测台提供了部分资金。观测台的圆顶之下即为大厅，可在这里欣赏巴黎北部的景色。

鲁清泰长廊

这座奇特的宝塔（右图）位于伦勃朗街和库尔塞尔街拐角，1926年由建筑师布洛奇为鲁清泰建造的。宝塔的长廊用于陈列在法国较为出名的东方艺术家的作品。

罗马海战剧院水池

这个科林斯式柱廊环绕着蒙苏里公园的水池，其本是亨利四世为圣·德尼建造的陵墓装饰。

蒙梭到德鲁欧片区经过18世纪和19世纪一系列的

改造整修后，形成了一块又一块的方形区域。这是一个颇具魅力的街区，拥有诸多名胜古迹：爱丽舍宫、玛德莲教堂、歌剧院……这些都是林荫大道上最漂亮的风景。在1914年至1918年间，巴黎掀起了一阵"左岸风潮"，此时的右岸亦是热闹非凡，剧院、大型百货商场、高档成衣店层出不穷。而同时，这里也是诸多金融机构的所在地：证券交易所以及各大银行。歌剧院—证交所街区始终都是巴黎最热闹的街区之一。

蒙梭公园

夏尔特尔别墅

1429年，圣女贞德曾在蒙梭村安营扎寨。夏尔特尔公爵（后来的"平等的菲利普"）在这里建造了一座别墅，由设计师和剧作家卡罗日（又称卡蒙代尔）主导，副手为巴卡代尔的景观设计师托马斯·布莱基。这座别墅于1778年竣工，里面建造了埃及金字塔、宝塔，还有塔塔尔式帐篷。

卡内汉是史上第一位跳伞兵。于

1. 蒙梭公园 2. 尼辛德卡蒙多博物馆 3. 雅克马尔-安德烈博物馆 4. 圣菲利普鲁勒教堂 5. 爱丽舍宫 6. 圣奥古斯汀教堂 7. 路易十六公园 8. 玛德莲教堂 9. 春天百货 10. 拉法耶特百货商场 11. 歌剧院 12. 德鲁欧宅第 13. 格雷万博物馆 14. 布隆尼亚尔宫

1797年10月22日跳伞着陆。1860年，巴黎将蒙梭村重新纳入管理范围，夏尔特尔的别墅面积缩小了一半，接着进行了整修。1年后，阿尔方将其改建成英式花园。该公园沿着安静的街道而建，里面有金字塔（硕果仅存的卡蒙代尔作品）、罗马海战剧水池、柱廊、拱廊（1871年，巴黎公社成员焚毁市政厅剩下的废墟）以及为作家和艺术家兴建的纪念物，这些都散发着迷人的魅力。

凡迪克大街

夏尔特尔圆亭
位于公园北部，是古典主义

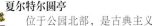

风格。边上为一个由16根柱子组成的柱廊，是1784年由勒杜兴建的巴黎农民课税城墙的遗迹。

加尼叶故居
兰瑟罗博士街
蒙梭平原上的房子内部装饰均较为奢

美好年代的建筑

19世纪的思辨
1837年，由伯雷尔兄弟兴建的铁路从蒙梭山丘底下通过。这一项巨大的城市化工程的灵感来自于爱弥尔·左拉的《神父》。第二帝国末期，蒙梭平原上建造了许多优美的别墅，它们是巴黎独一无二的建筑群。

居住街区
这个区里有两条短短的街道，它们通向公园，止于杜洛克的金色大门。在这两条街道的边上坐落着一些豪华的建筑：肖沙宅第和赛努奇博物馆，这里从前是银行家塞努奇的私人宅第。旁边则是优雅的东正教教堂（达鲁街12号）以及一哥特式建筑和文艺复兴风格建筑。雅克马尔-安德烈博物馆（奥斯曼街158号）是一座深受意大利文艺复兴风格影响的宅第，里面陈列着内利·雅克马尔和爱德华·安德烈的藏品；卡蒙多博物馆（蒙梭街63号）则为18世纪风格的宅第。

华，这体现了美好年代资产阶级上层人士的生活品位。

圣奥诺雷郊区

鲁勒路

圣奥诺雷郊区街从特尔纳广场一直延伸到圣菲利普鲁勒教堂，它依然是中世纪那条蜿蜒通向鲁勒村的道路。

圣菲利普鲁勒教堂

始建于1774年，竣工于1784年，由夏格林建造。教堂前面建有柱廊，共有4根石柱，用于支撑三角形的三角楣。这座教堂的兴建在巴黎掀起了一股建造新古典主义风格教堂的风潮。祭坛的球形拱上有一幅夏塞里欧的《耶稣降架图》，绘于1855年，是画家的最后一幅作品。

装饰挑线缝和方巾

1890年，鞍具手工业者爱马仕先生在圣奥诺雷郊区街开了一间马具店。这家店位于24号，之后转型出售与服装搭配的皮质奢侈品，谓之"装饰挑线缝"，获得了巨大的成功。其中尤为出名的便是丝质方巾。

郊区的宅第

18世纪，香榭丽舍大道和新建的路易十五广场（后来的协和广场）附近地域广阔，不少贵族纷纷来到这里，并效仿圣日耳曼郊区的贵族，兴建豪华别墅、宅第。有些宅第保留下来了，但并不完整，如爱丽舍宫。

联盟俱乐部（33号）位于勒维厄宅第，始建于1713年，面朝花园的地方建造了一个游泳池。夏洛斯特宅第位于39号，约建于1720年。拿破仑的妹妹波丽娜·波拿巴将该宅第装修得富丽堂皇，并在里面建造了一个长廊，用于陈列贝佳斯藏品。1825年，这里成为英国大使馆所在地，宅第内部装修被保留了下来。潘塔尼宅第位于41号，建于1836年。19世纪末，埃德蒙·德·罗特斯彻德男爵对其进行整修，后为美国大使馆。

奢侈品和高级成衣

圣奥诺雷郊区街与蒙田大街一样，均是巴黎高级时装的圣地。1890年，让娜·朗万在街道22号开设了自己的服装店，她的设计灵感来源于她的女儿。而它的对面，也就是15号，则为男装店，他们为保罗·瓦莱里定做了第一套法兰西院士服（为绿色）。另外，还有位于59号的皮尔·卡丹、21号的香奈儿等。此外，此条街上还有很多引人注目的古董店。位于爱丽舍宫对面的宅第建于1768年，主人为博沃王子，后为内政部所用。

爱丽舍宫

埃弗尔宅第

1718年，由建筑师阿蒙德·克劳德·莫莱兴建，宅第主人是奥弗涅的埃尔维·路易·德拉图尔，即埃弗尔伯爵，是圣奥诺雷郊区最早的宅第之一。1753年，路易十五的情人蓬皮杜夫人买下了这座宅第。1764年，国王的契约到期；7年后，宅第卖给了银行家博隆；他在去世之前（4个月后他便去世），又将宅第售予路易十六（终身契约）。

波旁宅第

又称波旁爱丽舍宫，买主为波旁·孔泰公爵夫人。这座宅第在大革命期间成为一座公园，之后则为商铺和公寓。年轻的阿尔弗雷德·德·缪塞也曾是这座宅第的主人，他说："这里有故乡的味道，我在那儿学习、锻炼。"

拿破仑的爱丽舍宫

1805年，拿破仑一世将宅第赐予他的姐姐卡罗琳娜·穆拉。穆拉将宅第装饰得极其豪华。拿破仑曾经住在这里，之后他将宅第赠予约瑟芬作为分手礼物。百日王朝结束之时，他在这里签署了退位书。这座宅第后来为路易·腓力所有，接着是路易·拿破仑·波拿巴。这里便是1851年12月2日的政变的筹备地。

"城堡"

1871年，爱丽舍宫成为共和国总统的官邸。共和国的卫兵（下图）十分敬业，每逢遇到官方访问时便会出动；每周三早上举行内阁大臣会议时也会打起十二分精神，时刻关注宫殿的异动。这片区域的主建筑为埃弗尔宅第，在第二帝国时期，宫殿才与两翼相连。1900年，香榭丽舍大道一边的爱丽舍宫有一扇公鸡铁门，开口朝向加布里埃尔大道。宫殿内部极为奢华，穆拉大厅、多雷大厅、阿尔让大厅和蓬皮杜大厅均采用戈伯林花毯和18世纪的家具、画作进行装饰。

圣奥古斯汀教堂

　　为生铁结构，上面覆盖着石头。中殿的拱顶架于精雕细琢的扶拱之上。有一个巨大的圆顶，最高点距离地面50米。

马雷舍伯大道

　　于1800年开始修筑，1866年完工。小波洛涅街区因此而消失。E.苏的《巴黎的秘密》便取材于这里。

圣奥古斯汀教堂

　　1986年，由巴塔尔建造，折中主义风格建筑，融合了罗马、哥特式、文艺复兴、新拜占庭风格的多种元素。它是在一块三角形区域之上建造的教堂。1886年，夏尔勒·德·弗科在这里改变了他的宗教信仰。

赎罪小堂

　　1815年，由冯丹建造，希腊－罗马风格。小堂周围为两条长廊，夏多勃里昂说它们组成了"成串的坟墓"。路易十六和玛丽·安托瓦纳移葬圣德尼教堂之前，便是葬在这里，另外这里还葬着大革命时期的3000名遇难者。1815年，路易十八自己出资建造了一座纪念碑，纪念碑位于路易十六花园，底下为地下墓室；祭坛状似坟墓，周围有两组大理石雕像，一组为《被天使搀扶的路易十六》，博斯科作品；另一组为《玛丽·安托瓦纳跪在主的面前》，科尔托作品。

马塞尔·普鲁斯特

他和父母一起住在玛德莲广场9号的一栋楼房里。1880年，卢卡斯·加尔东餐厅在一楼开业，如今更名为阿兰·赛德伦斯。

玛德莲教堂

大工程

1764年，由孔当·迪弗里兴建，位于波旁宫对面，为皇家街的终点。1806年，拿破仑一世任命皮埃尔·维农，让他将教堂改建成"法国军队的荣誉殿堂"。建筑物的每一面均有柱廊，"这样一座宏伟教堂，只有在雅典才看得到，巴黎绝无仅有"。七月王朝时期这座建筑又恢复成教堂，并于1842年完工。

"一座古典风的英勇无畏的建筑"

原址为长108米、宽43米的古代神殿，其周围环绕着52根高19.5米的科林斯柱。外部既无钟楼又无十字架，由两个3米多高的青铜大门支撑着上面的浅浮雕：《十诫》，亨利·德·特里科蒂作品；壁龛里竖立着32位圣人的雕像。教堂内部为典型的宗教装饰，为1830年至1840年的官方艺术风格。教堂中殿长80米，共有3个开间，开间上面盖着扁平的圆顶。里面还有两组醒目的石雕：《玛丽·玛德莲升天》，大理石雕刻群像，马洛什蒂作品；《耶稣受洗》，弗朗索瓦·鲁德作品。祭坛的球形拱面积达250平方米，其上有一幅极其出色的壁画《基督教的历史和光荣》，是儒勒·兹埃格的作品。

"马克西姆家"

皇家街3号

于1893年开张，如今依旧保持着新艺术装饰风格。人们可以在这条通道上边吃边欣赏风景（下图）。

玛德莲广场

这里有一个花市，起源于1834年。有一家名叫"埃迪亚"的香料店（21号），已经在这里130年了；还有弗松百货商场（24—30号）。广场由泰奥多·夏尔邦蒂埃于1842年设计。

皇家街

1845年，拉肖姆花店开在了街道的10号，是皇家街上最漂亮的商店之一。

街道11号为莱俪水晶店，装饰极为现代；克里斯托夫金银器店（9号）和拉杜雷

糕点店（16号）均位于这条街。

巴尔扎克在《巴黎林荫大道的构造》中说道："这就是生活的所在！"林荫大道的历史可追溯到1670年，当时路易十四决定将查理五世建造的城墙改造为巴黎的步行长廊。从18世纪中期开始一直到19世纪，林荫大道都是巴黎的风尚街道。大道边上的咖啡馆错落有致，剧院和娱乐场所不计其数，优雅人士创造了属于他们的风尚，而那些游荡的人则开创了"林荫大道精神"。

"雷克斯"大厅

于1932年设计，为美式电影厅。天花板上嵌着一颗又一颗的灯泡，就如天空中的星星。墙面上闪烁的灯光照亮了这个古西班牙风格的大厅，圣诞节时这里会开放喷泉。它与林荫大道上的许多娱乐场所一样，如仙境一般美丽：中式澡堂、弗拉斯卡蒂咖啡馆、奥林匹亚音乐厅、格雷万博物馆。

过山车

冬天的时候，俄罗斯人便会在涅瓦河上搭一些木制脚手架，这些脚手架极陡，然后他们会乘着雪橇从上面滑下。19世纪，"过山车"风靡法国，这种活动极为刺激，是公园里最吸引人的游乐项目之一。

音乐厅

在布吕诺·科卡特里的管理下，奥林匹亚音乐厅极受欢迎，有许多著名演员在这里表演。天顶体育馆和贝西宫建成之后，奥林匹亚便没有从前那般风光了。

"我喜欢游走……"

"我喜欢在林荫大道上游走，那里东西多，风景也多"，伊夫·蒙坦如此唱道，歌词中充满了对林荫大道的溢美之情。第三共和国时期（正值美好年代）的林荫大道最受人欢迎。

莫里斯·什瓦里埃

扁平斜边草帽是他的标志，他让"林荫大道"成为一种流行风潮，他将巴黎的"顽童"精神带到了美国。哪里有表演，哪里就有他：在咖啡馆–音乐厅，与蜜丝婷瑰一起表演歌舞杂耍、轻歌剧、电影、音乐剧。

魅力建筑
　　歌剧院位于巴黎的商业中心，它装修得富丽堂皇，为典型的第二帝国时期建筑。

大理石和社交活动
　　歌剧院内部采用了不同颜色的大理石进行点缀，极致奢华、大气。豪华的主楼梯边上，插着许多由卡里埃·贝流兹设计的优雅妩媚的烛台，两个分岔的楼梯可直达展览厅。加尼叶将歌剧院设计成了"全巴黎的大厅"，大厅入口位于外面的凉廊，凉廊两端分别是月亮厅和太阳厅。

歌剧院

　　1858年，在佩勒提埃厅的入口，拿破仑三世差点被从欧斯尼潜入的刺客刺杀。于是他决定在一个安全的地方修建一座新的歌剧院。夏尔勒·加尼叶为这个项目的负责人。拿破仑三世的皇后批评他设计的建筑毫无风格，他反驳道："女士，这是拿破仑三世的风格。"之后，他在歌剧院的最深处开凿了一个蓄水池，勒鲁便将《歌剧魅影》的场景设在了这里。因为缺乏资金，歌剧院的建造计划一度被延迟，最终于1875年竣工，此时已是第三共和国时期。

"一座文化的现代殿堂"
　　戈蒂埃的这句话准确地概括了夏尔勒·加尼叶的歌剧院项目：建造一栋融艺术、娱乐与奢华感受为一体的建筑。歌剧院的结构极为繁复，介于巴洛克

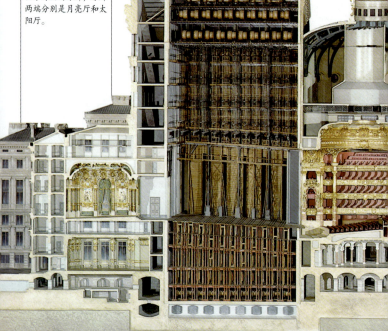

与新文艺复兴
风格之间，避免了一种沉闷的压迫
感。建筑物正面的凉廊上方建造了7个窗
洞，底下则有7个拱廊，中间用整块石头雕刻的柱子隔开。
一楼为雅典风格，有许多雕刻装饰：作曲家的半身像、古代面
具、富有寓意的雕刻群像，如卡尔波《舞蹈》的复制品。扁平
的圆顶上同样也用巨大的雕刻进行装饰：被飞马簇拥的《阿波
罗诗兴大发》，米勒作品。

红色和金色

表演厅主色调为红色和金色，舞台为意大利式。规模相
对较小，可容纳2130个观众。1964年，安德烈·马尔罗委托
夏加尔绘制了一幅天花板壁画，覆盖了之前由勒讷普沃作的壁
画。夏加尔的壁画以歌剧和著名舞蹈演员为主题。

典范

歌剧院极为宏伟，长172米，宽101米，总建筑
面积逾11000平方米，地下室以及迷宫似的走廊
楼梯加起来总共有6319级。为了达到便于逃生的
目的，加尼叶缩小了整个表演厅的面积。舞台则
配备了换景器械，这在当时实属特例，不同的层
级高度加起来可达60米。加尼叶歌剧院与巴士
底歌剧院一样，承办的表演内容十分丰富，有歌
剧、芭蕾舞、音乐会。

歌剧院广场

这里是繁忙的交通枢纽。林荫大道的路口，同时也是奥
斯曼大道上的百货商场入口。为1867年的世界博览会而建
的格兰德酒店，与加尼叶歌剧院一样宏伟，共有470间
客房，70个大厅；庭院上方有一块巨大的
玻璃；餐厅的主色调为耀眼的金色。

和平咖啡馆

位于歌剧院广
场，格兰德酒店一
楼，莫泊桑和左拉均
是这里的常客。

奥斯曼大道上的百货
商场

春天百货创办于
1865年。春天百货大
厦（64号）由保罗·
塞迪勒于1881年兴
建。茶馆位于第二栋
大楼6层，位于玻璃穹
顶之下。该穹顶由毕
内于1911年设计，遭
遇火灾后，于1921年
重建。春天百货附近
的拉法耶特百货（40
号）仍旧保持着1910
年的外观。该建筑物
的穹顶由10根金属柱
支撑。

意大利大道

优雅街道

"那里已经挤满了人，还有几步就到了。世界就在那儿。"这是缪塞对巴黎最出名的林荫大道的评价。意大利大道上有好多迷人的地方：哈迪咖啡馆、托尔托尼冰激凌店、中式澡堂、阿诺弗别墅（1935年被迁移到了西梭公园以及王子走廊3—5号，1860年开放，镶嵌着多面玻璃，建有金属门拱）。19世纪末，各大银行纷纷在证交所附近落户，意大利大道优雅不再。巴黎国民银行位于街道16号的一栋装饰艺术风的楼房里。这座楼房建于1933年，原址为富人咖啡馆，龚古尔、左拉、都德和图尔格尼弗经常在这里举行"作家晚餐会"。此外，银行还在"金色之家"（29号）的一栋附属建筑里办公，建于1838年，阳台上有一些烫金装饰（名副其实的"金色之家"）。里昂信贷银行大楼位于街道17—23号，始建于1878年，1891年左拉在《金钱》里写的"在太阳底下闪闪发光的金子令人无法抵抗"，说的便是这栋大楼。

里昂信贷银行

建筑物正面为典型的路易十四风格，是巴黎最大的民间建筑。

蒙马特大道

"湍急的巴黎人流"

蒙马特大街是一条极其热闹的街道，就像儒勒·瓦雷斯说的，这是一条"湍急的巴黎人流"。鼎盛时期的蒙马特大道上有马德里咖啡馆（6号）、瓦里埃戴剧院（7号）——这栋优雅的建筑建于1806年，希腊风格，其原名为"轻喜剧殿堂"，上演了诸多奥芬巴赫的轻歌剧以及特里斯坦·贝尔纳和萨沙·吉特里那些充满"林荫大道风格"的戏剧。剧院对面为格雷万博物馆（10号），1882年开始便被誉为"艺术报"，是一个巨大的万花筒，千变万化，它那栋"美丽的剧院"为20世纪初的风格，装饰着布尔代尔雕刻的浅浮雕《云》。

意大利剧院

始建于1781年，靠近林荫大道，为意大利的演员而建。剧院的法瓦尔大厅于1898年重建，这里上演了许多成功的喜歌剧和轻歌剧。

"钱的圣殿"

证交所的正面为新古典主义风格（维克多·雨果对此有过讽刺），装饰着《商业之神》和《工业之神》，为杜蒙和杜雷作品。

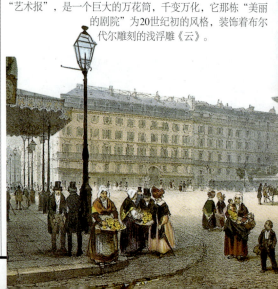

走廊

19世纪初，走廊曾经掀起了一阵风潮，一直到第二帝国时期电和人行道出现之后才逐渐没落。巴黎现在仍有约20条这样的走廊，其中最具代表性的两条均位于蒙马特大道。全景走廊（11号）于1799年开放，19世纪初，逐渐崭露头角。美国人富尔顿绘制了许多画作，向人们展示了伦敦与雅典的面貌。57号是一家餐厅，仍保留着古老的巧克力店，为拿破仑三世风格的装修。全景走廊对面为朱伏瓦走廊，那里开了许多玩具店和书店。

布隆尼亚尔宫

该宫1808年由建筑师布隆尼亚尔修建，为长方形建筑，周围环绕着一个柱廊，科林斯式柱，于1826年竣工，1902年至1907年增建了两翼。内部的大厅上方有一个极大的玻璃圆顶，高25米，四周环绕着拱廊。一直到1987年都为证券交易所所在地，这一年交易所环形场地消失，之后布隆尼亚尔宫成为会议中心。

"装人的玻璃水缸"
阿拉贡如此贡献巴黎的走廊。在还没有沥青的时候，这些走廊是坏天气来时的躲避之处。这些走廊仍保留着一种东方集市特有的味道。

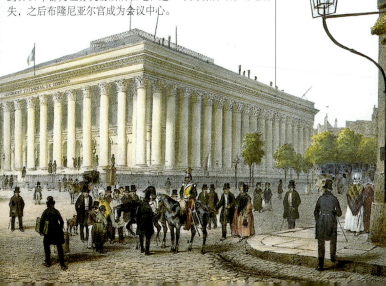

西岱岛、圣路易岛

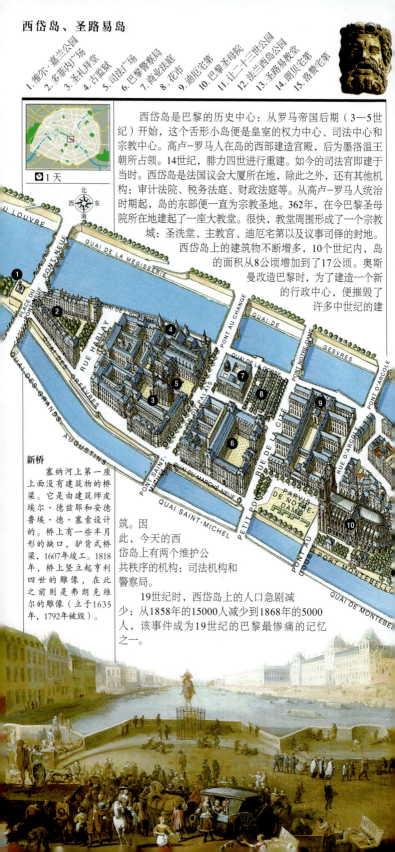

⏱ 1 天

西岱岛是巴黎的历史中心：从罗马帝国后期（3—5世纪）开始，这个舌形小岛便是皇室的权力中心、司法中心和宗教中心。高卢–罗马人在岛的西部建造官殿，后为墨洛温王朝所占领。14世纪，腓力四世进行重建。如今的司法官即建于当时。西岱岛是法国议会大厦所在地，除此之外，还有其他机构：审计法院、税务法庭、财政法庭等。从高卢–罗马人统治时期起，岛的东部便一直为宗教圣地。362年，在今巴黎圣母院所在地建起了一座大教堂。很快，教堂周围形成了一个宗教城：圣洗堂、主教官、迪厄宅第以及议事司铎的封地。

西岱岛上的建筑物不断增多，10个世纪内，岛的面积从8公顷增加到了17公顷。奥斯曼改造巴黎时，为了建造一个新的行政中心，便摧毁了许多中世纪的建

新桥

塞纳河上第一座上面没有建筑物的桥梁。它是由建筑师皮埃尔·德兹耶和安德鲁埃·德·塞索设计的。桥上有一些半月形的缺口，驴背式桥梁，1607年竣工。1818年，桥上竖立起亨利四世的雕像，在此之前则是弗朗克维尔的雕像（立于1635年，1792年被毁）。

筑。因此，今天的西岱岛上有两个维护公共秩序的机构：司法机构和警察局。

19世纪时，西岱岛上的人口急剧减少：从1858年的15000人减少到1868年的5000人，该事件成为19世纪的巴黎最惨痛的记忆之一。

多菲内广场和新桥

1584年，为了筹集建造新桥的资金，亨利四世决定将西岱岛分块出售。西岱岛位于塞纳河上，由3个小岛组成，如要增加整片区域的面积，则需要把这3个小岛连接起来，并进行填土造陆。1601年，亨利四世决定建立一个三角形广场（该广场位于哈雷街后面，于1804年被毁）。这片土地被划分为12块出售，同时售出的还有32栋相仿的房子：外墙均铺设红砖，并建有石质拉条。这些楼房一楼为拱廊，再上去两层为方形，最上面为顶楼。朝向广场与塞纳河的建筑物墙面均是一样的。就这些房子来说，只有顶层的那两座对称的阁楼才符合最初的广场设计，这种设计结构紧凑，17世纪诗人马莱布称其为"巴黎最美丽、最实用的设计"。

一派热闹繁华的景象

新桥建成后，直到19世纪，均是一个极为热闹的地方（上图为正在建造的新桥，下图则为17世纪的新桥）。

巴黎圣母院

古老的教堂

据推测，西岱岛最古老的教堂应建于4世纪中期。当时法国正处于君士坦丁大帝统治之下，基督教由此获得了发展机会。彼时整个主教圣堂都

圣母院，巴黎的记忆

这幢宏伟的建筑位于塞纳河的两条支流之间，是名副其实的"石头管道"。圣母院第一次动工时，巴黎正被选为首都。将圣母院的地下室（专门用于葬死尸）称为巴黎的历史博物馆一点也不为过。在这里，你还能登上塔楼放眼巴黎，同时，还能在教堂前广场的地上看到"核心点"这个词。

已经建造完毕，包括主教宫、圣洗堂（1748年被毁）以及长方形教堂。该圣堂的面积极大，有70~80米长。同时，其很可能包括之后在此范围内建造的迪厄宅第的土地。8世纪和9世纪时，因当时设立了议事司铎一职，该教区扩张得尤其厉害，他们要求建造一种带有独立房屋和花园的城

深刻的变革

19世纪，西岱岛经历了深刻的变革。奥斯曼改造工程：在巴黎圣母院前建了一个巨大的广场；商业法庭；军

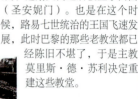

营，即后来的巴黎警察局；一座全新的迪厄宅第（位于西岱岛北部）。1831年，总主教区教堂消失，其部分被改造成祈祷室（后由维欧莱·勒杜克整修）。

核心点

巴黎圣母院前的广场上有一块星形铜片，它不仅是巴黎的中心，也是整个法国的中心。旧制度时期，人们要计算巴黎到法国其他城市的距离时便会从这里算起。

市教堂。慢慢地，教堂建得越来越讲究：他们在正祭台间和中殿之间建造礼拜祭坛；之后，又在教堂西部建造了两间环绕着柱廊的大厅。

1148年，教士会议的关键人物是主教代理埃蒂安·德加尔兰，他命人建造了一扇饰有圣母玛利亚雕像柱的大门。约在1160年，古教堂被毁，只保留了埃蒂安·德加尔兰命人修建的大门，这扇大门之后被置于西面（圣安妮门）。也是在这个时候，路易七世统治的王国飞速发展，此时巴黎的那些老教堂都已经陈旧不堪了，于是主教莫里斯·德·苏利决定重建这些教堂。

建造过程

主教莫里斯·德·苏利提出要建大面积的教堂（5500平方米），同时也提出要大规模改变城市布局。除了议事司铎的封地和教堂外，那些建筑几乎都被摧毁了，西面的建筑也一直向东靠拢，好留出地方建造广场。一个匿名人士提出了一些重要建议，整个工程的进度因此加快了（当时最先开始造的是教堂祭坛的半圆形后堂）。教堂内部预计会分为4层；在长廊上方打造玫瑰花窗；圣楼通过小圆窗朝向外面；不建造飞拱。12世纪70年代，出现了一种新的建筑风格：不进行大面积改动，而是使用新型技术，使得圣楼可以通过3个圆窗

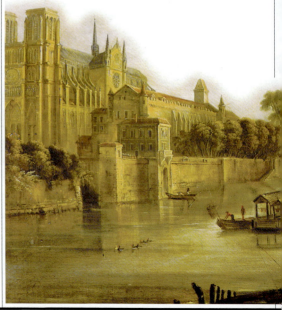

（而不是两个）朝向中殿。中殿还未建成之时，第三个建筑师参与了进来，他主要负责建设西翼的台基（与国王长廊处在同一水平）以及教堂前的广场。大约在1210年至1220年，第四位建筑师成功地将建筑物正面与教堂中殿的砖石结构连接起来：他对原来的方案做了一些改动，为了保持整个结构的复杂性，他放弃了方案中的石柱样式，而是采用了与夏尔特尔大教堂的石柱相仿的样式。在1220年至1230年，大教堂变化极大：在辐射状哥特式建筑的原则指导下，建造一个光线更为充足的教堂。因此教堂中殿的窗洞变大了，而玫瑰花窗也因此消失了；圣楼顶楼的屋顶被压低了，最终成了屋顶平台；建造了一些飞拱，除了支撑作用以外，还可当作雨水流通的管道；耳堂的交叉甬道上建起了一座尖塔。约1250年，建筑师让·德·谢勒在耳堂尽头增建了一些新的建筑物，成为教堂的北臂。皮埃尔·德·蒙特赫伊则建造了南臂。从这个时期开始一直到1325年，中殿、祭坛和半圆形后堂的一面相连的墙后、护墙之间建造了一些侧边小堂。教堂在法国大革命期间损毁严重，1845年，由让·巴普蒂斯特·拉苏和欧仁·维欧莱·勒杜克进行整修，勒杜克只参与了1857年至1864年的工程。教堂于1864年整修完毕。

议事司铎街

得名原因：街上有圣母院议事司铎的内院，这些院落均十分安静。

"最后的审判"三角楣

圣母院正中央的那扇门上面雕刻着"最后的审判"。这幅雕刻的灵感既来自于《启示录》，又来自《马太福音》。简单解释一下便能区分出画中人物：善神与恶神之间的对比十分明显，画中的装饰好似一下变得多余了。画中央为灵魂秤，这把秤由圣米迦勒操作：好人在左边，靠近亚伯拉罕；坏人则在右边，他们正合力将第一个人的人头塞到地狱里。

圣母院既是巴黎的地理中心，又是其历史中心。12世纪中叶到14世纪初的哥特式建筑主要特点是雄伟，巴黎圣母院便是其中的一个典型。这座庞大的教堂，庄严朴素、结构协调，建筑的水平线与垂直线处于一个平衡的状态。19世纪的圣母院有些破败；整修之后的圣母院又修复了它的壮美，主要部分的雕刻在修整后重新焕发出迷人的光芒。

路易十三（1708—1726）的心愿

路易十四为了完成其父的心愿，任命建筑师罗伯特·德·科特整修圣母院的祭坛。安东尼·瓦塞则负责整修主祭坛周边区域；尼古拉·库斯图负责《慈悲的圣母》群像；跪着的《路易十四》和《路易十三》（右图）则出自安东尼·柯赛沃和纪尧姆·库斯图之手。壁柱前面摆放着6个金色的青铜天使像，他们手上拿着《耶稣受难记》。

飞拱

约在1220—1230年，祭台的半圆形后堂经历了第一次修整——增建了飞拱。因为后堂屋顶是平的，雨水的排放一直是一个问题。飞拱建造之后便能与地沟结合，极好地解决了排水问题。

侧边小堂

从1250年到1325年，他们在中殿、祭坛和圆形后堂的一面相连的墙后、护墙之间建造了一侧边小堂。（皮埃尔·德·谢勒和让·哈维）

一座朴素的教堂

组成：一个分为5个双开间的中殿，两侧均有双侧道；一个极短的耳堂；一个分为2个双开间的祭坛；一个分成7部分的半圆形后堂。中厅上方屋顶分为6部分，建造方形拱；侧廊屋顶则分为4部分，粗柱和细柱交错使用；建筑师只在整个教堂的中殿使用了支撑物。耳堂的交叉甬道共有四层，由维欧莱·勒杜克重建，更接近最早的教堂的设计。

11

圣礼拜堂

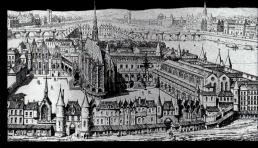

始建于1241年，竣工于1248年，是圣路易为供奉耶稣受难的圣物而造。典型的哥特式教堂。其并不是王室专用教堂。它包括一个供公众使用的下堂，一个供国王使用的上堂。圣礼拜堂是一个圣物室。外部装饰：极为原始的建筑不造飞拱，只有坚固的护墙，以撑起庞大的金属结构和超大块玻璃；尖拱体现了结构的垂直性。

彰显王权

传统上认为圣礼拜堂的建造者是皮埃尔·德·蒙特赫伊；今天我们则认为还包括托马斯·德·科尔蒙和罗伯特·德·吕扎什。可以说，该教堂是西岱岛上的一座封闭式宫殿，既有宗教意义，又具有政治意义：国王赋予了它双重职能，国王是人

民的世俗以及宗教领袖。

19世纪的建筑

大革命时期损坏严重。由菲利克斯·杜邦、让·巴普蒂斯特·拉苏和爱弥尔·博斯韦达整修。该工程是19世纪最成功的工程之一（比韦则莱工程和圣母院工程都更成功）。整修部分：屋顶、外楼梯、尖塔（1853年第四次整修）、内部装饰以及彩绘玻璃。

独一无二的中厅

长方形。包括4个开间，每个开间均为长方形。半圆形后堂分为7个部分。

下堂

圣礼拜堂的教堂与地下墓室有些相似。建有两列石柱，可加固整个结构；边上有两条侧道，可通向半圆形后殿的回廊。

上堂

内部特点：简单而又统一；为两层，甚至有些地方为一层结构，而传统的哥特式教堂为四层结构；圆窗因此十分接近墙基。

垂直

一些坚固、凸起的护墙与半圆形后殿处于同一个水平面，因而可以不使用飞拱进行固定。

国王长廊里的犹大

1793年以前，国王长廊里陈列着28尊耶稣祖先的雕像；19世纪进行了修缮。

大革命期间有21尊雕像被夺取、毁坏；于1977年在巴黎一间银行的地下室里找回。

圣安妮门

要恢复其哥特式风格必须：建造额外的过梁；内部镶嵌一排拱石。整体来说，门的结构十分严谨，而且每个细节均有自己的独特之处。

圣母门

13世纪，一个人文思想复苏的时代，这个门便是该世纪哥特式雕刻的顶峰之作。特点：平衡结构，拱形曲线与对角线和水平线结合使用。

"最后的审判"之门

13世纪初流行人文主义肖像，国王长廊、圣安妮门、"最后的审判"之门的雕像均具有创新意义。

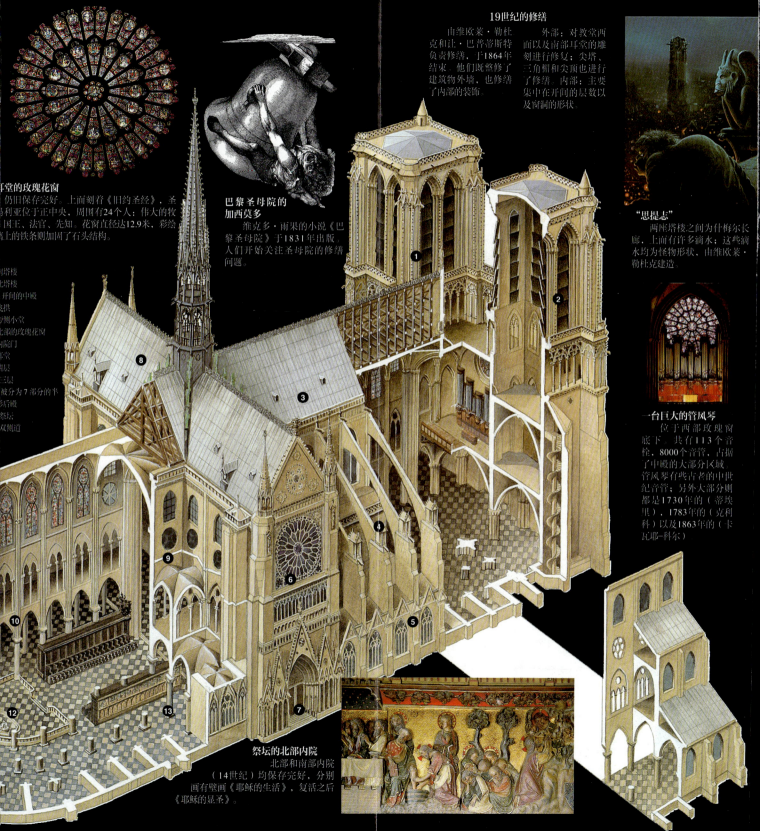

19世纪的修缮

由维欧莱·勒杜克和让·巴普蒂斯特负责修缮，于1864年结束。他们既整修了建筑物外墙，也修缮了内部的装饰。

外部：对教堂西面以及南部耳堂的雕刻进行修复；尖塔、三角楣和尖顶也进行了修复。内部：主要集中在开间的层数以及窗洞的形状。

耳堂的玫瑰花窗

……的旧保存完好。上面刻着《旧约圣经》，圣……利亚位于正中央，周围有24个人：伟大的牧……国王、法官、先知。花窗直径达12.9米，彩绘……上的铁条则加固了石头结构。

巴黎圣母院的加西莫多

维克多·雨果的小说《巴黎圣母院》于1831年出版。人们开始关注圣母院的修缮问题。

"思提志"

两座塔楼之间为什梅尔长廊，上面有许多滴水；这些滴水均为怪物形状，由维欧莱·勒杜克建造。

一台巨大的管风琴

位于西部玫瑰窗底下。共有113个音栓、8000个音管，占据了中殿的大部分区域。管风琴有些古老的中世纪音管；另外大部分则都是1730年的（蒂埃里）、1783年的（克利科）以及1863年的（卡瓦耶-科尔）。

祭坛的北部内院

北部和南部内院（14世纪）均保存完好，分别画有壁画《耶稣的生活》，复活之后《耶稣的显圣》。

南塔楼
北塔楼
开间的中殿
尖拱
侧小堂
北部的玫瑰花窗
院门
堂
耳层
三层
被分为7部分的半
后殿
祭坛
双侧道

灵活的技术方案

建筑师为了将开间连接起来，增加了金属结构的数量，采用铁质拉杆，令其穿过中梃。他细心地将那些粗壮的铁棍隐藏起来，使其与玻璃结构达到最大限度的和谐。

巧妙的肖像

圣礼拜堂是耶稣受难理论的实践结果。该理论来源于托钵修会以及方济各修会，是圣路易十分注重的一种理论。

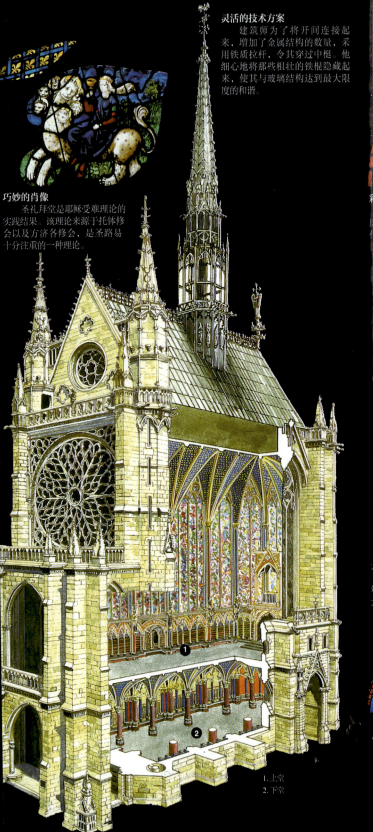

1.上堂
2.下堂

镶嵌画

教堂深处的镶嵌画：装饰花样繁多，有时也使用纹章。每个尖拱，如右图的耶稣受难画，周围为纤细的框框，但上面仍旧可以雕刻纹章。

彩绘玻璃：三种功能

彩绘玻璃的色彩极为鲜明，除了具有彰显历史和装饰作用外，同时也是一种建筑元素，代表一个空间的结束。

有人像装饰的镶嵌画

为了使西面的大玫瑰花窗更为完整（建于15世纪最后10年），教堂中殿的8个大圆窗（南部4个，北部4个）和4个尖拱，半圆形后殿的7个圆窗和2个尖拱均有人像装饰。

色彩

教堂深处的镶嵌画尤为丰富；虽每一幅使用的装饰花样一致，但却各有特点。这些花样有自己的主调色；在有人像装饰的壁板中，通常为蓝底。有时候也不采用红蓝主调，而是采用其他颜色，尤其是黄色。

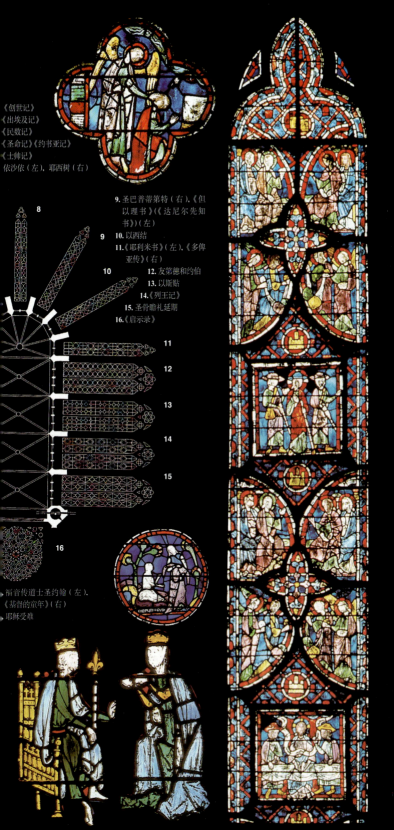

《创世记》
《出埃及记》
《民数记》
《圣命记》《约书亚记》
《士帅记》
依沙依（左），耶西树（右）

9. 圣巴普蒂第特（右），《但
   以理书》《《达尼尔先知
   书》)（左）
10. 以西结
11.《耶利米书》（左），《多俾
    亚传》（右）
12. 友第德和约伯
13. 以斯贴
14.《列王记》
15. 圣骨瞻礼延期
16.《启示录》

福音传道士圣约翰（左），
《基督的童年》（右）
耶稣受难

花市

建于1809年，后因鸟类市场的开放，变得更加热闹。这片花市原址为巴黎12区的犹太街区。西岱岛的街在1834年以前，

都是使用犹太街区的街名。

司法广场

这一群稀奇古怪的建筑几乎占据了整个岛的西部。据考证，其原址极有可能为高卢－罗马时期的一座城堡（此后为墨洛温王朝所用）。这座堡垒在卡佩王朝时期最为兴盛，1165年，腓力·奥古斯特出生在这里，后来他对城堡进行了整修。他的孙子路易九世（1214—1270），即后来的圣路易，经常在这里居住。1242年，为了供奉他获得的耶稣受难圣物，他决定兴建圣礼拜堂，其通过长廊与宫殿相连。1296年至1313年，腓力四世为财政、行政和司法机构的入驻而大规模扩建城堡。14世纪时，因为动乱，国王只好搬到圣保罗宅第居住，城堡则为巴黎最高法院所用，最高司法法庭则用于关押罪犯。该城堡在经过数次火灾以及大革命期间的破坏之后，进行了大规模整修。城堡仅存的中世纪建筑有圣礼拜堂、塔楼，以及北部较低的那些建筑。我们可以在中央大厅、哈雷门厅、最高法院，尤其是古监狱（既是宫殿又是监狱）看到19世纪的奢华装饰。

中世纪宫殿

第一间房被称为军人大厅，约建于1300年，作为2000名为国王服务的军人的食堂。整个大厅为哥特式建筑，长64米、宽27米，用以支撑王室举行典礼的上厅，可与阿维农教皇官的大厅相媲美。大厅为长方形，3排坚固的石柱将其分为4个厅堂。建有4个壁炉。其曾经进行过一连串的整修：增建上走廊，称之为"巴黎街"，昔日为没有光没有空气的小中间那排石柱上方的拱顶数量增加了1倍，以加固整个上厅，1622年由萨罗蒙·德·布洛斯重建，19世纪修补了镂空石螺丝。厨房（约建于1353

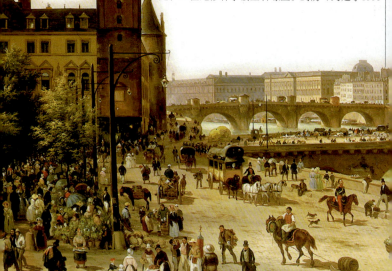

年）则位于宫殿右侧的方形馆。后面为卫兵厅，建于腓力四世时期（14世纪初），3根巨大的石柱将其分为4开间中殿，并造有尖形拱肋。通过"巴黎街道"便能进入那些整修得最厉害的地方以及宫殿的监狱。

古监狱

　　古时候的国王总管拥有诸多特权和权力，古监狱便为他的住处——同时也是由他审判的——以及最高法院审判的罪犯的关押处。君主制被废除之后，1793年刑事法庭改为大革命法庭，古监狱也为之所用。两年里，这里关押了2700多名死刑犯，其中包括王后玛丽·安托瓦内特，她于1793年10月16日被送上断头台。19世纪时，这里关押了许多著名的犯人：朱安党人加都达尔、内伊元帅、拿破仑亲王、无政府主义者奥斯尼和拉瓦肖等。1914年，古监狱有部分地区成为"历史古迹"，并"对外开放"。其修复了古时书记官登记案卷的房间以及"厕所"——犯人在被押往五月庭院之前，会先进来这里，把个人物品全都除去。楼上则为一间一间的黑牢，其中更有多间关押着名人士的囚室。王后玛丽·安托瓦内特的囚室被改建成了忏悔室，旁边则建了一间跟之前一模一样的囚室。

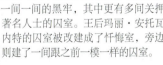

圣路易岛

圣路易岛上的街道极为安静，吸引了许多散步者。

两个世纪前，路易·塞巴斯蒂安·梅斯埃就曾说过，这是"一个远离了城市腐败的地方"。好几百年过去了，岛上似乎都没有什么变化。岸边矗立着许多优美的私人宅第。这里也是一个可欣赏塞纳河和巴黎风景的得天独厚的位置。

近代历史

圣路易岛的城市化进程始于17世纪，1726年，其规模基本定型。从前叫圣母岛，不过是一个经常被涨水淹没的牧场。洗衣妇们常在这里晾衣服。中世纪的时候，这里为举行司法裁判的地方：当时用剑来定胜负（上帝的旨意），力求迅速判决。

一座被整修的岛屿

圣路易岛的整修项目由工程师克里斯多夫·玛利负责。路易十三时期，他通过两个石头工程将河岸与岛屿连接起来；

建造了砖石结构的河岸；开辟了街道；修建了房子。这些工程从1614年持续到1660年。玛利桥于1630年建成；图尔内尔桥则于15年后完工。

迷人的小岛

1614年4月，工程师、桥梁承包商克里斯多夫·玛利开始整修圣路易岛。他与战争特派员吕格勒·普勒蒂埃以及瑞士卫兵财务官弗朗索瓦·勒·雷格哈蒂埃合作，由此解决了整修项目的资金来源。毁于1653年的玛利桥便是为他而建的，"他是一个值得古巴黎收藏家尊敬以及岛上居民感谢的人"。岛上有两条街以他助手的名字命名。圣路易岛河岸为平行四边形，长600米，宽170米，高约9.75米，于1650年竣工。这个新建街区的成就是巨大的：这里有许多空气流通极好的房屋，笔直的街

道。这些城市化设施均建立在整体规划的基础上。岛上宅第的主建筑均建在河岸的最高点，而不是庭院内部，处在这个位置的房子空气更好、视野也更为开阔。另外一个创新之处便是建材的使用，他们只使用方石，而当时人们经常把它和砖头结合使用。

中央大道

圣路易岛街平时都很安静，周末才比较热闹。街上的店便是它的魅力所在。如位于26号的于利斯书店，专卖旅游书；位于25号的DAAVP书店，卖的是巴黎的小艺术品；而位于31号的是贝蒂永冰激凌店。

圣路易岛街

1614年开始修筑，1646年完工。如果我们在西岱岛，可通过圣路易桥来到圣路易岛。那座桥建于1970年，为步行街。那时我们便会看到街道61号，即位于勒雷格哈蒂埃街拐角，有一家名叫"罗伊给安尼茨蒂埃的"餐厅。那里仍旧保存着以前的铁门以圆锥形的小雕像《小巴克斯》，该餐厅于17世纪开业，当时为卖酒的小酒馆。

舍尼左宅第

位于街道51号，建于1619年。朝向大街的建筑物正面为华丽的洛可可风格，面向庭院的建筑物大门和阳台则均用怪诞的动物进行装饰。1719年，财政区区长买下了这栋宅第。在今天的庭院深处右边，仍旧可以看到当时建造的楼梯和扶手。街道54号则保存着建于1634年的宣誓官的建筑结构。今天的宅第包括这两个部分，在宅第内部可以看到这些结构。

圣路易岛教堂

始建于1644年，由勒沃设计，1726年竣工，是为圣路易而建的教堂。教堂的钟楼造型奇特，挂着一座1741年的钟，这座钟与街道垂直。教堂里有一些艺术藏品，其中包括瓜贝尔的《厄马乌的朝圣者》（1746）、弗拉·安吉利可的《天神报喜》、诺艾尔·哈莱的《圣弗朗索瓦·德·萨勒》、卡尔·凡·鲁的《正在医治瘸子的圣约翰和圣彼得》（1742）。

圣路易岛教堂的装饰

由建筑师路易·勒沃设计，是典型的17世纪法式巴洛克教堂，具有全新的宗教作用。教堂内部极为通亮，建材主要为白色的石头，闪烁的时候有点像金色。

缪斯馆

有许多大艺术家都参与了朗贝宅第大厅的装修,其中最引人注目的应该是厄斯塔什·勒苏厄(1616—1655)。他画了5幅缪斯女神画作(上图),宅第也因此有了这个名字。

右图,洛赞宅第的内部装潢

洛赞宅第

宅第的正面位于河岸边,建有铁铸的阳台。1910年,建筑师采用海豚装饰槽槽。

朗贝宅第

1842年至1976年,均为亚当·恰尔托雷斯基亲王家族所有。这栋豪华宅第曾是波兰裔艺术家的聚居地,17世纪由勒沃建造,位于圣路易岛街。主人为国王的财政官和参赞让·巴普蒂斯特·兰贝尔·德·托里尼。其内部装潢极为豪华,由弗朗索瓦·佩里埃、夏尔勒·勒布汉、乔瓦尼·罗马内利、贝托雷、弗雷马勒、皮埃尔·帕特尔共同完成,资金来自让·巴普蒂斯特·兰贝尔·德·托里尼的父亲尼古拉·兰贝尔,他是当时审计法院的院长。1776年,国王买下了这座宅第,并将其摧毁。罗浮宫收藏了宅第的几幅版画,大部分的画作和雕像都位于原处。2013年7月发生的火灾烧毁了屋顶和屋架,但宅第大部分装饰画都保存了下来,包括赫拉克勒斯厅由勒布伦绘制的天花板、缪斯厅和爱慕厅。这座宅第为私人财产,不对外开放参观。

安茹滨河路

这是一条会引发思乡之情的滨河路。20世纪初,弗兰克·布朗塔诺写道:"没有什么船会经过这里:这里挤满了洗衣妇,停在这里的驳船形成了一条桥。这是船员人生活的地方。"

路易·勒沃把自己的房子建在了朗贝宅第的后面,位于街道5号。这座小小的马里尼宅第通过一个长长的阳台与朗贝宅第相连,有一扇十分精美的铁质大门。

洛赞宅第

位于滨河路17号,宅第主人是夏尔勒·格鲁因,他是一个富裕的小酒馆老板的儿子。宅第内部装修由勒沃负责,于1657年完工。1682年,洛赞伯爵买下了这座宅第。洛赞伯爵一度是路易十四跟前的红人,他也是大郡主(国王表妹)的情人。这座宅第几经转手,1779年为皮默丹侯爵所有,之后改名为"皮默丹宅第"。1842年,勒罗穆·比尚买下了皮默丹宅第。他是珍本收藏家,也是许多艺术家的朋友,他又将宅第的

名字改回了洛赞。1906年至1910年，路易·比尚对宅第进行了大规模修缮。1928年，巴黎市政府买下了这座宅第，公众提出申请后便可参观。

波旁滨河路

位于街道1号的弗兰克·皮诺从前是一个船员小酒馆；铁闸门上攀爬着葡萄藤和许多鲜艳欲滴的葡萄。街道5号则是夏隆宅第，始建于1637年，竣工于1640年。是庇卡底战役的指挥官让·夏隆委托塞巴斯蒂安·布吕欧建造的。庭院上方，建筑物的拐角处，建有一间凸起的小房屋，底下用突角拱支撑。这种房子在17世纪上半叶极为常见。街道45号是桑托尔之家，建于1658年后，由路易·勒沃的哥哥弗朗索瓦·勒沃建造；这座房子也十分出名，其上雕刻了两幅相似的浅浮雕，主题：赫拉克勒斯战胜涅索斯。

奥尔良滨河路和贝图讷滨河路

奥尔良滨河路6号为波兰图书馆（1838年由难民所建）以及诗人亚当·密茨凯维奇（1798—1855）博物馆。18世纪时，贝图讷滨河路被称为阳台滨河路，因为当时街边的建筑物均有阳台，设计出自勒沃之手。街道18号为黎塞留宅第，大抵也是勒沃建造的，这座宅第的地皮为塞维涅夫人的祖父所有。岛上塔楼的竣工时间不明，大概是建造苏利桥两个桥拱的那段时间（1874—1877），是亨利四世大道上最早的房子之一。街道1号则开了一家极有意思的钓具商店，名叫"苍蝇之家"。

博堡·巴黎大堂

📷 1天

一个不卫生的街区

1920年，于伊斯曼写道："整个街区都糟糕极了，散发着一股老乞丐的味道。"博堡是巴黎的一个村庄，腓力·奥古斯特的城墙建造之后，该村庄被纳入巴黎。19世纪的时候，这里还只是一片不怎么干净的区域。1939年，这个村庄被推倒，进行重新建设，成了一个时尚之地，当时其还未被列入巴黎大堂的整修计划内。

372

高卢–罗马时期，吕岱西南北交通干道取道今天的圣马丁大街经过右岸的这片区域。11世纪，这片区域被纳入城市化规划体系。路易六世在这里建造了夏特莱城堡，这个街区此后成为巴黎的商业中心以及市政机构所在地。而现在的街区也不比从前逊色：经过大规模整修后，这片区域成了欧洲面积最大的步行街。巴黎大堂广场和蓬皮杜艺术中心则被誉为——也许有些

1977年，乔治·蓬皮杜艺术中心对外开放，吸引了无数人来这里参观游览。广场上，街头卖艺者在那些好心人面前卖力地表演。一直到今天，这里仍旧是现代巴黎的一个社交中心，夏季尤其热闹。

夸张——当代巴黎的中心。

市政厅

格列弗广场

即现在的巴黎市政厅广场（1830年才改的名字）。这片广场从1357年开始就为巴黎市政府所在地，而此后市政府也并未搬迁。12世纪时，圣路易便与巴黎市政府结成同盟，派遣长官管理塞纳河的航运。巴黎因此选举代表，进驻夏特莱城堡附近：有4个市政长官，由巴黎市长统管。1357年，市长埃蒂安·马塞尔将市政府的办公场所搬到了皮利埃之家，即现在的巴黎市政厅。巴黎人已经习惯当着国王的面涌入格列弗广场，去庆祝圣约翰火把节。这是一个充满节日气氛的广场，同时也是一个不祥之地，从12世纪一直到1830年，有人在这里被绞死，有贵族在这里被斩首，异端分子和女巫在这里被活活烧死，那些犯了亵渎君主罪的人在这里被判死刑……1610年，被浸在沸水里、已经残废的拉瓦雅克在这里被施以车裂之刑。19世纪，没有工作的人们会经常来这里，于是也便有了"罢工"（音"格列弗"）一词。

格列弗港口

中世纪时，格列弗广场是一个塞纳河边的陡峭河岸，船舶可在这里靠岸。附近菜市场的食物和生活供应品均卸在格列弗港口。

市政厅

　　始建于1553年，于17世纪初竣工。原址为皮利埃之家，由意大利建筑师多梅尼科·贝尔纳贝设计——他又称为博卡尔多尔（"金色的嘴巴"，因为他的胡子是金黄色的）。之后持续进行修缮和扩建。1871年5月24日，被巴黎公社社员焚毁。1874年至1882年，由巴鲁和德佩尔特按照原来的设计进行重建。建筑物四面凿了大量的壁龛，里面放着108个在巴黎出生的名人雕像。柱顶盘上则饰有30个雕像，代表法国省份城市。钟楼的三角楣之上则有一个女性雕像，是巴黎的象征。内部装饰极为豪华，为典型的第三共和国风格。

奢华与光彩
　　巴黎市政厅内有多种烫金饰，并有精美的细木工艺，这都体现了共和国时期的奢侈风格。这里最漂亮的是节日大厅，那里饰有闪闪发光的水晶吊灯；南边的入口大厅则用普维·德·夏瓦纳的画作装饰。

夏特莱

　　1808年以前，这里为大夏特莱地区的一个片区。大夏特莱地区位于新桥的入口。这座城堡1130年由路易六世命人兴建，是西岱岛的防御工事。先为巴黎市长的宅第，后为监狱，那里有极其残酷的肉刑。其内有一个极出名的房间——伊波克拉房间，为倒着的漏斗状，关在里面的犯人只能站着。今天的夏特莱广场是巴黎最热闹的地方之一，两边矗立着两座一模一样的剧院，由达维乌于1862年建造。西边为夏洛雷剧院。1874年，这里诞生了著名的科洛纳乐团，这里上演的剧目类型十分繁多；东边则为市政府剧院，1900年，莎拉·伯恩哈特在这里出演了埃德蒙·罗斯丹的《年轻的鹰》，获得了巨大的成功。

美吉斯里滨河路

　　街区最热闹的地方之一，塞纳河岸边上有许多小书商，对面有多条风景长廊，那里挤满了各种植物店和家禽店。中世纪时，这里是巴黎最古老的屠宰场之一，散发着一股恶臭的味

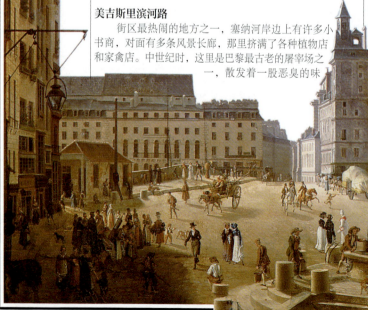

装饰艺术风的正面

  莎玛丽丹正面利用凸肚窗、壁凹等进行装饰，是巴黎唯一的大型装饰艺术风墙面。该建筑物现在修缮。工程结束后，这里将成为商铺、住宅和豪华酒店所在地。

道；这里也因此成了巴黎最不祥的地方之一。在滨河路里边，藏着一些秘密的小道，如金匠街，仍旧保留其中世纪的建筑以及平和安静的气氛。

莎玛丽丹

货币街19号

  厄内斯特·科涅克和他的妻子路易丝·杰将原来4栋大建筑里的商店（1869）改建成了像蜂窝一样的门店。1905年至1910年，建筑师弗兰茨·朱尔丹在货币街2号建造了装饰艺术风格的楼房；之后他与亨利·索瓦合作，建造了街道3号的房子，正对着塞纳河。2005年，莎玛丽丹因为整修而暂停营业。

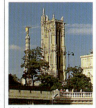

棕榈泉

  建于1806年，为庆祝拿破仑一世取得的胜利而建，位于古代的市民广场。

圣雅克塔（右图）

  火焰哥特式钟楼。是圣雅克教堂的唯一遗迹，建于16世纪，于1797年被毁。塔底部的拱门底下摆放着帕斯卡勒的雕像，他曾经整修过多姆山的气压计。塔的西北角则雕刻着4个福音作者的代表生物：狮子、鹰、公牛和人。这些以及塔侧面的滴水和18个雕像均于19世纪进行修缮。圣雅克塔的大型修缮工程于2009年初结束。

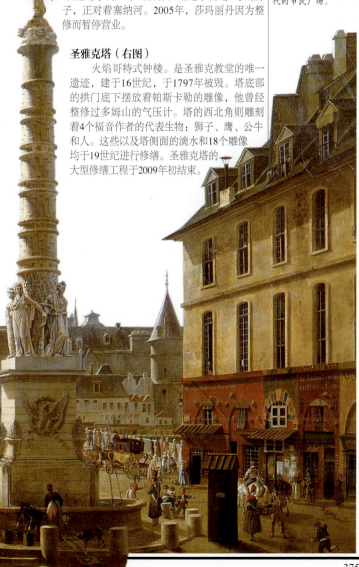

市场的"强人"组织

1250年由圣路易创建，成员为搬运工。他们是市场稳定运行的保证，同时也负责市场的安保工作。1965年，该组织的成员达到了3000人。

整修工程

从2000年开始，巴黎市场进行了一系列整修：兴建了大堂广场，增加了新的入口，重建花园以及运输枢纽等。2010年，巴黎大堂呈现出全新的面孔：拆除维莱尔·瓦尔展馆，兴建林冠广场，整修勒蒙斯科、牧羊人和朗布托门。

巴黎的肚子

12世纪由路易六世（胖子王）兴建，位于香蒲地区——沼泽地，部分为耕地。1534年，弗朗索瓦一世在有篷的长廊周围建造了新的建筑物（上面的柱子一直保存到1854年）。随着市场的发展诞生了两大组织：强人组织和女商贩组织，过年时这些人可以得到面见国王的机会。

巴尔塔市场

1851年，拿破仑三世决定将分散在各处的市场整合为统一市场，大市场位于圣厄斯塔什教堂附近。当时的巴黎东站全部使用金属结构，受到启发的拿破仑三世要求建筑师巴尔塔"帮我打造一些雨伞……铁的雨伞，全铁的"。于是，巴尔塔设计了10栋全金属结构的建筑，于1854年至1912年陆续建成。左拉在小说《巴黎的肚子》里对此大加赞赏。1962年，这个位于巴黎市中心的市场已经破败不堪，且十分拥挤。当局决定将巴黎市场搬到了距离市区15千米的朗吉，该市场于1969年正式启用。巴尔塔的建筑几乎全被摧毁了，只剩下其中的两栋，一栋后来"搬"到了马恩河畔的诺让，另一栋则被移植到了日本的横滨。

巴黎市场的"窟窿"修补计划

在一段时间内，古老的香蒲地区一直都有一个巨大的窟窿。为此，人们提出了各式各样的修补方案。有人说可以建造一个空中花园，而建筑师里卡多·波菲则说建造一栋巨大的六边形建筑。1979年，《巴黎市场方案》终于成形，市场到博堡街的这片区域也因此发生了巨变。修缮建筑物，改变建筑物用途，促进商业和文化的繁荣发展……这个废弃的地方变成了夏特莱-巴黎大堂站。这是RER（大区快铁）的一个繁忙站点，负责将巴黎郊区的人输送到这片全欧洲最广阔的步行区域。

> "我站在这栋巨大的建筑面前——它刚刚结束了这一天的繁忙工作。我仿佛在一片苍茫朴实中看到那一堆堆的肉……看到了那些高山蔬菜，它们上面闪烁着白点和绿点。"

——爱弥尔·左拉

大堂广场

每天，来自朗布托街、皮埃尔·勒斯科街以及牧羊人街的人们都蜂拥至广场。广场的地上建筑全部进行了重建；其地下长廊被分为4层，是巴黎最大的商业中心。这里的顾客十分多样化，最常光顾的是年轻人和"赶时髦的人"。这里仍保留其文化使命：印象中的广场、业余艺术爱好者之家、音乐收藏馆、一座图书馆、一个表演厅……地面的两栋建筑物之间建有一个巨大的庭院，可以由此进入花园，空间开阔，适合漫步。庭院之上覆盖着"林冠"——一种由玻璃片和光电板组成的棚顶，利于空气流通和采光。

圣婴喷泉

位于大堂附近。巴黎唯一一个文艺复兴风格的喷泉（1549），装饰着让·古戎雕刻的精美的睡莲。

花园

在2018年的规划中，全新的地面花园建造在南部，出入较之前更为便捷，而其也会成为一片毗邻林区的大型草地，囊括儿童游乐区、成人休闲区（滚球、象棋……）以及更宁静的地方。正对着圣厄斯塔什教堂南门的是亨利·米勒的雕像，极具现代气息。这颗巨大的头重达70吨，采用的是马梭日的石头（勃艮第）。他侧着耳朵，仿佛在聆听城市的喧嚣，又似在感受教堂的那种宁静。

期货交易所（下图）

位于巴黎大堂西侧。环状建筑，原本为小麦市场，建于18世纪。上面的金属穹顶建于1811年，覆盖着铜片以及玻璃。建筑物东面一侧为一条极为壮观的柱廊，为凯瑟琳·德·美第奇兴建的斯瓦松宅第的遗迹，其应是王后的占星师鲁日里的观星台。从前，这里为内斯勒宅邸；1252年，圣路易的母亲卡斯蒂耶的布朗谢就病逝于此。2018年末，在安藤忠雄的打造下，这座建筑用于展出弗朗克斯·皮诺特的部分收藏。

闹中取静

嘈杂的市场中有两个宁静去处：20世纪70年代修建的勒斯科建筑群的屋顶平台以及有葡萄棚的花园。

巴黎大堂街区

无名烈士广场

  自中世纪以来，无名烈士公墓便建在这里，埋葬了许许多多的巴黎人。17世纪时，这里的人口远超过建筑物能承受的范围，有一些商店甚至就开在了公墓里面。维庸便是在这里完成《大遗言集》的。1549年，巴黎唯一的文艺复兴风格喷泉建成，背靠着墙，以让·古戎雕刻的精美的睡莲为装饰。1786年，公墓被拆除。夜里的巴黎总有一列一列的阴森的车队鱼贯而行，他们要将葬在这里的约200万具骸骨转移到圣雅克街区的地下墓室。与公墓一墙之隔的圣婴喷泉并未被拆除。1788年，帕茹对其进行了第四次整修，之后喷泉被移至广场中央。位于大堂附近的圣婴喷泉是巴黎地区最喧闹也最舒适的地方之一。

费罗纳里街

  这条街上有许多酒吧和饭店，是夜游一族的聚居地。街道11号对面，有一块嵌进路面的招牌上刻着3朵百合花。1610年5月14日，亨利四世的那辆四轮华丽马车就停在这条狭窄的街道上。当时拉瓦雅克突然爬过界标——他从罗浮宫一直跟到了这里——刺了国王3刀，亨利四世不幸身亡。

圣奥诺雷街

  一条老路。12世纪，罗马时期首都的横向干道鲁勒小巷被拆除，而修筑了圣奥诺雷街。其街边多为17世纪和18世纪的建筑物。街道116号为药房，建于1715年；街道96号则为莫里哀的出生地（门牌上有标注）。街道111号为叛国者喷泉，1776年由苏弗罗重建，原为让·古戎于1519年建造的喷泉。该喷泉位于圣奥诺雷街与干燥树街的交叉路口，这里之前为刑场，放有绞刑架，因而得名"叛国者"。

圣厄斯塔什教堂
长88米，高33米。其内部结构与巴黎圣母院相似，整体平面也大体相似。

无畏的约翰的容身之处
  1407年，奥尔良公爵派人刺杀勃艮第公爵"无畏的约翰"，1年后，便建了这座塔，以保护他的人身安全。1419年，躲在蒙特罗桥上的这座塔里的约翰仍被刺杀了。要参观这座塔需向管理协会预约。

圣厄斯塔什教堂

建于古市场的空地之上。该教堂为细长形教堂，护墙则是传统的哥特式风格。原址为一座建于12世纪的小堂。教堂始建于1532年，竣工于1637年。本为哥特式教堂，18世纪时教堂正面被整修成了古典主义风格，整体风格因此变了样。1840年被焚毁，此后由巴尔塔重建。教堂仍为哥特式风格，内饰则是文艺复兴风格，也有古典主义风格的装饰。教堂内的著名作品有：乌埃的《圣厄斯塔什殉道》，皮加勒的圣母雕像。这里的管风琴音乐会极负盛名，而教堂亦是巴黎最漂亮的教堂之一。

无畏的约翰之塔

位于埃蒂安·马塞尔街21号，是极为古老的一座四方形塔楼，高27米，建有一段共有140级台阶的螺旋楼梯，通向塔楼的突廊，曾是巴黎的封建军事建筑之一。

圣德尼街

这条街沾了不少圣德尼教堂的光，这是一条被祝圣的道路，路上建起了许多凯旋门，街上也修筑了许多免费供应酒和牛奶的水龙头。其中一个于1732年重修的水龙头便位于街角（142号）。广场附近的圣德尼街成了一条步行街，街上的传统商业店铺慢慢退居北部。那些老旧的房子里有许多性用品店，门口闪烁着刺眼的霓虹灯。

博堡

圣梅里教堂

与圣厄斯塔什教堂一样，建筑物紧紧地靠在一起，这是中世纪的一种传统结构。它建于9世纪，于12世纪重修，又于1520年至1620年进行了整修，不过仍为火焰哥特式教堂。斯特拉文斯基广场上的飞拱更突出了内饰的迷人。18世纪时，耳堂的交叉甬道采用拱顶石建造，其下的火焰哥特式装饰被完全修改成了巴洛克风格：米歇尔·昂热·斯洛茨修建了灰泥和大理石质的祭坛；他的哥哥国家保罗·昂布瓦兹则负责小堂的装饰。1744年，博弗兰给小堂添置了一个玻璃天顶，同时，教堂一些16世纪的彩绘玻璃也被撤了下来，换成了白色的玻璃。大革命时期这座教堂遭到了一定程度的破坏，但其仍旧拥有诸多著名作品：乌埃的《圣厄斯塔什殉道》、皮加勒的圣母雕像及凯斯·哈宁的《基督的生活》。主建筑左边有一座钟楼，钟楼的小塔楼有一个巴黎最古老的钟，是铸于1331年的梅里钟。

洗礼和葬礼

圣厄斯塔什教堂（下图）是许多历史上的著名人物举行宗教仪式的地方：黎塞留和莫里哀均是在这里受洗的；拉封丹和科尔贝的葬礼则在这儿举行。科尔伯是这座教堂的出资人，他的陵墓由勒布汉设计，位于半圆形后堂附近的小堂内。

丁格力喷泉

伊诺·斯特拉文斯基广场，制作活体的让·丁格力和雕刻人物的尼基·德·圣法勒用他们的才华致敬《火鸟协奏曲》的作曲家。这些活体为不规则体，人物则奇形怪状，不断旋转着，朝着喷泉喷出巨大的水柱。感到惊讶的路人总是忍不住要看它一眼。

钟楼街区

乔治·蓬皮杜中心的侧边为朗布托街，街上那尊由奥西普·查德金雕刻的普罗米修斯就像是这个从前不怎么干净的街区的路口，该街区的改造是由居民发起的。这个迷你街区之所以称为"钟楼街区"，是因为贝尔纳·德·克莱尔沃街内那个由雅克·莫内斯蒂埃铸造的奇怪的电子钟：一个握着双刃剑、拿着盾牌的男人正与一条龙、一只鸟和一只螃蟹大战；1个小时对战一种动物；12点、18点和22点时，这些动物则会联合起来与男人抗衡（这座钟会不定时停止使用）。

乔治·蓬皮杜艺术中心

1969年，总统蓬皮杜说道："我迫切地希望巴黎能够拥有一个艺术中心，该艺术中心既是博物馆，又是创意中心。"之后，他向国际的建筑师发出建设竞标。政府从681个方案中选出了意大利人伦佐·皮亚诺以及英国人理查德·罗杰斯的方案。他们的方案曾一度引起激烈的抗议，不过事实证明，这样的蓬皮杜艺术中心是十分成功的，建筑本身已经与巴黎景观融为一体，每年接待的参观者更是多达上千万。

建筑史上的挑战

建筑师们建造了一座先锋建筑——极为宏伟的平行六面体，长160米，宽60米，高42米。建筑为钢材结构，并有玻璃隔墙和生动的颜色。在内部空间中，建筑师摒弃了所有的支撑元素，如自动扶梯、通风管以及取暖管道；外观上，整座建筑的基础占地7500平方米，每

一层楼的高度与面积受到严格控制。右页下图为蓬皮杜艺术中心的横截面，整个中心共有13个这样的横截面。蓬皮杜艺术中心上的工字钢和管道的颜色与它们的功能一一对应：蓝色为空气调节设备，绿色为水管，红色为交通运输设备（如自动扶梯），黄色为电气设施和管线。面向广场的地方有一架大型的自动扶梯，犹如这座用门拱支撑的玻璃立体建筑的对角线。

文化中心

　　蓬皮杜艺术中心为多功能建筑，用于展示各个领域的作品。广场上有一个极为宏伟的入口，上面有挡雨板，人们可经过该入口进入巨大的信息走廊。整个空间极大，却极为简洁。这条走廊为人们的集会地：导航信息、咖啡馆、设计概念店、书店以及儿童乐园。从这里可通向每一层楼。一楼为表演厅和电影院；二楼和三楼为公共信息图书馆（BPI），该图书馆设计十分新颖，馆藏极为丰富，摆放也极为人性化，读者可随意翻阅开架图书。这里还有各种电影资料片、语音CD、录像带以及130种外国语和方言的录音带，用于普及和推广各种文化；四楼和五楼则为现代艺术博物馆（MNAM）；六楼为临时展览厅，并有一间图书馆和餐厅，在该餐厅的露台上，可尽情地欣赏广场以及巴黎的风景。

巴黎现代艺术博物馆（MNAM）

　　空间极大，大部分均开放参观。藏品约为1500件，极具特色，包括画作、建筑模型、摄影照片、设计图、录像资料等。此外，可以在这里看到20世纪和21世纪每个阶段的艺术品以及现存的历史文物古迹。该博物馆是世界上最大的现代艺术博物馆。

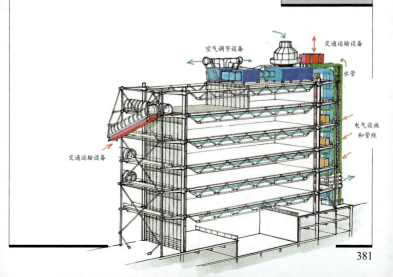

空气调节设备

交通运输设备

水管

电气设施和管线

交通运输设备

埃及热

开罗广场2号的建筑物极具埃及特色：饰有象形文字、狮身人面像以及莲花。该大楼开口朝向开罗走廊，其灵感来源于埃及的大巴扎（大集）。

雷克斯

雷克斯的正面颇具好莱坞风格，朝向普瓦松尼埃大街。这家电影院于1932年开业，由建筑师布鲁桑和埃伯森设计。这是一座极为新鲜的建筑：大楼的外观似乎与巴黎原有的景观格格不入，为白色建筑；内饰则更像美国的电影院。

雷欧米尔

雷欧米尔街

街边主要为纺织工厂和印刷厂，建于20世纪初，金属结构，大面积采用透明的玻璃窗，以获得足够的光线。101号、124号和126号这3栋建筑均大面积采用了铁质材料。

工艺美术博物馆

藏品为艺术品或者各种发明物件，位于田园圣马丁修道院内。该修道院建于1060年，19世纪，修道院建筑被拆除，只保留了一座约建于1130年的带祭坛的教堂，这是一座在巴黎地区最早采用尖拱、在法国最早采用飞拱的教堂。僧侣的食堂则被皮埃尔·德·蒙特赫伊改建成图书馆，蒙特赫伊是美丽的圣礼拜堂教堂的建造者。

田园圣尼古拉教堂

建于1184年，于12世纪重建，16世纪整修，为文艺复兴风格教堂的典范。南侧门上的窗户雕刻得极其精美，该设计来源于菲利伯·德洛姆。18世纪，建筑师整修教堂时运用了一些巴洛克元素，如将彩绘玻璃改成了镶嵌画玻璃等。这座教堂位于几条交通干道的交叉口。它的内部装饰极为豪华，祭坛周围以两幅西蒙·乌埃（1629）的画作为装饰

小巷街

圣母领报教堂

1823年至1830年由戈德重建，现在只保留了教堂里那座建于1628年至1652年的钟楼，奥地利的安妮奠下了这座钟楼的第一块基石。这位王后结婚23年才生了路易十四，因此她将这个教堂打造得十分豪华，这是她对上帝的一种还愿。教堂内部有许多菲利普·尚佩涅和勒布汉的画作，还有一幅米涅尔的《奥地利的安妮和法国的亨利埃特》。在一个古老的法衣室里放着一件18世纪的丝质祭披，埃奇沃恩·德·费尔蒙便穿着这件祭披为上断头台之前的路易十六做最后一场弥撒。

开罗街区

小巷街中央有一些饶有寓意的街名：阿布季尔、尼罗河、达米埃特，这些名字均会勾起拿破仑远征埃及的记忆，当时他需要

一场胜利来证明自己的价值，而他的战争同时也让法国的艺术更加璀璨诱人。1667年以前，这里主要为托钵修会的修士居住，他们便是躲在这里的"圣迹剧庭院"里。他们的修会名称便是来源于"圣迹剧"，每天晚上那些残疾的修会成员都会上演圣迹剧，他们在演戏过程中找回了肢体以及感官的作用。最出名的圣迹剧庭院位于如今的尼罗河街。1667年，拉雷尼警察局的陆军中将驱逐了这些流浪汉（他们自己还选出了一个国王）。

大街

普瓦松尼埃大街

这条交通干道仍旧十分热闹，尤其是在晚上的时候。这也是一条颇具商业气息的街道。23号为蒙托隆宅第，建于1775年，边上为奥斯曼式楼房。当时这些大街上都有许多步行长廊。32号为布雷邦咖啡馆，是左拉等自然主义者的聚集地。

圣马丁大街

开口朝向共和国广场。位于城墙附近，穿过公共卸货区。路边建有两座剧院。16号为圣马丁门剧院大厅，外墙装饰着许多古代艺术家雕刻的面具；曾被巴黎公社成员焚毁，于1873年重建。莎拉·伯恩哈特曾在这里参加了《托斯卡》和《茶花女》的演出，1897年，埃德蒙·罗斯丹的《西哈诺·德·贝热拉克》在这里首演。20号为文艺复兴剧院，1893年至1899年上演的也是莎拉·伯恩哈特的作品。远一点的地方为圣马丁门，高17米。路易十四也曾在这里扮演一个没有戴假发的赫拉克勒斯，剧中传统的葡萄叶则用狮子的爪子代替。

圣德尼门

该城门由米歇尔·安基埃雕刻，高23米，1672年由布隆代尔竖立。上面的雕像和碑文彰显了路易十四在荷兰取得的赫赫战功。

桑蒂埃

这一街名称来源于"工地"，街道上的材料、交通工具等十分繁多：纺织球，各种类型的材料，装卸车，双轮手推车。有时候甚至会发生交通拥挤，这是一条十分繁忙的服装街，每天都有大宗的纺织和服装交易。

玛莱区

1. 市政厅百货公司
2. 圣日尔韦—圣普罗泰教堂
3. 艺术城
4. 多蒙宅第
5. 桑斯宅第
6. 苏必兹宫
7. 蓝闪支·德·布洛斯宅第
8. 罗昂宅第
9. 圣殿公园
10. 圣保罗—圣路易教堂
11. 萨雷宅第
12. 拉穆瓦尼雍宅第
13. 卡纳瓦雷宅第

2天

1961年，工程师米歇尔·罗德在维尼宅第的废墟中发现了许多刻有图饰的工字钢和小梁。

他在这里举行木头人表演，起初为玛莱会演，之后他成立了两个

协会，致力于"玛莱区的保护以及价值重现"。

384

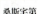

博物馆街区

呈三角形的玛莱区由市政厅、巴士底广场、共和国广场组成，是巴黎的历史中心。与西岱岛一样，这片区域的诸多建筑也被拆除重建。后来帝国陨落，它因此逃脱了被奥斯曼改造的命运。19世纪，玛莱区成为一个工业区：宅第成了各种商业店铺、手工业厂房的所在地；这些从业者在庭院里建造多余的建筑，严重损坏了屋内的装饰。然而也正因为他们，玛莱区的文物古迹才得以保存下来。1962年，国家通过了安德烈·马尔罗的文物保护政令，巴黎的"第一个文物保护区"得以重生。与此同时，街区的传统工业也慢慢地消失了。

黄金时代的圣殿区

12世纪，腓力·奥古斯特城墙范围内的北部沼泽地被开发。一些文化，或者说，"裁缝文化"很大程度上促进了"玛莱"的城市化发展。1385年，查理五世在靠近塞纳河的南部街区建造了圣波尔宅第，当时王室还未搬到圣安东尼街北部的图尔内尔贡省宅第居住。1605年，亨利四世在此修建了皇家广场，即后来的沃日广场，这个街区变成了一个艺术和文学之城。塞维涅夫人一生都居住在玛莱区，她换过10次住处，她是17世纪玛莱区黄金时代的一个标志性人物。路易十四即位之时，玛莱区的发展到达了一个顶峰，而同时它也开始走下坡路，当时的上流社会纷纷移居圣日耳曼郊区和圣奥诺雷郊区。

桑斯宅第

中世纪建筑，其大门为火焰哥特式风格，周围为带角的塔楼；建筑物的外形并不规则。这栋宅第与克吕尼宅第、雅克·科尔的故居同为巴黎中世纪民间建筑的稀有案例。这栋宅第的大门、塔楼、方形城堡主塔以及望楼均保留了下来，其余部分均重建过（有些建筑可能稍显夸张）；建筑物正面朝向花园。

玛莱区，旧制度的最后一个遗址

它是巴黎唯一的历史街区，狭窄的街道两旁矗立着许多私人宅第。景点：巴黎的第一个广场沃日广场、圣凯瑟琳广场、自由法兰克人街、玫瑰街等。玛莱区从中世纪开始便为犹太人街区，这是一个热闹、有许多娱乐设施，适于散步的街区。这里的商店每周日都会开门。卡纳瓦雷博物馆也是值得一去的地方。

385

圣殿区的古城堡

　　1265年，圣路易建造了圣殿城堡主塔，因为道路关系，主塔面积有限，该地位于如今的圣殿公园北部，对面为巴黎第三区的区政府。这座方形的庄严塔楼边长15米，屋顶上建有巨大的角楼。1792年4月13日，王宫搬到了这里。1793年1月21日，路易十六离开这里，被押往断头台。年轻的路易十七也在这里莫名死去，死因至今仍是一个谜。

　　圣殿公园位于玛莱区北部，这是一座坚固的堡垒，其周围建有8米高的雉堞城墙。1313年，在腓力四世和教皇克莱蒙五世的压力下，圣殿骑士团解散。

圣殿公园

　　原址为格兰隐修院（毁于1853年）。为英式花园，1857年由阿尔方设计。

圣伊丽莎白教堂

圣殿街195号

　　教堂正面为古典主义风格，有部分损毁。1628年，玛丽·德·美第奇奠下了教堂的第一块基石。教堂内有一个极大的新古代主义祭坛，1822年，由戈德建造。1845年，教堂收录了17世纪的100幅木板画，上面雕刻着《圣经》的故事场景。这些均来自圣瓦斯特达拉修道院。

圣殿市场

位于区政府之后。包括6栋建于1863年的金属结构建筑，之前为木头建筑（1808）。每天早上都有人在这里兜售衣服或者旧衣服。

圣殿街

一条蜿蜒曲折的街道，仍颇有魅力。白天的街区十分热闹：北部为珠宝首饰店，接着为皮件商店；南部则为批发商店以及进出口专卖店。

圣埃朗宅第，犹太艺术和历史博物馆

71—75号

始建于1640年，竣工于1650年，是一座极漂亮的宅第。主人为1648年《威斯特发里亚和约》的全权代表之一。博物馆收藏的是从中世纪到21世纪的犹太历史和文化文物。

哈维勒宅第

米歇尔伯爵街28号

玛莱区少有的建于18世纪的宅第，也是巴黎仅存的克劳德·尼古拉·勒杜的作品。面向大街的那面建有巨大的多利克柱以及护墙，可与主建筑的柱子和护墙相媲美，属于朴素风格，受新古典主义风格影响。日耳曼尼·内克尔，即斯塔尔夫人，于1766年在这里出生。

档案街

19世纪，街道进行了扩建。街上商业店铺、酒吧餐厅林立，十分热闹。

比耶提隐修院

22—26号

12世纪，传说一块被匕首刺到的圣体饼放入油锅里榨后便开始流血。因为这个传说，人们建造了一个朝圣地，或称"比耶提"。加尔默罗派于1756年至1778年将其改建为教堂，今天则为新教教堂。保留了建于1427年至1428年的隐修院部分建筑：3条长廊，尖形拱顶，上有雕刻图案，尖顶为拱顶石。

科尔故居

圣殿街40号

现为一座小学。是巴黎最古老的房子之一，为查理七世财政总裁雅克·科尔的孙女所有。建筑物外墙铺着红色和黑色的砖，石质窗户建有中梃，为15世纪末的建筑风格。

弗朗索瓦·芒萨尔

盖内戈·德·布洛斯尔宅第的主建筑为庄严的古代风格，没有三角楣，出自芒萨尔之手。至今仍保存完好。弗朗索瓦·芒萨尔因创造了芒萨尔风格的顶楼而出名，他对法国古典主义建筑的发展具有决定性作用。

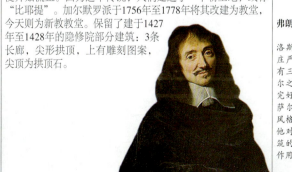

387

一座幸存的封建宅第

克利森宅第的特点：一个坚固的尖形门，两边矗立着两座凸起的塔楼，上有尖顶。目前保存完好，是巴黎仅存的14世纪末的建筑。

德拉玛尔的灵巧

他完全颠覆了整个苏必兹宅第的轴线，建造了一个长62米、宽40米的巨大的主庭院，周围环绕着的柱廊。其设计灵感来源于圣殿的格兰隐修院，整个柱廊共有56对柱子。

盖内戈·德·布洛斯宅第

62号

一座极为朴素的宅第。1651年至1655年由弗朗索瓦·芒萨尔兴建。损毁严重；20世纪时，这座宅第的主人在屋顶挖了一个窟窿，之后便迅速得到了拆除许可。1967年后，弗朗索瓦·索梅尔基金会重建这座宅第，如今为狩猎自然博物馆所在地。

国家档案馆

四方形的档案馆

1808年，拿破仑一世在苏必兹宅第创建了国家档案馆。后来，国家档案馆面积不断扩大，包括罗昂宅第以及毗邻的4座宅第，从自由法兰克人街的54号一直延伸到58号。而馆藏持续增加，书架总长为450千米；后来，建筑师菲尔策在四子街建造了一栋现代风格的建筑卡朗楼，作为国家档案馆研究中心；从2013年起，新的档案资料都保存在塞纳河畔的皮埃菲特镇。

克利森宅第

档案街58号

建于1371年至1375年，由奥利弗·德·克利森建造。他是查理五世时期法国的陆军统帅，与德·戈斯林同期服役。1556年，这座宅第售予吉斯公爵，他聘请文艺复兴时期的著名画家尼科尔·德尔·阿巴特和弗兰西斯科·普列马提乔对宅第进行装修，整体风格极为奢华。这里是神圣联盟的根据地，亨利·德·吉斯（后来玛戈王后的情人）在这里筹划了圣巴托罗缪大屠杀（1572）。1662年至1664年，亨利二世·德·洛林公爵让高乃依住在这里。

苏必兹宅第

自由法兰克人街60号

1700年，苏必兹亲王弗朗索瓦·德·罗昂购得克利森宅第。他的妻子向路易十四申请，他才得以委托建筑师皮埃尔·阿雷克斯·德拉玛尔重修宅第。重修之后的宅第仍旧十分朴素，主建筑的柱子与主庭院柱廊的柱子是一样的；主建筑正面凸出，上面雕刻着罗伯特·德·洛林的《四季》，柱顶盘上则雕刻着一些孩童群像，是艺术守护神的象征。外观为古典主义风格，而内部装饰则为路易十四时期的洛可可风格，出自日耳

曼·波弗兰之手（1735—1739）。其内饰为巴黎现存的最为怪诞的装饰之一。这座宅第是巴黎最美丽的宅第之一，是路易十五的知己苏必兹元帅的住所。苏必兹元帅堪称最受宠的朝臣；他是唯一一个与王室成员一同葬在圣德尼教堂的人。

国家档案馆

皇室档案馆于1867年7月19日开放，后来成为国家档案馆。博物馆位于苏比兹宅第，收藏有绝大多数的法国历史文献，是国家档案馆的珍贵史料。这里经常举行一些临时展览或召开会议。

罗昂宅第

老圣殿街87号

这座宅第通过花园与苏比兹宅第相连。1705年，由德拉玛尔兴建，主人为苏比兹亲王的儿子斯特拉斯堡的阿尔蒙·德·罗昂，他是斯特拉斯堡四大枢机主教中排名第一的主教。而排名第四的枢机主教则是盖梅内的路易·勒内·德·罗昂，他因路易十六王后的项链交易而出名。这座宅第为古典主义风格，建有柱廊和壁柱，极为宏伟。1927年，这里成为国家档案馆所在地；位于四子街的附属建筑则为巴黎公证处的公证文书保管室。19世纪，国立印刷厂在此办公，这种宅第因此受到了一定程度的破坏。不过，这里的内饰仍旧是巴黎最美的，这里有两座极为精美的建筑：克里斯多夫·于埃（1745）的"大猴子室"以及"寓言室"。

《太阳的骏马》

这幅著名的浅浮雕被雕刻于罗昂宅第马厩的墙面上。1735年，由罗伯特·勒·洛林雕刻，他同时也是凡尔赛和马利雕刻的作者。

萨雷宅第

托里尼街5号

1985年，毕加索博物馆对外开放。原址为建于1656年至1659年的宅第，主人为皮埃尔·奥贝尔·德·冯特莱。他本是一个仆人，后来因为向农民征收盐间接税而发了财。奥贝尔破产之后，这座宅第仍被称为"萨雷宅第"，1661年，这座宅第落入富凯之手。宅第在重修之前，几经易手：威尼斯大使馆；青铜制造者维昂的住处，他是小说家鲍里斯·维昂的父亲。主建筑位于半圆形庭院深处，凸出的墙面上建有三角楣，雕刻着主人的徽章（狗头），通过涡形装饰与两翼的狮身人面像相连。左翼仅是一幅具有立体感的装饰画；沿着圣日尔韦裁缝街建造的右翼则为厨房和马厩。面向花园的那栋建筑极为宏伟，是玛莱区最大的建筑。

豪华居所

巴布隆称萨雷宅第为"平民贵族之家"。整座宅第极为壮观，位于庭院深处的主建筑里还有一段极为精美的楼梯。

卡纳瓦雷

幸存的雕像

大革命期间，有许多国王雕像被毁。这一尊幸存的路易十四的青铜像，由柯塞沃于1689年雕刻，是卡纳瓦雷宅第主庭院

的一个装饰品。

文艺复兴风格的建筑

卡纳瓦雷宅第建于1545年，主人是巴黎最高法院第一任院长雅克·德·里涅利。至今仍保存着那

扇上面有凸墙纹的文艺复兴风格大门以及意大利式的主建筑，那上面的窗户均带有中梃，而且饰有让·古戎雕刻的《四季》浅浮雕。塞维涅街的那扇大门上面的浅浮雕同样也出自他的手。

里贝拉·布吕昂宅第

珍珠街1号

始建于1685年，竣工于1687年，由荣军院的建筑师里贝拉·布吕昂建造，宅第为路易十四风格。主建筑墙面上凿有许多壁龛，里面竖立着罗马皇帝的雕像；壁龛边饰以带眼洞窗的三角楣，还有许多凸出的角饰，把花儿和果树的枝丫都给压弯了。

卡纳瓦雷博物馆 （预计于2020年重新开放）

塞维涅街23号

"卡纳瓦雷"这个有趣的名字来源于玛戈王后女傧相弗朗索瓦兹·卡那维瓦。尽管这座宅第（1545）已经重修过多次，但仍旧保持着自己原有的特色。1660年至1661年，弗朗索瓦·芒萨尔改建了宅第：他添加了一些古典主义的元素，将其改建成一座文艺复兴风格的宅第。此外，他增建了两栋翼楼，上面的雕刻出自杰拉尔·凡·欧布斯塔之手；翼楼的顶楼均安装了百叶窗。19世纪，建筑师帕尔芒蒂埃对宅第进行了整修，建筑物正面因此朝向花园（不是很合适）。

巴黎历史博物馆

位于卡纳瓦雷宅第的巴黎历史博物馆保留了这个城市的记忆，其藏品种类极为丰富：考古遗址、巴黎老照片、名胜古迹模型、各种旗帜、素描、纹章等。

勒佩勒蒂埃·德·圣法格宅第

塞维涅街29号

1889年，卡纳瓦雷博物馆购得这座宅第，将这座宅第用于陈列大革命以来的巴黎历史文献、文物等。这座宅第始建于1686年，竣工于1689年。1811年以前，都为勒佩勒蒂埃·德·圣法格家族所有。家族的其中一个成员路易·米歇尔·勒佩勒蒂埃·德·圣法格因投票处死路易十六于1793年被国王的卫军帕里斯暗杀。国民公会为他举行了国葬。主建筑的三角楣上雕刻着一个手持沙漏的老汉，充满了对当时那个时代的讽喻。

RUE DE SEVIGNE 3e

卡纳瓦雷宅第周边

卡纳瓦雷宅第周边的街道为居民街，街边矗立着许多私人宅第。

皇家公园街

卡里雅克宅第（4号）的墙面铺设着颜色鲜艳的砖和石。玛莱区的建筑物墙面大多都被整修为金黄色，不过，也有些得以保留自己的原色——那些鲜艳夺目的颜色——路易十三时期流行的风格。杜雷·德·舍弗里宅第（8号）整修得极厉害，白色的墙面上装饰着五颜六色的石质拉条，看起来似乎不像是菲利普·厄马吕埃·德·库朗热的住处。库朗热是塞维涅夫人的表兄，同时也是一位滑稽诗人。维尼宅第（10号）为国家文献中心所在地，其内的天花板装饰为意大利风格（1669），极为养眼。

马尔勒宅第

佩雷纳街11号

面向乔治·甘公园，常被视为宅第修缮的典型。设有瑞典学院，该学院举办了诸多活动及泰辛学院技术藏品的永久展览。1572年，该宅第进行了一次极重要的整修：增建了有百叶窗的顶楼，加上了奇怪的屋顶——那模样似船的水下部分，由阿内宅第（厄尔-卢瓦省）的建造者菲利伯·德罗姆创造。

多农宅第

埃尔则维尔街8号

建于16世纪末。业主为国王的建筑指挥官美德里·德·多农。是哥特克-珍博物馆的所在地。它规模不算太大，主建筑正面为金字塔状，极为朴素，上方饰有三角楣；后面则为凸起的顶楼，最高点离地面约8米。

"小卡纳瓦雷"

卡纳瓦雷宅第有一位赫赫有名的租客：塞维涅夫人，她在这里生活了19年，从1677年一直到1696年她去世。她将这座宅第称为"小卡纳瓦雷"，她欣赏"这里新鲜的空气，美丽的庭院，优美的花园以及这个优雅的街区"。

改革

皇家公园街上那些路易十三风格的宅第绝大部都建于1619年至1621年间，也都经过了多次整修。尚蒂永宅第（佩雷纳街13号）那栋爬满葡萄藤

的建筑则是例外。

橘园

勒佩勒蒂埃·德·圣法格宅第里的橘园保留了下来；苏利宅第的橘园也保留了下来。

玛莱区宅第的内饰极为富丽堂皇，这在巴黎是绝无仅有的。而这些内饰也同时见证了16世纪至18世纪装饰风格的变化：亨利四世时期，梁上刻着图画；路易十三时期，精美的细木工艺以及仿意大利式的具有立体感的装饰画；路易十四时期，护墙上画着各种组画；路易十五时期，洛可可风格的粉饰灰泥与烫金饰。这些装饰奇迹般地被保留了下来，对装饰艺术来说是一笔宝贵的财富。

爱恋和斯芬克司
芒萨尔·德·萨戈纳宅第大厅的天花板上有一些拱形装饰，出自让·巴普蒂斯特·高乃依之手。太阳王时期的画作深受古代神话的影响。

雕琢的房梁
玛莱区宅第的房梁上经常有雕刻花饰或者几何图样，圆雕饰以及交织字母，这在路易十三以前是最主要的一种装饰元素。

调皮
1749年至1752年，克里斯多夫·于埃发挥自己的想象力，在罗昂宅第的"大猴子室"里绘制了许多可爱的猴子，它们做着各种各样稀奇古怪的事情。

洛可可艺术
苏必兹宅第的椭圆形大厅里，粉饰灰泥和白金的细木壁板上刻着石膏高浮雕，由博弗兰于1737年至1740年设计，是巴黎杰出的洛可可艺术品之一。

中国风
　　18世纪常见的装饰元素。罗昂宅第的"大猴子室"里有许多田园画作。

寓言室
　　苏必兹宅第最先造有寓言室，之后被移植到罗昂宅第。绿色的背景上雕刻着细木圆雕饰，颇有伊索寓言的味道，下图为《狼与羊》。

阿穆罗宅第
　　建于17世纪末。意大利式的房间，上覆一个极为华丽的穹顶。穹顶之上的图画已经修缮过多次，出自路易·布罗涅之手，其深受巴洛克艺术的影响：《赫拉克勒斯和赫柏的婚礼》。

阿尔贝宅第

建筑物正面朝向街道，底下的狮子头支撑着建筑物的凸起部分。花园深处还保留着腓力·奥古斯特城墙的一座塔楼，17世纪被改建为教堂。宅第为部分文化机构所在地。巴黎市政府对宅第内部进行了整顿，装饰风格极为现代。

阿穆罗·德·比瑟伊宅第

这座宅第建有一个可通过车辆的大门，门上雕刻着一些水母头，路人对此议论纷纷。这同时也是一座拥有丰富历史的建筑。拉布吕耶尔还曾嘲笑过这座宅第的第一位主人：他继承了这座"如此美丽、如此华贵、如此装潢"的宅第。1776年，加农·德·博马舍在这里成立罗德里格斯·欧托莱协会，专为美洲起义军提供武器，他还在这里写出了著名的剧本《费加罗的婚姻》。

自由法兰克人街

从博堡到沃日广场，人们往往会选择走腓力·奥古斯特城墙的外环路，即自由法兰克人街，位于玛莱区的中心，仍保留着诸多遗址，边上还竖立着一些私人宅第。街名"自由法兰克人"来自于"恩惠之家"，当时在那里的市民可以不用缴税。这条街依旧是新玛莱区的象征：这里的传统商业店铺就如美好年代就开业的那家面包房（23号），都摇身变成了奢侈品店。

桑特尔维尔宅第
26号

宅第面向花园的墙面为文艺复兴风格，修建于1586年；而面向大街的墙面则为典型的路易十六风格：建有许多巨大的有凹槽的壁柱。

阿尔贝宅第
29—31号

这里是曼特农夫人和蒙特斯潘侯爵夫人见面的地方，侯爵夫人委托曼特农夫人保护路易十四的私生子马恩公爵。曼特农夫人是诗人斯卡农的遗孀，这个野心勃勃的女人，最后俘获了国王的心，挤掉了蒙特斯潘夫人，成为国王宠爱的人。这座宅第建于16世纪，修缮过好几次。约1640年，弗朗索瓦·芒萨尔主持了宅第的修缮工作。

阿勒梅拉宅第
30号

建于1611年。主建筑墙面铺设红砖，并饰有石质拉条，为亨利四世时期的风格。宅第大门的设计灵感来源于矫饰主义，上面装饰着公羊头，羊头周围为雕刻着吐龙怪物的三角楣。

老圣殿街

这里的传统商业店铺早已经无影无踪。到处充斥着当代艺术长廊、书店、古董店、设计概念店、风尚店等，但我们仍然可以看到那些美丽的私人宅第。

阿穆罗·德·比瑟伊宅第
47号

约建于1660年，别称荷兰大使宅第。大门极其漂亮，其反面装饰着由勒诺丹雕刻的浅浮雕：一只意大利的母狼正在为雷穆斯和罗慕路斯喂奶。第一个方形庭院十分奢华，用小天使、怪面饰以及日晷（上面的刻度是金色的）装饰。

埃鲁埃宅第
54号

为火焰哥特式建筑：凸出的塔楼，石质拉条围绕着有中梃的窗户，是交叉入口的一个迷人之处。原来的宅第建于1510年至1520年。如今的宅第则是于19世纪重建的，风格未知。

帕维街的白袍

白袍街区

因圣母忠仆会会士身穿的白袍而得名。圣母忠仆会由圣路易于1250年创建。如今的教堂（白袍街12号）里仍保留着一个1749年的洛可可式的巴伐利亚主教座。教堂的外墙则由巴尔塔于1863年修建，与西岱岛上的圣埃卢瓦德巴尔纳伯教堂（建于1703年）相仿。

玫瑰街

一个与众不同的街区：各种符合犹太教规的商店、东方特色餐馆、挂着希伯来语招牌的仪式用品店。朱·戈尔登伯格餐厅（7—10号）是玫瑰街的标志；从前的圣保罗土耳其浴室（4号）摇身变成了现代化的家具设计概念店。

拉穆瓦农宅第

帕维街24号

17世纪末，纪尧姆·德·拉穆瓦农院长在这里接待了当时赫赫有名的文人：拉辛、塞维涅夫人、布瓦洛、布达鲁。宅第内有历史图书馆，并对公众开放。宅第特点：两层楼均建有巨大的科林斯式壁柱，为巴黎首批建造

此类壁柱的建筑之一；内部有丰富的狩猎装饰品（戴安娜·德·弗兰西特别热衷于狩猎）。

蒙哥马利的长枪

"蒙哥马利的长枪创造了沃日广场。"维克多·雨果如是写道，他曾住在沃日广场。1559年7月，亨利二世的眼睛被卫兵队长的长枪刺中，10天后便驾崩。成为寡妇的凯瑟琳·德·美第奇在取得儿子查理九世的许可后，拆除了从前的图尔内尔宅第（路易十一和路易十二均是在这里驾崩的）。这片空地成了马匹市场的所在地。后来，亨利四世在北边建造了一座蚕丝织物厂，另外三边建造了工人宿舍，由此形成一个方形的广场。但工厂开张没多久便做不下去了。这片位于圣路易耶稣会教堂附近的广场，成了玛莱区贵族的圣地。高乃依将他的其中一幕剧命名为"皇家广场"，这片广场因此得名。经过一段没落期后，沃日广场又重新找回了自己的光芒，它成了诸多知名人士的居住地。拱廊底下有各种各样的长廊、奢侈店铺和餐厅。

1612年，在皇家广场举行的豪华骑兵表演

国王的别墅
与王后的别墅一样，房屋均有加高，避免了整体上的对称结构。

皇家广场

1604年，亨利四世制定了严格的建筑规则。整个广场结构极为严谨，这种结构也一直保留了下来。建筑物墙面均一样，而边上的庭院则各有千秋。玛莱区最为耀眼的名流生活

就在这装饰豪华的剧院里上演，环绕在剧院周围的别墅几乎都历史悠久。库朗热宅第（1号）是塞维涅侯爵夫人的诞生地。洛特鲁宅第（4号）在19世纪时曾是卧铺车公司的厨房。肖讷宅第（9号）是最美丽的别墅之一，是建筑学院的所在地。它是小说《伟大的西吕斯》中梅达萨斯宫的原型，1612年骑兵竞技比赛时，这里为王室看台。1676年至1677年，儒勒·阿尔杜安·芒萨尔给宅第建造了一栋面向庭院的翼楼。巴松皮埃尔宅第（23号）的阶梯位居玛莱区最漂亮的阶梯之列：楼梯扶手上精雕细琢，雕刻着花瓶饰、女性面部以及鬼脸面具。罗朗·盖梅内宅第（6号）则为维克多·雨果博物馆，1832年至1848年，他曾在这里居住，并在这里写了《吕布拉》。拉里维埃尔宅第（14号）的内饰有部分出自勒布汉

之手，这些饰品目前收藏于卡纳瓦雷博物馆。1860年以前，这座宅第为市政府所在地，那段时期里，建筑师修筑了一个与整个宅第格格不入的塔楼。第二帝国时期，这座宅第成为法国犹太教的居所，并与后面的犹太人教堂相连（图尔内尔街22号），该教堂的屋架结构出自居斯塔夫·埃菲尔之手。科莱·多特维尔宅第（28号）在路易十三时期是一座著名的赌场，18世纪末时，面向庭院的建筑被改建成了新古典主义风格。1982年改成酒店，成为这片区域中的普通一员。

沃日广场

1800年，拿破仑将其命名为沃日广场：沃日是第一个同意缴纳拿破仑税收的省份。

孪生建筑

这36栋别墅中有9栋四面均有广场，都是严格按照亨利四世1604年颁布的建筑规则建造的：建筑物正面均铺设实砖或者装饰砖，并有石质拉条；高高的顶楼均为法式风格、板岩材质；建筑物一楼建有拱廊，再上去则有两层，拱廊为散步长廊，而后又发展为商业长廊。

阿森纳广场

　　竖立着一尊博马舍的雕像。1789年，他在这里有一个优雅的住处，该建筑位于博马舍大街上，如今已经不存在了。

苏利宅第

　　大门边上建有一些阁楼，它们之间以护栏相连。主建筑和翼楼的墙面均面向主庭院，装饰均为文艺复兴风格。花园边上的左翼（1661）内有苏利公爵夫人的豪华套房，为17世纪的装饰艺术风格：意大利式的房间，建有穹顶，上面有安东尼·帕耶的壁画《恩底弥翁被绑架》。

　　花园深处则有一个橘园，是巴黎少有的仅存的古代橘园之一，之后被移植到沃日广场。

圣安东尼街

　　古时为王室街道，十分宽敞，是马上比武的首选之地，同时也是巴黎的庄严入口之一，1660年，路易十四和玛丽·泰瑞丝从这里进入巴黎。

圣母往见会教堂

　　17号

　　古修道院遗址。圣弗朗索瓦·德·保罗在这里做了18年的指导神父。为弗朗索瓦·芒萨尔的早期作品，建于1632年至1634年。教堂建筑较为集中，上覆一个穹顶；地下则有一个环形的地下墓室，葬着尼古拉斯·富凯和塞维涅侯爵。

马延宅第

　　21号

　　玛莱区古老的宅第之一，1870年开始为基督学校修士使用。建于1606年至1609年，由雅克·安德鲁埃·德·塞梭设计，为吉斯家族成员马延地区的公爵而建，18世纪由日耳曼·波弗兰重修。这座宅第于1998年和2012年进行修缮，恢复了入口处的两处正面凸出部分，去除了凸出部分之间的建于18世纪的附加物。

苏利宅第

　　圣安东尼街62号

　　1965年，国家古迹信托局将其列为玛莱区最雄伟也最漂亮的宅第之一。建于1625年至1630年。主人为法国当时财政总监察官梅睿斯穆·加莱。1634年，苏利公爵马克斯米里恩·德·贝图讷（74岁）是亨利四世时期的大臣，购买了这座宅第。此后，这座宅第成了玛莱区的一个知识分子中心。

圣保罗街

圣保罗村

　　从圣保罗街便可进入圣保罗村。村里犹如一个迷宫，到处都是古董店和旧货店，每年会举行4次大型的集市。村的出口则为圣保罗花园街，1553年4月9日，拉伯雷在这里过世。这条街的风景很好，能在这里看到腓力·奥古斯特城堡的两座塔

魔术博物馆

圣保罗街11号

16世纪时，该博物馆位于地窖，那里营造出一种极为神秘的气氛。这座博物馆向人们叙述了魔术的历史，同时也开设魔术课程。

楼（1190）。

耶稣会修道院

查理曼街14号

建于路易十三和路易十四统治时期，为耶稣会会士的修道院。1802年开始，为查理曼高中所在地。腓力·奥古斯特城墙的一座旧塔楼位于东边；主楼梯通向穹顶，穹顶上画着一幅颇有立体感的装饰画：《神化的圣路易》，为意大利画家格拉迪尼的作品。

圣保罗-圣路易教堂

在天主教的反改革运动中，耶稣会是极其活跃的一个修会，他们建的教堂都极具震撼力。教堂为3层结构，建有一个极为宏伟的圆顶，上面装饰着天窗；圆顶最高点离地面足有55米。整座教堂的平面仍为"耶稣会"风格，这种风格来源于罗马耶稣会教堂：一个简单的教堂中殿，没有回廊，也没有侧道。这座教堂位于皇家广场附近，是基督教徒和贵族的一个圣地，内部装饰极为丰富，家具也极多。不过，里面有许多杰出的画作都已经不见了：大理石朱祭坛装饰着4幅画作，仅存西蒙·乌埃的《圣殿出现》，目前藏于罗浮宫。不见的则有日耳曼·皮隆于1586年雕刻的《痛苦的圣母》、德拉克罗瓦的《在奥利弗花园的耶稣》。

圣保罗-圣路易教堂

这座教堂的美丽让塞维涅夫人禁不住惊叹。教堂的穹顶和筒形拱顶依旧熠熠夺目，上面建有高窗，光线极好。

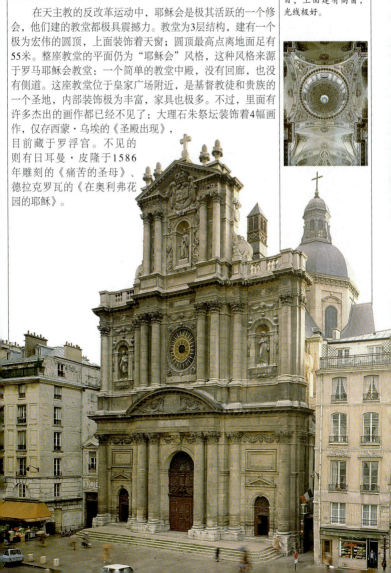

玛戈王后的住处

1605年，亨利四世的前妻入住桑斯宅第，她

圣日尔韦街区

在圣保罗－圣路易和圣日尔韦教堂中间，有一片网格状的街道，那些街道宁静、狭窄、迂回曲折，仍旧保留着典型的中世纪风格。从前的莫尔特勒里街区拥有许多建筑，但几乎都被摧毁了。19世纪和20世纪初时，这里的结核病发病率极高，于是它也被划为"不卫生的16区"中的一员，整个街区遭到了极大的破坏。在这个计划执行初期，有一些建筑侥幸保留了下来，如艺术城（市政厅街10—48号），那里有230间艺术工作室。

多蒙宅第

鲁伊街7号

1649年，由财政官安东尼·西卡隆建造，他是安东尼·多蒙的女婿。他委托画家勒布汉对宅第内部进行装修，整个装潢极致奢华。他们家族乐于收藏艺术品，生活极为放荡，另外，家族成员均死于中风。宅第后为巴黎的行政法庭所有。内部的装饰仅存勒布汉的《雷穆斯和罗慕路斯的故事》，面向花园的墙面也因法庭的需要进行了整修。

桑斯宅第

无花果街1号

为宅第－城堡。始建于1475年，竣工于1519年，是为桑斯的第九任大主教特里斯坦·德·萨拉扎建造的。这是一座见证了诸多历史的建筑：1528年，桑斯主教会议宣布路德教的教义为非法教义；1594年，亨利四世入主巴黎，恩格尔·德·佩勒维在这个神圣联盟的圣地里过世。19世纪，这座建筑的功能极为丰富："大型马车和四轮华丽马车"的停放处；圣詹姆斯教堂的果酱制造厂。1940年，哈雷将这座宅第整修成了新哥特式主义风格。然而，他保留了庭院里的那些不规则的中世纪小道、火焰哥特式大门以及建有望楼的城堡主塔。宅第后为弗内图书馆所在地，专门收藏装饰艺术作品。

在这里住了1年。她将无花果街上种的无花果树砍掉了，因为它们限制了四轮马车的活动。前王后皮肤不是很好，所以她总会涂抹一些胭脂水粉，因此在巴黎掀起了一股化妆潮。

弗朗索瓦-米洪街

以前为圣安东尼街的一部分，迂回曲折。仍旧保留着各种商业店铺，伊扎雷商店（30号）的香料品种极多，无人能敌，并出售来自世界各地的商品。

博维宅第

68号

始建于1654年。主人为凯瑟琳·贝利埃，又称卡托·拉·波尔涅丝，她夺去了年轻的路易十四的贞节，而当时她年纪已经不小了。宅第的大门向内凹，

欧洲摄影美术馆

弗尔西街5—7号

位于一座18世纪的宅第之内，约有2万件藏品，可欣赏到伟大摄影家的作品，对他们的职业生涯有一个大致的了解。

圣日尔韦教堂

特点：拱顶、哥特式护墙，典型的马丁·尚比热风格，桑斯大教堂和博维大教堂也都是他的作品。圣让巴普蒂斯特小堂的彩绘玻璃造于1531年，上面画着《萨洛蒙的贞节》。

为典型的巴洛克风格，是建筑师勒波特尔建造的。面向庭院的宅第墙面则是凸起的，门厅开口朝向庭院的一条蜿蜒小道，两边立着多利克柱。建筑物装饰着许多公羊头，这是凯瑟琳·贝利埃的徽章。1763年，小莫扎特7岁，他巡游欧洲时曾在这里逗留过一段时间。

奥斯康普之家

44—46号

16世纪末以前，这里为奥斯康普修道院所在地（瓦兹），当时这里只剩下一个食物储藏室（1250）。这两栋房子为巴黎历史协会所有，他们对其进行了整修，一楼面朝一个多边形的小庭院。

圣日尔韦-圣普罗泰教堂

位于圣日尔韦广场。原址为6世纪的一座小教堂。这座教堂为杂家风格，其整个建筑周期历经两个多世纪：1494年至1540年，文艺复兴时期，马丁·尚比热建造了一座火焰哥特式中殿；1616年至1621年，另一个伟大的建筑师萨洛蒙·德·布洛斯，卢森堡宫的建造者，建造了教堂正面。伏尔泰对他的建筑赞誉有加：古典主义风格，首次结合使用了3种柱形（多利克、爱奥尼亚、科林斯）。教堂内装饰极其华丽，圣母堂的拱顶石用一块圆形的镂空石头装饰，其直径长达2.5米。教堂里还有一个法国大法官的陵墓，气势宏伟，由儒勒·阿尔杜安·芒萨尔设计，米歇尔·勒特里埃修建。1528年，祭坛附近竖立了一尊圣母雕像，这尊雕像是从西斯里街角移过来的（之前曾被民众亵渎）。教堂里面则摆放着1628年的大型管风琴，1653年至1789年为库伯兰家族的专属地；1685年，伟大的作曲家弗朗索瓦·库伯兰还曾在那里写出了两首弥撒曲。

犹太人大屠杀纪念馆

乔弗瓦·拉兹内街17号

博物馆、文献中心和信仰之地，展示的是第二次世界大战期间犹太人的历史。庭院里有一堵"名字之墙"，上面刻着76000个法国犹太人的名字，他们都曾被关进纳粹集中营里。另有一堵"正义之墙"，向那些在占领时拯救犹太人的人们致敬。

巴士底、圣安东尼郊区

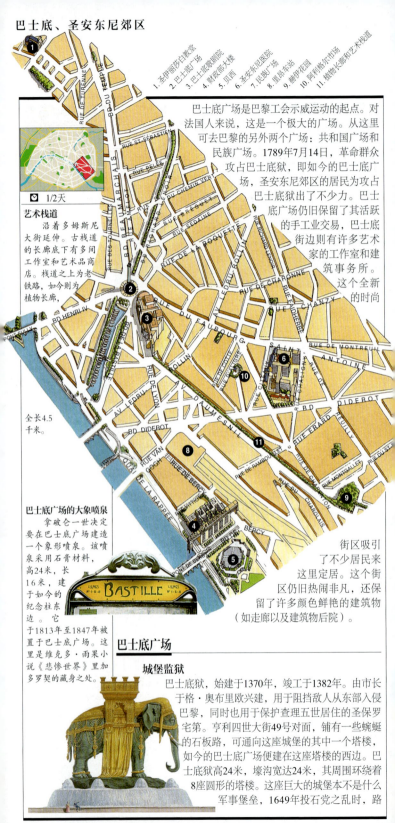

🕐 1/2 天

巴士底广场是巴黎工会示威运动的起点。对法国人来说，这是一个极大的广场。从这里可去巴黎的另外两个广场：共和国广场和民族广场。1789年7月14日，革命群众攻占巴士底狱，即如今的巴士底广场，圣安东尼郊区的居民为攻占巴士底狱出了不少力。巴士底广场仍旧保留了其活跃的手工业交易，巴士底街边则有许多艺术家的工作室和建筑事务所。

这个全新的时尚

艺术栈道

沿着多姆斯尼大街延伸。古栈道的长廊底下有多间工作室和艺术品商店。栈道之上为老铁路，如今则为植物长廊，

全长4.5千米。

巴士底广场的大象喷泉

拿破仑一世决定要在巴士底广场建造一个象形喷泉。该喷泉采用石膏材料，高24米，长16米，建于如今的纪念柱东边。它于1813年至1847年被置于巴士底广场。这里是维克多·雨果小说《悲惨世界》里加夫罗契的藏身之处。

街区吸引了不少居民来这里定居。这个街区仍旧热闹非凡，还保留了许多颜色鲜艳的建筑物（如走廊以及建筑物后院）。

巴士底广场

城堡监狱

巴士底狱，始建于1370年，竣工于1382年。由市长于格·奥布里欧兴建，用于阻挡敌人从东部入侵巴黎，同时也用于保护查五世居住的圣保罗宅第。亨利四世大街49号对面，铺有一些蜿蜒的石板路，可通向这座城堡的其中一个塔楼，如今的巴士底广场便建在这座塔楼的西边。巴士底狱高24米，壕沟宽达24米，其周围环绕着8座圆形的塔楼。这座巨大的城堡本不是什么军事堡垒，1649年投石党之乱时，路

易十三的侄女大郡主为了保护孔泰亲王，命令士兵将大炮对准了图雷讷的王室军队，这才显露了巴士底狱的一点军事作用。巴士底狱在黎塞留时期成为国家监狱，它也因此成了封建王权的象征。有许多名人曾被关押在这里：富凯、卡里奥斯特罗、著名的铁面人以及伏尔泰——他被关在这里1年，1717年，他在狱中完成了《俄狄浦斯》。这里的黑牢条件极差，肮脏不堪；当时的王室对于关押在这里的名人倒还宽容，提供的条件不至于太差。从路易十四时期开始，这里关押的犯人也不多，很少会超过50个。萨德侯爵常在窗户边上喊着"有人杀了巴士底狱的犯人，快去救救他们吧"，不少路人因此深受鼓舞。于是很快地，在1789年7月14日，他被转移到了夏朗东监狱。

七月圆柱

1830年法国政府通过一个法令，要竖立一块纪念碑，用以纪念为七月革命（1830年7月27—29日）牺牲的烈士。七月圆柱是模仿罗马的图拉真柱建造的，由柱克于1840年完成。柱身为青铜材质，高47米，柱顶竖立着由德鲁蒙雕刻的自由女神像，"她冲破限制飞了起来，给人们带来了光明"。柱子底下有两个地下墓室，用于埋葬1830年和1848年革命的遇难者。

大革命的伟大时刻

1789年7月14日，巴士底狱成了大革命开始的标志。路易十六将内克尔解职后，圣安东尼郊区600名居民来到了城堡门口，试图缴获一些武器。下午，他们队伍壮大：吸纳了100名法国卫军以及投降的洛内地方官员的驻军，包括32个瑞士人以及82个残疾军人。当时巴士底狱关了6个人，其中有4个骗子、1个犯了乱伦罪的贵族和1个疯子，他们受到了群众的热烈欢迎。攻占巴士底狱时，有100个人死亡、73个人受伤，他们在没有任何军事策略的情况下取得了胜利。有一个人更是因此获利良多。帕罗伊是一个爱国的人，他也参与了焚烧巴士底狱的行动。他后来用巴士底狱的石头雕刻了83个模型，寄送给法国当时的所有省份，称其为"君主制度的纪念品"。这个狡猾的商人，还将巴士底狱的一些材料做成了珠宝首饰（如项链）和钥匙用于贩卖。卡纳瓦雷博物馆便收藏了其中的一部分。建造协和桥的部分石头也来自巴士底狱。

巴士底歌剧院

建筑轮廓为线条分明的几何图形，庄严朴素；玻璃外墙。建筑物正面建有一条深灰色的大理石柱廊。建筑师卡罗斯·欧特保留了街区的整体轮廓，并未做出太大改动。夜晚的歌剧院成了这里的中心，会发光的玻璃墙面让整栋建筑变得更为活泼迷人。歌剧院大厅的主要建材为灰色花岗岩和梨木，共设2700个座位。厅内的舞台共有9块空地，换剧时可不用卸下舞台装饰。

阿森纳广场

皇家兵工厂建于16世纪，路易十三统治期间取缔了内部的炮兵制造车间，但车间的炉窑保留了下来，继续发挥它们的功能，凡尔赛宫的许多大型雕塑便出自这些炉窑。兵工厂占地面积极为广阔，其一直延伸到巴士底狱，如今只剩下由日耳曼·波弗兰建造的翼楼（1718—1745）。这栋翼楼简约朴素，为炮兵部队指挥官宿舍之一（苏利街1—3号）。

图书馆

1757年，时任外交官和战争部（相当于今天的国防部）部长的波勒米·达尔让森，将他个人收藏的极为珍贵的手稿和中世纪的徽章集合在一处，这些也便成了如今图书馆的馆藏。大革命期间，馆藏进一步丰富：收录了巴士底档案资料以及从修道院没收的书籍。阿森纳图书馆里有许多细木工艺，皮质的书封看起来很有质感。馆中收藏有14000份手稿，其中包括《圣路易的圣诗集》和《花匠师傅的时间》，另有12000多枚徽章，同时这里也收藏了许多舞台表演的用具。

一个"平民剧院"

巴士底歌剧院位于巴黎东部，为"平民剧院"，打破了以往"精英剧院"的传统。1989年7月14日，正值法国大革命200周年，巴士底歌剧院举行了落成典礼。这座建筑与巴黎的一些建筑一样，也引起了不少争议。

阿森纳内部

　　拉梅耶哈伊夫人的房间保存得极好。该房间于1637年整修，天花板画由西蒙·乌埃绘制（《阿波罗和众缪斯女神》），墙面上用花样装饰。祈祷室里则放着一些17世纪的画作，风格怪诞，画中人均为历史上著名的女性。音乐厅装饰得极漂亮，为典型的路易十五风格，门头饰板上雕刻着单色画。

圣安东尼郊区

传统手工业

　　1198年，马恩河畔纳伊的本堂神父，第四次十字军东征的传道者富尔科兴建了田园圣安东尼西多会修女院，它是巴黎最富有的修道院之一。修女院院长"郊区修女"通常都来自显赫的王室。如今的圣安东尼医院便是建在这间修道院之上。该修道院的发展得益于王室的政策：15世纪，路易十一解除了对手工业者的限制，准许他们在行业监督下从事自己的手工制造业，因此促进了整个郊区的发展与繁荣。木工制造业规避了行业联合会制定的条条框框，获得了长足发展：他们没有制造规定的家具款式，而是使用橡木造出了一些极为精美的细木家具。

郊区的反抗

　　这个街区因为工业和手工业的繁荣发展，吸引了许多人前来居住，也因此，圣安东尼郊区成了一个动荡不安的街区。思想开放的手工业者和顽强抗议的无产阶级推动了郊区反抗思想的形成。1789年4月28日，大革命的前奏吹响了，法国造纸厂勒朱隆工厂的4000人掀起一阵巨大的骚乱。在攻占巴士底狱的过程中，圣安东尼郊区居民功不可没。同样，他们也是19世纪社会革命的关键人物：在1830年和1848年革命以及1871年的巴黎公社运动中他们竖起了许多的路障。

圣安东尼郊区

　　旧制度时期巴黎最著名的街区。这个街区出口的高级家具、彩陶、纺织品享誉欧洲。今天，圣安东尼郊区街因其街上的家具店以及位于后院和走廊的艺术工作室而享有盛名（如位于街道66号的尚蒂埃工作室）。

圣安东尼郊区街

　　机械化的推广极大地改变了工业生产环境，但圣安东尼郊区街的手工作坊仍然层出不穷，巴士底广场附近的作坊尤其多。金星（75号），那个铺着石板的庭院被改建成了艺术家的工作室，其还保留了1751年的一个日晷；好空气庭院（56号）是巴黎最漂亮的庭院之一：建筑物的墙面上覆盖着葡萄藤，上面长着鲜艳欲滴的葡萄以及西红柿。街道50号为白球走廊，其是夏朗东街的路口，位于昆兹凡特收容所（"三百人"收容所）对面，该收容所由圣路易于1260年创建，收容了300个盲人。

夏洛讷街

　　勒德吕－罗兰大街拐角有一家咖啡馆，其仍保留着1900年的装修，外头的玻璃上常贴着一些用金字写的广告"咖啡一杯10生丁"。街道53号为莫尔塔涅宅第，由德利斯勒·芒萨尔于1660年修建。宅第正面饰以怪面饰，顶上建有一座八边形的圆亭。这座宅第的周围建起了一栋突兀的现代楼房，破坏了整体美感。1746年，雅克·沃甘松把他的藏品（机器和自动装置）放在了这座宅第里。他的这些藏品是国立工艺美术馆的第一批藏品。

拉普街

　　一条白天安静、晚上活跃的街道。这里从20世纪初开始举办各种舞会。奥弗涅人和意大利移民是舞会之王，他们弹奏手风琴，跳风笛舞和阿帕希舞。这里的舞厅圣地非巴拉乔莫属；由雷克斯电影院的装饰设计师马埃整修，于1936年开业。那些手风琴演奏者，如乔·普里维和伊芙·奥雷均获得了极高的知名度。街道6号为一间传统的奥弗涅酒店，其仍旧保留着腌制品陈列架。这条街上的传统小酒馆几乎都不见了，它们都摇身一变成了时尚的酒吧。

从巴士底广场到民族广场

里昂车站

　　车站有一座高高的钟楼，那座钟的指针长3米。这座车站始建于1847年，竣工于1852年，并借由1900年的世界博览会重建，为传统的学院风格，后又为严谨风格。TGV（高速火车）开通后，又变成了现代风格。

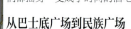

阿利格尔市场

　　有食品店和杂货店。每天早上（除了周一早上）均开市。

巴黎的东部工程

　　这是一个巨大的城市化工程。建筑师们在巴黎东部建造了许多卓越的建筑：巴士底歌剧院、阿森纳盆地驳船港、长357米的法国财政部大楼（于1988年完工）。贝西仓库是法国最大的酒仓库，面积达35公顷，后改建为一个现代化的大型公园，保留了两列整齐的酒库以及上百年的老树。位于贝西街的电影资料馆的建筑十分别致、独特，嵌套式的倾斜建筑，由建筑师弗兰克·戈菲设计，原为美国文化中心。馆内设有电影历史博物馆，用于举办临时展览以及放映电影。

地铁的开通同样促进了街区的发展——这里的一些建筑物，包括办公楼、住宅和娱乐场所（如贝西村）等均可乘坐地铁直达。这个街区与左岸的法国密特朗国家图书馆一起形成了巴黎的新景点。

圣玛格丽特教堂

　　教堂外墙设计较为保守，内建有炼狱灵魂小堂，建于1760年，由维克多·路易设计，装饰着由布吕内提绘制的稀奇古怪的壁画（具有立体感的装饰画）。1795年6月10日，一个在圣殿街死去的小孩葬在了教堂的公墓里（如今已改变用途），人们猜想那个小孩就是年幼的路易十七。这座陵墓至今保存完好；1846年和1894年法医对墓主进行了检验，结果显示其应为15～18岁的少年，而多菲失踪的时候才只有10岁。

民族广场

　　1660年8月26日，路易十四和奥地利的玛丽·泰瑞丝从这里进入巴黎，成为新的国家主人。广场因此得名"王冠广场"，在大革命期间则被戏称为"推倒的王冠广场"。而沾满血腥的断头台也置于该广场之上，这个断头台夺去了1300多人的生命，包括时任长官安德烈·舍尼埃。1880年7月14日，法国国庆典礼在此处举行，于是得名"民族广场"。广场中央竖立着儒勒·达鲁制作的青铜雕像《共和国的胜利》（起初是要摆放在共和国广场上的）。

里昂车站

　　蓝色火车餐厅的用餐大厅位于一楼，装饰奢华：采用了大量金色的细木雕以及第三共和国时期官方画家的画作进行装饰。车站大厅的豪华体现了这条铁路在19世纪时期的重要性。

贝西

　　综合运动场为钢架结构，上覆草坪，可容纳17000位观众。该运动场可根据不同的运动比赛项目进行空间调整。

从美丽城到梅尼蒙当

1/2 天

美丽城的水

美丽城的地下水资源较为丰富。这个街区的一些街名就与水有关。玛尔街的天桥于1900年重建（下图为1940年左右的天桥），其直接跨过巴黎的环城铁路。

RUE
DE LA
MARE

有坡度的小巷子、摊铺、工作室、古老的酒馆、别墅、大门后的花园……美丽城和梅尼蒙当仍旧保存着乡村和工人聚居地两种风貌。中世纪，美丽城是巴黎大修道院，有圣梅里、圣马丁等葡萄种植园；自18世纪一直到王朝复辟之前，这里成了能跳舞的咖啡馆聚集地。每到周日，巴黎人便会来这边的咖啡馆喝一杯，轻松一下。1840年，美丽城迅速进行城市化，并发展成了当时法国最大的城市之一。当时政府将巴黎市中心的大工厂都迁了出来，美丽城由此成为工人聚居地。1860年，美丽城划归巴黎管辖，它被一分为二，这里的那条大街成了19区和20区的分界线。20世纪，美丽城成为移民聚居地。今天，我们可以看到美丽城是一个多人种、多民族聚居的街区，它是巴黎的小世界。每周二和周五早上，美丽城和梅尼蒙当地铁站间的大街上都有集市。

美丽城街以及周边

美丽城的皇家宫殿城

美丽城街151号

美丽城有许多"城市花园"，远离街道的喧嚣，安静、祥和。这些花园的独栋房屋或者楼房都集中在一条僻静的街道周边，这里住的人较多，房屋也都是一小块儿一小块儿相对独立的——这便是1840年到20世纪初的城市化特征。除去那些大工程，美丽城的房屋独栋的较多（旁图，左边，为埃尔米塔热别墅）。

灯笼天窗

节日广场

自12世纪开始，不少修道院都在美丽城有封地，他们通过建造地下引水渠，将这里的水引到巴黎的修道院里。引水渠的沿途建有一些小型建筑物，用于观察水渠的情况。建于1613年的灯笼天窗与那些钢制结构的玻璃大楼格格不入，但却是美丽城引水渠中的鼻祖。

梅尼蒙当街

美丽城和梅尼蒙当街之间的小巷和走廊交织成一面密集的网。大部分古老的小巷都与葡萄园相连；这些街道仍旧保留着战前的那种气息。19世纪兴建的皮亚街通向两个磨坊，如今为美丽城公园的入口。昂维埃热街每天晚上都会响起优雅的风笛声。从普兰丹走廊可以看到卡斯特城堡的小房子，那里便是弗朗索瓦·特吕弗拍摄《朱尔与吉姆》（1962）的地方。卡斯卡德街上建一些小小的房屋，还有小酒馆以及检视窗（42号和17号）。这条街上有许多建筑（15—23号）的风格与古代遗留的建筑风格相仿，这在巴黎是十分少见的。

"拉古尔第的降临"
复辟时期，美丽城每年都会举行狂欢节，巴黎人蜂拥而至。

美丽城会被踏破吗？
美丽城公园的视野很好，可以欣赏巴黎全景（上图）。在整修公园时，建筑师拆除了朱利安·拉克瓦走廊的那段著名楼梯。来美丽城散步的人很多，在这里开工作室的艺术家也很多。但美丽城依然"健在"。

梅尼蒙当街

　　18世纪，巴黎人散步的首选地之一。这是一条坡度极大的街，一直延伸到山顶。1778年，地下采石场崩塌，7个散步者因此丧生。"梅尼蒙当"这个名字来源于"梅斯尼莫当"（"糟糕时期的住所"）——街边某栋房子的名称。约16世纪时，人们采用了"梅斯尼蒙当"这个街名（符合这里的地形）。

贝尔维卢瓦兹

　　布瓦耶街25号

　　建于1927年，马克思主义的象征。巴黎公社之后，美丽城成立了诸多协会、团体，地点均在这里。1877年，一个联合会在此成立。该联合会建立了一些文艺团体、一个图书馆以及教养院等。这座宅第而后成为文化中心。

圣西门主义者之家

　　梅尼蒙当街145号

　　位于一栋楼房后面，从隔壁的公园可以看见这座房子。圣西门主义的圣地。1832年，空想主义的传播者之普罗斯贝·昂方丹在这里传播他的理念——一些建立在尊重热情基础上的理念。他一直努力地在寻找"女性上帝"。每周日，圣西门主义者都会着正装（黑裤子、红坎肩、紫色紧身衣，分别代表爱、工作、信念），唱着感恩歌欢迎美丽城的居民。昂方丹后来解散了这个组织。

19世纪末厄内斯特·勒菲弗尔街工人城的内院

圣法格别墅

　　18世纪，圣法格城堡和花园（毁于大革命后）的占地极为广阔：佩勒伯街和莫尔蒂埃大道间的地区。这座城堡的最后一个主人是国会议员米歇尔·勒·佩勒蒂埃，因为投票赞成处死路易十六，于1793年被暗杀。

美丽城公墓

　　电报街40号

　　公墓（1804）里的那些树是从圣法格那儿移过来的，卢梭曾在那里采集草药。这个地方为巴黎东部的最高点。1792年，克罗克·沙普选定这里作为电报测试地点。美丽城的革命人士认为他是要偷偷送信给关在圣殿的王室成员，于是砸了他的电报机。公墓里葬着电影界的先驱莱昂·戈蒙，他是美丽城人。

圣母得胜教堂

　　阿索街81号

　　建于1938年，用于纪念巴黎公社时期一次大屠杀的遇难者。

　　1871年5月26日，52个人质在这里被杀害：巴黎公社战士、宗教人士以及国家卫军。他们在一道残壁前被处决；那道残壁位于庭院栅栏之后，从博雷戈街便可看到。

肖蒙街区和美洲街区

采石场

100多年前，这是一个险恶的街区，地底下有不少石膏采

过去留下的足迹：老旧的"20世纪音乐会"，梅尼蒙当街，老招牌

每周别墅

1901年，一个分块出卖土地的业主在

石场。采石场的地下通道成了犯罪分子作案的绝佳地点，于是警察经常会进行临检（上图）。今天，这个地区成了巴黎风景最优美的片区之一：布特肖蒙公园、红帽子小丘公园和各种形状的别墅。

美洲街区（路线11）

之前为美洲采石场，之所以叫这个名字，是因为当时这里开采的石膏都会被送往美国的路易斯安那州附近。1872年，该采石场停止开采，坑洞填平了，还开辟了街道，但在20世纪以前，这些街道都是空的，因为没有人敢来这里建房子，生怕有一天会塌陷。

布特肖蒙公园

参看《巴黎的自然景观》中的内容。

普拉托街35号

这栋建于1925年的建筑是莱昂·戈蒙打造的电影王国的唯一遗址。入口为装饰艺术风格，种着一些雏菊（这是对他母亲的一种怀念）。

普拉托

阿鲁埃特街33号

为当代艺术中心。位于从前的戈蒙电影棚，由当代艺术区域资金管理。他们提出了一个展览和表演项目。

西蒙·玻利瓦尔大街54号

走道里凿出了一些楼梯，可穿过这栋楼到达一个"空中之城"：那里有5条街。1927年，人们在原来的圆形体育场里开辟了5条街道。最西边那条为乔治·拉尔德努瓦街，那里的视野极佳，可以欣赏整个巴黎以及各种名胜古迹的风景。

穆扎伊街、布吕内军街和米戈尔·伊达戈街中间开辟了一些走廊。当时巴黎市政府规定房屋楼层不得超过一层，因为底下

为采石场，楼层高的话可能会不稳。慢慢地，这些房子建了起来，成了一个漂亮的街区（上图）。这些房屋为工人及其家人居住。

拉雪兹神父公墓：绿荫大道，蜿蜒小道，茂密森林，清爽空气，幽雅"街区"，简陋"街区"，断壁残垣。它有悠长的历史，有各种民间传说，它的神秘，这里的警察还有那些亡命之徒……这座公墓由省长弗罗歇于1804年开辟，是这片活人世界里的"死者之城"，位于从前的田园主教山上。1430年，一个富有的商人在这里建造了自己的别墅。17世纪时，耶稣会将这里变成了收容所，用来收留本会的成员；在拉雪兹神父——听路易十四忏悔的神父——的强烈要求下，这里变成了和谐美妙的休闲胜地。

拉雪兹神父公墓，活人世界里的"死者之城"

面积达44公顷。巴黎最大的绿地。公墓里有小山谷，有许多坡度极大的道路；其中最出名的便是那条山羊小径。这片公墓里有许多优雅的风景，例如"罗曼区"，面积达9.5公顷，是最古老的区域。既有历史底蕴，风景又美：绿色的苔藓、倒立的石碑以及那些因为时间而慢慢模糊不清的碑文。夏天或者秋天时的公墓最漂亮，因为这时可以看到漫山遍野的红叶。

骸骨堆

这座高浮雕完成于1895年，是拉雪兹神父公墓骸骨堆的入口。雕刻家巴托罗梅的这座浮雕将生者的世界与死者的世界割裂开来：门口那两个人跨过了死亡的门槛。这里也葬着一些被丢弃的骸骨。

这是一本历史书

每座陵墓都是一个时代的反光镜，它能反映出这个时代的风尚、习俗等。像上图这种埃及式的陵墓，在征战埃及之后变得十分流行。遗憾的是，这座公墓里没有看到反映当代建筑风格的陵墓。

骨灰龛

公墓中心有一条长廊，建于19世纪末，为新摩尔风格的骨灰龛。由建筑师弗米热设计。用于放置死者的骨灰。

吉姆·莫里森墓（6区）

爱洛绮丝和阿贝拉尔墓（7区）

维克多·努瓦尔（92区）

弗雷德里克·肖邦（11区）

奥诺雷·德·巴尔扎克（48区）

摇滚和灵魂

吉姆·莫里森的墓前有一尊半身像，后被崇拜者盗走。1817年，爱洛绮丝和阿贝拉尔在这里安息，棺木之上建有一个哥特式的华盖。人们可以在这里凭吊大门乐队的主唱（莫里森），也可以在这里瞻仰亚兰·卡甸的陵墓；看到伊万·沙勒蒙，即维克多·努瓦尔的墓，他是一个被皮埃尔·波拿巴暗杀的记者，墓石上刻着他 的卧像，穿着好几层衣服；这里还葬着弗雷德里克·肖邦，他的墓立于克雷赞格雕刻的缪斯女神像之上；外交官兼艺术家维旺·德农之墓的雕像（上图，10区）出自卡特里埃之手。

亚兰·卡甸（44区）

413

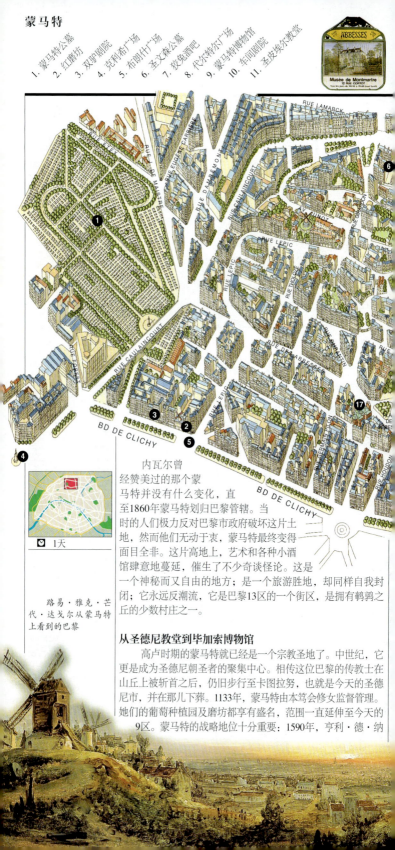

蒙马特

1. 蒙马特公墓　2. 红磨坊　3. 双驴剧院　4. 克利希广场　5. 布朗什广场　6. 圣文森公墓　7. 狡兔酒吧　8. 代尔特尔广场　9. 蒙马特博物馆　10. 车间剧院　11. 圣皮埃尔教堂

ABBESSES
Musée de Montmartre
12 RUE CORTOT

内瓦尔曾经赞美过的那个蒙马特并没有什么变化，直至1860年蒙马特划归巴黎管辖。当时的人们极力反对巴黎市政府破坏这片土地，然而他们无动于衷，蒙马特最终变得面目全非。这片高地上，艺术和各种小酒馆肆意地蔓延，催生了不少奇谈怪论。这是一个神秘而又自由的地方；是一个旅游胜地，却同样自我封闭；它永远反潮流，它是巴黎13区的一个街区，是拥有鹌鹑之丘的少数村庄之一。

路易·雅克·芒代·达戈尔从蒙马特上看到的巴黎

从圣德尼教堂到毕加索博物馆

高卢时期的蒙马特就已经是一个宗教圣地了。中世纪，它更是成为圣德尼朝圣者的聚集中心。相传这位巴黎的传教士在山丘上被斩首之后，仍旧步行至卡图拉努，也就是今天的圣德尼市，并在那儿下葬。1133年，蒙马特由本笃会修女监督管理。她们的葡萄种植园及磨坊都享有盛名，范围一直延伸至今天的9区。蒙马特的战略地位十分重要：1590年，亨利·德·纳

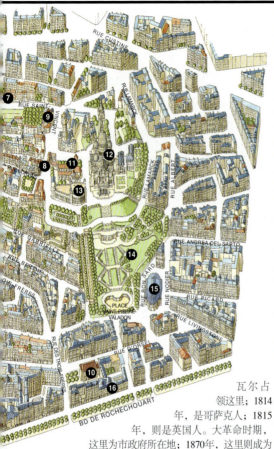

热昂·里克图

　　这位被诅咒的诗人将他的名字留在了巴黎的一个公园里，这是他的报复。

蒙马特公墓

　　大型公墓，面积达11公顷，于1825年启用。原址为巴里埃·布朗什采石场。这些采石场之后，尤其是在大革命时期，成了公共墓穴。柏辽兹十分钟爱这片"安息之地"，而它同时也是诸多名人的永生之地，如德加、维尼、司汤达、南丁斯基、弗拉戈纳尔、玛格丽特·戈蒂埃（亚历山大·仲马的《茶花女》中女主角的原型）。下图为特奥菲尔·戈蒂埃的葬礼。

瓦尔占领这里；1814年，是哥萨克人；1815年，则是英国人。大革命时期，这里是市政府所在地；1870年，这里则成为巴黎公社的诞生地。蒙马特从19世纪以来便为艺术家的领地。这里的咖啡馆成群，热闹非凡；而济济一堂的画家，诸如柯罗和毕加索，更是让这里成了一个圣地。

隐修院广场

　　名字的来源与这里的本笃会修道院有关。当时，本笃会修道院位于山顶，并一直延伸到半山腰。广场上竖立着许多高大的法国梧桐，这里的地铁站由吉马德设计，是巴黎的两个玻璃地铁站之一。该地铁站于1976年开始营运，起点站为巴黎市政府。圣约翰福音教堂是第一栋钢筋混凝土教堂（1894—1904），由维欧莱·勒·杜克的学生阿纳多勒·德·博多设计修建。他设计的方案因费用低廉而得到肯定，本堂神父亦提供了部分资金。不过在建造之前，他仍需通过诸多行政关卡，当时的市政长官对新建材并没有任何信心。因其外墙铺设砖头，该教堂曾一度被称为"圣约翰砖头教堂"。内部装饰则较为简约朴素，为新艺术风格。建筑师将交叉拱作为内部与外部的分割点，这些交叉拱的设计来源于伊斯兰建筑。

Temps des Cerises

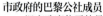

浣衣舫

罗兰·多热莱斯在他的《不羁之花》中写道，这是一个"充满惊奇"的地方，一座"摇摇晃晃、阴暗、隔音效果不好，到处都是楼梯，到处都有隐秘小角落"的房子。

路易丝·米歇尔（1833—1905）

巴提诺勒的女教师，社会活动家、诗人、作家，小贵族和女管家的私生女。她同时是野战医院的医护人员和蒙马特联盟的领导者，被驱逐到了新喀里多尼亚。1880年，巴黎公社成员获得赦免，她才得以重新踏上法国的土地。

市政府的巴黎公社成员

旧市政府位于约昂·里克图公园，魏伦在那儿结的婚。1871年3月26日，巴黎公社成立时，蒙马特的医生乔治·克莱蒙梭坐上了市长的位子。而

同一天，因为人们怀疑他会对政府卑躬屈膝，又把他从市长的位子上赶了下来。接替他的是《樱桃成熟时》的作者让·巴普蒂斯特·克莱蒙（1836—1903）。《樱桃成熟时》是一首表现大革命期间思乡之情的歌曲。而左拉入葬蒙马特公墓时，人们吟唱的也是这首歌。巴黎公社失败之后，克莱蒙开始四处逃亡，他继续在伦敦活动，并于1880年回到法国。蒙马特人专门为他开辟了一个广场，为了纪念他，人们在广场上种了一棵樱桃树。

浣衣舫

埃米尔·古多广场

19世纪以来，蒙马特因其热闹的气氛和低廉的房租吸引了不少艺术家前来定居。乔治·米歇尔（1763—1843）便是其中的先驱。而之后，席里柯、柯罗、雷诺阿、德加也来了，20世纪初，野兽派、立体派和未来派的画家也纷纷前来。浣衣舫便是他们的主要聚居地。这座简陋的房子布局极为怪异，整体看来就像是一艘船；更为罕见的是，整栋房子只有一个水龙头。有人称其为"猎人的简陋小屋"，而马克斯·雅各布则谓之为"中央实验室"。凡·东根、胡安·格里斯、弗拉曼克、布拉克、皮埃尔·奥尔兰、雷诺阿、塞尚、马克斯·雅各布和阿波里奈均在这里住过。1907年，巴勃罗·毕加索入住，他在这里画出了立体派画作《阿维农的少女》。1970年，浣衣舫整修过后没多久便发生火灾，此后在这里建起了一座艺术城。

代尔特尔广场

旅游胜地，有许多饭店和画室。这里的租金极为低廉，因而那些中等水平的画家可以负担得起。这个广场上放着修道院的绞架和枷锁，而这里随处可见的画架和露天咖啡座几乎淹没了这种沉重气氛。1790年，广场3号成了蒙马特的第一个

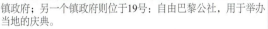

加大肋纳嬷嬷

代尔特尔广场最著名的餐厅,于1793年开张。1814年,哥萨克人占领蒙马特,"小酒吧"一词开始在这里使用,之后更成为法国的一个常用词。不过人们常常把"小酒吧"和"小咖啡馆"两个词弄混,其实说来也是可以理解的,毕竟里面的东西太过相似了。

圣皮埃尔广场的热气球

这座广场为巴黎的中心。1870年,在摄影师纳达尔的鼓动下,这个广场最终变成了一个热气球起飞点,而在热气球上可观测到敌军状况。10月7日,大省抵抗运动的组织者甘贝塔在这里乘坐热气球,之后飞到了奥尔良。

镇政府;另一个镇政府则位于19号:自由巴黎公社,用于举办当地的庆典。

蒙马特圣皮埃尔教堂

一座令人肃然起敬的建筑。巴黎最古老的教堂之一。前身为墨丘利神殿。

这座教堂由欧仁三世于1147年兴建。历史上曾经过多次毁损:大革命期间,被改建成理性神殿;巴黎公社时期则为服装加工厂;1793年,工程师沙普在教堂顶上安装电报机。1897年,艺术家群体终于说服当局修整这座教堂。

蒙马特的两座修道院

这座教堂是本笃会女修道院的礼拜堂;该修道院由路易六世(胖子王)的妻子阿黛勒·德·萨瓦于1133年修建。修道院的修女从忠烈祠中获得了大量的收益;这座忠烈祠建于9世纪,地点就位于圣德尼当年行刑的地方;1887年,这里改成了纪念堂(伊芙娜·勒·塔克街9号)。1534年4月15日,依纳爵·罗耀拉在这座教堂里创建了耶稣会,这个教堂是欧洲信徒的圣地。自15世纪开始,百年战争开战,朝圣者也不再热衷于这座圣堂,于是教堂便

慢慢荒废了。1661年，教堂的财政状况堪忧，人们在整修忠烈祠时，在当年圣德尼行刑的地方发现了一个地下墓室。之后，朝圣者又蜂拥而至。同时带来的还有源源不断的钱财，忠烈祠之后被并入一个新的隐修院——"低修道院"。因此，被废弃的"高修道院"便被拆除了，只留下了圣皮埃尔一座教堂。"低修道院"于大革命期间被毁。

圣皮埃尔教堂的历史概况

教堂外墙为18世纪风格，大门由吉斯蒙迪雕刻，极具现代气息，内部装饰则颇具考古意味。祭坛上为座盘饰拱顶，建于田园圣尼古拉教堂之前，是巴黎最古老的座盘饰拱顶。该拱顶与祭坛、两个小祭坛、耳堂以及中殿边上的开间一样，均建于12世纪中期。半圆形后殿，原为球形拱，于12世纪重建。中殿的前3个开间也建于同一时期，开间的拱顶则建于15世纪。入口和祭坛里的4根大理石柱均取自之前的建筑。教堂内部有许多石头坟墓。阿黛勒·德·萨瓦墓位于北边的半圆形后殿。

圣心教堂

教堂正面为罗曼-拜占庭风格，圆顶以及钟楼洁白闪亮，朝圣者在这里爬楼梯时还可以欣赏到美丽的蒙马特风景。人们几乎忘却了刚开始的那些动荡：政治与宗教对立，这便是1870年以及巴黎公社后法国的一个状态。

国家的誓约

1870年，两个非宗教人员亚历山大·勒让蒂和于伯·罗豪·德·弗勒里向政府请愿，希望能够建造一座圣心教堂。刚开始并不是很顺利，后来巴黎总主教麦格尔·吉尔伯出面，极快地促成了这个计划的实施。这座教堂位于蒙马特高地，为巴黎的制高点。因圣德尼的殉道而成了一座极为神圣的教堂。1873年，极为保守的国民议会宣布将圣心教堂改建为公共建筑。该项目的资金全部来自于民间。

游览

圣心教堂的设计深受佩里格圣弗龙教堂的影响。祭坛的拱顶用吕克·奥利弗·梅松的镶嵌画装饰，侧边小堂也使用了同样的装饰元素。圣母玛利亚像左右有教皇像、法国圣人像，其中便包括枢机主教像和巴黎郊区主教像，同时也还有

国民誓约的成员像（地下墓室的小堂里也有）。圆顶上的视野极好，可俯瞰整个巴黎。钟楼里的钟是世界上最大的钟之一：萨瓦尔钟（1895）。

对圣心教堂的虔诚

圣心教堂并不是一个教区教堂，而是世界各地天主教朝圣者的圣地。每天晚上，都会委派信徒轮流拜访巴黎的每一间教区教堂，以此保证圣心教堂能够得到人们永远的敬仰。

采石场

蒙马特拥有丰富的石膏。在罗马占领时期，石膏便被广泛地应用于建筑之上。采石场长廊里曾是一些隐士和被流放者的藏身之处，如依纳爵·罗耀拉、让·保罗·马拉以及1848年6月23日的起义者，他们当时正被卡维涅克将军追捕。

右图为蒙马特的采石场，布欧绘

蒙马特–达利之家

普尔伯街11号

这是法国唯一一个永久展示萨尔瓦多·达利作品的地方，有雕塑作品、石版画，并设有装饰艺术室，里面摆放着许多达利设计的作品。

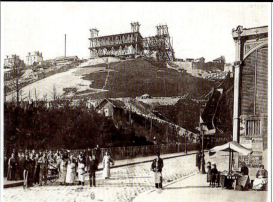

圣心教堂的建造

建造者与反对者爆发了多次武装冲突，建造过程中困难重重。蒙马特高地有许多地下采石场，因而地基要挖得更深，比预计的深很多，费

用也因此不断增加，最终导致了工程的延期。始建于1877年，4年后完工。其间先后换过3个工程师：保罗·阿巴提——佩里格圣弗隆教堂的整修者；埃尔维·罗林；吕西安·马涅。

小丘里的墩柱

小丘底下埋设了83根墩柱，用于支撑圣心教堂的墙面和柱子。这些墩柱均置于砌好的基坑里，每个基坑宽达5米。没有人知道这座建在山丘上的教堂到底会不会倒塌。

圣鲁斯蒂科街

建于9世纪的一条街道，窄小、破旧，仍旧保留着从前的石板路以及中间排水沟。"老实"餐厅位于索勒街角，这条街本极为安静，这间餐厅倒是带来了不少的热闹气氛。该餐厅以前叫作"木球"，于16世纪开业，西斯莱、塞尚、图卢兹·洛特雷克、毕沙罗、雷诺阿、莫奈和左拉都经常来。这座建筑还有一个小花园，凡·高在这里画出了《露天咖啡馆》。

迷雾城堡

迷雾小径

这条充满神秘气息的迷雾小径可通向一座老城堡。从前城堡占地面积极大，一直延伸到科兰库尔街。这座城堡在大革命时期是一个极好的住处，罗兰·多热莱斯曾在小说中写过这个城堡；杰拉尔·德·内瓦尔1846年住在这里。而生活比较节俭的雷诺阿则住在对面的房子里。

弗朗西斯科·普尔伯（1879—1946）

画家。他画了许多小男孩在代尔特尔广场玩耍的作品，这也是他的首创。1921年，他与志趣相投的"蓬伯内"餐厅的老板合开了一家儿童诊所。普尔伯的作品都保留了下来。

密林

这片区域覆盖着小矮林，建有许多别致的小木屋，从吉拉东街一直延伸到科兰库尔街。1911年，开辟朱诺大道时，这片区域便消失了。特里斯坦·扎拉（15号）和普尔伯（13号）都曾在朱诺大街住过。

蒙马特博物馆

科托街12号

1860年对外开放，位于莫里哀学生罗兹·德·洛斯蒙的住处。洛斯蒙一生致力于推动模仿表演，他也同他的老师一样，死在了舞台上。这座宅第是小丘上最古老的一座宅第，20世纪初，成为艺术天堂。宅第的附属建筑里曾住过许多名人：画家拉乌尔·杜飞；作家莱昂·布瓦；自由的安德烈·安东尼剧院的创始人皮埃尔·勒维第；还有一家三口，苏珊娜·瓦拉东、她的丈夫安德烈·尤特尔以及儿子莫里斯·于特里约。雷诺阿在这里租了一个公寓，画了著名的画作《秋千》。科托街6号则是作曲家艾瑞克·萨提的住处，那个小公寓名叫"壁橱"。

蒙马特葡萄园

　　1929年，政府要在索勒街和圣文森街拐角（从前的阿里斯蒂德·布吕昂花园）建廉租房的消息满天飞。以普尔伯和画家威尔德为首的抵抗者在这件事还未尘埃落定时，决意在这里建造一个新的公园，好阻止政府。一切都进行得十分顺利。人们充分发挥该地形的作用，在那里种植葡萄树。此后，每年的葡萄收获节（10月的第二个周末）都成了当地居民的一件大事。蒙马特生产的葡萄酒，或称"皮科洛"，均在拍卖场上以高价卖出（因为这些酒凝聚了全区居民的用心）。

狡兔酒吧

　　索勒街22号

　　圣文森街街角的一幢小屋，外墙刷着粗糙的粉红漆。从前因同名诗歌而出名。内部的墙面因为有一定年岁而变得光溜溜，上面挂着一些铜版画和纸画，老式的窗帘悬垂在墙面上，有一个已经没用的烟囱，还有一幅巨大的基督画像（韦斯利）。后来画家安德烈·吉尔将他的一幅画捐给了这个餐厅，那幅画上面有一只特滑稽的兔子，它正在锅外边蹦蹦跳跳。于是《吉尔的兔子》变成了"狡猾的兔子"，餐厅也因此得名。1902年，阿里斯蒂德·布吕昂买下这间餐厅，并交由弗雷德里克·杰拉尔（弗雷德）经营。于特里约、毕加索、布拉克、德兰、卡尔科、弗拉曼克、莫迪里亚尼、阿波里奈、马克斯·雅各布、夏尔·迪当均是这里的常客。这间餐厅一直都在寻觅那些有才华的艺术家，因而它也成为巴黎少有的对新手开放的餐厅之一。

玫瑰之家

　　这座小屋位于阿布勒瓦街2号，因于特里约（1883—1955）而出名。他从小酗酒，并夜以继日地画画，但他只画风景画。他被这里的人视为怪人——他从来都不画其他主题的画，因为他怕引起争议。

红磨坊的舞会

蒙马特抛弃了19世纪流行的四对舞。人们多会在克利希大街和罗什舒阿街跳舞。各种各样的人们，经常出入黑球、蒙马特爱丽舍宫等地方。红磨坊发明了法国康康舞，图卢兹·洛特雷克因此画了许多跳康康舞的人；黑猫成了讽刺剧的诞生地。

法国康康舞

皮加勒广场离红磨坊只有一步之遥。那里便是这种时尚舞步的天堂。一些辞工不干的人曾在这里有过短暂的辉煌：珍·阿弗尔，昵称"炸药"；克里克，在做大跳跃动作时意外死亡；拉古吕，最后成为流浪者。

下图为"高跷腿妮妮"。

煎饼磨坊

德布雷磨坊王国位于勒皮克街，共有30个磨和碾碎机，可用于磨谷物、石膏、石头以及洋葱。磨坊主后来开了一个舞厅，并为那些舞者提供自制的煎饼，于是煎饼磨坊诞生了。住在科托街12号的雷诺阿和杜飞常常被这个磨坊的欢乐气氛吸引，他们经常在这附近作画。很快，红磨坊诞生了，并成了煎饼磨坊的竞争对手。

黑猫

　　1881年，鲁道夫·萨里斯租下了罗什舒阿街上一家废弃邮局，在那里创作。后来，他在歌手爱弥尔·古多的资助下开了一家咖啡馆。于是"黑猫"诞生了。内部装饰为路易十三时期的朴素风格，威尔德为该店绘制了一幅《帕尔斯·多米讷》，使整个装修更为完整、协调。所有那些批评萨里斯顾客的人都同样被他挖苦。之后，他完成剧

《在红磨坊的拉古吕和瓦伦丁·勒·德左塞》，图卢兹·洛特雷克绘

本，并成功将该剧搬上舞台，在讽刺报刊上发表。黑猫后由布吕昂经营，他将其改名为"芦笛"。这家咖啡馆吸引了不少知识分子和名人前来捧场。

阿里斯蒂德·布吕昂

　　"一只狗，两只狗，三只狗，一大群狗！一条条纹的天鹅绒裤子，一件翻边的坎肩，一件缝着金属纽扣的狩猎上装，一条红色的羊毛围巾，一顶极大的帽子，一张看起来宽厚的脸庞。"这幅肖像画出自库尔特林之手。布吕昂是一个无政府主义者，"黑猫"的表演者，因《妮妮，狗皮！》和圣文森街而为人们所铭记。

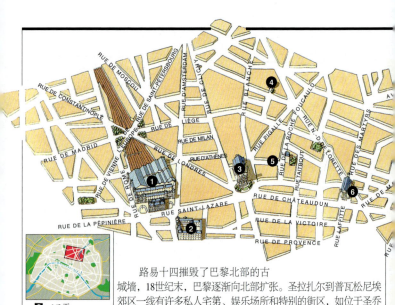

1/2天

"众人的时间"

1985年，阿曼的两件作品分别被置于哈佛港广场和罗马广场之上：《众人的时间》和《终身寄物》。作品由时钟和行李箱组合而成。

欧罗巴广场上的桥

该桥位于一个居住着许多作家和艺术家的街区中心，如于伊斯曼、儒勒·罗曼、马奈、卡耶博特、阿波里奈等。在桥上可以看到新铁路的整个运行过程。

路易十四摧毁了巴黎北部的古城墙。18世纪末，巴黎逐渐向北部扩张。圣拉扎尔到普瓦松尼埃郊区一线有许多私人宅第、娱乐场所和特别的街区，如位于圣乔治广场的"新雅典"咖啡馆。而罗曼世纪的许多作家和艺术家也都住在这一线。19世纪，教堂、工业建筑（如车站）开始在此落地生根。而圣马丁运河是整个区域中最漂亮的景观。

圣拉扎尔

"梦幻工厂"

圣拉扎尔车站建于1851年。受巴尔塔建筑影响，车站大厅也同样采用了金属结构。1885年，利茨重建车站。马塞尔·普鲁斯特对车站的玻璃建筑赞誉有加，他将其称为"玻璃车间"。而对于雅克·勒·拉克勒代尔来说，整个车站就是一个"梦幻工厂"。

东丹路

这个街区的名声不如圣奥诺雷郊区，街上的高级成衣店也不是很多。1977年，人们在东丹路18—22号的那座宅第里发

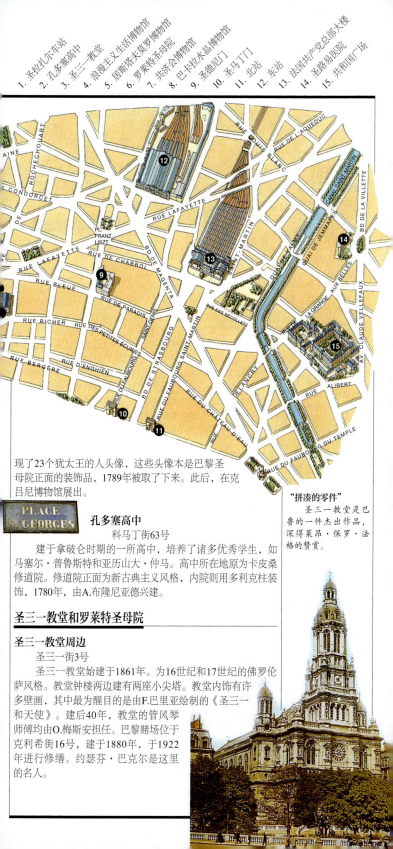

现了23个犹太王的人头像，这些头像本是巴黎圣
母院正面的装饰品，1789年被取了下来。此后，在克
吕尼博物馆展出。

"拼凑的零件"

圣三一教堂是巴
鲁的一件杰出作品，
深得莱昂·保罗·法
格的赞赏。

孔多塞高中

科马丁街63号

建于拿破仑时期的一所高中，培养了诸多优秀学生，如
马塞尔·普鲁斯特和亚历山大·仲马。高中所在地原为卡皮桑
修道院。修道院正面为新古典主义风格，内院则用多利克柱装
饰，1780年，由A.布隆尼亚德兴建。

圣三一教堂和罗莱特圣母院

圣三一教堂周边

圣三一街3号

圣三一教堂始建于1861年。为16世纪和17世纪的佛罗伦
萨风格。教堂钟楼两边建有两座小尖塔。教堂内饰有许
多壁画，其中最为醒目的是由F.巴里亚绘制的《圣三一
和天使》。建后40年，教堂的管风琴
师傅均由O.梅斯安担任。巴黎赌场位于
克利希街16号，建于1880年，于1922
年进行修缮。约瑟芬·巴克尔是这里
的名人。

"通透城堡"

平民街区的两个车站建于19世纪，颇得雷达的赞赏。北站由希托夫于1842年至1865年兴建。车站正面使用了诸多罗马元素，顶上竖立着北方九座城市（法国和欧洲城市）的雕像。车站大厅极为宽敞，金属结构，大玻璃窗。这里为欧洲之星的起点站，列车通过芒什海底隧道到达伦敦。东站规模相对较小，车站大厅里有一幅海尔特绘制的大型壁画（1926）。这里是世界大战时新兵去往前线的起始点。

天堂街，水晶王国

长期以来，这条街一直被誉为桌上艺术品的天堂。

新雅典

名字颇具希腊味道。包括圣拉扎尔街北部的建筑以及修女塔街的几栋新古典主义建筑。圣乔治广场27号为阿道夫·梯也尔岳父的宅第，巴黎公社时期被毁，后来梯也尔进行重建。对面则为帕伊瓦侯爵夫人的宅第（28号），其采用了许多哥特式－文艺复兴风格的雕塑进行装饰。附近为"艺术和文学街区"：沙普塔尔街，浪漫主义生活博物馆便位于这条街上，博物馆所在地曾是画家A.舍弗的住处，他是司汤达肖像的作者；罗什福科街，象征主义画家居斯塔夫·莫罗的住处便位于此，后来他将自己的居所改建成博物馆，用于收藏自己的作品；附近为奥尔良公园，曾有诸多名人居住在这里：古诺、比才、乔治·桑（5号）和肖邦（9号）。

罗莱特圣母院

维欧莱·勒·杜克将这座教堂称为"半上流社会教堂"。之所以取名"罗莱特"与19世纪三四十年代的那些轻浮的女人有关。它因加瓦尔尼的雕刻、福楼拜和左拉的小说而出名。1823年由勒巴斯兴建，整体结构为早期基督教的朴素风格；内部则相反，采用了极为华丽的装饰，为路易·腓力时期的典型风格。

蒙马特郊区和普瓦松尼埃郊区

蒙马特郊区

这个郊区为巴黎皮货商的聚集地，仍旧保留着19世纪的韵味：传统的走廊以及商铺。如香料兼糖果店"妈妈的店"（蒙马特郊区街35号），1761年建立，仍保留着金字招牌。女神游乐厅位于里榭街，是巴黎生活的一个缩影。它于1869年开业，刚开始被盛赞为"轻快舞步大厅"；1929年，毕科将内部打造成装饰艺术风格。约里·卡尔·伊斯曼曾说"那是一种既带着侮辱又十分精美的风格"。

普瓦松尼埃郊区

古巴黎北边港口的运输道周边建造了许多精美的宅第。弗洛餐馆，位于小马厩广场7号，1897年开张，仍保留着1910年的装饰。

圣马丁运河

为乌尔克运河的延伸部分，开凿于1822年至1825年。拿破仑一世时期便已决定开凿运河，为巴黎市民提供可用水。全长4.5千米，设有闸门、转桥、驴背式走廊，底下成为船夫活动区域。陡峭的河岸经过整修之后成为一条威尼斯式的魅力走廊。从前的河岸边聚集着多家皮革厂、造纸厂以及彩陶厂等，均是些用水量大的工业，由此形成了工业街区和平民街区。位于杰马普滨河路102号的诺尔宅第是这个街区的代表建筑之一。

圣路易医院

阿尔弗雷德·弗尼埃广场2号

建于1607年，位于巴黎城墙外，以隔离患鼠疫的病人。其砖头结构的建筑至今仍保存完好。

共和国广场和圣殿大道

1854年，奥斯曼决定在新开辟大道的交会处建造一个巨大的共和国广场。1883年，广场上竖起了由莫里斯兄弟打造的共和国纪念碑。2013年以来，这里发生了巨变：中央隔离带变成了步行道，增加了水池、一座咖啡馆以及供儿童有玩的娱乐设施，汽车只能在一侧通行。

滑稽演员德布罗

因出演卡尔内的《天堂来的孩子》（1945）而深入人心，他也因此大红大紫，当时每张门票高达25生丁。他也最终确定了丑角的服装，如左图。

"气氛……"

马塞尔·卡尔内在诺尔宅第（1928）里重塑了战前的巴黎。阿尔雷提在运河天桥上对路易·儒维说的那句经典对白："气氛，气氛，我是不是长着一张气氛脸？"令人印象深刻。

拉维莱特

1. 拉维莱特圆亭
2. 拉维莱特盆地
3. 乌尔克运河
4. 圣德尼运河
5. 科学工业城
6. 全天域电影院
7. 大市场
8. 音乐城
9. 天顶体育馆

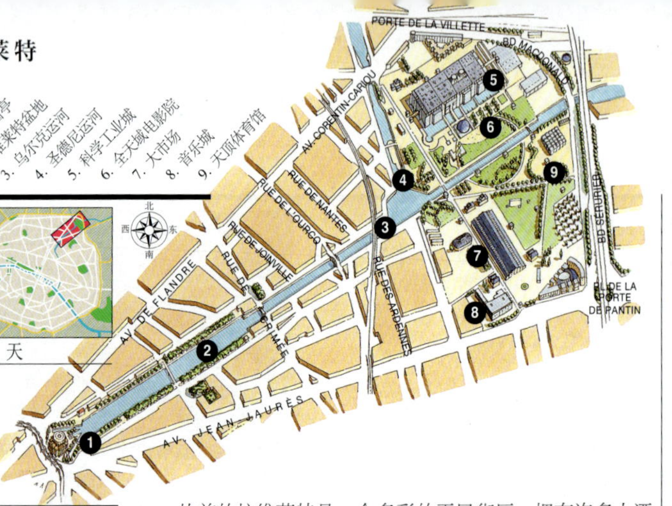

从前的拉维莱特是一个多彩的平民街区，拥有许多小酒馆以及古老的屠宰场，而如今的拉维莱特则是巴黎最活跃的文化与教育中心之一。科学工业城是全新巴黎东部的代表建筑之一。

从屠宰场到科学工业城

乌尔克运河的开凿

1808年12月2日，拿破仑一世下令在乌尔克和塞纳河之间开凿运河，该条运河有两种作用：为巴黎市民提供可用水；新航道。拉维莱特盆地（圣马丁运河的延伸部分）也在整修之列。这片东侧毗邻圣德尼运河的区域被称为“巴黎的小威尼斯”，被整修后恢复了航道作用，而滨河路也因此成为散步的好去处。农民课税城墙共有4座课税楼，最漂亮的那座位于拉维莱特最南端：圆亭，由克劳德·尼古拉斯·勒杜于1784年修建。运河开通之后，免税的拉维莱特镇成为一个大型的工业中心，拥有两大保税仓库：糖和谷物，位于卢瓦滨河路41号。克里梅街的天桥建于1885年，为金属结构，与4个大滑轮十分搭调。

拉维莱特，未来之城

拉维莱特拥有全巴黎最大的景观公园，另有大型的科学和技术推广中心——科学工业城以及优雅的音乐城。这里拥有娱乐和教育双重资源，对于孩子们来说，可谓寓教于乐。拉维莱特公园是巴黎唯一一间全天候开放的公园。夏天可以在公园观看露天电影；每周日，公园会举行各种舞会。

地下运河

第二帝国时期，圣马丁运河进行修缮，运河的经营权又重新回到政府手中。全长4.5千米，其中有2千米多位于理查德·勒努瓦大街以及巴士底广场的地下。

拉维莱特的屠宰场

1867年，这里入驻了一些大型屠宰场，运河南端也开设了一个极大的牲畜市场，每天可容纳1300头牛。这些建筑中保留下来的有以下这些：科学工业城北部入口建筑、动物医院、拉维莱特之家（用于举办临时展览）以及位于南部的大市场。20世纪60年代，这里兴建了许多新的大型屠宰场，不过这些屠宰场自开放后便一无是处：当时已经出现了冷冻技术，人们可在饲养地宰杀牲畜。1974年，由于财政黑洞，这些屠宰场便关门了。科学工业城附近的整修工程无疑拯救了这个已经废弃的街区。

科学工业城

城中的大建筑

科学工业城为一座大型的六边形建筑，1986年3月13日对外开放，那天刚好是哈雷彗星划过地球的日子。每年接待旅客达350万人次。建筑物周围开凿了水沟，沟里填满了水；2个穹顶直径长达17米，光线充足；另有3个极大的植物温室，开口朝向公园。入口大厅极为宽敞，那里有各个"城"的入口：儿童城、工艺城、健康城、路易·吕米埃尔电影院以及图书馆，共有藏书30万册。

永久和临时展览

具有教育作用。可自由设计路线，这些展厅之间均用走道和楼梯相连，每个展厅的展览主题均不一样：海洋、能源等。在娱乐的同时，可以接触到各种各样的科学知识。天文馆里有星球以及星系展览。

全天域电影院

科学工业城的象征。全天域电影院直径长达36米，共由6433个三角不锈钢架组成。这个大厅的半圆形屏幕是世界大型屏幕之一。

大市场

金属结构，长240米，宽80米。是儒勒·梅兰多建造的4座建筑中唯一保留下来的。

和谐的建筑

由阿德利昂·凡斯贝设计。他将古老的屠宰场与现代技术（玻璃和钢铁）结合起来，整体看来极和谐。

未来城

　　游客们可以在科学工业城畅游，欣赏各种各样的美学以及体验极为先进的科学技术。全天域电影院里率先使用了一块全天域屏幕：在1000平方米的放映厅里，可以180°播放电影，让观赏者完全置身于电影世界中。

西那克斯动感影院和阿尔戈诺

　　西那克斯的放映厅有60个座位，这些座位安装在起重机和转机之上，角度为30°。让观影者仿佛置身于飞机中，更增加了观影的趣味性。阿尔戈诺特位于水底，为博物馆，旅客们要经过地面上的多座塔楼才能最终到达这个水底世界的走廊。

拉维莱特公园

公园

　　位于科学工业城南部，面积达35公顷，是巴黎最大的景观公园。公园内部建有许多娱乐设施，夏天时，还会在露天放映电影，超大屏幕，超级享受。东部则为天顶体育馆，音乐表演的圣地，它可灵活调整的建筑结构能容纳6400位观众。

大市场

　　公园南部拥有一座大型的金属结构建筑，从前为牛肉市场，如今则为多功能的文化厅。市场内部有隔间、看台以及平台，可用于举办音乐会、展览以及庆祝活动。昔日的皮革交易市场位于西部，如今为巴黎－拉维莱特剧院；大市场后面则为夏洛莱别墅，如今为拉维莱特塔玛克剧院。公园入口的空地上放置着里昂·德·努比喷泉，这座喷泉造于1811年，刚建成时置于共和国广场，1867年移到了这里。

伯尔纳·屈米的"豪华乐园"

　　鲜艳的红色雕塑，底下则为信息中心、塑料艺术中心、录像厅以及爵士俱乐部。

音乐城

　　公园南部因为音乐城变得更加热闹。音乐城总共有两个音乐厅，里面有各种各样的乐器，另有一个图书馆。音乐博物馆展品：意大利弦乐器，如阿玛蒂小提琴、瓦里乌斯提琴；现代乐器，如弗兰克·扎帕使用的E-MU电子琴。博物馆附近则为国立高等音乐和舞蹈学院。克里斯蒂安·德·波特赞姆巴克以村庄为蓝本，设计了学院的整体建筑。

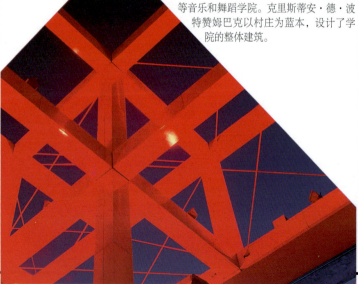

巴黎外的景点

圣德尼

1. 巴黎　2. 拉夏贝尔门　3. 巴黎门广场　4. 圣德尼教堂

圣德尼教堂，别称"国王陵园"，历史上经历过诸多变故。这座杰出的哥特式教堂，毁于法国大革命时期，而后进行大规模重建。教堂中的珍贵装饰物、文献等陈列在罗浮宫以及国家图书馆。

上图为圣德尼教堂西侧。这座教堂的墙面上雕刻着王室的徽章以及宗教纹饰

国王教堂

这座教堂建于5世纪，本为圣德尼以及他的弟子吕斯第克和埃勒代尔的陵墓。墨洛温王朝时期，祭坛周围建起了一座修道院，里面的饰物极多。639年，达戈贝尔葬于这里。此后的加洛林王朝在圣德尼修道院院长的支持下，将教堂变成了皇家仪式的圣地。1122年当选的修道院院长苏杰尔向国王路易六世进谏，要求将圣德尼作为国王陵园。圣路易时期，多有毁损的圣德尼教堂成为唯一的国王陵园，其按照朝代顺序，将国王的遗骨置于交叉耳堂中。这座耳堂也因此成了整个法国的荣誉之地。而在随后的几个世纪，圣德尼教堂慢慢地失去了这种光芒。路易十四时期，巴黎大主教成为圣德尼修道院院长，结束了修道院上千年来的自治历史。

圣德尼，陵墓雕像博物馆

这座教堂在大革命时期多有毁损，路易十八时期，重新成为国王陵园。那些被扔进壕沟里的历代国王的遗骨被安放在了地下墓室里，修道院则变成了路易十六和王后玛丽·安托瓦内特的陵寝。同时，大革命时期侥幸保留下来的陵墓也都迁到了教堂里。教堂里因此也多了许多来自巴黎其他教堂的死者卧像，圣德尼教堂也成为世界上独一无二的陵墓艺术博物馆。拿破仑一世、路易十八以及拿破仑三世均对这座教堂进行了整修。其中拿破仑三世时期的主持修建人为维欧莱·勒·杜克。

杰出的哥特式教堂

加洛林王朝的统治者对墨洛温王朝留下的老教堂进行重建。

苏杰尔担任院长时，圣德尼变得更美丽了，他还在

这里建造了一个典型的加洛林式教堂。1140年，开始整修教堂西侧墙面；1144年，整修教堂的半圆形后堂；1151年，苏杰尔院长去世，整修工程因此中断。苏杰尔整修的这座教堂为典型的哥特式教堂。

上图，《拿着十字架的耶稣》细节图

路易十二和布列塔尼安妮的陵墓由吉多·马左尼设计；1507年，由佛罗伦萨人让·瑞斯特兴建。整个陵墓状似追思台。而这也是首次在已故国王的陵墓中雕刻卧像以及祈祷像。

这也是首次在建筑中大规模使用交叉穹隆：不需要建造护墙，即可起到支撑作用。同时，能在教堂回廊以及辐射哥特式的小堂上方建造拱顶；另外，也能在半圆形后堂开凿大的窗洞。而这同时也实现了苏杰尔院长的设想，教堂因此获得了极为充足的光线。此外，还首次在西方建筑中雕刻了玫瑰窗（位于教堂西墙）。1231年，厄德·克莱蒙院长开始整修教堂中殿；其中一些重大的工程均委托给一位匿名的建筑师。之后，修建工作又为皮埃尔·德·蒙特赫伊主持。建筑师重建了祭坛，而保留了两边的回廊、地下墓室、辐射状哥特式小堂以及教堂西墙。中殿与苏杰尔之前的设想有些不同。教堂外面的护墙则采用飞拱固定，整个教堂也因此可以建得更为高大、宏伟。飞拱、广阔的空间以及3个不同水平面的开间（大拱廊、楼廊和高窗）均是辐射哥特式艺术的体现。

国王陵寝

13世纪以前，国王都埋葬在祭坛附近的石板下面。圣路易将历代国王的遗骨移到了雕刻着卧像的陵墓里。在此之后的瓦卢瓦王室则要求建造文艺复兴风格的陵墓：采用卧像以及现实主义风格的祈祷像进行装饰。波旁王朝的国王则葬于地下墓室，遗骨置于木棺中，搁在铁架上。

上图，伊尔杜安地下墓室（9世纪），至今仍保存着建有半圆形拱顶的中堂

凡尔赛宫

凡尔赛宫，由路易十四主持修建，是一座石头皇宫。同时，这里也是太阳王路易十四的政治舞台：他在这里建立了君主专制制度，这座宫殿也因此成为典型的皇家宫殿。

宫殿的建造

凡尔赛宫原为一座小型狩猎行宫，路易十四将其改建为皇家宫殿，由建筑师菲利伯·勒·罗伊建造。路易十四于1661年正式掌权，这时的狩猎行宫为皇家节日庆典的举行地，由建筑师勒沃和花园管理员勒诺特尔管理。没过多久，路易十四便下令扩建宫殿，并实施了一系列大工程。1668年，勒沃在位于大理石庭院边上的"U"形狩猎行宫外建造新宫殿，将行宫包围起来，另外又在整个区域中心建造了一座"新的城堡"。宫殿西面有一个极大的露台，屋顶平台边上装饰着精雕细琢的栏杆。1678年是一个新的里程碑。因为政治上的考虑以及个人喜好的关系，路易十四将王宫搬到了凡尔赛宫。凡尔赛宫因此成为皇家宫殿，法院以及政府所在地。宫殿边上为凡尔赛花园，那里的露台曾一度开放，现为镜厅长廊。

宫殿里的一切人事均由国王安排，他就是这个国家的太阳。下图为穿着圣心服饰的路易十四，亚森特·里戈绘

1682年，儒勒·阿尔杜安·芒萨尔建造了南翼；1689年又建造了北翼。在城市的另一边，工人们正忙着修建3条大道（为鹅爪形），而国王保留了大理石庭院原来的面貌。勒沃总共建造了4座阁楼，芒萨尔将它们两两相连（路易十三风格），打造成大臣的翼楼，为国家公务员的办公室和公寓。官殿前为兵器广场，其东部为两座富丽堂皇的官殿：大马厩以及小马厩。

上图为国王的寝室，左图为科尔伯画像，克劳德·勒弗布尔绘。他为凡尔赛工程负责人，他利用有限的经费帮路易十四打造了一个极为富丽堂皇的官殿

套房

　　严格按照等级分配房间。王子和朝廷大臣住在花园边上的北翼及南翼；地位稍次的朝臣则住在城市边上的楼里。皇室成员的套房位于主建筑二楼，国王住在北面的大套房里。套房外有两座大理石阶梯，一为大使阶梯（已经不存在了），另一为王后阶梯。

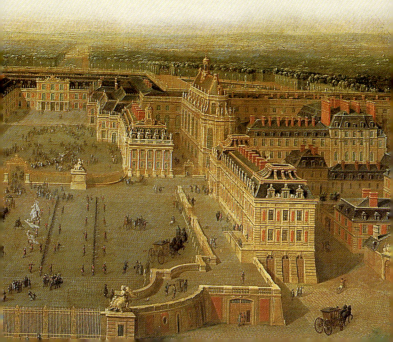

大马厩

芒萨尔于1683年设计的马厩早已经不见踪影。18世纪的一场大火将这些通道焚毁了。从2003年开始，巴尔塔巴领导的马术表演学院令大马厩的驯马场热闹了起来。

皇家套房

在夏尔勒·勒布汉的领导下，那些有才的艺术家将国王的大套房装饰成了意大利风格；天花板上画着许多古代的神和英雄；墙面用大理石和金色的锦缎装饰。同时，太阳、边上画的星球以及神话人物也体现了皇室的等级制度。

宫殿内经常举行庆典以及各种仪式。下图为凡尔赛宫举行的假面舞会，当时正值王太子的婚礼。由夏尔勒·尼古拉斯·科桑绘

1682年，路易十四搬到凡尔赛宫，他没有住在以往国王住的大套房里，而是选择了国王套间，该套间位于城堡的正中央。房间里的镜子、浅色天花板以及金色和白色相间的细木工能够更好地留住光线以及温度。搬来这里之后，国王的生活更为舒服了，但仍逃脱不了国事的烦忧。

阿黛拉夫人的画像，纳蒂埃作品。阿黛拉夫人是国王路易十五最喜欢的女儿，排行第六

加布里埃尔的整修

路易十五时期，这种风格发展到了极致。两个极具个人风格设计师，雅克和雅克·昂热·加布里埃尔负责王后寝室（1730）、会议室（1755）以及私密宅第的装饰。雅克·昂热·加布里埃尔在天花板粉面进行雕刻，并用烫金饰装饰，有的则仿照玻璃橱窗

右图为维亚尔绘制的教堂。每天，路易十四都会来这个教堂参加弥撒。他坐在中央廊台上层，而朝臣则坐在底层

的陶瓷，刷上了海军蓝的漆。二楼套房内的金色细木工与三楼小套房里的鲜艳、光亮的细木工相呼应。三楼的小套房是路易十五的私密空间。1774年，加布里埃尔完成了最后一项工程——路易十六的书房，这是国王的小天地，他可以在这里阅读，浏览他喜欢的地理书籍。

镜厅长廊

长73米，共有17个窗户，另有17个饰有镜子的拱廊。勒布朗打造了一些"法式"柱头：太阳、象征王室的百合花以及高卢公鸡。拱门上雕刻着路易十四的赫赫战功。那上面穿着古代服装的英雄代表的是国王。

小堂

路易十四统治后期，因受其平民妻子曼特农夫人的影响，成了一个十分虔诚的教徒。于是他便建造了这座屋顶隆起的小堂。小堂从芒萨尔起建，1710年由罗伯特·德·科特完成。小堂的拱顶画有壁画，巴黎幸存的这类艺术并不多，由勒布朗的学生儒弗内、科佩尔以及拉弗斯绘制。小堂内部的装饰也较为奢华，金色的烫金饰与雕刻着花饰的白色石壁相得益彰。

上图为加布里埃尔的歌剧院。木质装饰，刷着大理石颜色的漆，厅内音乐效果极佳

歌剧院

1770年，路易十六和玛丽·安托瓦内特结婚时，凡尔赛宫出现了第一个真正意义上的表演大厅。椭圆形的大厅，可以容纳700人。厅里建有长长的阶梯，从正厅后排一直延伸到柱廊。这座歌剧院由加布里埃尔设计，他使用了换景机械技术，举行宴会或者舞会时，歌剧院的舞台便能摇身变成宴会大厅或者舞池。5月16日结婚当天，人们拆掉了正厅以及正厅后排的椅子，在那儿放上了桌子。

特里亚农别墅

路易十四醉心于各种各样的建筑，修缮凡尔赛宫之后，他又让芒萨尔兴建了大特里亚农宫。长条状的意大利式宫殿，两翼之间用柱廊相连。勒诺特尔在这儿建

造了花圃和笔直大道。路易十五委托植物学家朱西厄打造了温室以及花园。路易十五统治时期，加布里埃尔建造了小特里亚农宫，他将这座宫殿誉为其的艺术精华。这座宫殿是为国王的情人蓬皮杜夫人建造的：一个现代化居所，新古典主义风格，朴素、庄严。1768年，宫殿还未建成，蓬皮杜夫人就去世了。后来，玛丽·安托瓦内特将花园改建成英式花园，在园中建造了许多点缀性小建筑，如爱之殿堂、观景亭、流水景以及勒莫农庄。

上图为大特里亚农宫。建筑物正面建有石柱以及壁柱，色调也极为丰富

下图为玛丽·安托瓦内特命人打造的勒莫农庄，由理查德·米克建造，为于波·罗伯特式风格。这座村庄里有一个乳制品厂、一个农场还有一个磨坊

凡尔赛花园

城堡位于小丘山顶，路易十三时期开辟了一条中央大道以及几条侧边小道。后来国王又命人打造凡尔赛花园。皇家花园管理人勒诺特尔开辟了多条林荫大道，使整个法兰西岛变得更为开阔。

露天雕塑博物馆

在芒萨尔和勒诺特尔设计的小树林里有300尊花瓶和雕塑（铅像、大理石像、青铜像）。其中有些是古代艺术品的复制品，有一些则是罗马法兰西学术院学生的作品，另有24尊大理石雕像——《伟大的命令》系列雕像，是当时皇家建筑总监科尔伯委托勒布汉雕刻的。

盆地里建了多条走廊，而这些走廊都是根据太阳王《彰显凡尔赛花园之美》中的设计建造的。这位国王当时以游客的视角设计了走廊的样式。花园中挖有一条长达1650米的大运河，将凡尔赛宫与特里亚农宫相连，其也是皇家庆典的举行地。

下图为玛莱飞瀑（横截面，正视图）

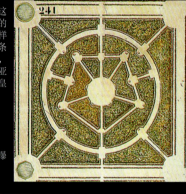

"花圃和花园堪称露天的客厅……这不仅仅是可以独处、放松的地方，同时也是散步、向人问候的地方。"

——希波利特·泰纳

公园的修缮

　　1995年，公园进行第三次绿化，也借此机会对小树林进行了修整，如昂瑟拉德树林。公园的第二次绿化（上图）由路易十四提出，由画家于波·罗伯特实施。

征服自然

　　凡尔赛花园的地理位置并不太好：自然隆起的地块，难以肆意向周围扩散。每当沼泽地干涸时，盆地的饮水以及植物灌溉便会出现问题。马利设计的机器部分解决了这个难题：它能够抽取塞纳河的河水，然后可通过引水渠输送到凡尔赛。凡尔赛公园被分成3个部分：城堡边上建有一些开阔的花园，接着是郁郁葱葱的小树林，再往下就是森林。上图为迷宫，如今已消失了。左图为星形树林。

枫丹白露

1. 巴黎　2. 意大利门　3. 伊夫里门　4. 贝西门　5. 默伦　6. 枫丹白露

枫丹白露森林
为野生森林，但人们却
极为细心地养护了其7个世纪。
法国的国王将这里变成了自己的狩猎
地，并在这里建造了一座极为美丽的宫殿，采用
当地的粗砂岩建造而成。枫丹白露森林吸引了不少巴
比松的画家，他们在露天地里撑开画架，画下美丽的风
景，而后，还在这里创办了一所著名的绘画学校。

上图为枫丹白露宫，原为路易七世
（1120—1180）狩猎时休息的一座森林小
城堡

枫丹白露宫

法国国王都十分中意这座宫殿。几个世纪以来，他们不遗余力地修缮枫丹白露宫。这座宫殿因此成了800年建筑风格的结合体。

帕维战役（1525）失败后，弗朗索瓦一世便开始了逃亡生涯；后来，他回到了法国，也带回了许多意大利的杰出艺术家，如勒罗梭以及勒普里玛蒂斯。亨利二世时期，埃唐普公爵夫人寝室、弗朗索瓦一世长廊、舞会厅都相继完工，内部装饰着壁画以及粉饰灰泥，极为奢华。亨利四世和路易十三留下了路易十三客厅，在1773年以前这里一直为皇家生活的主要场所。路易十四修建了赌博厅以及王后小客厅。路易十五则修建了后来的宝座长廊，那是法国唯一一个收藏其使用家具的地方。拿破仑一世

又添置了许多新家具，也因此，宫殿里有许多旧制度时期以及第一帝国时期的家具，另有一些较新的房间。

戴安娜长廊为拿破仑三世时期的图书馆。下图中的圆球则来自于拿破仑一世时期

枫丹白露宫（原为"美丽的泉水""毕优的泉水"）建在河流边上："毕优"应该是建筑主人的名字，或者是从前狩猎时用于开路的皇家猎犬队的狗的名字

便是照着当年的样子重建的。

枫丹白露高地

法国风景最为优美的森林之一。这片森林面积达25000公顷，包括骑士团森林、3个松子森林以及枫丹白露森林。其中，枫丹白露森林是法国第二大森林，约有17000公顷。中世纪时，人们在这里修建了道路。亨利四世修筑了弧形路，一个又一个的十字路口通向森林中心。路易十五则完善了这里的道路网。19世纪，拿破仑军队的一位士兵德讷库尔在这里修建了里程达150千米的小径，这便是如今道路网的雏形（共长300千米）。这些道路将森林里的迷人景点、废墟、沼泽、山洞以及参天大树连接在了一起。1849年，这里修建了铁路，游客们也渐渐知道了这个地方。这片森林也因此遭到了极大的破坏：几乎每时每刻都能看见载着满车木材的四轮大卡车。枫丹白露

既是一个运动场又是一个旅游胜地：阿普尔蒙峡谷、弗朗沙尔隐修院、荆棘路口。另外，还有一些保存较为完好的景点，如仙女沼、贝亚特里山洞、约贝尔东山谷。

巴比松

1830年至1875年，这个森林边缘的小村庄成了一批风景画家的钟爱之地。这里风景如画，租金也相对比较便宜。当年的戛纳小旅馆如今成了

森林里多是橡树、山毛榉和欧洲赤松。也有一些云杉、落叶松和巨杉

巴比松学院的博物馆。柯罗、米勒、卢梭等都常来这里。现在，人们去那里的话还能参观米勒的画室。

枫丹白露宫是拿破仑前往易北河岛屿路程中的最后一个歇脚处。他没有对其进行太大的整修。不过，因为拿破仑博物馆的存在（1805—1814），这里仍旧留下了他的印迹。中国馆建于拿破仑三世时期，是当时欧也妮王后用来陈列东方艺术品的地方。如今的博物馆

右图，《守着羊群的牧羊女》，让·弗朗索瓦·米勒绘。米勒是巴比松画派的一位大家

尚蒂利

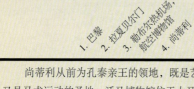

尚蒂利从前为孔泰亲王的领地，既是艺术之地又是马术运动的圣地；活马博物馆位于大马厩之中；尚蒂利城堡的藏品极为丰富，在法国享有盛名。

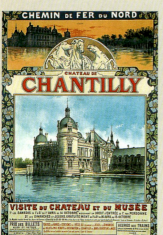

尚蒂利城堡

由两座相异的城堡组成。位于勒诺特尔打造的花园里，园内有喷泉和潺潺流水，动静结合，极为宜人。小城堡由让·布朗于16世纪兴建，城堡主人是陆军统帅安尼·德·蒙罗兰西。边上的大城堡由多梅于19世纪兴建，其前身为堡垒，用于陈列奥玛勒公爵的个人收藏。城堡内厅建造了天顶，光线充足，有长廊、看台、神殿等。

孔泰博物馆的画作长廊

奥玛勒公爵根据19世纪的风格来装饰这座长廊，里面陈列着许多画作。画作摆放的方式与现代陈列馆有些不同：一幅挨着一幅地放在一起，邻近的学生来这里参观时，可以毫不困难地知道这些画作的年代。这里陈列着98幅意大利画家的作品：弗拉·安杰利科、皮耶罗·迪·科西莫、阿尼巴·卡拉奇、萨尔瓦多·罗萨、萨塞塔、拉斐尔。其中为人们所熟知的是《美惠三女神》、《奥尔良圣母》和《罗莱特圣母》。

奥玛勒公爵

（1822—1897）

军人、历史学家、收藏家。他拥护共和政体，曾被放逐过两次

北欧画派

一些弗拉芒画家的作品，以及范·戴克的3幅肖像画。法国画家有克鲁埃、纳蒂埃、菲利普·德·尚佩涅、普桑、瓦托、安格尔以及德拉克罗瓦。长廊的入口与礼拜堂一样，都镶着一些埃库昂城堡的石头、装饰。

馆藏

世界上独一无二的藏品。稀有的抄本绘画：《丹麦英格堡王后的圣诗》《贝利公爵的豪华祈祷书》，可惜的是这些并不对外展览。不过，人们仍可以在这里欣赏到杰出作品的复印件、11世纪至19世纪的书的封皮、早期的印刷书籍和档案资料。

套房

16世纪的城堡里满是套房。主套房里陈列着许多杰出的艺术品，列斯内为路易十四打造的五斗橱，瑞典国王居斯塔夫三世赠送的矿物柜。

大马厩，长186米。包括两个中厅，中间以一个巨大的八角形区域相连。大马厩的资助者都是些爱马之人，他们觉得马儿让自己获得了重生

左图，拉斐尔的《美惠三女神》。下图，皮耶罗·迪·科西莫的《西莫内塔·韦斯普奇肖像》。这幅肖像是在西莫内塔死后10年画的，颈部缠绕的蛇是她的标志。顶图，普桑的《风景中的美女》

马术博物馆：大马厩

1719年，第七代孔泰亲王委托建筑师让·奥贝尔建造了大马厩。大马厩堪称18世纪建筑的代表作。1982年，这里开设了伟大战争人物博物馆。2011年至2013年，博物馆进行了彻底的修缮，并搬往库房展览。博物馆收藏有200多件与马及博物馆历史相关的艺术品。此外，这里还会举行各种活动，可以让观众欣赏到精彩的赛马。

埃库昂

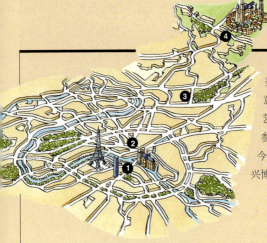

1. 巴黎　2. 拉夏贝尔门　3. 库沏弗公园　4. 埃库昂

埃库昂城堡是一座极美的城堡：法式美学融合意大利式的装饰风格。文艺复兴时期的伟大艺术家都参与了这座城堡的装修。如今，这座城堡为国立文艺复兴博物馆。

陆军统帅的城堡

1538年，弗朗索瓦一世任命安尼·德·蒙莫兰西为陆军统帅，此后他便着手重建这座埃库昂家族城堡。虽然蒙莫兰西后来失宠了，但这位收藏家却因其独特的品位而名垂千史。他尽力地美化这座城堡，并使其最终成为皇室建筑的"杰出作品"。

下图，《特洛伊木马》，陪嫁箱面板，彩色木板（佛罗伦萨，15世纪）

文艺复兴建筑的花叶饰

城堡为四方形，内有庭院。建筑师摒弃了传统的塔楼，建造了许多长方形的角楼。入口左右两边的翼楼为住宅区，中间以一道长廊相连。门口的翼楼建于1807年；在之前的那栋翼楼在大革命之前并未受到太大的损坏。

建筑装饰

建筑装饰的风格变化极快：天窗上的装饰物越来越精致；城堡不同的地方装饰也不同。西翼是最早完工的（1542）；之后则是南翼、北翼以及东长廊。第一阶段的工程主要为朴实无华的风格。南翼旋转楼梯上的贝状饰以及花样都体现了这一风格。北翼的装饰则更为精美：蜗形装饰以及锯齿状的皮饰。南翼的柱廊是法国

建筑史上的第一座大型柱廊。城堡正面凸起的部分由让·布朗设计，应该是用来放置米开朗琪罗的《奴隶》（如今收藏于罗浮宫）。

内饰

如今的埃库昂城堡华丽程度不比当年：城堡内部的许多装饰都被转移到了尚蒂利城堡。蒙莫兰西的这座城堡里有许多精美的细木装饰、礼拜堂的彩绘玻璃窗，还有42块来自普塞克长廊的黑白玻璃。元帅藏品中的另一幅代表作为罗素的《圣母怜子》，现藏于罗浮宫。那些精雕细琢的壁炉约建于亨利二世时期，仍旧保持着原貌。上面的肖像画来源于《旧约》，体现了元帅当时的生活，也侧面烘托了皇家的风俗。大厅的大理石壁炉边上镶着边框。该边框出自布朗之手，是法尔内红衣主教赠送给元帅的礼物。

国立文艺复兴博物馆

主要的藏品来源于克吕希博物馆。代表作品：《大卫和拔示巴的故事》、安娜·布列塔尼的玻璃樽、皮埃尔·科特尼的珐琅、"查理五世"中殿、卢卡·德拉·罗比亚圆雕饰。博物馆二楼展品的摆放以及部分装饰透出一股皇家气息。这里的藏品

根据主题不同进行分类排列。三楼则用于陈列精美的艺术品，如珐琅、彩绘玻璃以及陶瓷。

下图，《给恺撒的贡品》细节图。来源于《福音书》，用于装饰壁炉中心的圆雕饰

沃勒维孔特城堡

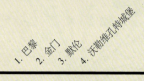

1. 巴黎　2. 金门　3. 默伦　4. 沃勒维孔特城堡

沃勒维孔特城堡富丽堂皇、光彩照人，财政总监富凯却也因此失宠。这座城堡至今保存完好。富凯当时的意愿是"想留下一些有关他生活的王朝的东西"。凡尔赛宫后来借鉴了沃勒维孔特城堡的建筑以及设计，同样也由建筑师勒沃、装饰家勒布汉以及园林设计师勒诺特尔协力修建。

"还有哪里去不了呢？"

尼古拉斯·富凯（1615—1680）迅速上位，成为法国的财政总监。他的职位让他的财富迅速膨胀：他为国王经手的借款都由他自己作为担保人，由此获得了额外收益。富凯与许多文学家、艺术家私交甚好，在他们的参与下，这座城堡成了法国最漂亮的城堡。城堡的三角楣上刻着一句话："还有哪里去不了呢？"

沃勒维孔特城堡最后的狂欢

1661年4月17日，这位财政总监为国王举行了一个盛大的晚会。他的奢华排场结束了他的坦荡官途。当时的路易十四听信了富凯死对头科尔伯的进言，对他的财政总监起了疑心，之后便掀起了一系

上图，尼古拉斯·富凯。他从一个小干事做起，进而爬上了财政总监的高位，是路易十四时期晋升最快的一个官员

列调查。经过查证核实之后，富凯被捕，囚禁在了意大利北部皮埃特蒙地区的皮内罗洛。子爵堡被查封，后于1673年归还富凯家族。之后，城堡几经易主，内部的摆设等也随之发生了变化。

这座城堡位于文森皇家宫殿和枫丹白露宫之间的一片沼泽地。建筑师们花了5年时间建造了这座美轮美奂的城堡。为了兴建这座城堡，他们毫不犹豫地推平了这里的3个村庄

皇室宫殿气息

城堡外观为古典主义风格。北部的墙面上饰有三角楣，周围的角楼凸出来，三角楣则凹进去。花园边上为椭圆形的客厅，上盖有穹顶，中间部分向外凸起。

富凯被捕，椭圆形客厅的装潢工作也因此停止了。客厅里已有的装饰一直保持了下来

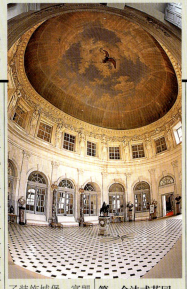

内饰

勒沃建造的城堡与勒布汉设计的雕像、家具和细木工完美地融合在了一起。那些华丽的宴会厅、建有拱顶的私密的房间都恢复了原样，人们似乎可以在这里感受到富凯那种自由、华丽的生活。富凯卧室里的装饰完好地保存了下来，勒布汉设计的最精美的天花板壁画位于缪斯厅里。沃勒维孔特城堡里采用许多挂毯装饰，其中就有一幅《戴安娜的故事》（下图）。为

了装饰城堡，富凯毫不犹豫地在隔壁建了一个制造厂。相比城堡的其他地方，椭圆形大厅就显得朴素多了。花园交界处的华丽起居室和门厅一直通向顶楼。

第一个法式花园

勒诺特尔和富凯想要建造一个极大的景观花园，将建筑与周围的环境融合在一起。他们将整座花园设计成了一个巨大的舞台，而城堡便是这个舞台的中心。花园里建造了许多水池、花圃。斜坡处修了一条运河，游人脚下便是潺潺的流水。从远处看，仿佛是平台的支柱墙支撑着整个城堡，庄严而又肃穆。两旁较低的那些建筑则更烘托出了城堡的气势。

巴黎迪斯尼乐园

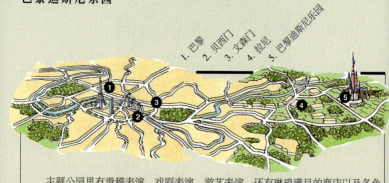

1. 巴黎
2. 贝西门
3. 文森门
4. 拉尼
5. 巴黎迪斯尼乐园

主题公园里有滑稽表演、戏剧表演、游艺表演，还有琳琅满目的商店以及各色饭店。7间主题酒店的装饰如梦幻仙境，对大人和小孩均具有十足的吸引力。新建的华特迪斯尼制片厂集动画制作、电影、电视于一体，颇具魅力。

主街，美国

这条街的两边竖立着许多木制的房子，五颜六色的，整体来看就像一个美式小村庄。迪斯尼乐园的主角们活力十足地在游行。主街站台有一辆蒸汽火车，游客们可以乘着它

环游迪斯尼乐园。

无限乐土

迪斯尼乐园西部有小酒馆、牛仔、桨船、印

第安营寨——这就是西部传说。这里有两个极为刺激的活动：雷鸣山轨，在半山腰环行的火车；另外，可乘坐翻斗车进入鬼屋——鬼怪庄园。

冒险乐园

一个充满神秘气息的海盗王国。可以游览加勒比海盗、鲁滨孙的

小屋——一栋位于森林深处的小屋。同时，还能再体验刺激非凡的"印第安纳琼斯和危险殿堂"的过山车。

奇幻乐园

在美丽城堡和主题公园所在地

的多芒森林之间有一座仙女村庄，那里住着小朋友们最喜欢的动画人物：白雪公主还有皮诺曹。

发现乐园

科幻小说的爱好者可以在这里体验星际旅程：这里共有12枚19世纪末的火箭，可以登上这些火箭体验宇宙的神奇；也可以去乘坐"太空山"过山车（高达36米）。"驰车天地"里停着许多20世纪50年代的古董车。因为特效，人们可以体验到超凡的感受。

华特迪斯尼制片厂

在这里可以看到动画片、电影、电视，好好地享受吧！

©Disney

出发之前

信息仅供参考，请于出发前核实。

有用的地址

→ 大使馆

■ 比利时大使馆

蒂斯特街9号，邮编75017

电话: 01 44 09 39 39

■ 瑞士大使馆

格勒内勒街142号，邮编75007

电话: 01 49 55 67 00

■ 加拿大大使馆

蒙田大街35号，邮编75008

电话: 01 44 43 29 00

如何去巴黎

→ 长途巴士

欧洲长途巴士公司没有开通外省到巴黎的长途巴士路线。从布鲁塞尔开往巴黎的巴士每天都有，而从日内瓦到巴黎的巴士每周只有3班。

■ 欧洲长途巴士公司

巴尼奥莱市夏尔勒·戴高乐大街28号，邮编93541

电话: 0892 89 90 91

www.eurolines.fr

→ 飞机

■ 从外省

法国航空公司

电话: 36 54

www.airfrance.fr

■ 从比利时

布鲁塞尔航空公司

电话: 0902 51 600

www.brusselsairlines.com

■ 从瑞士

瑞士国际航空公司

电话: 41 848 700 700

www.swiss.com

■ 从加拿大

加拿大航空公司

电话: 0825 880 881

www.aircanada.com

→ 火车

■ 从外省

巴黎共有6个火车站，出发城市与火车站相对应

电话: 36 35

www.voyages-sncf.com

■ 从比利时

北站，布鲁塞尔一巴黎线，

"大力士"（THALYS）高速列车

电话: 02 528 28 28

www.thalys.com/be/fr

■ 从瑞士

里昂车站，瑞士主要城市一巴黎线

电话: 900 300 300

www.sbb.ch/fr

■ 折扣

SNCF有不同的折扣方案，可享受优惠。

电话: 36 35

www.voyages-sncf.com

→ 汽车

■ 从外省

发达的高速公路网将巴黎与外省连接起来。

从西部省份

A4高速公路

从西南部省份

A10高速公路

从东南部省份

A6高速公路

从东北部省份

A1高速公路和A4高速公路

■ 信息

www.bisonfute.equipement.gouv.fr

www.infotrafic.fr

■ 从比利时

从布鲁塞尔出发，走E19高速公路到里尔，之后走A1高速公路。全长312千米，过路费约34欧元。

■ 从瑞士

从日内瓦出发，走A40高速公路，之后走A6高速公路。全长541千米，过路费约70欧元。

货币

→ 货币

价格均用欧元标示。

→ 信用卡

取款机和大部分商户均接受主要的国际信用卡。

建议

随身携带一些外币，以备不时之需。

→ 预算

巴黎跟其他的大都市一样，也是一个高消费城市。

时差

GMT+1。伦敦12:00时，巴黎为13:00。

手续

→ 证件

身份证（非欧盟成员国居民须持护照），没有父母陪同的未成年游客须持地区出境许可证明。

→ 驾照

欧盟驾照；灰色驾照，车辆国际保险卡。

何时出发?

→ 春天

5月天气较好。5月末和6月可能会有雷阵雨。复活节假期。5月，车辆较多。6月，正值法国文化季末。

→ 夏天

舒适。7月天气较热，有时会有暴雨。7月为打折月。7月中旬到8月中旬通常见不到巴黎人。活动方便。多数商店在8月都不营业。

→ 秋天

总体来说，天气较好（可持续到10月份）。正值学校开学季。新的文化季也开始了。9月、10月，商业和旅游业恢复正常。

→ 冬天

天气多变，寒冷，有时候极冷。1月、2月可能会下雪。阳光灿烂。圣诞节假期、春假。1月为打折月。

电话

→ 从法国

电话号码共有10位。巴黎和下属地区号码开头均为01。

→ 从国外

需拨00+33+号码（除了0），例如: 00 33 1 44 25 85 96。

衣服

准备舞会及在豪华游轮用餐时穿的礼服，另外再带一双白天可穿的运动鞋。

注意: 地铁和街上有一定温差。

网站

→ 旅游局

www.parisinfo.com

■ 法兰西岛大区

www.iledefrance.fr

■ 移动巴黎

www.parisbouge.com

■ 巴黎旅行指南

www.timeout.com/paris

长途巴士

国际汽车站: 巴尼奥莱站
地铁3号线终点站
(Gallieni)

→ 欧洲长途巴士

巴尼奥莱市夏尔勒·戴高
乐大街28号, 邮编93541
电话: 0892 89 90 91
www.eurolines.fr
每天营业时间: 6:00—
23:30, 总机: 周一至周
六: 8:00—21:00周日:
10:00—17:00

飞机

→ 机场

■ 航班时刻表
电话: 39 50
■ 戴高乐机场 (CDG)
位于北部, 距离市中心
25千米
CDG1—CDG2连接线
免费。8分钟一班。
■ 奥利机场 (Orly)
位于南部, 距离市中心15
千米
奥利机场南站—奥利机
场西站连接线
奥利自动轻轨 (Orlyval):
免费。4~7分钟一班。
奥利机场火车 (Orlyrail):
约3欧元。15分钟一班。

→ CDG—巴黎连接线

■ 法国航空大巴
地铁2号线
马约门 (古维翁—圣西尔
街) 和星形广场 (卡尔诺
大街1号)。
每天发车: 6:00—23:00
运行时间: 30分钟~1小时
15分钟一班。
价格: 15欧元
所有的终点站, 除了地
铁3号线。
■ 法国航空大巴
4号线
蒙帕纳斯站 (子午线对
面) 和里昂车站 (狄德罗
大道20号)。
每天发车: 7:00—21:00

运行时间: 1小时
30分钟一班。
价格: 16.5欧元
■ 大区快铁 (RER) 8号线
发车时间: 5:00—0:15
运行时间: 50分钟
8~15分钟一班。
价格: 8.4欧元
CDG2为唯一的直达路
口。可免费乘坐CDG1和
RER车站的接驳车。
■ 鲁瓦西巴士 (Roissybus)
歌剧院 (斯科里比街)
发车时间: 5:45—23:00
运行时间: 45分钟~1
小时
15分钟一班。
价格: 约9欧元
■ 120号夜线与121号夜线
夏特莱
发车时间: 23:30—5:00
CDG
运行时间: 1小时
30分钟一班。
■ 140号夜线
东站
发车时间: 1:00—3:40
CDG
运行时间: 1:00—4:00
运行时间: 1小时30分钟
1小时一班。
最后一班车的终点站
是奥尔内 (Aulnay),
下车之后换乘大区快铁
(RER) B线。
■ 出租车
运行时间: 30分钟~1小时
价格: 约50欧元

→ 奥利机场—巴黎连接线

■ 法国航空大巴
1号线
蒙帕纳斯车站 (穆肖特少
校街)
每天发车: 5:50—23:00
运行时间: 30分钟~1小时
30分钟一班。
价格: 11.5欧元
1号线
蒙帕纳斯车站 (穆肖特少
校街)
荣军院、星形广场 / 凯
旋门

每天发车: 6:15—23:15
运行时间: 30分钟~1小时
价格: 11.5欧元
■ 奥利巴士 (Orlybus)
丹弗尔—罗什洛
每天发车: 5:30—23:00
运行时间: 30分钟
15~20分钟一班。
价格: 6.3欧元
■ 大区快铁C线
发车时间: 5: 00—0:00
运行时间: 40分钟
20分钟一班。
在朗吉桥换乘奥利机场
火车。
■ 奥利机场火车
朗吉桥
发车时间: 5:30—23:00
运行时间: 10~15分钟
15分钟一班。
接驳巴士。
联程票: 可用于乘坐大区
快铁。
■ 大区快铁B线
发车时间: 6:00—23:00
运行时间: 30分钟
4~7分钟一班。
在奥托尼 (Antony) 的同
一个站点换乘奥利机场
火车。
■ 奥利自动轻轨
奥托尼
发车时间: 6:00—23:00
运行时间: 10分钟
8分钟一班。
价格: 9.6欧元
可能为联程票 (可用于乘
坐大区快铁)。
■ 出租车
运行时间: 20~30分钟
价格: 约35欧元

→ 连接线信息

■ 法国航空大巴
电话: 0892 350 820
■ 巴黎自治运输公司 (RATP)
电话: 32 46
www.ratp.fr
www.noctilien.fr
www.orlyval.com
鲁瓦西巴士, 奥利巴士,
大区快铁B线, 夜线, 奥
利自动轻轨

■ 法国国家铁路公司 (SNCF)
电话: 0891 36 20 20
大区快铁C线, 奥利机场
火车。

轮船

→ 水上巴士

电话: 0825 05 01 01
www.batobus.com
■ 时刻表
5月末—8月末: 10:00—
21:30
3月中—5月末、8月末—
11月初: 10:00—19:00
11月、2月初—3月中:
10:30—16:30
11月末—2月初停运。
15~30分钟一班。
■ 中途停靠站
埃菲尔铁塔、奥赛博物
馆、圣日耳曼德佩修道院
教堂、巴黎圣母院、植物
园、市政厅、罗浮宫、香
榭丽舍大道
■ 价格
1天: 12欧元
2天: 16欧元
5天: 19欧元
1年: 55欧元
有儿童票。
旅游局出售中途停靠站
船票。
■ 交通卡
轮船+巴士2天联票: 39欧元
3天联票: 42欧元
有儿童票。

→ 豪华游轮

班次随季节变化而变化。
游运河、特殊观光、在船
上用餐均需预订。用餐时
需着规定服装。
■ 游览观光船 (BATEAUX-
MOUCHES)
会议港口, 邮编75008
电话: 01 42 25 96 10
可游览塞纳河。提供晚餐。
■ 巴黎游船 (BATEAUX
PARISIENS)
布尔多莱港口, 邮编
75007
电话: 0825 01 01 01
塞纳河上的豪华游船, 提
供午餐、晚餐、晚会等。

信息仅供参考，请于出发前核实。

伽诺哈玛游船（CANAUX-RAMA）

卢瓦滨河路13号，邮编75019

电话：01 42 39 15 00

可游览圣马丁运河，欣赏马恩河畔以及塞纳河夜景。

始发站：巴士底广场和拉维莱特盆地（夏天）。

■ 巴黎运河（PARIS CANAL）

电话：01 42 40 96 97

始发站：苏尔费里罗车站（奥赛博物馆），终点站：拉维莱特。

可游览塞纳河、圣马丁运河、马恩河湾、乌尔克运河、圣德尼运河。

■ 塞纳河游船（VEDETTES DU PARIS）

苏弗伦港口，邮编75007

电话：01 44 18 19 50

可发现塞纳河之美的游船。

■ 新桥游船（VEDETTES DU PONT-NEUF）

维尔-嘉兰公园，邮编75001

电话：01 46 33 98 38

可游览塞纳河。

■ 巴黎游艇（YACHTS DE PARIS）

亨利四世港口，邮编75004

电话：01 44 54 14 70

可享受到高档的船上晚餐。

巴黎自治运输公司巴士

参看《公共交通》（453页）。巴黎市区内共有60条公交线路，其中的巴黎环城铁路用于连接城内的三大区域。

■ 标记

每条线路均用一种特定颜色进行标示，公交的起始站标于车头，停靠站则标于车身。公交车站：详细路线图、两站之间的距离、街区平面图。

■ 时刻表

周一至周六：5:30—

20:30（某几条特定线路在周日或者节假日可运行至0:30）。

■ 价格

刷往返票（forfait），或者到站打印检票。

→ 夜线

共有35条。每日均有营运。连接巴黎及法兰西岛的150多个市镇。发车时间：0:30—5:00。

■ 价格

头2圈打印1张票，之后过1圈打1张票（路线图以及公交车上均会有说明）。

观光巴士

→ 巴拉巴士（BALABUS）

连接所有著名景点。始发站为里昂车站（贝西街），终点站为拉德芳斯凯旋门。无标示。

■ 标记

"巴拉巴士"或者"Bb"站牌上标明了停靠站。

■ 时刻表

4—9月：周日、节假日，12:30—20:00（始发站为拉德芳斯），13:30—20:30（始发站为里昂车站）。

■ 价格

打印1～3张票（全程为3张票），或者刷往返票。

→ 蒙马特罗巴士（MONT-MARTROBUS）

来往于皮加勒和18区政府之间。为蒙马特高地唯一的一条公交车线路。

■ 时刻表

每天发车：7:30—1:00

15分钟一班。

■ 价格

和普通公交价格一样。

→ 敞篷巴士（OPEN TOUR）

绿色双层全景巴士。

■ 运行路线

巴黎观光之旅

蒙帕纳斯—圣日耳曼德佩区—巴士底—贝西—蒙马特—林荫大道

法语和英语双语标识。

■ 时刻表

每天发车。

■ 价格

1天：29欧元

连续2天：32欧元

上下车站点均有限制。

■ 咨询

电话：01 42 66 56 56

地铁和大区快铁

参看《公共交通》（453页）。这两大公共交通系统将夏特莱-巴黎大堂、奥贝尔、圣米歇尔和夏尔·戴高乐星形广场连在一起。

■ 地铁

14条线路，每条均有编号，标识颜色也不同。有些线路可通到郊区。

■ 标记

黄色的"M"标识。

■ 时刻表

每天发车：5:20—1:20（终点站）

■ 价格

打印检票，出站需要用到该票；或者刷往返票。1程1票，不限制换乘次数。

→ 大区快铁

5条线路（A、B、C、D、E），连接巴黎和郊区。

■ 标记

"RER"白底标识。

■ 时刻表

每天发车：4:45—1:30（终点站）。站台上有详细的时刻表，可自行了解夜晚的路程表。

■ 价格

巴黎城区

与地铁价格一样。

巴黎郊区

依路程长短而定。在始发站购票。

■ 服务

电话亭、一次成像摄影棚。另外，主要的站点则设有咨询台、报亭、咖啡馆、面包店、花店等。

滑旱冰

下列这些地方均可作为旱冰练习场：文森森林、布洛涅森林、巴士底和文森之间的散步长廊、荣军院广场、街上以及周日和节假日禁止车辆入内的塞纳河滨河路。巴黎也有一些旱冰公园。

■ 注意

公共交通工具禁止滑旱冰者入内。

■ 远足

■ 周五

22:00从蒙帕纳斯大厦底下出发

■ 周日

14:30从布尔东大街（巴士底广场）出发

→ 租赁

■ 诺玛德

布尔东大街37号，邮编75004

电话：01 44 54 07 44

出租车

每天均有，全天候运行。白灯亮代表没载客，橘黄灯亮代表车里有客。

■ 价格

多于3个人的话则加收2.2～6欧元。

多种价格

-A、B和C三种价位，因区域（巴黎、环城大道、郊区）以及搭乘时间不同而有所区别。

-应该了解的信息

价目表贴在左后窗玻璃上。旁边则装有自动计费器。

■ 固定价格

第四位乘客（2.95欧元）、第二件大行李（1欧元）、等待时长（27.9欧元、30.3欧元，或者32.7欧元）。

■ 小费

看乘客个人意愿，一般为总价的10%。

→ 投诉

■ 方式
记住车牌号（左后玻璃上有）以及乘车日期和时间。

■ 联系
警察厅出租车服务部
巴黎莫里翁街36号，邮编75732，15号信箱
电话：0 821 00 25 25

→ 巴黎中央出租车

电话：0825 560 320

提醒
周五和周六晚上的出租车都很少。1:00以后很难拦到愿意去郊区的出租车。

郊区火车

参看《公共交通》（453页）。可通向巴黎郊区，为RER系统的一个补充。SNCF车站为始发站。晚上则可搭乘夜线返回郊区。

■ 价格
依路程不同而不同。

有轨电车

参看《公共交通》（453页）。共有两条线路：
-从拉德芳斯到伊斯莱穆利诺
-从圣德尼到诺瓦西勒塞克

■ 时刻表
每天发车：5:30−1:00
（终点站）

■ 价格
打印检票，出站时需用到该票；或者前往返票。
1程1票。

公共交通

无烟交通工具，方便，便宜。

→ 圈

■ 巴黎
地铁覆盖巴黎"小圈"（1～2圈）。大约与巴黎城区范围相符。

■ 郊区
RER系统和郊区火车覆盖的圈分别为1～3圈以及1～8圈。

→ 售票处

在地铁站和RER站设有售票窗口或者自动售票机，也可在有绿票标志的烟草店购买。公车车票可单张购买。

■ 提醒
不要向票贩子购买车票。

→ 单程票和往返票

7月1日开始加价。

■ T票
单票（1.6欧元）或者10张票（Carnet，小本票）（11.4欧元），可在巴黎的1～2圈使用。

■ 橘黄卡（CARTE ORANGE）

周票
周一至周末。
1～2圈：16.8欧元
1～3圈：22.3欧元

月票
每月1日−30日或31日。
1～2圈：55.1欧元
1～3圈：72.9欧元

应该了解的信息
橘黄卡已经逐渐为交通卡所代替：通流交通卡（PASSE NAVIGO）。

■ 价格
交通卡为年卡。
1～2圈：556.6欧元
1～3圈：735.9欧元

→ 观光往返票

■ 全日通（MOBILIS）
一天之内均可使用：1～2圈为5.8欧，1～6圈为16.4欧元。

应该了解的信息
机场连接线不包括在内。

■ 巴黎行（PARIS VISITE）
有1天、2天、3天和5天的票：
8.35欧元：1天，1～2圈
53.35欧元：5天，1～8圈

应该了解的信息
也可持票乘坐郊区公交车。

→ 儿童票
4岁及4岁以下免费，
4～10岁半票。

→ 残疾人

有30条线的入口设有轮椅专用通道。

→ RATP公司所在地

巴黎拉尚博蒂广场19号，邮编75570，12号信箱

■ 联系方式
电话：0810 64 64 64

→ 有关资料

■ RATP
电话：32 46
www.ratp.fr
www.noctilien.fr
地铁、有轨电车、公交以及部分RER线路。

■ SNCF
电话：0891 36 20 20
大部分RER线路，郊区火车。

自行车

巴黎建有大量的自行车道，公交车道也允许自行车进入。在周日和节假日，巴黎的有些街道只允许骑自行车的人、行人以及滑草冰者通过。车站和旅游局以及市政府网站均有提供免费的自行车道卡。

→ 注意
公共交通入口禁止自行车入内。RER网站上有具体的规章制度（www.ratp.fr）。

→ 租赁
车站以及主要的旅游轴线附近有大量的自行车租车点。

→ 自助式自行车服务系统
巴黎市政厅推出自行车租赁系统，每周7天、24小时全天候服务。每300米便有一个自行车站，建有界牌以及停靠点。

■ 预订
预订1年（前30分钟免费）：29欧元

■ 价格
1天：1欧元
7天：5欧元

→ 出游指南

查看《分析权威》或者《巴黎眼界》。

■ 骑自行车游巴黎，乐趣无穷！
布丹街22号，邮编75011
电话：01 48 87 60 01

自驾游

巴黎的交通较为拥堵，需要有一点儿耐心。

→ 交通规则
-不可驶入公交车道。
-至周日和节假日时的滨河路以及部分街区禁止车辆入内。
-巴黎环城大道限速为80千米/小时。进城车辆优先。

→ 信息

■ 道路和交通
电话：01 40 28 72 72

■ 停车场
www.parking-paris.com

■ 存放处

■ 警察厅
电话：0891 01 22 22

■ 交通广播
FM 95.2

当地信息大盘点

信息仅供参考，请于出发前核实。

货币

→ 兑换

兑换现金、旅游支票、欧洲货币支票时均应出示身份证。

■银行

营业时间：周一至周五，9:00—16:00

有些银行周六也营业：9:00—12:00

■外汇办公室

景区里设有多个外汇办公室。

营业时间：周一至周六，9:00—18:00

www.parisinfo.com/
parisguide/argent/
banques-change/

→ 银行卡

■自动取款机

这些取款机大部分都接受欧罗卡（欧洲信用卡，EUROCARD）、万事达（MASTERCARD）以及VISA卡。

■银行卡丢失或者被窃取

去最近的警察局报案。

■电话

止付

银行卡

电话：0 892 705 705

美国运通卡（AMER-
ICAN EXPRESS）

电话：01 47 77 72 00

大来卡（DINER'S CLUB）

电话：08 10 314 159

欧罗卡-万事达卡

电话：0800 902 390

JCB国际卡

电话：0800 058 101

VISA卡

电话：0800 90 20 33

→ 支票簿

■丢失或被窃取

电话：0892 68 32 08

电压

220V。两孔圆插头。

日常消费

10张地铁票：11.4欧元

橘黄卡周票：16.8欧元（1～2圈）

咖啡馆：约2.5欧元

博物馆：7～9欧元

电影院：约10欧元

周日早中饭：约15欧元

午餐：每人15欧元起

晚餐：每人25欧元起

2星级酒店双人房：约90欧元

免税

非欧盟居民一天内在同一家商店消费可享受最低175欧元的优惠。具体情况请咨询商家。

水

■水龙头

可饮用。不同街区的水其味道也不同。

■咖啡馆、餐厅

水龙头以及玻璃瓶中的水均可免费饮用。

儿童

■水上乐园

路易-阿尔蒙街4号，邮编75015

电话：01 40 60 10 00

提供多种大型水上运动。

■金门水族馆

道美尼尔大道293号，邮编75012

电话：01 53 59 58 60

热带鱼类以及鳄鱼。

■特罗卡德罗水族馆

阿尔贝·勒穆恩大道，邮编75016

电话：01 40 69 23 23

类似于水下散步长廊。

■驯化公园

■布洛涅森林

电话：01 40 67 90 82

对儿童来说极富吸引力。

■格雷万博物馆

蒙马特大街10号，邮编75009

电话：01 47 70 85 05

■蜂蜡博物馆

探索宫

富兰克林-罗斯福大道，邮编75008

电话：01 56 43 20 20

科学博物馆

■拉维莱特公园

克汗丹·卡里乌大道30号，邮编75019

电话：01 40 03 75 75

科学城以及360°全天域电影院。

■巴黎动物园

圣莫里斯大道53号，邮编75012

电话：01 44 75 20 00

庆典和活动

■2月

蓝色郊区

2月末—4月初：塞纳-圣德尼爵士节

农业沙龙

3—4月

■3月

书籍沙龙

下半月

■4月

巴黎马拉松

第一个周日

巴黎集市

4月末5月初

■5月

法国网球公开赛

5月末—6月中

博物馆之夜

第二个周六

■6月

音乐节

21日

电影节

6月最后3天

花园之约

第一个周末

■7月

国庆节

消防兵营舞会

13日和14日。阅兵和14日有烟花表演。

环法自行车赛

第三个周日

终点为香榭丽舍大道。

■7月/8月

巴黎夏日艺术节

7月中—8月中

在巴黎街头举行表演，有些可免费参观。

巴黎沙滩节

7月的第三周—8月的第三周

亨利四世滨河路到杜伊勒里滨河路，全长3千米，为人行道、溜冰道以及自行车道等。

一个满是沙子、棕榈树、帆布躺椅的巴黎，用于举行多种文化活动以及运动比赛。

■9月

文化遗产日

第三个周末

秋季艺术节

9月中—12月中

舞蹈、戏剧等

花园节

最后一个周末

■10月

葡萄收获节

10月初

蒙马特地区

国际当代艺术博览会

白色之夜

第一个周六

来自各行各业的艺术家对著名或者未名的景点进行装饰，免费向公众开放。

时刻表

■银行

营业时间：周一至周五，9:00－17:00；周六，9:00－12:00（有时也开到17:00）

■邮局

营业时间：周一至周五，8:00－9:00；周六，8:00－12:00

→咖啡馆、餐厅

咖啡馆和啤酒馆开门早，关门晚。

餐厅营业时间：12:00－14:00，19:00－22:00（周六中午和周日可能会休息）

→高峰期

7:00－9:00，17:00－19:00

注意

周五：周末出发。周六：购物日。

→商店

营业时间：周一至周六，9:00－19:00。有些商店每周会有一天营业到21:00或者22:00

■食品

小商店

每周日早上都营业（周一关门）。

巨型商店

营业时间：周一至周六，9:00－20:00（21:00或者22:00）

街区杂货店

每天都营业（直到深夜）。

■8月

大部分商店均不营业。

■周日

圣诞节前以及打折季期间大型商店均开门营业。旅游街区的一些商店一整年的周日均开门营业（沃日广场和自由法兰克人街等）。

→博物馆

开放时间：9:00(10:00)－17:00(18:00)。大部分博物馆周一（或者周二）闭馆。

某些博物馆每周会有一天开放晚上参观。

→饮食

午餐：12:00－14:00

晚餐：19:00－22:00

在巴黎城区的话，不管白天或黑夜均能用餐。

卫生

→机场，车站

均配备洗手间以及浴室。

→咖啡馆，餐厅

大部分洗手间均可免费使用。

→公共厕所

新建12个。免费使用，开放时间：6:00－22:00。

应该了解的信息

玛德莲广场的公共厕所位于地下通道。为旧时公厕，新艺术风格。有偿使用：1个硬币，给看门人。

→流动公共厕所

巴黎街上有400多个这样的厕所。有自动冲洗系统，免费使用。新建的流动公共厕所也适合残疾人使用。

网络

巴黎的网吧、大部分酒店均有接入口。每小时约4欧元。

应该了解的信息

乔治·蓬皮杜艺术中心的图书馆以及大部分地铁站和RER站均可免费使用。不过，需要多点儿耐心。

节假日

1月1日，复活节（周日和周一），5月1日和8日，基督升天节（周四），圣灵降临节（周一），7月14日，8月15日，11月1日和11日，12月25日。

市场

每个街区的市场每周均会举行2～3次早市。食品市场长期开放，另有一些特殊商品市场。

→长期市场

■蒙托格伊街，邮编75002

每天均开放

■穆夫塔德街，邮编75005

周二，周四，周六

■阿利格尔街，邮编75012

周二至周日

■庞瑟街，邮编75017

周二至周日

■勒蒂街，邮编75017

周二至周六以及周日早上

→花市

■西岱岛

路易－莱皮讷广场，邮编75004

周一至周六：8:00－19:30

■玛德莲

教堂右侧，邮编75008

周一至周六：8:00－19:30

■特尔纳

特尔纳广场，邮编75017

周三至周日：8:00－19:30

→旧书市

■会议

布拉森公园，邮编75015

周六至周日：9:00－18:00

→鸟市

■西岱岛

路易－莱皮讷广场，邮编75004

周日：8:00－19:00

■美吉斯里滨河路

邮编75004

周一至周六：10:00－19:00

→有机产品

■巴尼奥莱

巴尼奥莱大街，邮编75017

周六：9:00－14:00

■拉斯帕耶

雷纳街－谢尔什-米蒂街，邮编75006

周日：9:00－14:00

■圣夏尔勒街

加维尔街－圣夏尔勒圆亭，邮编75015

周二，周五：7:00－14:30

→邮票

■香榭丽舍大道圆亭

马里尼大街和加布里埃尔大街拐角，邮编75008

周四，周六，周日：9:00－19:00

→纺织品

■圣皮埃尔市场

夏尔勒－诺蒂埃街2号，邮编75018

周一至周六：10:00－18:30

媒体

→全国性刊物

■文化刊物

《分析权威》和《巴黎眼界》每周三出刊。

■报纸和杂志

《巴黎人报》，全国性、地区性日报；《TimeOut巴黎》，布列塔尼刊物；《里洛》，免费半月刊，表演和音乐会；《我们巴黎》，RATP推出的免费周刊；《在巴黎》，巴黎市政厅主编的免费季刊；《ELLE巴黎》，半月刊，专供购物商场、商店；《巴黎小孩儿》，免费半月刊，儿童刊物。

■副刊

报纸每周三都会发行副刊：《费加罗报》的《费加罗镜报》；《电视全览》（周刊）的《出口》等。法兰西岛地区则有《星期日报》。

→国际刊物

在主要的书报亭均可买到。

■24小时全天候开放

香榭丽舍大道

香榭丽舍大道33号，香榭丽舍大道52号，邮编75008

林荫大道

蒙马特大街2号，邮编75009

玛德莲大街16号，邮编75008

→ 广播

■ 102.3
OUÏ FM
■ 105.1
FIP
■ 106.3
巴黎复数
■ 107.1
蓝色法兰西
法兰西岛
应该了解的信息
可在《巴黎眼界》中找到巴黎的广播列表。

→ 电视广播

■ 法国国家台
区域电视，放映时间：周一至周五，19:00-19:30。
■ 第一个巴黎
有线电视

失物招领

■ 失物招领处
莫里翁街36号，邮编75015
电话: 0821 00 25 25
上班时间：周一至周四，8:30-17:00；周五，8:30-16:30

旅游局

电话: 0892 68 3000
www.parisinfo.com

→ 接待中心

■ 金字塔
金字塔街25号，邮编75001
■ 东站
1918年11月11日广场，邮编75010
■ 北站
顿克尔科街18号，邮编75010
■ 里昂车站
狄德罗大街20号，邮编75012
■ 奥维尔
罗什舒亚街72号，邮编75018

→ 法兰西岛和塞纳-马恩河岛旅游办公室

马恩河谷省迪斯尼乐园度假区内弗朗索瓦·特吕弗广场，邮编77705, 14号信箱
电话: 01 60 43 33 33

→ 蒙马特旅游服务处

代尔特尔广场21号，邮编75018
电话: 01 42 62 21 21

→ 巴黎各区政府

一个区均有一个区政府。

方向

■ 街上的公示牌上有详细、清晰的区域地图
地铁站和公交站附有街区平面图。

→ 巴黎地图

旅游局、书报亭以及纪念品商店均有提供。
■ 国家地理研究所
拉博埃蒂街107号，邮编75008
电话: 0 820 20 73 74

邮局

→ 主要邮局

罗浮街52号，邮编75001
电话: 01 40 28 76 00
365天、24小时全天候营业。

→ 邮票

可在邮局购买（窗口或者自动售卖机），也可在烟草专卖店购买。信封均已贴好邮票。

优惠

→ 表演

■ 小剧院
晚上半价。营业时间：周二至周六，12:30-20:00；周日，12:30-16:00。

特尔纳剧院
特尔纳广场的中心地带
玛德莲
教堂左侧，埃迪亚尔商店旁

蒙帕纳斯
位于车站和大厦间的广场上

概述
不同的剧院有不同的优惠活动。

→ 电影

■ 套餐
大影院和小影院均有推出套卡，并有预订优惠。
■ 时刻表
根据影院安排，有一些场次的电影票价较为便宜（18:00以前的场次，第一场……）。
■ 电影节
通常是6月末，所有场次的电影均有优惠。
■ "巴黎电影"
6月末7月初，有些电影院会推出5欧元的电影票（12岁以下儿童的票价更低）。
■ 露天电影艺术节
7月中旬-8月中旬，拉维莱特公园，免费观看。

礼仪

→ 吸烟者
所有的公共场所均禁止吸烟（机场、车站、地铁、咖啡馆、餐厅等）。

→ 小费
■ 咖啡馆、餐厅
常见。账单中通常就包括15%的服务费，此外，是否额外支付5%～10%的小费视个人意愿。
■ 电影院，音乐会、私人剧院
极为常见。付给引座员以及衣物寄存处的工作人员。
■ 国立剧院
工作人员禁止收取小费。

安全

巴黎并不是一个危险的城市。不过在公共场所，尤其是公共交通工具上要小心扒手。

→ 警察局
电话: 17
每个区都有一个警察局。365天、24小时全天候办公。
街区警察分局办公时间：周一至周五，9:00-20:00。

购物

→ 古董店、旧货店
■ 罗浮宫古董店
位于从前的罗浮宫百货商店里，皇家宫殿广场对面，邮编75001
■ 卡雷左岸
位于伏尔泰滨河路、巴克街、圣佩尔街以及大学街之间，邮编75007
■ 保罗村
靠近军事学院，邮编75015
■ 圣保罗村
位于塞勒斯汀滨河路和查理曼街之间，邮编75004

→ 大型百货商店
参看482页。

→ 跳蚤市场
■ 蒙特赫伊
蒙特赫伊门。周六至周一，7:00-19:30。
■ 克里昂库
位于圣乌昂门和克里昂库门之间。周六至周一，7:00-19:30。
■ 凡讷
拉芳内斯特尔大街。周六至周日，7:00-19:30。

→ 街区
■ 歌剧院/玛德莲/圣拉扎尔
百货商店，名牌商店
■ 圣奥诺雷街/圣奥诺雷郊区
服装设计师概念店
■ 香榭丽舍大道/蒙田大街
名牌商店，服装设计师概念店
■ 巴黎大堂/小巷街
旧衣服店，名牌商店
■ 圣米歇尔
旧衣服商店
■ 塞弗尔-巴比伦/圣日耳曼德佩区

服装设计师概念店、装饰店

→ 打折
1月和7月，共有6周。

出口

■ 巴士底
热闹街区，古典风味。

■ 博堡、巴黎大堂
最为混杂的地方。

■ 香榭丽舍大道
电影院、咖啡馆、餐厅均营业到很晚。顾客类型多样。

■ 林荫大道
顾客类型多样。电影院和咖啡馆均营业到很晚。

■ 玛莱区
快活街区。

■ 梅尼蒙当
时尚街区。

■ 蒙帕纳斯
电影院、咖啡馆、餐厅均营业到很晚。顾客类型多样。

■ 皮加勒
咖啡馆、迪斯科舞厅林立。

■ 滨河路
从加维尔到埃菲尔铁塔沿线有许多餐厅。运河上、法国密特朗国家图书馆附近有许多驳船剧院，用于举行船上音乐会，另有漂浮的游泳池。

■ 圣米歇尔
电影院、餐厅、咖啡馆均业到很晚。顾客类型多样。

电话

→ 打到法国
号码为10位。

→ 打到外国
00+国家代码+对应号码。

→ 特殊号码
以08开头，4位数的号码，如0800、0804、0805和0809等，均为免费号码。

→ 电话亭
街上、车站等的公共电话亭需要插卡拨号。烟草专卖店以及地铁站均出售

电话卡。

紧急电话

■ 医疗急救
电话：15

■ 消防
电话：18

■ 警察
电话：17

■ 急救医生
电话：01 47 07 77 77

■ 国际紧急电话
电话：112
可用手机拨打。

→ 药店
■ 24小时全天候开放

香街
香榭丽舍大道84号，邮编75008
电话：01 45 62 02 41

欧洲药店
克利希广场6号，邮编75009
电话：01 48 74 65 18
营业到凌晨2:00

普利西斯杂货店
香榭丽舍大道133号，邮编75008
电话：01 47 20 39 25

马提农药店
马提农大街1号，邮编75008
电话：01 43 59 86 55
营业时间：8:30—2:00

国际药店
皮加勒广场5号，邮编75009

文森门药品市场
苏尔特大街86号，邮编75012
电话：01 43 43 13 68

道美尼尔大药店
菲利克斯-埃布埃广场6号，邮编75012
电话：01 43 43 19 03

观光

→ 节目单
每周三出版的《分析权威》和《巴黎眼界》都会详细地刊出每周的节目单。除非有提前预约，不然都应在指定时间到达指定地点。

→ 博物馆
■ 巴黎博物馆通票
可自由出入60个博物馆（永久展览）、巴黎及其各区的景点。

套票
有2天、4天、6天的套票可供选择，价格分别是32欧元、48欧元、64欧元。

哪里购买？
在联盟的博物馆和景点、主要的地铁站、旅游局以及地区旅游办公室均可买到。
www.parismuseumpass.com

→ 旅游景点
■ 巴黎观光护照
持有该护照，可以10%～15%的优惠价进入巴黎旅游局精选的47处景点。
价格：5欧元。

■ 联程票
RATP—罗浮宫
不用排队即可进入罗浮宫参观永久展览。持有这种联程票，可在1～2圈乘坐两种公共交通。
价格：12.5欧元。

哪里可以买到这种联程票？
巴黎的旅游局。

→ 其他景点
■ 巴黎故事/探索巴黎
斯科里比街11号，邮编75009
电话：01 42 66 62 06
开放时间：10:00—18:00
他们将2000年的巴黎历史剪辑成50分钟的片子。另外，在全景屏幕上放映巴黎各大名胜古迹（10欧元）。共有14种语言版本。

■ 国家古迹中心
圣安东尼街62号苏利宅第，邮编75004
电话：01 44 54 19 30
街区游览会议的组织者，大部分景点都不向公众开放。每个季度都会进行整修。

戈米氏精选酒店

信息仅供参考，请于出发前核实。

圣日耳曼德佩区

阿布耶圣日耳曼酒店

卡塞特街10号，邮编75006

电话：01 45 44 38 11

全年营业。

8间套房：427～519欧元

36个单间：232～367欧元

位于圣日耳曼中心，极为安静。在这里居住的感觉不像是隐居，而更像是体验私密生活，享受17世纪古修道院带来的舒适。

房间装饰风格：朴素、古典主义、现代艺术等，有些房间朝向美丽的花园。接待大厅、早餐餐厅均进行过整修。翻修后的套房浴室铺设了意大利卡拉尔出产的白色大理石。

（L'Hotel）酒店

布扎街13号，邮编75006

电话：01 44 41 99 00

全年营业。

4间套房：540～740欧元

20个单间：280～640欧元

一个有着悠长历史的酒店。房间装饰奢华，别具一格。有许多著名名人物入住，如奥斯卡·威尔德，他在这里度过了人生最后的日子。酒店悬挂的"阿尔萨斯酒店"招牌远近驰名。雅克·加西亚对酒店进行了全面整修，增建了私人游泳池、土耳其浴室，翻修了餐厅。这家位于塞纳河左岸的酒店又一次光彩照人。

拉丁区

德穆尔

圣米歇尔大道51号，邮编75013

电话：01 43 37 81 25

全年营业。

6间套房：295欧元

37个单间：165～202欧元

19世纪建筑，风格迷人，豪华舒适。每个业主都曾对其加以修饰。房间极为优雅，装饰现代，十分温馨。有些房间景致不错。

蒙帕纳斯

圣博弗酒店

圣博弗街9号，邮编75006

电话：01 45 48 20 07

全年营业。

1间套房：340～365欧元

22个单间：155～310欧元

靠近卢森堡花园，位于圣日耳曼和蒙帕纳斯之间的一条宁静的街上。是左岸比较私密、特色的地方。是左岸比较不错的一个住宿地。酒店的大厅很漂亮，装有壁炉，重新装修的房间舒适，古色古香（摆设古代家具）。

荣军院和战神广场

杜克斯纳酒店

杜克斯纳大道23号，邮编75007

电话：01 44 42 09 09

全年营业。

40个单间：119～210欧元

位于埃菲尔铁塔（铁塔上的视野极为开阔）和荣军院之间。装饰现代，十分温馨。重新装修过的房间条件很好。

帕西—夏洛特

拉斐尔酒店

克雷贝尔大街17号，邮编75016

电话：01 53 64 32 00

全年营业。

38间套房：750～6000欧元

45个单间：490欧元

巴黎唯一一座"独立"的皇家宫廷。自1925年以来，一直为拉斐尔家族所有。这家酒店更像是拉斐尔家族打造的一个俱乐部。

特色：建造了许多"凹室"，卧室和客厅的隔断为一座精致的细木拱门，装饰着巨大的帷幔。这座酒店是巴黎最迷人的地方之一。最后几层楼的套房视野极佳，可欣赏巴黎的许多景点。

巴黎圣詹姆斯酒店

布戈大道43号，邮编75016

电话：01 44 05 81 81

全年营业。

30间套房：640欧元

18个单间：390欧元

建于19世纪的一座奢华宅第。面向花园的墙面为新古典主义风格，这在巴黎实属罕见。酒店氛围极佳，有股俱乐部的味道；富有特色的房间则散发出一种迷人、细致的现代气息，安静又祥和。酒店视野最好的走廊只向贵宾开放。

香榭丽舍大道

克里翁酒店

协和广场10号，邮编75008

电话：01 44 71 15 00

全年营业。

44间套房：1200～17030欧元

103个单间：750～930欧元

位于著名的协和广场上。整体极致奢华，是法国奢华酒店的一个标杆。历史套房的装饰永恒不变；房间设施齐全。每个来到这里的客户享受到的都是极为上乘的服务，仿佛他/她是这个酒店唯一的主人。

罗浮宫和杜伊勒里花园

田口 科斯特酒店

圣奥诺雷街239号，邮编75001

电话：01 42 44 50 00
全年营业。

3间套房：1250～1450欧元

82个单间：400～750欧元

由雅克·加西亚进行整修。巴黎最为优雅、醒目的酒店之一。随处可见的奢华，舒适度极佳，一个漂亮的意大利式内院，设施完备（游泳池、土耳其浴室、健身中心等）。看起来或许有些夸张，但非常美。这里的餐厅是巴黎最时尚的地方之一（来这里的都是些极为俊俏、漂亮的客户）。

田口 巴黎瑞兹酒店

旺多姆广场15号，邮编75001

电话：01 43 16 30 30
全年营业。

56间套房：970～12000欧元

161个单间：730～830欧元

位于旺多姆广场的豪华酒店。在这里可以体验到巴黎的悠久历史。这里住过许多名人，如普鲁斯特、戴安娜王妃。装饰：壁画、挂毯、当代家具、大理石等。服务周到、贴心。拥有奢华的套房和单间，里面摆设的均是路易十五、路易十六以及帝国时期的家具，颇具皇家韵味。

田 斯敏斯特酒店

和平街13号，邮编75002

电话：01 42 61 57 46
8月、圣诞节至新年假期均不营业。

22间套房：900欧元

80个单间：550～750欧元

离旺多姆广场很近。酒店名称来自于19世纪酒店的一个客户——威斯敏斯特公爵。装修出自皮埃尔·伊夫·罗尚之手。风格奢华，装饰有印花图案、当代家具、水晶吊灯。

歌剧院

田口 奥赛特歌剧酒店

安丹街18号，邮编75002

电话：01 44 71 87 00
全年营业。

54个单间：175～285欧元

从前为安丹公爵的私人宅第。优雅的古代建筑，房间为装饰艺术风格，采用了诸多花样进行装饰，传统韵味扑面而来。

田 玛丽皇后酒店

格尔弗赫街9号，邮编75008

全年营业。

电话：01 42 66 40 50

1间套房：319～364欧元

35个单间：175～284欧元

位于玛德莲和圣拉扎尔之间。一家传统酒店，拥有一块极其庄严的招牌。帝国风格的房间铺着厚厚的毡子，主色调为红色和黄色；温馨、高雅，夏天的内院极为优美。

博览和巴黎大堂

田 罗浮驿站酒店

圣日耳曼奥赛瓦牧师街19号，邮编75001

电话：01 40 41 96 42
全年营业。

3间套房：237～437欧元

18个单间：108～198欧元

这座17世纪的宅第才刚刚进行了整修。住在2号房间里的人都是幸运儿，他们可以拥有一个私人内院。酒店里的其他房间也各具特色：督政府时期的家具，温馨迷人。房间配有空调、LCD屏幕、免费的网络……还可以欣赏美丽的罗浮宫。

玛莱区

田口 布勒托内里酒店

圣克瓦布勒托内里街22号，邮编75004

电话：01 48 87 77 63
全年营业。

7间套房：185欧元

22个单间：125欧元

一座建于17世纪的古老宅第，仍旧保留着原来的拱顶、方石以及有拱顶的地下室（为早餐餐厅）。独具一格：家具风格与装饰的帷幔相得益彰。

田口 皇后别墅

沃日广场28号，邮编75003

电话：01 40 29 19 19
全年营业。

12间套房：660～830欧元

40个单间：370～460欧元

历史悠久。来自奥地利的皇后经常来这里，因而得名。尽管酒店位于昔日的皇家广场，但却十分安静，私密性也极好。房间里贴着壁布，摆放着古时的精美家具。有些房间里的床上方还有华盖。

▷▥♨

巴士底

⊞□卡斯戴酒店

卡斯戴街5号，邮编75004

电话：01 42 72 31 52

全年营业。

30个单间：120～150欧元

位于玛莱区中心。仍旧保留着17世纪的风格：印花图案、细木工艺、锻铁等。内院进行了翻修；房间更为现代：大厅可使用无线网和有线网。

▥

⊞将军酒店

兰朋街5－7号，邮编75012

电话：01 47 00 41 57

全年营业。

3间套房：245～275欧元

43个单间：145～235欧元

建于20世纪30年代，离

共和国广场很近。进行了彻底的整修。装饰现代，主色调较为柔和：玫瑰色和白色。浴室优雅，采用高档的材料进行装修，风格纯洁（由让·菲利普·努埃尔打造），配备齐全（桑拿浴室，无线网……）。

▷▥

蒙马特

⊞□蒙马特私人酒店

朱诺大道23号，邮编75018

电话：01 53 41 81 40

全年营业。

5间套房：390～590欧元

巴黎情人的秘密之地。栅栏后面是优雅的花园；白色的建筑；里面只有5间套房。从整体设计来说，既带有一点浪漫风格，又带有巴洛克风；内饰十分性感。每间房间的装饰都不一样；每间房间都有自己的名字：耳树之房、植物之房、帷幔之房、诗文和帽子之房、玻璃之房。

⌂▥

点菜：均价；套餐：最低价，最高价。

圣日耳曼德佩区

ALCAZAR（阿尔卡扎）

玛扎里那街62号，邮编75006

电话：01 53 10 19 99

全年营业。晚上0:00关门

套餐：42～58欧元

位于巴黎市中心，装饰和气氛都极佳。不过，菜品味道就不如从前了，菜色也有些平庸。似乎这家餐厅关注更多的并不是菜品。但还是有几道特色菜十分受欢迎：醋泡姜汁三文鱼片、茴香青柠檬鱼排、迷迭香蛋糕。上菜比较慢。有一个小酒窖，里面放着一些法国和外国的红酒。

FISH LA BOISSONN-ERIE（鱼馆子）

塞纳街69号，邮编75006

电话：01 43 54 34 69

休息：周一、8月中1周，12月1周。

营业时间：直到22:45

套餐：36.5欧元

这家小酒馆里的鱼和酒水都偏地中海口味。菜肴精美，多配白葡萄酒：墨汁烩饭、乌贼烩饭、金枪鱼块、香蒜椰子、文蛤意大利面。除此之外还有鸽子以及羊排，味道极好。

LE COMPTOIR（孔普瓦）

奥德翁十字路口9号，邮编75006

电话：01 43 29 12 05

全年营业。

点菜：35欧元

套餐：39～45欧元

这真的不是传说：在伊夫·康德博德找一个位子吃晚饭真不容易；这儿的"美食"套餐只在21:00过后才供应。在这儿吃饭得有天使般的耐心，而且记住，这里不能取消预约。如果品尝到好菜了，价格也肯定是不低的。康德博德的菜品体现出一种西南方的粗犷风格，同时也是巴黎十分难得一见

的：将猪肉放进沸腾的牛奶里煮，之后放在烤架上烤；牛胸肉卷成一团后放在火上烤；铁板烤金枪鱼；微辣牛头……

ZE KITCHEN GAL-ERIE（ZE厨房总汇）

格兰奥古斯汀街4号，邮编75006

电话：01 44 32 00 32

休息：周六中午、周日、5月1日、圣诞节、新年

营业时间：直到22:45

点菜：58欧元

套餐：39欧元

餐厅的发展变化就像塞纳河的河水一样不可阻挡：威廉·勒杜伊总想着"做到更好"而不是止步于完美，这种思想已经成了餐厅骨子里的东西，无法剔除。这间餐厅偏向亚洲口味，且一直都是如此，它做的都是正宗的亚洲菜。餐厅主厨尼古拉·胡尔伯的菜品很有自己的风格，且十分有水平；他的这种要求也影响了威廉·勒杜伊，他因此可以追求更高标准的口味以及香味；香草和调料被视为菜品的催化剂；鲭鱼搭配青杞果、柑橘类水果、土豆、水田芥；深海贝则搭配醋

泡柠檬、炸红薯以及芫荽（香菜）；羊里脊肉则采用辣椒红烧汁煨，原汁清汤、意面和甜点也同样注重配料添加。这里也供应红酒，酒窖里的酒可都不是随便选的，均是精选自不来梅讷酒庄以及梅洛葡萄种植园的红酒。

拉丁区

ATELIER MAÎTRE-ALBERT（阿尔贝师傅工坊）

阿尔贝师傅街1号，邮编75005

电话：01 56 81 30 01

休息：周六中午、周日中午、8月3周、圣诞节

营业时间：直到22:30（周四、周五到1:00）

点菜：50欧元

套餐：24～29欧元

这间餐厅由让·米歇尔·威莫特设计，是一家烤肉餐吧——正如盖·萨伏伊所想：专业、令人感到舒适的服务。餐厅里的气氛倒不浓烈，甚至还有些平凡；不过菜品的味道却令人精神大振：把肉插在铁钎上烤制，牛腿肉撒上菠菜屑、香菇，牛奶味道的甜品。小酒窖装饰十分现代、新潮。

🍴 LA TOUR D'ARG-ENT（银楼）

图尔内尔滨河路15号，邮编75005

电话: 01 43 54 23 31

休息：周一

营业时间：直到22:00

点菜：200欧元

套餐：75欧元

无法抵抗的美味。这家餐厅的历史可以追溯到1582年。此后，它一直是餐饮史上的一颗璀璨明珠。银楼在巴黎的流行程度并不亚于巴黎的驳船以及埃菲尔铁塔。这是一家不断推陈出新、喜欢创意的餐厅。这里的厨师和经营团队不断地推出新菜品吸引顾客，更在餐前免费提供牛奶芥末饭。

精品菜：王牌肥鹅肝、梭鱼肠、著名的血鸭。

餐厅装饰这么多年来一直什么变化，甚至有让人产生审美疲劳的感觉，不过仍旧有一大批忠实的顾客。这里的菜肴处理得极为细腻，他们采用的均是古老的烹煮方法。美食专家们能够尝出肉卷里加的是海螯虾还是长时间煮过的牛犊胸膛，有些顾客（大部分是外国游客）会要求牛犊胸膛要煮得刚好，还要求服务员提供东方糕心。以前，来这里吃饭的绅士们都打着领带，十分正式；现在已经没有这种传统了。从前，这里的酒很便宜，其他店都涨价的时候，酒务总管还笑嘻嘻地保证他们不会涨价。如今，这一切都成了历史。葡萄酒越来越流行，想不涨价都难！（酒务总管说："现在餐厅一般不会免费供应红葡萄酒，但会供应白葡萄酒，后来就变成供应基尔酒了……"）。

🍴🔗

🍴 LE PRÉ VERRE（前一杯酒）

代纳尔街8号，邮编75005

电话: 01 43 54 59 47

休息：周日、周一、圣诞节假(1周)、2月2周

营业时间：直到22:30

点菜：27.5欧元

套餐：27.5欧元

德拉库尔塞勒两兄弟分工合作，马克为大堂经理；菲利普从前为伯尔纳·鲁瓦左餐厅的助理厨师，负责弹钢琴。他们餐厅的菜品汲取各地精华，尤其深受亚洲菜的影响。这里价格便宜，气氛也不错，菜品味道也好。推荐菜品：飘香牛奶猪肉、脆甘蓝、烤鲷鱼、红米焖饭、沙爹茴香肉。红酒味道相当好。

🍴 LE RÉMINET（雷米内）

格兰德格雷街3号，邮编75005

电话: 01 44 07 04 24

休息：周二

营业时间：直到23:00

点菜：44欧元

套餐：14～55欧元

白天变长，这可是一个吃饭的好地儿。安静、舒适，餐厅里挂着画作、铺着方块转。埃里克·波谢为人们提供精美的菜品：超薄生牛肉片、北风菌鹅肝沙拉、狼鲈配干小麦和西班牙香肠、家禽肉冻配黄酒。葡萄酒味道也很不错。另外在此欣赏巴黎圣母院的美景。

🍴🔗

🍴 MAVROMMATIS（马弗罗马蒂）

多本东街42号，邮编75005

电话: 01 43 31 17 17

休息：周日、周一、8月3周

营业时间：直到23:00

点菜：57欧元

套餐：42～68欧元

这个餐厅值得一来再来。马弗罗马蒂并不是一个偏离中心的餐厅，相反，它正是拉丁区的希腊中心。餐厅提供各色菜品，菜色跟随季节和市场的变化而变化。每次来的时候，你都会被那些新鲜菜色深深吸引：乳胶腌瑙鱼子、蜗牛或者烤海螯虾搭配醋泡四季豆、希腊油炸鳕鱼丸、哈罗米干酪、新鲜薄荷配铁板烤羊排，这些菜都极富创意。环境好，服务是出了名的周到、细致。这里提供的希腊红酒味道也极佳，同时还提供塞浦路斯产的卡曼达蕾雅酒，也有蒙蒂修以及古贝尔等法国红酒，但受欢迎程度远不及前两者。

🍴🔼

圣日耳曼郊区

🍴 L'ARPÈGE（阿尔佩尔）

瓦雷纳街84号，邮编75007

电话: 01 45 51 47 33

休息：周六、周日

营业时间：直到22:30

点菜：202欧元

套菜：135～360欧元

这里的奶酪洋葱丝极为出名。对阿兰·帕萨德来说，这道菜无可取代。这家餐厅的菜品价格极高：这个冬天，阿兰引进了松露，价格为60～100欧元。有顾客因为这个高价而觉得不快吗？答案是没有。因为大家都已经完全臣服于那魔力般的香味了。这家位于瓦雷纳街的小餐厅，经常会推出单价100

462

欧元的菜品，卖相巧夺天工，味道也极佳。在这里，厨师是有特权的，他可以想做什么菜就做什么菜，自由发挥的空间很大。这4个厨帽是给阿兰·帕萨德的，因为他是一个艺术家，他赋予普通的食材以艺术生命。他做的鸭子是正宗的英国风味；早晨才刚从诺曼底菜园里摘的蔬菜经他处理，一点土味儿都没有；肖塞岛的龙虾配黑松露和萨瓦涅酒更是一绝；帕萨德烹制的洛泽尔T骨羊排配黄柠檬味道也极佳，吃过之后你就知道了，原来帕萨德真的懂得挑选食材，真心懂得烹饪。这一切都是真的，绝不是道听途说呀！来这里吃饭的时候，大可不必费心挑选衣服，因为餐厅里既没有法拉利也没有怡科默蒂的雕像。话说回来，如果哪天你在这餐厅艳遇了，那你肯定不会觉得这钱花得不值。那道名为"孩童随想曲"的千层蔬菜一下肚，你便心服口服了。而这里的服务也不错，有点儿布列塔尼的风味，刚开始可能不大习惯，一顿饭吃下来也就慢慢习惯了。酒窖里储藏的红酒十分丰富。一般来说，你可以不用亲自下去挑选红酒，只管好好看

菜单选就行，因为他们都会给你搭配好。当然，这只是建议。

🚪📶

📢 L'ATELIER DE JOËL ROBUCHON（诺艾尔·罗布松工坊）

蒙塔尔伯街5—7号，邮编75007

电话：01 42 22 56 56

常年营业。

营业时间：直到凌晨

点菜：100欧元

套餐：115欧元

你可以穿得邋里邋遢，满手油污地来这里。这个优雅的工坊专供白领人士享用，这里的奶油汤味道为出名。菜品高档，处理过程中保留了其原汁原味的精华，口感甚佳。近年来，两名来自诺艾尔·罗布松厨师学校的天才厨师提出了一个创新概念：例外只留给眼前的人——不提供预订，先来的便是幸运者。埃里克·勒科雷和菲利普·布哈安料理的食材有虾、金枪鱼、狼鲈、羊肉以及牛肉，他们尽可能地保留食材的原始味道，而这种味道跟第七区的餐厅可是不一样的哦！酒窖的酒种类极为丰富，价钱也比较贵（人均可能达到115欧元）。服务态度极好——对于今天

的美食品尝者来说，这是非常重要的一点！

🚪📶📢

蒙帕纳斯和西南地区

LA CERISAIE（樱桃园）

埃迪加—奎内大街70号，邮编75014

电话：01 43 20 98 98

休息：周六、周日、节假日、7月末—8月末、年末假期

营业时间：直到22:00

点菜：32欧元

套餐：32~39欧元

斯瑞·拉兰斯旗下有多家餐厅：戛纳豪华饭店、吕西安·瓦内、杰拉尔·卡里格等。但是他经常来的却是这个只有21个座位的小店。他并不在意餐厅的收入，他撤掉了那些昂贵的菜品，只做自己想做的菜——快乐而又丰盛的西南菜：西班牙辣味小香肠、什锦嫩牛、兰鹏鹅胸、香烤梨子、阿马亚尼克软蛋糕、香草搅奶油。酒窖里则有图洛酒庄的贝尔拉热克葡萄酒、普里厄酒庄的桑塞尔白葡萄酒以及拉巴斯—沙尔文酒。

🔖

LA RÉGALADE（拉瑞格拉德）

让莫林大道49号，邮编

75014

电话：01 45 45 68 58

休息：周六至周一中午，1月1周，2月3周

营业时间：直到23:30

套餐：32欧元

时尚地：布吕诺·杜塞的这家餐厅服务态度很好，一点也不比菜品逊色。菜品飘香四溢，光是闻着就已经足够诱人了。这里的猪胸肉以及柠檬水焖野羊极为出名，绝对不要错过。这位年轻厨师最擅长的就是摆放菜品卖相，就连苏法蕾看起来都像是当天制作的。这里的气氛一直都没变过，对于老顾客和美食家来说都是一种幸运。

🚪📶

LE BEURRE NOISE-TTE（榛子黄油）

瓦斯科—德—加马街68号，邮编75015

电话：0148 56 82 49

休息：周日、周一、1月1周、8月3周

营业时间：直到23:00

点菜：32欧元

套餐：30~40欧元

蒂埃里·布朗吉曾经做过多家餐厅的主厨：瑞兹、拉朵嫣、银楼等，他喜欢煮小酒馆类型的简餐。这个小店既现代，又令人觉得愉悦，为大众餐厅。菜品：平

463

底锅烧牛头、醋汁韭菜、略咸鳕鱼肉排，另有配菜洋芋泥。

⬆️P

📍 LE DÔME（多姆）

蒙帕纳斯大街108号，邮编75014

电话：01 43 35 25 81

营业时间：直到凌晨

点菜：75欧元

一家有着几十年历史的海鲜餐厅。如今依然十分出名。这家餐厅的菜做得比小酒馆好，不过菜品也不会太奢华。在这里，我们可以吃到贝隆河的牡蛎、伊尔岛的鳎鱼。当然，这里也有豪华大餐，价格当然也比较贵。有时候是可以尝试一下的。在巴黎吃荷兰的大菱鲆得花46.5欧元。这里唯一一道肉菜就是牛排，也是招牌菜。总体来说，这里的环境、服务、酒窖等都十分古典。

📖Ⅲ

荣军院和战神广场

📍CHEZ L'AMI JEAN（朋友约翰家）

马拉尔街27号，邮编75007

电话：0147 05 86 89

休息：周日、周一、8月、12月24日—1月1日

营业时间：直到凌晨

点菜：40欧元

套餐：32欧元

马拉尔街上有许多美味的小餐馆，"朋友约翰家"便是其中一家。这家小酒馆历史悠久，是约会的首选之地。几年前，斯蒂芬·约戈引进了地区菜，他要求厨师们将菜品做得更细致一些。招牌菜：用平底锅烧的蜗牛、铁板鳕鱼、牛排，看似简单，但菜品芳香四溢，味道极好。酒窖中午和晚上的气氛十分热烈。

➡️

D'CHEZ EUX（他们家）

洛凡达尔大道2号，邮编75007

电话：01 47 05 52 55

休息：周日、8月

营业时间：直到22:00

点菜：55欧元

套餐：36~41欧元

"大胃王"喜欢的地方！餐厅装修比较平民，但让人觉得畅快。菜量足，满满一大盘的猪肉、鸡鸭肉等，好吃的"大胃王"可以大快朵颐啦。餐厅有多个价位，同样菜品也十分丰富，各种口味的猪肉、羊里脊肉、贝亚恩牛排等。这里的冷盘极出名：西芹蛋黄酱配希腊香菇。绝了！大牌水准。不过美中不足的是这儿的酒窖没有太大的亮点，而且酒的价格相

对较贵。但是，人们还是喜欢来哟！

Ⅲ

📍 LE DIVELLEC（蒂维莱克）

大学街107号，邮编75007

电话：01 45 51 91 96

休息：周六、周日、7月末—8月末、圣诞节新年假期

营业时间：直到22:00

点菜：150欧元

套餐：55~70欧元

餐厅的一切均由老板做主。老板的朋友、亲戚、形形色色的人蜂拥而至，来品尝这里的王牌龙虾，巴黎最好的鳎鱼、松露大菱鲆……人们都不计较花费，因为这里的菜实在很好。而且这里还提供阿基坦葡萄酒，配蜗牛或者龙虾均可。这里的食材、配菜均是最棒的。雅克·勒·蒂维莱克是拉罗谢酒店的标志性人物。戈米氏团队跟踪拉罗谢30年了，这家酒店仍旧处于今天的美食潮流前线。餐厅安静、优雅，服务周到、迅速。酒窖有多种类型的酒可供选择。

♿Ⅲ P

📍 LE JULES-VERNE（儒勒·凡尔纳）

战神广场埃菲尔铁塔，邮编75007

电话：01 45 55 61 14

常年营业

营业时间：直到22:00

点菜：150欧元

套餐：85~200欧元

位于埃菲尔铁塔上，视野开阔，景观极好。这家餐厅位于铁塔二楼，乘坐私人电梯即可到达，是巴黎最漂亮的餐厅之一。餐厅的装饰出自派崔克·儒安之手；制服由朗万（此朗万非彼朗万，全名杰拉尔·朗万）设计；酒窖则由杰拉尔·马尔贡统一管理；大堂经理是弗雷德里克·鲁昂；宴会装盘由帕斯卡尔·费罗负责；餐厅的椅子由皮南法里纳设计；整体陈设则由阿兰·杜卡斯先生负责。招牌菜：黑松露鹅肝、狼鲈鱼排、腓力牛排、佩里戈鸭肝酱、松脆冰镇榛子。这家餐厅的菜品算是比较高档的法国菜，具有一定的代表性。一边享受美食，一边透过落地窗欣赏巴黎，真是莫大的享受！

♿Ⅲ🔺

📍 LES OLIVADES BRUNO DELIGNE（布吕诺·德里涅油橄榄）

塞吉尔大道41号，邮编75007

电话：01 47 83 70 09
休息：周六中午、周日至周一中午、8月、学校假期、圣诞节
营业时间：直到22:00
点菜：40欧元
套餐：25～70欧元
餐厅主厨为布吕诺·德里涅。地区特色菜做得很棒，绝对的美味。环境舒适、高雅，由老板娘亲自训练的服务团队，服务周到、细致。这里的红酒口味也都很好。招牌菜：新鲜的沙丁糟鱼、迷你杂烩、酸罗勒西红柿、醋泡甜椒、西红柿辣味小香肠。这里的甜品相对比较不出名，但也还不错，价格稍贵（没有35欧元左右的）。

TANTE MARGUERITE（玛格丽特婶婶）
勃艮第街5号，邮编75007
电话：01 45 51 79 42
休息：周六、周日、8月
营业时间：直到22:30
点菜：50欧元
套餐：34～40欧元
离波旁宫很近。算是一家政治气氛较为浓烈的餐厅吧！估计勃艮第的议员经常来光顾。用餐环境比较舒适，菜品味道很不错，厨师功力深厚。这里的地区菜特色鲜明，味道正宗：水田芹蜗牛、梭鲈鱼肠、苏法蕾、龙虾泥、李子蛋糕。这里还提供鲁瓦左酒庄的精品红酒（巴黎人常喝这个牌子的红酒）。

帕西和夏洛特

CHEN，SOLEIL D'EST（陈氏，东方的太阳）
戏院街15号，邮编75015
电话：01 45 79 34 34
休息：周日、8月
点菜：110欧元
套餐：40～75欧元
陈氏正一步一步地向15区的大威尼斯看齐，老板也想着要做意大利菜。这是一家较为古典的餐厅，老式的装修，老式的菜品，但却是巴黎的餐厅模仿不来的。约翰先生是餐厅的主厨，他只负责做烤鸭，这道菜在巴黎独步天下，尚无菜可与之匹敌。幸运的话，花50欧元就可以吃到中国传统的饺子以及田鸡，还有3大块鸭子（每块儿都够大）。这里的葡萄酒比较贵，所以还是多喝茶吧。

LA GRANDE CASCADE（大瀑布）
布洛涅森林珑骧小径，邮编75016
电话：01 45 27 33 51
休息：学校假期、节假日
营业时间：直到22:00
点菜：200欧元
套餐：74～177欧元
这家餐厅还真不是什么大牌餐厅：菜单上没有写主厨的名字，就连乔治和贝尔特朗·穆吕的名字都见不着，要知道正是在这两人的悉心经营下，这家餐厅才有了今天的成就。非要说的话，就属餐厅的建筑最大牌了。大厅奢华、优雅，就像冬天掉满落叶的花园。露台上挤满了吃午饭的人，有些人可是第一次见面。至于晚餐，大家也喜欢在这儿，情调好。这里的菜都做得很精致，卖相好，味道好，服务也好。招牌菜：蚕豆泥配火鱼（鱼上面放着一些冻有罗勒的小冰块，令人垂涎欲滴）；卡布奇诺配洋葱香煎鹅肝。对于顾客来说，这儿的菜让人吃得酣畅淋漓，胃口大开。还有，这里的面包皮以及鸽子都十分美味。给这家餐厅3个厨帽真是一点儿也不过分，因为它值这个。这儿的葡萄酒种类多，价钱也不会太夸张。如果过塞兰小道酒庄的葡萄酒比外面的贵，没事，你可以选择其他50欧元左右的酒，如埃里克·尼古拉斯、瑞美永、达罗斯、米尚等。

L'ASTRANCE（拉斯特朗）
贝多芬街4号，邮编75016
电话：01 40 50 84 40
休息：周六至周一、11月1周、节假日
营业时间：直到21:15
套餐：70～290欧元
你每天必须吃5种水果蔬菜？别犹豫了，赶紧来帕斯卡尔·巴勃家吧。这家餐厅除了平日里的正餐以外，还提供一些小东西……怎么说呢？对，一些绝妙的东西。当我们吃贝壳类动物时，如鲍鱼、蛾螺、文蛤等，他们会给我们搭配黄瓜、开心果汁；而吃清蒸石斑的时候，则会搭配罗望子果汁和麝香葡萄汁，因为这两种果汁都能激发出洋葱和薄荷的香味。这里提供的果汁种类极多，口味也各不相同：有透明的、辛辣的，还有温润的……或许也可以称之为恩赐吧。餐厅里的位子很少，只有25个，吃饭的时候会觉得更为舒适。而餐厅每次提供给客人的菜单都不一样，因此选择也就多了，客

人可以根据个人喜好、用餐时间进行选择。餐厅主厨帕萨德潜心研究厨艺，菜品中绝不添加香精，且火候都掌握得恰到好处。比如说，羊肉会用80℃的火进行烹制。最初的合伙人克里斯多夫·罗哈则注重餐厅的管理，触觉十分敏锐。他们致力打造一家与众不同的餐厅。只要吃过这里的菜便不会忘记那个味道。招牌菜：腌制金枪鱼（做得最正宗的日本菜，出自怀石料理大家之手）、香浓肩肉、布拉塔芝士、小豌豆、西班牙辣香肠、柠檬果汁蛋糕（这里面的桃子味道好极了）、牛奶杏仁蛋糕（绿茶奶油夹心）、奶油水果馅饼……在这家餐厅里，人们会强烈地感受到厨师、服务员是一个团队，他们互助、团结、骄傲、互相欣赏，也许是这里的禅宗装饰风起的作用吧，让他们都能心平气和地做自己该做的事。餐厅提供的酒味道也很多：奥地利的绿维特丽娜、弗利兹·哈格酒庄出品的雷司令（8度，水果酒）、维拉尔“罗地丘”（搭配羊排）等。

LE PRÉ CATELAN（普雷·加特兰）

布洛涅森林苏雷内斯路，邮编75016

电话：01 44 14 41 14

休息：周日、周一、2月2周、8月3周、诸圣瞻礼节1周。

营业时间：直到22:00

点菜：200欧元

套餐：85～230欧元

俗话说，爱能给予人翅膀。也许是因为对厨师职业的热爱，弗雷德尼克·安东才能烹饪出如此美味的佳肴。他是一个出色的厨师，而现在，他的厨艺、知名度、专业程度又更上了一层楼，达到了另外一个高度。让·雅克·肖沃主管餐厅的服务工作。餐厅服务质量极高，在巴黎更是享有盛名。重新整修过的餐厅耀眼夺目，完全没了当初那种老旧的感觉，特点：黑白为主色调，用料高档，采用大理石、玻璃和陶瓷进行装饰。弗雷德里克厨艺超群，他擅长烹饪田鸡和龙虾，味道复杂，且极其美味。这里的沙丁鱼味道也非常好。这道黄油沙丁鱼就如普罗旺斯鱼汤冻一样。这儿的牛肉焗饭稍微逊色一点，但味道也很不错：搭配洋葱、黄油、奶油调制而成的酱汁，并放入帕尔玛干酪。厨师对食材的把握度确实足够高。经常有国际的美食客慕名而来。甜点很赞：苹果苏法蕾，做得十分精细，就如玻璃一般薄，看起来晶莹可人。酒的味道很好，品种也多，如桑德卡乌、马洛里·加莱。

香榭丽舍大道

BATH'S（巴特家）

拜恩街25号，邮编75017

电话：01 45 74 74 74

休息：周六中午、周日至周一中午、节假日、8月3周、圣诞节假1周

营业时间：直到22:30

点菜：52欧元

套餐：28～42欧元

2006年年底，让·伊夫·巴特将餐厅从8区的特雷莫耶街搬到了香榭丽舍大道，靠近特尔纳广场，环境比较幽雅。餐厅的服务效率很高：让·伊夫·巴特的儿子斯蒂芬·巴特负责大堂，而弗朗索瓦·勒·吉雷克则负责食材供应。主推伊比利亚菜，菜品的香料用得十分高明。招牌菜：伊比利亚花瓣火腿、埃斯普莱特辣椒橄榄油牛肉、枪乌贼汁、西班牙什锦饭、西班牙辣香肠、红果、黑醋汁。有50余种酒，味道很好，建议去试喝看看。

LA MARÉE（马雷）

圣奥诺雷郊区街258号，达鲁街1号，邮编75008

电话：01 43 80 20 00

休息：周日、8月

营业时间：直到23:00

点菜：100欧元

套餐：60～115欧元

布朗兄弟接管餐厅之后，发展得很顺利。野生鱼仍旧是餐厅的主推菜。另外，招牌菜：梭鲈鱼肠、狼鲈鱼排配西班牙辣香肠、芥末大菱鲆、叙泽特薄饼。酒窖历史悠久，品种齐全。

L'ANGLE DU FAUB-OURG（郊区拐角）

圣奥诺雷郊区195号，邮编75008

电话：01 40 74 20 20

休息：周六、周日、8月

营业时间：直到22:30

点菜：65欧元

套餐：35～75欧元

为塔伊旺下属品牌。服务态度好，环境优雅迷人，气氛融洽。菜量较小。主厨为洛朗·普瓦

特凡。招牌菜：香炸金枪鱼、威士忌香草烧深海贝、芥末牛奶猪肉条、巧克力苏法蕾、豆蔻冰激凌。因为餐厅的气氛、装潢，其常被误认为是持会员卡才能进的私人俱乐部。

🎫 LASSERRE（拉塞尔）

富兰克林-罗斯福大道17号，邮编75008

电话：01 43 59 53 43

休息：周六中午、周一中午、周二中午、周三中午、周日、8月

营业时间：直到22:00

点菜：170欧元

建有玻璃天顶，光线充足；服务流畅、快速；松露、野味味道浓郁；奢华的装修令人如痴如醉。巴黎的著名老店。当然，让·路易·莫尼克功不可没。这一切也都得益于他对饭店行业的熟悉、他的才华以及他平易近人的个性。他不仅俘虏了公众，更是让整个团队都对他心服口服。招牌菜：马尔罗式鸽子，上面盖着黑松露马铃薯泥，再淋上帕马尔干酪，美味无穷。除此之外，莫尼克潜心研究新菜，他使用的食材高档，摆盘则相对古典，堪称色、香、味俱全。顾客对这里的松露通心粉和鹅肝赞不绝口。除此之外，餐厅的常客还乐于尝试新菜，如洋百合烤鳎鱼、百里香柠檬文蛤、比利斯东方风味牛排。酒窖藏有多款列级葡萄酒，另有价值100欧元以下的葡萄酒，如拉凯·德·科斯。

🎫 LAURENT（洛朗）

加布里埃尔大道41号，邮编75008

电话：01 42 25 00 39

休息：周六中午、周日、节假日、圣诞节和新年

营业时间：直到22:30

点菜：160欧元

套餐：80～160欧元

主推多国料理。类型虽多，但却丝毫不影响菜品质量。餐厅保留了督政府时期的装修风格。整体来说，环境特别舒服，类似私人俱乐部，注重客户隐私。服务流畅、周到。花园里种有栗子树，底下放有几张桌子，可一边享受美食，一边欣赏风景。餐厅主厨阿兰·佩古雷厨艺了得，他烹饪的菜风格多变，且总是很受欢迎。招牌菜：蜘蛛蟹冻、意式柠檬蛋黄酱狼鲈、X形牛胸腺、清新松露等。酒窖很大，也很漂亮，存放着许多经典酒，同时也有一些地区精选和国外精选酒，如德国的哈格·穆勒、葡萄牙的波尔图甜葡萄酒。

🎫 LE BRISTOL（布里斯托）

圣奥诺雷郊区街112号，邮编75008

电话：01 53 43 43 00

常年营业。

营业时间：直到22:00

点菜：150欧元

套餐：100～220欧元

埃里克·弗雷尚名声极大，一直是公众讨论的焦点。他被视为厨师界的翘楚。每当需要进行商务餐或者私人会晤时，人们便会不自觉地想到布里斯托。因为在他们看来，这是一家极为温馨的餐厅。餐厅装饰极奢华，但又不会太夸张；服务态度好；菜品极为丰富，有充满童真的儿童菜，另有许多多国国际级菜品。弗雷尚烹饪的菜品味道丰富，如烤鹅肝配马雷纳蜗牛、海藻面包、铁板深海贝、意式黑松露丸、埃斯普莱特辣椒羊肉（配菜：姜蒜胡萝、鹰嘴豆泥以及烤肉汁）、布列斯小麦灌龙虾囊、黑松露等。甜点出自洛朗·让纳之手，他是一个有创造性的糕点师，技术也很好，他的糕点味道极好。酒窖里存放的都是些著名的大牌酒。

🎫 LEDOYEN（拉朵嫣）

杜图大道8号

香榭丽舍庭院，邮编75008

电话：01 53 05 10 01

休息：周六至周一中午、节假日、8月

营业时间：直到21:45

点菜：270欧元

套餐：88～299欧元

一定要吃的菜：土豆泥配大菱鲆、维也纳榛子黄油鳎鱼（榛子黄油呈乳状，入口即化）、柠檬牛胸腺（用涂有柠檬汁的木棒插进胸腺）。这里的菜品风格简约，口味却超凡脱俗，主要食材包括鸽子、狼鲈、巧克力等。克里斯汀·勒斯凯绝对称得上是顶级厨师，他擅长处理任何食材，他的烹饪方式多种多样，菜品则始终保持着法式料理的风格。午餐主要供应沙丁鱼、牛脸肉等。古典酒窖，新的酒务总管上任之后，增添了几分现代风格。葡萄酒种类：布里吉埃、尚特·库库、米隆葡萄园、

卡斯特摩尔3号等，种类齐全，价格在60欧元以上。

🅿

🍴 PIERRE GAGN-AIRE（皮埃尔·卡格内尔）

巴尔扎克街6号，邮编75008

电话：01 58 36 12 50

休息：周六至周日中午、节假日、8月2周、圣诞节

营业时间：直到21:30

点菜：300欧元

套餐：105～255欧元

简而言之一句话，这里的菜好吃。盘子里装着什么也许你并不清楚，你只知道自己畅游在味觉世界里不可自拔。餐厅主厨皮埃尔·卡格内尔善于将食材的味道融合在一起。这种处理方式并不新鲜，早在圣埃蒂安当厨师之时，他就使用这样的处理方式了。他尽力地做好自己的菜，对他来说，每一道菜都是一首精雕细琢的诗，与潮流无关，与味道有关。他擅长使用香草，如法国菠菜、拉克油橄榄（配果冻蛋糕）、冰镇松叶菊、万寿菊、雪维菜、香芹叶（薄荷黄油香草文蛤）等。餐厅选用的食材则多来自地中海：帕拉

莫斯明虾（配阿芒提纳多白葡萄酒）、墨鱼、火鱼等。餐厅气氛好，服务态度好。他们会根据菜品向客人推荐适合的酒。

♿ 🍴 Ⅲ 🍴

🍴 RESTAURANT ALAIN DUCASSE AU PLAZA ATHENEE（雅典娜广场的阿兰·杜卡斯餐厅）

蒙田大街25号，邮编75008

电话：01 53 67 65 00

休息：周一至周三中午、周六、周日、7月中至8月中、12月31日中午

营业时间：直到22:15

点菜：250欧元

套餐：240～360欧元

数数有多少个厨帽？其实，这家餐厅的常客不在乎厨帽的数量，他们也不在乎套餐的价格，他们追求的是味觉的享受。阿兰·杜卡斯的菜虽简单，味道却非常好。他擅长烹饪法式料理，他能够将一道菜做到客人的心里去——那种味道，如何能忘怀？餐厅的服务态度好，环境也幽雅、舒适。招牌菜：嫩牛腿肉（冷、热）、柑橘辣狼鲈鱼排、佛罗伦萨醋泡肉酱烤牛肉等。另外，这里的芦笋、鳎鱼、樱桃

馅饼都做得很好。阿兰·杜卡斯希望成为21世纪的埃科菲。他正孜孜不倦地朝着这个方向努力。而事实就是这家餐厅是雅典娜广场的一颗璀璨明珠。不过，他是不是得考虑一下多增加一些类型的葡萄酒呢？

♿ Ⅲ 🍴

🍴 RESTAURANT GUY SAVOY（居伊·萨伏瓦餐厅）

特瓦永街18号，邮编75017

电话：01 43 80 40 61

休息：周六中午、周一中午、8月、年末假期

营业时间：直到22:30

点菜：180欧元

套餐：275～345欧元

居伊·萨伏瓦餐厅是巴黎最成功的餐厅之一。这是一个食物的殿堂。餐厅里有多种昂贵食材，同时也有多种平价食材。不管是昂贵食材还是平价食材，主厨处理得都游刃有余。那些蔬菜、香菇、鸡鸭肉等经过主厨的魔术之手，变成了令人垂涎欲滴的菜品。他能够驾驭各种不同的食材。招牌菜：小龙虾、黑松露洋百合浓汤、松露奶油蛋糕、羊肉（独一无二的味道，极其细腻）。这里

推出的甜点味道更是千回百转，巧克力做得尤其好。埃里克·曼西欧是这家餐厅的管理员兼酒水经理，他搜罗了许多顶级葡萄酒，他知道该如何挑选葡萄酒。酒窖里的藏品种类丰富，因此选择也更多。

Ⅲ 🍴

➡ RUE BALZAC（巴尔扎克街）

巴尔扎克街3—5号，邮编75008

电话：01 53 89 90 91

休息：周六中午、周日中午、8月3周

营业时间：直到23:30

套餐：60欧元

巴尔扎克街餐厅值得一去。招牌菜：蜜汁鹅肝、雷蒂莎龙虾、意式煨饭、通心粉等。环境不错。

➡ Ⅲ 🍴

🍴 SPOON PARIS AT MARIGNAN（玛丽格兰巴黎餐厅）

玛丽格兰街14号，邮编75008

电话：01 40 76 34 44

休息：周六、周日、节假日、8月

营业时间：直到22:30

点菜：65欧元

套餐：47～89欧元

阿兰·杜卡斯开设的餐厅，主推多国料理。希

腊菜、墨西哥浓汤、意大利配菜。丰富吗？来了这儿，你不会后悔的。餐厅的菜品出色，质量高，每种食材的使用和处理都十分到位，环境好，服务高效。酒窖很漂亮，存放着世界各地的葡萄酒。

🍴 STELLA MARIS（斯黛拉·玛丽）

阿塞讷－胡瑟耶街4号，邮编75008

电话：0142 89 16 22

休息：周六中午、周日中午（节假日）、8月有15天的中午休息，另外，8月休息2周

营业时间：直到22:30

点菜：100欧元

套餐：49～130欧元

主厨吉野建。他的法式料理味道正宗、传统，没有太多花哨的东西，简而不失魅力。招牌菜：鱼肠、原汁鸡肉清汤、奶油酱汁牛肝菌炖肉、朝鲜蓟烤狼鲈、鳖汁炖牛头、野味馅饼等。只有在巴黎8区才能尝到如此美味而又价格合适的佳肴。酒窖很漂亮。

🍴 BIZAN（比赞）

圣安妮街56号，邮编

75002

电话：01 42 96 67 76

休息：周日、8月1周、年末假期

营业时间：直到21:30

点菜：60欧元

套餐：60～150欧元

传统日式料理，美味无穷。收银台位于一楼，餐厅位于二楼，更好地保护了客人隐私，与东方礼仪相符。招牌菜：生鱼片、米酒等。环境舒适。第一次来的话，花60欧元就差不多了。这个价位的菜已经足够让你领略这里的魅力了。

🍴 CARRÉ DES FEUILLANTS（落叶庭院）

卡斯蒂格罗街14号，邮编75001

电话：01 42 86 82 82

休息：周六、周日、8月

营业时间：直到22:30

点菜：150欧元

套餐：65～165欧元

年轻的餐厅主厨曾在阿兰·杜特尼埃厨师学校培训过。这里是他施展才华的舞台。餐厅装饰简约，气氛融洽。厨师用料大胆，菜品偏乡野口味，香味浓烈。餐厅给的菜量多，但又不会给得过多，而总是刚好。里面放着柔和的音乐，流畅的长笛声沁

人心脾。菜品不仅味道好，还做得十分精细：菊芋鹅肝、松露、土豆海鲂、花椰菜鱼子酱、辣根菜面包、牡蛎汁牛肉胸腺配香菇通心粉、豌豆老火腿。服务态度好。酒窖很大，存放的酒种类繁多。

🍴 CHEZ GEORGES（乔治家）

马耶街1号，邮编75002

电话：01 42 60 07 11

休息：周六、周日、7月末至8月末、12月末至1月初

营业时间：直到22:15

点菜：50欧元

巴黎的高级小酒馆。小菜殿堂：油炸鲱鱼、蛋黄酱白煮蛋、希腊香菇等。较为出名的还有红肉以及杂碎。节假日时，餐厅会推出新菜单，诸如蜗牛和贝亚恩里脊肉。20世纪初的装修风格，环境舒适优雅。古老的酒窖里存放着波尔多、勃艮第出产的葡萄酒，一瓶100欧元左右，价格稍微有点贵了。

🍴 GÉRARD BESSON（杰拉尔·贝松）

科克-埃兹隆街5号，邮编

75001

电话：01 42 33 14 74

休息：周六中午、周日至周一、8月3周

营业时间：直到21:30

点菜：150欧元

套餐：125欧元

这家餐厅极为舒适、幽雅。经典菜有：葡萄酒奶油龙虾、四季豆、羊肚菌鳌虾、比利牛斯牛奶烤羊肉、意大利酱汁等。值得一试。酒窖很大，存放着许多不同的红酒。

🍴 LE GRAND VÉFOUR（格兰·维弗尔）

博诺莱街17号，邮编75001

电话：01 42 96 56 27

休息：周五晚上至周日、4月1周、8月、12月末1周

营业时间：直到21:30

点菜：225欧元

套餐：88～268欧元

建议餐厅在门前设立一个售票窗口：这样游客们就可以在任何时候买票进入餐厅，去体验一下维克多。雨果曾经坐着的摇椅，去欣赏它的美丽……这儿的桌子排列得很整齐，服务水平更是没话说，在巴黎出了名的周到、细致、准确——谁上错了菜，谁就得受罚。

格兰·维弗尔餐厅是一次美丽的冒险，一场精彩的演出；它的奢华以及餐厅礼仪是巴黎生活的一个缩影。居伊·马丁是永远的魅力王子，他的心中始终有一把热烈的火；他烹饪的菜品质量高，十分出色。招牌菜：鹅肝、鳎鱼、芦笋、布列斯鸡肉等。价格较高：菜品约100欧元，甜点约30欧元。而酒窖的葡萄酒价格更是高不可攀，但胜在种类丰富、味道繁多。

🍴🅿

歌剧院

🍴 ALAIN SENDERENS
（阿兰·桑德兰斯）

玛德莲广场9号，邮编75008

电话：01 42 65 22 90

休息：5月1日、12月25日、8月前3周

营业时间：直到23:15

点菜：90欧元

套餐：80～150欧元

从前名为卢卡斯·加尔东。装饰现代，运用了多种闪亮元素。主厨勒内·莫斯。招牌菜：松脆龙虾（上面撒着芫荽等香草），可搭配梨子酒食用。巴黎人将这家餐厅视为玛德莲广场的美食殿堂。另外，餐厅的服务质量好，相比之前更好了。价格中等。

如果非要给餐厅评分的话，那就给2个到3个厨帽吧。应该还是十分中肯的。餐厅楼上供应西班牙小吃和日本寿司，味道很好。

🍴🅿

博堡、巴黎大堂

AMBASSADE D'AUVER-
GNE（奥弗涅使馆）

格尔尼埃—圣拉扎尔尔街22号，邮编75003

电话：01 42 72 31 22

常年营业。

营业时间：直到22:00

点菜：32欧元

套餐：30欧元

家族产业。现由创始人的女儿弗朗索瓦丝·佩特吕西管理。餐厅装饰偏乡村风，石头拱顶，工字钢露在外头；让人一种置身于奥贝尔和布里乌德农场的错觉。招牌菜：绿扁豆温沙拉、千层花菜馅饼、萨雷尔牛肉片等。

🍴

🍴 CHEZ LA VIELLE
（老人之家）

阿尔布—塞克街37号，邮编75001

电话：01 42 60 15 78

休息：周六中午、9月30日—3月的周日、8月

营业时间：直到22:00

点菜：45欧元

套餐：27欧元

玛丽·朱塞·科沃尼已经卸任，现由雅尼克·盖平管理。这里仍旧保留着巴黎酒馆的那种氛围。招牌菜：老酒牛肝、火锅、牛腰等。典型的巴黎酒馆，座位排列密集，有一个小酒窖。

🅿🅿

玛莱区

BENOÎT（贝努瓦）

圣马丁街20号，邮编75004

电话：01 42 72 25 76

休息：8月

营业时间：直到22:00

点菜：85欧元

套餐：38欧元

不管是对阿兰·杜卡斯，还是你我来说，贝努瓦都是一个神圣的"记忆殿堂"。巴黎的一家高档小酒馆。装饰：精雕细琢的玻璃、红色的长椅。菜品种类繁多。招牌菜：油炸土司、卢库吕牛舌、酸辣牛头、香草千层饼。价格稍贵，不过记忆永存。

🅿🅿🍴🅿

🍴 L'AMBROISIE（昂布瓦兹）

沃日广场9号，邮编75004

电话：01 42 78 51 45

休息：周日至周一、学校假期、8月

营业时间：直到21:30

点菜：250欧元

进餐厅之前不用脱鞋。但如果你的着装过于邋遢，不正式，抱歉，你不能进来。即使门厅没有张贴此类告示，你还是会被拒绝。当你哪天收拾好形象了，你还是可以进来的。这时你不会再吃闭门羹，不会再触碰到那些讽刺的眼神。因为你足够优雅，足以配得上这家餐厅。之后，你将在这里享受到美味的凡尔赛菜肴，那将是一场非凡的飨宴。主厨为贝尔纳·帕科，他烹饪的菜品总是恰到好处，且他是一个很有想法的厨师，同时，他也忠于自己的想法。这家餐厅是沃日广场的招牌。每一次客人来的时候，都会比上次吃得更多。美味程度可见一斑。酒窖里存放着许多法国著名的葡萄酒。

🅿🍴

🍴 LE DÔME DU MALAIS
（玛莱区的多姆）

自由法兰克人街53号，邮编75004

电话：01 42 74 54 17

休息：周日至周一；8月3周

营业时间：直到23:00

点菜：55欧元

套餐：23～48欧元

19世纪的装饰风格，甚是精美，一点也不过时。主厨为德尼·格瓦松。餐厅的菜务简单、经典，味道很好（因而获得了1个厨帽）。招牌菜：阿朗特伊芦笋酸辣蛾螺温沙拉、希拉煮牛脸肉、萝卜杏干馅饼、黑巧克力馅饼、柑橘奶油浓汤等。酒窖里存放的多是绿色自然葡萄酒。

🏳🏳

巴士底

ASTIER（阿斯蒂埃）

让-皮埃尔-丹博街44号，邮编75011

电话：01 43 57 16 35

常年营业。

营业时间：直到22:30

套餐：25.5～31欧元

阿斯蒂埃酒馆与11区的"朋友路易"有些相似，是葡萄酒行家和美食专家会去的一个地方。第一次去的时候会觉得食物很好吃，尤其是特制酸辣酱汁，令人倏地一下就精神了。但第二次去的话，这种感觉便不那么强烈了，这里的气氛更适合游客。酒馆的装修很不错。酒窖储藏的酒品种较多，餐厅的牛头、农家鸡肉都做得很不错。

🏳🏠🎿🔼

☠🍷**BISTROT PAUL-BERT（保罗·贝尔酒馆）**

保罗-贝尔街18号，邮编75011

电话：01 43 72 24 01

休息：周日至周一、8月

营业时间：直到23:00

套餐：18～34欧元

高档酒馆。街区酒馆的风向标。酒窖里储藏着400种葡萄酒。除了酒之外，这里还供应一些菜品，如野猪头、鲷鱼煮肉，另供纪维雷克桃子，味道很赞。服务专业。

🏳🔼

🍷 **JACQUOT DE BAY-ONNE（雅科·德·巴约纳）**

夏朗东街151号，邮编75012

电话：01 44 74 68 90

休息：周日至周一、7月末至8月末

营业时间：直到21:45

点菜：30欧元

套餐：26.7～29.5欧元

主推法国西南菜。传统的巴约纳美食，首推猪肉，另外牛肉、朗德沙拉和朗德馅饼等也不错。所有的菜品均是小店自制的。酒窖里储藏着许多马德兰和依户雷基产区的葡萄酒。服务生总是面带微笑，态度亲切。

🏳

🍷 **LE REPAIRE DE CART-OUCHE（子弹之家）**

耶稣受难修女大街8号，邮编75011

电话：01 47 00 25 86

休息：学校假日1周、5月1周、8月

点菜：36欧元

套餐：18～27欧元

不像酒吧，更像是一家葡萄酒餐喔。有大半的巴黎人都称其为"鲁道夫家"，而不叫"子弹之家"。这里的菜品味道好，且供应多种葡萄酒，是街区极具竞争力的一家酒吧。人们经常会带外国朋友过来品尝卡穆隆出产的萨杰斯酒，或者是戴弗内出产的埃米利安·吉莱酒，且是友情价，30欧元左右就够了。

LES ALLOBROGES（阿洛布罗热）

大田园街71号，邮编75020

电话：01 43 73 40 00

休息：周日至周一、冬天1周、8月3周

营业时间：直到22:00

套餐：20～34欧元

位于20区。这家餐厅具有高卢人那种粗犷的风格：人们可以在这里畅所欲言，任凭自己沉浸在历史的记忆里，去感受这个街区的变迁。招

牌菜：腌鸭腿肉、牛犊胸腺、牛腰等。味道很是不错。

🏳🎿

☠ 🍷 ☠ **LE VILLARET（维拉雷）**

泰尔诺街13号，邮编75011

电话：01 43 57 89 76

休息：周六中午、周日、8月、1周（不确定在一年中的哪一周）

营业时间：直到23:00

点菜：45欧元

套餐：27欧元

巴黎酒馆的佼佼者。因气氛活跃、菜品简单以及储藏有许多高档葡萄酒，如今依然广受欢迎。这里多是些家常菜，味道正宗，另外餐厅会根据季节变化修改菜单。其中较为出名的有朝鲜蓟炖菜、香芹兔脊背肉、杂烩、大黄鸡蛋煎饼等。酒窖储藏的多是勃艮第和罗讷河产区的葡萄酒，种类繁多。如果你担心在这儿花太多钱了，回不去，没关系，餐厅对面就有自行车站，可以随便骑一辆走。

🏳🎿

🍷 **MANSOURIA（芒苏瑞雅）**

菲戴博街11号，邮编75011

电话：01 43 71 00 16

休息：周日至周一中午、周二中午、8月中旬1周

营业时间：直到23:00

点菜：35欧元

套餐：30～46欧元

开了25年的老店。想要品尝摩洛哥美食的话一定要来这里。招牌菜：古斯古斯、塔基纳、摩洛哥春卷。装修：摩洛哥风格+现代风格。

▥

贝西

🍴 L'OULETTE

（乌莱特）

拉尚波蒂广场15号，邮编75012

电话：01 40 02 02 12

休息：周六至周日

营业时间：直到22:15

套餐：45～90欧元

20年的老餐厅。专注奥克地区菜肴。目前由马塞尔·博迪经营。今天的顾客们可不会再去排长队等待美味的鸭胸肉，因为他们可以坐在舒服的餐厅里，慢慢地享用。这儿的玻璃还都是隔音的，可有效地减弱里昂车站列车运行的声音。这是一个舒适、温馨的餐厅。氛围又刚刚好，让人觉得自在。菜肴也是的，味道都是刚刚好；且随着季节变化而变化。招牌菜：微

酸杕果料酒浸鹅肝，萨雷斯牛肉，鲜嫩，抹着香芹，散发着浓烈的香味（有时候也会加土豆泥）。还有几个较有特色的菜：杏仁脆皮馅饼、阿玛尼克烧酒李干。味道都很好。酒窖的藏酒也多，主要都是些来自南方的大牌葡萄酒。

美丽城

🍴 CHEZ VINCENT

（文森特家）

图内尔街5号，邮编75019

电话：01 42 02 22 45

晚上也营业。

休息：周日

营业时间：直到23:00

套餐：35～50欧元

位于昔日的普布拉别墅。19区著名的餐厅，在评级中获得了1个厨帽。几十年来，这家的意大利家常菜做得十分正宗、精致、可口，搭配的意面酱汁和开胃菜都很好。美食专家已经跟踪这家餐厅多年。对其评价都很高。

🍴 LE BARATIN

（布拉丹）

朱耶-鲁夫街3号，邮编75020

电话：01 43 49 39 70

休息：周六中午、周

日、周一、2月1周、复活节假1周、8月

营业时间：直到24:00

点菜：30欧元

套餐：15欧元

位于美丽城边上。酒窖里储藏着多种葡萄酒。这些葡萄酒都由菲利普·皮诺托挑选，他是这方面的专家：普泽拉、尼克、欧维尔努瓦等。主厨为拉凯，他在菜品中添加了诸多拉丁元素，很棒的小酒馆料理。

蒙马特

🍴 LA FAMILLE（家）

三兄弟街41号，邮编75018

电话：01 42 52 11 12

开业6年多了。是一家气氛比较随意、自由的"大食堂"。他们新来的主厨兴趣广泛，什么菜都能想出来；而他的厨艺也好，几乎可以化腐朽为神奇。就拿蔬菜来说，像甜菜、香芹等巴黎本地菜，他都能驾驭。用吸管喝香滑的芹菜汁真是一种莫大的享受！还有那卷着柚子的金枪鱼、烤肉串儿都十分美味（所以这1个厨帽值得！）。餐厅气氛热烈、活泼，有着浓浓的蒙马特味道。

▥▥

L'ASSIETTE（碟子）

拉巴街78号，邮编75018

电话：01 42 59 06 63

休息：周六上午、周日

营业时间：直到22:30

套餐：18～22欧元

餐厅的菜品质量有保证，价位不高，口味也很不错。两年来卖得最好的一道菜就是山羊奶酪红土豆寿司配芥末甜菜泥。简直太美味了！

🍴 LE COTTAGE MAR-CADET（玛卡戴小村儿）

玛卡戴街151号，邮编75018

电话：01 42 57 71 22

休息：周日至周一、4月1周、8月

营业时间：直到22:00

套餐：27～37欧元

这家小餐厅曾经是路易十六的藏身之处。主厨西里尔·什瓦西纳曾在多家著名餐厅工作过，如拉朵妈、格兰维弗尔等。他的厨艺十分了得，偏好东方菜；也做一些较为高档的菜肴，如龙虾鹅肝。他做的鱼极好：金枪鱼生鱼片，味道鲜美，刀工也很好；鳎鱼（配乌龙茶，味道很不错）、芥末金枪鱼等。这里地方比较小，有些挤。甜点创意十足，色、香、味俱

全。而且可充分体现主
厨的想象力！看到就知
道了……

圣拉扎尔、圣马丁

**♀ CHEZ MICHEL（米
歇尔家）**

贝勒赞斯街10号，邮编
75010

电话：01 44 53 06 20

休息：周六至周一

营业时间：直到24:00

点菜：50欧元

套餐：30欧元

布列塔尼菜馆。主厨
蒂埃里·布列东。招牌
菜：布列塔尼肉丸汤、
天香菜鳕鱼脊肉、秘制
牛脸肉、芥末蛋黄深海
贝，吃起来特别鲜，感
觉就像是浪花轻轻地拍
打在脸上。巴黎小酒馆
固有的装修风格；服务
生总是面带笑容，手脚
麻利。

♀ IGOLOZI（艾戈洛兹）

船仓库街6号，邮编
75010

电话：01 48 24 18 63

休息：周六晚上至周
日、8月2周

营业时间：直到23:30

点菜：28欧元

专注外高卢菜的廉价小
饭馆，充满巴黎气息。
靓菜、靓酒，菜品有嚼
劲。厨师心灵手巧，每
周他都会发明新的意大
利面以及其他新菜。酒
窖极大，藏酒丰富。

**♀ WALLY LE SAHAR-
IEN（撒哈拉的瓦利）**

罗蒂埃街36号，邮编
75009

电话：01 42 85 51 90

休息：周日至周一

营业时间：直到23:30

点菜：33欧元

套餐：39.5欧元

一家会令人一见钟情的
餐厅。这里的粗面粉是
全巴黎最好的。餐厅的
谷类几乎可以醉人，放
在舌尖上细品尝，有
一种令人无法抵抗的味
道。除此之外，这里的
帕斯蒂拉、肉馅沙丁
鱼、烧羊肉（只能用手
吃）等都十分美味。在
瓦利·肖亚基开的这家
已有40年历史的老店
里，食物充满了魔力。
餐厅里不只提供套餐，
还可以自己点菜。

473

戈米氏精选酒吧和咖啡馆

信息仅供参考，请于出发前核实。

1区

BAR HEMINGWAY（海明威酒吧）

瑞兹宅第

旺多姆广场15号，邮编75001

电话：01 43 16 30 30

常年营业：18:30－2:00

位于宅第内院。1944年，酒吧修起了栅栏，将其与宅第分隔开来。海明威经常光顾的一家酒吧，当时还叫旺多姆酒吧，只在夏天的晚上开放。

CAFÉ MARLY（马利咖啡馆）

罗浮宫黎塞留翼，邮编75001

电话：01 49 26 06 60

常年营业：8:00－2:00

人们多是来这里体验气氛、欣赏景色的。拱廊底下建有露台、颜色鲜艳的包间，其中有些包间开口朝向罗浮宫的法国雕像厅。是内行人都喜欢的一个地方。

CAFÉ OZ（欧兹咖啡馆）

圣德尼街18号，邮编75001

电话：01 40 39 00 18

营业时间：周一至周四，13:00－3:00（周五则至6:00）；周六，13:00－6:00

澳大利亚式的酒吧，收银台长22米。来这里的多是盎格鲁－撒克逊人。

COLETTE WATER BAR（科列特水吧）

圣奥诺雷街213号，邮编75001

电话：01 55 35 33 90

营业时间：周一至周六，11:00－19:00

一家特立独行的水吧。在客人们看来，这里的物件及制服都十分有个性——这可是一个新潮地！

JUVENILE'S（青年之家）

黎塞留街47号，邮编75001

电话：01 42 97 46 49

营业时间：12:00－24:00

休息：周日至周一中午

巴黎经营得十分成功的英国酒吧。供应许多法国和外国的美酒。酒吧的西班牙小吃和香肠泥味道都很好。

LE BANANA CAFÉ（香蕉咖啡馆）

费罗讷里街13号，邮编75001

电话：01 42 33 35 31

常年营业：17:00直到天亮

每周都有表演。每个晚上都有主题晚会。

LE COMPTOIR（孔普瓦）

牧羊人街37号，邮编75001

电话：01 40 26 26 66

常年营业：直到凌晨2:00

餐吧，仍旧保留着昔日的锌质吧台。弥漫着一股东方气息。没有美丽的露台，远离市场广场的喧嚣。

LE FUMOIR（吸烟室）

阿米拉尔－科利尼街6号，邮编75001

电话：01 42 92 00 24

常年营业：11:00－2:00；周日提供早午饭，12:00－15:00

装修奢华而又简单，装有极大的上下移窗，透过窗户可看到罗浮宫的柱廊。深处为图书馆——赶时髦的人爱去的地方。

LE JIP'S（吉普）

圣德尼街41号，邮编75001

电话：01 42 21 33 93

常年营业：12:00－2:00

可品尝TI-PUNCH（潘趣酒，朗姆酒加糖和青柠檬水调制而成）。弥漫着一股古巴黑人的气息。夏天的露台极为舒服。

LE RUBIS（红宝石）

圣奥诺雷市场街10号，邮编75001

电话：01 42 61 03 34

营业时间：周一至周五，7:00－22:00；周六，9:00－16:00

尽管来的都是些街区的优雅人士，但却有一股天真烂漫的儿童气息。菜品简单，多是乡野菜。共有30种酒可供选择。

2区

LE CAFÉ NOIR（黑色咖啡馆）

蒙马特街62号，邮编75002

电话：01 40 39 07 36

营业时间：周一至周五，8:00－2:00；周六，10:00－2:00

白天为较为安静的咖啡馆，晚上则十分热闹，有露天雅座。

THE FROG AND ROSBIF（青蛙和英国佬）

圣德尼街116号，邮编75002

电话：01 42 36 34 73

常年营业：12:00－2:00

店名很有意思，英语和法语的合成体。微型小酒馆，啤酒都是现酿的。配有大荧幕，用于转播足球和橄榄球比赛。十足的酒吧气氛。周日提供早午饭。

4区

CAFÉ BEAUBOURG（博堡咖啡）

圣马丁街100号，邮编75004

电话：01 48 87 63 96

常年营业：周一至周四、周日，8:00－1:00；周五、周六，8:00－2:00

离尼基德圣法尔喷泉和现代艺术博物馆很近。大理石咖啡馆，结构为细长形（中二楼为一条栈道），上面刻着克里斯蒂安・德・波赞帕克。一楼有一个小型图书馆。露台上可以晒太阳。天气好的时候，店家便会在露台上放一些摇椅。

LA BELLE HORTENSE（美丽的奥尔当芪）

老圣殿街31号，邮编75004

电话：01 48 04 71 60

常年营业：7:00－2:00

位于玛莱区中心的书店酒吧。

6区

BAR LUTÈCE（吕岱西酒吧）

吕岱西亚宅第

拉斯帕耶大街45号，邮编75006

电话：01 49 54 46 46

常年营业：9:00－1:00

爵士舞会：周三至周六，22:15－1:00

位于左岸的圣日耳曼德佩区，是唯一一家每周末都可以欣赏爵士音乐会的餐厅。内部为装饰艺术风格，由索尼亚・瑞凯尔设计。

CAFÉ DE FLORE（花神咖啡）

圣日耳曼大道172号，邮编75006

电话：01 45 48 55 26

常年营业：7:30－1:30

附近出版社的作家和编辑都是这里的常客。常有些穿着朴素的游客来光临。他们要来这里寻找逝去的时间以及巴黎存在主义作家留下的印记。

HORSE'S TRAVERN（骑兵客栈）

奥德翁路口16号，邮编75006

电话：01 43 54 96 91

营业时间：周一至周四，7:30－2:00；周五至周六，7:30－4:00

古典酒吧。选择多，服务好。共有15桶压制啤酒，110瓶罐装啤酒。

LA PALETTE（帕列特）

塞纳街43号，邮编75006

电话：01 43 26 68 15

常年营业：9:00－2:00

街区最古老的一家酒吧。露台很大也很安静，后院则挤满了人。

LE BAR DU MARCHÉ（马尔谢酒吧）

塞纳街75号，邮编75006

电话：01 43 26 55 15

常年营业：8:00－2:00

靠近布西街的市场。店里总是人满为患，常客经常会来光顾。

LES DEUX MAGOTS（双偶咖啡）

圣日耳曼德佩广场6号，邮编75006

电话: 01 45 48 55 25

营业时间:

超现实主义者和存在主义者常来光顾的咖啡馆，他们经常对着圣日耳曼德佩教堂喝热巧克力。这里的糕点通常都放在盘子里，都是糕点师傅随性做的，他们在使用添加剂方面可是很小心的。

▓▓▓ 8区 ▓▓▓

CAFÉ JACQUEMART-ANDRÉ（雅克马尔·安德烈咖啡馆）

奥斯曼大道158号，邮编75008

电话: 01 45 62 04 44

营业时间: 每天7:30—1:00

早餐: 11:45—15:00；周日早午饭，11:00—15:00；

茶馆: 15:00—17:30

装饰奢华，天花板上的壁画出自提埃波罗之手。露台很漂亮。参观完雅克马尔-安德烈博物馆再来这里，实在棒极了。

LE FOUQUET'S（富格）

香榭丽舍大道99号，邮编75008

电话: 01 47 23 70 60

常年营业: 8:00—0:30

餐厅营业时间: 8:00—15:00，19:00—0:30

人们都是冲着富格的露台来的，那是香榭丽舍大道上最美的露台之一。

VIRGIN CAFÉ（维珍咖啡）

香榭丽舍大道52—60号，邮编75008

电话: 01 42 89 46 81

常年营业: 10:00—24:00

入口处有一座庄严的楼梯。之前是银行，后改为音像店。服务态度很好，热情且舒服。

▓▓▓ 9区 ▓▓▓

LE CAFÉ DE LA PAIX（和平咖啡馆）

卡普西那大街12号，邮编75009

电话: 01 40 07 36 36

常年营业: 7:00—23:30

这家咖啡馆的装饰与附近的歌剧院不太一样。有一条开放的露天走廊，亦是巴黎最长的一条露天走廊，可欣赏迷人的卡普西那大街。

LE MOLOKO（摩洛哥）

冯丹街26号，邮编75009

电话: 01 48 74 50 26

常年营业: 23:00—6:00

一家可以跳舞的酒吧。这个酒吧所在的街区有上千家历史悠久的夜总会。

THE WORLD BAR（世界酒吧）

普罗旺斯街春天百货，邮编75009

电话: 01 42 82 78 02

营业时间: 周一至周六，9:30—20:00（周四到22:00）

位于五楼。下午在春天百货逛完之后可以来这里小憩一下。

▓▓▓ 10区 ▓▓▓

BIZZART（比扎尔）

瓦尔米滨河路67号，邮编75010

电话: 01 40 34 70 00

营业时间: 周三至周六，20:00—5:00；周日下午

音乐吧: 灵魂乐、乡土爵士乐、福音歌曲……

LE ZOCO（左可）

克劳德－维勒弗大街22号，邮编75010

电话: 01 42 01 03 92

营业时间: 周一至周六，8:00—2:00

装饰风格朴素、精致。服务生和街区的居民一样亲切。舞会通常都由DJ主持，十分热闹。

▓▓▓ 11区 ▓▓▓

BLUE BILLARD（蓝桌球）

圣马尔街111号，邮编75011

电话: 01 43 55 87 11

常年营业: 11:00—2:00

面积达1000平方米，有13张台球桌，一个大厅，还有中二楼。在12:00和14:00这段时间吃特定早餐可免费打一盘球。

CITHEA（西戴雅）

欧伯康普街114号，邮编75011

电话: 01 40 21 70 95

营业时间: 周二至周四，12:00—5:30；周五、周六，12:00—6:30

跳舞酒吧，主要播放现场音乐。每周会举行多次音乐会，如爵士乐、乡村爵士乐等。通常有DJ在场。

LE CAFÉ DE L'INDUSTRIE（工业咖啡馆）

圣萨宾街16—17号，邮编75011

电话: 01 47 00 13 53

常年营业: 10:00—2:00

离巴士底不远。深受大众喜爱。午后光线极好。

LE CAFÉ DU PASSAGE（走廊咖啡馆）

夏洛讷街12号，邮编75011

电话: 01 49 29 97 64

常年营业: 18:00—2:00

供应多种葡萄酒、威士忌、香槟、白兰地，可搭配地方口味的肉菜或推荐菜品。

LE CHARBON（木炭咖啡馆）

欧伯康普街109号，邮编75011

电话: 01 43 57 55 13

常年营业: 9:00—2:00（周四至周六到4:00）

欧伯康普街最时髦的地方之一。古典城的晚上和周末来的都是些时髦的客人。白天的客流则比较杂。有音乐厅。

LE MANGE DISQUE（电唱机）

国王喷泉街58号，邮编75011

电话: 01 48 06 69 27

营业时间: 周二至周五，12:00—15:00，18:00—2:00；周六，18:00—2:00

位于美丽城和共和国广场之间，既是酒吧又是音像店，既可以喝酒又可以跳舞。

LE SANZ SANS（桑兹－桑斯）

圣安东尼郊区街49号，邮编75011

电话: 01 44 75 78 78

营业时间: 周一、周三，9:00—2:00（有时到4:00）；周四至周六，9:00—5:00

酒吧，音乐餐厅。装饰富有特色。每晚都有DJ。

LE SATELLITE'CAFÉ（卫星咖啡厅）

梅里库尔宅第街44号，邮编75011

电话: 01 47 00 48 87

营业时间: 周二至周四，20:00—3:00；周五、周六，20:00—6:00；周日，18:00—2:00

音乐酒吧。音响效果极好。可观看古巴萨尔萨舞。

▓▓▓ 13区 ▓▓▓

LQ FOLIE EN TETE（疯狂）

鹌鹑山丘街33号，邮编75013

电话: 01 45 80 65 99

营业时间: 周一至周六，18:00—2:00

街区唯一的酒吧。从前以举行音乐会而出名。仍旧有许多忠实的顾客，现在的电子音乐爱好者（摇滚、爵士、法国香颂等）也喜欢来这里。

▓▓▓ 14区 ▓▓▓

INDIANA CLUB（印第安纳俱乐部）

缅因大街77号，邮编75014

电话: 01 43 22 50 46

营业时间: 周一、周二、周日，9:00—2:30；周三、周四，9:00—3:00；周五、周六，9:00—5:00

店里有10张美式台球桌，1张法式台球桌。

LA COUPOLE（圆顶）

蒙帕纳斯大街102号，邮编75014

电话: 01 43 20 14 20

常年营业: 8:30—0:00（周五、周六到1:00）

咖啡馆餐厅。装饰艺术风格。疯狂年代时蒙帕纳斯炙手可热的地方。

LE SOUS-BOCK（苏博克）

圣奥诺雷街49号，邮编75001

电话：01 40 26 46 61

营业时间：周一至周日，11:00－15:00

想要品尝各种口味的啤酒？那就一定得来这里，要知道，这家酒吧可有150多种啤酒！

UTOPIA CAFÉ CONCERT（乌托皮亚音乐咖啡厅）

西街79号，邮编75014

电话：01 43 22 79 66

营业时间：周一至周六，22:00以后直到深夜

每天晚上都会举行音乐会，曲风有蓝调、摇滚、乡村音乐及饶舌音乐。嗜酒爱好者一般是不会来这里的。

16区

DOKHAN'S（多坎斯）

特罗卡德罗·多坎斯宅第劳里斯东街117号，邮编75016

电话：01 53 65 66 99

常年营业：6:30－1:00（早餐：6:30－12:00）

每当太阳下山，灯火初上时，这个香槟酒吧就会变得热闹。这家酒吧共有50多种香槟，是巴黎香槟品种最丰富的香槟酒吧之一。

LE MOJITO HABANA（莫吉托·哈巴那）

普雷斯堡街19号，邮编75116

电话：01 45 00 84 84

营业时间：周一至周五，11:00－15:00；周六，19:00－3:00

这里的拉美音乐不禁令人想起远在千里之外的哈瓦那。这家酒吧餐厅融合了各方面元素。供应鸡尾酒及精制雪茄。每天晚上都举行不同曲风的音乐会。

18区

AUX NOCTAMBULES（致夜游者）

克利希大街24号，邮编75018

电话：01 46 06 16 38

营业时间：周一至周六，10:00－5:00

大家都欣赏这里的媚俗表演。

LA FOURMI（蚂蚁）

马尔蒂尔街74号，邮编75018

电话：01 42 64 70 35

营业时间：周一至周四，8:30－2:00；周五至周六，8:30－4:00；周日，10:00－2:00

在去迪万和斯加尔剧院欣赏音乐会之前，可先来这里喝一杯。千万不要忘记去皮加勒逛一逛，那里每到晚上和周末就人满为患。

LE SANCERRE（桑塞尔）

阿贝斯街35号，邮编75018

电话：01 42 58 08 20

常年营业：7:00－2:00

街区斗牛爱好者的聚集地。

19区

LE CAFÉ DE LA MUSIQUE（音乐咖啡馆）

让－饶勒斯大道213号，邮编75019

电话：01 48 03 15 91

常年营业：8:00－2:00

这家咖啡馆的露台很美，对面为日光浴场。

20区

LA FLÈCHE D'OR（金箭）

巴尼奥莱街102号，邮编75020

电话：01 43 72 04 23

营业时间：周一至周六，7:00－2:00

巴黎环城铁路中的一个站，地势相对较高。新潮音乐的汇集地。记得不要错过"摇滚死了吗？"每月舞会。在这里，你可以体验到时髦的英国独立音乐。

LA MAROQUINERIE（马罗奎里）

布瓦耶街23号，邮编75020

电话：01 40 33 35 05

常年营业：11:00－1:00

经常举行音乐会和展览。餐厅有独立的音乐厅。

ANGÉLINA（安吉丽娜）

里沃利街226号，邮编75001

电话：01 42 60 82 00

营业时间：周一至周五，8:00－18:45；周六、周日，9:00－19:00

1903年，著名的兰坡梅耶沙龙改名为"安吉丽娜"（老板娘的名字）。装修颇具凡尔赛风格。招牌甜点：蒙布朗蛋糕（圆形的奶油栗子蛋糕）以及热巧克力。

A PRIORI THÉ（先天好茶）

薇薇安娜长廊35－37号，邮编75002

电话：01 42 97 48 75

营业时间：周一至周五，9:00－18:00；周六，9:00－18:30；周日，12:00－18:30

位于幽静的薇薇安娜长廊里。供应精选茶叶、精致糕点以及清淡简餐。菜单上印有和长廊一样的意大利拼接花样。

LADURÉE（拉杜蕾）

香榭丽舍大道75号，邮编75008

电话：01 40 75 08 75

常年营业：7:30－23:00

香榭丽舍大道左侧又一次走在了时尚前沿。拉杜蕾的第二家茶馆由雅克·加西亚装修，视野开阔，可以欣赏到香榭的美景。招牌甜点：马卡龙、巧克力蛋挞等。

LA FOURMI AILÉE（富米埃雷）

弗阿尔街8号，邮编75005

电话：01 43 29 40 99

常年营业：12:00－24:00

此前为女权主义者的图书馆。后被改建成厨房小站，用于煮茶、烹制圆面包、沙拉等。书架靠墙摆放。冬天时灯火通明。

MOSQUEE DE PARIS（巴黎清真寺）

普德埃尔米米特广场1号，邮编75005

常年营业：9:00－12:00

有一个内院。摩尔风格的大厅，虽有些突兀，但令人觉得自在。东方

糕点配薄荷茶，还是很不错的。

三明治专卖店

巴黎有许多又便宜又美味的快餐厅。面包店、熟食店和三明治专卖店都很不错。

Cosi（科西）

塞纳街54号，邮编75006
电话：01 46 33 35 36
常年营业：12:00—23:00
店里气氛温馨，装饰着朴素的壁画。楼上总是座无虚席。面包是用柴火焙烤的，散发出一股淡淡的橄榄油香味。

LINA'S（妮娜家）

奥斯曼大道40号，邮编75009
电话：01 45 26 41 72
营业时间：周一至周六，9:30—18:30（周四可延长到20:30，周日则到20:00）
三明治套餐中配有新鲜果汁，不必另点。可堂食也可打包带走。在巴黎有多家分店。

俱乐部

ÉLYSÉE MONTMARTRE（蒙马特爱丽舍）

罗什舒阿大街72号，邮编75018
电话：01 44 92 45 36
营业时间：
从前为兰开复式摔跤馆。爱丽舍宫的舞会十分受欢迎。每月会举行两次传统舞会，另有风笛舞会等其他不同形式的舞会。

FOLIES'S PIGALLE（皮加勒别墅）

皮加勒广场11号，邮编75009
电话：01 48 78 55 25
营业时间：周二至周日，20:00开始营业
剧场式咖啡舞厅。有表演、音乐会、戏剧。晚上8:00开始，大概在半夜结束。半夜俱乐部则会一直嗨到天亮。

LE BALAJO（巴拉乔）

拉普街9号，邮编75011
电话：01 47 00 08 74
营业时间：周二至周日，19:30—3:00；周日，15:00—19:00
从1936年开始，这家舞厅就十分受欢迎，吸引了诸多舞蹈爱好者。舞蹈类型包括摇滚、现代舞、迪斯科……每周日下午举行风笛舞会。

LE NEW MORNING（崭新早晨）

小马厩街7—9号，邮编75010
电话：01 45 23 51 41
一家难以对其进行分门别类的俱乐部。巴黎唯一一家世界级俱乐部。许多国际大牌的爵士乐歌者都曾在这里表演过。时常会有不同领域的艺术家来这里表演（蓝调、爵士、民乐……）。

LE PETIT JOURNAL（小报）

圣米歇尔大道71号，邮编75005
电话：01 43 26 28 59
营业时间：周一至周六，20:00—1:30
新奥尔良爵士乐俱乐部。克劳德·波林和马塞尔·扎里尼均是这里的常客。这里同时也是餐厅。

LE RÉSERVOIR（大仓库）

皇家铁厂街16号，邮编75011
电话：01 43 56 39 60
营业时间：周一至周四、周日，20:00—2:00；周五、周六，20:00—5:00
既是酒吧又是餐厅。没有音乐厅。不过这里举行的表演其他地方更正宗。每周都会举行主题舞会，周末则会举行各种类型的音乐会（摇滚、萨尔萨等）。

LES BAINS DOUCHES（班杜什）

阿贝乡村街7号，邮编75003
电话：01 53 01 40 60
营业时间：周二至周六，23:00开始营业
酒吧、餐厅焕然一新，就连菜单也进行了更新。2009年举行的舞会更多。

LES INSTANTS CHAVIRES（激情瞬间）

蒙特赫伊爱弥尔—左拉街2号，邮编93100
罗伯斯庇尔地铁站
营业时间：
电话：01 42 87 25 91
俱乐部最特别的地方——即兴表演。表演爱好者和狂热摇滚分子绝对不要错过。

QUEEN（王后）

香榭丽舍大道102号，邮编75008
电话：08 92 707 330
常年营业：24:00—6:00
舞会类型多样，顾客众多。

PARIS JAZZ CLUB（巴黎爵士俱乐部）

邮编75001

LE BAISER SALE（咸咸的吻）

隆巴尔街58号
电话：01 42 33 37 71

DUC DES LOMBARDS（隆巴尔公爵）

隆巴尔街42号
电话：01 42 33 22 88

SUNSET（日落）

隆巴尔街60号
电话：01 40 26 21 25

SUNSIDE（日出）

隆巴尔街60号
电话：01 40 26 21 25
巴黎爵士乐俱乐部协会。流行音乐会：年轻音乐家，惠票票价。每月都会举行"一个入口，四家俱乐部"音乐会。

REX CLUB（雷克斯俱乐部）

普瓦松尼埃大街5号，邮编75002
电话：01 42 36 10 96
常年营业：周二至周六，23:30—6:00
高科技电子舞曲爱好者不可错过的地方。

电影院

巴黎7区为艺术区，为诸多电影公司所在地，经常举行商业、文化活动。除了大型电影公司外，还有一些小电影院。

→ MK2

电话：0892 698 484

MAJESTIC（马捷斯蒂克）

电话：0892 684 824

UGC

电话：0892 696 696

GAUMONT ET PATHE（高蒙和帕泰）

电话：0892 696 696

→ 其他电影院

ACCATONNE（阿卡托讷）

丘拉路20号，邮编75005
电话：01 46 33 86 86
放映大电影，在当时引起了极大的反响！

ACTION CHRISTINE ODÉON（克里斯汀·奥德翁）

克里斯汀街4号，邮编75006
电话：08 92 68 05 98（连锁影院）
放映大西洋彼岸的电影。

ACTION ÉCOLES（学院）

学院街25号，邮编75005
电话：08 92 68 05 98（连锁影院）
共有两个放映厅，用于播放美国20世纪四五十年代的喜剧。装修仍保持原状。

CINÉMATHÈQUE FRANÇAISE（法国电影资料馆）

贝西街51号，邮编75012
电话：01 71 19 33 33
同时为电影资料馆、电影图书馆及电影博物馆所在地。用于播放法国和外国影片，举行电影讨论会、聚会等。

ENTREPÔT（仓库）

弗兰西—德普雷桑雍街7—9号，邮编75014
电话：01 45 40 07 50
电影放映后会举行电影导演讨论会——空前绝后的创举。

ÉPÉE DE BOIS（木剑）

穆塔德街100号，邮编75005
电话：08 92 68 07 52
一座位于小木屋里面的电影院。优先放映法国导演和欧洲导演的作品。

ESCURIAL PANORAMA （西班牙皇宫）

皇家港口大道11号，邮编75013

电话：01 47 07 28 04

（艺术电影院）

这座电影院仍旧保留着古老的放映设备。用布幕放映现代电影。

FORUM DES IMAGES （影像广场）

市场广场

圣厄斯塔什门

电影街2号，邮编75001

电话：01 44 76 63 00

每个影厅播放不同的主题电影。电影院收集了1895年至今的巴黎影像。

GÉODE （全天域电影院）

拉维莱特公园

克汗丹·卡里乌大道26号，邮编75019

电话：01 40 05 79 99

半圆形的屏幕，面积达1000平方米。

GRAND ACTION （格兰行动）

学院街5号，邮编75005

电话：08 92 68 05 98

（连锁影院）

共有2个放映厅。主要播放古典电影。

IMAGES D'ALLEURS （别处风景）

克莱夫街21号，邮编75005

电话：01 45 87 18 09

艺术电影院。

LA PAGODE （宝塔）

巴比伦街57号，邮编75007

电话：01 45 55 48 48

电影爱好者常去的地方。花园里有一个小茶馆。

LE BALZAC （巴尔扎克）

巴尔扎克街1号，邮编75008

电话：01 45 61 10 60

导演主题影院。香榭丽舍大道上的电影院都极大，巴尔扎克与之明显不搭调。每周六晚上7：00——电影开始之前都会举行音乐会。

LE CHAMPO （香波）

学院街51号，邮编75005

电话：01 43 54 51 60

放映古典电影。

LE GRAND REX （格兰·雷克斯）

普瓦松尼埃大街1号，邮编75002

电话：0892 68 05 96

其中一座放映厅拥有2800个座位。天花板和墙壁上装饰着《西班牙人民》的粉饰灰泥画。荧幕长18米，宽8.5米。此外，还有3个不同的放映厅。

LE NOUVEAU LATINA （新拉蒂娜）

圣豫街20号，邮编75004

电话：01 42 78 47 86

共有2个放映厅。主要播放欧洲南部和拉丁美洲的古代和近代电影。另有1个展厅和1个拉丁酒馆。

MAC-MAHON （麦克马洪）

麦克马洪大道5号，邮编75017

电话：01 43 80 24 81

美国古典艺术的殿堂。可以欣赏到美国著名影星奥黛丽·赫本、比利·怀尔德等的精彩表演。

MAX LINDER PANORAMA （马克斯·林德）

普瓦松尼埃大街24号，邮编75009

电话：0892 68 50 52

屏幕大小：200平方米。因屏幕的弧度及合适的座位间隔，观影效果很不错。

REFLET MÉDICIS （美第奇影像）

商ז良街3—7号，邮编75005

电话：01 43 54 42 34

每周都会发行古典电影和某些现代电影的录像带。

STUDIO 28 （28号摄影棚）

托洛泽街10号，邮编75018

电话：01 46 06 36 07

20世纪20年代末成为艺术电影院。

STUDIO GALANDE （加兰德摄影棚）

加兰德街42号，邮编75005

电话：01 43 26 94 08

近年来放映了许多好电影，如《洛基恐怖秀》（一部从20世纪70年代末至今拥有无数铁杆粉丝的电影）。

CENTRE NATIONAL DE LA DANSE （国立舞蹈中心）

庞坦维克多·雨果街1号，邮编93500

电话：01 41 83 98 98

艺术批评、研究、会议、创作和演出中心。

CITE DE LA MUSIQUE （音乐城）

让-饶勒斯大道221号，邮编75019

电话：01 44 84 44 84

播放各种音乐：囊括中世纪到现代的音乐，爵士、法国香颂和世界音乐。夏季，音乐城会开设公共辅导课，另设爪哇打击乐教室，也用于举行各式比赛。内有音乐博物馆。

L'ÉTOILE DU NORD （北方之星）

乔杰特-阿戈特街16号，邮编75018

电话：01 42 26 47 47

目前为戏院和舞厅。

OPÉRA-BASTILLE （巴士底歌剧院）

巴士底广场，邮编75012

电话：08 92 89 90 90

举行古典音乐会和舞蹈表演，上演歌剧及其他当代艺术作品。内有梯形大厅，用于举办音乐会、秋季音乐节以及音乐作品展览。

OPÉRA-COMIQUE （喜剧院）

法瓦尔街5号，邮编75002

电话：01 42 44 45 40

19世纪法国的"剧目库"，用于举行多种表演：轻歌剧、喜剧，也用于举办当代音乐表

演、古典音乐会等。

OPÉRA-GARNIER （加尼叶歌剧院）

歌剧院广场，邮编75009

电话：08 92 89 90 90

主要上演古典或者当代歌剧，举行交响音乐会和舞蹈表演。

RADIO-FRANCE （法国广播电台）

肯尼迪总统大道16号，邮编75116

电话：01 56 40 15 16

法国广播电台资助的国家交响乐团，演奏的多是柏辽兹和瓦雷斯的作品。

SALLE GAVEAU （卡沃大厅）

博埃蒂街45号，邮编75008

电话：01 49 53 05 07

主要用于举办钢琴演奏会和室内音乐会。有时也用于举办交响音乐会。

SALLE PLEYEL （普雷耶大厅）

圣奥诺雷郊区街252号，邮编75008

电话：01 42 56 13 13

极棒的音乐厅。自1978年以来，这里诞生了许多音乐作品。许多伟大的音乐家、独奏者和交响乐团都曾在这里举行音乐会。

STUDIO LE REGARD DU CYGNE （天鹅目光摄影棚）

美丽城街210号，邮编75020

电话：01 43 58 55 93

这是舞蹈家和具有知名度的编舞者的舞台。常有法国和外国青年剧团的表演。

THÉÂTRE DE LA BASTILLE （巴士底戏院）

罗科特街76号，邮编75011

电话：01 43 57 42 14

节目类型：戏剧和当代舞蹈表演。

THÉÂTRE DE LA VILLE （维尔戏院）

夏特莱广场2号，邮编

75004

电话：01 42 74 22 77

在这里，可以欣赏到古典音乐及世界音乐。每年都会有知名艺术家举办的专场表演，如皮娜·鲍什、卡洛琳·卡尔森、崔莎·布朗、菲利普·戴古弗雷、约瑟夫·纳基、安娜·特蕾莎·姬尔斯美可等，都值得一看。另外，也上演戏剧节目。

THEÂTRE DE ABBE-SSES（阿贝斯戏院）

阿贝斯街31号，邮编75018

电话：01 42 74 22 77

节目类型与维尔院相差无几。此外，还用于举办世界音乐专场音乐会，上演戏剧。

THEÂTRE DES CHA-MPS-ELYSEE（爱丽舍戏院）

蒙田大街15号，邮编75008

电话：01 49 52 50 50

节目类型：歌剧、独奏音乐会、室内音乐会、舞蹈。

THEÂTRE DU CHÂTELET（夏特莱剧院）

夏特莱广场1号，邮编75001

电话：01 40 28 28 40

节目类型：歌剧、音乐、古典舞。偶尔也是创造性舞蹈和现代音乐的表演舞台。

戈米氏精选商店

信息仅供参考，请于出发前核实。

时尚配饰

→ 帽子

ANTONY PETO（安东尼·佩托）

提克托纳街56号，邮编75001

电话：01 40 26 60 68

营业时间：周一至周六，11:00－19:00

出售男女帽。

MARIE MERCIÉ（玛丽·梅斯埃）

圣叙尔皮斯街23号，邮编75006

电话：01 43 26 45 83

营业时间：周一至周六，11:00－19:00

女帽店。款式很多。

→ 鞋子

CHRISTIAN LOUBOUTIN（克里斯汀·鲁布托）

让-雅克·卢梭街19号，邮编75001

电话：01 42 36 53 66

营业时间：周一至周三，10:30－19:00

因"红鞋底"而出名。鞋子的设计师从前为罗杰·维维埃的助手。

DELAGE（德拉奇）

瓦卢瓦街15号，邮编75001

电话：01 40 15 97 24

营业时间：周二至周五，10:30－18:30；周一和周六，10:30－13:00，14:00－18:30

外国鞋店。造型简约，轻便、舒适，颜色丰富。

MASSARO（玛萨罗）

和平街2号，邮编75002

电话：01 42 61 00 29

营业时间：周一至周六，9:30－12:30，14:00－19:00

制靴商。1894年就开设了手工作坊，同时也是高级定制服装店。

PIERRE CORTHAY（皮埃尔·科尔泰）

沃勒内街1号，邮编75002

电话：01 42 61 08 89

营业时间：周一至周五，9:30－19:00；周六，10:00－12:30，14:30－19:00

有一个大橱窗，可以看到里面的诱人商品。

→ 其他

COLETTE（科列特）

圣奥诺雷街213号，邮编75001

电话：01 55 35 33 90

营业时间：周一至周六，11:00－19:00

囊括来自世界各地的设计师符合"科列特"理念的产品。有诸多效仿者。这类店铺里的商品种类极多：艺术品、设计、配饰、化妆品、电子产品……店里设有水吧。

→ 皮件

HERMES（爱马仕）

圣奥诺雷郊区街24号，邮编75008

电话：01 40 17 47 17

营业时间：周一至周六，10:30－18:30

店铺（参观需预约）二楼从前为品牌创始人的办公室，现为小型的爱马仕博物馆。通过参观这个博物馆，可以了解爱马仕品牌的兴衰史。

LOUIS VUITTON（路易·威登）

香榭丽舍大道101号，邮编75008

电话：01 53 57 24 00

营业时间：周一至周六，10:00－20:00

出售路易·威登全线产品：行李箱、皮件、珠宝、手表、皮鞋以及由美国人马克·雅各布设计的成衣系列。

→ 缝纫用品

ENTREE DES FOURNISSEURS（供应商之家）

自由法兰克人街8号，邮编75003

电话：01 48 87 58 98

营业时间：周一，14:00－19:00；周二至周五，10:30－19:00；周六，10:30－19:00

商品种类齐全：纽扣、浅底花缎、羊毛等。

→ 雨伞

ALEXANDRA SOJFER（亚历山大·索夫）

圣日耳曼大道218号，邮编75007

电话：01 42 22 17 06

常年营业：9:30－19:00

这个家族游超凡技艺和对美的热爱一代一代地流传了下来。今天，乔治·加斯帕的女儿亚历山大·索夫在店里售卖自己设计、制作的雨伞，富有特色。

首饰

BOUCHERON（宝诗龙）

旺多姆广场26号，邮编75001

电话：01 42 61 58 16

营业时间：周一至周六，10:30－19:00

1893年开业。因在设计中大量使用水晶而出名。

CARTIER（卡地亚）

旺多姆广场23号，邮编75001

电话：01 44 55 32 20

营业时间：周一至周六，10:30－19:00

卡地亚品牌特点：主推动物形钻石。1914年，米歇林·卡奴伊设计了钻石豹子，掀起一阵狂潮。

CHAUMET（尚美）

旺多姆广场12号，邮编75001

电话：01 44 77 24 00

营业时间：周一至周六，10:00－19:00

拿破仑一世曾在这里定做首饰。可见其技艺的高超和精湛。

MAUBOUSSIN（莫布森）

旺多姆广场20号，邮编75001

电话：01 44 55 10 00

营业时间：周一至周六，10:30－19:00

这个品牌有100多年的历史，是巴黎最古老的珠宝店之一。特色：混合宝石、钻石和珍珠等元素。

MELLERIO（麦兰瑞）

和平街9号，邮编75002

电话：01 42 61 57 23

营业时间：周一至周六，11:00－19:00

旺多姆广场上最古老的珠宝店。

ON AURA TOUT VU（高定品牌）

皇家宫殿

蒙特潘斯尔街23号，邮编75001

电话：01 42 60 75 66

有预约才会营业。

首饰、高级定制。由3位设计师合作的品牌店。每年会举行时装秀。

SIC AMOR（斯克·阿穆）

路易-腓力桥街20号，邮编75004

电话：01 42 76 02 37

营业时间：周一至周六，10:00－19:30；周日，12:00－19:00

一家极具诱惑力的店铺。商品：奥利、波列提、博卡拉等设计师的作品，颜色丰富，材料多样（纺织品、树脂、珍珠、宝石、水晶等），同时有婚礼系列作品。

VAN CLEEF&ARPELS（梵客&雅宝）

旺多姆广场22号，邮编75001

电话：01 53 45 35 50

营业时间：周一至周五，10:30－19:00；周六，11:00－19:00

橱窗里摆放着许多精致的首饰，上面没有品牌标志。

博物馆的商店

在巴黎市区和其他地区，许多博物馆和名胜古迹内部都设有商店。店里售卖的均是一些名贵珠宝的复制品、雕像模型、毛皮长披肩、围巾、手袋、扇子、装饰品……下面是其中一些店的店址。

罗浮宫
邮编75001
电话：01 40 20 68 84

橘园博物馆
邮编75001
电话：01 42 96 67 71

毕加索博物馆
邮编75003
电话：01 42 71 97 15

中世纪博物馆
邮编75005
电话：01 53 73 78 22

欧仁·德拉克洛瓦博物馆
邮编75006
电话：01 43 54 68 48

奥赛博物馆
邮编75007
电话：01 47 53 60 23

军事博物馆
邮编75007
电话：01 44 42 54 43

大皇宫的国家长廊
邮编75008
电话：01 44 13 17 42

吉美博物馆
邮编75016

电话：01 56 52 54 17

装饰

→ 手工业

GALERIE BAMYAN（巴彦长廊）

圣路易岛街72号，邮编75004

电话：01 46 33 69 66

营业时间：周二至周六，11:30－20:00；周日，14:30－20:00

阿富汗人常来这里购买家具、地毯、纺织品、首饰等。

LA TUILE A LOUP（跳跃的陶艺）

多邦东街35号，邮编75005

电话：01 47 07 28 90

营业时间：周一，13:00－19:00；周二至周六，10:30－19:00

商品琳琅满目：来自法国各个省的手工艺品、当代艺术家的作品。天花板上挂着编织篮，桌上堆着许多上釉的陶土餐具、彩色小泥人、布匹等。

→ 书

LA MAISON RUSTIQUE（乡野之家）

雅克布街26号，邮编75006

电话：01 42 34 96 60

营业时间：周一至周六，10:00－19:00

各类装饰艺术的殿堂。有上百本世界各地的艺术装书的书。书的主题也极为丰富：室内装饰、园艺、植物等。一定不要错过这里的玫瑰系列书籍（英语书），以及著名装饰家雅克·加西亚的玫瑰摄影集。

→ 旧货商店

MILLER&BERTAUX（米雷&贝尔托）

费尔迪南-杜瓦尔街17

号，邮编75004

电话：01 42 78 28 39

营业时间：周二至周六，11:15－13:30，14:00－19:00

出售服装、香水，还有一些难以找到的稀有物件。

→ 色彩

COULEURS DU QUAI VOLTAIRE（伏尔泰滨河路的色彩）

伏尔泰滨河路3号，邮编75007

电话：01 42 60 72 15

营业时间：周一，14:00－18:30；周三至周六，10:00－12:45，14:00－18:30

于1887年开业。绘画用品的圣地。有轻便画架、天青石等。

→ 水晶

BACCARAT（巴卡拉）

美国广场11号，邮编75116

电话：01 40 22 11 22

营业时间：周一至周六，10:30－20:00

这里的水晶极为诱人，有许多设计都是独一无二的。颇受欢迎。

LALIQUE（莱俪）

皇家街11号，邮编75008

电话：01 53 05 12 12

营业时间：周一至周六，10:00－19:00

莱俪刚开始为珠宝公司。1911年，勒内-莱俪改行设计香水瓶。商品：玻璃制品、办公室配件、首饰、装饰品、香水。

→ 设计

SENTOU RASPAIL（桑图拉斯帕耶分店）

拉斯帕大街26号，邮编75007

电话：01 45 49 00 05

营业时间：周一，14:00－19:00；周二至周

六，11:00－19:00

SENTOU MARAIS（桑图玛莱区分店）

弗朗索瓦-米洪街29号，邮编75004

电话：01 42 78 50 60

营业时间：周二至周六，11:00－19:00

出售各大设计师的作品。也有网上销售。

→ 镜框

EUGENIE SEIGNEURS（欧也妮·塞涅尔）

夏尔洛街16号，邮编75003

电话：01 48 04 81 96

营业时间：周一至周五，10:00－13:00，14:00－19:00；周六，10:00－13:00，15:00－17:00

商店的橱窗里陈列着许多特色的镜框。这家店的镜子边框尤为特别。

→ 珐琅

GIEN（吉恩）

阿尔克德街18号，邮编75008

电话：01 42 66 52 32

营业时间：周二至周五，10:30－19:00；周六，11:00－18:30

闻名遐迩。桌上陈列着许多古代和当代的珐琅。墙上也挂着一些极为养眼的作品。

→ 家具和摆件

LIWAN（莉婉）

圣叙尔皮斯街8号，邮编75006

电话：01 43 26 07 40

营业时间：周一，14:00－19:00；周二至周六，10:30－19:00

设计师丽娜·奥迪与地中海东部的手工业者制作了现代而又不会过时的服装及配件。特点：材料养眼，线条简洁，颜色丰富。商品：柔软的浴巾，散发出阵阵清

香的肥皂、拖鞋、鸭绒被、铜制品、靠垫等。

主要是些日常的生活用品，简约，既现代又古典，功能性强。

MAISON DE FAMILLE（家）

圣叙尔皮斯街29号，邮编75006

电话: 01 40 46 97 47

营业时间: 周一至周六，10:30－19:00

一家独一无二的店: 就像一座真正的房子，装饰偏冷色调。每个房间都摆放着家具、物件以及服装（2楼）。

→ 金银器

CHRISTOFLE（昆庭）

皇家街9号，邮编75008

电话: 01 55 27 99 00

营业时间: 周一至周六，10:00－19:00

店里的金银器十分精美。另外，还出售一些桌上的摆件，如水晶和陶瓷等。对了，不要错过这里的首饰，这可是他们自1830年起就涉足的行业。

→ 纸

CALLIGRANE（加利格拉）

路易·腓力桥街6号，邮编75004

电话: 01 40 27 00 74

营业时间: 周二至周六，11:00－19:00

加利格拉应该是最具创新性的纸商了。出售各种系列的纸张以及法比亚诺精选纸张（共有17个颜色）。此外，这里还有许多来自世界各地的材料纸。

→ 水晶脱蜡精铸

DAUM（都慕）

和平街4号，邮编75002

电话: 01 42 61 25 25

营业时间: 周一，11:00－19:00；周二至周六，

10:00－19:00

水晶脱蜡精铸的专家。颜色丰富，质地柔软，造型多变。

→ 纺织

LE JARDIN MOGHOL（莫高尔花园）

圣克瓦布勒托尼街18号，邮编75004

电话: 01 48 87 41 32

营业时间: 周二至周六，11:00－19:30；周日，14:00－19:30

商品的设计者是两个住在印度的艺术家。纺织品（衬衫、桌布等）的质量极好，花样、颜色丰富（参考了18世纪莫高尔王朝的流行色彩）。外套、花格子旅行毯这类几何纺织品颜色多为渐变的褐色、米色和黑色。

MAISON DE VACANCES（假日商店）

蒙特潘蒂埃廊街63－64号，邮编75001

电话: 01 47 03 99 74

营业时间: 周一至周六，11:00－14:00，14:30－19:00

一家充满艺术气息的店。出售商品为粗布、精细花布，同样富有艺术气息。

大型百货商店

BHV（市政厅百货）

里沃利街和圣殿街的拐角，邮编75001

电话: 01 42 74 90 00

营业时间: 周一至周二、周四至周五，9:30－19:30；周三，9:30－21:00；周六，9:30－20:00

市政厅百货是园艺工匠的天堂，这里出售各种工具、五金制品等。里面有一家可供休闲放松的咖啡厅。对了，不要忘记这里是百货商店，时装、香水、首饰应有尽有。

LE BON MARCHE（乐蓬马歇）

塞弗尔街24号，邮编75007

电话: 01 44 39 80 00

营业时间: 周一至周三，10:00－19:30；周四，10:00－21:00；周五，10:00－20:00；周六，9:30－20:00

位于塞纳河左岸的大型百货商店。内有许多奢华品牌店: 时装、装饰、化妆品、连锁高端零售店等。另有一家餐厅。

GALERIS LAFAYETTE（拉法耶特百货）

奥斯曼大街40号，邮编75009

电话: 01 42 82 34 56

营业时间: 周一至周三、周五至周六，9:30－20:00；周四，9:30－21:00

商品种类繁多: 服装——既有平价的衣服，又有高级时装。商场上覆盖着一个颇为壮观的圆顶，有许多游客便是冲着这个圆顶来的。里面还有一些运动品牌服装店、化妆品店以及家居用品店。7楼带有露台，可以在那儿尽情地欣赏迷人的巴黎风景。

MADELIOS（马德里欧）

玛德莲大街23号，邮编75001

电话: 01 53 45 00 00

营业时间: 周一至周六，10:00－19:00

PRINTEMPS（春天百货）

奥斯曼大街64号，邮编75009

电话: 01 42 82 57 87

营业时间: 周一至周三、周五至周六，9:30－20:00；周四，9:30－20:00

19世纪建筑。有一个著名的圆顶。3栋建筑之间用走廊相连: 春天男士、美丽之家以及时装之楼。6楼有一家餐厅。

时装店

AGNÈS B（阿尼亚斯贝）

朱尔街6号，邮编75001

电话: 01 45 08 56 56

营业时间:

夏天: 周一至周六，10:30－19:30

冬天: 10:00－19:00

阿尼亚斯贝首ère专卖店，靠近巴黎大堂，从前为屠宰场。阿尼亚斯贝之前是时尚杂志的撰稿人。后来，她设计了自己的服装系列，简单又优雅。她也一直在颠覆自己的服装风格: 位于甘康布瓦街上的阿尼亚斯贝长廊，就是她践行现代艺术的一个例子。

AZZEDINE ALAÏA（阿瑟丁·阿拉亚）

穆西街7号，邮编75001

电话: 01 42 72 19 19

营业时间: 周一至周六，10:00－19:00

他设计的服装突出了女性的形体美。服装多采用柔软布料进行缝制。

CHANEL（香奈儿）

康朋街29－31号，邮编75001

电话: 01 42 86 28 00

营业时间: 周一至周六，10:00－19:00

十分著名的一家"女士店"。出售成衣及各种配饰。

CHRISTIAN DIOR（克里斯汀·迪奥）

蒙田大街30号，邮编75008

电话: 01 40 73 54 44

营业时间: 周一至周六，10:00－19:00

经营男女成衣以及配

饰。著名的迪奥套装的诞生地。迪奥套装出现于第二次世界大战后。

CHRISTIAN LACROIX（克里斯汀·拉克瓦）

圣奥诺雷郊区73号，邮编75008

电话: 01 42 68 79 04

营业时间: 周一至周六, 10:30−19:00

设计师来自阿尔及利亚。他设计的配饰和成衣颜色丰富、风格怪诞。

HUBERT DE GIVENCHY（于伯·德·纪梵希）

乔治乌街大道3号，邮编75008

电话: 01 44 31 51 09

营业时间: 周一至周六, 10:00−19:00

出售女性高级成衣。

JEAN-CHARLES DE CASTELBAJAC（让·夏尔勒·卡斯泰尔巴雅克）

沃维埃街10号，邮编75001

电话: 01 55 34 10 25

营业时间: 周一至周六, 11:00−19:00

门店面积达250平方米。出售该品牌的全系列商品: 男女时装; 配饰; 居家用品（内衣、餐具、地毯、画纸、家具等）。

JEAN-PAUL GAUTIER（让-保罗·戈蒂埃）

乔治五世大道44号，邮编75008

电话: 01 44 43 00 44

薇薇安娜街6号，邮编75002

电话: 01 42 86 05 05

营业时间: 周一至周五, 10:30−19:00; 周六, 11:00−19:00

男、女以及男女都适合的成衣系列及配饰。共有两家店, 均由菲利普·斯塔克装修。

KENZO（高田贤三）

胜利广场3号，邮编75001

电话: 01 40 39 72 03

营业时间: 周一至周五, 10:30−19:30; 周六, 10:00−19:30

出售男女成衣系列、配饰、居家用品、女装时装秀的系列服饰。装修得很漂亮。

LA SENSITIVE（感性）

圣雅克街264号，邮编75005

电话: 01 43 54 78 32

营业时间: 周一至周六, 10:00−19:00

染色、织造、缝制均在老挝完成。商品: 丝质和棉质服装（简单漂亮, 线条传统）、亚洲家具、日本餐具、银质首饰……

SONIA RYKIEL（索尼亚·里基尔）

圣日耳曼大道175号，邮编75006

电话: 01 49 54 60 60

营业时间: 周一至周六, 10:30−19:00

店铺有两层, 出售全系列女性时装和配饰。

THIERRY MUGLER（蒂埃尔·穆格勒）

埃蒂安-马塞尔街54号，邮编75002

电话: 01 42 33 06 13

营业时间: 周一至周六, 11:00−19:00

出售成衣、配饰。

香水

ANNICK GOUTAL（安霓可·古特尔）

贝勒夏斯街16号，邮编75007

电话: 01 45 51 36 13

营业时间: 周一至周六, 10:00−13:30, 14:00−19:00

门店较小, 象牙白和金色互相映衬, 美丽优雅。店里最基本的装饰元素是小瓶装的香水。第一款香水为科娜费尼尔。安霓可·古特尔还用玫瑰花汁调配了一些护肤品。

GUERLAIN（娇兰）

香榭丽舍大道68号，邮编75008

电话: 01 45 62 52 57

营业时间: 周一至周六, 10:30−20:00; 周日, 15:00−19:00

巴黎最早的香水生产商之一。共有700多款香水。该栋建筑建于1913年, 是香街上最美丽的建筑之一。

LES SALONS DU PALAIS-ROYAL SHISEIOO（资生堂宫殿沙龙）

瓦卢瓦廊街142号，邮编75001

电话: 01 49 27 09 09

营业时间: 周一至周六, 10:00−19:00

督政府时期的装修风格。共有20多种紫罗兰香味的芦丹氏系列香水, 如拉维莱特森林、鸢尾花、苏丹琥珀。可邮寄。

戈米氏精选点心

信息仅供参考，请于出发前核实。

咖啡、茶

**BETJEMAN AND BRATON
（本杰明和布拉东）**

马雷舍布大街23号，邮编75008

电话：01 42 65 86 17
营业时间：周一至周六，10:00—19:00
陈列架上共有240多种茶叶，装在银质器皿里，每种茶叶都有标签。其中比较著名的是普基纳、玫瑰乐圆、日本金麦莎、中国和法的绿茶新品以及迪迪埃·朱莫·拉方研发的季节系列。

HERBORISTERIE DU PALAIS-ROYAL（皇家宫殿的草药店）

小田园街11号，邮编75001

电话：01 42 97 54 68
营业时间：周一至周六，10:00—19:00
巴黎最漂亮的草药店。自然木的陈列架摆放着500多种草药（散装）。

LAPEYRONIE（拉普罗尼）

布朗托讷街9号，钟楼街区，邮编75003

电话：01 40 27 97 57
营业时间：周一至周五，8:30—19:30；周六，10:00—19:30
一家圆形的木屋，共有25种咖啡，65种茶。有一个露台，顾客可以在那儿品茶，享用咖啡。

**LE PALAIS DES THÉS
（茶之宫殿）**

老圣殿街64号，邮编75003

电话：01 48 87 80 60
营业时间：10:00—20:00
自1987年以来，弗朗索瓦·萨维埃·德尔玛从外国进口了300种茶叶（每年约30种）。在巴黎另有4家分店，分别位于6区、14区、16区和17区。

**MARIAGE FRÈRES
（兄弟婚礼）**

布埃-提布尔街30号，邮编75004

电话：01 42 72 28 11
常年营业：10:30—19:30
法国的第一个茶进口商。共有600多种茶，其中包括一种十分稀有的黄茶。店铺位于玛莱区中心，仍保留着老旧的收银台：楼上有天平和筛子。装饰复古。同时也是茶馆。在巴黎有多家分店。

巧克力

**CHRISTIAN CONSTANT
（克里斯汀·康斯坦）**

阿萨斯街37号，邮编75006

电话：01 53 63 15 15
营业时间：周一至周五，9:30—20:30；周六至周日，9:00—20:00
装饰着1998年获得的法国国家功绩骑士勋章。精制的巧克力如同花束。巧克力主要有两种"香味"：也门茉莉花香和科摩罗侬兰香。经典的巧克力中添加了干果、松蜜，或是纯可可、斯里兰卡的椿子桂花蜜。这里的酸柑冰糕、青柠檬冰激凌均十分出名。

LA MAISON DU CHO-COLAT（巧克力之家）

圣奥诺雷郊区街225号，邮编75008

电话：01 42 27 39 44
营业：周一至周六，10:00—19:30；周日，10:00—13:00
法国最好吃的巧克力之一。招牌：巧克力奶糊、朗姆巧克力、葡萄巧克力，还有茴香巧克

DEBEAUVE ET GALL-AIS（德波弗和加莱）

神父街30号，邮编75007

电话：01 45 48 54 67
营业时间：周一至周六，9:00—19:00
装修优雅，造有许多"痛苦的病房"——为了让人记得巧克力的药用价值。另一家店位于薇薇安娜街33号。

**JADIS ET GOURMANDE
（加迪和古茉芒）**

富兰克林·罗斯福大道49号，邮编75008

电话：01 42 25 06 04
营业时间：周一，10:00—19:00；周二，9:30—19:00；周三至周五，9:30—19:30；周六，10:30—19:00
是其5家店中历史最悠久的一家。

**JEAN-PAUL HÉVIN
（让·保罗·艾凡）**

莫特-皮凯大道23号，邮编75007

电话：01 45 51 77 48
营业时间：周二至周六，10:00—19:30
这里出产的巧克力块很大，重达二千克，是标准巧克力块的10倍！贪吃的人不用害怕吃得不满足啦。干果（如杏仁、坚果）巧克力块搭配咖啡味道更好。还有，一定不要忘记品尝这里的可可雪糕。

力！巧克力蛋糕需提前5天预订，可以送到法国的任何一个地方。在巴黎有多家分店。

L'ÉTOILE D'OR（金星）

皮埃尔-封丹街30号，邮编75009

电话：01 48 74 59 55
营业时间：周一，15:00—19:30；周二至周六，11:00—19:30
德尼丝·特吕开的店。装修为新艺术装修风格。这里的巧克力都是最好的。其中的"王者"是贝纳颂-博丘兹。

RICHART（里沙尔）

圣日耳曼大道258号，邮编75007

电话：01 45 55 66 00
营业时间：周一至周六，10:00—19:00
纯白色的优雅店铺。1925年，这家店开始涉足香水和巧克力制造两大产业：里沙尔香水（成分含藏红花、丁香等）以及可以配咖啡的超薄巧克力块。

糖果

**À LA MÈRE DE FAMILLE
（在妈妈家）**

蒙马特郊区街35号，邮编75009

电话：01 47 70 83 69
营业时间：周一至周六，9:30—20:00；周日，110:00—13:00
巴黎最古老的糖果制造商（1761年）。出售法国特色糖果，包括科穆西葡萄糖以及南希香柠檬糖等。

FOUQUET（富凯）

弗朗索瓦一世街22号，邮编75008

电话：01 47 23 30 36
营业时间：周一至周六，10:00—19:15

开于1852年，是一家很巴黎的店铺。商品：紫罗兰糖、虞美人瓣、软焦糖、姜汁巧克力等。蛋糕装饰：玫瑰花瓣、含羞草、芫荽等。复活节蛋糕为奶油软糖夹心，内有香草鸡蛋、柠檬、覆盆子、橘子，十分美味。

LA MAISON DES BONBONS（糖果屋）

穆东-杜弗内街14号，邮编75014

电话：01 45 41 25 55

营业时间：周二至周六，10:30－19:30

店主安妮·洛朗斯·达洛喜欢美食。商品：图卢兹的紫罗兰糖、水晶玫瑰糖、薄荷糖、马鞭草糖、各种口味的甘草糖、咸黄油焦糖、波兰焦糖等。

LES BONBONS（糖果）

布雷阿街6号，邮编75006

电话：01 43 26 21 15

营业时间：周二至周六，10:30－19:30

门店较小。出售的糖果种类多，包括各类传统法式糖果：图尔大麦糖、康布雷薄荷糖、国王糖、纳韦尔尼格斯糖、正宗的图卢兹紫罗兰糖。

FAUCHON（弗松）

玛德莲广场26－30号，邮编75008

电话：01 70 39 38 00

营业时间：周一至周六，8:00－21:00

巴黎种类最为齐全的香料店之一，香料达数千种，几乎可以将其称为博物馆。巴朗迪克醋果酱和歌剧院蜂蜜等稀有品种均是人们的挚爱。圣诞节时，这座建筑的墙面总是装饰得十分美丽。

HÉDIARD（埃迪亚）

玛德莲广场21号，邮编75008

电话：01 43 12 88 88

营业时间：周一至周六，9:00－20:30

很棒的一家店。商品：各种进口的蔬菜、水果、稀有调味品、60多种香料、果酱及醋泡水果酱。酒窖很漂亮。在巴黎有多家分店。

IZRAEL（伊泽雷尔）

弗朗索瓦-米洪街30号，邮编75004

电话：01 42 72 66 23

营业时间：周二至周五，11:00－13:00，14:00－19:00；周六，9:00－19:00

休息：8月

这里有来自世界各地的产品，种类极为丰富。甚至还有装饰品，如花瓣辣椒和非洲编织篮等。

LAFAYETTE GOURMET（拉法耶特美食家）

拉法耶特百货

普罗旺斯街97号，邮编75009

电话：01 40 23 52 67

营业时间：周一至周六，8:30－21:30

出售寿司，希腊、西班牙、意大利等风味产品。这里同时也是餐厅。人们可以在这里喝鸡尾酒，品尝新鲜水果。

营业时间：11:00－18:00

经常需要等位。

LA GRANDE ÉPICERIE DE PARIS（巴黎格兰德杂货店）

（乐蓬马歇）

塞弗尔街38号，邮编75007

电话：01 44 39 81 00

营业时间：周一至周六，8:30－21:00

位于塞纳河左岸。商品种类齐全，有人工柠檬、巧克力饺子、英国矿泉水等产品。店里有几个陈列架专门用于摆放意大利商品。

LE COMPTOIR DE LA GASTRONOMIE（美食柜台）

蒙马特街34号，邮编75001

电话：01 42 33 31 32

营业时间：周一，9:00－24:00；周二至周六，6:00－24:00

出售西南地区的传统食品，如鹅肝、焖肉冻、鸭胸肉等，还有果酱、意面、葡萄酒、香槟之类的产品。同时也是餐厅。可带走也可堂食。

LENÔTRE（勒诺特尔）

维克多-雨果大道48号，邮编75116

电话：01 45 02 21 21

营业时间：周一至周日，9:00－21:00

巴黎有多家分店。勒诺特尔可称得上是法国的美食王国。

ALLÉOSSE（阿雷欧斯）

潘色雷街13号，邮编75017

电话：01 46 22 50 45

营业时间：周二至周四，9:00－13:00，16:00－19:00；周五至周六，9:00－13:00，15:30－19:00；周日，9:00－13:00

无人抵挡得住这些美味的奶酪。菲利普·阿雷欧斯和哈谢尔的店里还出售一些稀有奶酪：塔伦代兹山羊奶酪、西班牙曼彻格奶酪、科西嘉羊奶酪、多姆山奶酪、奥索·伊拉蒂奶酪、贝洛克修道院奶酪、阿尔萨斯布雷兹瓦奶酪、卡门贝奶酪

（沃尔登和乔尔）。

BARTHELEMY（巴特罗密）

格勒内勒街51号，邮编75007

电话：01 45 48 56 75

营业时间：周二至周六，8:00－13:00，16:00－19:15

店铺不大，商品繁多。1971年，尼古拉·巴特罗密在塞纳河左岸开了这家店。店里的奶酪品种多，质量好：埃普瓦斯（勃艮第）干酪、瓦什汉（瑞士和汝拉地区）干酪、阿拉维绿霉点干酪、布里干酪（莫克斯、默伦产）、卡门贝干酪（奥热地区产）、科唐丹（博卡热地区产）干酪。自1973年以来一直为爱丽舍宫的干酪供应商。

FROMAGES ET DETAIL BOURSAULT（布尔索干酪零售店）

勒克莱克将军大道71号，邮编75014

电话：01 43 27 93 30

营业时间：周二至周六，9:00－13:00，16:15－19:30；周日，9:00－13:00

店里的干酪均是采用鲜奶制成的。特色为农场干酪。尽管这家店已经换了几个主人，但供应商始终不变——这些供应商都是店铺开业之初雅克·维尼埃选定的。出售产品包括蓝纹农场干酪、高山牧场的博福尔干酪，还有一些季节性的干酪——20多种山羊干酪（其中包括埃罗地区修道士产的一种干酪，味道甚好）。最出名的奶酪是戴尔米隆蓝纹干酪。店铺下方有一个专门用于干酪成熟的地窖。

信息仅供参考，请于出发前核实。

冰激凌

GLACIER BERTHILLON（贝蒂永）

圣路易岛街31号，邮编75004
电话：01 43 54 31 61
营业时间：周三至周日，10:00—20:00
休息：巴黎学校节假日（除圣诞假以外）

圣路易岛的一家大型冰激凌店，颇受欢迎。招牌：栗子雪糕（冬季）、树莓雪糕（夏季）以及香草雪糕。

PASCAL LE GLACIER（帕斯卡冰激凌）

风林街17号，邮编75016
电话：01 45 27 61 84
营业时间：周二至周六，10:30—19:00
休息：8月

位于16区中心的穆埃特街区（一个富裕的街区）。这家店的冰激凌要么盛放在圆锥形的蛋卷里，要么放在小壶里。十分诱人。招牌：辣面包、焦糖配焙炒芭根、无花果葡萄桂皮雪糕、栗子雪糕（不含酒精）……雪糕使用的水果是当季最好的，糖浆是用依云水调配的；普罗旺斯无花果雪糕、卡瓦永西瓜雪糕，还有来自日本的"乌左"雪糕——融合了柠檬、柑橘和佛手三种味道。这种雪糕发明于2006年烹饪艺术节期间。花神咖啡厅也供应这家店铺的雪糕。

RAIMO（蕾穆）

赫伊大街59—61号，邮编75012
电话：01 43 43 70 17
营业时间：
夏天：周二至周日，10:00—24:00
冬天：周二至周日，10:00—22:00
位置较偏，不大好找。

香草冰激凌实在美味，绝对值得你花工夫去寻找。店里的冰激凌口味繁多：姜汁、桂花、玫瑰、紫罗兰、菊花，甚至还有蜜瓜味的。

面包

AU PAIN BIEN CUIT（熟面包）

奥斯曼大街111号，邮编75008
电话：01 42 65 06 25
营业时间：周一至周六，8:00—19:30
约有350多种不同的面包。卖得最好的是埃菲尔铁塔面包。采用精面粉做的西红柿馅饼味道极好。

AU PANETIER（面包总管）

小神父广场10号，邮编75002
电话：01 42 60 90 23
营业时间：周一至周五，7:15—19:15
1896年开业的一家老面包店。店里的老面包都是用柴火焙烤出来的。有几款面包是用石磨磨出的面粉做的。

BOULANGERIE POILÂNE（普瓦拉面包坊）

谢什米街街8号，邮编75006
电话：01 45 48 42 59
营业时间：7:15—20:15
每天出炉7000～8000个大圆形面包，一个重1.9千克。这些面包被送往法兰西岛，法国，甚至是世界各地。热乎的羊角面包、黄油酥饼都很不错。另外一家分店位于格勒内勒街，营业时间是周二到周日。

FLUTE GANA（加纳长面包）

比利牛斯街226号，邮编75020

电话：01 43 58 42 62
常年营业：7:30—20:00
加纳肖姐妹擅长制作加纳长面包。采用的是20世纪初制作巴黎长棍面包的方法：揉面之前先发酵6个小时，之后再用手工制作。特色：绿色面包、坚果面包、葡萄榛子面包、乡村面包等。

LE MOULIN DE LA VIERGE（圣母磨坊）

苏弗朗大道166号，邮编75015
电话：01 47 83 45 55
营业时间：周一至周三，周五至周日，7:00—20:00
装修很好。店主巴兹勒·卡米尔从前是记者，后来开了这家专用柴火焙烤的面包店。种类：天然面包、乡村面包、普罗旺斯香草面包。另外3家分店位于14区和17区。

MAX POILÂNE（马克斯·普瓦拉）

布朗西欧街87号，邮编75015
电话：01 48 28 45 90
营业时间：周一至周六，7:30—20:00；周日，8:00—19:00
供应各种经典面包：圆面包（1.9千克）；科辛特黑麦葡萄面包；佩里戈尔德坚果面包；个人定制面包（需提前2天预订），当然，还有白面包。

糕点

DALLOYAU（达洛优）

圣奥诺雷郊区街101号，邮编75008
电话：01 42 99 90 00
常年营业：8:30—21:00
在巴黎和法兰西岛地区共有6家店。始创于1802年的老店，质量和服务都没得说。著名的歌剧院蛋糕便是这家店发明

的。还有一些新品，如巧克力千层蛋糕、塔状面包等。可以堂食。

GÉRARD MULOT（杰拉尔·穆洛）

塞纳街76号，邮编75006
电话：01 43 26 85 77
营业时间：6:45—20:00
休息：周三
店面较大，东西也多。这里的糕点名字都很好听。馅饼和甜酥面包味道都不错。

JEAN MILLET（让·米雷）

圣多米尼克街103号，邮编75007
电话：01 45 51 49 80
营业时间：周一至周六，9:00—19:00；周日，8:00—13:00
让·米雷从前是工人，1963年成为这家店的老板。这里的糕点很有特色，味道也很好，如千层糕、"圣马克"（融合了焦糖饼干、尚蒂伊鲜奶油及巧克力慕斯）、"苏利"（融合了杏仁饼干、索特纳酒慕斯、白桃、树莓和菠萝）等。可堂食。

地区美食

À LA VILLE DE RODEZ（罗代的城）

老圣殿街22号，邮编75004
电话：01 48 87 79 36
营业时间：周二至周日，10:00—14:00；15:00—20:00
休息：8月的前3周
装修很漂亮，专注阿韦龙地区菜：火腿、香肠、奶酪腊肠以及埃默皮永牛肉片。

AU PETIT SUD-OUEST（小西南）

布尔多莱大道46号，邮编75007
电话：01 45 55 59 59
营业时间：周二至周六，

486

10:00—23:00

小餐厅。招牌菜：鹅肝、佩里戈尔德焖肉冻。另外，还有一些比较特色的菜：什锦砂锅、脆皮馅饼、阿玛尼克烧酒等。

PRODUITS DE CAMPAGNE（农家菜）

达戈尔街21号，邮编75014

电话：01 43 20 02 72

营业时间：周二至周三，9:00—14:30，15:45—19:45；周四，9:00—13:45，15:45—19:45；周五至周六，9:00—19:45；周日，9:00—13:30

一家与达戈尔街格格不入的小摊店。供应的食品种类丰富，有萨瓦葡萄酒、托姆干酪（拉基欧出产），还有猪肉。

▰▰▰▰ 美酒

CAVES DES GOBELINS（戈伯林酒窖）

戈伯林大街56号，邮编75013

电话：01 43 31 66 79

营业时间：周二至周六，9:00—13:00，15:00—20:00

位于塞纳河左岸。酒品大多是埃里克·梅莱挑选的。贝尔纳·梅莱选酒的眼光也不赖，他们把大部分的时间都花在葡萄园和顾客身上了。选酒时，他们会耐心地向你推荐、讲解，你因此可以做出更好的选择。

CAVE TAILLEVENT（塔耶望酒窖）

圣奥诺雷郊区街199号，邮编75008

电话：01 45 61 14 09

营业时间：周二至周六，10:00—19:30

这个酒窖位于餐厅上方，也就是在顶楼。这里的酒都是独一无二的列级葡萄酒。不过，他们每天都会精选一些10欧元以下的葡萄酒供顾客品尝。每周六都有品尝活动，来的话，记得去酒窖参观一下。

LEGRAND FILLES ET FILS（勒格兰的子女们）

银行街1号，邮编75002

电话：01 42 60 07 12

营业时间：周二至周五，10:00—19:30；周一和周六，10:00—19:00

20世纪初巴黎最漂亮的商店之一，目前由勒格兰家族的第三代经营。这里的葡萄酒种类繁多。也售卖一些用于盛酒的器皿，如玻璃瓶、玻璃杯等。仓库位于13区。

旅游景点地址和开放时间

信息仅供参考，请于出发前核实。
请参照"阅读要点"和"巴黎旅游路线"。

标注"谢绝参观"的景点在文化遗产日的时候会向公众开放，仅供参考。

巴黎

皇家港口修道院旧址 伯德洛克妇产院。皇家港口大道123—125号，邮编75014	谢绝参观。
田园圣马丁修道院 雷欧米尔街，邮编75003	可参观工艺美术博物馆。
凯旋门 夏尔·戴高乐广场，邮编75008 电话: 01 55 37 73 77	开放时间: 4—9月，每天均开放: 10:00—23:00; 10—3月: 每天均开放, 10:00—22:00。1月1日、12月25日、法定假日均关闭。
新凯旋门 拉德芳斯，拉德芳斯广场，邮编92044 电话: 01 49 07 27 27	开放时间: 4—9月，每天均开放: 10:00—23:00; 10—3月，每天均开放, 10:00—19:00。
吕岱西竞技场 芒热街49号，邮编75005 电话: 01 45 35 02 56	开放时间: 夏天，每天均开放, 8:00—21:30; 冬天，每天均开放, 8:00—17:30。
国民议会 大学街126号，邮编75007 参观地: 奥赛滨河路33号。 电话: 01 40 63 60 00（标准） 团队预约: 电话: 01 40 63 64 08	只有持有议会邀请函的人才可入内参观（"反恐预警行动计划"期间使用）。 文化遗产日对外开放。
巴黎国民银行 意大利大道16号，邮编75002 电话: 01 40 14 45 46	谢绝参观。
胜利圣母教堂 小神父广场，邮编75002 电话: 01 42 60 90 47	开放时间: 周一至周六, 7:30—19:30; 周日和节假日: 8:00—19:00。
蒙马特圣心教堂 巴尔骑士街35号，邮编75018 电话: 01 53 41 89 00	教堂: 每天均开放, 6:00—22:30。 圆顶: 每天均开放, 9:00—17:45。 地下墓穴: 时间不固定。
圣克洛蒂德教堂 马提涅克街12号，邮编75007 电话: 01 44 18 62 60	开放时间: 周一至周五, 9:00—19:30; 周六至周日, 10:00—20:00。
浣衣舫 爱弥尔·古多广场13号，邮编75018	谢绝参观。
历史图书馆 拉穆瓦农宅第，帕维街24号，邮编75004 电话: 01 44 59 29 40	开放时间: 周一至周六: 10:00—18:00。 闭馆: 周日、节假日、圣灵降临节（周六）及复活节（周六）。
马扎林图书馆 孔蒂滨河路23号，邮编75006 电话: 01 44 41 44 06	开放时间: 周一至周五, 10:00—18:00。 8月1—15日闭馆。召开重要会议时也闭馆。
欢乐时光图书馆 圣塞弗兰牧师街6号，邮编75005 电话: 01 56 81 15 60	开放时间: 周二、周四、周五, 15:30—18:15; 周三、周六, 10:30—18:15。
密特朗国家图书馆 弗朗索瓦·莫里亚克滨河路11号，邮编75013。广场入口为数字之塔。 电话: 01 53 79 53 79	图书馆（向16岁以上的人开放）: 周二至周六, 10:00—20:00; 周日, 13:00—19:00。 展厅: 周二至周六, 10:00—19:00; 周日, 13:00—19:00。 节假日、9月的第二周和第三周闭馆。
国家图书馆黎塞留分馆 黎塞留街58号，邮编75002 电话: 01 53 79 59 59	图书馆: 周一至周六, 9:00—17:00（不同的分馆开放时间也不一样）。 节假日闭馆。
纪念章陈列馆 电话: 01 53 79 83 32	周一至周五, 9:00—18:00; 周六, 9:00—17:00; 周日, 12:00—18:00。
圣日内维耶图书馆 先贤祠广场10号，邮编75005 电话: 01 44 41 97 97	开放时间: 周一至周六, 10:00—22:00（学校放假时, 开放时间较短）。登记时间: 10:00—17:00 节假日、8月1—15日闭馆。

布洛涅森林 邮编75016 驯化公园：电话：01 40 67 90 82 巴卡代尔公园：电话：01 53 64 53 80 欧特伊温室：戈东·贝内特大道1号，欧特伊门大道3号，邮编75016 电话：01 40 71 74 00	驯化公园：4—9月，每天均开放，10:00—19:00；10—3月，每天均开放，10:00—18:00。 巴卡代尔公园：夏天，每天均开放，9:30—20:00；冬天，每天均开放，9:30—17:00。 欧特伊温室："日出而作，日落而息"。
文森森林 圣莫里斯大道53号，邮编75012 百花园 城堡广场 金字塔路吕米埃林荫大道9号，邮编75012 电话：01 49 57 15 15 巴黎动物园：电话：01 44 75 20 00	百花园和城堡广场：1月至2月2日，每天均开放，9:30—17:00；2月3日—3月2日，每天均开放，9:30—18:00；3月3日—30日，每天均开放，9:30—19:00；3月31日—9月，每天均开放，9:30—20:00；10月，冬令时，每天均开放，9:30—18:30。 动物园：关闭。正在整修。
弗洛餐馆（FLO） 小马厩广场7号，邮编75010 电话：01 47 70 13 59	全年营业。12:00—15:00，19:00—0:00。
圣殿市场 佩雷街2号，邮编75003	开放时间：周二至周五，9:00—12:00；周六至周日，9:00—12:30。（服装市场）
贝兰杰城堡 拉封丹街14号，邮编75016	住宅。
地下墓穴 克洛涅-亨利-罗尔-唐吉大街1号 电话：01 43 22 47 63	开放时间：周二至周日，10:00—16:00。周一、节假日不对外开放。
乔治·蓬皮杜艺术中心 博堡街19号，邮编75004 电话：01 44 78 12 33	博物馆和展会：周三至周一，11:00—21:00（周四到23:00）。收银台提前1小时关闭。 布朗休西画室：周三至周一，14:00—18:00。 公共信息图书馆：周三至周五，12:00—22:00；周六、周日、节假日，11:00—22:00。5月1日闭馆。
赎罪小堂 帕斯基埃街29号，邮编75008 电话：01 44 32 18 00	开放时间：周四至周六，13:00—17:00。
圣迹圣牌教堂 巴克街136号，邮编75007 电话：01 49 54 78 88	开放时间：周一，周三至周日，7:45—13:00和14:30—19:00；周二，7:45—19:00。
遣使会牧师教堂 塞弗尔街95号，邮编75006 电话：01 45 49 84 84	全年开放。7:00—18:30。
美丽城公墓 电报街40号，邮编75020 电话：01 46 36 66 23	开放时间：11月6日—3月15日，每天均开放，8:00—17:30（周六8:30开放，周日、节假日9:00开放）；3月16日—11月5日，每天均开放，8:00—18:00（周六8:30开放，周日、节假日9:00开放）。
蒙马特公墓 拉谢尔大道20号，邮编75018 电话：01 53 42 36 30	开放时间：11月6日—3月15日，每天均开放，8:00—17:30（周六8:30开放，周日、节假日9:00开放）；3月16日—11月5日，每天均开放，8:00—18:00（周六8:30开放，周日、节假日9:00开放）。
蒙帕纳斯公墓 埃德加·基内大街3号，邮编75014 电话：01 44 10 86 50	开放时间：11月6日—3月15日，每天均开放，8:00—17:30（周六8:30开放，周日、节假日9:00开放）；3月16日—11月5日，每天均开放，8:00—18:00（周六8:30开放，周日、节假日9:00开放）。
帕西公墓 施乐辛舰长街2号，邮编75016 电话：01 53 70 40 80	开放时间：11月6日—3月15日，每天均开放，8:00—17:30（周六8:30开放，周日、节假日9:00开放）；3月16日—11月5日，每天均开放，8:00—18:00（周六8:30开放，周日、节假日9:00开放）。
拉雪兹神父公墓 勒伯街16号，邮编75020 电话：01 55 25 82 10	开放时间：11月6日—3月15日，每天均开放，8:00—17:30（周六8:30开放，周日、节假日9:00开放）；3月16日—11月5日，每天均开放，8:00—18:00（周六8:30开放，周日、节假日9:00开放）。

信息仅供参考，请于出发前核实。
请参照"阅读要点"和"巴黎旅游路线"。

法国电影资料馆 贝西街51号，邮编75012	电影历史永久展馆。开放时间：周一、周三、周五、周六，12:00－19:00；周四，12:00－22:00；周日，10:00－20:00。
艺术城 市政厅街10－48号，邮编75004 电话：01 42 78 71 72	展厅：每天均开放，14:00－19:00 8月关闭。
埃尔杰城 西蒙·玻利瓦尔大街54号，邮编75019	住宅。
国际大学城 儒尔丹大街19号，邮编75014 电话：01 44 16 64 00	24小时全天候开放。
美丽城的皇家宫殿城 美丽城街151号，邮编75019	住宅。
科学工业城 **拉维莱特公园** 克汗丹·卡里乌大道30号，邮编75019 电话：01 40 05 80 00（服务热线） 预订、咨询电话：01 40 05 12 12 www.cite-sciences.fr	开放时间：周二至周六，10:00－18:00；周日，10:00－19:00。 展览： -"探索者"，周二至周六，10:00－18:00，；周日，10:00－19:00。 -儿童城：周二至周日。 -水族馆：周二至周六，10:00－18:00；周日，10:00－19:00。 -阿尔戈诺特林水下城：周二至周六，10:00－17:30；周日，10:00－18:30。 -"影与光"：周二、周四、周五，9:45－16:45；周三、周六，10:00－18:00；周日，10:00－19:00。 表演： -天文馆：补充展览。 -路易·吕米埃电影院：周二至周日。 -全天域电影院：周二至周日，10:30－20:30（每小时均有电影场次可观看）。 -西纳克斯：周二至周日，11:00－13:00，14:00－17：00。 文献中心：皆可参观。 -音像资料中心：周二，12:00－19:45；周三至周日，12:00－18:45。 -工艺城：周二至周五，10:00－18:00；周六，12:00－18:00。 -健康城：周二至周日，12:00－18:45。 -数字路口：周三至周日，12:00－18:45；周二，12:00－19:45。
比耶提隐修院 档案街22号，邮编75004 电话：01 42 72 37 08	举办展览时才开放。
蒙马特葡萄园 索勒街14－18号，邮编75018	葡萄收获节：10月的第一个周末。
国家工业与技术中心（CNIT） 巴黎拉德芳斯区拉德芳斯广场2号 邮编92053 电话：01 46 92 11 11	开放时间：周一至周六，7:00－21:00。 商店营业时间：10:00－19:00。
法兰西公学院 马瑟兰·贝特罗广场11号，邮编75005 电话：01 44 27 11 47	召开研讨会时可入内参观。
巴黎古监狱 时钟滨河路1号，巴黎街2号，邮编75001 电话：01 53 40 60 97	开放时间：3－10月，每天均开放，9:30－18:00；11－2月，每天均开放，9:30－17:00。 有参观向导的时间：11:00和15:00；儿童参观时间：周三14:30，需预约（电话：01 53 40 60 97）。1月1日、5月1日、12月25日关闭。
好空气庭院 圣安东尼郊区街56号，邮编75004	住宅。
金星庭院 圣安东尼郊区街75号，邮编75004	住宅。
耶稣会修道院 查理曼高中。查理曼街14号，邮编75004 电话：01 53 01 98 30	需得到校长的允许才可入内参观。
里昂信贷银行 意大利大道17－23号，邮编75009	办公楼。
多姆 蒙帕纳斯大街108号，邮编75014 电话：01 43 35 25 81	全年营业，早上8:00开门。
医学院和外科学院 医学院路12号，邮编75006	科尔德利修道院。参观时间不定。

军事学院 诺弗尔广场1号,邮编75007	谢绝参观。
玛德莲教堂 玛德莲广场,邮编75008 电话: 01 44 51 69 00	开放时间: 每天均开放,9:30—19:00。
圣母升天教堂 圣奥诺雷街266号,邮编75001 电话: 01 42 61 37 47	开放时间: 每天均开放,7:00—20:00。
欧特伊圣母院 科洛街1号,邮编75016 电话: 01 53 92 26 26	开放时间: 周一至周五,7:15—12:00,14:00—19:00;周六,9:00—12:00,14:00—19:00;周日,8:30—12:00,15:00—19:30。
圣母领报教堂 露娜街25号,邮编75002 电话: 01 42 33 65 74	开放时间: 夏天,每天均开放,9:00—12:00,16:30—18:30;冬天,每天均开放,9:00—12:00,14:30—18:00。
圣母神慰小堂 让·古戎街23号,邮编75008 电话: 01 42 25 61 84	开放时间: 每天均开放,9:00—19:00。
罗莱特圣母院 夏托顿街18号,邮编75009 电话: 01 48 78 92 72	开放时间: 周一,11:00—19:30;周二至周五,7:30—19:30;周六,9:00—12:00,14:30—19:30;周日,9:00—12:30,14:30—19:00。
圣母得胜教堂 阿索街81号,邮编75020 电话: 01 43 64 60 70	开放时间: 周二至周六,8:00—19:00;周日,9:15—11:15。
特拉瓦耶圣母教堂 维新杰托里街59号,邮编75014 电话: 01 44 10 72 92	开放时间: 周一至周五,周日,8:00—20:00;周六,9:00—20:00。
圣奥古斯汀教堂 圣奥古斯汀广场,邮编75008 电话: 01 45 22 23 12	开放时间: 周一至周五,8:15—19:00;周六,8:30—12:30,14:30—19:30;周日,8:30—12:30,16:00—19:00。7月和8月的参观时间有限。
圣埃蒂安德蒙教堂 圣日内维耶广场,邮编75005 电话: 01 43 54 1179	开放时间: 周一至周五下午,8:45—19:30;周六、周日,8:45—12:15,14:30—19:45。
圣厄斯塔什教堂 朱尔街2号,邮编75001 电话: 01 42 36 31 05	开放时间: 周一至周五,9:30—19:00;周六,10:00—19:00;周日,9:00—19:00。
圣日耳曼奥赛尔教堂 罗浮宫广场2号,邮编75001 电话: 01 42 60 13 96	开放时间: 周一至周五,8:00—19:00(周三,20:30关门);周日,9:00—20:00。
圣日耳曼德佩修道院教堂 圣日耳曼德佩广场3号,邮编75006 电话: 01 55 42 81 33	教堂: 每天均开放,8:00—19:45。 圣桑福里昂小堂: 周三开放(具体参观时间请咨询相关机构)。
圣日尔韦-圣普罗泰教堂 巴尔街13号,邮编75004; 电话: 01 48 87 32 02	开放时间: 每天均开放,6:00—22:00。
圣雅克伯各教堂 圣雅克街252号,邮编75005 电话: 01 43 25 91 70	开放时间: 7—8月,周二至周五,10:00—13:00,14:00—18:00;周六,15:00—19:30;周日,10:30—12:30,15:00—19:00。9—6月,周一至周六,9:30—12:30,14:30—19:30;周日,9:30—12:30。
圣约翰福音教堂 阿贝斯街19号,邮编75018 电话: 01 46 06 43 96	开放时间: 每天均开放,9:00—19:00。
穷人圣朱利安教堂 穷人圣朱利安街1号,邮编75005 电话: 01 43 54 52 16	开放时间: 每天均开放,9:30—13:00,15:00—18:30。
圣路易岛教堂 圣路易岛路19号,邮编75004 电话: 01 46 34 11 60	开放时间: 周二至周六,9:00—12:00,15:00—19:00;周日,9:00—13:00,14:00—18:30。
荣军院圣路易教堂 军人教堂、荣军院广场 格勒内勒街129号,邮编75007 电话: 01 44 42 37 65	开放时间: 4—9月,每天均开放,10:00—17:45;10—3月,10:00—16:45。 1月1日、5月1日、11月1日、12月25日,每月的第一个周一(除了7月、8月、9月以外)均谢绝参观。

信息仅供参考，请于出发前核实。
请参照"阅读要点"和"巴黎旅游路线"。

田园圣马丁教堂 阿尔贝·托马斯街36号，邮编75010 电话: 01 42 08 36 60	开放时间: 周一至周五, 9:00－19:00; 周六, 9:00－12:00, 16:00－18:00; 周日, 9:00－12:30。
圣梅达教堂 穆夫塔尔街141号，邮编75005 电话: 01 44 08 87 00	开放时间: 周二至周六, 8:00－12:30, 14:30－19:30; 周日, 8:30－12:30, 16:00－20:30。
圣梅里教堂 维尔里街76号，邮编75004 电话: 01 42 71 93 93	开放时间: 每天均开放, 11:30－19:00。
田园圣尼古拉教堂 圣马丁街254号，邮编75003 电话: 01 42 72 92 54	开放时间: 夏天，周一至周五, 7:40－13:00, 15:00－19:30; 周六, 10:30－13:00, 15:00－19:30; 周日, 9:45－12:30, 15:30－18:30。
圣尼古拉夏尔多内教堂 贝尔拉丹街23号，邮编75005 电话: 01 44 27 07 90	开放时间: 每天均开放, 7:30－20:00。宗教人士常去的教堂。
圣保罗－圣路易教堂 圣安东尼街99号，邮编75004 电话: 01 42 72 30 32	开放时间: 7－8月，每天均开放, 9:00－20:00; 9－6月，每天均开放, 8:00－20:00。
圣菲利普鲁勒教堂 库尔塞勒街9号，邮编75008 电话: 01 53 53 00 40	开放时间: 周一, 7:30－13:30; 周二、周三、周五, 7:30－19:00; 周六, 9:00－13:00, 14:30－20:00; 周日, 9:00－12:30, 15:45－19:45。
蒙马特圣皮埃尔教堂 瑟尼亚路296号，邮编75018 电话: 01 46 06 57 63	开放时间: 每天均开放, 8:45－18:00。
圣洛奇教堂 圣奥诺雷街296号，邮编75001 电话: 01 42 44 13 20	开放时间: 每天均开放, 8:00－19:30。
圣塞弗兰教堂 圣塞弗兰牧师街1号，邮编75005 电话: 01 42 34 93 50	开放时间: 周一至周六, 11:00－19:45; 周日, 9:30－20:15。
圣叙尔皮斯教堂 圣叙尔皮斯广场，邮编75006 电话: 01 46 33 21 78	开放时间: 每天均开放, 7:30－19:30。
圣托马斯达奎因教堂 圣托马斯达奎因广场，邮编75007 电话: 01 42 22 59 74	开放时间: 周一至周六, 8:30－19:00; 周日, 8:30－12:30, 16:00－19:00。
圣文森保罗教堂 弗兰兹·利兹广场，邮编75010 电话: 01 48 78 47 47	开放时间: 周一, 14:00－19:00; 周二至周六, 8:00－12:00, 14:00－19:00; 周日, 9:30－12:00, 16:30－19:30。
圣伊丽莎白教堂 圣殿街195号，邮编75003 电话: 01 49 96 49 10	开放时间: 周一至周六, 9:00－19:30; 周日, 9:00－12:30, 15:00－17:30。 时间表会有些许变化，具体咨询相关机构。
圣玛格丽特教堂 圣伯尔纳街36号，邮编75011 电话: 01 43 71 34 24	开放时间: 7－8月，周一至周六, 8:30－12:00, 16:00－19:30; 周日, 8:30－12:00。9－6月，周一至周六, 8:30－12:00, 14:00－19:30; 周日, 8:30－12:00。
圣三一教堂 埃斯蒂安·多尔弗广场，邮编75009 电话: 01 48 74 12 77	开放时间: 周一至周五, 7:15－20:00; 周六, 9:00－20:30; 周日, 8:30－12:00。
巴黎下水道（博物馆） 奥赛滨河路93号，邮编75007 电话: 01 53 68 27 81	开放时间: 5－10月，周六至周三, 11:00－17:00; 11－4月，周六至周三, 11:00－16:00。 闭馆: 12月25日和1月的2周。
蒙马特－达利之家 普尔伯街11号，邮编75018 电话: 01 42 64 40 10	开放时间: 每天均开放, 10:00－18:00。
卡地亚当代艺术基金会 拉斯帕耶街261号，邮编75014 电话: 01 42 18 56 50	开放时间: 周二, 11:00－22:00; 周三至周日, 11:00－20:00。 举办展览时会同时举办诺曼底舞会。
欧特伊基金会 拉封丹街40号，邮编75006 电话: 01 44 14 75 75	学生团体参观需申请。
勒·柯布西耶基金会 布朗什博士公园8－10号，邮编75016 电话: 01 42 88 41 53	"蜂箱"别墅。 具体参观时间请致电咨询。

科尔贝长廊 小田园街6号，薇薇安娜街4号，邮编75002	永久开放。
鲁长廊 库尔塞勒街48号，邮编75008 电话: 01 45 62 53 15	古董店营业时间: 周二至周六, 14:00—18:00。
维罗-多达长廊 布瓦街2号，邮编75001	白天开放。
大皇宫 艾森豪威尔将军大道3号，邮编75008 电话: 01 44 13 17 17	举办展览时会对外开放。具体请去电咨询。
阿尔贝宅第 文化事务中心。自由法兰克人街31号，邮编75003 电话: 01 42 76 84 00	开放时间: 周一至周五, 9:30—12:00, 14:00—17:45。 可参阅巴黎历史古迹的相关文献资料。
阿利格尔宅第 大学街15号，邮编75007	住宅。
阿勒梅拉宅第 自由法兰克人街30号，邮编75003	住宅。
阿穆罗·德·比瑟伊宅第 老圣殿街47号，邮编75003	住宅。
巴松皮埃尔宅第 沃日广场23号，邮编75004	住宅。
德博阿尔内宅第 里尔街78号，邮编75007	德国大使馆官邸。谢绝参观。
博维宅第 行政上诉法院。弗朗索瓦-米洪街68号，邮编75004 电话: 01 48 87 74 31	可参观建筑物正面以及庭院。需向巴黎历史协会预约。
波沙尔·德·萨龙宅第 大学街17号，邮编75007	办公楼。
布瓦热林宅第 意大利大使馆。瓦雷纳街47号，邮编75007 电话: 01 49 54 03 00	谢绝参观。
布里埃纳宅第 国防部。圣多米尼克街14—16号，邮编75007	谢绝参观。
卡里雅克宅第 皇家公园街4号，邮编75003	住宅。
科莱·多特维尔宅第 图尔内尔街28号，邮编75004	住宅。
夏特莱宅第 格勒内勒街127号，邮编75007	谢绝参观。
肖沙宅第 维拉斯凯街5号，邮编75008	办公楼。
舍尼左宅第 圣路易岛街51号，邮编75004	办公楼。
克利森宅第 档案街58号，邮编75003	谢绝参观。
库朗热宅第 沃日广场1号，邮编75004	住宅。
杜雷·德·舍弗里宅第 德国历史学院。皇家公园街8号，邮编75003 电话: 01 44 54 23 80	开放时间: 周一至周五, 10:00—17:00。
菲杜·德·布鲁宅第 大学街13号，邮编75007	谢绝参观。

信息仅供参考，请于出发前核实。
请参照"阅读要点"和"巴黎旅游路线"。

加里菲宅第 意大利文化学院。瓦雷纳街50号，邮编75007 电话：01 44 39 49 39	图书馆：周一，15:00－18:00；周二至周五，10:00－13:00， 15:00－18:00。 教育服务：周一至周三，10:00－13:00，15:00－18:00。 文化活动 4月25日、6月2日、7月14日、8月15日、11月1日、12月25－26日 关闭。
古菲埃·德·特瓦宅第 瓦雷纳街56号，邮编75007	办公楼。
哈维勒宅第 米歇尔伯爵街28号，邮编75003	住宅。
埃鲁埃宅第 老圣殿街54号，邮编75003	办公楼。
埃斯兰宅第 贝图讷滨河路24号，邮编75004	住宅。
税务局 普拉托街35号，邮编75019	谢绝参观。
荣军院宅第 荣军院广场，邮编75007 电话：01 44 42 38 77	开放时间：4－9月，每天均开放，10:00－17:45；10－3月， 10:00－16:45。 1月1日、5月1日、11月1日、12月25日，每个月的第一个周一 （除7－9月外）均关闭。
雅克·萨缪尔·贝尔纳宅第 巴克街46号，邮编75007	办公楼。
朗贝宅第 圣路易岛街2号，邮编75004	谢绝参观。
拉塞宅第 国民议会主席官邸。大学街128号， 邮编75007	谢绝参观。
洛赞宅第 安茹滨河路17号，邮编75004 电话：01 48 87 74 31	需向巴黎市政厅或者巴黎历史协会提出申请才能参观。
弗利埃尔宅第 法兰西银行 小田园十字街39号，邮编75001	办公楼。
勒沙隆宅第 波旁滨河路15号，邮编75004	住宅。
勒维厄宅第 联盟俱乐部 圣奥诺雷郊区33号，邮编75008	谢绝参观。
里贝拉·布吕昂宅第 珍珠街1号，邮编75003	谢绝参观。
马里尼宅第 安茹滨河路5号，邮编75004	住宅。
马尔勒宅第 瑞典文化中心 佩雷纳街11号，邮编75003 电话：01 44 78 80 20	开放时间：周二至周五，10:00－13:00，14:00－17:30。 展览和瑞典咖啡馆：周二至周日，12:00－18:00。关闭时间随 展览时间而定。
马提农宅第 首相官邸 瓦雷纳街57号，邮编75007	文化遗产日时对外开放。
马延宅第 基督神父学校 圣安东尼街21号，邮编75007	学校所在地。
蒙托隆宅第 普瓦松尼埃大街23号，邮编75002	谢绝参观。
莫尔塔涅宅第 夏洛讷街53号，邮编75011	住宅。
努瓦穆蒂埃宅第 格勒内勒街138号，邮编75007	谢绝参观。
诺尔宅第 杰马普滨河路102号，邮编75010	谢绝参观。
帕伊宅第 香榭丽舍大道25号，邮编75008	谢绝参观。
潘塔巴宅第 圣奥诺雷郊区街41号，邮编75008	美国大使馆官邸。谢绝参观。

普尔西宅第 普瓦捷街12号，邮编75007	办公楼。
波左迪布戈宅第 大学街51号，邮编75007	住宅。
普谢宅第 欧特伊街16号，邮编75016	学校所在地。
黎塞留宅第 贝图讷滨河路18号，邮编75004	住宅。
瑞兹宅第 旺多姆广场15号，邮编75001 电话：01 43 16 30 30	酒店。谢绝参观。
罗什舒亚宅第 格勒内勒街110号，邮编75007	谢绝参观。
洛克劳尔宅第 圣日耳曼大道246号，邮编75007	谢绝参观。
洛特兰·夏洛莱宅第 移民、融入、国民属性和团结发展部 格勒内勒街101号，邮编75007	谢绝参观。
洛特鲁宅第 沃日广场4号，邮编75004	住宅。
桑特尔维尔宅第 自由法兰克人街26号，邮编75003	办公楼。
德塞吉雷宅第 中小企业、商业和手工业部 里沃街80号，邮编75007	谢绝参观。
桑斯宅第 弗内图书馆 无花果街1号，邮编75004 电话：01 42 78 14 60	图书馆：周二、周五、周六，13:00－19:30；周三、周四， 10:00－19:30。 临时展览。
斯雷讷宅第 斯坦尼斯拉斯中学 田园圣母街22号，邮编75006	谢绝参观。
苏利宅第 国家古迹中心 圣安东街62号，邮编75004 电话：01 44 61 20 00	开放时间：每天均开放，9:00－19:00。 1月1日、5月1日、11月1日、11月11日、12月25日关闭。 文化遗产图书馆：周二至周日，10:00－19:00。 庭院和花园：入口位于沃日广场。
维里埃尔宅第 欧特伊街43－47号，邮编75016	办公楼。
维尼和克瓦兹耶宅第 皇家公园街10号，邮编75003	谢绝参观。
维拉尔宅第 7区区政府 格勒内勒街116号，邮编75007	需向理事会提交书面申请。
法兰西学院 孔蒂滨河路23号，邮编75006 电话：01 44 41 44 41	有参观向导：周六、周日、节假日，10:30，15:00。
阿拉伯世界学院博物馆 弗塞-圣贝尔街1号，邮编75005 电话：01 40 51 38 38	开放时间：周二、周三、周五、周六、周日，10:00－ 18:00；周四，10:00－21:30。
凯瑟琳·拉布雷花园 巴比伦街33号，邮编75007	每天均开放：8:00－17:30（也可延长至21:30，根据季节而 定）。儿童的绿色乐园。
卢森堡花园 圣米歇尔大道，邮编75006	每天均开放：7:30－8:15和16:30－21:30（根据季节 而定）。
皇家宫殿花园 科列特广场，邮编75001 电话：01 47 03 92 16	开放时间：4－9月，每天均开放，7:00－22:00；10－3月， 每天均开放，7:30－20:30。
植物园 库维埃街57号，邮编75005 电话：01 40 79 30 00	开放时间：夏天，每天均开放，7:30－20:00；冬天，每天均 开放，7:30－17:30。
杜伊勒里花园 协和广场，邮编75001 电话：01 40 20 90 43	开放时间：每天均开放，7:30－19:00。

信息仅供参考，请于出发前核实。
请参照"阅读要点"和"巴黎旅游路线"。

狡兔酒吧 索勒街22号，邮编75018 电话: 01 46 06 85 87	艺术表演会所: 周二至周日，21:00－2:00。
亨利四世中学 克洛维街23号，邮编75005 电话: 01 44 41 21 21	文化遗产日时对外开放。
路易大帝中学 圣雅克街123号，邮编75005 电话: 01 44 32 82 00	开门时可参观。
欧洲摄影美术馆 弗尔西街5—7号，邮编75004 电话: 01 44 78 75 00	开放时间: 周三至周日，11:00－19:45。节假日关闭。
阶梯楼房 瓦凡街26号，邮编75006	住宅。
加尼叶故居 兰瑟罗博士街5号，邮编75008	谢绝参观。
奥斯康普之家 巴黎历史协会 弗朗索瓦-米洪街44—46号，邮编75004 电话: 01 48 87 74 31	开放时间: 周一至周六，11:00－18:00; 周日，14:00－19:00。 信息中心。
玫瑰之家 阿布勒瓦街2号，邮编75018 电话: 01 42 57 66 75	餐厅: 周一至周二、周四至周日，10:00－22:30（顾客最后下的单）。
维克多·雨果故居 罗昂·盖梅内宅第 沃日广场6号，邮编75004 电话: 01 42 72 10 16	开放时间: 周二至周日，10:00－18:00。 节假日关闭。 图书馆: 需预约，只对研究人员开放。
阿利格尔市场 阿利格尔街，邮编75012	开放时间: 周二至周日，7:30－13:30。
花市 路易-莱皮讷广场，邮编75004	开放时间: 周二至周日，8:00－19:30。
犹太人大屠杀纪念馆 乔弗瓦·拉兹内街17号，邮编75004 电话: 01 42 77 44 72	开放时间: 周日至周三、周五，10:00－18:00; 周四，10:00－22:00。 1月1日、5月1日、5月21日、7月14日，犹太节日时闭馆。
外交部 奥赛滨河路37号，邮编75007 电话: 01 43 17 53 53	文化遗产日时对外开放。
司法部 旺多姆广场13号，邮编75001 电话: 01 44 77 60 60	文化遗产日时对外开放。
巴黎清真寺 普德埃尔米特广场1号，邮编75005 电话: 01 45 35 97 33	开放时间: 周一至周三，周六至周日，9:00－12:00，14:00－18:00。 餐厅、土耳其浴室、咖啡馆: 常年开放。
亚当·密茨凯维奇博物馆 奥尔良滨河路6号，邮编75004 电话: 01 55 42 83 83	周三: 14:15－17:15这段时间内有参观向导（每45分钟一班）; 周六: 9:00－12:00这段时间有参观向导（每小时一班）。 团体参观需要预约: 周三和周六。 闭馆: 圣诞节、复活节、4月。
犹太艺术和历史博物馆 圣殿街71号，邮编75003 电话: 01 53 01 86 60	开放时间: 周一至周五，11:00－18:00; 周日，10:00－18:00。
现代艺术博物馆 乔治·蓬皮杜艺术中心 博堡广场，邮编75003 电话: 01 44 78 12 33	开放时间: 周一、周三至周日，11:00－12:00。 闭馆: 5月1日。
巴黎市立现代艺术馆 东京宫 威尔森总统大街11号，邮编75016 电话: 01 53 67 40 00	开放时间: 周二至周日，10:00－18:00。 每周四晚上开放夜间展览。 闭馆: 周一，某些特定节假日。
工艺美术博物馆 田园圣马丁教堂 雷欧米尔街60号，邮编75003 电话: 01 53 01 82 00	开放时间: 周二至周日，10:00－18:00; 周四，10:00－21:30。 闭馆: 周一，节假日。

公共救济博物馆 图瓦内尔滨河路47号，邮编75005 电话: 01 46 33 01 43	开放时间: 周二至周日，10:00－18:00。 闭馆: 周一，节假日，8月。
巴卡拉博物馆 美国广场11号，邮编75016 电话: 01 40 22 11 00	开放时间: 周一、周三至周六，10:00－18:00。 闭馆: 周二，节假日。
布尔代尔博物馆 布尔代尔街18号，邮编75015 电话: 01 49 54 73 73	开放时间: 周二至周日，10:00－18:00。 闭馆: 周一，节假日。
卡纳瓦雷博物馆 巴黎历史博物馆 塞维涅街23号，邮编75003 电话: 01 44 59 58 58	开放时间: 周二至周日，10:00－18:00。 闭馆: 周一，节假日。
塞努奇博物馆 维拉斯凯人街7号，邮编75008 电话: 01 53 96 21 50	开放时间: 周二至周日，10:00－18:00。 闭馆: 周一，节假日。
狩猎自然博物馆 盖内戈·德·布洛斯宅第 档案街62号，邮编75003 电话: 01 53 01 92 40	开放时间: 周二至周日，11:00－18:00。 闭馆: 周一，节假日。
哥纳克－珍博物馆 多农宅第 埃尔泽维街8号，邮编75003 电话: 01 40 27 07 21	开放时间: 周二至周日，10:00－18:00。 闭馆: 周一，节假日。
格雷万博物馆 蒙马特大街10号，邮编75009 电话: 01 47 70 85 05	开放时间: 周一至周五，10:00－18:30；周六、周日；节假日，学校假期，10:00－19:00；诸圣瞻礼节和圣诞节，9:00－18:30。收银台提前1小时关闭。
吉美博物馆 伊埃纳广场6号，邮编75016 电话: 01 56 52 53 00	开放时间: 周一、周三至周日，10:00－18:00。
居斯塔夫·莫罗美术博物馆 拉罗什富科街14号，邮编75009 电话: 01 48 74 38 50	开放时间: 周一、周三至周日，10:00－12:45，14:00－17:15。 闭馆: 周二，1月1日，5月1日，12月25日。
苏必兹宅第 自由法兰克人街60号，邮编75003 电话: 01 40 27 60 96	开放时间: 周一、周三至周五，10:00－12:30，14:00－17:30；周六、周日，14:00－17:30。 闭馆: 周二，节假日。
巴黎笛卡尔大学 医学院路12号，邮编75006 电话: 01 40 46 16 93	开放时间: 7月14日－9月，周一至周五，14:00－17:30；10月－7月13日，周一至周三、周五、周六，14:00－17:30。 节假日闭馆。
人类学博物馆 夏乐宫 特罗卡德罗广场17号，邮编75016 电话: 01 44 05 72 72	开放时间: 周一、周三至周五，10:00－17:00；周六、周日，10:00－18:00。 闭馆: 周二，1月1日，5月1日，12月25日。
荣军院博物馆 军事博物馆 设计图和浮雕博物馆 荣军院宅第 格勒内勒街129号，邮编75007 电话: 0144 42 37 65	开放时间: 4－9月，每天均开放，10:00－17:45；10－3月，10:00－16:45。 闭馆: 1月1日、5月1日、11月1日、12月25日，每个月的第一个周一（7－9月除外）。 当代历史博物馆电话: 01 44 42 54 91。 开放时间依展览而定。具体请咨询相关机构。
解放勋章博物馆 莫布尔塔大街51号，邮编75007 电话: 01 47 05 04 10	开放时间: 4－9月，每天均开放，10:00－17:45；10－3月，10:00－16:45。 闭馆: 1月1日、5月1日、6月17－18日、11月1日、12月25日，每个月的第一个周一（7－9月除外）。
雅克马尔－安德烈博物馆 奥斯曼街158号，邮编75008 电话: 01 45 62 11 59	开放时间: 每天均开放，10:00－18:00。 餐厅和茶室。
荣誉勋章博物馆 萨尔姆宅第 荣誉勋章街2号，邮编75007 电话: 01 40 62 84 25	开放时间: 主要为周三至周日，13:00－18:00；周三只开放团体参观；周二为预约团体参观日。
罗浮宫 拿破仑庭院，邮编75001 电话: 01 40 20 50 50	开放时间: 周一、周四、周六、周日，9:00－17:45；周三、周五，9:00－21:45。 闭馆: 周二，1月1日，5月1日，12月25日。

信息仅供参考，请于出发前核实。
请参照"阅读要点"和"巴黎旅游路线"。

魔术博物馆 圣保罗街11号，邮编75004 电话：01 42 72 13 26	开放时间：巴黎的学校假期，14:00－19:00；非学 校假期：周三、周六、周日，14:00－19:00。
马约尔博物馆 格勒内勒街61号，邮编75007 电话：01 42 22 59 58	开放时间：周一、周三至周日，11:00－18:00。 闭馆：5月1日。
海军博物馆 夏乐宫 特罗卡德罗广场17号，邮编75016 电话：01 53 65 69 69	开放时间：周一、周三至周日，10:00－18:00。 闭馆：1月1日、5月1日、12月25日。
马莫当－克劳德·莫奈博物馆 路易－布瓦利街2号，邮编75016 电话：01 44 96 50 33	开放时间：周三至周日，11:00－18:00；周二， 11:00－21:00。 闭馆：某些特定节假日。
装饰艺术博物馆 罗浮宫 里沃利街107号，邮编75001 电话：01 44 55 57 50	开放时间：周二、周三、周五，11:00－18:00；周 四，11:00－21:00；周六、周日，10:00－18:00。
货币博物馆 孔蒂堤岸11号，邮编75006 电话：01 40 46 55 35	开放时间：周二至周五，11:00－17:30；周六、周 日，12:00－17:30。 闭馆：周一、1月1日、5月1日、7月14日、12月25日。
蒙马特博物馆 科托街12号，邮编75018 电话：01 49 25 89 37	开放时间：周二至周日，11:00－18:00。 闭馆：周一、1月1日、12月25日。
国立中世纪博物馆 保罗－潘勒维广场6号，邮编75005 电话：01 53 73 78 00	开放时间：周一、周三至周日，9:15－17:45。
音乐博物馆 音乐城 让－饶勒斯大道221号，邮编75019 电话：01 44 84 44 84	开放时间：周二至周六，12:00－18:00；周日， 10:00－18:00。 闭馆：周一、5月1日。
尼辛德卡蒙多博物馆 蒙梭街63号，邮编75008 电话：01 53 89 06 40	开放时间：周三至周日，10:00－17:30。 闭馆：周一至周二、1月1日、5月1日、12月25日。
橘园博物馆 协和广场，邮编75001 电话：01 44 77 80 07	开放时间：周一、周三至周日，9:00－18:00。 闭馆：周二、5月1日、12月25日。
奥赛博物馆 贝勒沙斯街1号，邮编75007 电话：01 40 49 48 14	开放时间：周二、周三、周五至周日，9:30－ 18:00；周四，9:30－21:45。 闭馆：周一、1月1日、5月1日、12月25日。
小皇宫 温斯顿·丘吉尔街，邮编75008 电话：01 53 43 40 00	开放时间：周二至周日，10:00－18:00。举办临时 展览时，周二可延长至20:00闭馆。
毕加索博物馆 萨雷宅第 托里尼街5号，邮编75003 电话：01 42 71 25 21	整修，闭馆。
凯布朗利博物馆 布朗利河岸37号，邮编75007 电话：01 56 61 70 00	开放时间：周二、周三、周六、周日，11:00－ 19:00；周四、周五，11:00－21:00。
罗丹博物馆 毕洪宅第 瓦雷纳街79号，邮编75007 电话：01 44 18 61 10	开放时间： 4－9月：周二至周日，9:30－17:45。 10－3月：周二至周日，9:30－16:45。
浪漫生活博物馆 沙普塔尔街16号，邮编75009 电话：01 55 31 95 67	开放时间：周二至周日，10:00－18:00。 闭馆：周一、节假日。
查德金博物馆 阿萨街100号，邮编75006 电话：01 55 42 77 20	开放时间：周二至周日，10:00－18:00。 闭馆：周一、节假日。
自然历史博物馆 植物园 库维埃街57号，邮编75005 电话：01 40 79 30 0	开放时间：周一、周三至周日，10:00－18:00。 闭馆：周二、5月1日。

巴黎圣母院 圣母院广场6号，邮编75004 主教座堂 塔楼，电话：01 42 34 56 10 塔楼，电话：01 53 10 07 00 地下墓室，电话：01 55 42 50 10	主教座堂：常年开放，8:00－18:45。 塔楼：4－5月，10:00－18:30；6－8月，10:00－23:00；9－3月，10:00－17:30。 闭馆：1月1日，5月1日，12月25日。 地下墓室：周二至周日，10:00－18:00。 节假日闭馆
巴黎天文台 天文台大街61号，邮编75014 电话：01 40 51 22 21	每月第一个周六的14:30有参观向导。 周五晚上有天文观测活动。
加尼叶歌剧院 加尼叶宫殿 歌剧院广场，邮编75009 电话：01 40 01 17 89	开放时间：夏天，10:00－18:00；冬天，10:00－17:00。 闭馆：晨演、其他活动。
巴士底歌剧院 巴士底广场，邮编75012 电话：08 25 05 44 05	参观向导，时间约为1小时15分钟，具体咨询相关机构。 参观向导：去电咨询。
宝塔 巴比伦街57号，邮编75007 电话：01 45 55 48 48	召开会议时，电影院对外开放。
探索宫 富兰克林-罗斯福大道，邮编75008 电话：01 56 43 20 20	开放时间：周二至周六，9:30－18:00；周日，10:00－19:00 闭馆：某些节假日。
东京宫 威尔森总统大街11－13号，邮编75116 电话：01 47 23 54 01	当代艺术中心。 开放时间：周二至周日，12:00－24:00。
总统官邸 圣奥诺雷郊区街55号，邮编75008 电话：01 42 92 81 00	文化遗产日时对外开放。
司法广场 巴黎街4号，邮编75001 电话：01 44 32 79 15	学生团体参观需预约，或者向国家文物中心申请（电话：01 44 54 19 30）。
先贤祠 先贤祠广场，邮编75005 电话：01 44 32 18 00	开放时间：4－9月，10:00－18:30；10－3月，10:00－18:00 收银台提前45分钟关闭。 闭馆：1月1日，5月1日，12月25日。
安德烈·雪铁龙公园 科什街2号，邮编75015 电话：01 45 58 35 40	开放时间：冬天，周一至周五，8:00（周六、周日，9:00）－17:45（或者21:30，依季节而定）。
美丽城公园 库罗讷街，邮编75011 电话：08 20 00 75 75	开放时间：冬天，周一至周五，8:00（周六、周日，9:00）－17:45（或者21:30，依季节而定）。
贝西公园 贝西滨河路，邮编75012	开放时间：冬天，周一至周五，8:00（周六、周日，9:00）－17:45（或者21:30，依季节而定）。
布特肖蒙公园 波扎里街，马南街，邮编75019 电话：01 42 38 02 63	开放时间：5－8月，7:00－22:00；9月，7:00－21:00；10－4月：7:00－20:00。
蒙梭公园 库尔塞勒大道，邮编75008 电话：01 44 15 93 40	开放时间：5－9月，7:00－22:00；10－4月，7:00－20:00。
蒙苏里公园 朱尔丹大道，邮编75014 电话：01 45 88 28 60	开放时间：冬天，周一至周五，8:00（周六、周日，9:00）－17:45（或者21:30，依季节而定）。
拉维莱特公园 克汗丹·卡里乌大道30号，邮编75019 电话：01 40 03 75 75	24小时全天开放。 举办多种活动。
阿森纳别墅 莫尔兰大道21号，邮编75004 电话：01 42 76 33 97	开放时间：周二至周六，10:30－18:30；周日，11:00－19:00。
普拉托 阿鲁埃特街，邮编75019 电话：01 42 41 28 22	表演厅，展览。
雷克斯 普瓦松尼埃大街，邮编75002 电话：08 92 68 05 96	非学校假期时有参观向导：周三至周日，节假日，10:00－19:00。

信息仅供参考，请于出发前核实。
请参照"阅读要点"和"巴黎旅游路线"。

"蜂箱"别墅 丹兹走廊7号，邮编75015	住宅。
圣礼拜堂 巴黎街4号，邮编75001 电话：01 53 40 60 80	常年开放，9:00—17:00。
外方传教会修道院 巴克街128号，邮编75007 电话：01 44 39 10 40	殉道者展厅：周二至周六，11:00—18:30；周日，13:00—18:00。闭馆：周一、节假日。 花园：需得到允许才可入内参观。
参议院 卢森堡宫 沃里加街15号，邮编75006 电话：01 42 34 20 00	在国家文物中心登记后方可参观。咨询电话：01 44 54 19 30
索邦大学 学校街47号，邮编75005 电话：01 40 46 20 15	开放时间：周一至周五，每月的某个周六。具体请咨询巴黎的大学校长办公室。
犹太教堂 帕维街10号，邮编75004 电话：01 48 87 21 54	弥撒时间对外开放。
圣母往见会教堂 圣安东尼街17号，邮编75004	谢绝参观。
埃菲尔铁塔 战神广场，邮编75007 电话：01 44 11 23 23	电梯：5月中—8月，9:30—24:00（到达顶点的电梯则开到23:00）；9—6月中，9:30—23:00（到达顶点的电梯则开到22:30）。 楼梯：6月中—8月，9:00—24:00；9—6月中，9:30—18:00 15:00，5个人以上可配参观向导。
无畏的约翰之塔 埃蒂安·马塞尔街21号，邮编75002 电话：01 40 26 20 28	开放时间：夏天，9:30—23:00（23:00为最后登塔时间）；冬天，9:30—22:30（22:00为最后登塔时间）。
蒙帕纳斯大厦 缅恩大道33号，邮编75015 电话：01 45 38 91 51（预约热线）	谢绝参观。
圣雅克塔 夏特莱广场，邮编75001；里沃利街88号，邮编75004	周三15:00有参观向导（法语），具体请现场咨询。
联合国教科文组织 冯特努瓦广场7号，邮编75007 电话：01 45 68 16 42	国家文物中心举行研讨会时可进行参观。具体请去电咨询，电话：01 44 54 19 30
圣宠谷 阿尔方斯-拉弗汉广场1号，邮编75005 电话：01 40 51 47 28	礼拜堂：周日，10:00—12:00。 博物馆：周二、周三、周六、周日，12:00—18:00。 闭馆：周一、5月1日、8月。 团体参观需预约。
巴黎外的景点	
巴比松 巴比松画派省立博物馆 加尼客栈 格兰德街92号，邮编77630 电话：01 60 66 22 27	博物馆： 7—8月：周三至周一，10:00—12:30，14:00—18:00； 9—6月：周三至周一，10:00—12:00，14:00—17:30。 闭馆：周二、1月1日、5月1日、12月25日。 路线： 汽车：高速公路A6，枫丹白露出口，N37出口和D64出口。 火车：里昂车站，枫丹白露-雅芳站下。
尚蒂利 孔泰城堡宅第 电话：03 44 62 62 62	孔泰城堡宅第和公园： 4月初至11月1日：周一、周三至周日，10:00—18:00（公园开到20:00）。 11月2日至4月初：周一、周三至周日，10:30—17:00（公园开到18:00）。
活马博物馆 电话：03 44 57 13 13	活马博物馆： 整修闭馆。 周一、周三至周日均会有马术表演。 路线： 汽车：高速公路A1，尚蒂利出口； 火车和大区快铁D线：尚蒂利-古维约北站。

巴黎迪斯尼乐园 电话：0825 30 60 30	时刻表和票价因季节变化而变化。 路线： 汽车：高速公路A4，14号出口，离巴黎32千米； 火车、TGV（高速火车）：马恩河谷·舍西车站。 奥利机场和CDG机场均有接驳车。
埃库昂 国立文艺复兴博物馆 让-布朗街，邮编95440 电话：01 34 38 38 50	博物馆： 夏天：周一、周三至周日，9:30—12:45，14:00—17:45； 冬天：周一、周三至周日，9:30—12:45，14:00—17:15。 闭馆：周二，1月1日，5月1日，12月25日。 公园： 4月中至9月：8:00—9:00。 10月至4月中：8:00—18:00。 闭馆：1月1日，12月25日。 路线： 汽车：高速公路A1，鲁瓦西机场出口，往古桑维尔、塞吉-蓬图瓦兹方向开，最终取道N16到达埃库昂； 火车：北站，埃库昂-埃扎维尔站下；换乘260公交车，区政府广场站下。
枫丹白露 枫丹白露宫 电话：01 60 71 50 70 预约热线：01 60 71 50 77 拿破仑博物馆 电话：01 60 71 50 60	枫丹白露宫： 4—9月：周一、周三至周日，9:30—18:00。 10—3月：周一、周三至周日，9:30—17:00。 闭馆：周二，1月1日，5月1日，12月25日。 花园： 5—9月：9:00—19:00。 3—4月、10月：9:00—18:00。 11月、2月：9:00—17:00。 拿破仑博物馆：具体请咨询相关机构。 路线： 汽车：高速公路A6，枫丹白露出口，N37出口。 火车：里昂车站，枫丹白露-雅芳站下。
勒布尔热 航空博物馆 巴黎勒布尔热机场 电话：01 49 92 70 62	博物馆： 4—10月：周二至周日，10:00—18:00。 11—3月：周二至周日，10:00—17:00。 闭馆：周一，1月1日，12月25日。 路线：巴黎以北7千米。
圣德尼 圣德尼大教堂 圣德尼市荣誉勋章街1号，邮编93200 电话：01 48 09 83 54	圣德尼大教堂： 4—9月：周一至周六，10:00—17:00；周日，12:00—18:15。 10—3月：周一至周六，10:00—17:15；周日，12:00—17:15。 10:30以及15:00均有参观向导。 闭馆：1月1日，5月1日，12月25日。
法兰西体育场 科尼翁-诺尔商定发展区 弗兰西斯·德·普雷桑塞街 电话：08 92 70 09 00	法兰西体育场：常年开放，举行活动期间除外；提前预约更佳。
沃勒维孔特城堡（子爵堡） 城堡、花园、马车博物馆 电话：01 64 14 41 90	城堡、花园、博物馆： 7—8月：10:00—18:00。 3月中—6月、9—11月中：周一、周二、周四至周日，10:00—18:00。 12月中—1月初：周一、周二、周四至周日，11:00—18:00。 水的嬉戏：每月的第二个周六和最后一个周六，15:00—18:00。 万花筒： 3—10月：周六，20:00—24:00。 路线： 汽车：高速公路A6或者A5，之后改道A5b，距离默伦5千米。
凡尔赛 城堡 电话：01 30 83 78 00	城堡： 4—10月：周二至周日，9:00—18:00。 11—3月：周二至周日，9:00—17:00。 大特里亚农宫和小特里亚农宫： 4—10月：周二至周日，12:00—18:00。 11—3月：周二至周日，12:00—17:00。 宣誓宫： 某些特定节假日对外开放：具体咨询相关机构。 公园和花园：4—10月，7:00—20:20；11—3月，周二至周日，8:00—18:00。 路线： 汽车：高速公路A13，凡尔赛宫出口。 火车：圣拉扎尔车站，凡尔赛右岸站下；蒙马特车站，凡尔赛尚蒂埃站下。 大区快铁C线：凡尔赛左岸站下； 公交车：171路（塞弗尔桥地铁站）。

图片出处说明

Couverture ill. Pierre-Marie Valat.
Garde 1 Ponts de Paris illuminés. © Marc Verhille/ Mairie de Paris. Bouquiniste, quai Malaquais. © E. de Pazzis. Musée d'Orsay, intérieur. © Roger-Viollet. Tour Eiffel. © É. Guillemot/Gallimard. Champs-Élysées. © M. Verhille/ Mairie de Paris. Louvre. © P. Léger/ Gallimard. Notre-Dame de Paris. © P. Léger/ Gallimard. Centre Georges-Pompidou. © X. Richer/ Hoa-Qui/Gallimard. Place des Vosges. © Mélanie Lemonnier/ Mairie de Paris. Père-Lachaise. © M. Verhille/ Mairie de Paris. Sacré-Cœur. © Ph. Truquin/ Gallimard. La Villette. © CSI/Arnaud Legrain. **1** Illustration de Henri Galleron. **10-11** Le Sacré-Cœur en construction. © J.-L. Charmet. **12-13** Station de touristes Saint-Germain, Lansiaux, 1920. Carnavalet. © PMVP. **14-15** Quai du Louvre, 1952. © E. Boubat/Top. **15** Enseigne aux armes de Paris. © J.-L. Charmet. **16** Monnaie des Parisii, Iᵉʳ av. J.-C. © Idem. Fragment d'un bas-relief. © E. Revault. Pilier des Nautes. © J.-L. Godard. Statuette gallo-romaine. © Idem. **17** Sceau de l'Université de Paris, XIIIᵉ. AN. © Lauros/Giraudon. Vie de saint Denis, miniat. BN. © Édimedia. Meurtre d'Étienne Marcel. © Idem. Jean de Salisbury, miniat. BN. © J.-L. Godard. **18** Guillaume Budé, XVIIᵉ. Louvre. © RMN. La Place Royale et la Statue de Louis XIII, anon. Carnavalet. © PMVP. Louis II de Bourbon, J. d'Eqmont. Musée de Condé, Chantilly. © Lauros-Giraudon. Procession de la Ligue, place de Grève, anon. © Idem. **19** Garde de Louis XVI, Femme en habit militaire et enfant, Disette du pain, Le Sueur. Carnavalet. © PMVP. Prise des Tuileries, le 10 août 1792, anon. © Idem. Construction de la colonne Vendôme, XIXᵉ. La Malmaison. © Lauros-Giraudon. **20** La Liberté guidant le peuple (détail), Delacroix, 1830. Louvre. © Giraudon. Napoléon et Haussmann recevant le décret d'Amez (détail). Carnavalet. © PMVP. Les Trois Glorieuses, H. Lecomte, XIXᵉ. Carnavalet. © H. Josse. Construction du métro. © BN. Panneau RER. © F. Chazot/Explorer. **21** Arche de la Défense. © H. Renaudeau/Hoa-Qui. Cave du Vieux-Colombier, photo. © Roger-Viollet. Maquette du grand stade. © O. Wogenski/ADAGP. **22** Robert de Sorbon, Sollain. BN. © Bulloz. Un professeur à l'Université de Paris, miniat. BN. © Idem. **22-23** Cours de théologie, en Sorbonne, Nicolas de Lyre. BM, Troyes. © Giraudon. **23** Livre des statuts du collège de Hubant. AN. © Bulloz. Roman de la Rose, Héloïse et Abélard, Jean de Meung. Musée de Condé, Chantilly. © Giraudon. Sceau de l'Université de Paris, XIIIᵉ. AN. © Lauros/Giraudon. Manus. © BN. **24** Catherine de Médicis, XVIᵉ. Louvre. © RMN. Imprimerie, XVIᵉ. BN. © Giraudon. Les Frères Coligny, Daniel Dumoustier. Musée de Condé, Chantilly. © H. Josse. **24-25** Saint-Barthélemy, François Dubois. Musée cantonal des Beaux-Arts, Lausanne. © Idem. **25** La Reine Margot, film de P. Chéreau, 1994. © Luc Roux/Sygma. Bal à la cour de Henri IV (détail), Louis de Caulery. Musée des Beaux-Arts, Rennes. © H. Josse. **26** Incendie de la nouvelle barrière des Gobelins, Jamme. © J.-L. Charmet. La Révolution française, Le Sueur. Carnavalet. © PMVP. **27** Massacre à la prison de l'Abbaye, 1792. © J.-L. Charmet. Boissy d'Anglas saluant la tête du député Féraud, A. E. Fragonard, 1795. Louvre. © RMN. Démolition de l'église de la Sorbonne, H. Robert. Carnavalet. © PMVP. **28** Barricade place Blanche, anon., XIXᵉ. © Idem. Cantine pendant la Commune, Pille. © Idem. **28-29** Exécution des Communards, M. A. Darjou, XIXᵉ.Carnavalet. © J.-L. Charmet. Barricade de Ménilmontant, 1871. © Idem. **29** Incendie, rue de Rivoli, Sabatier, XIXᵉ. © Idem. **30** Exposition de 1867. © L. de Selva/Tabobor. Palais de l'Industrie, 1855. Carnavalet. © J.-L. Charmet. **30-31** Exposition de 1900. © Édimédia. **31** Exposition de 1889. © L. de Selva/Tabobor. Le Dôme central de la Galerie des machines, L. Béroud, 1889. Carnavalet. © Roger-Viollet. Galerie des Industries, 1889. © J.-L. Charmet. Pavillon de l'URSS, 1937. © Roger-Viollet. **32** Panneaux allemands, place de l'Opéra, 1944. © Idem. Défilé allemand, 1944-1945. © Harlingue-Viollet. Prisonniers allemands, août 1944. © Idem. **33** Soldats allemands, 1940. © Lapi-Viollet. Place de l'Hôtel-de-Ville, 26 août 1944. © R. Capa/Magnum. Libération, 1944. © Idem. **34** La Sorbonne, 1968. © B. Barbey/ Idem. Le Grand Chambardement. © Idem. La Sorbonne. © G. Caron/Gamma. Cohn-Bendit. © R-F. Rodicq/Idem. Les Champs-Élysées. © B. Barbey/Magnum. **35** Marché, rue Mouffetard. © F. Buxin/1re Base. **36** E. R. Poubelle, 1793. Bibl. Arts déco. © J.-L. Charmet. Un bol de bon lait, in Massin, Les Cris de la ville. Arch. Gallimard. Circulation à Paris. © X. Richer/Hoa-Qui/ Gallimard. Contractuelles. © C. Sarramon. **36-37** La Place de la Concorde, in D. Gentleman, Paris, 1991, éd. Gallimard. © D. Gentleman. Boulevard de Belleville, 1904. © BN. **37** Propreté de Paris, in D. Gentleman, Paris, Gallimard, 1991. © David Gentleman. Marché Mouffetard. © H. Renaudeau/Hoa-Qui. Commerçant ambulant, in Massin, Les Cris de la ville. Arch. Gallimard. Tuileries. © P. Lorne/Explorer. 66, rue F.-Miron. © Guy Le Guerrec/Magnum. **38** Le Rassemblement populaire, 14 juillet 1935, affiche. © J.-L. Charmet. Commune de Paris, 1871. © Idem. **38-39** Costumes de carnaval de Paris. © Idem. Prise de la Bastille, 14 juillet 1789. © Idem. Mai 1968 à Paris. © B. Barbey/Magnum. **39** 14 juillet à la Bastille. © G. Brissaud/Gamma Champs-Élysées. © X. Richer/Hoa-Qui. **40** Bienvenüe. © RATP/Com/Audiovisuel. Station Arts et métiers. © Marguerite/Idem **40-41** Métro aérien. © Chabrol/RATP/COM/ Audiovisuel. **41** Station Saint-Georges. © Minoli/Idem. Station Assemblée-Nationale, œuvre de J.-C. Blais. © Idem/ADAGP. Métro Guimard. © Roy/Idem. Construction du métro. © BN. Métro. © J. Pépinster. Logo RATP. © RATP **42** Terrasse de café, H. F. Morisset, 1902. Bibl. Arts décos. © J.-L. Charmet. Café des Deux-Magots, v. 1950. © Roger-Viollet. **43** Patrons de café parisien. © H. Cartier-Bresson/Magnum. Express. © L. de Selva/Gallimard. Piston-Pellican. © Idem. Ballon de rouge et demi. © Idem. Garçons du Café Français. © S. Grandadam/Hoa-Qui. **44** J. Baker. © Roger-Viollet. La Belle Équipe. © L. de Selva/Gallimard. Mado et ses Demi-Thons. © Idem. **44-45** Revue au Lido. © W. Rossbroi/ Explorer. **45** Partition, 1908. © J.-L. Charmet. G. Brassens et L. Ferré. © Lipnitzki-Viollet. **46** L.-F. Bertin, J.-A.-D. Ingres, 1832. Louvre. © RMN. 3, rue d'Andigné. © L. de Selva/Gallimard. Passage Aubry. © Idem. Types d'apaches, XXᵉ. © Harlingue-Viollet. **47** Coupe de maison à Paris, K. Girardet, 1847. Bibl. Arts décos. © J.-L. Charmet. Rallye. © Foc Kan. Rappeurs. © Wojtek Buss. **48** Panneau indicateur. © L. de Selva/ Gallimard. Porte avant de l'hôtel Crillon. © David Gentleman. École normale supérieure. © Gallimard. Étudiants devant la Sorbonne, années 1960. © P. Boulat/Cosmos. Librairie José Corti. © Gallimard. **50** 14, quai des Orfèvres. © X. Richer/ Hoa-Qui/Gallimard. 50, rue de Turenne. © Idem. Toits. © P. Léger/Gallimard. Toits (détail). © T. Vogel/Explorer. Rue Paul Strauss. © É. de Pazzis. 62, rue Saint-Antoine. © X. Richer/Hoa-Qui/Gallimard. 21, rue Saint-Antoine. © Idem.

51 Porche. © P. Léger/Gallimard. 120, rue du Bac. © Gallimard. 22, quai de Béthune. © X. Richer/Hoa-Qui/Gallimard. Porte. © Gallimard. Cour et rue du Beaujolais. © P. Léger/Gallimard. Île Saint-Louis. © *Idem. Samaritaine* (détail). © *Idem.* Institut du monde arabe. © *Idem.* Dôme des Invalides. © *Idem.* **62** *Monument de Louis XIV, place des Victoires,* Mariette. Carnavalet. © PMVP. **63** *Monument de Louis XV,* B. L. Prévost. © *Idem.* **73** Av. soufflot et bd Henri-IV. © P. Léger/Gallimard. **80** Orsay. © Roger-Viollet.
80-81 Bercy, front de parc. © J.-P. Buffi. 85 *Un balcon, boulevard Haussmann,* G. Caillebotte. Coll. part. © Giraudon. **86** *La Mi-Carême à Paris,* Loir, 1912. © Idem. **87** *14 juillet.* R. Dufy. Musée d'Art moderne. © *Idem/ADAGP. La Rue Montorgueil,* C. Monet. Orsay. © Bulloz. **86-87** *La Place des Vosges à l'occasion du mariage de Louis XIII et Anne d'Autriche en 1612,* anon. Carnavalet. © PMVP. **88** *La Bièvre au bief de Valence,* Schaan, 1897. Carnavalet. © PMVP. **88-89** *Joute des mariniers entre le pont Notre-Dame et le pont au Change,* Raguenet, 1756. © *Idem.* **89** *Le Maquis de Montmartre,* Meyer. © *Idem. Passage des Singes,* Pierson, 1909. © *Idem.* **90-91** *La Gare Saint-Lazare,* C. Monet. Orsay. © Bulloz. 90 *L'Avenue de l'Opéra et le Théâtre-Français,* Pissarro. Musée de Reims. © *Idem. Les Grand-Boulevards sous la pluie,* J. Béraud. Carnavalet. © PMVP/ADAGP. *Toits sous la neige,* G. Caillebotte, 1878. Orsay. © Giraudon. **92-93** *La Tour Eiffel,* R. Delaunay. MNAM. © *Idem*/ADAGP. *Autoportrait,* R. Delaunay. © MNAM/ADAGP. **93** *La Tour Eiffel,* N. de Staël, 1954. Musée d'Art moderne, Troyes. © Giraudon/ADAGP. *La Tour Eiffel vue du Trocadéro,* Hawkwins. Orsay. © RMN. *La Tour Eiffel en construction,* Delance, 1889. Carnavalet. © PMVP. **94** *Notre-Dame sous la neige,* A. Marquet. © *Idem/ADAGP. La Seine au Pont-Neuf, effet de brouillard,* A. Marquet, 1907. Musée des Beaux-Arts, Nancy. © Bulloz/ADAGP. *La Seine, Notre-Dame de Paris,* Jongkind. Orsay. © RMN. **95** *Le Pont des Arts,* P. Signac, 1928. Carnavalet. © Bulloz/ADAGP. *Notre-Dame fin d'après-midi,* H. Matisse. Albright Knox Art Gallery, Buffalo. © Succession Matisse. **96** *La Seine à Grenelle,* P. Signac, 1889. Coll. part. © Giraudon/ADAGP. **97** *Decadent's Concert,* Jules Grün, affiche. Coll. part. © ADAGP. **98** *H. de Balzac.* © BN . *G. Sand.* © *Idem. La Malchance* (détail), Schulz, 1898. Bibl. Arts déco. © J.-L. Charmet. **99** *Du bd de Clichy,* litho. *in* H. Rivière, *36 vues de la Tour Eiffel,* 1902. Coll. part.
100-101 *Expo universelle : vitrine de Lalique,* Vallotton, 1901.Coll. part. Louis Aragon. © BN. **102** *L.-P. Fargue,* R. Woog. © Roger-Viollet. **103** *Café de Flore,* 1959. © *Idem.* **104** L.S. Mercier. © BN. *Femme adultère,* Garvani, 1830. BN. © G. Namur. **105** P. Süskind. © Arch. Fayard. *Parisienne* (détail), J. Béraud, *in Le Figaro illustré,* 1890. Cl. J.- L. Charmet. © ADAGP. **106** *V. Hugo.* © Roger-Viollet. *Fumée de Brion,* Perrichon, 1865, Maison V. Hugo. © Bulloz. **106-107** *Combat, fbg Saint-Antoine* (détail),1848. Carnavalet. © *Idem.* **107** G. Flaubert. © BN. **108** *Le P'tit Chéri,* Galanis, *in* L'Assiette au beurre. Coll. part. *É. Piaf.* © BN. Gravure de Vallotton, *in Le Canard sauvage,* 1903. © *Idem.* **109** *J. Dutronc.* © Roger-Viollet. Gravure de Vallotton, *in Le Canard sauvage,* 1903. Coll. part. **110-111** *Le jour de boire est arrivé,* Vallotton, v. 1905, *in L'assiette au beurre.* Idem.J. Rictus. © Roger-Viollet. **112** Gravure de Steinlein, *in Les Vrais Dos.* Musée du Petit Palais. © Bulloz. Gravure de Vallotton *in Le Canard sauvage,* 1903. Coll. part. **113** *La Seine* (détail illustration). © Dominique Duplantier. **114** Atelier d'Arcy Scheffer.

Musée de la Vie romantique. M. Dubroca/Ville de Paris. Atelier au musée Henri-Bouchard. © É. de Pazzis. Barques, bois de Boulogne. © X. Richer/Hoa-Qui. Parc Monceau. © M. Renaudeau/*Idem.* Coupole du *Printemps.* © J. Bravo/*Idem.* Vanity (détail), 1925. © Arch. Van Cleef & Arpels. Péniches. © P. GLeizes/Explorer. Pont Royal. © P. Léger/Gallimard. Le Grand Colbert. © E. Baret. *La Petite Chaise,* intérieur.
© F. Jalain/Explorer. **115** Chapeaux Philippe Model. © Herzog. **116** *L'Impératrice Eugénie,* E. Dubufe, h/t, 1853. Musée de Compiègne. © Roger-Viollet. *Maison de couture Doucet.* © *Idem. Modèle Siberia,* L. Lelong, années 30. Musée Galliera, Paris. © DAC. **116-117** *Choix d'un corsage chez Worth,* photo, 1907. © Roger-Viollet. **117** *Emblème «Jeanne La nuit»,* Rip. © *Idem. Éventail.* Musée Galliera. © DAC./F. Rignault. *Paul Poiret,* Rip, dessin. © Lipnitzki/Viollet. *Autographe de P. Poiret.* © *Idem.* **118** *Liane de Pougy,* photo. © Roger-Vlollet. Anna de Noailles, A. Léon, autochrome, 1920. © Musée Albert-Khan, Boulogne. Sabine Azéma. © R. Doisneau/Rapho. *La Parisienne,* revue littéraire, 1956. Coll. part. *La Parisienne,* comédie d'Henry Becque, 1885. © *Idem. Claudine à Paris,* Willy et Colette. BN. **119** *Le new-look,* Coll. part. printemps-été 1947, Willy Maywald. Arch. C. Dior. © ADAGP. Ebyan à Paris. Coll. part. *Projet de foulard* Van Cleef & Arpels,Gruau. © Van Cleef & Arpels. **120** *Mlle Chanel,* Hogningen Huene, photo, 1935. © Arch. Chanel. Modèles Y. Saint Laurent, 1987, H. Newton, 1987. © Arch. Saint Laurent. Chanel, collection boutique printemps-été 1995. © Karl Lagerfeld/Chanel. **121** Jean-Louis Scherrer, robe du soir. © Arch. J.-L. Scherrer. Dior, robe du soir. © Arch. Dior. Givenchy, modèle été 1994. © Arch. Givenchy. Lapidus, modèle 1993-1994. © Arch. Lapidus. Christian Lacroix, modèle automne-hiver 1994-1995. © Arch. Ch. Lacroix. **122** Chantal Thomass, body brodé. © Arch. C. Thomass. Agnès B © Christian Moser/Agnès B Alaïa. © Prosper Assouline. Escarpins Alaïa. © *Idem.* **123** *Chère petite madame,* et *Trotteurs minou,* dessins de Th. Mugler. © Arch. Th. Mugler. Th. Mugler. © *Idem.* Modèles Th. Mugler. © P. Stable/*Idem.* Modèles J.-C. de Castelbajac. © Pascal Therme/Arch. J.-C. de Castelbajac. J.-C. de Castelbajac. © Arch. J.-C. de Castelbajac. Sonia Rykiel, photo de Sarah Moon. © Arch. S. Rykiel. Modèles S. Rykiel. © *Idem.* Modèles Meghan et Debbie. © Arch. J.-P. Gaultier. Jean-Paul Gaultier, photo de David Seidner. © *Idem.* Claude Montana. © Arch. Montana. Modèles C. Montana. © Graziano Ferrari/*Idem.*
124 Chaussures Christian Louboutin. © Arch. C. Louboutin. Boutique Alexandra Sojfer © C.B.
125 Chaussures Philippe Model. © Arch. Ph. Model. Chapeau Ph. Model. © Marie Herzog/Arch. Ph. Model. Boutique Marie Mercié. © Arch. M. Mercié. Chapeau M. Mercié. © C. Genet/Arch. Mercié. Chapeaux Ph. Model. © Arch. Ph. Model. **126** *Galeries Lafayette Soldissimes,* dessin de Mats Gustafson. © M. Gustafson. *Grands magasins du Printemps,* Berteault, 1889. © Roger Viollet. *Aristide Boucicaut,* h/t. © Arch. Bon Marché. *Galeries Lafayette.* © Arch. Galeries Lafayette. **127** *Le Bon Marché dans les années 20-30.* BHVP. © J.-L. Charmet. Sacs *Bon Marché.* © Arch. *Bon Marché. Hall central des nouveaux magasins du Printemps* (détail), 1876. Bibl. Arts décos. © L. de Selva/Tapabor. *Escaliers du Bon Marché.* © Arch. *Bon Marché.* **128** *Parure Canrobert,* dessin, 1863. © Arch. Mellerio. *Deux perroquets,* broche. © Arch.

Verne» à la Tour Eiffel. © C. Sarramon. Saucière, hôtel Lutétia. © Arch. Lutétia. **176** Le Dôme. © E. Chaspoul/Gallimard. Le presse à homards. © R. Gain/*Idem.* Façade du Laurent, Bouillabaisse. © E. Guillemot/*Idem. Pêcheurs,* XIXe. Coll. part. **177** Dessin de la carte du Divellec. DR. Roi des Coquillages, Charlie. © R. Gain/Gallimard. Carte de *La Méditerranée,* J. Cocteau, 1960. Arch. La Méditerranée. © ADAGP. Quenelles à la lyonnaise. © E. Guillemot/Gallimard. Sancerre. © C. Nencioli/*Idem.* Crustacés. © C. Sarramon. Huîtres et clams. © Gallimard. Chablis. © C. Sarramon. Huîtres Prunier, carte publicitaire, Sem. Coll. part. **178** *Alsaciennes,* Hansi Cl. G. Nencioli/ Gallimard. © ADAGP. Brasserie, île Saint-Louis. © X. Richer/Hoa-Qui/*Idem. Bofinger,* illustration du menu. DR. Brasserie Bofinger. © Brasserie/Service presse-Champs Médias. Chope de bière. © G. Nencioli/Gallimard. Charcuterie. © *Idem. Chez Jenny,* Erny, sculpture, 1956-1958. © Arch. Jenny. **179** Brasserie Lipp, v. 1920. © Arch. Lipp. *Léon-Paul Fargue.* Coll. part. Desserte en faïence du «Petit Zinc». © G. Nencioli/Gallimard. Confit (Lescure). © E. Valentin/Hoa-Qui/*Idem.* Gewurztraminer et Risling. © G. Nencioli/*Idem.* Mollard, intérieur. © R. Gain/*Idem.* **180** Ardoise. © *Idem.* Chartier. © C. Sarramon. Pot-au-feu. © R. Gain/ Gallimard. **181** Ustensiles de cuisine. © G. Nencioli/*Idem.* Lescure, intérieur. © E. Valentin/Hoa-Qui/*Idem.* Bœuf bourguignon. © *Idem.* Détail du menu de «Pharamond». © Arch. Pharamond. Escargots (Lescure). © E. Valentin/Hoa-Qui/Gallimard. Plat de cassoulet. © R. Gain/*Idem. Tripes à la mode de Caen.* © J.-L. Charmet. **182** Tasse et cuillère en bois peint. © G. Nencioli/Gallimard. Bacalhau. © R. Gain/*Idem.* Tajine. © P. Léger/*Idem.* Sushi. © G. Nencioli/*Idem.* Tequila et citrons verts. © *Idem.* Feijoada. © E. Guillemot/*Idem.* Nems. © R. Gain/*Idem.* **183** Marchande de poissons à Lisbonne. © Roger-Viollet. Paella. © G. Nencioli/Gallimard. Le taboulé. © *Idem.* Objet du restaurant «Dominique». © *Idem.* Bortsch. © *Idem.* Vins italiens. © *Idem.* Zakouski. © E. Chaspoul/*Idem. Boulangerie russe dans le quartier juif,* v. 1900. © Roger-Viollet. **184** Bordeaux en cave. © C. Sarramon. Vignes de Montmartre. © *Idem.* Chanoine Kir. © Journal *Le Bien Public Les Dépêches.* Ancien domaine Carnot et crème de cassis. © P. Léger/Gallimard. *Nicolas,* publicité, années 20. © L. de Selva/Tapabor. Entrepôts de Bercy. © Ch. Boisvieux/Explorer. **185** Les Vignes du Panthéon © E. Valentin/ Hoa-Qui/Gallimard. Etiquette de château-margaux. © C. Sarramon. Arbois jaune. © P. Léger/ Gallimard. Verres de rosé de Masarmay, côte de Beaune, Puligny-Montrachet, Romanée Saint-Vivant. © *Idem.* Place de la Bourse. © S. Grandadam/Hoa-Qui. *Vendanges en Sologne.* © Roger-Viollet. **186** Etiquette de camembert de Coulommiers. Bibl. Arts déco. © J.-L. Charmet. *Batte,* gravure in Diderot et d'Alembert l'*Encyclopédie.* Coll. part. *David et les pains de proposition,* XVIIe. Eglise des Blancs-Manteaux. © R. Gain/Gallimard. Pains. © Gallimard. *Enfant à la baguette,* Willy Ronis, 1952. © Rapho. **187** Contrôle d'affinage. © C. Sarramon. Fromages. © *Idem.* Préparation du fromage en Auvergne. © Roger-Viollet. Table. © Fotomag/Iconos/Explorer. **188** Chocolats d'Alloyau. © Arch. Dalloyau. *Américain avec sa chocolatière,* in S. Dufour *Traité,* 1893. Coll. part. **189** Moules pour les glaces, Diderot et d'Alembert. © Roger-Viollet. *La Pâtisserie Gloppe,* J. Béraud, 1889. Carnavalet. © J.-L. Charmet. Gaston Le Nôtre. © DR. Paris-Brest, millefeuille, violettes, glace Berthillon. © Gallimard.

190 Boîtes de thé de Betjeman and Barton. © Arch. H. Betjeman and Barton Hédiard, affichette publicitaire, 1930. © Arch. Hédiard. Boutique Hédiard. © *Idem.* Confiture Hédiard. © *Idem. Fauchon,* début du siècle. © Arch. Fauchon. **191** Naumachie du parc Monceau. © L. de Selva/Gallimard. **200** Bateaux sur le bassin des Tuileries. © P. Léger/Gallimard. *A. Le Nôtre,* Carlo Maratta, XVIIe. Musée de Versailles. © RMN. Sculpture de Maillol. © S. Grandadam/ Hoa-Qui/ ADAGP. *Grand Louvre-Tuileries,* Pierre Galard, gouache. © P. Galard/EPGL. **201** *Les Tuileries,* C. Monet, 1876. Musée Marmottan. © Giraudon. Les Tuileries. © Geneviève Hofman. Grilles des Tuileries. © P. Léger/Gallimard. **202** *Jardin du Palais-Royal,* Courvoisier, XVIIIe. Bibl. Arts déco. © L. de Selva/ Tapabor. Jardin du Palais-Royal. © G. Hofman. Cours d'apiculture au Luxembourg. © Michel Viard. **203** *Jardin du Luxembourg,* F. Thaulow, XIXe. Christie's, Londres. © Bridgeman/Giraudon. **204-205** *Un Athénée pour une ville capitale,* Chancel Adrien, 1877. © ENBA, Paris. *Cèdre du Liban au Jardin des Plantes,* Gibele, XIXe. © Bibl. centrale du MNHN. **204** Jardin des Plantes. © Martine Mouchy. Orchidée, serre tropicale. © L. Bessol/MNHN. **205** Serres d'Auteuil. © Bernard Descamps/ METIS. Fleur du Jardin alpin. © L. Bessol/MNHN. Parc floral. © A. Wolf/ Hoa-Qui/Gallimard. **206** *Le Parc Monceau, Remise des clefs au duc de Chartres,* Carmontelle. Carnavalet. © PMVP. Parc Monceau. © Martine Mouchy. **206-207** *Parc Monceau, les grilles,* R. Hochereau, in Alphand, *Les Promenades de Paris.* Coll. part. **207** *Jardin de Bagatelle,* Hill, XIXe. Carnavalet. © PMVP. *Pavillon de Bagatelle* in D. Gentleman, *Paris,* éd. Gallimard, 1991. © Gentleman. Bagatelle. © Martine Mouchy. **208** *Parc des Buttes-Chaumont,* XXe. © BN, Buttes-Chaumont. © G. Plessy/Explorer. **209** Parc Montsouris. © A. Wolf/Hoa-Qui/ Gallimard. **210** Parc de la Villette, jardin des Bambous. © Serge Delcroix/ EPPV. Jardin de Belleville. © A. Wolf/ Hoa-Qui/Gallimard. **210-211** Plan du parc André- Citroën, 1993. © A. Provost, P. Berger, G. Clément, J.-P. Viguier. **211** Parc A.-Citroën, les serres. © DPJ/Mairie de Paris. Jardin sériel. © J.-L.Bahin/Explorer. Jardin en mouvement. © DPJ/Mairie de Paris. **212** Bois de Boulogne. © X. Richer/ Hoa-Qui/Gallimard. *Un Jour de 1er mai sur le lac inférieur* in D. Gentleman, *Paris,* Gallimard. © Gentleman. **212-213** *Vue du bois de Boulogne,* T. Muller, XIXe. © Arch. Explorer. **213** Parc de Bagatelle. © Michel Viard. Le chalet des Îles. © X. Richer/ Hoa-Qui/Gallimard. **214** Bois de Vincennes, lac Daumesnil. © F. Chazot/Explorer. Falaise du zoo. © A. Wolf/ Hoa-Qui/Gallimard. Ferme du bois de Vincennes. © Michel Viard. **215** Pont-neuf et square du Vert-Galant. © P. Léger/Gallimard. **217** *Vue de Paris, du Pont-Neuf* (détail), P. A. De Machy. Musée de Versailles. © RMN. **218-231** La Seine (illustration). © Dominique Duplantier. **218** Canal Plus. © P. Léger/Gallimard. Statue de la Liberté. © L. Léger/Gallimard. **219** Quai A.-Citroën. © Ph. Leroux/Explorer. Esplanade du Trocadéro. © P. Léger/Gallimard. **220** *Exposition de 1900.* © L.-L. Viollet. Le zouave du pont de l'Alma. © Luc Girard/Explorer. **221** Hôtel Lalique. © P. Léger/Gallimard. **222** 27-29, quai d'Orsay. © P. Léger/Gallimard. Pont A. III. © *Idem.* Réverbère, pont A. III. © H. Volz/Explorer. **223** Pont de la Concorde. © G. Hofman. Assemblée nationale. © Th. Borredon/Explorer. *Place Louis XV,*

505

Leprince. Musée de Besançon. © Bulloz. Pont du Carroussel, réverbère. © P. Léger/Gallimard. **224** Piscine Deligny. © Y. Arthus-Bertrand/ Explorer. *Seine au niveau de l'Institut XVIIIᵉ.* Coll. part. © J.-L. Charmet. *Vue prise du pont Royal,* Gagnery. Carnavalet. © PMVP. **225** Le Pont-Neuf, emballé par Cristo. © Y. Arthus-Bertrand/Explorer. *Non à l'autoroute rive gauche,* Savignac, v. 1972-1973. Coll. part. © J.-L. Charmet/ADAGP. *Quai du Louvre,* G. Chevalier, 1920. Musée Albert Kahn, Boulogne. Le Vert-Galant. © Antonio Autenzio/ Explorer. *Le Marché aux oiseaux,* Géniaux. Carnavalet. © PMVP. **226** *Lessive au quai de la Messagerie,* anon., 1670. Carnavalet. © PMVP. Pont Notre-Dame. © P. Wysocki/Explorer. **227** Notre-Dame. © R. Burri/Magnum. Pont-Marie. © G. Thouvenin/ Explorer. Echelle de graduation au pont-Marie. © P. Léger/Gallimard. *La Joute des mariniers entre le pont Notre-Dame et le pont au Change,* J.-B.-N. Raguenet, 1756. Carnavalet. © PMVP. **228** *Le lavoir de l'Hôtel-Dieu,* Nattes, 1805. BHVP. © J.-L. Charmet. *Construction de pont* et *Transport à Paris* in *Les ordonnances royaux de 1528 pour la Ville de Paris.* © *Idem.* **229** Institut du monde arabe. © X. Richer/Hoa-Qui. Viaduc de Bercy (détail). © J.P. Nacivet/Explorer. Le Pont Saint-Paul, époque Louis XV. Coll. part. © J.-L. Charmet. **230** *Le Jardin des Plantes, XIXᵉ.* © J.-L. Charmet/Explorer. Cours de la Bièvre, Charles Marville. Carnavalet. © PMVP. *Projet du pont Charles-de-Gaulle* par Louis Arretche, 1988. Image de synthèse de Karasinski. © Direction de la voirie de la Ville de Paris. **231** Entrepôts de Bercy. © L.-L. Viollet. Ministère des Finances. © C. Sarramon. *Canal Saint-Martin,* P. Vauthior, 1895. © Marc Gaillard. **232** Bibliothèque nationale de France. © Michel Denancé ; Georges Fessy/Perrault architecte. **234** *Pigalle Saint-Germain,* Berthomieu, 1950. © Ciné-Plus. *Les Frères Jacques.* © R. Maltête/ Rapho. *Boris Vian au Tabou.* © De Sazo/ Rapho. **235** *Juliette Gréco à la Rose-Rouge.* © R. Doisneau/Rapho. *Le Flore.* © Willy Ronis/ Rapho. **236** *Abbaye de Saint-Germain-des-Prés.* Carnavalet. © Bulloz. Église Saint-Germain-des-Prés, chapiteau, XIIᵉ. © Pix. **237** Le Chœur. © *Idem.* **238** Plaque. © X. Richer/ Hoa-Qui/Gallimard. *Chaire de l'église Saint-Sulpice,* Charles de Wailly. Carnavalet. © PMVP. **238-239** *Place Saint-Sulpice,* Arnout, XIXᵉ. © *Idem.* **239** *Portrait de Marie de Médicis en Bellone,* Rubens. Louvre. © RMN. Palais-Bourbon, salle des séances. © Giraudon. Le Sénat. © Pawel. Wysocki. 18, rue des Canettes. © X. Richer/Hoa-Qui/Gallimard. *Théâtre de l'Odéon, Courvoisier, XVIIIᵉ.* Bibl. Arts-déco. © L. de Selva/Tapabor. Sarah Bernhardt, 1869. © Roger-Viollet. *James Joyce,* par Gwenn le Galienne. © *Idem.* **241** *Pompe funèbre de Marat dans l'ancienne église des Cordeliers, XVIIIᵉ.* Carnavalet. © Giraudon. Bistro 1900. © X. Richer/ Hoa-Qui/ Gallimard. Passage Saint-André-des-Arts. © Bravo/Hoa-Qui. **242** *Musée des Monuments Français,* Cochereau. Carnavalet. © PMVP. **243** Monnaie de Paris. © F. Buxin/1ʳᵉ Base. Miniature du bréviaire d'Oderisius, v. 1100-1200. Bibl. Mazarine. © J.-L. Charmet. **244-245** *Bouquinistes,* 1934. © Boyer-Viollet. **244** *Bouquinistes du quai de la Mégisserie,* Galien-Laloue, v. 1900. © Marc Gaillard. *Bouquiniste, XIXᵉ.* © BN. **245** Bouquiniste, quai Malaquais. © E. de Pazzis. *Bouquiniste, quai Montebello,* 1934. © Boyer-Viollet. **246** *Abbaye Saint-Victor,* v. 1525. BHVP. © J.-L. Charmet. **247** Sceau de la Nation d'Angleterre. © A. N.

Fontaine Saint-Michel. © Jacques Verroust. **248** *Crucifixion,* Pierre II Bruegel. © Serv. Objets d'Art, Ville de Paris. Eglise Saint-Séverin. © F. Buxin/Gallimard. **249** «Shakespeare and Co» 37, rue de la Bucherie. © *Idem.* Caveau de la Huchette. © *Idem. Saint-Julien-Le-Pauvre, in* D. Gentleman, *Paris,* Gallimard, 1991 © David Gentleman. **250** Thermes de Cluny. © Jacques Verroust. Hôtel de Cluny. © A. Magniant/ Gallimard. **250-251** *La Cour de la vieille Sorbonne,* Lansyer. Carnavalet. © PMVP. **251** *La Sorbonne au XVIᵉ.* BN. Ms. © Hubert Josse. **252** Coupole et grilles du grand amphithéâtre. © Georges Fessy. Statue de R. de Sorbonne, le 22 mai 1968. © B. Barbey/Magnum. **253** Collège de France. © Georges Fessy. Tombeau de Richelieu. © *Idem.* **254** La tour Clovis. © Jacques Verroust. Saint-Etienne-du-Mont, clé de voûte. © Serv. Objets d'art, Ville de Paris. *Sainte-Geneviève,* XIIIᵉ. Louvre. © RMN. **255** Jubé, Saint-Etienne-du-Mont. © Lauros-Giraudon. Bibl. Sainte-Geneviève. © Jérôme Darblay. *Saint-Etienne-du-Mont et Sainte-Geneviève,* Garbizza. Carnavalet. © Lauros-Giraudon. **256** Panthéon. © F. Buxin/1ʳᵉ Base. *Expérience du pendule de Foucault au Panthéon en 1851, répétée par Flammarion en 1902.* © Roger-Viollet. *Panthéon.* © L. de Selva/ Tapabor. **257** *Enterrement de Victor Hugo au Panthéon.* Carnavalet. © PMVP. *Germain Soufflot,* Van Loo. Louvre. © RMN. **258** Baldaquin, Val-de-Grâce. © L. de Selva/ Tapabor. Coupole du Val-de-Grâce. © Caroline Rose. *Val-de-Grâce, in* D. Gentleman, *Paris,* Gallimard, 1991. © David Gentleman. **259** Cloître de Port-Royal. © Jacques Verroust. *Ex-Voto,* Ph. de Champaigne. Louvre. © RMN. *Observatoire de Paris.* © L. de Selva/Tapabor. **260** Rue Mouffetard. © Renaudeau/Hoa-Qui. 122, rue Mouffetard. © F. Buxin/Gallimard. *Arènes de Lutèce,* autoch., 1911. © Musée A. Kahn. **261** Mosquée. © S. Grandadam/Hoa-Qui. Jardin de la Mosquée. © F. Buxin/Gallimard. Mosquée (détail). © *Idem.* **262** *Le Pré-aux-Clercs au XVIIᵉ.* Carnavalet. © J.-L. Charmet. **263** Détail d'une planche de Bérain. © BN. Plafond, salon Ovale. © A. Wolf/Doc. française. Le quai Voltaire. Coll. Debuisson. © Soc. d'hist. du VIIᵉ arr. Quai Voltaire. © N. Beaud/Gallimard. **264** Hôtel de Salm. © Georges Fessy. Hôtel de Beauharnais. © Jérôme Darblay. Plaque de rue. © P. Léger/ Gallimard. **265** *Hôtel de Salm,* coupe. Carnavalet. © PMVP. Hôtel de Beauharnais. © Jérôme Darblay. *Gaston Gallimard.* Coll. part. Deyroll. © *Idem.* **266** Hémicycle. © Yann Leyma/Explorer. Tribune des Orateurs (détail). © Assemblée nationale. *Palais du Corps législatif après la dernière séance, 4 sept 1870,* J. Guiaud. Carnavalet. © F. May/ DAC, Ville de Paris. **267** Rue Saint-Dominique. © L.-L Viollet. **268** Fontaine des Quatre- Saisons in D. Gentleman, *Paris,* Gallimard, 1991. © David Gentleman. Sciences-Po. © Gallimard. Ambassade d'Italie. © Jérôme Darblay. **269** Matignon, jardin et salon de musique. © Georges Fessy. *L'Ombre,* A. Rodin, v. 1880. © X. Richer/ Hoa-Qui. **270** Médaille miraculeuse. © Congrégation 120, rue du Bac. © X. Richer/ Hoa-Qui. Hôtel Gallifet. © Arch. Hôtel Gallifet. **271** *Bon-Marché.* © Arch. *Bon Marché.* La Pagode. © J.-L. Godard. Chapelle Saint-Vincent- de-Paul. © CDO. **272** Fontaine de l'Observatoire. © X. Richer/Hoa-Qui. *Le Quadrille au bal Bullier,* v. 1865. Carnavalet. © J.-L. Charmet. **273** Le Dôme, la Rotonde. © P. Delance/Gallimard. *Balzac de A. Rodin au Salon des beaux-arts,* 1898. © E. Druet/

Musée Rodin. **274** *Construction,* 1910. Coll. part. © J.-L. Charmet. Plaque. © E. Gaffard. Carrière de gypse, Vaux-sur-Seine. © E. Gaffard. Carrière de l'hôpital Cochin. © E. de Pazzis. **275-276** *Cimetière des Innocents en 1552,* F. Hoffbauer. Coll. part. *Concert dans les catacombes,* M. Mouligné, 1924. © BN. **275** Paléothérium. © D. Serrette/MNHN/ Paléontologie. Crâne, catacombes. © David Babinet. **276** Rotonde des Tibias. © *Idem.*

277 Sarcophage mérovingien (détail), fouilles de la place Baudoyer. © L. Valencia/ A.F.A.N./ Com. du vieux Paris. Couvent des Bernardins. © David Babinet. Entrée d'un abri. © *Idem.* Chapelle Pierre Nicole. © *Idem.* **278** Plaque. © E. Gaffard. Plaque d'égout. © F. Cahuzac. Types d'égout. © Service des égouts/Direction de l'assainissement. Collecteur d'Asnières, chantier Climespace.
© E. Gaffard. *Egoutiers,* 1943. © Lapi-Viollet. **279** Fontaine, place de la Concorde. © S. Grandadam/Explorer. *Coupe du château de la Samaritaine,* XVIIIe. © BN. *Insurgés dans les égouts,* F. Meaulle. © Coll. Viollet. **280** Fontaine, square Louvois © P. Léger/Gallimard. *Porteur d'eau,* 1907. © Harlingue-Viollet. Réservoir de Montsouris. © E. Gaffard. *Coupe de réservoir des eaux, Ménilmontant.* Carnavalet. © PMVP. **281** Plaque, égouts. © N-D Viollet. **282** *La Charmeuse de serpent,* H. Rousseau, 1907. Musée d'Orsay. © RMN. *Paul Fort.* © Roger-Viollet. *Foujita,* v. 1925. © *Idem.* **283** *Tête de femme,* Modigliani, 1912. © MNAM. 26, rue Vavin. © P. Delance/Gallimard. **284** Rue Schœlcher. © *Idem. Picasso dans son atelier rue Schœlcher,* 1916. Musée Picasso. © RMN/ADAGP. *Kiki de Montparnasse,* v. 1925. © Roger-Viollet. **284-285** *La Coupole,* v. 1925. © *Idem.* **285** 37bis, rue Campagne- Première. © P. Delance/Gallimard. **286** Rue de la Gaîté. © *Idem.* 276, bd Raspail. © *Idem. Quartier Montparnasse, in* D. Gentleman, *Paris,* Gallimard, 1991. © David Gentleman. **287** Fondation Cartier, maquette. © Michel Denancé/ Archipress. Cimetière de Montparnasse. © *Idem.* **288** *La Ruche,* F. Léger. © Musée nat. F. Léger, Biot/ADAGP. *Alfred Boucher.* © Roger-Viollet. *Atelier d'artistes, la Ruche,* © *Idem.* **289** *J. Lipchitz et sa femme,* Modigliani, 1917. Chicago Art Institute. © Archives légales A. Modigliani, Paris-Livourne. *Modigliani.* © Roger-Viollet. *Marin à la guitare,* J. Lipchitz, 1914. © MNAM. La Ruche. © G. Hofman. Atelier de Raynaldo. © *Idem.* Atelier, quai de la Gare. © *Idem.* **291** Les Invalides. © Bernard Pentat/Altitude *Parmentier,* anon., XIXe. Carnavalet. © PMVP. *Louis XIV aux Invalides,* Martin. © *Idem.* **292** *Visite de Napoléon aux Invalides en 1808,* copie de Peixoto. Musée du Val-de-Grâce. © J.-L. Charmet. Les Invalides. © F. Buxin/1re Base.
293 *L'Esplanade des Invalides,* Garbizza, aquarelle. Carnavalet. © Bulloz. Fresque, C. de La Fosse, 1705. © A. Wolf/Explorer. **294** Unesco. © Ch. Vioujard/Gamma *L'Ecole militaire,* Gilie, XIXe. Carnavalet. © Bulloz. **294-295** *Vue de l'Exposition universelle de 1889,* Servando, XIXe. Carnavalet. © J.-L. Charmet. **295** Champ-de-Mars. © Martine Mouchy. Avenue Rapp. © C. Sarramon. **296** *Construction de la tour Eiffel,* 1887-1889. © Chevojon (1,2) et © Sirot-Angel (3,4,5). **296-297** *Construction de la Tour,* déc. 1887. © Chevojon. **297** *Fête de nuit à l'Exposition universelle,* Roux. Carnavalet. © Giraudon. *G. Eiffel.* © L. de Selva/Tapabor. Le peintre de la

Tour. © M. Riboud/Magnum. **298** *Terrasse de la première plate-forme.* Coll. part. *Installation de la radio et télévision en 1949.* © SNTE. Affiche TSF, 1929. Coll. part. **298-299**. Tour Eiffel. DR. **299** *L'Homme volant,* 1912. © *Idem. Ascension dans la tour Eiffel,* 1889. © *Idem.* **300** *Expérience de montgolfière au chateau de la Muette,* 1783. Louvre. © J.-L. Charmet. Maison de Balzac. © C. Sarramon. *Château de la Muette, arrivée de Louis XV,* C.-L. Grevenbroeck, v. 1738. Carnavalet. © J.-L. Charmet. **301** *Les Enfants du Paradis,* M. Carné, 1943. © Ciné-Plus. 25, rue Franklin. DR. **302** *Palais du Trocadéro.* Carnavalet. © PMVP. Place du Trocadéro, statue. © S. Grandadam/ Hoa-Qui. **303** *La Joie de Vivre,* L. Drivier. © L. de Selva/Gallimard. *Jean Vilar,* TNP, 1957-1958. © Lipnitzki-Viollet. Palais de Tokyo. © L. de Selva/ Gallimard. **304**17, rue La Fontaine. © L. de Selva/ Gallimard. **305** Métro, Porte-d'Auteuil. © F. Jannin. Pendule Guimard. © L. Sully-Jaulmes. Entrée du Castel-Béranger. © *Idem.* **306** 65, rue La Fontaine. © L. de Selva/Gallimard. *Un dîner de Molière à Auteuil,* G. Melingue, XIXe. © J.-L. Charmet. **306-307** *Village d'Auteuil,* XVIIIe. Carnavalet. © J.-L. Charmet. **307** Villa Laroche-Jeanneret. © F.L.C/ADAGP. *Le Corbusier.* © BN. Plaque. © L. de Selva/Gallimard. 10-12, rue Mallet-Stevens. © *Idem.* **308** *Le bal Mabille,* Ch. Vernier, 1860-1870. Carnavalet. © J.-L. Charmet. **309** *Vue de l'axe Concorde-Etoile* (détail). Coll. part. © *Idem. Salon de 1936,* affiche. BHVP. © L. de Selva/Tapabor **310** *Fontaine, place de la Concorde, in* D. Gentleman, *Paris,* Gallimard, 1991. © David Gentleman. *La Ville de Lyon.* © M. Renaudeau/Hoa-Qui. *Erection de l'Obélisque,* F. Dubois, 1836. Carnavalet. © PMVP. Chevaux de Marly. © P. Léger/Gallimard. Hôtel Crillon, plaque. © X. Richer/Hoa-Qui/ Gallimard. **310-311** *Place de la Concorde, in* D. Gentleman, *Paris,* Gallimard, 1991. © David Gentleman. **311** *Au Jardin de Paris,* J. Chéret, affiche. Bibl. Arts déco. © J.-L. Charmet/ ADAGP. *Le Cirque d'été,* anon., v. 1880. Carnavalet. © J.-L. Charmet. Pavillon Ledoyen. © E. Paillet. *La Belle de nuit,* J. Béraud, 1905. Carnavalet. Cl. J.-L. Charmet © ADAGP. *J.-L. Barrault et M. Renaud,* 1951. © Roger-Viollet. **312** *La Nef du Grand Palais,* v. 1900. Bibl. Arts déco. © J.-L. Charmet. Verrière du Grand Palais. © F. Buxin/1re Base. Fiac, affiche, 1993. © A. Morain/O.I.P. *Salon d'automne,* 1905. © J.-L. Charmet. **313** *Incendie du bazar de la Charité, in Le Petit Journal,* 1897. Fonds Gallimard. Modèle Givenchy. © Arch. Givenchy. Théâtre des Champs-Elysées. © B. Rieger/Hoa-Qui. **314** Plaque. © X. Richer/Hoa-Qui/ Gallimard. Champs-Elysées depuis l'Arc de Triomphe. © M. Renaudeau/Hoa-Qui. Champs-Élysées de nuit. © P. E. Charon/Urba Images. 10 mai 1994, éclipse du soleil. © Compoint/ Sygma. Défilé de J.-P. Goude. © J. Siegmann/ Witness-Orop. Les moissons. © A. Le Toquin/Explorer. Manifestation gaulliste, mai 1968. © B. Barbey/Magnum. Saint-Cyriens. © P. Wysocki/Explorer. Tour de France, 1993. © Press-Sport. Terrasse de café. © X. Richer/ Hoa-Qui/ Gallimard. Terrasse du Fouquet's. © A. Tovy/Explorer. **315** *A bout de souffle,* J.-L. Godard. © Ciné-Plus. Vitrine Citroën, années 1960. DR. Escalier de l'hôtel de la Païva. © Jérôme Darblay. *Nouvelle revue du Lido,* Gruau, 1980. © Bibl. Forney. Cabine téléphonique. © G. Nencioli/Gallimard. **316** *Projet d'éléphant triomphal,* M. Ribart, 1758. Bibl. des Arts déco. © J.-L Charmet. *Funérailles de V. Hugo,* Guiaud. Carnavalet. © PMVP. Bas-reliefs de l'Arc de Triomphe (détails) : Le Triomphe de

Napoléon, F. Rude. © T. Borredon/Explorer. La Résistance, Etex. © G. Thouvenin/Explorer. **316-317** Elévation de l'Arc de Triomphe. Coll. part. **317** Bas-reliefs de l'Arc de Triomphe (détails) : *La Paix*, Etex. © *Idem. Le Départ des volontaires de 1792*, F. Rude. © F. Chazot/Explorer. La grande moisson. © Wojtek Buss. **318** La Défense, pan. © EPAD. **319** Stabile de Calder. © R. Burri/Magnum/ADAGP. Takis. © P. E. Chardin/Urba-Images. Sculpture de Miró. © Annoche/EPAD/ ADAGP. Esplanade de la Défense. © J.-P. Salomon/EPAD. **320** Fontaine Takis. © J.L. Bohin/Explorer. Escalier de l'arche. © J.-P. Salomon/EPAD. J.-O. Von Spreckelsen. © EPAD. **320-321** Vue aérienne de la Défense. © J.-P. Salomon/EPAD. **321** Tour Aurore. © EPAD. Tour Elf. © A. Wolf/Explorer. Tour PFA. © J.-L. Charmet. *Le Louvre sous Charles V*, in M.F. Hoffbauer, *Paris à travers les âges*, XIXe. Coll. part. **323** Pyramide. © J.P. Nacinet/Explorer.

324 Le Louvre en 1610, plan en relief. R. Munier et S. Polonovski. © C. Rose/RMN. Le Louvre en 1980. © *Idem. Les Très Riches Heures du duc de Berry*, détail, P. de Limbourg. Musée Condé, Chantilly. © Giraudon. Vue de la grande galerie, F. Nash, v. 1820. Louvre. © RMN. **326** *Cour Carrée d'ap.* Gavard, 1830-1840. Carnavalet. © J. -L. Charmet. *Nouvelles salles souterraines du vieux Louvre*. Coll. Buisson. Salle des Cariatides (détail). Louvre. © RMN. **327** *Vue de la colonnade du Louvre*, Demachy. © *Idem. Napoléon visitant l'escalier du Louvre sous la visite de Percier et Fontaine*, A. Couder. © *Idem.* Pyramide du Louvre. © Explorer. Cour Marly. © P. Léger. La pyramide. © A. Wolf/Explorer. La pyramide inversée. © Robinson/EPGL. **328** *Esclave mourant*, Michel-Ange,1513-1515. Louvre. © RMN. *Le Radeau de la Méduse*, Géricault, 1819. © *Idem. Noces de Cana*, Véronèse, 1562-1563. © *Idem.* **329** *Monna Lisa*, dite *La Joconde*, L. de Vinci, v. 1503-1506. © *Idem. Victoire de Samothrace*, v. 190 av. J.-C. © *Idem.* **330** *Aphrodite dite Vénus de Milo*, fin IIe av. J.-C. © *Idem. Chevaux de Marly, 1706*. © *Idem. Relief de la cour Khorsabad.* © *Idem.* **331** *La Dentellière*, Vermeer. © *Idem. Portrait de l'artiste au chevalet*, Rembrandt, 1660. © *Idem. Portrait du roi Jean le Bon*, anon., v. 1350. © *Idem. Le Débarquement de Marie de Médicis à Marseille.* © *Idem. Tricheur à l'as de carreau*, G. de La Tour, 1635. © *Idem. La Raie*, Chardin, 1728. © *Idem. Eugénie, le tsar Napoléon III et le roi de Prusse, fête des Tuileries à l'occasion de l'exposition du 10 juin 1867*, Th. Van Elven. Carnavalet. © J. L. Charmet. Carrousel. © P. Léger/Gallimard. **332-333** *Rue de Rivoli*, v. 1840-45. Bibl. Arts déco. © J. L. Charmet. **333** *Incendie du Louvre, mai 1871*. Carnavalet. © J.-L. Charmet. Librairie Galignani. © Galignari. **334** *Robespierre*, anon., XVIIIe. Carnavalet. © PMVP. Hôtel Meurice. © Arch. hôtel. *Saint-Germain-l'Auxerrois*, Asselineau. © BN. **335** Les Magasins du Louvre, 1866. © J.-L. Charmet. Le Louvre des antiquaires. © A. Autenzio/Explorer. *Saint-Germain-l'Auxerrois*, autochrome, 1923. Musée Albert Kahn, Boulogne. **336** *La colonne Vendôme sous la Commune*, 1871. Collection-Viollet. Place Vendôme. © Patrick Delance/Gallimard. Boutique Cartier. © *Idem.* Boutique Chanel. © P. Léger/Gallimard. **337** Colonne Vendôme (détail). © X. Richer/Hoa-Qui. *Gustave Courbet* (détail), 1871. © Lauros-Giraudon. *La place Vendôme*, Bouhat. Carnavalet. © PMVP. **338** Molière, Mignard. Carnavalet.

© PMVP. Colonnes de Buren. © Gallimard. **338-339** *Les Jardins et le cirque du Palais-Royal en 1871*, L.-N. de Lespinasse. Carnavalet. © J.-L. Charmet. **339** Jardins du Palais-Royal. © X. Richer/Hoa-Qui/Gallimard. Galeries du Palais-Royal. © D. Piquer. La Comédie-Française. © F. Chazot/Explorer. **340** BN, salle Labrouste. © BN. Place des Victoires. © F. Buxin/1re Base. **341** Sceaux de la BN. © BN. *Les Grandes chroniques de France.* © BN. La Banque de France. © G. Fessy. La galerie Vivienne. © X. Richer/Hoa-Qui/ Gallimard. Passage Colbert. © P. Léger/Gallimard. Galerie Vivienne. © E. de Pazzis. **342** Chapiteaux, 9 rue Murillo. © L. de Selva/Gallimard. Royal Monceau Hôtel. © J-L Charmet/Explorer. Rotonde du parc Monceau. © A. Thévenart. Pagode, rue de Courcelles. © L. de Selva. Parc Monceau. © *Idem*/Tapabor. **343** Avenue Van-Dyck. © J. Verroust. Maison Opéra-Garnier. © J.-L .Bohin/Explorer. **344** 35, fbg Saint-Honoré. © L. de Selva/Gallimard. Boutique Révillon. © D. Repérant/Explorer. Foulard *Hommage à Charles Garnier.* © Arch. Hermès. **345** L'Élysée. © Y. Layma/Explorer. Elysée, intérieurs. © Georges Fessy. Garde. © Y. Layma/Explorer. **346** Eglise Saint-Augustin. © Roger-Viollet. Chapelle expiatoire. © L. de Selva/Gallimard. **346-347** *La rue Royale et la Madeleine.* © L.-L.-Viollet. **347** *M. Proust*, H. Martinie. © BN. Devanture Maxim's (détail). L. de Selva/Gallimard. Maxim's, intérieur. © R. Gain/Gallimard. Boutique la Chaume. © L. de Selva/Gallimard. **348** Le Rex, intérieur. © J. Darblay. *Les Montagnes russes*, anon. Carnavalet. © J.-L. Charmet. *Olympia*, affichette, v. 1900. Bibl. Arts déco. © *Idem.* **348-349** *Taverne Olympia*, J. Chéret, 1889. Bibl. Arts déco. Cl. J.-L. Charmet. © ADAGP. *Boulevard des Capucines*, J. Béraud. Carnavalet. © Bulloz/ADAGP. **349** Olympia. © L. de Selva/Gallimard. *Maurice Chevalier*, C. Neuman, 1910. © Roger-Viollet. **350** *Place de l'Opéra*, Boggs, 1900. © H. Josse. Opéra, intérieur. © F. Buxin/1re Base. **350-351** Maquette en coupe de l'Opéra de Paris. Orsay. © RMN. **351** *Café de la Paix*, 1905. © Coll. Viollet. Plaque. © P. Léger/Gallimard. Le Printemps. © L.-L. Viollet. **352** Entrée du musée Grévin. © L. de Selva/Gallimard. Crédit lyonnais, pl. des Italiens. © *Idem.* Opéra-Comique. © *Idem.* **352-353** *La Bourse*, P. Benoist, 1840. Bibl. Arts décos. © J.-L Charmet. **353** Passage des Panoramas. © F. Buxin/1re Base. Passage des Princes. © L. de Selva/Gallimard. Tableau d'affichage de la Bourse. © A. Wolf/Explorer. **354** Détail du Pont-Neuf. © X. Richer/ Hoa-Qui/Gallimard. *Le Pont-Neuf, entrée de la place Dauphine*, H. Mommers, 1665-1669. Carnavalet. © PMVP. **355** *Vue de Paris*, Hoffbauer, 1858. Musée Carnavalet. © Bulloz. Panneau. © X. Richer/ Hoa-Qui/Gallimard. Le Pont-Neuf. © *Idem.* **356** Fondation de la caserne de la Cité, Richebourg, v. 1865. BN. © Roger-Viollet. Point zéro devant Notre-Dame. © J. Bravo/Hoa-Qui. **356-357** *La Seine et l'archevêché*, Lallemand. Carnavalet. © PMVP. **357** *Maison cloître Notre-Dame*, Raguenet. © *Idem. Cour de vieille maison*, v. 1920. © Musée Albert Kahn, Boulogne. Notre-Dame, portail du Jugement. © C. Rose. **358** *Fragment de mosaïque romane*, parvis de Notre-Dame. Bibl. Direction du patrimoine. © J.-L. Charmet. *Abside de Notre-Dame*, J. Arnout, XIXe. Carnavalet. © PMVP. Louis XIII, sculpture. © G. Boullay. La nef. © Caroline Rose. **359** Rose nord. © *Idem. Le Stryge*, illustration de Claude Boutterin. © Gallimard. Orgue et rosace ouest. © G. Boullay. Clôture nord du chœur. ©

508

Caroline Rose. **361** Tête du roi Juda, XIIIᵉ. Musée de Cluny. © RMN. Portail de la Vierge (détail). © Caroline Rose. Façade de Notre-Dame, Villeret, XIXᵉ. Carnavalet. © Bulloz. Portail du Jugement dernier (détail). © Caroline Rose. **362** Verrière du Jugement dernier (détail). © B. Acloque/ CNMHS. *Palais de Justice et Sainte-Chapelle,* v. 1600. Carnavalet. © Bulloz. Reliquaire de la Sainte-Chapelle. Musée de Cluny. © RMN. Chapelle basse. © J. Bravo/Hoa-Qui. **363** Verrière du Jugement dernier (détails). © B. Acloque/ CNMHS. **364** Verrière de l'Enfance du Christ (détail). © *Idem.* Verrière de la Passion (détail). © *Idem.* Verrière de l'Arbre de Jessé (détail). © *Idem.* Verrière d'Isaie (détail). © *Idem.* Verrière des Nombres. © *Idem.* Verrière des Reliques (détail). © *Idem.* **365** Verrière de Daniel (détail). © *Idem.* Verrière de Judith (détail). © *Idem.* Verrière d'Esther (détails). © *Idem.* Verrière de la Passion du Christ (détail). © *Idem.* **366** La Conciergerie. © B. Pesle/Explorer. Le marché aux fleurs. © X. Richer/Hoa-Qui. *Le Marché aux fleurs,* Canella. Carnavalet. © PMVP. **367** Pont au Change. © Jean-Luc Bohin/Explorer. *Jean Richard,* 1967. © Ph. Poirier/Roger-Viollet. *L'Appel des dernières victimes de la Terreur* (détail), Muller. Château de Vizille. © Roger-Viollet. **368** Détail du plan de Vassalieu, v. 1609. © *Idem.* Quai de Bourbon, in D. Gentleman, *Paris,* Gallimard, 1991. © David Gentleman. **368-369** *L'île Saint-Louis et le pont de la Tournelle,* Noël. Carnavalet. © PMVP. **369** Mascaron. © X. Richer/ Hoa-Qui/Gallimard. Rue Saint-Louis-en-l'île. © X. Richer/Hoa-Qui. Eglise Saint-Louis-en-l'île, détail et ensemble. © C. Rose/Gaillet. **370** *Calliope,* Hôtel Thorigny-Lambert, E. Le Sueur. Louvre. © RMN. Hôtel de Lauzun, intérieur. © Jérôme Darblay. Hôtel de Lauzun, balcon et gouttière. © X. Richer/ Hoa-Qui/ Gallimard. **371** *Chopin jouant à l'hôtel Lambert* (détail), Kwiatkowski, v. 1840. Bibl. polonaise, Paris. © J.-L. Charmet. Hôtel Hesselin, J. Marot. Musée Carnavalet. © PMVP.
373 Musiciens. © X. Richer/ Hoa-Qui/Gallimard. *La Place de Grève,* Raguenet, 1746. Musée Carnavalet. © PMVP. **374** Salon de l'Hôtel de Ville. © Marc Gaillard. **374-375** *La Fontaine, place du Châtelet,* Boisot, 1810. Musée Carnavalet. © J.-L. Charmet. **375** La Samaritaine. © X. Richer/ Hoa-Qui/Gallimard. Tour Saint-Jacques. © Bravo/ Hoa-Qui. **376** *Les Halles,* XIXᵉ. © J.-L. Charmet. Les Halles en 1958. © H.Cartier-Bresson/Magnum **377** *Fontaine des Innocents,* Chalon. Musée Carnavalet. © PMVP. Les Halles. © X. Richer/ Hoa-Qui/Gallimard. *Halle aux blés en construction,* Bellan. Carnavalet. © PMVP. **378** *Tête,* Henri de Miller. © X. Richer/ Hoa-Qui/Gallimard. Eglise St-Eustache. © F. Buxin/1ʳᵉ Base. *Duc de Bourgogne* (détail), XVᵉ. Louvre. © RMN. Tour Jean-Sans-Peur. © X. Richer/ Hoa-Qui/Gallimard. **379** Eglise St-Merry. © Lauros-Giraudon. *L'Oiseau de feu,* N. de Saint-Phalle. © ADAGP. **380** Centre G.-Pompidou. © X. Richer/Hoa-Qui/Gallimard ; M. Riboud/ Magnum ; X. Richer/Hoa-Qui/ Gallimard ; Zachmann/ Magnum ; A. Wolf/Hoa-Qui ; X. Richer/ Hoa-Qui/ Gallimard. Beaubourg. © Gallimard.
381 *Vue de Beaubourg,* F. Moireau in *Carnet de voyage «Paris»* par Louis Vuitton. © F. Moireau. **382** Place du Caire. © E. Benoiton/Hoa Qui. Saint-Martin-des-Champs, A. Lenoir. Bibl. Direction du patrimoine. © E. Chaspoul/ Gallimard. *Le Grand Rex.* Carnavalet. © PMVP. **383** Porte Saint-Denis, P.A. Pau de St-Martin. Carnavalet.
© PMVP. **385** Hôtel de Sens. © Roger-Viollet. **386** La Rotonde du Temple, v. 1800. © J.-L. Charmet. *Adieu de Louis XVI à sa famille,* Hauer. Carnavalet.

© PMVP. **387** Mascarons. © X. Richer/ Hoa-Qui/ Gallimard. *Mansart,* P. de Champaigne. Musée du Louvre. © RMN. Les archives. © G. Fessy. **389** Ouvrages anciens.
© *Idem.* Chevaux du Soleil. © X. Richer/ Hoa-Qui/Gallimard. Cᵃˡ de Rohan. Musée de Condé, Chantilly. © Giraudon. Signature de Picasso. © Succession Picasso. Hôtel Salé. © C. Rose/ Cnmhs. **390** Mᵐᵉ de Sévigné, Lefèvre. Carnavalet. © PMVP. Louis XIV. © *Idem.* Musée Carnavalet. © C. Rose/Cnmhs. **391** Plaque.
© X. Richer/ Hoa-Qui/Gallimard. Hôtel de Châtillon, le porche. © X. Richer/Hoa-Qui. 4 et 8 rue du Parc-Royal. © X. Richer/Hoa-Qui/Gallimard. Hôtel de Châtillon (détail). © *Idem.* **392** Hôtel de Sully, poutres peintes. © C. Rose/CNMHS. Hôtel de Rohan, cabinet des singes. © C. Rose. Hôtel de Soubise. © C. Rose. **393** Hôtel Mansart de Sagonne. © C. Rose/CNMHS. Hôtel Amelot de Bisseuil. © *Idem.* Hôtel de Rohan, cabinet des singes. © C. Rose. Salon Rohan. © G. Fessy. **394** Hôtel d'Albret. © C. Walter/DAC. Mascarons. © Explorer et © X. Richer/Hoa-Qui/ Gallimard. **395** Plaques. © C. Sarramon. Tag. © X. Richerf/ Hoa-Qui/Gallimard. *Diane de France,* anon. Musée Carnavalet. © PMVP. *Rue des Rosiers,* v. 1920. © Harlingue-Viollet. Rue des Rosiers. © Barbey/ Magnum. **396** *Carrousel du L. XIV,* 1662. © Giraudon. Place des Vosges. © X. Richer/ Hoa-Qui. **396-397** *Place Royale,* v. 1860.
© Vision Inter-siècles. **397** Place des Vosges. © X. Richer/Hoa-Qui. Restaurant (détail). © *Idem/* Gallimard. **398** Hôtel de Sully, façade. © C. Rose/Cnmhs et détail. © M. Frank/ Magnum. **399** Mascaron. © X. Richer/ Hoa-Qui/Gallimard. *Hôtel Sully.* © Harlingue-Viollet. St-Paul-St-Louis, coupole. © C. Rose et façade. © Lauros-Giraudon. **400** Hôtel d'Aumont (détail). © C. Rose/Cnmhs. Hôtel de Sens, Boys. Carnavalet. © PMVP. Jardin, hôtel de sens. © Renaudeau/Hoa-Qui.
401 Chevet de St-Gervais. © C. Rose/Cnmhs. *Jugement de Salomon.* © J.-L. Godard.
402 Métro Bastille. © P. Léger/Gallimard. *Fontaine de l'Eléphant,* 1814. Carnavalet. © J.-L. Charmet. **403** *La Bastille,* J. Rigaud, v. 1700. © *Idem.* Place de la Bastille. © C. Sarramon. Colonne de la Bastille, Benoist, 1840. © J.-L. Charmet.
404 Opéra-Bastille. © C. Sarramon. *L'Arsenal au XVIIᵉ,* anon. Carnavalet. © PMVP. **405** Enseignes.
© P. Léger/Gallimard. Salon de la Meilleraye.
© L. de Selva/Tapabor. Passage. © P. Léger/ Gallimard. Magasin, Fbg Saint-Antoine.
© J.-L. Bohin/Explorer. **406** Le Balajo. © C. Sarramon. Galerie, 26, rue de Charonne. © L. de Selva/Tapabor. *Chez Paul.* © C. Sarramon. Rue de la Roquette. © F. Chazot/Explorer. Marché d'Alligre. © C. Sarramon. **406-407** *Les Aiguilles de la gare de Lyon,* O. Martin, 1901. © BN.
407 Gare de Lyon, 1902. Bibl. Hist. Ville de Paris. © J.-L. Charmet. Le Train Bleu. © F. Buxin/1ʳᵉ Base. **408** *Rue de la Mare,* Marcel Bovis,1945. BN. © Min. Culture. **409** *La Descente de la Courtille,* J. Pezons. Musée Carnavalet. © PMVP. Villa de l'Ermitage et squat. © Gallimard. Rue Piat. © M. Mouchy. *Jules et Jim,* F. Truffaut, 1961. © Ciné-Plus. **410** *Casque d'Or et les apaches.* Coll. part. © J.-L. Charmet. *Maison ouvrière.* © Bibl. nat. **411** Bd Ménilmontant. © C. Sarramon. Rue de Belleville et échoppe. © Gallimard. *Carrière d'Amérique,* Trichon, XIXᵉ. © BN. Atelier. © Gallimard. Rue de Mouzaïa. © J. Bravo/Hoa-Qui. **412** Pierre tombale (détail). © Shai/Explorer. Pierre tombale (détail). © Anderson-Fournier/Explorer. Plaque. © X. Richer/ Hoa-Qui/ Gallimard. Allée, Père-Lachaise. © X. Richer/ Hoa-Qui/Gallimard. Monument aux morts. © Anderson-

Urba images. *Inauguration de l'Ecole polonaise aux Batignolles,* v. 1840. © Bibl. polonaise. **IV** Aiguière égyptienne, 1337. IMA. © Maillard/IMA. Jardin de la mosquée de Paris. © Wojtek Buss. IMA. © X. Richer/Hoa-Qui. Boulevard Barbès. © E. de Pazzis. **V** Chanteur berbère. © O. Aubert. *Hammam Pacha,* Saint-Denis. © P. Bourrier. Epicier. © S. Grandadam/Hoa-Qui. Epicier, Belleville. © P. Broquet/Explorer. **VI** Carnaval antillais. © A. Betote. *Projet pour l'affiche «Revue nègre»,* P. Colin, 1925. © J.-L. Charmet/ADAGP. Mory Kante. © A. Betote. Fête à Alfortville. © O. Aubert. **VII** *Africains, rue Lepic.* © Roger-Viollet. Marabout. © J.-C. Pattacini. Guitare. © Shuck. Magasin de tissus africains «Toto». © O. Aubert. Figure de reliquaire Fang. © H. Dubois/ Arch. du musée Dapper. Africaine avec son enfant. © O. Aubert. **VIII** *Commerçants chinois à Paris,* v. 1930. © Harlingue-Viollet. Fabrique de meubles chinois. © O. Aubert. Pâtisserie chinoise, Belleville. © P. Broquet/Explorer. Chinatown. © P. Zachmann/Magnum. «Au Potager de Belleville». © P. Broquet/Explorer. **VIII-IX** Enseigne de restaurant. © J.-C. Pattacini/ Urba Images. **IX** Restaurant «Au Choisy». © O. Aubert. Bouddha à l'entrée du temple bouddhiste de Vincennes. © Icône. Temple Tea Chem. © O. Aubert. Nouvel An chinois. © Icône. M. Tang. © Abbas/Magnum. *Cuisiniers chinois à Paris, Le Monde illustré,* 1866. © J.-L. Charmet. **X** Enseigne de restaurant. © F. Buxin/1re base. Enseigne du Royal Belleville. © Abbas/Magnum. Chinagora. © Arch. Chinagora. Le Royal Belleville. © Abbas/Magnum. Restaurant Noulaville. © R. Gain/Gallimard. Chanteuse chinoise. © P. Broquet/Explorer. **XI** Musiques et danses du Japon, Théâtre du Rond-Point. © Maison des cultures du monde. Tai Shi, bois de Boulogne. © O. Aubert. *Foujita posant la 1re pierre de la Maison du Japon,* 1927. © Arch. historiques de la cité-universitaire. **XII** Passage Brady. © E. de Pazzis. Intérieur du restaurant indien Lal Qila. © Arch. Lal Qila. Vendeur de marrons pakistanais. © O. Aubert. Danseuse indienne. © Association Soleil d'or

Abréviations : ADAGP : Société des Auteurs dans les Arts graphiques et plastiques. AN : Archives nationales. ATP : Musée des Arts et Traditions populaires. BN : Bibliothèque nationale. CNMHS : Centre national des Monuments historiques. Com. Vieux Paris : Commission du Vieux Paris. DAC : Direction des Affaires culturelles (Ville de Paris). EPAD : Etablissement public d'aménagement de La Défense. MAAO : Musée des Arts africains et océanien. MNAM : Musée national d'Art moderne PMVP : Photothèque des musées de la Ville de Paris/Philippe Joffre, Philippe Ladet, Patrick Pierrain, Rémi Briant, Lyliane Degraces, Daniel Lifermann by Spadem, 1995. RMN : Réunion des Musées nationaux.

Par ailleurs nous avons recherché en vain les héritiers ou éditeurs de certains documents. Un compte leur est ouvert à nos éditions.

图书在版编目（CIP）数据

　　珍藏巴黎 / Gallimard旅行指南编写组编著 ; 蔡莲莉译. — 北京 : 北京美术摄影出版社，2019.5
　　ISBN 978-7-80501-963-5

　　Ⅰ．①珍… Ⅱ．①G… ②蔡… Ⅲ．①旅游指南—巴黎 Ⅳ．①K956.59

　　中国版本图书馆CIP数据核字(2016)第259821号

北京市版权局著作权合同登记号：01-2012-7513

责任编辑：董维东
助理编辑：刘慧玲
责任印制：彭军芳

珍藏巴黎
ZHENCANG BALI

Gallimard 旅行指南编写组　编著
蔡莲莉　译

出　版　北京出版集团公司
　　　　　北京美术摄影出版社
地　址　北京北三环中路6号
邮　编　100120
网　址　www.bph.com.cn
总发行　北京出版集团公司
发　行　京版北美（北京）文化艺术传媒有限公司
经　销　新华书店
印　刷　天津联城印刷有限公司
版印次　2019年5月第1版第1次印刷
开　本　889毫米×1194毫米 1/32
印　张　16
字　数　350千字
书　号　ISBN 978-7-80501-963-5
审图号　GS（2016）708号
定　价　129.00 元
如有印装质量问题，由本社负责调换
质量监督电话：010-58572393

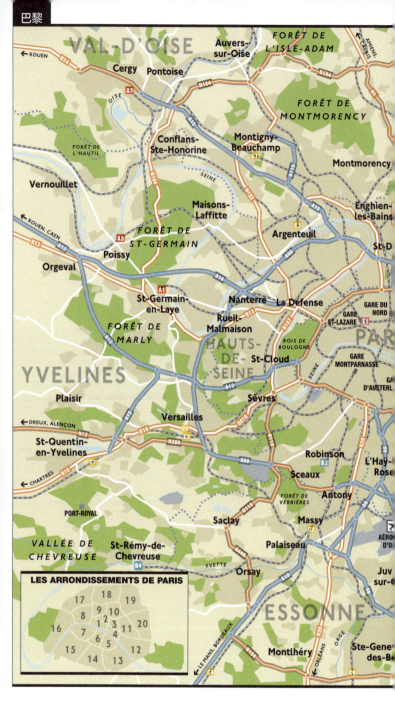

■ **面积**
105平方千米（未将布洛涅森林和文森森林计算在内，两片森林面积约为87平方千米），占法国国土面积的0.022%。

■ **人口**
约220万。3.5%为法国人口；人口密度约为21000人/平方千米。逾1100万人生活在巴黎市和郊区。

■ **行政区划**
20个区。从中心往外辐射，状似蜗牛分布。1名市长，20名区长。任期六年一届。

■ **巴黎市**
年预算：70多亿欧元。

■ **经济**
第五大经济体；约有14.7万个与旅游业相关的职位，每

职工：约5万人；拥有37座桥梁、6000多条街道和私人道路、479个广场；年游客数量：超过2700万；酒店房间：约7.9万个；咖啡厅和餐厅：约1.3万家。

年创收80多亿欧元；约占国内生产总值的10%；约有170万个岗位。

■ **巴黎人**
只有31%生于巴黎；30%的人为管理层人士；2/3为租房者，一半的人独居。